經以濟世
建言尚事

賀教育部
科技向項目

心至玉成

李智林
丁酉春八

教育部哲学社會科學研究重大課題攻關項目

我国研究生教育结构调整问题研究

RESEARCH ON THE ADJUSTMENT
OF GRADUATE EDUCATION STRUCTURE IN CHINA

袁本涛　王传毅
等著

经济科学出版社
Economic Science Press

图书在版编目（CIP）数据

我国研究生教育结构调整问题研究/袁本涛，王传毅著.
—北京：经济科学出版社，2015.11
教育部哲学社会科学研究重大课题攻关项目
ISBN 978 - 7 - 5141 - 6238 - 7

Ⅰ.①我… Ⅱ.①袁…②王… Ⅲ.①研究生教育 -
教育结构 - 结构调整 - 研究 - 中国 Ⅳ.①G643

中国版本图书馆 CIP 数据核字（2015）第 268615 号

责任编辑：白留杰
责任校对：王肖楠
责任印制：邱　天

我国研究生教育结构调整问题研究

袁本涛　　王传毅　著

经济科学出版社出版、发行　新华书店经销
社址：北京市海淀区阜成路甲 28 号　邮编：100142
总编部电话：010 - 88191217　发行部电话：010 - 88191522
网址：www. esp. com. cn
电子邮件：esp@ esp. com. cn
天猫网店：经济科学出版社旗舰店
网址：http://jjkxcbs. tmall. com
北京季蜂印刷有限公司印装
787 × 1092　16 开　32.25 印张　620000 字
2015 年 12 月第 1 版　2015 年 12 月第 1 次印刷
ISBN 978 - 7 - 5141 - 6238 - 7　定价：81.00 元
（图书出现印装问题，本社负责调换。电话：010 - 88191502）
（版权所有　侵权必究　举报电话：010 - 88191586
电子邮箱：dbts@ esp. com. cn）

课题组成员名单

袁本涛　程斯辉　王传毅　王顶明　李锋亮
文　雯　赵　琳　刘　帆　李　雪　孙　健
王许人　褚艾晶　税晓霖

编审委员会成员

主　任　　孔和平　　罗志荣

委　员　　郭兆旭　　吕　萍　　唐俊南　　安　远

　　　　　文远怀　　张　虹　　谢　锐　　解　丹

　　　　　刘　茜

总　序

哲学社会科学是人们认识世界、改造世界的重要工具，是推动历史发展和社会进步的重要力量。哲学社会科学的研究能力和成果，是综合国力的重要组成部分，哲学社会科学的发展水平，体现着一个国家和民族的思维能力、精神状态和文明素质。一个民族要屹立于世界民族之林，不能没有哲学社会科学的熏陶和滋养；一个国家要在国际综合国力竞争中赢得优势，不能没有包括哲学社会科学在内的"软实力"的强大和支撑。

近年来，党和国家高度重视哲学社会科学的繁荣发展。江泽民同志多次强调哲学社会科学在建设中国特色社会主义事业中的重要作用，提出哲学社会科学与自然科学"四个同样重要"、"五个高度重视"、"两个不可替代"等重要思想论断。党的十六大以来，以胡锦涛同志为总书记的党中央始终坚持把哲学社会科学放在十分重要的战略位置，就繁荣发展哲学社会科学作出了一系列重大部署，采取了一系列重大举措。2004年，中共中央下发《关于进一步繁荣发展哲学社会科学的意见》，明确了新世纪繁荣发展哲学社会科学的指导方针、总体目标和主要任务。党的十七大报告明确指出："繁荣发展哲学社会科学，推进学科体系、学术观点、科研方法创新，鼓励哲学社会科学界为党和人民事业发挥思想库作用，推动我国哲学社会科学优秀成果和优秀人才走向世界。"这是党中央在新的历史时期、新的历史阶段为全面建设小康社会，加快推进社会主义现代化建设，实现中华民族伟大复兴提出的重大战略目标和任务，为进一步繁荣发展哲学社会科学指明了方向，提供了根本保证和强大动力。

　　高校是我国哲学社会科学事业的主力军。改革开放以来，在党中央的坚强领导下，高校哲学社会科学抓住前所未有的发展机遇，紧紧围绕党和国家工作大局，坚持正确的政治方向，贯彻"双百"方针，以发展为主题，以改革为动力，以理论创新为主导，以方法创新为突破口，发扬理论联系实际学风，弘扬求真务实精神，立足创新、提高质量，高校哲学社会科学事业实现了跨越式发展，呈现空前繁荣的发展局面。广大高校哲学社会科学工作者以饱满的热情积极参与马克思主义理论研究和建设工程，大力推进具有中国特色、中国风格、中国气派的哲学社会科学学科体系和教材体系建设，为推进马克思主义中国化，推动理论创新，服务党和国家的政策决策，为弘扬优秀传统文化，培育民族精神，为培养社会主义合格建设者和可靠接班人，作出了不可磨灭的重要贡献。

　　自 2003 年始，教育部正式启动了哲学社会科学研究重大课题攻关项目计划。这是教育部促进高校哲学社会科学繁荣发展的一项重大举措，也是教育部实施"高校哲学社会科学繁荣计划"的一项重要内容。重大攻关项目采取招投标的组织方式，按照"公平竞争，择优立项，严格管理，铸造精品"的要求进行，每年评审立项约 40 个项目，每个项目资助 30 万～80 万元。项目研究实行首席专家负责制，鼓励跨学科、跨学校、跨地区的联合研究，鼓励吸收国内外专家共同参加课题组研究工作。几年来，重大攻关项目以解决国家经济建设和社会发展过程中具有前瞻性、战略性、全局性的重大理论和实际问题为主攻方向，以提升为党和政府咨询决策服务能力和推动哲学社会科学发展为战略目标，集合高校优秀研究团队和顶尖人才，团结协作，联合攻关，产出了一批标志性研究成果，壮大了科研人才队伍，有效提升了高校哲学社会科学整体实力。国务委员刘延东同志为此作出重要批示，指出重大攻关项目有效调动了各方面的积极性，产生了一批重要成果，影响广泛，成效显著；要总结经验，再接再厉，紧密服务国家需求，更好地优化资源，突出重点，多出精品，多出人才，为经济社会发展作出新的贡献。这个重要批示，既充分肯定了重大攻关项目取得的优异成绩，又对重大攻关项目提出了明确的指导意见和殷切希望。

　　作为教育部社科研究项目的重中之重，我们始终秉持以管理创新服务学术创新的理念，坚持科学管理、民主管理、依法管理，切实增强服务意识，不断创新管理模式，健全管理制度，加强对重大攻关项目的选题遴选、评审立项、组织开题、中期检查到最终成果鉴定的全过程管理，逐渐探索并形成一套成熟的、符合学术研究规律的管理办法，努力将重大攻关项目打造成学术精品工程。我们将项目最终成果汇编成"教育部哲学社会科学研究重大课题攻关项目成果文库"统一组织出版。经济科学出版社倾全社之力，精心组织编辑力量，努力铸造出版精品。国学大师季羡林先生欣然题词："经时济世　继往开来——贺教育部重大攻关项目成果出版"；欧阳中石先生题写了"教育部哲学社会科学研究重大课题攻关项目"的书名，充分体现了他们对繁荣发展高校哲学社会科学的深切勉励和由衷期望。

创新是哲学社会科学研究的灵魂，是推动高校哲学社会科学研究不断深化的不竭动力。我们正处在一个伟大的时代，建设有中国特色的哲学社会科学是历史的呼唤，时代的强音，是推进中国特色社会主义事业的迫切要求。我们要不断增强使命感和责任感，立足新实践，适应新要求，始终坚持以马克思主义为指导，深入贯彻落实科学发展观，以构建具有中国特色社会主义哲学社会科学为己任，振奋精神，开拓进取，以改革创新精神，大力推进高校哲学社会科学繁荣发展，为全面建设小康社会，构建社会主义和谐社会，促进社会主义文化大发展大繁荣贡献更大的力量。

教育部社会科学司

前　言

在一个科技日新月异且成为第一生产力的时代，无论哪个国家都不得不重视研究生教育，因为研究生教育已经成为一个国家各领域高层次创新人才培养和供给的主渠道。因此，"二战"以来，尤其是20世纪70年代以来，美欧等发达国家的研究生教育获得了空前的发展，仅从千人注册研究生数看，2009年，美国、法国千人注册研究生数就稳定在9人以上，英国围绕着9人小幅波动；德国2013年达到5.56人，韩国则达到6.57人；加拿大2011年的千人注册研究生数也已接近5人。而我国尽管最近几年研究生教育规模获得了巨大发展，在校研究生规模达到了180万人，但千人注册研究生数仅为1.32人（2013年），与西方发达国家相比存在巨大的差距。

近年来，社会舆论对于研究生教育规模的扩张颇有微词，其主要观点是一方面中国的研究生教育规模扩张速度过快，培养质量难以跟上；另一方面认为近年来报考研究生的人数在下降，据此认为研究生教育的吸引力越来越低。中国研究生教育的规模究竟是大了还是小了，还是适中呢？笔者曾经就此专门进行研究以为，无论从国内的需求而言（国家需求、社会需求、个人需求）还是从国际比较来看（绝对规模、相对规模），中国当前的研究生教育规模都是合适的，并且随着国家的发展，研究生教育规模依然具有进一步发展的空间。至于报考人数略有下降，主要原因是近年来，我国各高校推免生的比例和规模都在不断扩大，加上出国深造等原因，自然降低了直接报考研究生的人数。

笔者以为，一定规模是质量的基础，没有一定的规模其实再高的质量，都是难以满足社会需求的，特别是对于中国这样一个发展迅速的大国而言，对实现国家的现代化也是非常不利的。不可否认，中国研究生教育质量总体来说，与研究生教育先进国家相比还有相当的距离，特别是在制度建设、质量保障体系、培养机制等方面还有待极大的改善和完善，我们还没有形成国际著名的研究生教育品牌，还较少培养出国际顶尖的创新人才。但毕竟我国的研究生教育才走过了30多年的历程，有诸多不尽如人意的地方实属正常现象，改革开放以来，我国取得了一系列重大制度变革、产业发展、技术创新、社会进步等成就，这些成就的取得主要是在我国自己的高等教育体系和研究生教育体系支撑之下取得的，看不到这一点一味地否认自己的高等教育质量（包括研究生教育质量）是罔顾事实的表现。当然，如何衡量研究生培养质量，的确是一件很难的事情，因为研究生培养质量是一个多维度的概念，社会各界对研究生培养质量的要求复杂多样，但笔者以为学术质量与研究能力是判断研究生培养质量（学术学位研究生）的核心指标。限于数据的可获得性，我们选取了学生参与高水平论文发表这个指标来衡量我国在校研究生的培养质量，当然，这只是一个视角而已，不能完全代表研究生的培养质量。所谓高水平论文，包括国际高水平论文和国内高水平论文。国际高水平论文的主要来源为科学引文索引（SCI）、社会科学引文索引（SSCI）、艺术与人文科学引文索引（A&HCI）三大检索库中的"热点论文"（Hot Papers）。按照Web of Science平台的界定，热点论文是指发表后较之于同期相同领域其他文章，其被引次数快速增加的文章。一般而言，文献被引频次在两年、三年甚至四年后达到顶峰，但仍有少量论文在其发表后的短时期内被快速传播，这体现在其快速而显著增长的被引频次上。这些文章通常是他们各自领域的"关键性文章"（Key Papers）。Web of Science平台运用"基本科学指标"（Essential science indicators，ESI）将这些文章识别出来。其选择的依据是各领域中学术论文被引频次分布及其阈值：各时期各领域内被引频次为最高的0.10%的论文。这些论文覆盖了Web of Science平台所区分的22个领域：农业科学、生物与生物化学、化学、临床医学、计算机科学、经济与商学、工程学、环境学与生态学、地理科学、免疫学、材料科学、数学、微生物学、分子生物学和基因学、交叉学科、神经科学和行为科学、药学、物理学、植物与动物科学、心理学、社会科学以及空间科学。我们连续分析了2012年、2013年和2014年的数据，发现我国在校研究生在国际高水平论文发表方面的参与比例高达70%上下，其中以第一作者发表的高水平论文也超过50%。如果折算为贡献率的话，则达到35%左右。同样的办法，来统计分析在校研究生对国内高水平论文发表的参与率和贡献率，以《中国学术期刊研究报告（2013~2014)》中评出的综合得分排在前5%的权威期刊作为国内高水平论文的来源期刊，筛选出每本核心期刊中于当年年发表的、被引频次排在前5%的论文，以此作为国内高水平论文的来源。发现我国在校研究生在国内高水平论文发表中，第一作者和通讯作者的比例也高达50%左右，贡献率也达到了30%以上。这一统计分析结果，表明我国在校研究生的培养质量至少在科研领域的表现是值得肯定的。

当然，研究生教育质量，绝不仅仅是培养的问题，严格地说，还包括结构问题。本书根据开放系统理论和社会系统理论，认为研究生教育系统是一个开放的社会系统。系统中要素及要素之间的关系构成了研究生教育的结构。研究生教育结构必须不断地根据社会环境、经济环境和政治环境等外在环境以及教育系统内部环境的变化而不断调适。结构是否与外部经济社会发展相协调决定了整个研究生教育系统功能的发挥程度。为此，我们提出研究生教育系统质量观理论。这一理论的要点如下：

第一，研究生教育系统质量包括宏观质量和微观质量。其中宏观质量是指：一国或一地区所培养的研究生在科类、层次、类型以及区域布局等结构方面满足社会需求的程度，体现为整个研究生教育体系的构成状况与经济社会发展的协调程度。

微观质量主要是指研究生的微观结构（包括师资队伍结构、生源结构、课程结构等）满足研究生培养需求的程度，微观质量的高低具体体现为培养质量好坏，即研究生培养过程的有效性，包括教学质量、课程质量以及学位论文质量等方面。

第二，结构决定质量。研究生教育系统质量取决于研究生教育宏观结构与社会需求的协调性以及研究生教育微观结构与研究生教育培养需求的协调性，协调程度越高，则系统质量越高。要提高我国研究生教育的系统质量，就必须同时优化我国研究生教育的宏观结构和微观结构。

第三，宏观质量和培养质量相互关联、密不可分。微观结构所决定的培养质量的高低要通过宏观质量来反映，否则，毕业生难以适应社会的需求；宏观质量必须以微观结构决定的培养质量为基础，如果二者不能高度契合，则研究生教育整个体系与社会大系统对研究生教育的需求就难以匹配。只有宏观质量和微观质量高度契合，二者同时满足社会需求时，一个高质量的研究生教育体系才有可能产生。

基于以上的理论思考，课题组主要开展了以下工作：

第一，在全面总结我国研究生教育过去30多年规模发展和结构演变的基础上，结合我国社会经济发展的现状和趋势，详细分析了我国研究生教育宏观结构（包括区域结构、科类结构和类型结构）的历史、现状、问题与调整机制，其中特别考察了宏观结构与经济社会发展的协调性，以反映我国研究生教育宏观质量状况。

第二，通过深入的调查和访谈，了解我国研究生教育培养过程中的微观结构（包括生源结构、导师结构和课程结构）的现状、问题，微观结构对培养质量的影响以及微观结构问题的成因。

第三，通过国际比较了解国际研究生教育结构的特征、调整趋势以及其结构调整的动因。

第四，基于上述研究，进一步提出调整我国研究生教育结构、提高我国研究生教育系统质量的政策建议。

基于以上工作，全书共分六章：

第一章"总报告"和后五章的关系为总分关系，是后五章研究成果的概括和提炼。总报告开篇提出了"研究生教育的系统质量"理论，并阐释了研究生教育的宏观结构与宏观质量、微观结构和培养质量之间的关系。最后，基于前面分项研究的主要结果，提出了我国研究生教育要构建多中心治理网络的研究生教育结构调整机制，形成与经济社会发展相协调的宏观结构、富有灵活性和多样性的微观结构等建议。

第二章我国研究生教育区域结构、第三章我国研究生教育科类结构和第四章我国研究生教育类型结构是针对研究生教育宏观结构的研究。它们以大致相同的研究框架考察了结构演进的历史，呈现了结构现状，分析了当前结构中存在的问题。同时特别针对宏观质量，运用相关分析、协整分析等方法考察了区域结构与经济、科技的省域结构、科类结构与产业结构以及类型结构和社会人才需求结构之间的对应程度，同时从研究生就业去向这一微观层面从研究生的本土就业率、就业落实率、学用匹配率以及过度教育率等方面折射研究生教育结构与经济社会发展的协调性。最后，在呈现当前研究生教育宏观结构调节机制的现状、问题的基础上，提出了结构优化的相关建议。

第五章我国研究生教育微观结构，是针对研究生教育师资结构、课程结构和生源结构的研究。它通过问卷调查、访谈以及文献搜集的方法呈现了当前我国研究生教育微观结构中的问题及其对培养质量的影响。同时，从权力、制度等方面考察了微观结构问题产生的原因，并提出了具有针对性的改革建议。

第六章研究生教育结构的国际比较，通过翔实的数据分析全面考察了欧美发达国家、部分亚洲国家研究生教育的区域结构、层次结构、科类结构、类型结构、学制结构以及生源结构的现状、演化趋势以及调整动因，进而为我国研究生教育结构调整的建议提出提供参考。

应该说，本书尽量吸收了国内外在研究生教育结构研究领域的最新成果，国内外同仁们的研究使本研究受益匪浅；同时，该研究也反映了我们的努力，关于我国研究生教育结构未来的调整方向，国内学界是有共识的，问题是今后究竟采取何种策略进行调整的问题，是做存量的调整还是做增量的调整，抑或二者兼顾？众所周知，我国高等教育的发展包括研究生教育的发展历来具有强烈的路径依赖特征，一旦利益格局形成很难在未来的改革中有所突破，存量的调整无疑会触动部分既得利益者的"奶酪"。那么，增量的调整就成为今后我国研究生教育结构调整的一个重要战略选择，但无论何种战略，我国都必须坚定地进行研究生教育结构调整（包括宏观结构和微观结构），这是我国从研究生教育大国走向研究生教育强国的不二选择。

　　很遗憾，由于时间、经费、数据可获得性以及我们的能力等客观原因，在本书中，还有很多未能解决的问题，特别是关于我国研究生教育微观结构部分，我们未能进行大规模的调查，只有留待今后或其他同行去进行系统深入的研究了。

2015 年 9 月 10 日

摘 要

自 1981 年我国正式实施学位制度以来，我国研究生教育的战略地位日益凸显，规模不断扩张，截至 2013 年累计授予硕士、博士学位 539 万。为我国的快速发展提供了强大的高层次人才支撑，为创新型国家建设奠定了坚实的基础，但我们也面临着研究生教育质量亟待提升的艰巨任务。

本书认为，对研究生教育质量的理解不能局限于培养质量，还应该从系统质量的角度来理解研究生教育的质量问题，因此，我们提出了研究生教育系统质量理论。这一理论认为，研究生教育质量包括宏观质量和微观质量：宏观质量是指一国或一地区所培养的研究生在科类、层次、类型以及区域布局等结构方面满足社会需求的程度，体现为整个研究生教育体系的构成状况与经济社会发展的协调程度；微观质量是指研究生的微观结构（师资队伍结构、课程结构、生源结构等）满足研究生培养需求的程度，体现为研究生培养过程的有效性。宏观质量和培养质量相互关联、密不可分。微观结构所决定的培养质量的高低要通过宏观质量来反映，否则毕业生难以适应社会的需求；宏观质量必须以微观结构决定的培养质量为基础。只有宏观质量和微观质量高度契合，二者同时满足社会需求时，一个高质量的研究生教育系统才可能产生。

但当前我国研究生教育结构却存在着一些问题，严重制约了研究生教育系统质量的提高：区域结构中我国优质研究生教育资源的区域分布差异过大。同时，虽然大部分省市研究生教育的发展与所在省域的经济、科技发展保持协调，但北京、上海和山东等六地的研究生教育存在着显著的不协调现象。科类结构中农学研究生教育与农业经济、科技发展的协调程度最低，工学略强，其他科类（除工学和农学外的科类）最高。同时，部分学科学用结合率偏低，过度教育率偏高。类型结构中学术型人才的供给远大于当前科研类岗位的需求，应用型人才的供给明显小于当前非科研类岗位的需求，科研类岗位的现实需求以及大量的潜在需求尚未被供给所满足。导师结构中学历偏低、学缘结构单一、国际化程度不够等问题突出；课程结构中选修课比例过低、跨学科课程设置不足以及研究方法课程重视不够、课程强度不足等问题值得重视；生源结构中重点大学生源比例较低且校际流动少、国际高质量生源不足等问题也不容忽视。

本书认为，研究生教育结构的调整旨在形成适应经济社会发展需求的宏观结构和适应拔尖创新人才培养需求的微观结构。基于此，本书提出了我国研究生教育结构调整应构建起多中心的治理网络：充分发挥中央政府统筹全局的能力；落实省级政府的统筹权；增大高校自主权；建立非官方教育中介组织，搭建研究生就业信息的反馈平台；强化院系在培养过程中的协调和保障作用等政策建议。

Abstract

Since China's formal implementation of academic degree system in 1981, the strategic position of graduate education has been increasingly prominent and the scale has been continuously expanding. As of 2013, 5.39 million of master and doctor's degree have been granted, these cumulative numbers show the conduct provides strong high-level personnel support for China's rapid development and lays a solid foundation for building an innovation-oriented country. However, we are also facing the urgent task to improve the quality of graduate education.

The book urges that graduate education quality is not only about training quality, it should also be understood from the perspective of system quality. Thus, we propose the theory of graduate education system quality. This theory holds that graduate education quality includes macro quality and micro quality. Macro quality refers to the extent to which the graduate students in a country or a region meet the needs of society in terms of discipline, levels, types and regional distribution, which is reflected in the coordination between constitution of whole graduate education system and economic and social development. Micro quality refers to the extent to which the micro structure (faculty structure, course structure, students structure, etc.) could meet the requirements of graduate students' training, which is reflected in the effectiveness of graduate students' training process. Macro quality and micro quality are interrelated and inseparable. The micro quality that is determined by the micro structure must be reflected by macro quality; otherwise it will be hard for the graduates to meet the needs of the society. On the other hand, macro quality must be based on micro quality that is determined by micro structure. Only when macro quality and micro quality are closely matched and when they both meet the demands of society can a high-quality graduate education system be possible.

However, problems within the current structure of China's graduate education have seriously restricted the improvement of the quality of graduate education system: in terms of regional structure, the distribution of high-quality graduate education resources differs greatly in different provinces. Meanwhile, although development of graduate education in most provinces and cities is coordinated with local economic, scientific and technological development, six regions including Beijing, Shanghai and Shandong still exhibit conspicuous inconsistency. In terms of discipline structure, the coordination between agronomic graduate education and agriculture economic and technological development is at the lowest level, while engineering is slightly better and other subjects (subjects except engineering and agronomy) are at the highest level. At the same time, some subjects have a low rate in the combination of learning and application but a high rate in over-education. In terms of type structure, supply of academic talents is much larger than demand of current research positions; supply of application talents is obviously less than current demand of non-research positions; talents for research positions are both potentially and practically under-supplied. In terms of faculty structure, it faces low qualification, single academic structure, insufficient internalization and some other obvious problems. In terms of course structure, problems like low proportion of elective courses, lack of interdisciplinary curriculum, neglect for methods-oriented course and less course intensity are worthy of attention. In terms of enrollment structure, issues such as low inter-college turnover rate of students from key universities and a shortage of high-quality international students can not be ignored.

This study suggests that the adjustment of graduate education structure aims at building macro-structure to meet the needs of economic and social development and micro-structure to meet the needs of training innovative talents. Based on this, the book proposes that China's graduate education structure should build a multi-centric governance network and it lays out some policy recommendations like: giving full play to the overall coordinating ability of central government, implementing the provincial right of local government, enhancing university autonomy, establishing unofficial education organization, setting up feedback platform of graduate students' employment information, strengthening the coordination and assurance of departments in training process.

目　录

Contents

Contents

3

第一章

总　论

第一节　绪　论

　　研究生教育是一国竞争力和创新力的重要基石，纵观西方发达国家，研究生教育无不成为其国家发展的智力支撑，我国研究生教育经过 30 多年的发展，在校研究生规模已经居于世界前列，成为名副其实的研究生教育大国，累计授予硕士以上学位达到 500 多万人（截至 2013 年），为国家和社会发展做出了重要贡献。但我国还远远不是研究生教育强国，与国家和人民对研究生教育的期待也还有相当的距离。中国要走向全面复兴，实现宏伟的"中国梦"，很大程度上取决于我国高层次人才的数量和质量。随着我国研究生教育近 10 多年补偿性增长的完成，规模问题已经基本缓解，结构和质量的问题日显突出，而结构问题本身也是质量问题。因此优化研究生教育结构已经成为我国研究生教育发展刻不容缓的任务。

一、研究背景及意义

1. 研究生教育规模日益增大，结构问题凸显

我国自研究生招生恢复以来，在科教兴国战略等推动下，研究生教育发展迅

速。截至 2011 年底，我国有博士、硕士授予单位分别达到 348 所和 697 所，在校研究生数达到 164 万人以上，基本上能够立足国内自主培养各个领域的高层次人才。①

按照购买力平价指数（PPP）计算，2011 年，美国的 GDP 总量是 14.99 万亿美元，中国当年的 GDP 总量是 47.31 万亿元（约 7.77 万亿美元）。② 同年，美国授予了 71.80 万个硕士学位，16.82 万个博士学位（含 FPD 约 9 万多人）。中国授予了 50.06 万个硕士学位，5.07 万个博士学位③。从研究生教育的规模与 GDP 的对应关系来看，我国 2011 年的 GDP 总量约占美国 GDP 总量的 51.83%，同年我国授予的硕士、博士学位总数达到美国的 62.22%。仅从这一粗略的比较来看，我国研究生教育规模与国民经济以及社会需求基本实现了同步发展。

但我们却面临着尴尬的局面：虽然我们有足够规模的毕业研究生，劳动力市场对研究生也有着大量需求，可每年依旧有大量的研究生找不到合适的工作，同时有大量的核心岗位招不到合适的高层次人才。图 1 - 1 显示从 2010 ~ 2013 年研究生的求人倍率从 0.71 上升至 3.03，即平均每 3.3 个空缺的岗位仅有 1 个研究生求职。

同时，研究显示：2009 年，我国各学科毕业研究生的就业落实率最高的是工学，但也只有 89%，其他学科均在 40% ~ 80%，相当一部分研究生在毕业时找不到工作；从学用结合率来看，最高的是医学，达到 88%，其他学科则在 20% ~ 75%，即实现了就业的研究生在其岗位上的"所学"与"所用"匹配度不高；从过度教育率来看，各学科的过度教育率大多集中在 25% ~ 69%，也就是说，大量的研究生并没有从事与研究生教育程度相对应的工作，而是在从事本科及以下教育程度的人便可胜任的工作；从研究生就业的区域流动来看，各省区的流入流出率都比较高，说明我国研究生教育的区域布局存在较大的问题。④

本研究认为，这些问题产生的根本原因在于我国研究生教育系统的结构不太合理，与社会需求的匹配程度较低。因此，解决结构问题已经成为研究生教育系统调整的当务之急。

---

① 中国学位与研究生教育发展年度报告课题组：《中国学位与研究生教育发展年度报告（2012）》，中国人民大学出版社 2013 年版，第 22 页。

② 国家统计局数据库．［EB/OL］．http：//data. stats. gov. cn/search/keywordlist2. /2013 - 04 - 13.

③ 同①，第 208 ~ 307 页。

④ 中国学位与研究生教育现状课题调研组：《中国学位与研究生教育发展报告（2011）》，清华大学出版社 2012 年版，第 34 ~ 36 页。

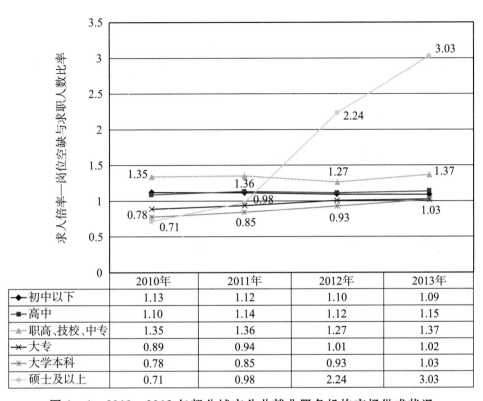

	2010年	2011年	2012年	2013年
◆初中以下	1.13	1.12	1.10	1.09
■高中	1.10	1.14	1.12	1.15
▲职高、技校、中专	1.35	1.36	1.27	1.37
✕大专	0.89	0.94	1.01	1.02
✳大学本科	0.78	0.85	0.93	1.03
●硕士及以上	0.71	0.98	2.24	3.03

图1-1　2010~2013年部分城市公共就业服务机构市场供求状况

资料来源：依据人力和社会保障部网站各年度部分城市公共就业服务机构市场供求状况分析整理而成，http：//www. mohrss. gov. cn/SYrlzyhshbzb/ldbk/jiuye/renliziyuanshichang/2013 - 12 - 18.

2. 加快结构调整已经成为我国今后研究生教育发展的战略重点

研究生教育是培养创新型国家建设高层次人才的重要途径之一。为了适应国内外形势和满足国家战略需要，研究生教育质量成为未来发展的关键。2010年1月27日，时任国务委员刘延东同志在国务院学位委员会第二十七次会议上指出：当前，学位与研究生教育工作总的要求是：以人才培养为根本，以提高质量为核心，以改革体制机制为动力，更新教育观念，创新培养模式，完善学科类型，统筹区域发展，努力建设中国特色、世界水平、结构优化、布局合理的高质量学位与研究生教育体系，为建设创新型国家和提升国际竞争力提供有力支撑。①

这非常明确地提出了今后我国研究生教育工作中"结构优化"的问题。2010年颁布的《国家中长期教育改革和发展规划纲要（2010~2020年）》进一步指出

---

① 刘延东. 国务院学位委员会第二十七次会议上的讲话. ［EB/OL］. ［2010 - 01 - 27］, http：//www. cdgdc. edu. cn/xwyyjsjyxx/xw30/jjssn/mtbd/271462. shtml.

了"结构优化"的具体内涵：适应国家和区域经济社会发展需要，建立动态调整机制，不断优化高等教育结构。优化学科专业、类型、层次结构，促进多学科交叉和融合。重点扩大应用型、复合型、技能型人才培养规模。加快发展专业学位研究生教育。优化区域布局结构。

因此，如何优化研究生教育结构成为未来我国研究生教育发展亟须解决的重要问题。

3. 结构研究不仅能丰富研究生教育理论，更为我国研究生教育结构调整提供政策依据

近年来，研究生教育的理论研究日趋活跃，但经过对相关研究文献的分析，我们发现专门针对研究生教育结构的专题研究并不多见。现有研究，大多是把研究生教育纳入整个高等教育体系中来探讨结构问题，没有形成体系完备的研究生教育结构理论。

本书基于系统论的视角，把宏观结构和微观结构结合起来并作为研究生教育质量的重要组成部分来探讨研究生教育结构问题，进而丰富了研究生教育的理论。

更重要的是，本书从实际出发，开展大规模的调查研究，透过现象分析本质，通过系统的研究揭示问题，进而为我国各级研究生教育管理机构和培养机构提出今后我国研究生教育结构调整的方向、路径和措施成为本书研究的重点。

二、核心概念阐释

1. 研究生教育结构

研究生教育结构是组成研究生教育总体的各个部分的比例关系及其组合方式。[①] 它是由相互关联的各种亚结构组成的复杂结构系统，由研究生教育系统的内、外部各种因素相互作用形成。内、外部条件的发展变化，决定其不同的结构状态和发展变化。[②]

2. 研究生教育宏观结构

依据《学位与研究生教育大辞典》，研究生教育宏观结构是指国家或地区的研究生教育结构，包括：层次结构、科类结构、类型结构、区域结构、形式结构以及学制结构等。[③]

本书主要关注宏观结构中的区域结构、科类结构和类型结构。

区域结构是指不同地区研究生教育事业的发展状况以及相互关联，它主要体

---

① 薛天祥：《研究生教育学》，广西师范大学出版社 2001 年版，第 82 页。
②③ 秦惠民：《学位与研究生教育大辞典》[M]，北京理工大学出版社 1994 年版，第 94 页。

现为研究生培养机构、各级各类学位授权点、研究生数、研究生导师数、教育经费等要素（或资源）在各地区的分布状态及比例关系。

科类结构亦称学科、专业结构，是指不同学科领域研究生教育发展的状态及其相互关联。它反映了社会分工的横断面，规定着研究生教育培养人才的品种和规格。它主要体现为各类研究生教育的要素（或资源）在各科类的分布状态及比例关系。

类型结构在本书中特指整个研究生教育系统中学术学位研究生教育与专业学位研究生教育各自的发展状态以及相互关联。它主要体现为各类研究生教育的要素（或资源）在不同类型研究生教育中的分布状态及比例关系。

3. 研究生教育微观结构

依据《学位与研究生教育大辞典》，研究生教育微观结构是指研究生培养单位内部的结构，包括办学形式结构、管理结构、师资结构、生源结构以及培养结构等。[1]

本书主要关注微观结构中的导师结构、课程结构和生源结构。

导师结构是组成导师队伍中各类教师的构成状态及其比例关系，是影响研究生培养质量的关键。对导师结构的考察集中于导师队伍的学缘背景、国际化程度、专兼职导师比例以及生师比。

课程结构是根据专业培养目标，在课程价值观的指导下，课程体系中各类课程的构成状态和比例关系。它是影响研究生培养质量的基础。对课程结构的考察集中于课程性质结构、课程形式结构、课程层次结构和课程的国际化结构。

生源结构是指研究生群体中不同种类的研究生的构成状态和比例关系，是影响研究生培养质量的重要因素之一。对生源结构的考察集中于跨学科生源比例、推免生生源比例以及国际生源比例。

三、理论基础、研究框架与研究方法

本书基于社会系统论和开放系统理论，把研究生教育视为一个系统，从整体来审视我国的研究生教育质量并提出了研究生教育的"系统质量观"。

社会系统论认为，组织的结构与功能是密不可分的，系统的结构决定了系统的功能。社会是有秩序的，系统是由次级系统构成的，系统要素中的一部分发生改变，其他部分也就会随之发生连锁反应，这反映了系统中各个次系统彼此之间相互依存的关系。

开放系统理论主张，任何组织不能离开外部环境的制约，必须与其所处环境

---

[1] 秦惠民：《学位与研究生教育大辞典》［M］，北京理工大学出版社1994年版，第94页。

相互依赖与彼此影响。开放系统遵循自我运作、自我调节，并根据外在环境的变数而决定运作的原则。也就是说，开放系统是动态的，而非静态的，是不断与环境相互作用的。开放系统强调反馈机制的作用，认为系统的外部环境是系统无法控制的，但系统必须敏锐地观察到外部环境的变化，根据反馈信息做出适合组织发展的决策。基于不同环境的需求，组织的运作方式亦有极大的差别。

根据社会系统理论和开放系统论的基本观点，我们认为研究生教育系统是一个开放的社会系统。系统中要素及要素之间的关系构成了研究生教育的结构。研究生教育结构必须不断地根据社会环境、经济环境和政治环境等外在环境以及教育系统内部环境的变化而不断调适。结构是否与外部经济社会发展相协调决定了整个研究生教育系统功能的发挥程度。为此，本书提出研究生教育系统质量观理论，这一理论的要点如下：

第一，研究生教育系统质量包括宏观质量和微观质量：（1）宏观质量是指一国或一地区所培养的研究生在科类、层次、类型以及区域布局等结构方面满足社会需求的程度，体现为整个研究生教育体系的构成状况与经济社会发展的协调程度；（2）微观质量主要是指研究生的微观结构满足研究生培养需求的程度，微观质量的高低具体体现为培养质量好坏，即研究生培养过程的有效性，包括教学质量、课程质量以及学位论文质量等方面。

第二，结构决定质量。研究生教育系统质量取决于研究生教育宏观结构与社会需求的协调性以及研究生教育微观结构与研究生教育培养需求的协调性，协调程度越高，则系统质量越高。要提高我国研究生教育的系统质量，就必须同时优化我国研究生教育的宏观结构和微观结构。

第三，宏观质量和培养质量相互关联、密不可分。微观结构所决定的培养质量的高低要通过宏观质量来反映，否则，毕业生难以适应社会的需求；宏观质量必须以微观结构决定的培养质量为基础，如果二者不能高度契合，则研究生教育整个体系与社会大系统对研究生的需求就难以匹配。只有宏观质量和微观质量高度契合，二者同时满足社会需求时，一个高质量的研究生教育体系才有可能产生。

基于以上理论思考，本书课题组主要开展了以下工作：

第一，在全面总结我国研究生教育过去30年规模发展和结构演变的基础上，结合我国社会经济发展的现状和趋势，详细分析了我国研究生教育宏观结构（包括区域结构、科类结构和类型结构）的历史、现状、问题与调整机制，其中特别考察了宏观结构与经济社会发展的协调性，以反映我国研究生教育宏观质量状况。

第二，通过深入的调查和访谈，了解我国研究生教育培养过程中的微观结构（包括生源结构、导师结构和课程结构）的现状、问题，微观结构对培养质量的影响以及微观结构问题的成因。

第三，通过国际比较了解国际研究生教育结构的特征、调整趋势以及其结构调整的动因。

第四，基于上述研究，进一步提出调整我国研究生教育结构、提高我国研究生教育系统质量的政策建议。

研究框架见图 1-2。

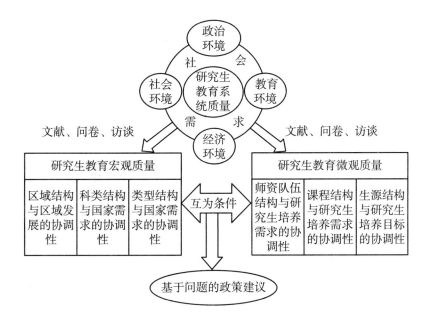

图 1-2　研究框架

研究生教育结构调整涉及多个方面，如研究生教育的区域分布特征、研究生教育结构的历史变迁、研究生教育的制度、研究生教育结构与社会需求的匹配性、微观结构对研究生培养质量的影响等。这些问题复杂多样，或宏观，或微观，或外显，或内隐，或记录于文献之中，或体现在现实之内。为了厘清问题的来龙去脉，找出解决问题的对策，必须综合运用多种研究方法。具体而言，本书主要运用了以下方法：

历史研究的方法：为从整体上把握我国研究生教育30多年来宏观结构的调整历程，挖掘结构发展的阶段性特征，运用了历史研究的方法。并在历史研究中穿插大量的数据统计分析和制度文本分析，以展现结构调整历程中的数量变化特征和制度变迁轨迹。

统计学的方法：一方面，通过运用描述性统计的方法，将各类结构中研究生教育要素（或资源）的分布特征（例如各类比例关系、均值、离散程度、不均衡程度、增长率）、发展特征（增幅和增长率）以及各类变量之间（如产业结构和科类结构）的相关关系全面地描绘了出来；另一方面，综合运用了路径分析、回归分析、时间序列分析（协整方程、误差修正模型和格兰杰因果检验）以及统计控制图等推断统计的方法对区域结构、科类结构与经济、科技发展之间的协调性进行了实证的考察。

问卷调查的方法：除了运用宏观数据进行统计分析，本书也进行了大量的问卷调查。一方面，通过网络调查和重点调查了解我国研究生的就业态势，本书课题组在问卷星网络调查公司的样本库中运用随机抽样的方法抽取了 1 096 位已毕业的研究生了解其学习经历及当前的就业情况，同时也专门针对我国中西部地区搜集了 4 省 11 所大学 2009～2011 年 30 288 位研究生的就业信息，此外还借用了"中国博士质量调查"以及北京大学 2003～2009 年四次全国高校毕业生就业状况的抽样调查数据。

访谈与案例研究法：在宏观结构调整机制分析、微观结构的问题呈现以及原因分析方面大量运用了访谈和案例研究的方法。不仅对清华大学、北京大学、中国农业大学、西安交通大学、西安建筑科技大学、兰州大学、北京师范大学、武汉大学、东北师范大学、哈尔滨工业大学、北京印刷学院、青海大学、中南大学、湖南大学、中国地质大学以及北京林业大学 16 所高校的研究生院相关负责人进行了深入访谈，也对国务院学位办和部分省级学位办的相关负责人进行了访谈。将访谈的相关内容融于本书之中，对访谈中所呈现的突出案例进行解析。

制度分析的方法：研究生教育政策与制度对研究生教育结构的影响非常大，故本书课题组对若干重要的制度和政策文本（如学科目录设置办法、推荐免试攻读研究生制度、学位授权审核制度和招生计划编制规定等）进行了深入分析，并基于此类制度和政策对调整机制中各类主体的权责范围以及当前调节机制所存在的问题进行了考察。

比较研究的方法：针对区域结构、科类结构、类型结构、层次结构、师资结构和生源结构等全面地考察了部分发达国家以及亚洲国家的结构现状、发展趋势及调整的动因，以期为我国研究生教育结构的调整方向提供参考。

第二节　宏观质量：我国研究生教育宏观结构调整研究

研究生教育的宏观质量是系统质量的重要组成部分，宏观质量主要指研究生教育宏观结构与社会经济发展的协调程度，这里主要从研究生教育的区域布局结构、科类结构和类型结构等几个方面来阐述研究生教育的宏观质量。

一、研究生教育宏观质量中的区域结构及其与经济社会发展的协调性分析

研究生教育区域结构属于研究生教育的亚结构，也称为布局结构或地区结构。它是按照地区分布这一属性，对研究生教育系统进行分析，其关注的是研究生教育在不同地区的布局和发展状况、地区间研究生教育的相互关系及其与所在地区资源、社会发展相协调的情况。依据我国行政管理体制的权责划分，本书研究的区域结构主要限定为省域结构。

1. 研究生教育区域结构的调整历程及现状

从历史发展的角度来看，我国研究生教育区域结构的调整历程大致可分为三个阶段。第一阶段为 1949～1977 年，是研究生教育区域结构的初步形成阶段。特别是 20 世纪 50 年代初所进行的院系调整是形成我国研究生教育区域结构的基础。第二阶段为 1978～1998 年，这一时期所实施的研究生院制度基本决定了我国研究生教育区域结构的格局。第三阶段为自 1999 年以后，随着我国研究生教育规模扩张的推进和体制改革的发展，研究生教育开始由点及面全面发展，在此阶段，一方面，研究生教育的核心要素（或资源，下同）依然不断集中于少数省域；另一方面，中央政府也更加考虑学位授权单位和授权点布局的均衡化，部分中西部省区开始发展硕士研究生教育甚至博士研究生教育，实现了研究生教育在全国范围的网络化布局。

按照研究生教育不同资源要素，当前我国研究生教育的区域结构可根据研究生培养机构（即学位授权单位）、学位授权点（即各级各类学科授权点）、在校研究生数、招生数及学位授予数、研究生导师以及研究生教育经费等来在我国不同省区的分布特征来描述。表 1-1 以培养机构、一级学科学位授权点、硕士生和博士生在校生数以及研究生导师数等指标来呈现我国研究生教育的区域结构现状。

表 1-1　　　2011 年我国研究生教育要素（或资源）的省际分布

地区	研究生培养机构数（个）	一级学科博士点数（个）	一级学科硕士点数（个）	在校硕士生数（人）	在校博士生数（人）	研究生导师数（人）
北京	51	511	572	177 739	65 151	42 379
天津	18	79	159	38 489	7 547	6 507
河北	16	51	199	31 781	2 064	6 409

地区	研究生培养机构数（个）	一级学科博士点数（个）	一级学科硕士点数（个）	在校硕士生数（人）	在校博士生数（人）	研究生导师数（人）
上海	22	210	230	93 206	25 807	17 898
辽宁	34	170	329	74 153	12 917	13 280
江苏	28	269	269	111 154	23 250	20 722
浙江	17	77	181	43 015	8 831	8 428
福建	10	77	117	29 157	4 739	6 161
山东	27	104	337	61 133	7 871	15 040
广东	23	134	215	64 588	12 991	14 758
海南	2	5	30	3 213	145	870
山西	8	46	103	22 809	1 981	3 977
吉林	15	82	159	45 915	9 095	9 007
黑龙江	17	92	201	48 168	9 661	8 667
安徽	16	72	168	37 103	4 670	6 418
江西	12	19	181	23 051	773	4 625
河南	15	51	243	29 663	1 245	7 367
湖北	23	171	296	86 540	20 626	16 222
湖南	12	122	193	50 307	9 790	9 230
内蒙古	8	23	103	14 349	967	3 059
广西	11	13	121	21 837	730	4 867
重庆	11	66	141	39 968	5 245	6 127
四川	21	110	224	70 257	12 567	10 879
贵州	7	9	80	12 165	271	2 971
云南	11	26	141	25 776	2 266	4 769
西藏	3	0	15	812	12	205
陕西	24	170	293	75 055	15 354	12 544
甘肃	9	42	114	23 491	3 482	4 421
青海	3	1	30	2 338	99	708
宁夏	3	5	35	3 445	68	733
新疆	9	21	88	13 259	840	3 239

　　资料来源：（1）研究生培养机构数来源于邱均平、赵蓉英、程斯辉等：《中国研究生教育及学科专业评价报告（2012～2013）》，科学出版社 2012 年版，第 4 页。（2）一级学科博士点、一级学科硕士点、在校硕士生数、在校博士生数和研究生导师数来源于，中国学位与研究生教育发展年度报告课题组：《中国学位与研究生教育发展年度报告（2012）》，中国人民大学出版社 2013 年版，第 210～234 页。

根据各省区占有的研究生教育资源要素的多寡可以看出，北京、江苏、上海、湖北、陕西和辽宁属于第一层次，他们拥有超过全国 40% 的研究生教育要素；四川、广东、山东、黑龙江和湖南属于第二层次，他们拥有超过全国 20% 的研究生教育要素；河南、甘肃、云南、陕西、广西和江西属于第三层次，他们拥有超过全国 10% 的研究生教育要素；剩下省份均属于第五层次，拥有不到全国 4% 的研究生教育要素。

为刻画研究生教育要素在省际的分布差异程度，本书选取广义熵指数和基尼系数作为构建研究生教育区域结构分布不均衡指数体系的统计量。基尼系数主要关注地区间整体的不均衡程度，参数取值为 2 的广义熵指数主要关注要素富足的地区间的不均衡程度，参数取值为 0 的广义熵指数主要关注要素贫乏的地区间的不均衡程度。该不均衡指数体系满足强转移、弱转移、尺度无关性、样本规模无关性和可分解性的特性。

假定硕士研究生教育要素在省际的分布应类似一个橄榄的形状，近似于统计学中的正态分布；博士研究生教育要素在省际的分布应呈金字塔形，近似于统计学中的帕累托分布。通过公式推导和求取数值极限，硕士层次整体不均衡指数的合理范围应介于 0.3 ~ 0.4；博士层次整体不均衡指数的合理范围应介于 0.4 ~ 0.5。表 1 - 2 呈现出研究生教育要素的省际分布特征。

表 1 - 2　我国各省研究生教育要素（或资源）的省际分布特征

| | | 单位 | 均值 | 极小值 | 极大值 | 极差 | 不均衡指数 | | |
							基尼系数	广义熵指数（2）	广义熵指数（0）
高校研究生培养机构		个	16	2	51	49	0.34	0.23	0.19
学位授权点	一级学科博士点	个	92	1	511	510	0.51	0.43	0.59
	一级学科硕士点	个	184	15	572	557	0.33	0.19	0.25
	二级学科博士点	个	19	0	85	85	0.45	0.34	0.40
	二级学科硕士点	个	89	4	306	302	0.35	0.23	0.27
研究生教育发展的优势平台	国家级重点学科	个	57	0	491	491	0.66	0.99	0.71
	教育部人文社会科学重点研究基地	个	5	0	46	46	0.66	0.65	0.61
	教育部重点实验室	个	10	0	37	37	0.58	0.47	0.50
研究生导师队伍	研究生导师总数	人	8 790	205	42 379	42 174	0.43	0.41	0.43
	博士生导师数	人	566	0	5 567	5 567	0.71	1.72	1.24

续表

		单位	均值	极小值	极大值	极差	不均衡指数		
							基尼系数	广义熵指数（2）	广义熵指数（0）
研究生导师队伍	硕士生导师数	人	6 781	201	27 704	27 503	0.39	0.31	0.37
	博士生硕士生导师数	人	1 443	0	9 108	9 108	0.57	0.79	0.71
	正高职称研究生导师数	人	4 366	80	22 154	22 074	0.44	0.34	0.43
	副高职称研究生导师数	人	4 120	102	18 021	17 919	0.44	0.33	0.45
研究生在校生规模	2003 年总规模	人	20 993	59	116 375	116 316	0.54	0.51	0.80
	2006 年总规模	人	35 634	356	179 735	179 379	0.49	0.42	0.61
	2009 年总规模	人	45 321	589	211 386	210 797	0.47	0.38	0.55
	2011 年总规模	人	53 064	824	242 890	242 066	0.46	0.43	0.52
	2011 年硕士规模	人	44 321	812	177 739	176 927	0.43	0.35	0.46
	2011 年博士规模	人	8 744	12	65 151	65 139	0.61	1.01	1.14
高等教育经费总收入	2003 年总收入	千元	5 737 409	228 297	22 225 781	21 997 484	0.43	0.36	0.45
	2006 年总收入	千元	8 978 867	472 527	34 043 748	33 571 221	0.44	0.32	0.43
	2008 年总收入	千元	14 000 000	697 882	46 478 712	45 780 830	0.42	0.30	0.40
	2010 年总收入	千元	18 158 313	828 068	63 321 716	62 493 648	0.47	0.30	0.38

注：表内数据若无特别指明，均为 2011 年数据，依据表 1-1 的数据计算而成。广义熵指数（2）是指参数值为 2 的广义熵指数，主要关注要素富足地区间的不均衡程度。广义熵指数（0）是指参数值为 0 的广义熵指数，主要关注要素贫乏地区间的不均衡程度。

表 1-2 显示：

第一，整体不均衡指数显示 2011 年一级学科博士点、二级学科博士点、各类研究生教育发展的优势平台，在校博士生规模以及博士生导师数量均超过合理范围（0.5）。其他要素的差异虽然显著，但并没有超过其对应的合理范围。

第二，广义熵指数表明处于不合理区间的要素在研究生教育发达地区间的差异以及在研究生教育薄弱地区间的差异均非常大。但二者的差异有所不同，对于优质的要素，如博士点、教育部人文社科重点研究基地等，薄弱地区的差异相对较小；对于基础的要素如培养机构、硕士在校生规模等，发达地区间的差异相对较小。

第三，从研究生在校生规模和高等教育经费总收入的历时性比较来看，研究生教育要素的分布虽具有历史的延续性，但总体上仍逐步趋于均衡分布。

2. 研究生教育区域结构与经济社会发展的协调性

研究生教育区域结构与所在地区经济社会发展的协调性是研究生教育宏观质量的重要构成部分。其二者的协调程度越高，区域研究生教育对所在地区经济社会发展的支持将会越大。研究生教育系统就越能为各区域培养出"用得上"、"留得住"的高层次创新人才，其对应的宏观质量也就越高。

（1）宏观分析：研究生教育区域结构与经济、科技发展的协调性。就目前学界的研究来说，主要有"省域结构协调论"与"省域协调无用论"两种观点。本书认为，从省域层面来讨论省域研究生教育与其经济社会发展的协调问题不能一概而论，不能将二者关系笼统地称为"协调"或"不协调"。任何的社会现象绝不可能像工程作业一样精确操作、严密控制。研究生教育区域结构与经济社会发展的关系也不可能达成完全的"协调"或完全的"不协调"。"协调"或"不协调"都只是一种相对而非绝对的概念。"应该协调发展"或"不应该协调发展"关键取决于我们对"协调发展"讨论的角度以及其适用的边界条件。

从本土特色人才培养的角度来看，研究生专业设置应与本省域的社会经济特色人才需求相匹配；从权利匹配的角度来看，地方高校的研究生教育应与省域经济社会发展相协调；从不同层次的研究生教育特征来看，硕士研究生教育应与省域经济社会发展相协调；从产学研合作的视角来看，大学科技园是省域研究生教育与经济社会协调发展的重要连接点。

但目前的难点是如何判定一省区研究生教育是否与其经济社会发展相匹配？就研究现状来看，对研究生教育与经济社会发展协调程度判别的方法大致有五种类型：观察思辨判断型、二维图示直观型、描述性统计观测型、回归分析拟合型和系统建模仿真型。这些判别方法各有可取之处，也均存在一定的局限性：

首先，研究所基于的假设——研究生教育区域结构整体的协调性尚未得到验证，从而使已有成果的有效性受到质疑。要讨论各省区二者是否协调，必须具有一个明确的参照系。依据已有研究中所采用的回归分析的特质，其参照系选取的基本逻辑是"区域结构整体协调→区域结构中研究生教育发展的均值与经济社会发展的均值协调→依据均值协调判断各省区研究生教育发展的协调性"。因而，均值水平作为参考基准的充分必要条件是区域结构整体的协调性。但在已有研究中鲜有涉足对此假设的证明。

其次，已有研究大多关注研究生教育区域结构与经济、科技发展的协调性现状，却忽略了协调发展的历时性特征，从而不能对研究生教育区域结构与经济、科技的动态互动特征做出较为精确的描述。

此外，已有研究对于经济、科技和研究生教育区域结构之间的作用路径有简单化的倾向，未能区分各类因素对研究生教育的直接影响和间接影响。

故本书在考察研究生教育区域结构整体与经济、科技发展的协调性的基础上对各区域研究生教育与经济、科技发展的协调性进行了考察。

研究生教育区域结构整体与经济、科技发展的协调性分析：

本书认为，研究生教育区域结构与经济、科技协调发展具有以下三种可供辨识的特征：

①由研究生教育区域结构、经济和科技所构成的系统中，三大因素应形成长期稳定的关系。

②若系统内研究生教育区域结构、经济或科技三者中某一因素的变化出现了破坏其长期稳定关系的发展态势，系统会自发形成纠偏机制，对出现偏离态势的因素进行调控，从而维持系统稳定，使偏离因素恢复到新的稳定发展状态。

③系统内研究生教育区域结构、经济和科技之间应出现相互促进、互为因果的发展关系。

协整理论为以上三种特征的探测提供了可能：协整理论中协整方程的建立和估计可探测出研究生教育区域结构、经济与科技发展之间是否存在着长期稳定的发展关系；协整理论中误差修正模型可结合协整方程对研究生教育区域结构、经济与科技发展的短期波动状态进行描绘，从而考察它们是否形成了系统内生的纠偏机制；协整理论中的格兰杰因果检验可考察研究生教育区域结构、经济与科技在数据层面所呈现的动态因果关联。

协整方程的估计结果表明：我国研究生教育区域结构整体与经济、科技之间存在着显著的长期稳定的关系：在其他条件不变的情况下，对数化后的科研支出与对数化后的在校研究生数呈现长期稳定的正向关系，在校研究生增加，科研支出也增加；同样，在其他条件不变的情况下，对数化后的科研支出与对数化后的GDP也呈现长期稳定的正向关系，GDP增加，科研支出将增加。

误差修正模型的估计结果表明：在存在长期稳定关系的基础上，我国研究生教育区域结构、经济与科技发展之间也形成了显著的内生纠偏机制，对科研支出和在校研究生数的增幅有着明显的调整作用。例如，当在校研究生数的增速超过或低于科技支出和GDP支撑的速度时，三变量所形成的内生调节机制能够对在校研究生数的增速进行调节。内生纠偏机制对科研支出所产生的纠偏作用亦是类似。同时，内生纠偏机制对经济的发展也有着显著影响，但由于经济的发展还受到更多外部因素的影响，故该模型整体并未通过统计检验。此外，同期的GDP增速与在校研究生数增速之间存在着短期的替代效应，当同期在校研究生数增速加快时，GDP增速有减慢趋势；当同期GDP增速加快时，在校研究生数有减慢趋势。

依据格兰杰因果检验，我国研究生教育区域结构与科技之间以及科技与经济之间均形成了较好的互动机制。科研支出的增幅与 GDP 的增幅有着双向显著的互动关系；在校研究生数的增幅对于科研支出的增幅在滞后 2 期到滞后 6 期间有显著影响，科研支出增幅在滞后 4 期时对在校研究生数增幅有显著影响。

各区域研究生教育与区域经济、科技发展的协调性分析：

在研究生教育区域结构整体协调的基础上，本书对各省份研究生教育结构与区域经济、科技发展的协调性进行了考察。将经济社会对研究生教育区域结构的作用机制模型总结于图 1 - 3 内。

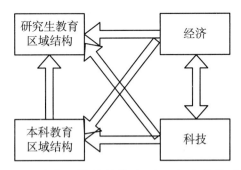

图 1 - 3 影响区域结构的主要因素及其作用路径

研究生教育区域结构受到经济、科技以及本科教育区域结构的影响。但影响方式有两种：①本科教育区域结构、经济和科技直接作用于研究生教育区域结构；②科技和经济通过影响本科教育区域结构从而作用于研究生教育区域结构。当然，经济和科技之间存在着相互作用和相互影响。

将此理论模型转化为计量模型后，对各省市的经济、科技和研究生教育分别运用 3 项指标进行测量，对原始数据进行平减和对数化后，运用因子分析将各因素的衡量指标化为综合性的因子得分代入计量模型，并控制住经济和科技间的相关性，最后运用路径分析的方法估计出模型的表达式。结果显示：科技和本科教育是促进研究生教育发展的主要因素，并且科技的促进作用远大于本科教育。在控制了科技、本科教育以及科技与经济的相关系数后，经济与研究生教育的关系从控制前的正向中高度相关（相关系数为 0.59）转化为负向低度相关，这说明经济对研究生教育的影响主要是通过科技和本科教育来产生。对于本科教育而言，经济是影响本科教育发展的重要因素，经济发展水平越高，本科教育发展越好。同时，剔除了经济的影响后，科技对于本科教育发展并无显著影响。

依据估计结果，我们得到了与各省市经济、科技发展相协调的研究生教育发展水平得分，并将其与现实的发展水平对比，得到各省市研究生教育发展的不协调值。借助于统计学中的统计控制过程技术（Statistics Process Control）对不协调值进行判定，我们发现：2003～2010 年，研究生教育发展被判定为不协调的省市有北京、上海、山东、河南、江苏和广东（见表 1 – 3）。其中超前发展的省市为北京和上海，滞后发展的省市为山东、河南、江苏和广东。其他省份的研究生教育均被判定为协调发展。

表 1 – 3　　　　2003～2010 年研究生教育发展不协调发展的省份

年份	超前发展省份	滞后发展省份
2003	北京	山东、河南
2004	北京、上海	无
2005	北京、上海	无
2006	北京、上海	无
2007	无	无
2008	北京、上海	广东
2009	无	江苏、广东
2010	无	山东、广东

（2）微观分析：研究生教育区域功能的发挥程度。从人才培养的角度看，研究生教育区域功能体现在：①从教育起点的角度上来看，有多少人在本土接受研究生教育，这代表着区域研究生教育为提高本土居民素质所做的努力；②从教育结果上看，有多少研究生毕业后留在本土工作，这代表着区域研究生教育为本土经济、社会发展贡献了多少高层次人才资源。

基于此，通过借鉴劳动力迁移理论中的分析框架，将研究生生源地域和就业地域结合起来，对研究生毕业迁移进行解析（见表 1 – 4）。

表 1 – 4　　　　　　毕业研究生就业迁移的九种类型

生源区域	生源地	工作地	类型编号	对就学所在省域或片区所产生的影响
本区	本省	本省	1	提高本省人口素质，增加更多本省的高级人才数量
		外区	2	有助于提高本省人口素质
		本区外省	3	有助于提高本省和所在片区的人口素质，增加片区的高级人才数量
	外省	本省	4	增加更多本省的高级人才数量
		外区	5	一般情况下并无直接的影响
		本区外省	6	有助于提高本省和所在片区人口素质，增加片区的高级人才数量

续表

生源区域	生源地	工作地	类型编号	对就学所在省域或片区所产生的影响
外区		本省	7	增加更多本省的高级人才数量
		外区	8	一般情况下并无直接的影响
		本区外省	9	有助于增加所在经济片区的高级人才数量

注：本区是指省市所在的经济区域，外区是指非省市所在的经济区域，本书采用的是八大经济区域的划分方法，按照各省份的地理位置将我国划分为八大部分：南部沿海地区（广东、福建、海南）；东部沿海地区（上海、江苏、浙江）；北部沿海地区（山东、河北、北京、天津）；东北地区（辽宁、吉林、黑龙江）；长江中游地区（湖南、湖北、江西、安徽）；黄河中游地区（陕西、河南、山西、内蒙古）；西南地区（广西、云南、贵州、四川、重庆）；西北地区（甘肃、青海、宁夏、西藏、新疆）。

为了解我国研究生现实的就业迁移情况，我们进行了网络调查和重点调查。网络调查主要依托问卷星网络调查公司的样本库随机抽取了 1 096 位已毕业的研究生调查其就学经历和工作状况；重点调查主要是获取了西部地区和长江中游地区 4 省 11 所大学 2009~2011 年所有研究生的就业信息（见表 1-5）。

表 1-5　　　　随机抽样调查中九种研究生迁移就业类型的统计　单位：人，%

生源区域	生源地	工作地	编号	总人数	占样本总数比例	硕士		博士	
						人数	比例	人数	比例
本区	本省	本省	1	300	28.36	168	22.64	132	41.77
		外区	2	114	10.76	97	13.07	17	5.38
		本区外省	3	17	1.60	15	2.02	2	0.63
	外省	本省	4	33	3.12	15	2.02	18	5.70
		外区	5	35	3.31	32	4.31	3	0.95
		本区外省	6	34	3.21	23	3.10	11	3.48
外区		本省	7	177	16.73	126	16.98	51	16.14
		外区	8	327	30.91	248	33.42	79	25.00
		本区外省	9	21	2.00	18	2.43	3	0.95

网络调查发现：

第一，外省生源约有 2/3 离开了读研省份，约有 1/3 的外省生源留在了本省工作。

第二，本省生源约有 3/4 留在本省工作，约有 1/4 离开了读研省份。

第三，博士比硕士更倾向于留在本省工作。

第四，离开本省就业的毕业生大多也不会前往读研省市所在区域的其他省市，这类迁移就业者仅占迁移就业者总数的 13% 。

重点调查发现（见表 1－6）：

第一，2009～2011 年，重点调查的四个省市的本土生源率和本土就业率在不同年份中没有显著差异。

第二，2009～2011 年，重点调查的四个省市的本土生源率和本土就业率均大致介于 30%～50%。

第三，同网络调查结果一样，博士比硕士更倾向于留在本省工作。

表 1－6　　重点调查中样本分年度的本土就学以及本土就业情况分析

年份		2009				2010				2011			
省域	层次	本土生源率		本土工作率		本土生源率		本土工作率		本土生源率		本土工作率	
		省份	片区	省份	片区	省份	片区	省份	片区	省份	片区	省份	片区
A	硕士	0.29	0.33	0.38	0.45	0.29	0.33	0.36	0.45	0.23	0.29	0.34	0.42
	博士	0.50	0.50	0.75	1.00	0.8	0.81	0.75	0.75	0.77	0.77	0.54	0.77
B	硕士	0.40	0.41	0.48	0.5	0.35	0.37	0.49	0.52	0.32	0.34	0.41	0.45
	博士	未招收博士				0	0	0	0.67	0.36	0.5	0.57	0.57
C	硕士	0.43	0.51	0.45	0.49	0.46	0.52	0.45	0.49	0.44	0.49	0.42	0.47
	博士	0.49	0.54	0.48	0.49	0.58	0.67	0.51	0.57	0.70	0.77	0.53	0.60
D	硕士	0.46	0.61	0.42	0.47	0.54	0.69	0.43	0.49	0.56	0.68	0.49	0.55
	博士	0.58	0.67	0.51	0.57	0.70	0.77	0.53	0.60	0.55	0.64	0.38	0.45

综上所述，从毕业研究生就业的区域流动情况上看，当前我国研究生教育的区域结构基本上能够从高层次人才培养方面为所在省域的经济社会发展提供支持。即使是中西部地区部分薄弱省份，其高层次人才留在本省工作的比例也高于30%，且有向上增长的趋势。但薄弱地区的人才流失情况也不容忽视，这就要求我国研究生教育区域结构调整中应着重关注薄弱省域研究生教育发展问题。

3. 区域结构调节机制现状及问题

（1）区域结构调节机制的现状。恢复研究生招生制度以来，我国逐步形成了如下研究生教育区域结构调节机制：学位授权审核、招生计划、国家重点学科、研究生院建设和国家财政拨款等制度。这些制度决定了各类研究生教育要素的地区分布状态，而这些制度的制定及实施权力大多集中在中央政府手中并随着体制改革的推进而逐步将相关权力下放给地方政府或培养单位。

以学位授权审核制度为例，我们可看到当前区域结构调节机制中不同主体的权责分配。对不同主体的权力分析主要依据《中华人民共和国学位条例》、《专业学位设置审批暂行办法》、《博士、硕士学位授权审核办法改革方案》（2008）

以及《硕士、博士专业学位设置与授权审核办法》（2010）。

①中央政府的权力与作用。首先，中央政府具有全局规划学位点布局的权力，规划方案的制订将对我国研究生教育的区域结构产生重大影响。国务院学位委员会综合考虑经济社会人口等相关因素，对各省（自治区、直辖市）进行分类，根据各类省份的不同情况，按照分类指导的原则，确定新增学术学位授权学科专业的指导意见和分省份的增长规模控制方案。

其次，中央政府拥有强大的学位授权审核的权力，这些权力将直接决定区域结构中学位点（特别是博士学位点）及其相关要素的区域分布。国务院学位委员会对于博士学术学位和博士专业学位以及学位授予单位的新增具有审批权；对于硕士专业学位的新增，国务院学位委员会并不直接进行评审，而是由省级学位委员会和部分学位授予单位自行评审以后，报国务院学位委员会审批。

②省级政府的权力及作用。为促使我国研究生教育更好地适应经济建设和社会发展的需要，特别是区域经济社会发展的需要，过往集中于中央政府的学位授权审核权力开始逐步向省级政府高校下放。

首先，省级政府具备对本省学位点进行规划布局的权力。按照《博士、硕士学位授权审核办法改革方案》，各省（自治区、直辖市）可基于所在区域现有学位授权体系状况和研究生培养能力，根据国家分类管理的有关要求、区域经济社会发展以及特殊行业或部门的发展需要，以"科学分工、合理定位，统筹规划、优化结构，保证质量、提高效益"为原则，统筹考虑本省各级学位授予单位发展的规模和布局，制定新增学位授予单位立项、建设规划。

其次，省级政府具备一定的审核硕士学位的权力。除了一部分国务院学位委员会委托开展自行审核工作的单位外，已有学位授予单位增列硕士学术学位（不含军事学门类）由省级政府审核；对于部分单位增设硕士专业学位，由省级学位委员会组织评审，但需报国务院学位委员会审批。

③学位授予单位的权力及作用。在现行的调整机制下，各学位授予单位所拥有的权力有所不同：

对于大多数学位授予单位，其学位授权审核工作主要按照中央政府和省级政府的规划来进行申报、实施和建设，并不具有审核的权力。

对于一部分国务院学位委员会委托的基础条件好、办学实力雄厚、社会声誉高，并经教育部批准设置研究生院的学位授予单位，他们能够自行开展本单位博士学术学位和硕士学术学位的授权学科（不含军事学门类的学科）的审核，并自行组织硕士专业学位的评审，报国务院审批。

（2）区域结构调节机制的问题。基于以上的陈述可以看出，当前研究生教育区域结构调节机制存在一些问题，主要包括三个方面：

①中央政府权力过大，难以合理引导研究生教育的区域布局。从前期影响研究生教育资源和要素分布的制度和手段来看，包括研究生培养学科目录、研究生院建设、重点学科建设、招生计划制订、国家财政拨款以及评定院士和长江学者等制度和手段都过于集中于中央政府，难以满足各地不同的研究生教育需求。而且各类研究生教育的评估、排行等都把研究生教育学科点的层次和多少作为评估的重要指标，导致各地研究生培养机构盲目申办硕士点、博士点，而当地经济社会发展需求则往往不在其考虑之列或居于次要的位置，从而导致研究生教育与当地经济社会发展难以协调。

②地方政府权力有限，难以协调研究生教育与当地社会经济发展关系。在政策实际执行过程中，相对来讲，地方政府基本难以起到调节本省区研究生教育机构分布与资源分布的作用。当然，我们的调查也发现，由于各省区经济发展水平不一，用于研究生教育的财政资源相差甚远。财政资源丰富的省市在支持本省研究生教育发展方面比较积极，但即使这些省市，其作用也仅限于质量保障、学科建设等方面，根据当地社会、经济发展对研究生教育布局做出调整的能力尚有待加强，而那些经济欠发达省区的学位委员会则难以起到相应的作用。

这就导致地方学位委员会难以有大的作为，一位经济发达省份的学位办领导认为，"地方需控制自我行为，在中央政策框架内不折不扣地做好学位点评审、硕士学位点评估、各类选优推荐等工作。"即省级学位办的作用主要限于执行中央政策。

③研究生培养机构被动适应政策，缺乏自主性。从理论上讲，研究生培养单位作为研究生培养的主体，可以通过学科设置、招生指标分配以及学科建设资源配置等方式对本校研究生教育结构做出相应的调整，使之与区域发展相适应。但调查中发现，现实中学校在学科布局调整时要受到研究生培养学科目录和招生指标、人事编制等的限制，加上学者对本学科的高度忠诚，院系作为博弈主体与学校进行博弈，高校的自身调节作用是非常有限的。在高校与政府的关系中，政府仍然管得过多、过细。对高校而言，政府是举办者、管理者、评估者，高度合一。同时，高校尚未建立起独立的法人治理结构和合理的权力制衡机制，依法自我发展、自我约束的调节机制还未能真正建立。

二、研究生教育宏观质量中的科类结构及其与经济社会发展的协调性分析

研究生教育科类结构，亦称学科、专业结构，是指研究生教育发展中不同学科领域的构成状态。它反映了社会分工的横断面，规定着研究生教育培养人才的

"品种"和规格，是关系到研究生教育全局的基础性结构，同时对社会经济发展也有着非常直接的影响，在宏观质量中起着中枢作用。

1. 科类结构的调整历程与现状

为了分析研究生教育科类结构的调整历程与特征，这里所采用的指标为研究生在校生数。因为招生数、在校生数和毕业生数三者具有高度的相关性，同时在校生数能够较好地反映研究生教育规模的存量，且数据可得性较强。

从研究生各学科在校生规模来看（见图1-4），自1984年以来，各学科在校研究生规模都呈现出增长的趋势。从各学科曲线斜率可以粗略地看出，除工学外，1998年之前，各学科研究生的在校生规模的曲线较为平稳。而1998年之后，几乎所有学科的研究生规模都出现了比较明显的增长，并在随后的十年中保持了较高的发展速度，在21世纪初掀起了我国研究生教育发展的高潮。[①] 从图1-4可以看出，工学无论从规模上还是增长率方面均明显高于其他学科，而管理学在2010年之后异军突起，超越理学成为在校生规模第二大学科。

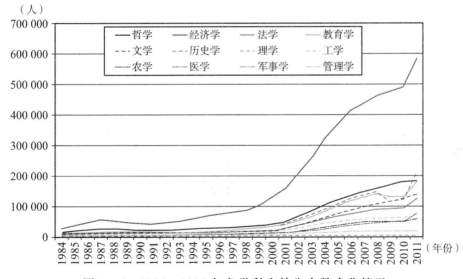

图1-4　1984~2011年各学科在校生人数变化情况

资料来源：2000~2011年数据来源于2001~2012年的《中国统计年鉴》，1984~1999年数据来源于历年《中国教育统计年鉴》。

增长率更能反映研究生教育规模发展的波动状况，如图1-5所示，各学科研究生在校生规模在大部分年份都呈现出了剧烈的波浪式增长趋势。

---

① 《中国统计年鉴》和《中国科技统计年鉴》从2001年起才按12个学科门类来统计研究生数，之前年度的统计中无军事学和管理学。

具体情况可以分为以下阶段：

①1985～1987年，大部分学科规模增长率在20%以上。其中，教育学、医学研究生在校生数1984～1987年的增长率分别达到了63%和58.77%。

②1988～1991年，几乎所有学科的规模增长速度均出现不同程度的下降，1989年，下跌幅度超过10%的为农学（-15.55%）和工学（-15.46%），1991年，下跌幅度超过10%的为农学（-10.11%）和医学（-10.32%）。社会科学（如法学和经济学）下跌幅度较小。

③1992～1998年，各学科在校生数又开始恢复增长，其中经济学在校研究生的增长率在1994年达到42.5%，增长率在20%左右的学科门类有1997年的法学和1995年的文学。

④1999～2005年，各学科再次加速增长，大部分增长率超过20%，教育学在1999年增长率为40.5%，文学在2002年达到40.6%。

⑤2006～2010年，所有学科的增长率又开始回落，而且回落幅度较大，尤其在2008年之后，大部分学科在校生的增长率不到10%，部分学科出现了负增长，例如管理学在校研究生的增长率为-21.52%。

⑥2011年，各个学科的增长率又开始强势反弹，管理学的增长率达到77%，医学的增长率达到40.5%，教育学的增长率达到47.36%，法学的增长率达到35.04%。

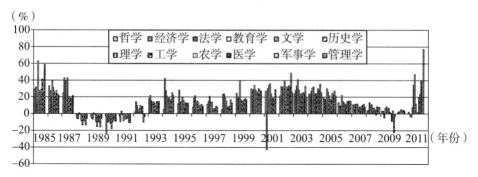

图1-5　1985～2011年各学科在校研究生规模增长率的变化情况

资料来源：2000～2011年数据来源于2001～2012年的《中国统计年鉴》，1984～1999年的数据来源于1984～1999年的《中国教育统计年鉴》。

除了关注各学科自身的变化，仍需进一步考察各学科在整个学科结构中的地位。根据图1-6～图1-9，各学科在校研究生数占在校生总人数的比例在近30年来的调整趋势具有一些较为显著的差异。大致来看有以下四类情况：

①增长和回落交替型：经济学和管理学在30年的发展中存在着明显的增长和回落交替的调整趋势。例如，经济学在1992～2000年高速增长，其在校研究生数占在校研究生总数的比例一度达到11.83%，是1984年的2倍多；但是2000

年后迅速回落，一直徘徊在 5% 左右。

②稳定增长型：教育学、法学和文学在近 30 年来一直稳定增长，例如，教育学在校研究生数占在校研究生总数的比例从 1984 年的 1.07% 上升到 2011 年的 4.34%。

③基本稳定型：哲学、医学和农学在校研究生数占在校研究生总数的比例相对稳定，没有出现较大波动。1984～2011 年，哲学稳定在 1% 左右，医学稳定在 10% 左右，农学则稳定在 3%～5%。

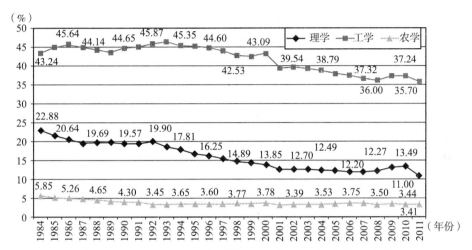

图 1-6　1984～2011 年理学、工学和农学在校研究生
数占在校研究生总数的比情况

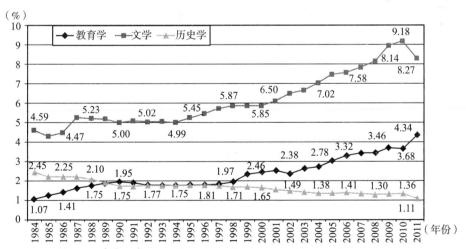

图 1-7　1984～2011 年教育学、文学和历史学在校研究生数占
在校研究生总数的比情况

④不断降低型。工学、理学、历史学的在校生规模比例持续下滑。例如，工学的在校生规模在所有学科中始终最大，但所占比例总体趋势在减少。1998～2000年，尚能维持在40%以上，2000年之后，跌破40%，并持续缩减，在2011年降至35.70%。

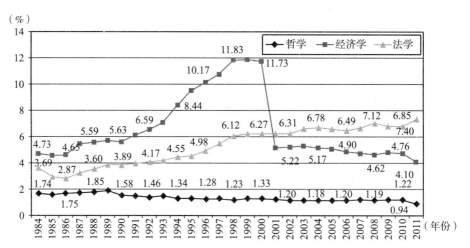

图1-8　1984～2011年哲学、经济学和法学在校研究生数占在校研究生总数的比情况

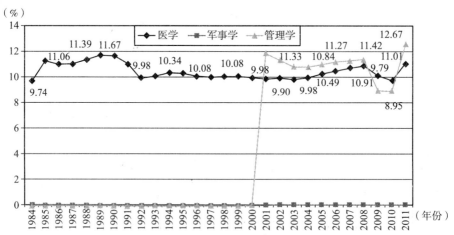

图1-9　1984～2011年医学、军事学和管理学在校研究生数占在校生总数比例的情况

资料来源：图1-6～图1-9中，2000～2011年数据来源于2001～2012年的《中国统计年鉴》，1984～1999年的数据来源于1984～1999年的《中国教育统计年鉴》。

具体至硕士生和博士生，其科类结构的调整过程有所不同（见表1-7）。由于硕士在校生占在校研究生总数的比例很大，故科类结构整体与硕士生科类结构调整的特征基本一致。但必须看到的是，硕士生科类结构与博士生科类结构的调整过程有很大不同。科类结构整体和硕士生科类结构中：属于稳定增长型的文学和属于基本稳定型的医学在博士生科类结构中均属于增长、回落交替型；属于不断降低型的工学在博士生科类结构中属于基本稳定型；属于增长、回落交替型的管理学在博士生科类结构中属于基本稳定型。

表1-7　　　　　　　不同的科类结构中各科类调整过程的类型

类型	科类结构整体	硕士生科类结构	博士生科类结构
增长、回落交替型	经济学、管理学	经济学、管理学	经济学、医学、文学
稳定增长型	教育学、法学、文学	教育学、法学、文学	教育学、法学
基本稳定型	哲学、医学、农学	哲学、医学、农学	工学、哲学、管理学、农学
不断降低型	工学、理学、历史学	工学、理学、历史学	理学、历史学

但是总体而言，1984～2011年，研究生教育的科类结构发生了很大的变化，尤其是理学、管理学、医学、农学等学科按照在校生规模所占比例的地位变化显著（见表1-8）。

表1-8　　　　　　　1984年、2001年和2011年科类结构　　　　单位：%

科类结构	1984年	2001年	2011年
哲学	1.74	1.30	0.94
经济学	4.73	5.16	4.10
法学	3.69	6.27	7.40
教育学	1.07	2.54	4.34
文学	4.59	6.10	8.27
历史学	2.45	1.58	1.11
理学	22.88	12.62	11.00
工学	43.24	39.29	35.70
农学	5.85	3.33	3.41
医学	9.74	9.88	11.01
军事学	—	0.04	0.05
管理学	—	11.90	12.67

注：表中数据依据各科类在校研究生数计算而成。

资料来源：2000～2011年数据来源于2001～2012年的《中国统计年鉴》，1984～1999年的数据来源于1984～1999年的《中国教育统计年鉴》。

此外，科类结构在博士、硕士层次没有明显差异。各学科在校研究生规模显示博士和硕士层次的科类结构也大致相同。只是在博士研究生教育的科类结构中，所占比例最大的学科依次是工学、理学、医学和管理学；在硕士研究生教育的科类结构中，则依次是工学、管理学、理学和医学。硕士科类结构中各学科所占的比重和博士科类结构中各学科所占的比重的相关系数为 0.94，说明二者结构非常接近。

2. 研究生科类结构与经济社会发展的协调性分析

科类结构与经济社会发展的协调程度越高，培养出来的人才越能够将其专业所学与岗位所用结合起来，进而提高研究生教育系统对经济社会发展的支撑力度，使研究生教育的宏观质量得到提升。

（1）宏观分析：科类结构与产业结构、科技发展的协调性。改革开放以来，我国大力促进制造业和服务业的快速发展，截至目前基本实现了农业、工业和第三产业协同发展的局面。

与产业结构相伴随的是，我国的就业结构的重大变化。1978～2011 年，第一产业就业人数占总就业人数的比重由 70.5% 下降至 34.8%，下降了 35.7 个百分点；第二产业就业人口所占比重由 17.3% 升至 29.5%，上升了 12.2 个百分点；第三产业就业人口所占比重由 12.2% 升至为 35.7%，上升了 23.5 个百分点。[①]

据中国人力资源市场信息网监测中心对全国 105 个城市的公共就业服务机构市场供求信息所进行的统计分析显示，从 2004～2011 年的产业分组需求来看（见表 1-9），我国就业需求以第三产业为主，比重在 58% 以上，第二产业次之，比重在 30% 以上，而第一产业需求比重较小。各学科研究生的毕业生数与对应的各产业劳动力市场需求人数的相关系数一直在 0.98 以上。这表明我国研究生教育的科类结构与劳动力市场对不同学科高层次人才的需求具有较高的匹配性，但由于劳动力市场需求的高层次人才中包括了专科、本科以及研究生层次的所有劳动力市场，以上比例在反映研究生教育科类结构与劳动力市场关系方面还不够充分。

表 1-9　　　2004～2011 年分学科毕业研究生数构成与三大产业就业人员需求构成

单位：%

年份	分学科毕业研究生数构成（1）			劳动力市场需求人数构成（2）			（1）和（2）相关系数
	农学门类	工学门类	其他门类	第一产业	第二产业	第三产业	
2004	3.43	37.20	59.37	2.20	31.40	66.50	0.9852
2005	3.18	38.47	58.35	2.20	32.00	65.80	0.9808
2006	3.46	36.95	59.59	2.40	32.90	64.70	0.9924

① 中华人民共和国国家统计局编：《中国统计年鉴（2012）》，中国统计出版社 2012 年版。

年份	分学科毕业研究生数构成（1）			劳动力市场需求人数构成（2）			（1）和（2）相关系数
	农学门类	工学门类	其他门类	第一产业	第二产业	第三产业	
2007	3.62	36.78	59.60	2.40	36.40	61.20	0.9999
2008	3.74	35.76	60.51	2.60	37.80	59.60	0.9981
2009	3.87	37.63	58.50	2.30	38.90	58.80	0.9994
2010	3.95	36.06	60.00	1.80	38.70	59.50	0.9971
2011	2.79	33.61	63.60	1.80	39.30	58.90	0.9854

资料来源：（1）分学科毕业研究生数来源于 2004~2011 年《中国统计年鉴》；（2）劳动力市场需求人数来源于 2004~2009 年的全国部分城市劳动力市场供求状况分析，分析报告来自国家人力资源与社会保障部网站：http://w1.mohrss.gov.cn/gb/zwxx/node_5433.htm/2012-10-18。

①科类结构整体与产业结构、科技发展的协调性分析。与区域结构一样，研究生教育科类结构与外部因素的协调发展也应具有三大典型的特征：因素间的长期稳定关系、内生纠偏机制以及相互作用机制。故在此仍基于协整理论来考察我国科类结构与产业结构、科技之间的协调性。

科类结构整体与产业结构、科技发展的协调性分析结果显示：在其他条件不变的情况下，各产业产值的增幅和对应的各学科在校研究生数的增幅存在着长期稳定的正向关系，各产业产值增幅扩大，对应的各学科在校研究生的增幅也扩大；同样，对数化后的科研支出和各学科在校研究生数的增幅也存在长期稳定的正向关系，对数化后的科研支出增加，各学科在校研究生的增幅也扩大。

在存在长期稳定关系的基础上，我国研究生教育科类结构、产业结构与科技发展之间也形成了显著的内生纠偏机制，对在校研究生数的增速和各产业产值的增速有着明显的调整作用。

此外，我国研究生教育科类结构整体上与产业结构、科技之间形成了较好的两两互动机制。滞后 2 期、4 期和 6 期的各学科在校研究生增速变化对各产业产值增速有显著影响，滞后 2 期的各产业产值增速对各学科在校研究生人数的增速产生显著影响。科研支出增速对各产业产值增速会迅速产生显著影响，但各产业产值增速仅在滞后 7 期时才对科技增速产生影响。滞后 6 期至 7 期的在校研究生增速影响了科研支出增速的变化，滞后 7 期的科研支出增速变化影响了在校研究生数增速的变化。

②各科类研究生教育与各产业、科技发展的协调性分析。具体至各个科类，研究生教育与各产业产值、科技之间所呈现的长期稳定关系、内生纠偏机制以及相互作用的关系均有所不同。

协整方程的估计结果表明各科类在校研究生数、各产业产值与科技支出之间均存在着长期稳定关系：在其他条件不变的情况下，农学在校研究生规模的增幅和科研支出的增速分别与农业产值的增速呈现正向的长期稳定关系。在其他条件不变的情况下，工业产值增速和科研支出增速会分别与工学在校研究生数的增幅呈现正向的长期稳定关系。在其他条件不变的情况下，第三产业产值增速和科研支出增速会分别与其他科类（除农学、工学以外的科类，下同）在校研究生数呈现正向的长期稳定关系。

误差修正模型的估计结果表明各科类研究生教育与其对应产业、科技所形成的系统在长期稳定关系的基础上也形成了内生的纠偏机制。在农业系统和工业系统，这种内生纠偏机制对科研经费支出的变化起到了约束和调整作用，当科研经费的增速变化过快或者过慢时，为保持农业和工业系统中研究生教育、经济和科技三者发展的稳定关系，系统内部会自发地对科研支出的变化速度进行调节；在第三产业系统内，情况有所不同，内生纠偏机制主要是对其他科类研究生教育的发展速度起到调节作用，当其他学科门类的在校研究生数增幅超过经济和科技发展所能承载的幅度时，系统自身会对其发展"降温"。当然，整个系统的稳定要求系统内各个因素的发展相互平衡，相互制约，系统内部的纠偏机制对单个因素发展变化具有调节作用并不意味着整个系统就处于稳定状态。例如，三大产业的产值就基本不受系统内生纠偏机制的影响，这主要是因为经济发展还受到更多其他系统外的因素（如固定资产投资、进出口和劳动力投入等）影响，而不仅仅由研究生教育和科技所决定。

依据格兰杰因果检验，各科类在校研究生数、各产业产值与科技支出之间也分别存在一些相互作用机制，包括若干年前的农学门类研究生教育规模的变动会影响当前的科研支出；工业产值增速的变化会非常显著地影响到科研支出的增速变化，科研支出增速的变化也会显著影响工业产值增速的变化；第三产业产值的增长会促进相关学科研究生教育规模和科研支出的增加；相关学科研究生教育规模的增加也可以促进第三产业产值和科研支出的增加。但其他变量之间不存在显著的互动机制。

整体而言，农学研究生教育与经济和科技的协调程度最低，工学略强，第三产业相关的科类（除工学和农学外的科类）最强。同时也应看到我国研究生教育科类结构与产业结构、科技发展的协调性上存在着两大突出问题：

第一，较之于工业和第三产业，我国农业系统中研究生教育、经济和科技之间的互动机制非常薄弱，研究生教育、科技对农业经济发展产生的影响较小。这对于一个"民以食为天"的人口大国而言，是一个非常危险的信号。我国农学研究生教育的规模是比较小的，这对于农业经济的发展，特别是依靠科技创新和技术更新所推动的农业发展更为不利。按照教育发展的外部规律，教育既受制于经济社会的发展水平，又能够反作用于经济社会的发展。因此，高校加大农业系统内高层次创新型人才的培养和就业引导工作是非常必要的；社会也应该为农业领域的高层次创新型人才提供更多的技术型岗位，而不仅限于"村官"性质的管理岗位。

第二，我国各科类研究生教育与对应产业、科技的互动机制尚需加强。虽然从整体上看，我国研究生教育的科类结构在与经济、科技的互动中产生了自发的纠偏调整机制来实现研究生教育的协调发展，但具体至各科类研究生教育来看，情况并不乐观。农业、工业相应学科的研究生教育发展并不受到其与经济、科技互动机制的影响，换而言之，决定农业、工业相关学科研究生教育规模的因素可能更多地来自于经济和科技力量的外部，或受到自身规模存量以及政府指令计划的影响。相较之下，其他科类的研究生教育更能反映经济和科技发展的需求，能够较好实现与经济、科技的互动。

（2）微观分析：分学科研究生的就业态势。各学科研究生就业的落实率、学用结合率和过度教育率是反映研究生教育科类结构与社会需求匹配度的重要指标，也是调整研究生教育科类结构的重要参考。其中就业落实率反映了该专业毕业生就业概况，学用结合率和过度教育率反映了就业质量。本部分研究的数据来源于北京大学"高等教育规模扩展与毕业生就业"课题组在 2003 年、2005 年、2007 年以及 2009 年在全国范围内进行的四次高校毕业生的抽样调查。

①各学科毕业研究生的落实率。2003 年、2005 年、2007 年、2009 年四年分学科的毕业研究生的落实率（见表 1-10）显示：各学科毕业生的就业落实率基本上遵循着逐年递增的趋势，而且这段时间每个学科的毕业生规模都以一定的速度递增。这在一定程度上反映了我国各科类研究生教育规模在整体上与社会需求保持较高的协调性。到 2007 年，各学科的毕业生就业落实率均超过了 90%。2008 年以后，研究生就业落实率有所下降，这可能是因为金融危机导致市场需求有所萎缩所致。换言之，若排除金融危机的影响，在中国经济强劲增长的宏观大背景下，劳动力市场对于研究生毕业生的需求可能继续增加；只要研究生的增长规模保持在一个合理幅度，就业市场就能够吸收新毕业的研究生。

表 1-10　　　　　　　2003 年、2005 年、2007 年和 2009 年
毕业生分学科就业落实率　　　　　　　单位：%

学科门类	2003 年	2005 年	2007 年	2009 年
哲学	91.4	91.3	96.1	68.4
经济学	92.9	94.3	97.2	79.6
法学	86.4	86.1	99.3	74.8

学科门类	2003 年	2005 年	2007 年	2009 年
教育学	100.0	76.9	97.2	77.6
文学	80.0	92.6	98.4	64.4
历史学	79.2	84.8	100.0	43.5
理学	84.0	85.6	98.3	66.7
工学	83.9	93.5	99.2	89.1
农学	60.0	88.4	90.7	51.7
医学	66.7	100.0	100.0	43.2
管理学	94.6	89.1	97.1	73.2

注：2003 年，教育学、农学与医学的样本太少，都不足 10 人；2005 年，医学的样本数也太少，仅有 11 人。

②各学科毕业研究生的学用结合率。2003 年、2005 年、2007 年、2009 年四年分学科的毕业研究生的学用结合率显示（见表 1 - 11）。

表 1 - 11　　　　2003 年、2005 年、2007 年和 2009 年分学科
毕业研究生的学用结合率　　　　单位：%

学科门类	2003 年	2005 年	2007 年	2009 年
哲学	43.3	82.4	55.6	37.5
经济学	63.6	53.7	68.0	68.8
法学	77.8	70.1	78.5	54.5
教育学	75.0	68.4	55.6	25.8
文学	60.3	73.7	74.1	73.4
历史学	73.7	61.5	53.1	50.0
理学	94.9	71.9	74.1	72.7
工学	87.5	64.8	86.6	78.1
农学	100.0	68.8	45.5	68.8
医学	100.0	28.6	87.2	87.9
管理学	65.3	65.0	67.4	69.0

注：2003 年，教育学、农学与医学的样本太少，都不足 10；2005 年，哲学、教育学、医学的样本数较少，都不足 20；2007 年，哲学、教育学与农学样本数较少，都不足 20。

经济学与管理学的学用结合率偏低，不但不能和同属社会科学的法学相提并

论，有些年份甚至还低于属于人文科学的文学与历史学。这可能与其招生规模过大、培养模式陈旧有关。

理学与工学的学用结合率虽然在所有学科中处于金字塔的尖端，但作为专业性非常强的学科，其学用结合率仍有很大的提升空间。

文学门类的学用结合率处于较高的水平，且在2009年以前呈现增长态势。虽然作为基础学科，文学与哲学和历史学一样，其研究生培养的规格难以和劳动力市场对人才的需求规格直接对接，但对于研究生与职业相关的能力方面的培养（如写作能力、语言表达能力），可能有助于其毕业生在工作岗位上脱颖而出。

③各学科毕业研究生的过度教育率。2003年、2005年、2007年、2009年四年分学科的毕业研究生的过度教育率显示（见表1-12）。

表1-12　　　　2003年、2005年、2007年和2009年分学科
毕业研究生的过度教育率　　　　　单位：%

学科门类	2003年	2005年	2007年	2009年
哲学	40.0	29.4	57.1	50.0
经济学	36.4	56.3	55.6	61.0
法学	38.2	44.8	44.3	59.1
教育学	25.0	26.3	38.9	63.6
文学	52.4	48.7	33.3	50.0
历史学	31.6	46.2	37.5	25.0
理学	17.9	38.8	31.5	35.6
工学	29.2	49.7	35.1	38.9
农学	33.3	40.6	60.0	68.8
医学	100.0	50.0	57.4	33.1
管理学	42.9	47.6	53.3	53.5

注：2003年，教育学、农学与医学的样本太少，都不足10人；2005年，医学的样本数也太少，仅有11人；2007年，教育学与农学样本数较少，都不到20人。

许多学科毕业研究生的过度教育率都超过30%，有的甚至高达60%。这在一定程度反映了科类结构中不同层次的研究生教育与经济社会发展需求存在着不协调的现象。

法学、经济学、管理学和农学的过度教育率有着逐年升高的趋势，而且这四个学科历年的过度教育率在所有学科中都处于较高的位置，其中尤其以经济学、管理学和农学更为明显。究其原因，前三者可能与规模、培养模式有关，后者可

能与学生就业意愿有关。

除了 2009 年，文学研究生的过度教育率逐年降低。这表明文学人才培养的层次结构已逐步与劳动力市场对文学人才的能力素质需求相协调。这可能主要是由于应用性文学专业的增加。

3. 科类结构调节机制的现状及问题

（1）科类结构的调节机制的现状。我国研究生教育科类结构调整机制是以研究生教育的三级管理体制为基础，通过《学位授予和人才培养学科目录设置与管理办法》、《博士、硕士学位授权审核办法改革方案》、《专业学位设置审批暂行办法》、《全国硕士学位研究生招生工作管理规定》和《全国招收攻读博士学位研究生工作管理办法》等制度构建而成。

①中央政府的权力与作用。我国研究生教育科类结构主要是中央政府调控的结果，其主要手段通过制定和调整研究生学科专业目录、学位授权审核、专业学位等制度和政策来影响我国研究生教育科类结构的基本框架。

中央政府不仅可以制定学科目录的设置与管理办法，统筹规划全国的学科目录设置与调整工作，还可以按照发布的学科目录对学位授予单位的人才培养工作进行宏观管理，负责二级学科自主设置（或设置）的备案审查（或审批），定期编制二级学科目录等。学科目录在某种程度上具有强制性，不同于欧美等国家的统计性学科目录。因此，我国的学科目录在很大程度上决定了研究生人才培养的科类结构。

在颁布学科目录的基础上，中央政府又通过学位授权审核制度和招生指标直接决定各科类中不同层次的学位点数量、招生及在校生规模。中央政府不仅可审核部分学位授予单位增列博士学位授权学科专业，也可以根据国家经济社会和研究生教育发展需要，按照分类指导的原则，确定新增学位授权学科专业的指导意见和分省份的学位授权点增长控制方案；并通过制订招生计划和下达招生指标来调节各学科的学生增量，进而调节科类结构。

同时，中央政府通过设置和发展专业学位对科类结构进行调整和优化。经过20 多年的努力，截至 2011 年，我国已经设置了 39 种硕士专业学位和 5 种博士专业学位，这些专业学位覆盖了绝大多数学科门类。当然，专业学位的设置在很大程度上反映了人才市场对研究生教育的需求。

②省级政府的权力与作用。就科类结构而言，我国省级政府的作用在很长的时间里是缺位的，1991 年，国务院学位委员会在江苏、上海、北京、湖北、广东等 16 个省市试行建立省级学位委员会，这一时期，这些省级学位委员会的权力非常有限。1997 年 3 月，国家教委和国务院学位委员会联合发布《关于加强省级人民政府对学位与研究生教育工作统筹权的意见》，根据这个意见，省级学

位委员会才开始在全国各省区成立，但其对科类结构的影响也主要限制在国务院学位委员会授权的学科范围内审批硕士点。直到 2008 年，国务院学位委员会颁布《博士、硕士学位授权审核办法改革方案》，才真正落实了省级政府在优化学位授予单位布局、促进学位授权审核工作与国家经济建设及社会发展相协调等方面的指导、规划作用，但这一时期，我国研究生教育学位授权单位和授权点的大规模布局已经基本完成。此后，2010 年，国务院学位委员会颁布的《硕士、博士专业学位设置与授权审核办法》又赋予了省级政府自行组织硕士专业学位评审的权力。

③培养单位的权力与作用。应该说培养单位在学科结构的形成中是一支重要的力量，因为现有的学位授权点主要是培养单位根据自身的师资队伍、社会需求等申请设立的。同时，随着中央政府权力的下放，2010 年以后，部分培养单位可以自行审核博士学术学位和硕士学术学位，同时自行组织硕士专业学位评审，报国务院学位委员会备案。

因此，总体来说，院校等研究生培养单位在研究生科类结构的形成中具有较强的自主性，特别是那些经教育部批准设置研究生院的学位授权单位。

但培养单位在科类结构的调整中，由于受到自身定位及发展战略、院系发展需要、科研团队及教师个体科研需要、领导的教育理念以及行政意愿等因素的影响，很难完全按照国家的需要来调整学科结构，因此，加强政府的宏观调控是必要的。

（2）科类结构调节机制的问题。基于以上的分析，我国研究生教育科类结构调整机制的主要问题在于：

①长期以来，中央政府调节功能过强，相应的调节机制过于刚性。学科目录的设置与更改是中央政府调整科类结构的重要手段。但学科、专业目录长期过于刚性，尽管 2009 年颁布了新的学科目录，但其管理功能依旧过强，同时，难以反映新兴学科的特点，不利于交叉学科的发展，且在一定程度上限定了高校自身发展特色学科的能动性。

同时，科类结构的调整受制于学术学位研究生的培养传统而忽视了专业学位的科类属性。从当前的我国各科类研究生的统计口径来看，当前仅仅将学术学位的研究生归于各学科门类，而并未将专业学位研究生纳入各学科门类的统计范畴，这在某种程度上忽视了专业学位对科类结构优化的重要功能。

②省级政府调节作用有限，不利于研究生教育与区域经济社会的协调发展。直到 2008 年的《博士、硕士学位授权审核办法改革方案》和 2010 年的《硕士、博士专业学位设置与授权审核办法》颁布，才真正使省级政府在优化学位授予单位布局上具备了一些权力，能够对省域内省属高校硕士研究生教育的发展进行规划、指导和审核。但这一时期，我国研究生教育学位授权单位和授权点的大规模布局已经基本完成。省级政府对于域内科类结构的实质性影响非常有限，而对于

33

博士学位点的设置影响更小，从而难以对博士研究生教育的科类机构产生影响。

③培养单位难以着眼全国和长远调节学科结构。作为人才培养的基层单位，培养单位目前基本没有较为系统的、计划性较高的持续工作来感知社会需求以及了解当前学科布局对于社会需求的适应性状况。社会需求仅仅是通过国家政策或领导意愿间接地影响培养单位的学科结构调整举措。同时，由于就业信息欠缺尤其是对未来劳动力市场高端人才需求预测严重不足，培养单位很难根据劳动力市场需求调整其学科结构和招生规模。很多培养单位会努力促进毕业生更好的就业，但难以因为毕业生就业状况不佳而减少其招生名额、甚至撤销学位点。即使培养单位希望依据就业信息对其单位内部的科类结构进行调整，但受制于中央政府对招生指标的把控、学科目录的刚性以及培养单位内部既得利益集团的抵制，大部分的调整举措对培养单位的科类结构难以产生质的影响，更不用说对国家研究生教育结构产生重要影响。

④调节机制中社会参与严重不足。当前研究生教育科类结构的调整机制从学科专业的申报、审核以及授权评估等全过程，只是从政府到院校和科研机构，再从院校和科研机构到政府，而需求来源的主体——社会参与严重不足。因而导致社会需求信息无法畅通、及时地流通到研究生科类结构的调整过程中。缺失社会需求导向的信息反馈及评价环节将会影响科类结构调整的合理性和有效性。

三、研究生教育宏观质量中的类型结构及其与经济社会发展的协调性分析

研究生教育类型结构是指研究生教育系统中不同培养类型的研究生教育各自的发展态势以及它们之间的相互联系。本书关注的是学术学位和专业学位两种类型。研究生教育类型结构决定了研究生人才培养对社会高层次学术型人才和应用型人才需求的满足程度。

1. 类型结构的调整历程与现状

我国研究生教育的类型结构调整是与我国的经济社会发展紧密联系的。改革开放之初，我国经济发展开始走向正轨，实现"四个现代化"成为当时最响亮的口号之一。而科学技术现代化是其他各项现代化的基础，但当初高等教育百废待兴，师资队伍建设和研究队伍建设成为我国恢复研究生教育的当务之急。因此，自我国研究生教育恢复时就以学术型人才的培养为主要任务。随着我国经济发展转型，尤其是工业化的发展，1984 年，开始试办工程硕士教育，直至 1990 年第一个专业硕士学位 MBA 正式批准建立，研究生教育才分化为学术学位和专业学

位两种类型。后陆续建立了建筑学、法学、医学、工程等领域的专业硕士学位，可以说，我国的专业学位研究生教育诞生于中国经济体制转型期，既是应社会需求而产生，也是研究生教育发展的必然结果。从某种意义上讲，学位类型结构的调整史可视为专业学位研究生教育的发展史。故本书主要以专业学位研究生教育的发展轨迹来考察我国研究生教育类型结构的调整历程。

自 20 世纪 80 年代中期我国部分高校试办工程硕士专业学位研究生教育开始，大致可分为四个阶段：酝酿期（1984～1989 年）、试点发展期（1990～1998 年）、迅速扩张期（1999～2008 年）、全面发展期（2009 年～现在）。

酝酿期：从 20 世纪 80 年代中期开始，我国就开始了专业学位的酝酿。一方面是部分高校开始了专业学位研究生教育的探索，主要是清华大学、西安交通大学等工科大学从 1984 年开始，就探索如何培养满足我国工业化发展对工程技术领域高层次应用型人才需求的问题，这就是我国工程硕士专业学位的萌芽。另一方面，政府也开始了应用型研究生学位设置方案的规划，1986 年 11 月，国务院学位委员会、国家教育委员会、卫生部联合发出通知，颁布《培养医学博士（临床医学）研究生的试行办法》，决定培养以临床实际工作能力为主的研究生，达到博士水平的，授予医学博士（临床医学）学位。

试点发展期：进入 20 世纪 90 年代，我国经济发展开始向市场化转型，工业化进一步发展，为了适应社会发展需要，1990 年，MBA 获得批准，专业学位研究生教育正式诞生。至此，专业学位开始逐步拓展到临床医学、法律、教育和工程等领域。这一时期专业学位发展的主要特征有：①制度化。也就是从制度层面明确了专业学位的名称、性质、任务和地位，颁布了《专业学位设置审批暂行办法》这一重要文件。②层次化。即开始推进硕士层次和博士层次两个层面的专业学位研究生教育，首先在医学领域同时设置了专业硕士和专业博士。③管理专业化。为促进专业学位研究生教育的科学发展，各类专业学位研究生教育的教学指导委员会逐步设立，教学指导委员会成为专业学位人才培养行业自律和管理的专业机构。

迅速扩张期：随着 1998 年亚洲金融危机的爆发，我国经济发展动力不足、就业形势严峻、出口和内需萎缩等问题严重影响我国的经济发展。在这一背景下，1999 年，我国高等教育开始大规模扩张。研究生教育尤其是专业学位研究生教育基于前期发展的不足而出现了高速补偿性增长。这一阶段不仅专业学位种类大量增加，增设了公共管理硕士、农业推广硕士以及兽医硕士等 12 种专业学位，招生规模和学位授予规模也不断扩大。硕士专业学位授予规模从 1999 年的 2 202 个（占授予硕士学位总数的 4.27%）增至 2008 年的 99 898 个（占授予硕士学位总数的 24.39%），博士专业学位授予规模从 1999 年的 49 个（占授予博士学位总数的 0.49%）增至 2008 年的 1 735 个（占授予博士学位总数的 3.83%），增幅巨大。

全面发展期：2008 年国际金融危机爆发，我国制造业面临转型升级的巨大机遇和挑战，以信息化带动工业化成为我国产业发展的重大战略。2012 年，党的十八大报告提出了"新四化"（工业化、信息化、城镇化、农业现代化）同步发展的宏伟目标，第三产业在 GDP 中的比例也开始赶上甚至超越第二产业。与此相应的劳动力市场对高层次应用型人才的需求也日趋旺盛，传统的以学术型人才培养为主的研究生教育必须转型，专业学位和学术学位研究生教育开始并重发展。专业学位的种类大幅增加，新增了包括城市规划硕士、林业硕士以及中药学硕士等 20 种专业硕士学位和教育博士、工程博士等。到 2011 年，我国硕士专业学位达到 39 种，博士专业学位达到 5 种，基本覆盖了国民经济和社会发展的主干领域。截至 2011 年，专业学位研究生招生规模已超过 40%。研究生教育结构发生了"历史性转型和战略性调整"，形成了两个"并重"的局面（全日制专业学位研究生培养和非全日制专业学位研究生培养并重、学术学位研究生培养和专业学位研究生培养并重）。

2. 研究生教育类型结构与经济社会发展的协调性分析

研究生教育类型结构与经济社会发展的协调性主要是指研究生培养的高层次人才类型对高层次劳动力市场人才需求类型的满足程度。协调程度越高，其对应的研究生教育宏观质量也就越高。

（1）宏观分析：类型结构与就业人员职业类型结构的协调性。随着我国经济社会的发展，劳动力市场对于研究生的需求逐年上升。毕业研究生的求人倍率从 2010 年的 0.71 达到了 2013 年的 3.03，远高于大学本科、大专、职高、高中以及初中的求人倍率，这意味着平均每 3.03 个需要研究生的工作岗位仅有 1 名研究生求职。[1]

劳动力市场对研究生人才需求旺盛主要得益于创新型国家建设战略的实施、"新四化"战略的迅猛推进以及一些用人部门对人才学历要求的提高。随着高校、科研院所、企业研发机构等对研发类人才的需求不断增大，进而推动了劳动力市场对毕业研究生的吸纳力度。特别是 2004 年以后，我国全时当量的 R&D 人员数量增加非常显著，2004 年全时当量的 R&D 人员数仅为 2011 年全时当量的 R&D 人员数 40%，8 年增加的人数是前 14 年（1991～2004 年）增加的 3.59 倍。[2]

---

[1] 依据人力和社会保障部网站各年度部分城市公共就业服务机构市场供求状况分析整理而成，网址为 http：//www. mohrss. gov. cn/SYrlzyhshbzb/ldbk/jiuye/renliziyuanshichang/2013－12－18。

[2] 中国国家统计局编、中国科学技术部编：《中国科技统计年鉴（2012）》，中国统计出版社 2012 年版。

同时，1991年，我国每千个就业人员中R&D人员有1人，到2011年已经趋近4人（见图1-10），这意味着我国劳动力市场研发类岗位的相对需求也在不断增长。

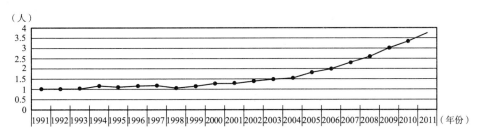

图1-10　1991~2011年我国每千人就业人员中的R&D人员数

资料来源：OECD数据库，http://stats.oecd.org/，访问时间2013-06-11。

虽然总体来说，我国研究生教育较好地满足了劳动力市场对高学历人才的需求。但我国研究生教育的类型结构是否能够满足学术科研类职业的岗位和非学术科研类职业的岗位需求？通过研究发现：

第一，学术学位的获得者数量远超过学术科研类岗位的需求数，但学术学位获得者仅满足了部分学术科研类职业岗位的需求。2009~2011年，R&D人员中硕士和博士学位的获得者从61万人上升到近80万人，其中博士学位获得者从2009年的17万人增至2011年的23万人，硕士学位获得者从2009年的43万人增至2011年的近57万人。从硕士和博士学位获得者占R&D人员的比重来看，2009年，这一数值分别为19.2%、10.84%，2011年，分别为27.68%、12.16%。[①] 但需要注意的是，新增的R&D人员中仅有20%以上具有硕士和博士学位，其中20%左右新增的研究人员具有博士学位，60%以上具有硕士及以上学位（见表1-13）。

**表1-13　　2010年和2011年我国新增R&D人员中硕士
和博士学位获得者的情况**

年份	2010年新增	2011年新增
R&D人员（人）	358 557	475 334
其中：研究人员（人）	97 900	158 300
硕士和博士学位获得者（人）	85 438	101 250
其中：博士学位获得者（人）	22 885	29 949
硕士学位获得者（人）	62 553	71 301

---

① 中国国家统计局编、中国科学技术部编：《中国科技统计年鉴（2012）》，中国统计出版社2012年版。

年份	2010 年新增	2011 年新增
硕士和博士学位获得者占 R&D 人员比重（%）	23.83	21.30
博士学位获得者占研究人员比重（%）	23.38	18.92
硕士和博士学位获得者占研究人员比重（%）	87.27	63.96

资料来源：2009～2012 年《中国科技统计年鉴》。

第二，部分学术学位获得者，特别是硕士层次的毕业生，获得了本应是专业学位研究生从事的非学术科研类岗位的工作。从学术学位授予数来看（假设新增 R&D 人员中的研究人员均是学术型的硕士、博士学位获得者），2010 年，授予博士层次学术学位 47 921 人，硕士层次学术学位 330 595 人，2011 年，授予博士层次的学术学位 48 679 人，授予硕士层次学术学位 345 625 人。对比表 2-13，可以发现，2010 年，R&D 人员中新增研究人员获得博士学位人数仅为授予博士学术学位数的 47.75%，2011 年为 61.52%；2010 年 R&D 人员中新增研究人员获得硕士学位人数仅为授予硕士学术学位数的 18.92%，2011 年为 20.62%。也就是说，虽然研发岗位劳动力市场的需求很大，但我国大量学术型的硕士学位、博士学位获得者并没有在研究岗位就业。其原因可能包括：①新增的 R&D 人员中研究人员的供给并非完全依靠研究生教育系统中的学术学位研究生的培养来满足，可能由其他岗位人员转岗补充，也可能由专业学位毕业研究生补充（当然这一可能性微乎其微）。②我国学术学位研究生的供给完全能够在更大程度满足新增 R&D 人员中研究人员的需求。但由于我们的培养模式问题或者培养质量问题，学术型人才并不能很好地满足劳动力市场中对学术科研类职业岗位素质的需求。③随着规模的扩大，也有大量学术型学位毕业研究生特别是硕士毕业生难以到学术型岗位就业，一方面，一些学术机构对人才的要求越来越高，另一方面，很大比例的硕士生选择了继续攻读博士学位或者出国学习，即使就业的毕业生，很多也是选择在非学术系统的劳动力市场中寻找工作，包括政府部门等。

第三，专业学位研究生教育是针对非学术职业培养高层次应用型人才的教育，但其供给规模较之于非学术科研类职业岗位的需求规模却小很多。2006～2011 年，就业人员的学历结构显示：就业人员中具有研究生学历人数的比例从 0.23% 上升至 0.44%，数量从 171 万人上升至 336 万人（见表 1-14）。但如此庞大的研究生受雇群体中仅有 1/3 左右的人从事学术科研类职业，并且比例逐年降低。若将其视为 2009～2011 年现实存在的劳动力需求情况，则这意味着当前劳动力市场对学术型人才的需求与对应用型人才的需求从 2009 年的 1:2 降低到 2011 年的 1:3 左右。对比当前研究生群体中学术学位研究生的学位授予数与专业学位研究生的学位授予数，2011年，专业学位授予数仅为学位授予总数的28.5%。故供给与需求之间存在着明显的"倒挂"现象。

表1-14　　2006～2011年我国硕士或博士学位获得者就业情况

年份	2006	2007	2008	2009	2010	2011
就业人员数（万人）	74 978	75 321	75 564	75 828	76 105	76 420
就业人员中具有研究生学历人数比例（%）	0.23	0.20	0.21	0.23	0.39	0.44
就业人群中研究生数（人）	1 724 494	1 506 420	1 586 844	1 744 044	2 968 095	3 362 480
R&D人员中的研究生数（人）	—	—	—	611 423	696 861	798 111
以研究为业的研究生占就业研究生的比例（%）	—	—	—	35.06	23.48	23.74

资料来源：（1）就业人员数与就业人员中研究生学历获得者的比例来源于2006～2011年《中国人口和就业统计年鉴》；（2）就业人员的研究生数由就业人员数与就业人员中研究生学历获得者的比例相乘得出；（3）R&D人员中的研究生数来源于2009～2012年《中国科技统计年鉴》；（4）以研究为业的研究生占就业研究生的比例由R&D人员中的研究生数除以就业人员的研究生数得出。

综上所述，我国研究生教育类型结构与经济社会所需求的高层次人才类型的协调性还有很大的改进空间。但由于硕士和博士就业面越来越广，我们认为学术学位研究生的培养目标应该随着环境的变化而重新定位，毕竟学术型岗位的吸引力是有限的，即使从世界范围来看，学术型博士毕业生从事纯粹学术性工作的比例也越来越少。因此，从某种程度上说，我国大量学术型学位毕业研究生从事非学术岗位的工作也是非常正常的现象，关键在于调整培养目标和培养模式。

（2）微观分析：博士学位获得者的就业走向。除了从宏观层面讨论我国研究生教育类型结构与就业人员职业类型结构的协调性外，我们还可以聚焦到每个个体，从其就业走向来判断当前我国研究生教育类型结构与社会需求的协调性。

专门考察我国博士研究生的就业情况，其原因有两个：①我国博士研究生的培养目标往往是以学术人才为导向的，即使存在少量的专业博士，其每年的学位授予规模也非常小，关注博士毕业生的就业去向更能说明当前我国研究生教育类型结构与就业人员职业类型结构的协调状况；②对于硕士层次的研究生，我们很难对其就业的走向进行价值判断，因为硕士层次的研究生教育是最灵活的一个环节，既可以为从事学术做准备，又能进入非学术劳动力市场为经济发展提供人才支持。

依据2008年《中国博士质量调查》的相关数据，1995～2008年，博士中选择高等院校就业的博士比例从 1995 年的 59.8% 下降到 2002 年的 39.2%，之后几年保持在一个较为平稳的水平上，到 2008 年又上升到 46.1%。选择科研院所就业的博士也呈现较为明显的下降趋势，从 1995 年的 16.9% 下降到 2008 年的 8.3%。选择其他事业单位就业的博士比例一直保持着较为稳定的增长水平，从 1995 年的 1.4% 增长到 2008 年的 14.3%。选择到企业工作的博士在 2005 年之前一直保持在 4.5% 左右的稳定水平，但从 2006 年开始出现较为明显的增长趋势，2008 年比例达到 7.8%。总体而言，以学术为职业的博士毕业生群体（选择高等院校、科研院所、博士后和出国的群体）的规模不断降低，从 1995 年的 85.95% 下降到 2008 年的 57.09%（见图 1-11）。

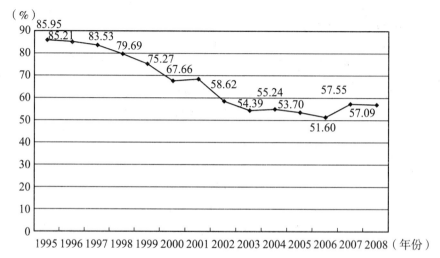

图 1-11　1995～2008 年我国博士毕业生从事学术科研类职业的比例变化

资料来源：蔡学军、范巍等：《中国博士发展状况》，北京大学出版社 2011 年版，第 23 页。

综上所述，越来越多的博士毕业生进入到非学术领域就业，这进一步表明，我国调整博士生培养目标和培养模式的必要性，不仅是博士生规模增长导致的必然结果，也是当今生产方式转型所产生的必然要求。

3. 类型结构的调节机制现状及问题

我国研究生教育类型结构的形成主要是 20 世纪 90 年代以后，由政府主导的专业学位制度来调节的，当然，其中包括了运用招生指标的确定来调节不同类型研究生教育增量从而实现存量结构的调整。

（1）当前类型结构调节机制的现状。我国当前研究生教育类型结构的调节机制主要由中央政府宏观调节机制和培养院校微观调节机制共同构成。中央政府对类型结构的宏观调节机制主要由专业学位办学资格的审批制度、招考制度等方面构成。培养院校的微观调节机制主要根据学校的学术资源禀赋，通过增设专业学位进而增加研究生招生规模来调节其内部研究生教育类型结构。

①中央政府的权力与调节作用。中央政府主要通过一系列政策工具来调节研究生教育类型结构。1990 年以来，国务院学位委员会和教育部等主管部门，通过采取一系列措施大力推进专业学位的发展，先后通过的有关专业学位研究生教育的主要文件如 1996 年的《关于印发〈专业学位设置审批暂行办法〉的通知》，就专业学位设置的目的、申报条件和审批程序等做了明确规定。2002 年颁布《关于加强和改进专业学位教育工作的若干意见》，2010 年颁布《硕士、博士专业学位教育发展总体方案》、《硕士、博士专业学位设置与授权审核办法》等以推进并完善专业学位研究生教育。可以说这些文件的主要内容都是如何设置专业学位、设置哪些专业学位、招生规模多大、谁来培养、怎样培养以及激励机制等核心问题。经过这一系列政策的贯彻和执行，我国研究生教育结构得到了很大的改善，我国专业学位种类进一步丰富，专业硕士学位达到 39 种，专业博士学位达到 5 种。招生规模中专业硕士的比例也进一步扩大，2012 年达到 45.02%，在校生规模达到 26.16%。

②培养单位的权力与调节作用。培养单位对类型结构的调节机制非常有限，主要是在国家既定的专业学位类型框架下所进行的有限调整，但作用很大，因为国家鼓励专业学位研究生教育的发展，因此，学校的申请很大程度上能够获得政府的批准。但在调研中发现，现有研究生学位授权机构设置专业学位，主要是基于学术资源禀赋和学校规模扩张的考虑，但在实际的人才培养过程中，如何针对专业学位的特点进行不同模式的培养、配置相应的师资条件等考虑得并不充分；不少机构申报专业硕士学位项目则很大程度上是提升办学层次的需要。当然一些重点大学因为有较好的人才培养基础和自律机制，在发展专业学位时，能够根据自身条件和国家需要，同时考虑优化类型结构来发展专业学位研究生教育。如清华大学在类型结构的调整中，依据社会需求和院系特色定位硕士研究生培养目标，将目标细分为各项能力，并进行分类培养，从而优化"出口"方面的研究生类型结构，提高毕业生就业质量。

（2）当前类型结构调节机制的问题。基于以上分析，可以看出我国研究生教育类型结构调节机制的问题主要体现在两个方面：第一，培养单位的调节具有一定的盲目性；第二，省级政府在统筹区域研究生教育类型结构方面长期缺位，行业、产业的参与不足。

①培养单位的调节具有一定的盲目性。正如以上分析，一方面，培养单位对学位类型的调整只能在国家既定的专业学位类型框架下进行相关专业学位种类的申请，学校难以根据市场需求自主设置相关的专业学位类型，不同区域、不同专

业禀赋的学校很难办出自身的特色。同时，出于规模的考虑，设置专业学位时并不完全遵循人才市场的需求规则，甚至有某些学校主要是因为自身利益导向而设置相应的专业学位，考虑国家或区域的需求不够充分，也可能因为某些专业学位可以收取较高的学费，导致了招生指标在某些专业学位领域规模过度倾斜和聚集的问题。

②省级政府的调节功能有限，行业企业参与不足。虽然中央政府这些年来大力推进体制改革，逐步加大了省级政府对本区域研究生教育统筹的权力，但由于现有的布局具有历史的延续性，路径依赖严重，省级政府在类型结构的调节空间也非常有限。此外，省级学位委员会掌握的研究生教育资源非常有限，如何加强省级学位委员会与地方教育行政部门、地方高校、央属高校的协作是提高类型结构调整功效的重要途径。

同时，我们的调查也发现，企业和行业更多的只是在培养过程中部分地参与到人才培养方面，在类型结构的调节方面参与程度非常有限。

第三节 微观质量：我国研究生教育微观结构调整研究

研究生教育活动的基本要素包括教师、学生、课程（包括研究，下同）三大要素。学生发展是教师和课程的最终指向，课程是教师和学生共同建构的产物，而教师（主要是导师）则是研究生教育之所以发生的基础。故对于研究生教育微观结构研究，本书重点考虑影响研究生培养质量的核心要素结构：导师队伍结构、课程结构与生源结构三个子结构，它们共同对研究生培养质量起着重要影响。

一、导师队伍结构与研究生培养

导师队伍结构是研究生导师队伍在学历、职称、学缘等方面的构成状态，导师队伍的构成一定程度上反映了导师队伍的整体质量水平。研究生教育培养主要以追求高质量为基本目标，导师队伍结构的优劣在很大程度上决定了我国研究生培养质量的高低。但遗憾的是，长期以来，我们对高校研究生导师队伍的研究非常不够，特别是一些基础数据难以获得，如导师队伍的学历结构、学缘结构等数据几乎是一片空白，很难从官方的正式渠道获得权威性、具有研究价值的数据。

即使有相关数据，也是非常笼统的一般信息或者零星信息。因此，无法全面、深入地分析我国研究生导师队伍结构，这里仅就可获取资料的相关问题进行阐述。

本书的导师队伍结构研究主要集中于导师的学历结构、学缘结构、国际化结构、专兼职导师结构与生师比结构。

1. 导师队伍结构问题

当前师资结构中，除职称结构、年龄结构、生师比较为合理外，其他结构的问题均比较严重。2012 年，我国研究生导师队伍中，79% 都集中在 36～55 岁，说明我国研究生导师队伍总体比较年轻。同年，导师队伍的职称结构中，正高级职称占 49.13%，副高级职称占 46.79%，说明我国研究生导师队伍基本都具有高级职称。

（1）导师学历结构偏低。正如前面指出的，由于缺乏必要的数据，无法对研究生导师队伍的学历结构做系统深入的分析，但我们可以从相关数据中进行推论。

根据教育部的相关报道，2012 年，全国高等教育专任教师 144.03 万人，其中具有研究生学历的比例为 53.34%。[①] 当然，研究生导师的平均学历远远高于全国普通高校教师的平均学历水平，但我们可以大致计算，到 2012 年，我国累计授予博士学位（含专业博士学位）人数为 490 852 人，其中，2008～2012 年，合计授予博士学位数为 251 973 人，占累计授予博士学位总数的 51.34%，假定 2007 年及其以前的博士学位获得者中 60% 在高校工作，约为 143 327 人；又根据我们掌握的相关数据，2008～2012 年，博士学位获得者中到高校从事教学科研工作的比例平均不超过 40%。按 40% 计算，约为 100 789 人。因此，可以大致确认，到 2012 年我国高校教师中具有博士学位的人数约为 244 116 人，占当年高校专职教师总数的约 17%。又假定这 244 116 人中的 90% 都是研究生导师，则共有 219 704 人，约占当年研究生导师队伍总数 298 438 人的 73%。[②]

以上是我们对我国研究生导师队伍学历结构目前最乐观的估计，即使这样，与发达国家比较，仍然有很大的距离，发达国家高校教师中拥有博士学位比例一般都在 90% 以上，更不用说研究生导师。

（2）导师学缘结构单一。导师学缘结构在一定程度上反映了导师队伍学术思维、学术传统、学术文化的互补性，是衡量导师队伍学术活力与创新潜力的重要指标。一般来看，在学缘杂交的导师队伍中，不同学术流派的导师聚集，能博采众长，激发创新。

然而，当前我国高校中留本校任教的现象还比较普遍，从全国平均来看，

[①] 教育部，教师学历结构总体改善，http://www.chinanews.com/edu/2013/09-03/5240537.shtml。

[②] 中国学位与研究生教育发展年度报告课题组、全国学位与研究生教育数据中心：《中国学位与研究生教育发展年度报告（2013）》，中国人民大学出版社 2014 年版，第 188 页。

23.26%的教师是从本校毕业后直接留校任教。其中不同层次高校有所不同，"985"工程大学和"211"工程大学的教师队伍中从本校毕业的教师比例高达45.76%，[①] 而"985"高校和"211"工程高校是我国研究生培养的主体机构，说明我国研究生导师队伍中近亲繁殖现象比较严重，不利于人才培养的多元化学术环境形成。

（3）导师队伍国际化比例偏低。导师的国际化结构是指导师队伍中具有海外获得学位的教师比例，其中既包括留学回国人员，又包括外籍教师，这些人员的比例直接代表着导师队伍的国际化水平。尽管当前我国研究生导师队伍发展在不断朝着国际化的目标努力，但是相较于国外一流高校，还存在很大差距。即使在师资力量最强的"985"工程大学和"211"工程大学，国外毕业的教师也仅占12.55%，全国平均水平仅为4.23%。[②] 此外，外籍教师在我国高校中所占比例更是不足1%。如表1-15所示，2000~2012年，全国普通高校外籍教师人数不断上升，但是相较于专任教师的规模，外籍教师数量仍是非常稀少。值得指出的是，外籍教师中很大比例是外语教师，研究生导师中外籍教师的比例更少。

表1-15　　　2000~2012年普通高校专任教师数与外籍教师数

年份	专任教师数（人）	外籍教师数（人）	专任教师与外籍教师比
2012	1 440 292	13 652	106:1
2010	1 343 127	11 287	119:1
2008	1 237 451	10 550	117:1
2006	1 075 989	8 951	120:1
2004	858 393	5 777	149:1
2002	618 419	3 495	177:1
2000	462 772	2 049	226:1

资料来源：教育部门户网.2000~2012年教育统计数据［EB/OL］.http：//www.moe.edu.cn/publicfiles/business/htmlfiles/moe/s6200/list.html./2013-04-07。

（4）兼职导师缺乏。兼职导师可有效弥补培养单位现有导师队伍的不足，特别是对于专业学位研究生培养来讲，具有丰富实践经验的兼职导师更是其培养质量的重要保证。兼职导师可以是其他高校或研究机构学者，也可以是政府官员，还可以是产业界的工程技术专家或高级管理人员。

长期以来，我国研究生导师来源单一，基本为本校的教师，校外兼职导师数量很少。表1-16显示：虽然近年来专兼职教师比持续降低，到2012年专兼职

①② 数据来自2011年清华大学高校教师队伍发展研究课题组。

教师比例达到 3.7∶1，但主要集中在专科层次职业院校。如果聚焦到具有研究生招生资格的高校，兼职教师的比例将会更低。例如，清华大学 2010 年全校双聘教师与兼职教师共 263 人，仅占全体教师总数的 8.7%，专兼职比例高达 10.5∶1。①

表 1 - 16　2000～2012 年普通高校专任教师数与聘请校外教师数

年份	专任教师数（人）	聘请校外教师数（人）	专任教师与校外教师比例
2012	1 440 292	387 673	3.7∶1
2010	1 343 127	348 134	3.9∶1
2008	1 237 451	307 808	4.0∶1
2006	1 075 981	258 520	4.2∶1
2004	858 393	181 430	4.7∶1
2002	618 419	82 538	7.5∶1
2000	462 772	21 448	21.6∶1

（5）生师比不断增高，但基本合理。导师指导的研究生数应控制在一定的范围才能保证研究生培养质量。在研究生教育规模扩张的同时，研究生导师数量增长相对缓慢，生师比不断增大，表 1 - 17 显示我国研究生教育的生师比从 2000 年的 3.6 上升至 2012 年的 6.0，即平均 1 位老师指导 6 位研究生。这一比例目前来看，与大多数西方研究生教育发达国家基本持平，因此，我们认为这一比例关系基本合理。

表 1 - 17　2000～2012 年普通高校研究生导师数与在校研究生数

年份	研究生导师数（人）	在校研究生数（人）	生师比
2012	279 901	1 678 607	6.0
2010	240 023	1 482 680	6.2
2008	205 271	1 230 945	6.0
2006	172 051	1 056 283	6.1
2004	136 151	779 408	5.7
2002	102 970	473 459	4.6
2000	79 031	283 913	3.6

资料来源：2000～2012 年教育统计［EB/OL］．教育部门户网站．http：//www. moe. edu. cn/publicfiles/business/htmlfiles/moe/s6200/list. html. /2013 - 04 - 07。

---

① 2011 年清华大学统计资料．清华大学门户网站．http：//xxbg. cic. tsinghua. edu. cn/oath/list. jsp？boardid = 22. /2012 - 04 - 07。

2. 师资结构问题对培养质量的影响

师资结构所存在的问题对研究生培养质量产生了较多的负面影响，集中体现在不利于激发研究生的创新思维、不利于研究生国际视野的养成、不利于应用型学科研究生专业实践能力的培养以及降低了生均导师的指导力度四个方面。

（1）不利于激发研究生的创新思维。学缘结构单一的导师队伍难以促进不同学术思想的交流，不利于创新思维的激发，制约了学术研究范式的多样化，容易造成学术壁垒和学术垄断，从而不利于多元学术风格和学术思想碰撞，限制了拔尖创新研究生人才的培养。

（2）不利于研究生国际视野的养成。导师队伍国际化水平不足不利于研究生国际视野的拓展和国际学术交流能力的养成。首先，不利于研究生对国际前沿知识的获得和学科前沿课题的了解；其次，制约了研究生国际化学术交流平台的搭建，使得研究生难与海外学术界产生广泛的联系，也难以有机会在国际学术舞台上获得展示自己的机会，进而限制了我国研究生尽早步入国际学术网络。

（3）不利于应用型学科和专业学位研究生专业实践能力的养成。应用型学科或专业学位的研究生在能力培养、论文指导方面均需要得到来自生产实践第一线的老师指导。但当前导师队伍中来自行业第一线的兼职导师比例偏低，特别是来自具有行业特色的科研院所或企业的老师比例更低，这使得应用型学科或专业学位的研究生培养与行业缺乏有机联系，实践能力培养机会不足，论文与生产实际联系不够紧密。

（4）降低了生均导师指导的力度。导师的时间和精力是有限的，现在导师的科研、社会服务、教学任务都比较重，生存压力也在不断加大。在此背景下，虽然当前生师比尚处于合理范围，但其快速上升的趋势意味着导师指导的研究生人数将越来越多，从而加大了导师指导的工作量，尤其是那些研究型大学的导师，工作量和各种压力都处于超负荷状态，难以保障其对于研究生有足够的时间和经历来指导其研究；而普通高校的导师，一般研究任务又明显不足，其研究生越多，则其指导的研究生参与高水平研究课题的机会也就越少，其质量更难保障。

3. 师资队伍结构问题的成因

师资队伍结构问题的出现主要是由于当前高校的人事管理制度滞后和建设制度缺乏长远规划所致。

（1）人事管理制度滞后。高校治理制度建设最根本的是建立现代大学制度，但我国高校现代大学制度建设普遍比较滞后，其中人事制度建设的滞后集中体现在两个方面：

第一，当前导师队伍的管理中，行政权力甚至政府权力过大而学术权力薄弱。我国高校导师队伍建设很大程度上普遍受到人事指标限制，高校人事指标又受政府主管部门"人事编制"的刚性约束。而院系在调整和建设本学科师资队伍的过程中,又极大地受到学校人事部门的"指标"限制,包括人才招聘指标、职称晋升指标等,各种"指标"严重制约了学科和院系师资队伍建设的主动性和能动性。需要进的人进不来,不需要的人又出不去,存量限制增量的惯性比比皆是。虽然导师队伍建设表面上受行政权力与学术权力控制,但学术权力(教授委员会等)的行使往往受制于行政"指标"而无法真正发挥作用。

第二,随着我国经济的发展,政府越来越有能力投资于高校师资队伍建设,各种人才"工程"、"计划"如雨后春笋般地出现。本来政府投资于高校教师队伍建设是极大的好事,但在实际执行过程中,由于我们的评价指标导向过于偏向学术 GDP,加上一些不良社会风气的影响,导致通过这些"计划"、"工程"入选的导师良莠不齐,名不副实。更为严重的是,在各高校争相引进各种"人才"的同时,忽视了教师队伍结构的优化。

(2)人事建设制度缺乏长远规划和协调。从导师建设制度上看:目前高校各种"人才计划"和"工程"非常热闹,但往往彼此缺乏协调,甚至出现了无序竞争,对师资队伍建设本身并没有起到根本的改善作用。很多院校往往缺乏科学的规划,尤其是地方高校这一现象比较突出,反正有指标就用,不用则担心过期作废,导致教师引进针对性不强,缺乏国际视野,对优秀学者信息收集不够,未能主动识别和引入自己需要的人才;此外,兼职导师招聘方式单一,未能充分发挥行业协会的作用,兼职导师来源往往集中于少数与高校有协作关系的企事业单位,从而导致兼职导师来源渠道不够宽广,尤其是一些新成立的科技型企业的导师资源未能有效利用。

从导师培训制度来看:缺少必要的培训环节,特别是一些新任导师,往往是刚刚评上副教授就开始招收研究生,实际上他们自己博士毕业也不过 2 年左右,缺乏必要的人才培养经验。

从导师遴选制度上看:导师资格具有终身性,对于绩效不佳的导师,既难以将其分流出导师队伍,更难以将其分流出高校,导师队伍结构优化难度较大。

二、课程结构与研究生培养

课程结构可以分为课程性质结构、课程形式结构、课程层次结构与课程国际化结构等。研究生教育课程结构的设计既要反映学术界最新的方向,又要为研究生后续发展打下扎实基础,还要以提高研究生创新能力和国际化意识为重点。

1. 课程结构问题

当前我国研究生教育的课程设置在其性质结构、形式结构、层次结构和国际化程度上均存在着一定的问题，综合这些问题，最根本的是课程实施强度不够，严重影响了研究生培养质量。

（1）课程实施强度不够。课程实施强度是指研究生学习一门课程完成其目标所要求投入的时间与精力，投入越多代表课程实施强度越高。我国博士生课程的实施强度远远低于美国比较好的大学。研究生普遍课程学习的压力较小，无论是课前还是课后，查阅的经典资料文献数量都不够，许多地方高校研究生教育课程还是以课堂教学为主，课程作业很少。对比美国的一流大学，它们研究生课程的学习中课后占用时间至少是课内的3~4倍，经常有数十甚至数百页的阅读，有1~2个小组案例讨论，有书面作业，期末要完成长度为20~40页的论文1~2篇。同时，课程学习要求非常严，一个学期尽全力也只能上3~4门课，压力非常大，完成作业非常费时。

（2）课程性质结构问题。课程性质结构是指选修课程、跨学科课程与研究方法等方面课程在研究生课程体系中的开设状况。目前课程性质结构主要有以下问题：

①选修课比例过低。选修课体现了因材施教的原则，能够满足不同学生的个性化需求，有利于促进研究生广泛地涉猎相关知识，强化学术特长。

当前，我国研究生教育课程设置较少考虑到学生的需要和个人兴趣，相较于必修课，选修课比例较低。同时，选修课中还规定部分限定性选修课程，真正能够让研究生自由选择的课程极少。难以满足学生个性化需求，不利于形成学生合理的知识结构。

②跨学科课程设置不足。随着科技的发展，科学研究的广度和深度不断拓展，学科之间呈现出交互渗透的综合发展趋势。研究生教育课程有必要对知识发展趋势做出积极回应，为研究生提供跨学科课程。

当前研究生课程中跨学科课程较少，很多专业的课程按二级学科设置，课程涉及面狭窄，学生跨学科学习受到很大局限，难以满足未来学术交叉发展趋势。同时，由于研究生学制时间较短，一般只有1~1年半时间用于课程学习，传统专业课程占据了绝大部分时间，能够留给跨学科课程及前沿课程的有效学习时间很少。

③研究方法课程重视不够。研究能力的培养离不开研究方法课程作为基础。研究方法包括如何查阅文献、如何收集信息、如何分析资料、如何找出问题并解决问题，这些都是研究生从事研究必须具备的基本能力。

当前我国研究生教育课程计划中，研究方法课程普遍不受重视，甚至很多学校没有能力开设研究方法课程，一些学校即使开设方法类课程也是介绍、概论性质的，缺乏真正严格系统的方法训练。

（3）课程形式结构问题。研究生教育课程形式结构是指具有不同外在形式的课程之间的关系，体现为不同形式课程的构成情况。本书将课程形式结构分为两个方面：一是正式课程之外的各种学术活动情况，主要涉及学术沙龙、学术会议与讲座三类形式的课程。二是正式课程的实施形式，主要涉及讲授教学、研讨式教学实施和科研参与。

①学术沙龙开展不足。学术沙龙不同于传统课堂教学，在活动组织上具有较大的灵活性，活动形式不拘一格，在时间安排上具有机动性，在内容上具有发散性，一般围绕某个主题展开讨论。主题往往选取某学科或跨学科的热点、难点问题。参与者可以从不同的思维角度发表自己的观点，参与者地位平等，没有绝对权威，不同的学术观点都能够产生碰撞，有利于建构浓郁的学术争辩氛围。

国内各院校在研究生教育过程中对学术沙龙的重视程度不够，没有形成相应的固定化模式。同时，形式比较单调，学术沙龙的主题往往局限于本学科领域，参与人员也主要是本专业的研究生，跨学科学术沙龙很少。

②学术会议参与不足。学术会议是专家学者交流学术思想的场所，是传递学术信息的重要平台，参加高水平的学术会议是提升研究生学术水平的重要途径，能够让研究生在短时间内密集地接受学术领域的最新信息。

当前，我国研究生或多或少能够参与学校内外举行的各类学术会议，但总体而言，机会不太多，特别是参与国际会议的机会更少。

③讲座举办类型单一。讲座是指某一领域的学者、专家、社会贤达、知名人士等将既定主题下的知识或观点在短时间内通过报告或讲演的形式传授给听众的活动①，具有思想交流和文化传播的功能，丰富了学生的知识结构，促进了学生综合素质的提高。

但是当前高校举办的讲座中，素质类讲座不多，有限的讲座集中于专业领域，难以对提升研究生整体素质产生明显作用。

④研讨式教学实施不够。研究生课程应该非常强调主动探究性。但是，由于长期受到传统教学模式的影响，大多数研究生习惯于被动的学习方式，问题意识不够，学习缺乏自主性。教师受到教学惯性影响，倾向于按照传统模式教学，将自己已经使用多年的讲义作为上课内容，导致研究生课程教学中照本宣科、课堂灌输现象比较普遍。这在一定程度制约了研究生学术交流能力的提高，压抑了研究生探究真知、追求真理的勇气。同时研究生也可能更愿意采取传统听课方式，因为研讨式教学较为复杂，课前需要查阅大量的资料，课上还要讨论，不如传统授课方式简单轻松。

⑤科研参与度不高。总体上看，当前研究生参与科研活动没有形成制度化的

---

① 肖伟：《新建地方本科院校开展学术讲座的必要性和紧迫性》，载《高教论坛》，2011 年第 1 期。

保障。现有的研究生科研能力的训练基本都是由导师负责，组织形式上比较松散。若导师拥有的课题比较多，研究生即有机会可以参与较多的课题研究。但课题组的规范管理和对参与研究生的学术训练往往没有成为导师和学校关注的重点，加之部分高校或学科的导师课题较少或质量不高，研究生的科研能力训练更加无所依凭。

（4）课程层次结构问题。不同教育层次之间的培养目标不一样，因此，课程设计也应该具有针对性，既能体现出层次之间的定位差异，又能体现出层次之间的连贯性。当前我国研究生教育课程层次不清晰，界限模糊，本科生教育课程与硕士研究生课程、博士研究生课程之间都存在比较严重的重合现象，学士、硕士与博士课程层次结构不分明，没有体现不同层次应有的培养要求。

（5）课程国际化问题。"课程国际化主要是指从课程设置的指导思想到具体的课程内容、实施方式都体现出国际性的趋向，课程国际化的主要目标是培养在全球化背景下具有国际视野与国际交往能力的人才。"[①] 但当前课程结构中国际元素却仍显稀缺。

①较少使用国外教材。在自主建设国内精品教材的过程中，适当地引进和采用国外高质量教材有利于直接吸取国外研究生课程精华，并促进国内的教材建设。

当前我国除了少数重点高校外，大多数高校的研究生教材中难以见到国外原版教材，这非常不利于学生直接吸收国际前沿知识。

②双语教学课程缺乏。双语课程是研究生教育课程国际化的重要路径之一，双语课程不是外语培训，而是基于专业学科教学的延伸。但当前研究生专业课程教学过程中，只有部分高校的少数专业、个别教师采用双语或全外文授课的方式。

2. 课程结构问题对培养质量的影响

课程是研究生培养过程中重要的环节，研究生培养质量一定程度上取决于课程结构的合理性与科学性。当前课程结构所存在的问题制约了研究生的知识获取、能力提升以及素质完善。

（1）对研究生知识获取的影响。

①获取前沿知识不易。前沿知识最具有学术导向性，代表学术活力，关涉学科未来发展的重大理论与实践问题。只有掌握尖端的前沿知识，才能为后续研究工作提供保证。

当前研究生教育课程中，绝大部分课程内容仅仅局限于传统经典的知识体系，与学术发展前沿存在一定的脱节，造成研究生不能追踪学术最新动态，难以激发研究生学术研究的兴趣和热情；另外，参与高水平学术会议机会的匮乏也导致研究生

---

① 胡建华：《中国大学课程国际化发展分析》，载《中国高教研究》，2007 年第 9 期。

缺乏与国际学术前沿交流的机会，从而限制了我国研究生对前沿知识的获得。

②跨学科知识获取难度较大。跨学科知识是来自不同学科的概念、技巧、方法和理论，超越了单一学科领域的局限。跨学科知识学习有助于研究生构建广博的知识结构。知识结构越多样化，创新空间就越大，创新潜力也就越强。

现行的研究生教育课程通常是按二级学科设计，强调专业本位，从而忽视了学科之间的联系和知识之间相互融合的趋势。同时，自由选修课程的范围很小，不同院系之间在跨学科课程开设与选修等方面缺乏系统协作的机制，学校层面也缺乏激励制度鼓励不同院系、不同学科研究生之间互选课程。

③隐性知识获取途径单一。隐性知识是在长期实践过程中不断积累形成的特有经验与诀窍，属于尚未编码化的无形知识。研究生获得隐性知识主要的渠道是通过师生之间交流、同学之间互动等活动。

但当前研究生课程设计基本以传统的课堂教学模式为主，研讨式教学、学术沙龙等课程形式比例较少，导师与研究生之间、研究生与学术同行之间的交流互动不够，程度不深。

（2）对研究生能力提升的影响。

①科研创新能力提升受限。科研创新能力是提出新的构思、设计与见解，运用新技术，从新角度探索问题解决办法的能力。

当前我国研究生教育课程结构所存在的问题，例如，选修课的比例较少、参与课题的机会欠缺等，使研究生难以通过选择不同形式的课程，参与不同类型的学术活动与课题，从而制约了研究生科研创新能力的提高。特别是大部分课程的挑战度不高，课堂学习、课堂研讨和课外研究的要求难以达到能力培养的目标。

②科研实践能力培养不足。科研实践能力是指研究生将理论知识运用于实践活动中的能力。

目前研究生课程主要是指理论课程，而参与课题研究则不包括在课程设计内。同时，在有限的课题参与过程中，研究生参与课题深度不够，大部分研究生只能从事简单的科研辅助工作，很难真正深入到整个课题运作的全过程。

③科研信息获取能力提升不够。科研信息获取能力是指从复杂多样的科研信息源中甄别、收集、处理所需信息的能力，以保证获取科研信息的准确性、快捷性与可用性。由于当前课程结构中对研究方法课程的忽视，我国研究生科研信息检索的水平与能力培养较弱，对重要检索工具尚不能熟练掌握，缺少获取科研信息的必要知识和技能，在获取科研信息时常常遇到许多困难。

（3）对研究生素质完善的影响。

①对道德素质完善的影响。道德素质是在对一定的道德现象和道德关系本质认知的基础上，能够自觉地做出正确的判断与选择的能力。

当前研究生教育课程结构中，尤其缺乏有关学术道德的课程环节，学术诚信、学术精神欠缺是影响我国研究生质量的一个重要因素。

②对心理素质完善的影响。课程在引导研究生心理健康方面能够起到巨大的作用，是完善研究生心理素质不可忽略的有效资源。当前，我国研究生教育课程结构中，有关心理素质完善的培养活动较少，过于偏重知识性，对于在研究过程中如何培养学生勇于奉献、淡泊名利、持之以恒、不畏学术权威、敢于创新、树立学术自信等心理品质非常不够。

3. 课程结构问题之成因

课程结构问题出现的原因主要有三个方面：课程价值取向单一、课程权利过于集中以及课程制度建设不够。

（1）课程价值取向单一。任何层次教育，其课程设计者在进行课程决策时，必然要受到价值取向的影响，并且将某种价值取向体现到课程结构设置中。

当前主导我国研究生教育课程的价值取向是学科本位、知识本位，它占据了研究生教育课程设计思想的主导地位。学科本位和知识本位的价值取向侧重理论知识传授，忽视了能力与素质的养成与熏陶，课程内容因循守旧，与社会需求脱节，难以满足研究生个人未来长远发展的需求。

另一方面，学生本位价值取向尚未深入人心，大多数的研究生没有意识到自己的课程权利，长期处于顺从状态，习惯于根据既定的课程学习，维护自己课程权利的意识不强。

此外，社会本位价值取向范围局限，在研究生教育课程领域，研究生教育管理者没有意识到课程社会本位价值取向的意义，课程体系对社会的开放性不够，封闭性太强。

（2）课程权利过于集中。课程权利主要包括课程政策制定中的参与权、课程决策权、课程专业自主权以及课程实施权等。理想的课程设计模式要有利于课程主体合理分权，形成以课程为纽带，多中心交叉网络型的权利结构，共同参与课程结构调整。但是，当前研究生教育的课程权利过于集中，制约了课程结构的优化。

当前我国研究生教育的课程权利模式是政府、学校研究生院（处）、学院（系）、学科与任课教师各自享有一定的权利。但研究生教育课程的利益相关者还包括研究生、社会用人单位两大主体，他们则几乎没有分享研究生课程设置的权利。学生课程权利基本处于缺失状态，很少有研究生能够对课程结构设计发表观点，参与讨论表决。社会权利也依然游离于课程权利之外，这使得研究生教育的培养规格和社会需要的人才规格之间存在着一定的脱节，从而毕业生难以适应用人单位的需要。

（3）课程制度建设不够。课程制度是学校共同遵守的，落实课程计划和课程方案，有效促进学校课程实施与课程开发、课程管理与课程评价的一系列规程和行为准则。① 当前研究生教育课程制度问题主要有三个方面：

一是未能建立起保障课程价值取向整合与课程权利多元化的制度，具体表现为：价值取向引导制度不完备，使得整个研究生教育课程处于学科本位的价值取向中，社会本位价值取向与学生本位价值取向处于边缘化的地位；同时，多元权利治理制度缺失，目前课程制度设计的主流是由学校研究生管理机构制定出总体课程大纲，规定各专业课程设置模块，具体课程内容由任课教师负责，各学院从中协调，但课程制度中没有为用人单位与研究生参与课程设计做出明确规定，使得课程权利的代表性不够。

二是未能够制定出针对课程设计的监督评价制度，具体表现为：评价主体单一，研究生教育课程评价基本上是由高校内部人员为主体，基层教师享有部分课程设计权利，但是却被排除在课程评价体制之外，研究生参与课程评价兴趣没有得到调动，社会力量在课程评价信息获取、利益表达方面存在明显失权现象；评价过程不严谨，课程结构评价到底评什么、怎么评，在制度上没有明确，没有将视野扩展到整个课程结构从制定到实施的全过程，对于整个课程结构实际运行状态关注不够；缺乏评价信息常规收集机制，课程在运行过程中存在哪些结构性问题，不能得到及时的反馈，没有形成动态化的评价信息收集制度，致使课程结构在不完善的情况下还能长期运行；评价结果执行不力，评估报告往往被束之高阁，流于形式，缺少对评估结果改进执行的有效监控。

三是激励制度缺失，对课程权利主体的激励程度不够。当前，我国研究生教育还没有建立起一套明确的激励任课教师参与课程设计的制度；同时，当前研究生教育中教师激励制度存在严重的"重科研轻教学"的现象；此外，很多任课教师缺乏必备的课程设计能力，尤其是缺乏经验的青年教师不知道如何科学合理地设计课程环节，导致随意拼凑知识的现象，从而导致课程质量不高。

三、生源结构与研究生培养

研究生生源质量是研究生教育质量的基础，其生源结构大致可以分为推免生源结构、学校类型生源结构与生源国际化结构等。生源结构合理是保证培养活动高效率进行、全面实现研究生培养目标的必要条件。

1. 生源结构的问题

当前生源结构的问题，主要集中于重点大学生源比例、推免生生源比例以及

---

① 郭元祥：《学校课程制度及其生成》，载《教育研究》，2007年第2期。

国际生源比例三个方面。

（1）重点大学生源比例较低，且重点大学之间生源流动少。在我国研究生招生过程中，普遍存在一般大学的本科毕业生报考重点大学就读研究生、重点大学本科毕业生重点选择本校或声誉更好的大学就读研究生而不愿就读一般大学研究生的现象，这导致一般高校研究生招生生源质量较差、重点高校本校生源比例过大的现象。同时，这也导致重点大学之间学生跨校就读研究生的比例过低，不利于跨学科、跨学校之间的交流，难以形成多元化的学术生态。以清华大学为例。2002～2011年，清华大学硕士研究生中来自清华本校的生源约占40%，其他"985"工程院校的生源比例基本稳定在30%，来自"211"工程院校（不含"985"）的生源占比约为13%，还有近17%的学生是来自一般高校。从清华大学的案例可以知道，重点大学之间生源的流动比例是不高的，期间来自北京大学的生源仅占1.5%左右。①

（2）推免生生源比例总体偏低，两极分化严重。推荐免试就读研究生是指普通高等学校推荐优秀应届本科毕业生免试攻读硕士学位研究生。本书的推免生生源比例是指通过推荐免试渠道录取的研究生占总录取人数的比例。

当前设立研究生院的高校推免生按应届本科毕业生数的15%确定，未设立研究生院的"211"工程高校按应届本科毕业生数的5%确定，其他高等学校按应届本科毕业生数的2%确定。尽管政策规定上推免生占应届毕业生的比例不断提高，但是，总体而言，推免生比例依然不高，且存在严重的两极分化现象，即一些著名高校的推免生比例达到近50%，而大部分的高校则严格限制在政府规定的比例范围内。以某著名"985"高校为例，其生源比例中来源于推免的接近50%，见图1-12。

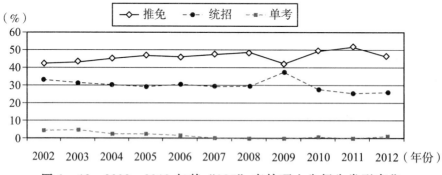

图1-12　2002～2012年某"985"高校硕士生招生类型变化

---

① 课题组调研数据。

由于获得推免资格的往往是成绩最优秀的学生，推免生比例越高，其生源质量越高，进而也导致了高校研究生生源质量的进一步分化。

（3）国际生源比例较低，且发达国家生源较少。当前，相比于研究生教育总体规模，我国研究生中留学生的整体比例较低。如表1-18所示，2008年以来，到我国攻读硕士和博士学位的留学生人数快速增长，但占我国普通高校研究生数的比例仍然不高。即使研究生中留学生规模最大高校之一——清华大学2011年攻读硕士、博士学位的外国留学生为1184人，占全校研究生总数的比例也只有5%。

表1-18   2008～2012年来华留学研究生人数及其
占研究生招生人数比例

年份	接受学历教育留学生数（人）	硕士（人）	博士（人）	研究生总计（人）	占当年普通高校在校研究生比例（%）
2008	80 005	10 373	3 908	14 281	1.16
2009	93 450	—	—	18 978	1.40
2010	107 432	19 040	5 826	24 866	1.68
2011	118 837	23 453	6 923	30 376	1.91
2012	133 509	27 757	8 303	36 060	2.15

资料来源：2008～2012年全国来华留学生数据统计［EB/OL］.中国高教学会外国留学生教育管理分会，http：//www.cafsa.org.cn/index.php? mid = 6./2013 - 04 - 05。

另外，我国招收的留学研究生中，理工科生源比例较低，而大多数留学生源集中于人文社会类学科，文科研究生长期以来约占80%的比例。同时，大部分留学生生源都来自亚洲，美洲与欧洲等国的生源比例一直处于较低水平。[1]

2. 生源结构问题对培养质量的影响

生源结构的合理程度决定了培养工作的起点。从当前我国研究生教育的发展现状来看，提高我国研究生中重点大学生源、推免生源和国际生源的比例有助于提升研究生的培养质量。

（1）提高重点大学生源比例有助于整体上提升研究生教育质量。促进学生的跨校流动，尤其是提高研究生生源中重点大学本科毕业生的比例，不仅有助于提升研究生的生源质量，也有助于研究生培养质量的普遍提升。生源质量的好坏，决定了研究生培养质量的基础和可能。同时，促进跨学校的生源流动，尤其是使

---

① 2008～2012年全国来华留学生数据统计［EB/OL］.中国高教学会外国留学生教育管理分会. http：//www.cafsa.org.cn/index.php? mid = 6./2013 - 04 - 05。

一般高校的研究生生源也能有很大比例来自重点大学，对于促进这些学校的发展具有巨大的推动作用，也有利于多元化学术生态的形成。

（2）提高国际生源比例有利于提升我国研究生教育的国际影响力，促进研究生培养的国际化。扩大国际生源比例不仅有利于增进我国研究生跨文化交流机会，促进公共外交的发展。国际留学生比例的提升同时也是我国研究生教育质量获得国际认可的重要标志，有助于提升我国研究生教育的国际影响力，对于培养我国研究生国际交流能力具有不可忽视的积极作用。

3. 生源结构问题的成因

当前生源结构问题的形成是多方面的，既有学生自身不愿就读比其本科次一层次学校的主观原因，也有我国高校教育质量两极分化的客观因素，更有招生制度的弊病。

（1）培养质量的两极分化是造成一般高校研究生生源质量普遍较差的客观因素。中国高等学校具有明显的层次特色。截至 2012 年底，我国有博士学位授权单位 348 个，而在这 348 个博士学位授权单位中，"985" 工程高校不过 39 所。即使这 39 所 "985" 高校内部又还可以划分为若干层次。客观地说，不同层次高校之间的人才培养质量差异巨大。这就客观上造成了高一层次学校的学生不愿就读低一层次学校的研究生，而低一层次学校的优质生源又基本流到了上一层次学校就读研究生的局面，进而造成了我国高校研究生生源质量严重的两极分化，一般高校研究生的生源质量比较差甚至很差，"211" 工程高校的研究生生源质量勉强，即使部分 "985" 高校的研究生生源质量也并不令人乐观。

（2）招生体制的弊端也造成了生源质量的不高。研究生招生体制的弊端主要体现在两个方面：一方面，政府招生权力过大，尤其是招生计划的制订；另一方面，除了少数重点高校之外，绝大多数高校在研究生招生上缺乏自主权，无法按照高校自身的优势和特色确定招生计划，特别是在推荐免试方面高校主要受制于政府的指令计划，难以发挥其主动性和能动性。同时，招生考试制度、培养制度本身也有很大的改善空间，现有的制度还不足以激发优秀学生攻读研究生的兴趣，使那些有能力攻读研究生的学生脱颖而出。当然，如何加强院系和导师在招生方面的权力也是需要进一步落实的地方。

从留学生的招收来看，留学生奖学金制度以及招生宣传制度等也存在一些问题。在奖学金制度方面，我国留学研究生的主体是自费留学生，只有不到 10% 的留学生能够享受到我国政府提供的公费奖学金的资助，奖学金覆盖面较低，高校奖学金、学术团体奖学金及企业奖学金过少，使得我国奖学金制度没有国际吸引力。[1]

---

① 王苏春：《发达国家留学生教育经验对我国留学生教育的启示》，载《教育探索》，2009 年第 9 期。

在招生宣传以及招生渠道拓展方面，我国高校对外宣传的力度很小，招生渠道较少，信息传递不够畅通，使得我国研究生教育在海外知名度受到影响，国外生源对我国高校留学生教育情况知之甚少，难以形成吸引力，制约了国外生源的报考。

第四节　国际研究生教育结构的特征与调整动因

研究发达国家研究生教育结构的特征以及调整的动因，有助于我们把握研究生教育的国际走向，了解和借鉴发达国家在研究生教育结构调整上的经验。但需注意的是，研究生教育的结构是一个动态结构，既不存在一种"放之四海而皆准"的结构，也不存在一种永远合理的结构。因此，我们需要在结合我国基本国情和自身发展特色的基础上理性地看待国外研究生教育结构。

一、国际研究生教育结构特征

研究生教育宏观结构的国际比较主要是针对区域结构、科类结构和层次结构。微观结构的国际比较主要针对导师结构、课程结构和生源结构。发达国家著名大学中的导师结构、课程结构和生源结构均具有比较鲜明的特色可供借鉴。但由于微观结构很少存在宏观层面的统计数据，故我们主要在借鉴和参考研究成果中对发达国家著名高校各类微观结构特征描述的基础上，辅以呈现部分国际可比指标。

1. 区域结构：与地区经济协调发展

发达国家研究生教育的区域结构具有鲜明的特征。美国、英国和日本各地区研究生教育的发展差异都非常大。以美国为例，美国 2010 年各州州均拥有 57 472 个在校研究生（包括硕士、博士和第一职业学位），各州中在校研究生数最少的怀俄明州，仅有 2 762 人，在校研究生数最多的加利福尼亚州，共有 266 116 人，加利福尼亚州的研究生数是怀俄明州的近 100 倍。美国州际之间在校研究生数的标准差为 59 730 人，超过了其州均在校研究生数。

但需要看到的是，美、英、日三国各地区的研究生教育与相应地区的经济发展水平呈现出高度的相关性。美国在校研究生数与 GDP 的相关系数为 0.92，英

国为 0.99，日本为 0.95。这在一定程度表明发达国家研究生教育的区域结构是
与各地区经济发展紧密结合的（见图 1 - 13）。

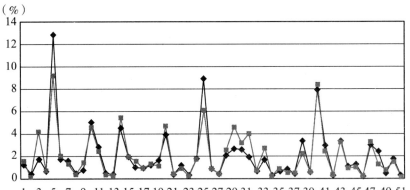

图 1 - 13　2010 年美国各州 GDP 与各州研究生数

资料来源：美国商务部网站，http：//www. bea. gov/. /2012 - 2 - 14。注册研究生数来源美
国教育统计中心网站，http：//nces. ed. gov/programs/digest/2012menu_tables. asp/2012 - 2 - 14。

2. 科类结构：硕士以发展社科和工程为重点，博士呈多元化发展态势

本书对科类结构的划分采取的是《国际教育标准分类法》，包括教育、人文
学科和艺术、社会科学、商业和法律、科学、工程、制造和建筑、农学、卫生和
福利以及社会服务。从发达国家的科类结构调整过程来看，具有以下共同的发展
趋势：

在硕士层面：（1）规模增幅最快的主要是社会科学，过去 40 多年，日本社
会科学、商业与法律的硕士学位授予数量从 874 人增加到 7 694 人，增幅近 10
倍，美国、英国、韩国的增幅均超过 200%。（2）在社会科学、商业与法律学科
迅速发展的同时，亚洲地区国家的工程与技术类学科的研究生规模增长非常迅
速，过去 40 多年，日本工程、制造和建筑硕士学位授予数量增幅超过 14 倍，韩
国增幅达到 261. 61%。（3）总体而言，大部分发达国家的硕士研究生科类结构
以社会科学、商业与法律学科为主导，该类学科以及医学类学科占全部硕士研
究生学位授予比重都出现上升趋势。日本、韩国等亚洲国家的硕士研究生科类
结构以工程、制造和建筑类科学为主导，该类学科与社会科学、商业与法律学
科一起呈现迅猛增长的趋势（见图 1 - 14）。

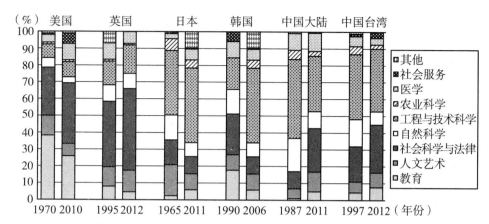

图 1-14　世界各国（地区）硕士研究生科类结构变化趋势（1970~2012 年）

资料来源：参见附录附表三、附表四、附表五、附表六、附表七、附表八。

在博士层面：（1）总体上医学是美、英、日、韩等发达国家战后博士层次研究生教育中规模增长速度最快的学科。（2）从各国（地区）博士研究生教育科类结构变化来看，工程与技术科学、医学和社会科学虽在各国的变化趋势不尽相同，但均成为各国博士研究生教育的主要学科甚至主导学科。（3）各国博士研究生教育科类结构中自然科学在欧洲国家所占比重较为突出，德国和英国自然科学类的学科博士学位授予量占全部博士学位授予量的比重超过 30%。（4）总体而言，各国博士研究生教育的科类结构正在逐步朝多元化方向发展，英美等发达国家的博士研究生学科构成多样化的趋势尤为明显。各国（地区）博士研究生教育各学科门类均得到不同程度的发展，除了农学、社会服务、人文艺术等学科保持一个相对较小的比例以外，工程、自然科学、社会科学、医学等学科之间的构成比重差异呈现出逐渐缩小的趋势（见图 1-15）。这主要是由于博士教育自身的特殊性所致，硕士层次的科类结构以适应社会需求为主，故各国在社会科学和工程类应用型学科的发展上呈现较为一致的趋向。博士教育虽然也不可避免地在一定程度上要适应社会需求，但其发展最主要的动力还是来源于科学自身发展的推动和各国既有的研究优势。因此，各国博士科类结构呈现出多样化的发展态势。

3. 类型结构：学术学位和专业学位齐头并进

在西方发达国家，为适应社会经济的需求，传统的以培养科研人员为主的学术型培养模式和结构正在逐渐发生变化，大多数国家的研究生教育逐渐分化成"学术研究型"和"专业应用型"两种类型。

美国研究生类型除了传统的以学术研究为导向的哲学硕士和哲学博士外，还有大量的专业硕士、专业博士以及第一职业学位的硕士专业和博士专业。美国研

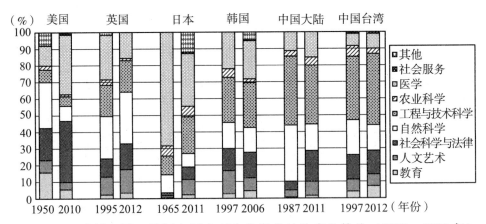

图 1 –15　世界各国（地区）博士研究生科类结构变化趋势（1950～2012 年）

资料来源：参见本书附录附表三、附表四、附表五、附表六、附表七和附表八。

究型大学中硕士层次主要以应用型的硕士为主，应用型（基本可以对应我国的专业硕士学位）硕士学位人才培养的比例约占85%，而学术型硕士学位人才只占约15%。[①] 博士层次在各校有所不同，但总体呈现学术型博士和应用型博士并重。美国常青藤大学 2012 年博士学位的类型结构显示，除普林斯顿大学未授予专业博士学位以外，其他大学博士学位的类型结构中职业型学位（Doctor's Degree – Professional Practice）与学术型学位（Doctor's Degree – Research）的比例基本上接近1 : 1（见图 1 – 16）。

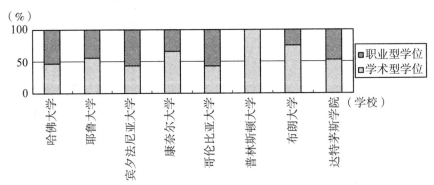

图 1 –16　2012 年美国常青藤大学职业型博士学位和
学术型博士学位授予数量比例

资料来源：美国教育统计中心（National Center for Educution Statistics）。http：//nces. ed. gov/2013 – 10 – 08。

[①] 李丽萍：《研究生培养目标有待明确》［EB/OL］，http：//www. cyol. net/gh/edu/2001 – 11/06/content_285954. htm. /2010 – 04 – 09。

除了美国以外,世界各国纷纷在原有单一的研究型人才的培养模式基础上,增加与社会需求联系更加紧密的专业型或职业型学位。以英国、澳大利亚和日本为例,除了学术型研究生以外,还存在大量的授课型学位或职业型学位的研究生。英国和澳大利亚,非学术学位的研究生数量是学术学位的3倍以上。日本专门职学位(相当于我国专业学位)的研究生教育起步较晚,但数量也占到接近研究生总数的10%(见表1-19)。

表1-19 英、澳、日三国研究生教育的类型结构(1995~2012年) 单位:人

年份	英国研究生数		澳大利亚研究生数		日本研究生数	
	学术学位	非学术学位	学术学位	非学术学位	学术学位	专门职学位
1995	86 961	283 158	—	—	153 423	
2000	101 020	347 680	—	—	205 317	
2005	113 795	431 575	48 201	215 303	239 457	15 023
2012	108 315	460 190	60 697	267 071	243 219	20 070

资料来源:英国数据来源于 www. hesa. ac. uk. /2013 - 12 - 18;澳大利亚数据来源于 http://education. gov. au/. /2013 - 12 - 18;日本数据来源于 http://www. mext. go. jp/. /2013 - 12 - 18。非学术学位研究生既包括证书性质的研究生,也包括课程性质的研究生。

4. 导师结构:日趋多样化

我们主要从学缘经历、国外学习经历两方面,对发达国家中导师结构进行描述。

从导师的学缘结构上看,欧美高校从20世纪50年代开始就意识到教师学缘结构单一化带来的危害,采取措施限制从本校毕业生中直接留任教师,尽量从其他高校选拔毕业生补充师资队伍,因此,国外著名高校导师的学缘结构一般都比较多元化,大多数高校拥有本校博士学位教师的比例都在20%以下,在这些教师中,往往也不是直接留校任教的,而是在外工作一段时间后才回校任教,例如,美国哈佛大学的教师中,来源于斯坦福大学的最多,占16.9%;英国剑桥大学的教师中,来源于牛津大学的最多,占10.8%;德国柏林大学的教师中,来源于慕尼黑大学的最多,占11.2%。[1]

从导师的来源结构上看,发达国家的研究生导师队伍的国际化程度一直较高。如哈佛大学拥有留学背景的教师比例高达34.9%,南加州大学、德州大学奥斯丁分校、圣地亚哥大学有留学背景的教师比例也比较高,都超过了24%。[2]

---

① 姜友芬等:《影响研究生创新能力培养的导师因素分析》,载《复旦教育论坛》,2005年第6期。

② 姜远平、刘少雪:《世界一流大学教师学缘研究》,载《江苏高教》,2004年第4期。

"2009 年英格兰全国高校的国外教师比例达 20.2%，其中牛津大学来自欧盟其他国家的教师占 13.2%，来自美国、中国、澳洲、印度、加拿大等世界各国教师占 15.2%。"[1]

5. 课程结构：凸显灵活性和全面性

在课程结构中，我们着重考察了发达国家著名高校课程结构中选修课、研究方法课以及研讨课的开设情况。

在选修课的开设方面，国外著名高校更加注重选修课程的开设。例如，哈佛大学科技管理专业硕士研究生课程总数达 90 门以上，其中选修课程在 70 门以上，麻省理工学院该专业的课程总数达到 108 门以上，其中任选课程 86 门，学院提供航空学、生物科技、建筑工程、发展学、电力学、能源学、环境与可持续发展、材料学、通信学与运输学 10 个专业的课程供学生选修。[2]

在跨学科课程设置上，国外很多著名大学都将跨学科课程作为研究生课程设置的重点，例如，斯坦福大学教育学研究生课程打破原有的课程界限，课程设置不仅仅局限在教育学学科内，课程内容非常丰富而广泛，既有心理学、社会学、伦理学、人类学及方法论等人文学科课程，也有行为科学和自然科学课程，还加入了网络技术和计算机类课程，使得整个课程体系表现得比较完善而多样。[3] 同时，斯坦福大学对主修理工科的学生做了规定，"明确其必须选修占课程总量 20% 的人文艺术类课程；同样，主修文科的学生也必须选修占课程总量 16.7% 的理工科课程。"[4]

在研究方法课开设上，国外很多著名大学都非常强调研究方法课程的重要性。在英国，硕士生做学位论文前要学习一门研究方法论。这门课的目的是指导学生怎样用正确的方法做研究，包括第一手和第二手的研究，定量和定性的分析，甚至如何按哈佛文献规则做注释。课程结束，学生必须提交一份关于怎样做学位论文的报告，其中文献回顾部分被要求占到整个报告的 50%。若该门课程不及格则不能进入学位论文阶段。[5] 在美国也是如此，以宾夕法尼亚大学教育研究生院教育、文化与社会学专业为例，在其 2012 年的研究生课程大纲中，课程一共

① 黄建雄：《高校教师队伍学缘结构的三重特征及其优化》，载《江苏高教》，2011 年第 5 期。

② 周倩：《中美高校科技管理专业研究生课程设置的比较与启示》，载《科技管理研究》，2010 年第 7 期。

③ 吴巧玲：《美国比较教育学专业研究生培养模式的研究与启示》，中央民族大学硕士学位论文，2010 年。

④ 温静、李恩、陈志权：《研究生课程设置与创新能力培养》，载《重庆工学院学报》，2007 年第 4 期。

⑤ 石倩：《硕士研究生创新能力培养研究》，山东师范大学硕士学位论文，2009 年。

有 34 门,其中 7 门为研究方法课程。研究方法课程占据总课程比例为 21%。①

在研讨式教学课程设置上,国外高校几乎所有的教学环节都加入了大量的师生互动讨论,"在哈佛大学哲学博士的课堂之中,教师注重引导学生积极讨论,学生在讨论中深入思考和广泛交流,在讨论中相互质疑和论证,思考量相当大,在思想碰撞中,不断产生新的观点,授课老师只做指点和评论。这种主动性讨论,能够训练学生运用知识的能力、评价论证能力、独立思考能力和表达能力。"② 除此之外,还专门设置了研讨式课程(Seminar),有些高校还特别设置了核心研讨课程(Core Seminar)。例如,明尼苏达大学管理学院的人力资源与工业关系专业(Human Resources and Industrial Relations)的博士生课程中,一共设置了 4 门核心研讨课程(Core Seminar),分别是经济分析基础、组织行为学、人力资源研究基础以及人力资源与工业关系研究方法。③

6. 生源结构:不断国际化

欧美国家的研究生教育非常注重学生的国际交流。在全球化的高等教育市场之中,随着通信、交通、货币等技术手段的全球化,学生在世界范围内的流动也日趋频繁。1975 ~ 2011 年,全球高等教育国际留学生规模呈现稳定上升趋势,1975 年,全球一共仅有 80 万留学生,2011 年就增至 430 万留学生。④

具体至研究生教育阶段,发达国家中留学生占在校生总数的比例非常可观。英国、新西兰和澳大利亚均为留学生大国,英国有 41.7% 的研究生为留学生,新西兰有 37.2%,澳大利亚和美国基本在 28% 的水平上(见表 1 – 20)。

表 1 – 20 　　　 2010 年世界各国留学生在各级高等教育中的分配⑤　　　 单位:%

国家	美国	英国	日本	澳大利亚	新西兰
A 类高等教育	3.3	17.6	2.9	21.8	12.4
B 类高等教育	1.0	5.4	4.0	17.3	16.6
研究生教育	27.8	41.7	17.3	28.7	37.2

资料来源:OECD:《教育概览(2012)》,教育科学出版社 2013 年版,第 390 ~ 400 页。

---

① 宾夕法尼亚大学教育研究生院主页:《教育、文化与社会学专业研究生课程设置》[EB/OL],http://www.gse.upenn.edu/ecs/courses./2012 – 06 – 04。

② 李新翔:《哈佛大学博士研究生科研训练方式研究》,山东师范大学硕士学位论文,2011 年。

③ 明尼苏达大学管理学院:《人力资源与工业关系专业博士课程设置》[EB/OL],http://www.csom.umn.edu/master-human-resources/academics/syllabi.html./2012 – 06 – 08。

④ UNESCO 统计数据库[DB/OL],http://stats.uis.unesco.org/unesco/TableViewer/tableView.aspx./2012 – 06 – 08。

⑤ A 类高等教育是以理论为基础的教育,为进入研究生教育提供资格。B 类高等教育是比 A 类高等教育学制更短,侧重实践、技术、职业性技能培养。参见 OECD:《教育概览(2012)》,教育科学出版社 2013 年版,第 3 ~ 5 页。

此外，发达国家著名大学的研究生教育阶段中留学生的数量及比例更多。美国哈佛大学、斯坦福大学和麻省理工学院的研究生中留学生所占比例均为30%以上，英国剑桥大学和牛津大学达到了50%以上。①

二、国际研究生教育结构调整动因

1. 信息社会对新兴学科的人才需求激增

进入20世纪以来，随着人类社会由工业社会迈入信息社会，知识的发展和分化达到前所未有的速度和广度。信息社会对新兴科技人才的需求激增迫使高校改变原有学科的比重格局。在这种相互作用下，研究生教育中的一些学科取得了突飞猛进的发展，例如，计算机科学、信息与通信技术和交叉学科。1970~2011年，美国"计算机与信息科学"硕士和博士学位授予数从1 716个增至21 034个，增长了12.42倍；"信息与通信技术"从86个增至503个，增长了5.85倍；交叉学科硕士和博士学位授予数从1 025个上升至7 408个，增长了7.23倍。②英国也呈现类似的发展趋势，信息科学和计算机科学发展迅猛（见图1-17）。

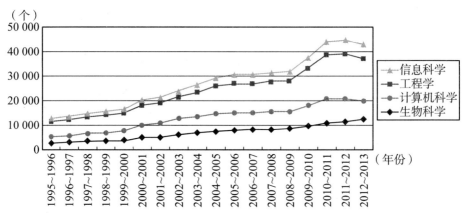

图1-17 英国高校研究生部分学科学位授予数（1995~2013年）

资料来源：英国高等教育统计中心，http://www.hesa.ac.uk，2013-12-18。

2. 高等教育国际化冲击

高等教育的国际化首先对研究生教育的生源结构产生了强烈影响。20世纪后半期，英、美等西方发达国家均采取各种优惠举措，吸引来自世界各地的优秀

---

① 陈强：《改革开放30年来华留学研究生教育的回顾与思考》，载《学位与研究生教育》，2008年第6期。

② 《美国教育统计年鉴2012》（Digest of Education Statistics 2012）。

留学生进入本国接受研究生教育，从而推动本国科技及经济竞争力的提升，例如，欧洲博洛尼亚进程大大促进了欧洲范围内各国研究生的流动性。发展中国家则普遍意识到大规模海外研究生教育的必要性，并尽力提供奖学金、贷款及其他补助支持本国学生在海外进行研究生教育。因而，美、英、德、法等国成为世界主要的留学目的地，而中国、印度、日本、新加坡则成为主要的留学输出国。图1-18显示，2000~2010年，西方主要国家国际留学生数量的变化趋势，美、英、法、澳、德、日等国保持了稳定快速的增长，尤其是在2002~2003年，上述六国的国际留学生数量有了跨越性的增长，这与各国为增加国际学生在留学、移民政策上所付出的努力密不可分。

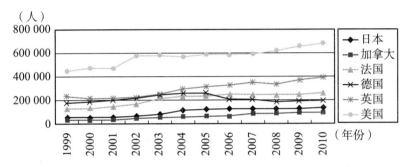

图1-18　部分发达国家留学生数量变化趋势（1999~2010年）

资料来源：UNESCO 统计数据库 http：//stats. uis. unesco. org/unesco/TableViewer/table-View. aspx. /2013-08-08。

同时，高等教育国际化也将对研究生教育的师资结构产生冲击。高等教育的国际化使得教师在国际之间的流动成为可能。教师不仅可以在国内聘请，也可以在世界各国聘请。教师之间的竞争不断加强，师资队伍的结构不断调整，教师队伍中具有海外留学经历的导师数量将不断增加。

3. 国家科技创新战略实施

研究生教育是科教结合和人才强国战略的结合点，是一国竞争力和创新力的支柱。发达国家无不将其作为凝聚国家核心竞争力的重要手段。例如，美国在其2006年所实施的《竞争力计划》中明确提出研究生教育应在国家战略性的主导方向（纳米技术、生物技术、替代能源以及氢能、高端计算和网络技术、量子机械模拟、安全通信、材料科学、传感与探测能力为主的自动化和控制技术等）做出贡献。[①] 英国政府近年来也把科技创新和研究生教育放到了国家战略的高度。

---

① 美国竞争力计划 American Competitiveness Initiative. http：//www. whitehouse. gov/stateofthe union/2006/aci/index. ht ml#sec-tion6. 2008。

2004 年颁发了"科学创新投资框架十年规划",在该规划中确定了四个重点发展的研究领域：能源（包括气候变化和能源供应安全）、环境、全球安全（包括综合犯罪研究、恐怖主义、环境压力、全球贫困）、老龄化—终身健康及幸福（包括癌症、人口研究）。日本政府颁布了第一期"科学技术基本计划"旨在增加日本理工科方面博士学位的授予量，培养更多的科技人才。图 1 - 19 显示，日本 2009 年理工科研究生阶段的学位授予数相较于 1990 年增加了近 3 倍，其中博士学位授予数的增加尤为显著（见图 1 - 19）。

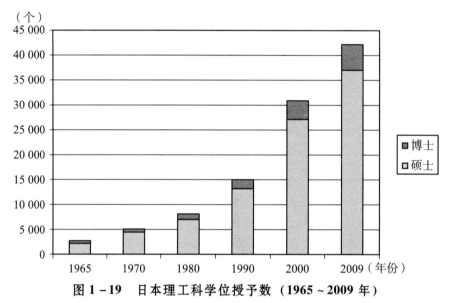

图 1 - 19　日本理工科学位授予数（1965 ~ 2009 年）

资料来源：日本文部科学省 http：//www. mext. go. jp/。

4. 经济产业结构升级

产业结构的调整升级是影响研究生教育科类结构调整的重要因素。一般而言，产业结构重心从第一产业向第二产业转型，制造业成为经济发展的主力，传统理工科的研究生教育将会获得大的发展；产业结构重心从第二产业向第三产业转移，服务业逐渐占据国民经济的主导地位，与此相关的信息技术以及社会科学、商业与法律研究生教育则会出现较快的发展。美国和日本是发达国家中的典型案例。

20 世纪 60 年代，处于冷战初期的美国以航天军工等高科技产业为国家重心，其自然科学、工程与技术科学的研究生学位授予增量明显。60 年代，医疗产业占美国 GDP 中的比重仅为 5%；70 年代上升到 8%；90 年代后达到 14%；2008 年已达 17%。该产业与医学研究生学位授予的增长基本一致。农业不是美国产业的发展重点，因此其研究生培养数量也稳定在较低水平（见图 1 - 20）。

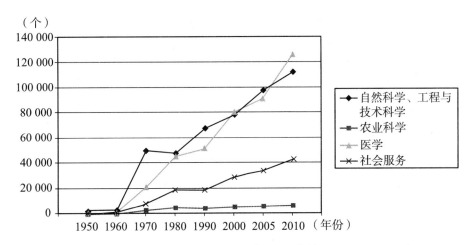

图 1 - 20 美国各类学科研究生学位授予数量（1950 ～ 2010 年）

资料来源：美国教育统计中心 http：//nces. ed. gov/。

日本研究生科类结构的变迁也与其产业结构调整方向非常接近。"二战"之后，日本政府通过制定积极的宏观产业政策推动产业结构优化升级；50 年代初，制定了"产业合理化政策"，重点发展钢铁、煤炭、电力和造船等重工业；60 年代，以追赶欧美发达国家为指导思想，确立贸易立国战略，推动重工业化和化学工业化。在此期间，日本的理工类研究生教育获得空前的发展。1960 ～ 1970 年，日本理工类博士在校研究生数量从 1 291 人增加到 3 990 人，增幅达到 318. 36%，年均增速达到 15. 39%，理工类博士在校研究生占当年全部博士在校生总量的百分比也从 17. 4% 增加到 34. 9%。①

5. 劳动力就业市场需求变迁

劳动力市场结构是与一国产业结构紧密联系的，随着产业结构的优化升级，劳动力就业结构重心从第一产业转向第二产业，并逐步转向第三产业，进而对研究生教育发展产生了重要影响。

首先，研究生教育与劳动力市场日益增加的关联性要求研究生教育不断调整各学科的发展规模，以适应不断变化的劳动力市场。以美国为例，1990 ～ 2005年，美国自然资源与采矿行业就业的人数减少近 10 万，制造行业就业人数减少350 万。与此相反，运输与仓储行业就业人数增加 90 万，娱乐休闲行业就业人数增加 350 万，金融行业就业人数增加 150 万，各种专业及商业服务行业就业的人数增加 600 万，教育与医疗服务行业增加的就业人数更是达到 640 万。第三产业已经成为美国吸纳劳动力就业的主战场，而第三产业中的教育、医疗、商业管

---

① 日本文部科学省 http：//www. mext. go. jp/./2011 - 10 - 23。

理、旅游服务行业则更是成为吸纳劳动力就业的重要阵地。[①] 与劳动力市场的这种变化趋势相对应，美国研究生教育的科类结构也表现出相应的变化趋势，与第一、第二产业相关的学科如农业与自然资源、工程的硕士学位授予比例明显下降，而与第三产业显著相关的学科如娱乐休闲、医疗保健、工商管理硕士、教育硕士等却明显上升。其中，休闲娱乐相关学科的硕士比例虽然比较低，但增幅较大，达到364%（见图1-21）。

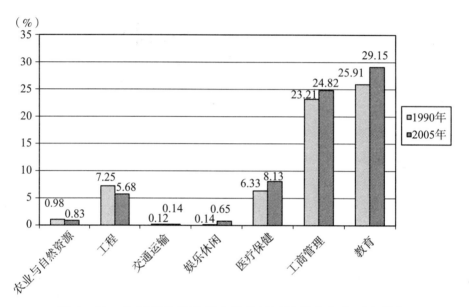

**图1-21　美国部分学科硕士学位授予数量占全部硕士学位
授予数量的比重（1990年、2005年）**

资料来源：美国教育统计中心 http://nces.ed.gov/，访问时间：2010-09-21。

其次，科技进步和社会发展对劳动力技能水平提出了更高的要求，原来本科教育水平的劳动力就可以胜任的工作，现在需要研究生水平的劳动力才能完成，这实质上反映了研究生教育目标的一个转变，原来专门培养教学、研究人才的研究生教育，如今面临一个更为分化和多样化的劳动力市场，以学术为业不再是研究生的唯一选择，走出"象牙塔"将成为研究生就业中普遍的现象。以1965年至2011年日本研究生的就业结构变化为例，选择从事教师行业的博士毕业生占当年全部博士毕业生的比重从63.71%降低到26.56%，而在除教育之外的其他服务性行业就职的博士毕业生的比重则从6.94%迅速增加到26.47%。选择从事

---

① 景跃军、王晓峰：《美国三次产业结构现状及未来趋势变动分析》，载《东北亚论坛》，2006年第1期。

教师的硕士毕业生数占当年全部硕士毕业生的比重从 32.16% 迅速下降到 7.20%，而同期选择工程师职业的硕士毕业生比重则从 46.49% 增加到 55.52%（见图 1-22 和图 1-23）。

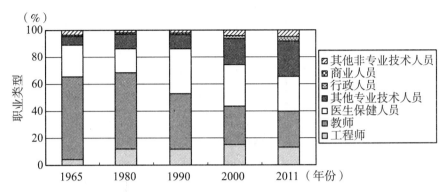

图 1-22　日本博士就业去向变化（1965～2011 年）

资料来源：日本文部科学省 http：//www. mext. go. jp/. 访问时间：2013-04-23。

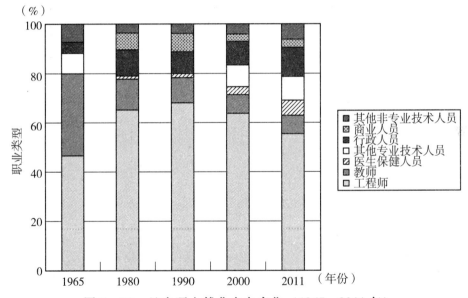

图 1-23　日本硕士就业去向变化（1965～2011 年）

资料来源：日本文部科学省 http：//www. mext. go. jp/. 访问时间：2013-04-23。

6. 知识生产模式的转变是研究生教育结构调整的拉动者

英国著名社会学家吉本斯认为：我们正经历着科学、社会和文化知识生产方式的根本变革，传统的以理论独尊、实验性科学、学科内部驱动、以大学为核心的传统知识生产"模式1"（Mode-1），正在被新知识生产范式"模式2"

（Mode－2）所取代。

知识生产模式的转变对研究生教育产生了重要影响。由于研究生教育是与大学的科学研究以及知识生产紧密结合在一起的。传统的研究生培养途径是通过科学研究、参与知识生产以及师傅带徒弟的方式来进行的，但随着知识生产模式的转型，新的知识生产方式对研究生培养目标、模式也提出了新的要求。

这些要求进而对一国研究生教育的结构产生影响：一方面，"以问题为中心"的研究方式对跨学科研究以及交叉学科平台的构建产生了重大需求，推动着新兴学科和交叉学科的不断发展，从而影响着科类结构的构成状态；另一方面，研究生教育所担负的培养学术型人才和应用型人才的使命促使着类型结构进一步变化，研究生教育不仅要培养纯粹知识的生产者，更要培养知识的应用者和转化者，特别是在硕士层次要更多地满足应用的需求。此外，新的知识生产方式下，研究成为一个"全民参与"的活动，由高校、企业、社会等多方组织所建构，研究生教育也将不只局限于全日制的学习者，更多具有工作经验的在职人员将涌入校园，把获得硕士、博士学位作为提升其个人核心竞争力的重要手段，从而推动研究生生源结构的多元化。

第五节　我国研究生教育结构调整的建议

一、结构调节机制之优化：基于治理理论构建多中心治理网络

"治理是指各种组织管理公共事务的方式总和，既包括正式制度，也包含非正式制度，它能够使多元化的利益主体关系得以调和。"[①]

治理理论的兴起标志着新的公共管理方式的出现，该理论主张治理主体多元化、治理过程网络化和治理方式协调化。由于研究生教育结构的调整中涉及不同层级、不同类型主体间的分工与协作，基于治理理论构建的多中心治理网络有利于研究生教育结构调节机制的优化。

---

① The commission on Global Governance：Our Global Neighborhood ［M］Oxford：Oxford University Press. 1995，P. 23.

基于此，本书认为：我国研究生教育结构调整应构建起多中心的治理网络，充分发挥中央政府统筹全局的能力；落实地方政府的省级统筹权；增大高校自主权；建立非官方教育中介组织；强化院系在培养过程中的协调和保障作用，基于院系均衡微观结构调整中各主体权力；增强学者在学术事务的主导性；提高学生主体性以及争取企事业单位的支持度。

多中心治理网络的调节机制框架见图1-24。

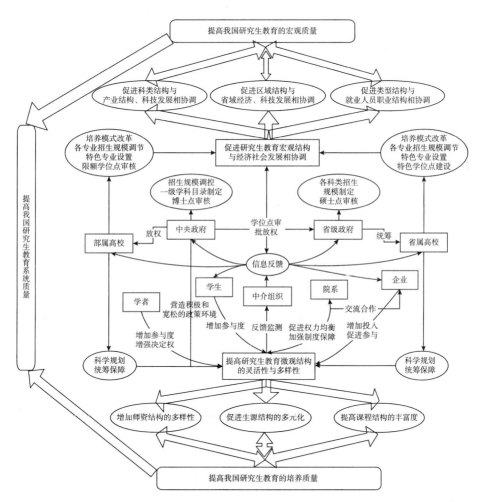

图1-24 多中心治理网络的研究生教育结构调节机制

1. 充分发挥中央政府统筹全局的能力

中央政府的主导能够为研究生教育结构调整的稳步推进创造良好的外部环境，同时能够在一定程度上解决不同地区研究生教育要素分布的均衡问题，促进研究生教育的健康发展。

因此，中央政府应该将管理的权限进一步下放，更多地对研究生教育结构调整进行宏观层面的监督与指导，制定出研究生教育结构调整的全局性发展战略规划，确定各个阶段的发展目标和战略重点，变直接的行政调控为间接的宏观统筹。必须指出的是，在分权的过程中，要注意集权和分权的均衡点，把握好分权的度。只有这样才会既充分调动各方的积极性，又保持相应的稳定性，从而有利于研究生教育整体结构的优化。

在研究生教育宏观结构的调节机制中，建议以招生计划制订、学位授权审核和学科目录调整三大制度基础为切入点，在现有制度的宏观框架下对中央政府的权力进行调整，具体包括三个方面：

①依据各培养单位研究生就业状况和各省市经济社会发展水平，对全国研究生教育的科类结构和各省研究生教育的规模和增幅进行宏观规划。

②在现有学位授权审核制度下，控制博士层次的学术学位点审批权力，并在国家若干关键性领域进一步推进"服务国家需求博士计划"发展专业博士。

③逐步引入国际学科门类划分标准，仅对学科门类和一级学科目录进行调整，增设交叉学科门类，并赋予培养单位和省级政府在一级学科门类下自行设置特色专业的权限。

在微观结构的调节机制中，中央政府应进一步营造积极和宽松的政策环境，为优化微观结构创造条件，具体包括三个方面：

①在教师选聘制度中，倡导不拘一格选人、用人的风气，鼓励大胆提拔新人，建议将教师任职年限与教师的选、留、评、聘等脱钩，同时建立研究生导师招生上岗动态调整机制以增强教师队伍的活力。

②在研究生招考制度中，淡化中央政府的影响，调动培养院校的积极性，减少全国统考的科目，强化院校的自主命题和复试环节，同时逐步增加推荐免试学生的比例，将推免资格扩大至具有硕士学位授权点的院校，严格把控接收院系的录取比例，以各院校推研录取情况作为依据调控该院校次年所获得的推免指标。

③加强建设中外合作办学的政策体系，支持国内外大学合作开展"双学位"、"联合学位"等项目，实现联合授课、学分和学位互认。

2. 落实地方政府的省级统筹权

地方政府在省域研究生教育结构调整中具有不可替代的作用，但目前地方政府在省域研究生教育结构调整中的地位和作用尚未真正发挥。

因此，本书认为，应该扩大省级政府对本地区学位授予单位及学科布局的统筹权，使省级地方政府能够结合国家和区域的社会、经济、教育和科技等发展需求，在提高研究生教育质量、优化学位授予单位和学科布局方面发挥主动性和能动性，促进研究生教育与区域经济社会协调发展。

具体而言，作为调节主体之一的省级政府，其扮演的重要角色在于：

①依据中央对省域内研究生教育规模的指导性意见，结合本省产业结构、科技发展水平以及培养单位的研究生教育发展基础等方面，具体制定省域各专业的招生规模，并在与各院校磋商后分配各院校各专业的招生计划。

②依据省域产业结构、科技发展水平以及培养单位的研究生教育发展基础等合理规划硕士点布局，并在既定的招生计划中对与省域经济特色密切联系的专业倾斜分配专业学位的招生计划。

③在既定的学科目录下，结合省域经济社会发展特征与培养单位优势传统共同构建具有省域特色的专业，为培养本土人才服务。

同时，充分发挥地方政府在本地区研究生教育中的宏观管理和决策功能，通过教育事业费、各类专项投入等形式，对地方、部委所属培养单位进行财政投入；根据地区实际进行学科建设、调研和规划、学位授予单位审批、省级学科建设及招生计划编制，促进地方研究生教育结构和体系优化；通过对学位授予单位、研究生学位授权点等各类研究生培养单位开展评估和检查工作，为本地区的人才培养和学位授予提供质量保障服务等。

但值得注意的是，在管理的具体权限上，地方政府不应过多干预高校内部的微观管理活动，不能侵犯地方高校的合法权利，重点是为高校创造良好的公平竞争环境，根据区域经济发展需要做好规划、统筹、监督和服务工作。

3. 扩大高校自主权

在政校关系中，政府是举办者、管理者、评估者高度合一。而我国的教育法对高校办学自主权的规定过于笼统，缺乏具体的解释，并且缺乏对政府权力范围的限定。

在强调中央政府宏观调控、省级政府统筹规划时，更要扩大高校的自主权，鼓励高等院校根据自身的特色、就业市场导向、行业发展、区域特色等在研究生教育的规模、结构和质量上进行优化。

在宏观结构的调节机制上，高等院校应做到以下几点：

①依据研究生的就业去向及职业发展状况，对校内现有学科进行调整，在既定的学科目录下增设或扩充具有院校自身发展特色或具有很强社会需求（特别是省域需求）的学科、专业，调控其招生名额，对于部分就业率差、难以适应社会需求的硕士专业，可考虑缩减、整合甚至撤销。

②围绕学校的优势学科，以重大理论问题和社会现实需要建立交叉学科的研究机构，并依托培养机构申报学位点，培养交叉学科研究生。

在微观结构的调节机制上，高等院校应做到以下几点：

①进一步推进和完善教师评、聘的国内外同行评议制度和学生评价制度，确

保实施国内同行的匿名评议，逐步推行国际同行的匿名评议，并将学生评价作为教师评、聘的重要标准。

②逐步完善兼职教师的聘任制度，专门制定聘任企事业单位人员担任兼职教师的相关制度，吸引有丰富的实践经验和突出教学能力的人员担任研究生导师。

③加强课程管理和制度建设，加强课程准入和退出机制，将课程内容的前沿性、在整个培养体系中的重要性和独特性等方面作为课程能否开设的重要依据。

④联合院系、研究生院、党委研究生工作部、团委等部门，协同打造一批高质量研究生学术沙龙、高水平讲座等研究生的学术交流平台，从而将研究生的培养环节从课内、专业内延伸至课外、专业外。

4. 建立教育中介组织，重点搭建研究生就业信息的反馈平台

"随着政府职能的转变与教育中介组织的不断发展壮大，我国教育的治理结构将发生重大变化，将从原来的'政府—学校'二元架构发展成为'政府—教育中介组织—学校'三元构架，从根本上实现治理结构的重构。"[1]

教育中介组织对于促进研究生教育结构调整的优化，产生着积极的影响。一个完善的研究生教育结构调整体系，必须具备发达的多种类型教育中介组织，分别承担起评估、咨询等功能，通过影响政府对研究生教育结构调整的政策行为，使调整方式变得更加合理，调整力度变得更加柔和。在研究生教育结构调整过程中，教育中介组织对调整过程进行监督，保证执行程序的规范化，同时也能为相关主体提供教育信息，通过客观地反映各方的利益，使政府能够清楚了解研究生教育结构的调整动态。

因此政府应鼓励设立多样化的教育中介组织，成立非官方的评估中介组织、拨款中介组织、信息咨询中介组织等。评估中介组织主要负责对全国和各区域研究生教育结构调整情况进行监督、评估和检查；拨款中介组织在充分调研各地区及各高校研究生教育学科结构、类型结构等情况的基础上，提出研究生教育经费分配方法，供相关政府部门参考；信息咨询中介组织主要负责向相关政府部门提供研究生教育信息，特别是就业信息，提出决策建议，利用自身学术性、专业性的优势，向社会提供研究生教育信息咨询服务，使得各利益主体能够更好地参与研究生教育结构调整的治理。

其中，信息咨询中介组织主要以研究生就业状况的追踪调查为重点，形成制度化的与政府、培养单位（高校或院系）和企业合作的保障机制，通过在全国范围内进行定期、定点的随机取样，搜集最新的研究生就业信息，及时准确地分析研究生社会需求和供给，并将分析结果及时反馈给政府和研究生培养机构，使政

---

① 周光礼：《论中国政府与教育中介组织的互动关系》，载《北京大学教育评论》，2006 年第 3 期。

府和培养机构在调整研究生教育结构时能有的放矢。

研究生就业信息应主要包括以下五个方面：

①不同学科、层次和类型的研究生的就业落实率、就业率、学用结合率、过度教育率等。

②研究生在不同行业、不同部门和不同岗位的就业分布、平均起薪。

③国家经济科技发展战略的关键领域对研究生的规模和能力素质要求。

④研究生对当前就业状况的主观感受，如满意度等。

⑤重点的用人单位当前对研究生的需求，既包括规模和结构上的需求还包括对研究生能力素质规格方面的需求。

基于这些数据，通过网络和新闻媒体向社会定期发布阶段性研究生人才供需预测，向社会公示招生、培养、就业的基本数据和人才培养过程中的专业设置、招生计划及各专业配额结构的基本情况，接受社会监督，在全社会形成一个透明、及时的研究生信息反馈机制。

5. 强化院系微观结构调整中的协调和保障作用

院系是研究生培养的基层单位，是具体负责研究生培养过程的执行部门，在微观结构调整机制中处于中心位置，应担负起协调相关利益主体权责、保障各类主体权力有效发挥的重要任务。

具体而言，在微观结构调整机制中，院系的主要作用在于协调和保障学者、学生和企业三者权利的发挥：

①以学科专业为纽带加强与企业的联系，获取毕业生的职业发展信息、企业对人才培养规格的要求（特别是对研究生所学课程以及课程所达成的目标的要求），以及按照学校兼职教师聘任条件在专业学位点或应用型较强的专业选聘一批具有丰富实践经验和指导能力的企事业单位人员作为兼职教师。

②建立定期的学生意见征集与反馈机制，通过邮箱、网上论坛、调研或座谈会等方式获得学生对自我发展、课程设置、导师指导以及就业规划方面的意见或建议，并将建议整理后分别反馈至相关负责人，并督促回应。

③在院系教师评聘上实施海内外匿名的同行评价机制和学生评教机制，特别是在职位申请者的竞聘试讲环节引入学生评教，并将学生意见作为职位决定申请者录用与否的重要因素。

6. 增强学者在学术事务方面的主导性

在微观结构的调整机制中，高校和培养单位应增强学者在学术事务方面的主导性：

①在教师评聘方面，应淡化行政权力的干预，强化学术权力的作用，纯行政人员原则上应退出教师评聘委员会。

②在课程设置上，除了广泛征集校内学者的意见外，也应实行同行学者的匿名评审制度，在各门课程开设之前应将课程大纲、教学计划、课件资料以及课程负责人相关材料送至校内外同行评审。

③在研究生的招录中，应进一步强化导师的自主权，导师既应具有一票否决权，也应具有较强的破格录取权。

7. 提高学生的自主性

"以学生为中心"是当代高等教育发展的重要趋势。因此高等学校和院系应做到以下两点：

①提高学生培养事务制定的参与度，将学生意见或建议作为培养事务制定和改进的重要因素，建立学生意见或建议获取的长效机制。

②增强学生在学生事务方面的自主性，强化学生的主人翁意识，鼓励学生自发地建立各类专业协会或兴趣团队，在国家法律政策和学校管理制度的框架下自主地运作各类学生社团，增强学生之间的交流与互动。

8. 争取企事业单位的支持

企事业单位无论在宏观结构调整机制中还是在微观结构调整机制中都扮演了非常重要的角色。企事业单位的支持对于优化研究生教育结构，提高研究生教育质量至关重要，主要体现在以下三个方面：

①企事业单位可为应用型人才培养提供大量的具有丰富实践经验的师资和现实的就业实践基地，从而通过参与研究生培养，缩短研究生的质量规格与社会需求规格之间的距离。

②企事业单位可为中介组织、培养院校以及政府部门定期提供研究生的职业发展信息和企业用人需求，从而为国家、院校优化研究生教育结构提供强力的支持。

③企事业单位可为研究生教育的发展提供大量资金，通过捐资、设立助学金、奖学金等形式支持研究生教育的发展。

国家和院校应积极与企业合作，建立长效交流和沟通机制，争取企业的大力支持。

二、宏观结构调整之思路：统筹区域、科类与类型结构，促进宏观结构与经济社会发展相协调

1. 区域结构调整：逐步缩小省际差异，以省域经济社会发展水平确立研究生教育规模

区域结构调整应致力于缩小省际研究生教育的发展差异，并依据省域经济社

会发展水平确立该省研究生教育发展的总体规模。

首先，山东、河南、江苏和广东等省份研究生教育发展水平明显滞后于经济社会发展水平，此类省份距离研究生教育发达地区（如北京、上海）的研究生规模都有较大的差异，促进此类地区研究生教育的发展，增大该类省份的研究生规模，使之进入我国研究生教育发展的第二梯队和第三梯队，逐步成为继北京、上海之后的我国研究生教育发展的主阵地。因此，中央政府应将研究生教育规模的增量倾斜分配至此类地区，并着力依据其学科优势和省域特色培育一批具有高水平科研实力和社会所需的新兴学科的博士点。

其次，对于西藏、青海、海南和宁夏等省份，应依据其地域发展特色，倾斜性地扶持部分特色学科的学位点，以特色发展带动规模增长，从而缩小研究生教育薄弱地区之间以及薄弱地区和发达地区之间的发展差距。因此，中央政府应继续在此类地区推进"服务国家特殊需求"的博士计划，以省域特色为基础，扶持相关学科博士点并配套增加招生名额，从而形成层次协调的特色人才的培养基地。

此外，对于北京、上海两地，应逐步稳定其研究生招生规模，严格以学科发展水平为标准控制学位点的增长速度。

2. 科类结构调整：提高基础学科研究生教育质量，以省域产业结构制定应用学科研究生教育发展规划

科类结构的调整首先应正确处理好基础学科和应用学科的关系，以省域为着力点调整应用学科内部的结构。

对于基础学科而言，应在不缩小现有学科规模的基础上以提高教育质量为核心，从经费投入、平台建设和人才引进等方面加大对基础学科的支持力度。中央政府在基础学科建设的支持力度上，应扮演更为重要的角色。

对于应用学科而言，应密切依据省域产业特色调整现有的专业点，并依据毕业研究生就业状况分配各类应用学科的招生名额。省级政府应以本省经济社会发展需要为基础，制定域内不同行业的高层次人才需求规划，从而调整省域内学位点的布局，逐步萎缩和整合部分不满足社会需求的学位点，增设和大力支持省域人才需求旺盛的学位点。

3. 类型结构调整：稳步完善专业学位体系，依据劳动力市场的需求结构调整类型结构

类型结构调整首先应完善专业学位体系，试点从向上和向下两个方向构建专业学位应用型人才的培养体系。一方面，试点增设部分专业学位的博士点，打通专业学位硕士研究生向上流动继续深造的途径；另一方面，试点与部分职业院校接轨，在部分办学历史悠久、培养实力雄厚的职业院校增设专业学位研究生的学位点，扩大应用型人才的选拔范围。此外，应按照国际通行的标准，在学术学位和专业学位之间建立起学分、学制转换和学位认定的机制，规范专业学位与学术学位之间的流动渠道。

在研究生教育的规模方面，专业学位应进一步扩张，至少达到与学术学位同等规模的水平。因此，专业学位的学位点设置应尽可能覆盖所有的行业和应用型学科，依据劳动力市场对高层次人才的需求结构调整专业学位的科类结构。

培养单位应依据毕业生的就业去向在培养模式上实行宽口径招生、针对化培养的方式，以就业需求和研究生就业意愿为依据，针对拟进入非学术劳动力市场的毕业生实施职业生涯发展相关联的培养方案。如有可能，可在既定的规模和学科目录下试点，由培养单位自行决定授予毕业生的学位类型，例如培养单位同时具有工程学硕士和工程硕士的学位授予权，培养单位可依据学生所修的学分构成、修业年限以及就业意向，毕业论文（设计）等授予学生不同类型的硕士学位。

三、微观结构优化之策略：调整导师、课程和生源结构，提高微观结构的灵活性与多样性

1. 导师结构优化：形成多元的学缘结构、协调的年龄结构和多样的专兼职导师结构

首先，学缘结构的调整主要有两方面：一方面，招聘时要避免本校毕业生直接留任教师，尽量从外校招聘背景不同的毕业生，避免学术过多近亲繁殖；另一方面，对于现有的导师队伍，可以建立校际间导师互聘制度，促进导师流动，或者选派骨干导师去国外大学和研究机构访问学习，更新原有知识体系，进而优化学缘结构。

其次，协调年龄结构，形成年龄梯队合理的导师队伍，即老中青导师各占据相应的比例，年龄纵深层次相互衔接的结构。既有知识经验丰富的年长学术带头人，又有干劲十足、精力旺盛，具有创新意识与能力的中年教师，还有思维敏锐、具有发展潜力和活力的青年学术新星，形成以中青年导师为主体，结构合理的学术队伍。对于年长的导师，要做好中青年导师的帮扶工作，将宝贵经验毫无保留地传授给中青年导师；对于中年导师，要制定公正合理的选拔方法和程序，勇于提拔，克服论资排辈的现象；对于青年导师，除了要虚心向前辈请教学习外，还必须加强自身的学术修炼，尤其是一些重点大学，更是要加强青年导师的培养。

最后，增加兼职导师比例。我国研究生教育导师队伍也要加大兼职导师的比例，形成合理的专兼职导师结构。兼职导师大多是来自各学科的专家、学者，他

们可以是大学教授，也可以是科研院所的研究员，甚至可以是来自企业的高级工程师。他们能够及时地将学科领域最新的知识、技术传授给研究生，提高研究生在学科前沿探求的能力。

2. 课程结构优化：提高选修课程、非正式课程和国际化课程比例

课程结构的调整应体现学科前沿以及未来社会发展的需要，具体而言，其结构调整应包括以下三个方面：

第一，增加选修课程比例。扩大课程选择自由度，让研究生根据自身情况选修相应课程。一方面增设科技前沿知识选修课，把学科新成果与新发现反映到课程中来，使学生及时了解学科发展的新成就和新动向，为将来从事科学研究打下基础。另一方面加强跨学科选修课比重，根据研究生培养目标精心设计跨学科课程，注重人文社科类与理工类课程的交叉与融合，沟通不同学科课程之间的内在联系，形成一个相互渗透的课程网络体系。

第二，提高学术讲座、学术沙龙与学术会议等非正式课程比例，增加课程的灵活度。鼓励校内外资深学者或专家面向全体研究生开设学术讲座，尤其是开设前沿课题方面的讲座，使研究生了解学科最新研究成果和前沿。此外，还要为研究生提供参与学术会议的机会，在经费方面提供必要保障，尤其是要鼓励研究生参与国际学术会议，并在会议上做报告，近距离接触国际学术前沿领域，直接与学术大师对话。

第三，促进课程体系的国际化，即将课程放置于全球化背景下整体考虑，以国际视野构建课程体系，以加强研究生国际化知识、国际化能力和国际化素质的训练，培养具有国际视野的高级专门人才。在课程内容国际化方面，通过比较、鉴别和筛选，将国外先进的学术观点与学术理论引入研究生教育课程内容中来，主动增加课程内容中国际前沿知识的比例，使得课程内容能够与国际学术界最新发展保持同步一致。在课程实施形式国际化方面，开设联合课程，聘请国外教师前来短期授课，也可以把研究生送到国外大学进修。同时，借当前"大规模在线课程（MOOC）"之东风，获取国外大学的优质课程资源来优化本土课程。

3. 生源结构优化：提高跨学科生源、推免生源和国际生源份额

为提高生源结构中跨学科考研的人员比例，一方面，可考虑对跨学科招生计划指标给予倾斜，在现有的招生计划中按照一定的比例，单列出一部分计划指标，专门用于跨学科生源招生，从而在一定程度上减轻跨学科生源报考的竞争压力；另一方面，对跨学科考试科目特别设置。在初试的专业科目中设置跨学科科目，高校根据本学科发展前景，结合交叉学科研究方向，设定好跨学科招生领域，遴选出与本学科发展相匹配的跨学科考试科目，设计一些学科交叉的热点问题作为考题，检验其是否真正具备跨学科思维方式，从而选拔出具有发展潜力的跨学科生源。

为提高生源结构中推免考生的比例，首先，教育部应增加具有推免资格的高校数量，特别是针对部分本科教育质量较高的地方普通高校，尤其是地方普通高校中的重点学科应赋予其推免资格。本书认为，具有硕士学位授予权的高校都应自动获得推免资格。另外，对于不具备硕士学位授予资格的高校，只要在本科教学评估中获得优秀等级，那么在经过国务院学位办组织的评审委员会评估之后，也可获得推免资格。其次，扩大高校推免生比例，但接收推免生的比例应小于推免的比例，从而实行差额推免，由接受高校根据推免生真实水平决定录取与否。

为提高生源结构中留学生的比例，从中央政府到培养单位应加大奖学金制度改革力度，既要通过多元化的筹资途径增加奖学金的来源，又要有针对性地在不同学科设立不同专项奖学金，调节留学生在不同学科之间的比例引导留学生生源从目前过于集中的语言类专业向其他专业转移，尤其是加大对理工类学科的奖学金设置力度。各高校都需要树立走出去的意识，尤其是要加大国际宣传力度，通过举办一系列的来华留学教育展，组团参加各类宣传活动，进行来华留学项目的整体推介，联合举办留学生教育说明会，增加海外学生对我国研究生教育的了解。此外，加大与国外高校合作力度，增大互派留学生的规模，将对我国研究生教育的生源结构产生重要影响。

第二章

我国研究生教育区域结构

第一节 绪论：相关概念、研究思路与技术方法

研究生教育区域结构是研究生教育的亚结构，区域结构本身是否合理、是否与外部经济社会发展相协调是影响我国研究生教育发展的重要因素。《国家中长期教育改革和发展规划纲要（2010~2020年）》在"高等教育部分"专门指出："适应国家和区域经济社会发展需要，建立动态调节机制，不断优化高等教育结构。优化学科专业、类型、层次结构，促进多学科交叉和融合。重点扩大应用型、复合型、技能型人才培养规模。加快发展专业学位研究生教育。优化区域结构布局。"这充分显示出调整我国研究生教育区域结构的必要性和紧迫性。

基于此，本书将对我国研究生教育区域结构进行系统的审视和判断：首先，讨论我国研究生教育区域结构本身的基本特征及外部影响因素；再以经济和科技这两个最重要的要素，从宏观层面讨论我国研究生教育区域结构与经济、科技的协调性问题；同时通过微观层面的网络调查和重点调查，从研究生的生源结构和就业去向两个方面来了解我国研究生教育的区域功能，从而对区域结构的合理性做出判断；最后，运用制度分析的方法来考察当前我国研究生教育区域结构调节机制现状与问题，并提出政策建议。

一、相关概念界定

研究生教育结构是作为一个系统的内部构成形态；[①] "是组成研究生教育总体的各个部分的比例关系及其组合方式"[②]。区域结构、层次结构以及科类结构等均为研究生教育结构的亚结构。它们是以研究生教育的某项属性为标准对研究生教育进行划分所形成的结构。

一般而言，研究生教育区域结构是"研究生教育资源区域分布状况的具体反映"[③]，它是指"研究生教育机构在各地的数量分布状态、不同形式和不同等级研究生教育的分布、不同科类专业的分布等"[④]。

究竟研究生教育区域结构包括哪些要素？不同学者有不同认知：一部分学者认为教育的实体性要素（学校和在校生）应是区域结构中所包含的要素；另一部分学者将科类、层次以及类型纳入区域结构的要素中；还有一部分学者认为教育规模和资源就是区域结构的要素（见表2-1）（部分成果总结转引自厦门大学陈慧青的博士论文《中国高校布局结构变革研究》）。

表2-1 研究生教育（或高等教育）区域结构所包含要素的部分观点总结

区域结构所包含要素	代表人物
高等教育机构数量、专业、形式和等级	潘懋元等
高等学校的数量和类型	薛天祥
高等学校的数量和类型（包括规模、科类、形式和层次）	钟玉海
高等教育资源（包括规模、水平、科类、形式和层次）	胡建华等
数量、机构、类型、层次	傅树京
研究生教育机构、形式、等级、科类	王根顺等
研究生教育机构、形式、等级、科类	刘艳辉
研究生教育规模和资源（在校生、教师、经费、学位点、培养机构）	谢维和等

本书认为，研究生教育区域结构的构成要素既应该包含事业运行中的各类实

[①] 秦惠民：《学位与研究生教育大辞典》，北京理工大学出版社1994年版，第94页。

[②] 薛天祥：《研究生教育学》，广西师范大学出版社2001年版，第82页。

[③] 谢维和、王孙禺主编：《学位与研究生教育：战略与规划》，教育科学出版社2009年版，第215页。

[④] 王根顺、包水梅：《对目前我国研究生教育布局结构的透视》，载《中国高教研究》，2005年第7期，第34页。

体性要素，如研究生、研究生导师和培养单位等，也应该包括事业运行的支撑条件或资源，如经费、学位点等。需要注意的是，截然区分研究生教育事业的实体性要素和研究生教育事业发展所需的资源具有一定难度，例如，研究生导师作为事业发展的实体性要素，有时也被人称为研究生教育发展的"教师资源"；学位授予点虽然经常被作为一种平台资源，只是一种资格和权利的代表，但其体现的却是培养机构的科研水平、教师数量、教师质量以及学生的培养质量等多个方面。因此本书不对实体性要素和教育资源进行截然区分，但对区域结构中所包含的要素进行了以下概括：培养机构、各级学位点、研究生数、研究生导师数、教育经费和教育资产。由于教育资产是教育经费物化的结果，本书主要以教育经费作为教育资产的替代性指标。

综上所述，本书认为，研究生教育区域结构是不同地区研究生教育事业的发展状况、相互联系及其与所在地区经济社会发展的协调状况，它包括研究生培养机构、各级学位点、研究生数、研究生导师数、教育经费和教育资产在各地区的分布、相互关系及其与所在地区经济社会发展的协调状况。

二、研究思路及技术方法简介

首先，本节将简要回溯我国研究生教育区域结构的历史变迁过程，勾勒新中国成立后各阶段我国研究生教育区域结构演化的阶段性特征，并以若干关键指标，如研究生院数、学位授权点数、研究生教育规模、师资力量以及财政资源从数量上表征我国研究生教育要素（含资源，下同）历史演化进程，其中以要素分布的均值和离散程度来描绘区域结构自身的基本特征。此后，将分别从宏观层面和微观层面来讨论我国研究生教育宏观质量中研究生教育区域结构与经济社会发展的协调性。在宏观层面，将运用面板数据协整的方法讨论当前我国研究生教育区域结构整体与经济、科技因素的协调性。同时，通过构建影响研究生教育区域结构的因素模型，考察在既定的经济和科技水平下各省市研究生教育发展的态势及其与各省市研究生教育与经济、科技发展的协调性。在微观层面，将对各区域研究生生源的地区结构和就业去向进行分析，以了解我国研究生教育区域功能的实现状况。最后，将对我国研究生教育区域结构的调整机制进行分析，并提出调整建议。

要顺利开展上述研究需要综合运用多种研究方法，具体包括以下五个方面：

1. 以描述性统计的方法描绘区域分布状态及历史演进特征

运用描述性统计的方法表征区域结构中各省市研究生教育要素的分布状态，例如，计算各省市研究生规模的均值、极大值、极小值和极差，从而刻画区域结构的基本特征。另外，通过对不同历史阶段关键指标的均值、极差等统计量的对比，可动态地描绘我国研究生教育区域结构的历史演进特征。

2. 构建分布不均衡指数，刻画区域分布的不均衡状态

各类要素分布的不均衡状态是区域结构的重要特征。除了用极差来刻画不均衡状态的特征以外，还需要具有良好的统计特性和更能全面反映分布特质的统计量来刻画。因此本书综合了已有研究中刻画区域分布不均衡特征的统计量构建研究生教育区域结构的分布不均衡指数。

（1）已有的分布不均衡程度的测算方法。最常用的分布不均衡程度的测算方法为计算分布的二阶中心矩，即方差，其数学表达式为：$V = \dfrac{1}{n} \sum\limits_{i=1}^{n} (y_i - \bar{y})^2$，与之密切联系的测算方法为计算分布的标准差，即将方差开方，$S.D = \sqrt{V} = \sqrt{\dfrac{1}{n} \sum\limits_{i=1}^{n} (y_i - \bar{y})^2}$。

事实上，在已有研究中，无论是方差还是标准差，都会随着均值的增加不断增大，即不满足后面所讲的尺度无关性。因此，需要对方差和标准差进行一些变换，使其不受量纲（或尺度）的影响。最常用的方法就是除以均值，用标准差除以均值就得到标准差异系数 c，其计算公式为 $c = \sqrt{V}/\bar{y}$，它满足尺度无关性。

另外，也可以采用对数方差来测量分布的不均衡程度，其计算公式为 $v = \dfrac{1}{n} \sum\limits_{i=1}^{n} (\log y_i - \log \bar{y})^2$，它对减少右偏分布有着非常明显的作用。

此外，常用于衡量收入不平等的洛仑兹曲线和基尼系数也可用于测算研究生教育资源在各区域间分布的不均衡程度。在边长为 1 的正方形中，洛仑兹曲线与 45 度分界线所围成面积的两倍就是基尼系数的数值，其数值介于 0 ~ 1，越接近于 1，说明其不均衡程度越高，基尼系数的计算公式为：

$$G = \frac{1}{2} \frac{\sum\limits_{1 \le j \le i \le n}^{n} |y_i - y_j| / [n(n-1)/2]}{\bar{y}} = \frac{\sum\limits_{1 \le j \le i \le n}^{n} |y_i - y_j|}{n(n-1)\bar{y}}$$

阿特金森也通过设置主观的厌恶系数 ε 来构建阿特金森指数，其表达式如下：

$$A_\varepsilon = 1 - \left[\frac{1}{n} \sum\limits_{i=1}^{n} \left(\frac{y_i}{\bar{y}} \right)^{1-\varepsilon} \right]^{\frac{1}{1-\varepsilon}}, \text{当 } \varepsilon \ne 1 \text{ 时，当 } \varepsilon = 1, A_1 = 1 - \left[\prod\limits_{i=1}^{n} (y_i / \bar{y}) \right]^{1/n}$$

此外，广义熵指数也是用来衡量区域结构中的资源分布的不均衡状态的重要统计量。其表达式的形式取决于参数 θ 的取值，有三种形式：

$$\hat{I}(\theta) = \begin{cases} \dfrac{1}{\theta(\theta-1)\sum\limits_{i=1}^{n}\omega_i}\sum\limits_i \omega_i\left[\left(\dfrac{y_i}{\hat{\mu}}\right)^{\theta}-1\right]; \theta \neq 0,1 \\[20pt] \dfrac{1}{\sum\limits_{i=1}^{n}\omega_i}\sum\limits_i \omega_i\log\left(\dfrac{\hat{\mu}}{y_i}\right); \theta = 0 \\[20pt] \dfrac{1}{\sum\limits_{i=1}^{n}\omega_i}\sum\limits_i \dfrac{\omega_i y_i}{\hat{\mu}}\log\left(\dfrac{y_i}{\hat{\mu}}\right); \theta = 1 \end{cases}$$

当 θ 越大时，广义熵指数更多地关注要素（或资源）富足地区间的差异；当 θ 越小时，广义熵指数更多地关注要素（或资源）贫乏地区间的差异。

上述可测算要素分布不均衡的方法在现实的研究中运用非常广泛，但方法的选用则需要依据一定的判别原则。

（2）分布不均衡指数的选取原则。分布不均衡的统计量的选取原则主要有 5 条：弱转移、强转移、尺度无关性、样本规模无关性和加和可分解性，如图 2-1 所示。

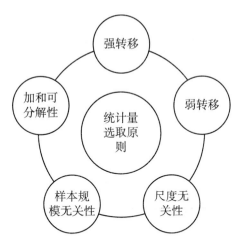

图 2-1 不均衡程度的衡量指标选取原则

资料来源：郝令昕、丹尼尔·奈曼：《评估不平等》，上海人民出版社 2012 年版，第 55~64 页。

弱转移原则又被称为庇古—道尔顿原则，它是指其他情况相同的情况下，资源从富裕省份向贫乏省份的转移都能使不均衡的测量下降。例如，甲、乙、丙、丁四省（按大学数从高到低排序），若甲中若干所大学迁移到乙或丙或丁，只要甲、乙、丙、丁顺序不变，分布的不均衡降低。

强转移原则是在满足弱转移原则的基础上所形成，其基本内涵是对于固定距离上的一次转移所引起的不均衡变化只取决于转移者和被转移者的资源拥有量。例如，甲、乙、丙、丁四省（大学数分别为20、15、10、5），甲迁移2所至乙与丙迁移2所至丁，不均衡降低程度一样。

尺度无关性原则是指当总体中每个个体改变一个固定百分比，不均衡测量的数值不发生改变。例如，甲、乙、丙、丁四省（研究生数分别为200 000、150 000、100 000、50 000），若四地均增加1%的学生数，不均衡测量的水平不会发生改变。

样本规模无关性原则是指不均衡测量的数值仅仅取决于样本要素拥有情况的分布，与样本规模无关。例如，资源拥有量排前20%的地区所拥有的研究生数占研究生总数的80%，其他的地区仅占20%；当分布不变的情况下，地区数量增加不改变其不均衡的测度值。

加和可分解性原则是指可对考察对象进行分组，将其不均衡程度分解为组内不均衡和组间不均衡。例如，我国东、中、西部地区的教育发展的不均衡程度可分为各地区内部不均衡和各个地区之间不均衡。

各统计量满足上述原则的情况见表2-2。

表2-2 各不均衡的测量指标所满足的判定原则

不均衡测量指标	弱转移	强转移	尺度无关性	样本规模无关性	加和可分解性
方差	√	√		√	√
变异系数	√		√	√	√
对数方差			√	√	
基尼系数	√		√	√	
阿特金森指数	√		√	√	
广义熵指数	√	√	√	√	√

（3）本书中的衡量不均衡程度的指数。依据统计量的选取原则以及研究需要，本书选取广义熵指数作为构建研究生教育区域结构分布不均衡指数的统计量，同时考虑到基尼系数的直观性和现实含义，也将其纳入。

3. 运用协整理论表征区域结构与经济、科技发展的协调性

（1）"协调发展"的基本内涵。当前讨论研究生教育与经济、科技协调发展的视角大致有三种：

第一，从高等教育学的视角来看，研究生教育与社会经济、科技协调发展的理论基础是高等教育的政治论，即为政治服务、为社会服务，对社会产生"深远影响"。大学并不只是传播知识、探索知识的场所，同时也是促进社会发展的动力站。因此，研究生教育应该"适应"经济、科技发展需求，为经济、科技发展服务。

第二，从教育经济学的视角来看，研究生教育与经济、科技协调发展的理论基础是人力资本论，即教育的经济功能。教育能够通过增加受教育者的人力资本促进一国经济的发展。因此教育价值体现在为经济发展所做的贡献上，换言之，研究生教育与经济发展是否协调，体现在其对经济的贡献上。

第三，从系统科学的视角来看，研究生教育与社会经济、科技协调发展的理论基础是区域创新系统理论，其代表性的观点是三螺旋理论。该理论认为，在知识经济时代，大学、企业与政府以经济发展的需求为纽带而连接，透过组织结构性的安排和制度性的设计等机制，三种力量交叉影响，最终形成既相互交织又呈螺旋上升的"三重螺旋"的新关系，从而达到三者之间资源共享和信息的充分沟通，实现各自效益的最大化。[①]

三种视角均对研究生教育与经济、科技协调发展的内涵界定有着莫大帮助，但问题在于协调发展的内涵到底是什么？如果"适应"是协调发展的内涵，那么何为"适应"？这依然是可感知但难以测量的。如果研究生教育经济功能的最大化是协调发展的内涵，那么反过来，经济对研究生教育的影响是否应该属于协调发展的讨论范畴？这值得我们进行进一步的深入探讨。如果三螺旋机制的形成是一种协调发展的理想状态，那么现实中我们应如何衡量其所谓的"沟通"的充分程度？又该如何测算其"最大化"的效益状态？

基于以上分析，本书认为，协调发展应该是一种发展状态，这种发展状态可能存在着不同形式，但应当具有以下三种可供辨识的特征：第一，系统内各因素的发展状态应当存在长期稳定关系。第二，因素之间会自发维持长期稳定的关系，若某一因素的变化出现偏差，为维持各因素之间所存在的稳定关系，系统会自发地形成调整机制进行调整，进而达到新的平衡。第三，系统内各因素应当相互促进、共同发展。

具体到研究生教育与经济、科技的协调发展关系，其内涵也应包括三个方面：

第一，由研究生教育、经济和科技三因素所构成的系统中，研究生教育、经济与科技的发展应形成长期稳定的关系。

第二，若系统内研究生教育、经济或科技三者中某一因素的变化出现了破坏其长期稳定关系的发展态势，系统会自发形成纠偏机制，对出现偏离态势的因素进行调控，从而维持系统稳定，使偏离因素恢复到新的稳定发展状态。

---

① Etzkowitz H., Leydesdorff L. A.: Universities and the global knowledge economy: a triple helix of university-industry-government relations, Thomson Learning, 1997, P. 112.

第三，系统内研究生教育、经济和科技之间应出现相互促进、互为因果的发展关系。研究生教育可促进科技和经济的发展、经济可促进研究生教育和科技的发展、科技可促进研究生教育和经济的发展。

需要注意的是，协调发展的状态不仅包括研究生教育与经济、科技在规模上的协调，也包括在结构上的协调。研究生教育区域结构与经济、科技在结构上的协调就是指各地区研究生教育与所在地区的经济和科技发展相协调。

（2）协整理论及其在区域结构整体协调性测量中的应用[①]。本书拟基于协整理论来建构测度我国研究生教育区域结构、经济与科技协调发展关系的数理模型。协整理论（Cointegration Theory）是时间序列分析中的一种高级方法，由恩格尔（Engle）和格兰杰（Granger）于1987年提出，其目的是解决多个非平稳的时间序列变量的建模问题。该模型将时间序列方法中对模型短期动态设定的优点和数量经济学中长期均衡关系确定的特点融为一体，成为一种生命力很强的建模理论，其建模思想可参见《计量经济分析方法与建模》。[②] 此后随着协整理论的发展，面板数据逐渐进入其分析领域，面板协整的方法可以解决具有结构的时间序列数据的协调性建模问题。应用面板协整理论来测量研究生教育区域结构、经济与科技协调发展关系具有以下独特优势：

第一，协整理论中的面板协整方程的建立和估计可探测出各地区研究生教育、地区经济与地区科技之间整体上是否存在着长期稳定的发展关系。

第二，协整理论中的面板误差修正模型可从整体上对各地区研究生教育、地区经济与地区科技发展数据的短期波动状态进行描绘，从而考察它们是否形成了系统内生的纠偏机制。

第三，协整理论中的面板格兰杰因果检验可从整体上考察各地区研究生教育、地区经济与科技在数据层面所呈现的动态因果关联。

①面板协整方程：因素间长期稳定发展关系探测。面板协整方程探测的是各因素发展中所存在的长期稳定的数量关系。若各因素数量关系可表示为协整方程的形式，则说明它们在数量上存在着长期稳定的发展关系。本书中的研究生区域结构以及经济和科技的区域结构均为由时间和地区所构成的平衡的面板数据。其检验方法主要有两种：考（Kao）检验和佩德罗尼（Pedroni）检验，它们都是基于残差的 E - G 两步法的扩展检验。

考（Kao）检验主要将面板数据视为同质面板，对回归模型的残差进行检验：

$$y_{it} = x'_{it}\beta + z'_{it}\gamma + e_{it}, \ i = 1, \ \cdots, \ N, \ t = 1, \ \cdots, \ T$$

---

① 陈海燕：《面板数据模型的检验方法》，经济科学出版社 2012 年版，第 35 ~ 70 页。
② 高铁梅等：《计量经济分析方法与建模》，清华大学出版社 2009 年版，第 291 页。

其中，x_{it} 和 y_{it} 均为单整的 $I(1)$ 过程，z_{it} 是任何固定效应或面板固定时间趋势的外生变量。在假设 $z_{it} = \{a_i\}$ 的条件下，考提出了基于残差的平稳性检验五个统计量。

假设 $\hat{e}_{it} = \rho\,\hat{e}_{it-1} + \mu_{it}$，$i = 1, \cdots, N$；$t = 1, \cdots, T$，$\hat{e}_{it}$ 是 e_{it} 的估计量，则参数：

$$\hat{\rho} = \frac{\sum_{i=1}^{N}\sum_{t=2}^{T}\hat{e}_{it}\hat{e}_{it-1}}{\sum_{i=1}^{N}\sum_{t=2}^{T}e_{it-1}^2}, \quad t_p = (\hat{\rho}-1)\sqrt{\sum_{i=1}^{N}\sum_{t=2}^{T}e_{it-1}^2/S_e}, \quad 其中 S_e^2 = \frac{1}{NT}\sum_{i=1}^{N}\sum_{t=1}^{T}(\hat{e}_{it} - \hat{\rho}\hat{e}_{it-1})^2$$

若要检验残差平稳，可构建统计量：

$$DF_\rho = \frac{\sqrt{NT}(\hat{\rho}-1)+3\sqrt{N}}{\sqrt{10.2}} \qquad DF_t = \sqrt{1.25}\,t_\rho + \sqrt{1.875N}$$

$$DF_\rho^* = \frac{\sqrt{NT}(\hat{\rho}-1)+\frac{3\sqrt{N}\hat{\sigma}_u^2}{\hat{\sigma}_{0u}^2}}{\sqrt{3+\frac{36\hat{\sigma}_u^4}{5\hat{\sigma}_{0u}^2}}} \qquad DF_t^* = \frac{t_\rho + \frac{\sqrt{6N}\hat{\sigma}_u}{2\hat{\sigma}_{0u}}}{\sqrt{\frac{\hat{\sigma}_{0u}^2}{2\hat{\sigma}_u^2}+\frac{3\hat{\sigma}_u^2}{10\hat{\sigma}_{0u}^2}}}$$

假设 $\hat{e}_{it} = \rho\hat{e}_{it-1} + \sum_{j=1}^{\rho}\vartheta_j\Delta\hat{e}_{it-j} + \mu_{it}$，$i = 1, \cdots, N$；$t = 1, \cdots, T$，可构建统计量：

$$ADF = \frac{t_{ADF} + \frac{\sqrt{6N}\hat{\sigma}_u}{2\hat{\sigma}'_{0u}}}{\sqrt{\frac{\hat{\sigma}_{0u}^2}{2\hat{\sigma}_u^2}+\frac{3\hat{\sigma}_u^2}{10\hat{\sigma}_{0u}^2}}}$$

当 $(T, N\to\infty)_{seq}$ 五个统计量的渐进分布均为均值为 0，方差为 1 的正态分布。当残差满足平稳性条件，即五个统计量数值通过统计的显著性检验时，面板数据间存在着协整关系（长期稳定关系）。

较之于考检验，佩德罗尼（Pedroni）检验能够识别组间异质性。他假设变量间不存在协整关系，对于模型 $y_{it} = a_i + x'_{it}\beta_i + \delta_i t + e_{it}$，$i = 1, \cdots, N$；$t = 1, \cdots, T$，$y_{it}$ 为 $(N\times T)\times 1$ 维变量，X_i 为 $(N\times T)\times K$ 维变量，K 为回归变量个数。佩德罗尼提出了七个统计量：

$$panel\ v-statistic: Z_v = \left(\sum_{i=1}^{N}\sum_{t=1}^{t}\hat{L}_{11i}^{-2}\hat{e}_{it-1}^2\right)^{-1}$$

$$panel\ \rho-statistic: Z_v = \left(\sum_{i=1}^{N}\sum_{t=1}^{t}\hat{L}_{11i}^{-2}\hat{e}_{it-1}^2\right)^{-1}\sum_{i=1}^{N}\sum_{t=1}^{T}\hat{L}_{11i}^{-2}(\hat{e}_{it-1}\Delta\hat{e}_{it}-\hat{\lambda}_i)$$

$$panel\ PP-statistic：Z_v = (\tilde{\sigma}_{N,T}^2 \sum_{i=1}^{N} \sum_{t=1}^{t} \hat{L}_{11i}^{-2} \hat{e}_{it-1}^2)^{-1/2} \sum_{i=1}^{N} \sum_{t=1}^{T} \hat{L}_{11i}^{-2} (\hat{e}_{it-1} \Delta \hat{e}_{it} - \hat{\lambda}_i)$$

$$panel\ ADF-statistic：Z_t = (\hat{s}^{*2} \sum_{i=1}^{N} \sum_{t=1}^{t} \hat{L}_{11i}^{-2} \hat{e}_{it-1}^2)^{-1/2} \sum_{i=1}^{N} \sum_{t=1}^{T} \hat{L}_{11i}^{-2} (\hat{e}_{it-1}^* \Delta \hat{e}_{it}^*)$$

$$group\ \rho-statistic：\tilde{Z}_\rho = \sum_{i=1}^{N} (\sum_{t=1}^{t} \hat{e}_{it-1}^2)^{-1} \sum_{t=1}^{T} (\hat{e}_{it-1} \Delta \hat{e}_{it} - \hat{\lambda}_i)$$

$$group\ PP-statistic：\tilde{Z}_t = \sum_{i=1}^{N} (\tilde{\sigma}_{N,T}^2 \hat{L}_{11i}^{-2} \hat{e}_{it-1}^2)^{-1/2} \sum_{t=1}^{T} \hat{L}_{11i}^{-2} (\hat{e}_{it-1} \Delta \hat{e}_{it} - \hat{\lambda}_i)$$

$$group\ ADF-statistic：\tilde{Z}_t^* = \sum_{i=1}^{N} (\hat{s}^{*2} \sum \hat{L}_{11i}^{-2} \hat{e}_{it-1}^2)^{-1/2} \sum_{t=1}^{T} \hat{L}_{11i}^{-2} (\hat{e}_{it-1}^* \Delta \hat{e}_{it}^*)$$

其中：$\hat{\lambda}_i = \frac{1}{T} \sum_{s=1}^{k_i} (1 - \frac{s}{k_i+1}) \sum_{t=s+1}^{T} \hat{\mu}_{i,t} \hat{\mu}_{i,t-s}$，$\hat{\sigma}_i^2 = \hat{s}_i^2 + 2\hat{\lambda}_i$，$\tilde{\sigma}_{N,T}^2 = \frac{1}{N} \sum_{i=1}^{N} \hat{L}_{11i}^{-2}$

$\hat{\sigma}_i^2$，$\hat{L}_{11i}^2 = \frac{1}{T} \sum_{t=1}^{T} \hat{\eta}_{i,t}^2 + \frac{2}{T} \sum_{s=1}^{k_i} (1 - \frac{s}{k_i+1}) \sum_{t=s+1}^{T} \hat{\eta}_{i,t} \hat{\eta}_{i,t-s}$，$\hat{\mu}_{i,t}$ 是方程 $\hat{e}_{i,t} = \hat{\gamma}_i \hat{e}_{t,t-1} + \hat{\mu}_{i,t}$

的残差，$\hat{\mu}_{i,t}^*$ 是方程 $\hat{e}_{i,t}^* = \hat{\gamma}_i \hat{e}_{i,t-1} + \sum_{k=1}^{k_i} \hat{\gamma}_{ki} \Delta \hat{e}_{i,t-k} + \bar{\mu}_{i,t}^*$，$\hat{\eta}_{i,t}$ 是方程 $\Delta y_{i,t} = \sum_{m=1}^{M} \hat{b}_{mi} \Delta x_{mi,t} + \bar{\eta}_{i,t}$。

这七个统计量的渐进极限分布都是标准正态分布。当统计量数值通过显著性检验时，说明变量间存在着协整关系（长期稳定关系）。

②面板误差修正模型：内发纠偏机制检验。各因素间是否形成了内生的纠偏机制，协整理论中的误差修正模型可为我们提供帮助。假如 x_{it} 和 y_{it} 之间存在着协整关系，则面板误差修正模型表示为：

$$\Delta y_{it} = \delta_i' d_i + \alpha_i (y_{i,t-1} - \beta_i' x_{i,t-1}) + \sum_{j=1}^{P} \alpha_{ij} \Delta y_{i,t-j} + \sum_{j=0}^{P_i} \gamma_{ij} \Delta x_{i,t-j} + e_{it}$$

其中，α_i 称为调整系数，反映了因素发展偏离长期稳定状态后系统对偏离的修正状态。这种因素间所存在的内生纠偏机制会对各因素的增量起到平衡和自我调节作用，在协整理论中称为反向调节机制。我们以一个最简单的例子来阐释这种机制。

设 $y_t = (y_{1t}, y_{2t})'$，$\alpha\beta' y_{t-1} = y_{2,t-1} - by_{1,t-1}$，则 $\Delta y_{1t} = \alpha_1 (y_{2,t-1} - by_{1,t-1}) + \varepsilon_{1t}$；$\Delta y_{2t} = \alpha_2 (y_{2,t-1} - by_{1,t-1}) + \varepsilon_{2t}$。

系统的内生纠偏机制存在两种情况：

当 $y_{2,t-1} - by_{1,t-1} \geq 0$ 时，这意味着 $y_{1,t-1}$ 的发展水平低于稳定关系所要求的发展状态。若要保证在 t 时期系统向稳定关系恢复，则 by_{1t} 与 y_{2t} 之间的差距应缩小，即 Δy_{1t} 应该被系统的内生纠偏机制所增大，因此 $\alpha_1 > 0$。另外，这同时也意味着 $y_{2,t-1}$ 的发展水平高于稳定关系所要求的发展状态，若要保证在 t 时期系统向长期的稳定关系恢复，则 y_{2t} 与 by_{1t} 之间的差距应缩小，即 Δy_{2t} 应该被系统的内生纠偏机制所减小，因此 $\alpha_2 < 0$。

当 $y_{2,t-1} - by_{1,t-1} \leq 0$ 时，这意味着 $y_{1,t-1}$ 的发展水平高于稳定关系所要求的发展状态。若要保证在 t 时期系统向长期的稳定关系恢复，即 by_{1t} 与 y_{2t} 之间的差距应缩小，因此 Δy_{1t} 应该被系统的内生纠偏机制所减小，因此 $\alpha_1 > 0$。另外，这同时也意味着 $y_{2,t-1}$ 的发展水平低于稳定关系所要求的发展状态，若要保证在 t 时期系统向长期的稳定关系恢复，即 y_{2t} 与 by_{1t} 之间的差距应缩小，因此 Δy_{2t} 应该被系统的内生纠偏机制所增大，因此 $\alpha_2 < 0$。

同时，需要注意的是，内生纠偏机制的目的在于缩小差距，使系统稳定，则 $|\alpha_i| < 1$，$i = 1, 2$。若 $|\alpha_i| > 1$，纠偏机制虽存在，但会出现过度纠偏，使系统的震荡幅度不断加大。

综上所述，只要存在着长期稳定关系 $y_{2,t-1} = by_{1,t-1}$，当存在 $1 > \alpha_1 > 0$，$1 < \alpha_2 < 0$ 或二者同时满足时，系统便存在着内生的纠偏机制，即 $\Delta y_t = \alpha\beta' y_{t-1} + \varepsilon_t$，我们将 $\beta' y_{t-1}$ 称为误差修正项，简写为 ecm，将 α 称为误差调整速度。当各变量的误差修正模型中满足条件的 α_i 越多，则说明变量间所形成的内生纠偏机制越强，各因素发展的协调程度越高。

③格兰杰因果检验：因素间相互作用分析。研究生教育区域结构、经济与科技的协调发展不仅表现为三者是否存在着长期稳定的关系以及是否形成了内生纠偏机制，还体现着三者在各自的发展过程中是否相互作用、相互影响。基于协整理论，格兰杰因果检验可用来判断一段时期中研究生教育区域结构、经济与科技三因素相互作用的因果关系。对于两个平稳或满足协整关系的时间序列 $\{x_t\}$ 和 $\{y_t\}$，存在方程 $x_t = \sum\limits_{j=1}^{\infty} h_j x_{t-j} + \sum\limits_{j=1}^{\infty} v_j y_{t-j} + \varepsilon_t$，且 $\{x_t\}$ 和 $\{y_t\}$ 不相关，若对于给定的所有 x 的过去值，y 的过去值有助于 x 的预测，即至少存在一个 j_0，使得 $v_{j_0} \neq 0$，则变量 y 是 x 在格兰杰意义上的原因。

由于我们采用的是结构层面的数据，因此运用赫瑞林（Hurlin）所给出的格兰杰因果检验方程进行面板数据格兰杰因果检验。假设有两个协方差平稳的序列 x 和 y，N 为截面个体，T 为时间长度。面板格兰杰因果检验的模型为：

$$y_{it} = a_i + \sum_{k=1}^{K} \gamma_i^{(k)} y_{i,t-k} + \sum_{k=1}^{K} \beta_i^{(k)} x_{i,t-k} + \varepsilon_{it}$$

其中，a_i 为固定个体效应，$\beta_i^{(k)}$ 和 $\gamma_i^{(k)}$ 为待估参数，随机干扰项 $\varepsilon_{i,t} \sim IID(0, \sigma_{\varepsilon,i}^2)$。

$\beta_i = (\beta_i^{(1)}, \beta_i^{(2)}, \cdots, \beta_i^{(k)})$，若 $\forall i = 1, \cdots, N$，$\beta_i = 0$，则在既定的滞后期 k 中，x 不是 y 的格兰杰原因；反之，则 x 是 y 的格兰杰原因。

需要注意的是，格兰杰因果关系与真实的因果关系存在一定区别。变量间的格兰杰因果关系既非真实因果关系的充分条件也非必要条件。格兰杰因果关系仅仅是真实因果关系在数据层面的反映，由于数据质量、取样区间等问题，真实的因果关系不一定在数据层面反映；另外，变量数据所呈现的格兰杰因果关系并不一定是真实的因果关系，可能只是数据耦合。但无论怎样，变量间存在格兰杰因果关系较之于不存在格兰杰因果关系，其真实因果关系存在的可能性更大。

4. 采用路径分析方法测算各省市研究生教育发展的协调性

在对我国研究生区域结构整体协调性做出判定后，若整体上呈现协调性，则本书认为，可依据既定的经济和科技水平寻找到与之相协调的研究生教育发展水平，从而对当前的各省市研究生教育的发展态势进行评价。假设我国研究生教育区域结构的影响因素模型如图 2 – 2 所示。

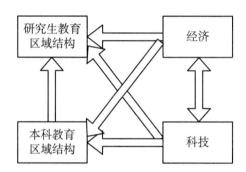

图 2 – 2　影响研究生教育区域结构的主要因素及其作用路径

研究生教育区域结构受到各经济、科技以及本科教育区域结构的影响。但影响方式有两种：一是本科教育区域结构、经济和科技直接作用于研究生教育区域结构；二是科技和经济通过影响本科教育区域结构从而作用于研究生教育区域结构。此外经济和科技之间相互作用、相互影响。将其转化为数学表达式为：

$$\begin{cases} GE = \alpha_1 + \beta_1 E + \beta_2 T + HE + \varepsilon_1 \\ HE = \alpha_2 + \delta_1 E + \delta_2 T + \varepsilon_2 \end{cases}$$

GE 是研究生教育区域结构，HE 是本科生教育区域机构，E 是经济，T 是科技。我们将数据代入方程后可估计出各变量的参数，继而得到各省市研究生教育综合评价指数的预测模型以及不同省市研究生教育发展与经济、科技相协调的预测值 $\widehat{GP}$，将实际观测值 GP 与 $\widehat{GP}$ 进行对比，就可以得到不协调程度的数值，令 $X = GP - \widehat{GP}$。

当 $x_i < 0$，说明第 i 地区的研究生教育发展的实际水平低于预测值，即研究生教育滞后于地区经济社会发展。

当 $x_i = 0$，说明第 i 地区的研究教育发展的实际水平与预测值一致，即研究生教育与地区经济社会发展同步。

当 $x_i > 0$，说明第 i 地区的研究生教育发展的实际水平高于预测值，即研究生教育发展领先于地区经济社会发展。

x_i 的绝对值 $|x_i|$ 越大，说明该地区的不协调程度越高。

5. 通过统计控制图判定各省市研究生教育发展不协调程度

路径分析结果提供了各省市研究生教育与该地区经济、科技发展不协调的具体衡量数值。但需要注意的是，现实中与区域经济社会发展完全协调的研究生教育发展几乎不存在，因为研究生教育发展和其他社会子系统的发展并不按照一定的控制程序进行，或多或少总有偏离。但本书认为，只要偏离在一个正常的范围之内，该省市的研究生教育发展属于协调状态。此外，由于抽样误差，依据样本数据拟合出的预测值或多或少和真实值有差异，但这些误差应属于正常波动的范围之内。因此我们借助于统计控制过程（SPC）技术来对不协调程度进行预警。

利用样本 x_i 建立统计控制图，以公式表示如下：

中心线：$CL = \bar{\bar{x}}$

控制图上限：$UCL_{\bar{x}} = \bar{\bar{x}} + z\delta_{\bar{x}}$

控制图下限：$LCL_{\bar{x}} = \bar{\bar{x}} - z\delta_{\bar{x}}$

$\bar{\bar{x}}$ 为不协调程度的均值，理论值为 0，实际上会略有偏误；$\delta_{\bar{x}}$ 为不协调程度均值的标准差；z 为样本观察值的波动区间可靠程度，在 95.45% 的置信区间内，取值为 2。

当 $x_i > UCL$，说明第 i 地区的研究生教育发展较之于经济社会发展的领先程度高于警戒线，即省域研究生教育发展与经济社会发展的不协调程度处于非正常区域。

当 $LCL < x_i < UCL$，说明第 i 地区的研究教育发展与经济社会发展的不协调程度处于正常区域，即使存在着一定程度的不协调，也在可以容忍的范围之内。

当 $x_i < LCL$，说明第 i 地区的研究生教育发展较之于经济社会发展的滞后程度低于警戒线，即省域研究生教育与经济社会发展的不协调程度处于非正常区域。

第二节　我国研究生教育区域结构演化的历史考察

虽然我国研究生教育正式建立是以 1981 年学位制度的设立为标志，但事实上自 1949 年以来，我国研究生教育就开始逐步发展，纵观新中国成立后的 60 多年，我国研究生教育区域结构的演化大致可以分为三个阶段。

一、1949～1977年：尝试与初建

新中国成立后逐步重视研究生教育。1950～1961年，共招收研究生1.8万多人，其中大多数是"师资研究生"。1962年，根据当时形势的需要，教育部对研究生工作进行了整顿，部分条件较好的高等院校开始正式培养3年制研究生，从此研究生教育走上一个新的阶段。到1965年，研究生在校人数达4 526人，这一期间共有16 397名研究生走上了国家建设岗位，成为新中国立足国内培养的第一批高层次专门人才。但是，学位制度和研究生教育制度一直未能正式确立。

1952～1953年，进行院系调整，全国确定14所大学为综合大学。1953年9月10日，高教部召开全国综合大学教育会议。会议明确综合大学要为各研究机构培养科学研究工作者，为各高等院校和中等学校培养师资。因此，综合大学的区域分布是形成我国研究生教育区域结构的基础（见表2-3）。综合大学的数量是东部8个、中部2个、西部4个。从综合大学数量看，东部占有绝对优势。

表2-3　　　　　　　　　1953年我国综合大学区域分布

区域	省、市、自治区	综合大学
东部（8个）	北京	北京大学、中国人民大学
	天津	南开大学
	上海	复旦大学
	江苏	南京大学
	山东	山东大学
	广东	中山大学
	福建	厦门大学
中部（2个）	吉林	东北人民大学
	湖北	武汉大学
西部（4个）	甘肃	兰州大学
	陕西	西北大学
	四川	四川大学
	云南	云南大学

二、1978~1998年：恢复与发展

中国高等教育以1977年恢复"高考"为标志进入了一个新的历史时期，研究生教育也随之得到恢复和发展。自1981年学位制度确立以来，我国研究生招生规模和在校生数量都有大幅提高，1982年，我国博士生和硕士生招生数量仅为302人和10 778人，到1985年增加到了2 633人和44 238人，年均增长率达到了105.8%和60.1%。进入20世纪90年代以后，我国研究生教育步入了新的高速增长时期，招生数量从1992年的3.3万人增加到1998年的7.3万人，年均增长幅度约为13.8%。在这一阶段，"研究生院"制度的确立基本决定了我国研究生教育的区域布局。

第五届全国人民代表大会第五次会议批准的国家"六五"计划提出："要试办研究生院"。1984年6月和1986年4月，国家教委批准了33所高校试办研究生院（高校合并后为31所）（见表2-4）。从研究生院的分布看，东部有23个，中部8个，西部2个，呈现出由东向西呈递减的状态。

表2-4 1984年6月和1986年4月教育部批准33所高校试办的研究生院

区域	省、市、自治区	研究生院	研究生院数
东部 （24个）	北京	北京大学研究生院 中国人民大学研究生院 清华大学研究生院 北京航空航天大学研究生院 北京理工大学研究生院 北京科技大学研究生院 中国农业大学研究生院 中国协和医科大学研究生院 北京师范大学研究生院 北京医科大学研究生院	10个
	天津	南开大学研究生院 天津大学研究生院	2个
	辽宁	大连理工大学研究生院 东北大学研究生院	2个
	上海	复旦大学研究生院 同济大学研究生院 上海交通大学研究生院 华东师范大学研究生院 上海医科大学研究生院	5个

续表

区域	省、市、自治区	研究生院	研究生院数
东部 （24个）	江苏	南京大学研究生院 东南大学研究生院	2个
	浙江	浙江大学研究生院	1个
	福建	厦门大学研究生院	1个
	广东	中山大学研究生院	1个
中部 （7个）	山西	—	—
	吉林	吉林大学研究生院	1个
	黑龙江	哈尔滨工业大学研究生院	1个
	安徽	中国科学技术大学研究生院	1个
	湖北	武汉大学研究生院 华中理工大学研究生院 中国地质大学研究生院	3个
	湖南	国防科技大学研究生院	1个
西部 （2个）	陕西	西安交通大学研究生院 西北工业大学研究生院	2个

三、1999 年至今：快速发展

1999 年以后，我国高等教育由精英教育阶段快速向大众化阶段发展。在此推动下，研究生教育也进入了一个急速发展的阶段，在最初的五年扩张时期，招生规模从 1999 年的 9.2 万人激增到 2004 年的 32.6 万人，5 年间增长了 3.5 倍。截至 2011 年，全国共有一级学科博士点 2 765 个、一级学科硕士点 5 706 个，共招收研究生 671 006 人，其中博士研究生 65 488 人，硕士研究生 605 578 人，共有在校研究生 1 644 991 人，其中博士研究生 271 055 人，硕士研究生 1 373 936 人，共授予博士学位 50 777 人，硕士学位 500 621 人。[①]

自 1999 年以后，随着我国研究生教育规模的扩张和体制改革的推进，研究生教育开始由点及面全面发展。一方面，研究生教育的核心要素依然不断集中于少数省域；另一方面，中央政府也更加考虑研究生学位授权单位和授权点布局的均衡化，部分西部省区、民族地区开始发展硕士研究生教育甚至博士研究生教

---

① 中国学位与研究生教育发展年度报告课题组：《中国学位与研究生教育发展年度报告（2012）》，中国人民大学出版社 2013 年版。

育，实现了研究生教育在全国范围的网络化布局。以下将从研究生院、在校生规模、师资力量以及财政资源的区域分布来对区域结构的演化轨迹进行描绘。

1. 研究生院区域结构的历史变迁

研究生院代表着我国研究生教育的最高水平，在我国研究生教育发展中具有举足轻重的地位和作用，因此研究生院的多少也代表着一个地区的研究生教育的实力。2000 年 6 月，教育部批准了 22 所高校试办研究生院。到 2002 年 5 月，教育部批准哈尔滨工程大学研究生院（东部）、河海大学研究生院（东部）2 所高校试办研究生院。2003 年 8 月，教育部批准西北农林科技大学（西部）高校试办研究生院。从研究生院的分布看，东部有 35（21 + 12 + 2）个，中部 11（8 + 3）个，西部 10（2 + 7 + 1）个（见表 2 - 4 和表 2 - 5），呈现出由东向西逐渐递减的状态。

表 2 - 5　　　　2000 年 6 月教育部批准 22 所高校试办的研究生院

区域	省、市、自治区	研究生院	研究生院总数
东部 （12 个）	北京	北方交通大学研究生院 北京邮电大学研究生院 北京林业大学研究生院 石油大学研究生院	4 个
	上海	华东理工大学研究生院 第二军医大学研究生院	2 个
	江苏	南京航空航天大学研究生院 南京理工大学研究生院 中国矿业大学研究生院 南京农业大学研究生院	4 个
	山东	山东大学研究生院	1 个
	广东	华南理工大学研究生院	1 个
中部 （3 个）	吉林	东北师范大学研究生院	1 个
	湖南	湖南大学研究生院 中南大学研究生院	2 个
西部 （7 个）	四川	四川大学研究生院 重庆大学研究生院 西南交通大学研究生院 电子科技大学研究生院	4 个
	陕西	西安电子科技大学研究生院 第四军医大学研究生院	2 个
	甘肃	兰州大学研究生院	1 个

2. 研究生规模区域结构的历史变迁

自 1999 年以来，各地研究生教育的规模均开始增长，省际研究生教育发展的差异有所降低。[①] 2003～2010 年，基于招生人数所计算的研究生群体分布特征统计量（见表 2-6）显示：我国各省研究生群体的规模在不断扩大，省均招生规模从 2003 年的 8 675 人扩张到 2010 年的 17 361 人；研究生教育发展最薄弱的地区也加快了发展步伐，招生人数从 2003 年的 17 人上升到了 2010 年的 299 人，涨幅为 1 659%；最发达的地区也在不断增加招生数，由于基数较大，涨幅为76%。另外，我国省际研究生招生规模的差异一直不断降低。不均衡指数有较为明显的缩小。例如，基尼系数在 2003～2010 年下降了 0.06；广义熵指数（0）在 2003～2009 年下降了 0.11；广义熵指数（2）在 2003～2010 年下降了 0.25。这说明无论是发达省市之间的规模差异还是薄弱省市之间的规模差异均有显著的缩小。

表 2-6　　　　　2003～2010 年研究生招生规模省际分布特征

年份	均值（人）	极小值（人）	极大值（人）	极差（人）	不均衡指数		
					基尼系数	广义熵指数（0）	广义熵指数（2）
2003	8 675	17	45 970	45 953	0.52	0.48	0.76
2004	10 525	80	50 344	50 264	0.50	0.44	0.64
2005	11 769	128	60 695	60 567	0.49	0.42	0.60
2006	12 836	146	64 506	64 360	0.48	0.41	0.58
2007	13 503	180	65 677	65 497	0.47	0.39	0.56
2008	14 400	204	68 489	68 285	0.47	0.38	0.54
2009	16 482	228	76 772	76 544	0.46	0.37	0.53
2010	17 361	299	80 972	80 673	0.46	0.43	0.51

资料来源：（1）中华人民共和国教育部规划司编：《中国教育统计年鉴》（2003～2010年），人民教育出版社；（2）广义熵指数（0）可更好地探测薄弱省市间研究生教育的省际差异变化，广义熵指数（2）可更好地探测发达省市间研究生教育的省际差异变化（下同）。

2003～2010 年，基于在校生数所计算的研究生群体分布特征的统计量（见表 2-7）也显示出类似的特征：自 2003 年起，我国各省在校研究生的规模不断扩张，省均规模由 2003 年的 20 993 人扩张到 2010 年的 49 626 人；最薄弱省份（西藏）的在校生人数从 59 人上升到 718 人，增长了 11 倍；最发达省市（北京）

[①]　由于资料所限，我们仅能获得 2003 年以后各省的研究生教育规模数据，故数据分析师从 2003 年开始。

的在校生数也增长了接近 2 倍，但二者间的差异仍不断扩大。从不均衡指数上看，在校研究生的省际分布差异自 2003 年起逐步降低，8 年内基尼系数降低了0.08。此外，薄弱地区间的差异大幅缩小，广义熵指数（0）从 2003 年的 0.51 降低到 2009 年的 0.38。发达省份间的差异也在不断缩小，广义熵指数（2）从 2003 年的 0.80 降低到 2010 年的 0.53。

表 2 - 7　　　　　2003 ~ 2010 年研究生在校生规模省际分布特征

年份	均值（人）	极小值（人）	极大值（人）	极差（人）	不均衡指数		
					基尼系数	广义熵指数（0）	广义熵指数（2）
2003	20 993	59	116 375	116 316	0.54	0.51	0.80
2004	26 448	117	139 413	139 296	0.52	0.48	0.72
2005	31 568	230	166 473	166 243	0.51	0.45	0.66
2006	35 634	356	179 735	179 379	0.49	0.42	0.61
2007	38 550	441	189 185	188 744	0.48	0.41	0.56
2008	41 389	520	197 590	197 070	0.47	0.39	0.56
2009	45 321	589	211 386	210 797	0.47	0.38	0.55
2010	49 626	718	227 126	226 408	0.46	0.43	0.53

资料来源：2003 ~ 2010 年的《中国教育统计年鉴》。

3. 师资力量区域结构的历史变迁

研究生教育的师资队伍是研究生教育发展的重要力量，是各省市研究生教育发展水平的直接体现。由于难以获得研究生导师方面的历时性数据，故将各省市所拥有的高校专任教师数量作为替代的观测量。1999 ~ 2010 年，高等院校专任教师数在不断增加，从 1999 年省均 13 732 人增长到 2010 年省均 43 327 人，10 年内增幅达 216%。从整体上看，教师的省际分布有较为明显的下降趋势，基尼系数从 0.35 下降至 0.33，发达省份内和薄弱省份内的差异也有微弱的降低（见表 2 - 8）。

表 2 - 8　　　　　　　高等院校专任教师省际分布特征分析

年份	均值（人）	极小值（人）	极大值（人）	极差（人）	不均衡指数		
					基尼系数	广义熵指数（0）	广义熵指数（2）
1999	13 732	765	35 236	34 471	0.35	0.20	0.29
2000	14 928	813	34 863	34 050	0.34	0.20	0.28

年份	均值（人）	极小值（人）	极大值（人）	极差（人）	不均衡指数		
					基尼系数	广义熵指数（0）	广义熵指数（2）
2001	17 158	867	37 987	37 120	0.33	0.19	0.29
2002	19 949	885	44 198	43 313	0.33	0.19	0.29
2003	23 376	972	49 810	48 838	0.33	0.19	0.29
2004	27 690	1 081	59 037	57 956	0.33	0.19	0.29
2005	31 156	1 187	67 334	66 147	0.33	0.19	0.29
2006	34 709	1 673	78 358	76 685	0.33	0.19	0.29
2007	37 687	1 755	88 568	86 813	0.34	0.19	0.29
2008	39 918	1 877	96 267	94 390	0.33	0.19	0.29
2009	41 782	1 969	99 912	97 943	0.33	0.19	0.29
2010	43 327	2 195	102 010	99 815	0.33	0.19	0.28

资料来源：2003～2010 年的《中国教育统计年鉴》。

4. 财政资源区域结构的历史变迁

研究生教育的经费投入是研究生教育发展中最重要的资源之一。它反映区域结构特征的重要方面，此外，它所物化后的各种形态——实验室、图书和教学设备等本身就是研究生教育区域结构中的组成要素。由于很难将研究生教育经费单独从高等教育经费中剥离出来，因此本书主要通过对高等教育经费总收入进行考察。

各省的高等教育经费总收入显示（见表2－9）：2003～2010 年，省均高等教育经费总收入从 57.37 亿元上升到 181.58 亿元，增长了 3 倍。收入最少的省份涨幅为 263%，收入最高的省份涨幅为 185%，二者差异有所减小。但从整体来看，省际差异的降低并不明显，基尼系数在 2007 年以后降低了 0.02，但 2010 年又回升到 0.47。但发达地区内部和薄弱地区内部的差异程度都有较为明显的降低趋势，广义熵指数（0）降低了 0.06，广义熵指数（2）降低了 0.07。

表 2－9　　　　高等教育经费总收入省际分布情况的历时性特征

年份	均值（千元）	极小值（千元）	极大值（千元）	极差（千元）	不均衡指数		
					基尼系数	广义熵指数（0）	广义熵指数（2）
2003	5 737 409	228 297	22 225 781	21 997 484	0.43	0.36	0.45
2004	6 785 497	256 301	25 361 416	25 105 115	0.44	0.35	0.46

年份	均值 （千元）	极小值 （千元）	极大值 （千元）	极差 （千元）	不均衡指数		
					基尼系数	广义熵指数 （0）	广义熵指数 （2）
2005	7 882 376	433 937	27 876 514	27 442 577	0.44	0.32	0.43
2006	8 978 867	472 527	34 043 748	33 571 221	0.44	0.32	0.43
2007	12 100 000	619 654	40 915 734	40 296 080	0.44	0.32	0.42
2008	14 000 000	697 882	46 478 712	45 780 830	0.42	0.30	0.40
2009	15 400 000	641 746	51 547 311	50 905 565	0.42	0.29	0.40
2010	18 158 313	828 068	63 321 716	62 493 648	0.47	0.30	0.38

资料来源：2003～2010 年的《中国教育统计年鉴》。

第三节 我国研究生教育区域结构现状及特征

我国自 1978 年恢复研究生招生和 1981 年实施学位制度以来，经过 30 多年的不断改革与发展，我国研究生教育水平显著提升。我国研究生教育的发展现状和成就的基本数据如表 2 - 10 所示。

表 2 - 10　　2011 年我国研究生教育发展现状和成就基本数据

指标	现状数据		累积数据	
研究生培养机构数（2010 年）	797	中央部委 374 地方部门 423	—	
学位授权点数（个）	一级学科授权点	博士点 2 765 硕士点 5 706	—	
	二级学科授权点	博士点 574 硕士点 2 770	—	
	专业学位授权点	博士点 108 硕士点 2 779		
授予学位数（个）	551 398	博士学位 50 777 硕士学位 500 621	4 093 583 （1981～2011 年）	博士学位 434 514 硕士学位 3 659 069

指标	现状数据		累积数据	
在校生数（人）	1 644 991	博士生 271 055 硕士生 1 373 936	—	
招生数（人）	671 066	博士生 65 488 硕士生 605 578	6 081 070 （1978～2011 年）	博士生 729 496 硕士生 5 351 574
研究生指导教师数（人）	272 487	博士生导师 17 548 硕士生导师 210 197 博士生、硕士生导师 44 742	—	

资料来源：中国学位与研究生教育发展年度报告课题组：《中国学位与研究生教育发展年度报告（2012）》，中国人民大学出版社 2012 年版，第 206～230 页。

一、研究生教育数量的区域分布状况

1. 研究生培养机构的分布

我国的研究生培养机构主要是普通高校和科研机构。其中普通高校是研究生培养的主阵地。截至 2011 年，全国 31 个地区所拥有的高校研究生培养机构数量呈非均衡分布（见表 2-11）。北京拥有的高校研究生培养机构数量占全国的 1/10，远远领先于其他地区。其次是辽宁、江苏和山东，占全国比重均在 5%～7%，占比最低的是西藏、青海、宁夏和海南，占全国比重均不足 1%。

表 2-11　　　　　　2011 年各地区拥有的高校研究生培养机构数

地区	高校研究生培养机构数（个）	占比（%）
全国	481	100.00
东部	**243**	**50.51**
北京	50	10.40
天津	18	3.70
河北	16	3.29
上海	22	4.53
辽宁	33	6.86
江苏	28	5.76
浙江	16	3.33
福建	9	1.87

地区	高校研究生培养机构数（个）	占比（%）
山东	26	5.41
广东	23	4.73
海南	2	0.41
中部	**118**	**24.53**
山西	8	1.65
吉林	15	3.09
黑龙江	17	3.50
安徽	16	3.29
江西	12	2.47
河南	15	3.09
湖北	23	4.73
湖南	12	2.47
西部	**120**	**24.95**
内蒙古	8	1.65
广西	11	2.26
重庆	11	2.26
四川	21	4.32
贵州	7	1.44
云南	11	2.26
西藏	3	0.62
陕西	24	4.94
甘肃	9	1.85
青海	3	0.62
宁夏	3	0.62
新疆	9	1.85

资料来源：中国教育年鉴编辑部编：《中国教育年鉴2011》，人民教育出版社2012年版。

从我国东中西部的大分区来看（见图2-3），高校研究生培养机构多集中在东部（51%），中、西部地区只有陕西、湖北、四川等少数地区的培养机构数较多。当然，东部也有福建、海南等培养机构数量非常少的地区。

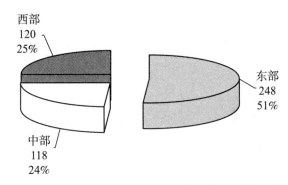

西部
120
25%

东部
248
51%

中部
118
24%

图 2 – 3   2011 年我国东中西部高校研究生培养机构分布

但总体而言，高校研究生培养机构的省际差异处于较低水平。不均衡指数中基尼系数为 0.34，广义熵指数（0）为 0.23，广义熵指数（2）为 0.21（见表 2 – 12）。

表 2 – 12   2010 年研究生培养机构数省际分布特征

地区	均值（个）	极小值（个）	极大值（个）	极差（个）	不均衡指数		
					基尼系数	广义熵指数（0）	广义熵指数（2）
高校研究生培养机构	16	2	51	49	0.34	0.19	0.23

资料来源：根据中国教育年鉴编辑部编：《中国教育年鉴（2011）》相关数据计算。

2. 学位授权点的分布

截至 2011 年，我国博士一级学科授权点 2 765 个，硕士一级学科授权点 5 706 个，博士二级学科授权点 574 个，硕士二级学科授权点 2 770 个。从各类学位授权点的数量看，北京和江苏的数量较大，西藏、海南、青海和宁夏的数量较少。北京在各类学位授权点上占有绝对优势，除了西藏没有博士学位授权点、海南和宁夏没有博士二级学科授权点之外，其他省份均拥有各类学位授权点（见表 2 – 13）。

表 2 – 13   2011 年各省（自治区、直辖市）学位授权点分布   单位：个

地区	一级学科授权点		二级学科授权点		地区	一级学科授权点		二级学科授权点	
	博士	硕士	博士	硕士		博士	硕士	博士	硕士
全国	2 765	5 706	574	2 770	—	—	—	—	—
东部	1 637	2 898	323	1 431	—	—	—	—	—
北京	511	572	85	306	辽宁	107	329	30	146

续表

地区	一级学科授权点		二级学科授权点		地区	一级学科授权点		二级学科授权点	
	博士	硕士	博士	硕士		博士	硕士	博士	硕士
天津	79	159	9	78	福建	77	117	19	53
河北	51	199	20	92	山东	104	337	29	157
上海	210	230	36	112	广西	13	121	5	75
江苏	269	408	52	205	广东	134	215	26	104
浙江	77	181	12	86	海南	5	30	0	17
中部	655	1 544	151	758	—	—	—	—	—
吉林	82	159	15	90	江西	19	181	5	88
黑龙江	92	201	20	102	河南	51	243	14	102
安徽	72	168	15	82	湖北	171	296	36	130
山西	46	103	19	70	湖南	122	193	27	94
西部	473	1 264	100	581	—	—	—	—	—
内蒙古	23	103	6	57	陕西	170	293	35	165
重庆	66	141	11	55	甘肃	42	114	11	50
四川	110	224	21	94	青海	1	30	2	22
贵州	9	80	1	33	宁夏	5	35	0	14
云南	26	141	8	54	新疆	21	88	5	33
西藏	—	15	—	4					

资料来源：中国学位与研究生教育发展年度报告课题组内部资料。

　　从我国东中西部的大分区来看，硕士点、博士点的分布与研究生培养机构的分布类似，硕士点、博士点多集中在东部，中部和西部只有陕西、湖北等少数省份硕士点、博士点较多。博士点的分布较硕士点更为集中，表现为东部博士点与西部博士点的集中度更高（见图2-4和图2-5）。

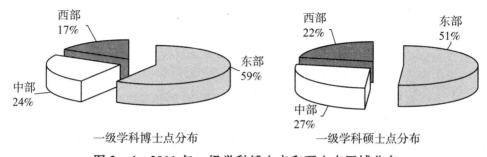

图2-4　2011年一级学科博士点和硕士点区域分布

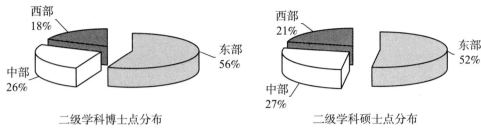

图 2-5　2011 年二级学科博士点和硕士点区域分布

表 2-14 显示：（1）不论是一级学科还是二级学科，博士点分布的不均衡程度均高于相应的硕士点；（2）一级学科硕士点省际分布的不均衡程度均低于二级学科硕士点的省际分布。

表 2-14　　　　　2011 年研究生学位授权点省际分布特征

授权点类型	均值（个）	极小值（个）	极大值（个）	极差（个）	不均衡指数		
					基尼系数	广义熵指数（0）	广义熵指数（2）
一级学科博士点	92	1	511	510	0.51	0.59	0.43
一级学科硕士点	184	15	572	557	0.34	0.20	0.25
二级学科博士点	19	0	85	85	0.47	0.40	0.34
二级学科硕士点	89	4	306	302	0.35	0.27	0.23

注：依据表 2-13 计算得出。

3. 研究生教育发展优势平台的分布

本书中研究生教育发展的优势平台主要包括国家级重点学科、教育部人文社会科学重点研究基地和教育部重点实验室。从某种意义上讲，这些平台的分布代表着优质研究生教育资源的分布，也是各培养机构研究生教育实力的彰显。

国家重点学科（国家重点培育学科）是国家根据发展战略与重大需求，择优确定并重点建设的培养创新人才、开展科学研究的重要基地。截至 2010 年，我国共进行了三次重点学科的评选工作。第一次评选工作是在 1986~1987 年，共选出 416 个重点学科，其中文科 78 个，理科 86 个，工科 163 个，农科 36 个，医科 53 个，涉及 108 所高等学校。第二次评选工作是在 2001~2002 年，教育部发布了《教育部关于开展高等学校重点学科评选工作的通知》，共评选出 964 个高等学校重点学科。第三次评选工作是在 2006～2007 年，共评选出 286 个一级学科，677 个二级学科。本书以二级学科为口径对其进行整理，一级学科若为重点学科，则其所属二级学科均以重点学科计算。2006 年的数据统计仅包含第一次和第二次的评选结果，并未纳入第三次评选。2010 年的数据则考察了前后三次的评选结果，见表 2 - 15。

表 2 - 15　　　　　　　各省市拥有国家级重点学科数　　　　单位：个

地区	2006 年	2010 年	地区	2006 年	2010 年	地区	2006 年	2010 年
北京	262	491	安徽	22	39	四川	33	76
天津	36	80	福建	15	42	贵州	0	1
河北	5	11	江西	2	2	云南	3	3
山西	5	5	山东	15	42	西藏	0	0
内蒙古	3	3	河南	3	4	陕西	49	88
辽宁	28	55	湖北	53	115	甘肃	7	9
吉林	22	34	湖南	24	58	青海	0	0
黑龙江	35	66	广东	41	76	海南	1	2
上海	94	187	广西	2	2	重庆	10	22
江苏	85	162	浙江	25	73	新疆	2	3
宁夏	0	0	—	—	—			

　　资料来源：国家级重点学科名单 [EB/OL]. [2012 - 06 - 07]. 中国学位与研究生教育信息网. http://www.cdgdc. edu. cn/xwyyjsjyxx/xwbl/zdjs/zdxk/zdjsmd/260301. shtml.

　　从表 2 - 15 可以看出，拥有国家级重点学科数最多的三个省份为北京、上海和江苏，最少的三个省份为青海、西藏和宁夏，它们没有一个国家级重点学科。同时，可以看出经过我国教育部第三次重点学科的评选后，各区域的重点学科数都有不同程度的增长。但国家级重点学科在各省的分布仍差异巨大。北京所拥有的国家级重点学科数占到了重点学科总数的 20% 以上，比江苏、上海和湖北的重点学科数之和还多。

　　各类重点研究基地也是研究生教育优势平台。教育部人文社会科学重点研究基地是指 1999 年以来教育部在全国 66 所高校相继设立的 151 个人文社会科学重点研究基地，它们按照"一流"和"唯一"的标准进行建设。所谓"一流"，就是要求建立的重点研究基地在确定的研究领域应该在全国是一流的，或者至少在全国高校同一研究领域是一流的。所谓"唯一"，就是说在同一领域、同一研究方向上只设一个重点研究基地，要求建立的重点研究基地切实成为该研究领域的中心，在繁荣和发展我国人文社会科学中明显地居于领先地位。

我们统计了各省份拥有的重点研究基地数量（见表2-16），发现拥有数量最多的三个省市为北京（46）、上海（17）和湖北（11），最少的六个省市为新疆、西藏、青海、贵州、广西和海南，它们没有一个教育部人文社科重点研究基地。北京仍旧一枝独秀，拥有全国总数30%以上的基地。拥有重点研究基地最多的六个省份（占省份总数的近20%）北京、上海、湖北、广东、吉林和天津共拥有全国教育部重点研究基地总数的66%，拥有重点研究基地最少的20个省份拥有数不到全国总量的20%。

表2-16　　　　　教育部人文社会科学重点研究基地省域分布　　　单位：个，%

地区	数量	占比	地区	数量	占比	地区	数量	占比
北京	46	0.30	安徽	2	0.01	云南	1	0.01
天津	7	0.05	福建	6	0.04	西藏	0	0
河北	1	0.01	江西	1	0.01	陕西	2	0.01
山西	1	0.01	山东	6	0.04	甘肃	3	0.02
内蒙古	1	0.01	河南	2	0.01	青海	0	0
辽宁	3	0.02	湖北	11	0.07	宁夏	1	0.01
吉林	9	0.06	湖南	2	0.01	新疆	0	0
黑龙江	1	0.01	广东	10	0.07	四川	6	0.04
上海	17	0.11	广西	0	0	贵州	0	0
江苏	6	0.04	海南	0	0	—	—	—
浙江	4	0.03	重庆	2	0.01	—	—	—

注：表中数据依据全国哲学社会科学规划办公室网站．http：//www．npopss-cn．gov．cn/GB/221241/221242/index．html整理而成，访问时间：2012-04-16。

教育部重点实验室主要是针对自然科学和工程技术类学科所设立的重要平台，它对于研究生教育的发展也非常重要。本书考察了2007~2009年，教育部重点实验室在各省市分布情况，统计数据见表2-17。

表2-17　　　　　各省2007~2009年教育部重点实验室拥有数　　　单位：个，%

地区	2007年	2008年新增	2008年	2008年底省部共建新增	2009年	占全国总量百分比	2007~2009年的增幅
北京	32	4	36	1	37	20.56	15.63
天津	4	0	4	1	5	2.78	25.00

地区	2007 年	2008 年新增	2008 年	2008 年底省部共建新增	2009 年	占全国总量百分比	2007～2009年的增幅
河北	0	0	0	1	1	0.56	0
山西	2	0	2	0	2	1.11	0
内蒙古	1	0	1	0	1	0.56	0
辽宁	1	1	2	0	2	1.11	100
吉林	6	1	7	1	8	4.44	33.33
黑龙江	1	0	1	0	1	0.56	0
上海	17	1	18	2	20	11.11	17.65
江苏	9	1	10	0	10	5.56	11.11
浙江	4	1	5	2	7	3.89	75.00
安徽	2	0	2	0	2	1.11	0
福建	3	0	3	0	3	1.67	0
江西	1	0	1	2	3	1.67	200
山东	7	0	7	3	10	5.56	42.86
河南	2	0	2	2	4	2.22	100
湖北	12	1	13	0	13	7.22	8.33
湖南	2	1	3	0	3	1.67	50
广东	8	1	9	1	10	5.56	25.00
广西	1	0	1	0	1	0.56	0
海南	0	0	0	0	0	0	0
重庆	5	3	8	1	9	5.00	80
四川	5	0	5	0	5	2.78	0
贵州	0	0	0	0	0	0	0
云南	2	0	2	0	2	1.11	0
西藏	0	0	0	0	0	0	0
陕西	10	1	11	3	14	7.78	40
甘肃	2	1	3	1	4	2.22	100
青海	0	0	0	1	1	0.56	—
宁夏	0	0	0	0	0	0	0
新疆	1	0	1	1	2	1.11	100
合计	140	17	157	23	180	100	28.57

注：表中数据依据 http：//baike. baidu. com/view/3601050. htm 整理，访问时间：2012 - 04 - 16。

三年内各省市的重点实验室拥有数都有所提升，截至 2009 年，拥有数目最多的三个省份为北京（37）、上海（20）和陕西（14），最少的为宁夏（0）、贵州（0）、西藏（0）和海南（0），省际差异巨大。北京市占全国的教育部重点实验室总数的 20% 以上，拥有实验室最多的七个省份包括北京、上海、陕西、湖北、山东、广东和江苏，所拥有的实验室数量加起来超过了全国总量的 60%。省部共建在一定程度上缓解了重点实验室的分布差异，河北、青海两省在省部共建的机制下，重点实验室数量实现了 0 的突破。新疆、河南等省依靠省部共建，重点实验室数量翻了一番。

2007～2009 年，教育部重点实验室总数增加了 28.57%，增幅最大的省市为江西（200%）、辽宁（100%）、河南（100%）、甘肃（100%）和新疆（100%）。除了新疆地区，江西、辽宁和甘肃都属于研究生教育比较发达的地区。而研究生教育发达地区北京增幅仅为 15.63%，湖北增幅仅为 8.33%，上海增幅仅为 17.65%。这表明，重点实验室拥有量处于中间或中上位置的省份发展开始加速，其增速超过发达地区，逐步显示出与发达地区缩小差距的趋势。

由表 2–18 可以看出，在三类研究生教育发展优势平台中，教育部重点实验室的三个分指数均是最低的，说明其分布的不均衡程度最低。在三类平台中，在发达地区间差异最大的是人文社会科学重点研究基地，在薄弱地区间的差异最大的是国家级重点学科。

表 2–18　　　　研究生教育发展优势平台省际分布特征

研究生教育发展优势平台类型	均值（个）	极小值（个）	极大值（个）	极差（个）	不均衡指数		
					基尼系数	广义熵指数（0）	广义熵指数（2）
国家级重点学科	57	0	491	491	0.66	0.71	0.99
教育部人文社会科学重点研究基地	5	0	46	46	0.66	0.61	0.65
教育部重点实验室	10	0	37	37	0.58	0.50	0.47

4. 研究生人数的分布

（1）研究生总体情况。2011 年，我国授予博士和硕士学位人数为 55.14 万人，招生数为 67.11 万人，研究生在校生 164.50 万人。从全国来看，青海、西藏、海南、宁夏等研究生规模基数较低的地区有了较快的增长，其幅度均高于 50%（见表 2–19）。

表 2 – 19　　　　　　　　　2011 年各地区研究生总数

地区	学位授予数（人）	招生数（人）	在校生数（人）	招生数相对学位授予数的百分比（%）	在校生数占全国的比重（%）
全国	551 398	671 066	1 644 991	121.70	100
北京	86 899	100 733	242 890	115.92	14.77
天津	14 531	18 861	46 036	129.80	2.80
河北	13 663	15 249	33 845	111.61	2.06
山西	8 702	10 911	24 790	125.38	1.51
内蒙古	5 781	7 164	15 316	123.92	0.93
辽宁	30 088	34 371	87 070	114.23	5.29
吉林	17 338	20 518	55 010	118.34	3.34
黑龙江	19 029	23 522	57 829	123.61	3.52
上海	39 717	47 060	119 013	118.49	7.23
江苏	42 013	54 155	134 404	128.90	8.17
浙江	16 596	21 081	51 846	127.02	3.15
安徽	12 607	17 242	41 773	136.77	2.54
福建	10 945	14 165	33 896	129.42	2.06
江西	8 129	10 178	23 824	125.21	1.45
山东	26 016	31 052	69 004	119.36	4.19
河南	11 399	13 052	30 908	114.50	1.88
湖北	40 151	46 962	107 166	116.96	6.51
湖南	17 608	22 428	60 097	127.37	3.65
广东	26 440	30 597	77 579	115.72	4.72
广西	6 987	9 191	22 567	131.54	1.37
海南	1 057	1 696	3 358	160.45	0.20
重庆	15 367	18 458	45 213	120.11	2.75
四川	26 426	31 004	82 824	117.32	5.03
贵州	3 993	5 275	12 436	132.11	0.76
云南	8 765	11 532	28 042	131.57	1.70
西藏	193	344	824	178.24	0.05
陕西	26 825	34 835	90 409	129.86	5.50
甘肃	8 140	10 611	26 973	130.36	1.64

续表

地区	学位授予数（人）	招生数（人）	在校生数（人）	招生数相对学位授予数的百分比（%）	在校生数占全国的比重（%）
青海	669	1 263	2 437	188.79	0.15
宁夏	1 104	1 663	3 513	150.63	0.21
新疆	4 220	5 893	14 099	139.64	0.86

资料来源：中国学位与研究生教育发展年度报告课题组：《中国学位与研究生教育发展年度报告（2012）》，中国人民大学出版社 2012 年版，第 203～210 页。

（2）硕士研究生和博士研究生的区域分布。对各地区的硕士生、博士生和研究生总数进行对比研究，分析各省份的研究生在校生人数在国内的排名（如表2－20 所示），结果显示绝大多数省份的"硕士在校生人数"、"博士在校生人数"和"在校研究生总数"排名基本一致，最多有 1～2 个位次的变化，呈现出高度的一致性。山东、河南、江西和河北四个地区显示出一定的差异，其博士在校生人数相对于硕士在校生人数较少，而福建和甘肃的博士教育则略微领先于其硕士教育。

表 2－20　　　　　　　　　　2011 年各地研究生数的分布

地区	硕士在校生		博士在校生		在校研究生总数	
	人数（人）	排名	人数（人）	排名	人数（人）	排名
北京	177 739	1	65 151	1	242 890	1
江苏	111 154	2	23 250	3	134 404	2
上海	93 206	3	25 807	2	119 013	3
湖北	86 540	4	20 626	4	107 166	4
陕西	75 055	5	15 354	5	90 409	5
辽宁	74 153	6	12 917	7	87 070	6
四川	70 257	7	12 567	8	82 824	7
广东	64 588	8	12 991	6	77 579	8
山东	61 133	9	7 871	13	69 004	9
湖南	50 307	10	9 790	9	60 097	10
黑龙江	48 168	11	9 661	10	57 829	11
吉林	45 915	12	9 095	11	55 010	12
浙江	43 015	13	8 831	12	51 846	13
天津	38 489	15	7 547	14	46 036	14
重庆	39 968	14	5 245	15	45 213	15

地区	硕士在校生		博士在校生		在校研究生总数	
	人数（人）	排名	人数（人）	排名	人数（人）	排名
安徽	37 103	16	4 670	17	41 773	16
福建	29 157	19	4 739	16	33 896	17
河北	31 781	17	2 064	20	33 845	18
河南	29 663	18	1 245	22	30 908	19
云南	25 776	20	2 266	19	28 042	20
甘肃	23 491	21	3 482	18	26 973	21
山西	22 809	23	1 981	21	24 790	22
江西	23 051	22	773	25	23 824	23
广西	21 837	24	730	26	22 567	24
内蒙古	14 349	25	967	23	15 316	25
新疆	13 259	26	840	24	14 099	26
贵州	12 165	27	271	27	12 436	27
宁夏	3 445	28	68	30	3 513	28
海南	3 213	29	145	28	3 358	29
青海	2 338	30	99	29	2 437	30
西藏	812	31	12	31	824	31

资料来源：中国学位与研究生教育发展年度报告课题组：《中国学位与研究生教育发展年度报告（2012）》，中国人民大学出版社 2012 年版，第 203～210 页。

从表 2-21 可以看出，在研究生规模的各项指标中，在校博士生分布的三个分指数均最高，分布最不均衡。与此相反，在校硕士生分布的三个分指数在各项指标中均是最低的。同时，从广义熵指数（2）和广义熵指数（0）的数值来看，在校研究生在薄弱地区间的分布差异程度要高于在发达地区间的分布差异程度。

表 2-21　　　　　　　2011 年研究生规模省际分布特征

指标	均值（人）	极小值（人）	极大值（人）	极差（人）	不均衡指数		
					基尼系数	广义熵指数（0）	广义熵指数（2）
学位授予数	17 787	193	86 899	86 706	0.47	0.55	0.46
研究生招生数	21 647	344	100 733	100 389	0.45	0.49	0.43

续表

指标	均值（人）	极小值（人）	极大值（人）	极差（人）	不均衡指数		
					基尼系数	广义熵指数（0）	广义熵指数（2）
在校研究生数	53 064	824	242 890	242 066	0.46	0.52	0.43
在校硕士生数	44 321	812	177 739	176 927	0.43	0.46	0.35
在校博士生数	8 744	12	65 151	65 139	0.61	1.14	1.01

5. 研究生导师的分布

研究生教育的师资队伍是研究生教育发展的重要力量。各地区所拥有的研究生教育的师资队伍一方面是各省市研究生教育的发展水平的体现，另一方面也决定着各地区研究生教育未来的发展水平。我们将各地区 2011 年研究生导师数统计于表 2-22，在所有博士生导师、硕士生导师和博士生硕士生导师[①]三种类型的研究生导师中，北京占全国的比重均最大，其中博士生导师占全国的 31.72%，硕士生导师占 13.18%，博士生硕士生导师占 20.36%。海南和贵州两省没有博士生导师，西藏没有博士生硕士生导师。

表 2-22   2011 年不同类型的研究生导师在各省（自治区、直辖市）的分布

地区	博士生导师		硕士生导师		博士生硕士生导师		总计	
	人数（人）	比重（%）	人数（人）	比重（%）	人数（人）	比重（%）	人数（人）	比重（%）
北京	5 567	31.72	27 704	13.18	9 108	20.36	42 379	15.55
天津	1 118	6.37	4 933	2.35	456	1.02	6 507	2.39
河北	197	1.12	5 696	2.71	516	1.15	6 409	2.35
山西	54	0.31	3 436	1.63	487	1.09	3 977	1.46
内蒙古	30	0.17	2 772	1.32	257	0.57	3 059	1.12
辽宁	287	1.64	11 031	5.25	1 962	4.39	13 280	4.87
吉林	1 808	10.30	6 837	3.25	362	0.81	9 007	3.31
黑龙江	457	2.60	6 219	2.96	1 991	4.45	8 667	3.18
上海	1 789	10.19	11 679	5.56	4 430	9.90	17 898	6.57

---

① 博士生导师仅指导博士生；硕士生导师仅指导硕士生；博士生硕士生导师既指导硕士生又指导博士生。

续表

地区	博士生导师		硕士生导师		博士生硕士生导师		总计	
	人数（人）	比重（%）	人数（人）	比重（%）	人数（人）	比重（%）	人数（人）	比重（%）
江苏	1 430	8.15	15 443	7.35	3 849	8.60	20 722	7.60
浙江	43	0.25	6 903	3.28	1 482	3.31	8 428	3.09
安徽	291	1.66	5 231	2.49	896	2.00	6 418	2.36
福建	219	1.25	4 785	2.28	1 157	2.59	6 161	2.26
江西	54	0.31	4 257	2.03	314	0.70	4 625	1.70
山东	243	1.38	12 813	6.10	1 984	4.43	15 040	5.52
河南	55	0.31	6 783	3.23	529	1.18	7 367	2.70
湖北	811	4.62	11 917	5.67	3 494	7.81	16 222	5.95
湖南	224	1.28	7 349	3.50	1 657	3.70	9 230	3.39
广东	892	5.08	11 289	5.37	2 577	5.76	14 758	5.42
广西	6	0.03	4 600	2.19	261	0.58	4 867	1.79
海南	—	—	752	0.36	118	0.26	870	0.32
重庆	119	0.68	5 179	2.46	829	1.85	6 127	2.25
四川	799	4.55	8 361	3.98	1 719	3.84	10 879	3.99
贵州	—	—	2 792	1.33	179	0.40	2 971	1.09
云南	69	0.39	4 144	1.97	556	1.24	4 769	1.75
西藏	4	0.02	201	0.10	—	—	205	0.08
陕西	804	4.58	9 346	4.45	2 394	5.35	12 544	4.60
甘肃	66	0.38	3 465	1.65	890	1.99	4 421	1.62
青海	25	0.14	653	0.31	30	0.07	708	0.26
宁夏	17	0.10	683	0.32	33	0.07	733	0.27
新疆	70	0.40	2 944	1.40	225	0.50	3 239	1.19
合计	17 548	100.00	210 197	100.00	44 742	100.00	272 487	100.00

资料来源：中国学位与研究生教育发展年度报告课题组：《中国学位与研究生教育发展年度报告（2012）》，中国人民大学出版社 2013 年版，第 69 页。

进一步考察各省（自治区、直辖市）研究生导师的职称结构，如表 2-23 所示，在所有正高级、副高级和中级三类职称的研究生导师中，北京占全国的比重均最大，其中正高级职称研究生导师占全国的 16.37%，副高级职称导师占全国的 14.11%，中级职称导师占全国的 23.50%。西藏在正高级和副高级研究生导师所占比重均最低，仅分别为 0.06% 和 0.08%。海南没有中级职称的研究生导师。

表 2 - 23　　2011 年各省（自治区、直辖市）研究生导师的职称结构

地区	正高级		副高级		中级		总计	
	人数（人）	比重（%）	人数（人）	比重（%）	人数（人）	比重（%）	人数（人）	比重（%）
北京	22 154	16.37	18 021	14.11	2 204	23.50	42 379	15.55
天津	3 566	2.63	2 928	2.29	13	0.14	6 507	2.39
河北	3 517	2.60	2 675	2.09	217	2.31	6 409	2.35
山西	1 979	1.46	1 757	1.38	241	2.57	3 977	1.46
内蒙古	1 821	1.35	1 203	0.94	35	0.37	3 059	1.12
辽宁	6 652	4.91	5 885	4.61	743	7.92	13 280	4.87
吉林	4 669	3.45	4 129	3.23	209	2.23	9 007	3.31
黑龙江	4 434	3.28	3 916	3.07	317	3.38	8 667	3.18
上海	8 836	6.53	8 554	6.70	508	5.42	17 898	6.57
江苏	9 215	6.81	10 719	8.39	788	8.40	20 722	7.60
浙江	4 720	3.49	3 566	2.79	142	1.51	8 428	3.09
安徽	3 303	2.44	3 038	2.38	77	0.82	6 418	2.36
福建	3 191	2.36	2 437	1.91	533	5.68	6 161	2.26
江西	2 273	1.68	2 245	1.76	107	1.14	4 625	1.70
山东	7 280	5.38	7 438	5.82	322	3.43	15 040	5.52
河南	2 779	2.05	4 440	3.48	148	1.58	7 367	2.70
湖北	7 280	5.38	7 866	6.16	1 076	11.47	16 222	5.95
湖南	4 638	3.43	4 313	3.38	279	2.98	9 230	3.39
广东	7 980	5.89	6 450	5.05	328	3.50	14 758	5.42
广西	2 557	1.89	2 115	1.66	195	2.08	4 867	1.79
海南	390	0.29	480	0.38	—	—	870	0.32
重庆	2 714	2.00	3 215	2.52	198	2.11	6 127	2.25
四川	5 033	3.72	5 744	4.50	102	1.09	10 879	3.99
贵州	1 639	1.21	1 326	1.04	6	0.06	2 971	1.09
云南	2 322	1.72	2 289	1.79	158	1.68	4 769	1.75
西藏	80	0.06	102	0.08	23	0.25	205	0.08

续表

地区	正高级		副高级		中级		总计	
	人数（人）	比重（%）	人数（人）	比重（%）	人数（人）	比重（%）	人数（人）	比重（%）
陕西	5 858	4.33	6 396	5.01	290	3.09	12 544	4.60
甘肃	2 173	1.61	2 156	1.69	92	0.98	4 421	1.62
青海	500	0.37	200	0.16	8	0.09	708	0.26
宁夏	436	0.32	285	0.22	12	0.13	733	0.27
新疆	1 385	1.02	1 848	1.45	6	0.06	3 239	1.19
合计	135 374	100.00	127 736	14.11	9 377	100.00	272 487	100.00

资料来源：中国学位与研究生教育发展年度报告课题组：《中国学位与研究生教育发展年度报告（2012）》，中国人民大学出版社2013年版，第70～71页。

如表2-24所示，我们发现博士生导师数和中级职称研究生导师数是分布最不均衡的两个指标。[1] 从总体上看，研究生导师总数在省际分布相对均衡；在薄弱地区之间博士生导师、博士硕士导师的分布差异很大，但硕士生导师、副高职称导师的分布差异同样很大，在发达地区之间，硕士生导师、副高职称导师的分布差异较小，但高层次的要素资源如博士生导师的分布差异更大。

表2-24　　　　　　　**2011年研究生导师省际分布特征**

指标	均值（人）	极小值（人）	极大值（人）	极差（人）	不均衡指数		
					基尼系数	广义熵指数（0）	广义熵指数（2）
研究生导师总数	8 790	205	42 379	42 174	0.43	0.43	0.41
博士生导师数	566	0	5 567	5 567	0.71	1.24	1.72
硕士生导师数	6 781	201	27 704	27 503	0.39	0.37	0.31
博士生硕士生导师数	1 443	0	9 108	9 108	0.57	0.71	0.79

---

[1] 我们推测这两个指标在一定程度上代表了最优质的研究生导师资源。只带博士不带硕士的研究生导师一般都是在学界非常有影响，且上了一定年纪的学者，他们在各个学校中都是各自学科领域的领军人物。具有中级职称且能够带研究生的学者一般都是青年学者中的佼佼者。这两类教师在不同高校的分布是极为不均衡，故这种不均衡也体现在研究生导师资源的区域分布上。

117

续表

指标	均值（人）	极小值（人）	极大值（人）	极差（人）	不均衡指数		
					基尼系数	广义熵指数（0）	广义熵指数（2）
正高职称研究生导师数	4 366	80	22 154	22 074	0.44	0.43	0.34
副高职称研究生导师数	4 120	102	18 021	17 919	0.44	0.45	0.33
中级职称研究生导师数	303	0	2 204	2 204	0.60	0.86	0.64

二、研究生教育质量的区域分布状况

对于研究生教育而言，研究生培养机构、研究生数等方面描述只是数量方面，而其教育质量如何衡量则是另一个重要问题。目前对于研究生教育的质量还没有一个统一的评价标准，在此我们借鉴了武汉大学中国科学评价研究中心邱均平等学者编著的《中国研究生教育及学科专业评价报告 2012～2013》（见表 2 - 25）。

表 2 - 25   2011 年中国研究生教育评价指标体系

一级指标	二级指标	三级指标
办学资源	学科点	重点学科
		硕士点（专业学位硕士点）
		博士点
	研究基地	国家自然科学类重点研究基地
		人文社会科学类重点研究基地
	科研项目	国家自然科学类基金项目
		人文社会科学类基金项目
	科研经费	国家自然科学类基金经费
		人文社会科学类基金经费
	杰出科研队伍	国家创新研究群体（团队）
		杰出人才
		博士生导师

一级指标	二级指标	三级指标
教学与 科研产出	学生质量	获得硕士/博士学位人数
		硕士/博士毕业生就业率
	专利	专利授权数
	论文	SCI、SSCI、A&HCI 收录论文
		EI、ISTP、ISSHP 收录论文
		CSTPC、CSSCI 收录论文
质量与 学术影响	科研获奖	国家科学技术奖、教育部中国高校人文社会科学研究优秀成果奖
	研究生获奖	全国百篇优秀博士论文奖
	专利质量	发明专利数
	论文质量	Science、Nature、ESI 高被引论文
		SCI、SSCI、A&HCI 被引次数
		CSTPC、CSSCI 被引次数

资料来源：邱均平等编著：《中国研究生教育评价报告（2011～2012）》，科学出版社 2011 年版，第 4～5 页。

该评价报告 2011 年的指标体系由 3 个一级指标、12 个二级指标、24 个三级指标构成（见表 2-25）。在这一指标评价体系之下，他们对 31 个省（自治区、直辖市）、59 个研究院、486 所高校、12 个学科门类、98 个一级学科和 374 个学术型专业和 154 个专业学位专业等方面进行了评价，从而得出了 641 个排行榜。其中，中国研究生教育地区竞争力排行榜对各地研究生教育综合竞争力进行了排名，并给出了相应的得分情况（见表 2-26），有助于我们了解各地的研究生教育质量的实际情况。

表 2-26　　　2011 年中国研究生教育地区竞争力排行榜

排名	地区	总分	办学资源序	教研产出序	质量与影响序
1	北京	100.00	1	1	1
2	江苏	65.61	3	3	3
3	上海	63.87	2	4	2
4	辽宁	59.95	10	2	13
5	湖北	58.63	4	6	4
6	山东	56.06	7	5	7

续表

排名	地区	总分	办学资源序	教研产出序	质量与影响序
7	广东	55.56	5	8	5
8	山西	55.04	6	7	9
9	四川	51.38	11	9	11
10	浙江	50.54	9	10	6
11	天津	48.09	12	11	12
12	黑龙江	47.51	14	12	15
13	吉林	45.42	13	13	14
14	安徽	45.28	15	14	8
15	湖南	44.94	8	17	10
16	河北	43.51	22	15	19
17	河南	43.09	18	16	18
18	重庆	41.15	17	18	17
19	福建	40.29	16	20	16
20	江西	39.79	20	19	22
21	云南	38.70	21	22	24
22	广西	38.64	26	21	23
23	甘肃	38.51	19	23	20
24	山西	37.13	23	25	21
25	新疆	36.72	24	24	26
26	内蒙古	35.79	25	26	25
27	贵州	35.40	27	27	27
28	宁夏	32.23	29	28	29
29	青海	32.16	28	29	30
30	西藏	31.95	31	30	31
31	海南	31.52	30	31	28

资料来源：邱均平等编著：《中国研究生教育评价报告（2011～2012）》，科学出版社2011年版，第8～9页。

从表2－26可以看出，各省地区的得分从最高100.00到最低31.52不等，总体平均分为47.10，有12个地区在平均分之上，19个地区在平均分之下。其中，北京得到了满分，独占整头，并且在办学资源、教学与科研产出以及质量与学术影响三个方面的排名中均高居榜首。江苏和上海分居二、三名，但相比北京仍有明显的差距。贵州、宁夏、青海、西藏和海南位列倒数前五名，其各项具体排名也都垫底，且得分均不高于35.40，是研究生教育不发达地区，与研究生教育质量较高的地区具有较大的差距。

　　地区竞争力排行榜是针对地区的总体情况所进行的排名，接着来看高质量的研究生教育在全国的分布情况，借鉴中国研究生院竞争力排行榜和中国高校研究生教育竞争力排行榜，从中取两榜中的前 30 名，分别做出两榜前 30 强的地区分布（见图 2 - 6 和图 2 - 7）。两图显示：高质量的研究生教育主要集中在 17 个地区中研究生院 30 强和高校 30 强均分布在这 17 个地区中，呈阶梯状分布。其中，高质量的研究生教育在北京最为集中，北京在研究生教育中的强大是其他地区难以望其项背的。在研究生院前 30 强中，北京独占 7 强。与此相反，未出现在图上的地区则研究生教育非常薄弱。在两图中均未出现的 14 个地区是西藏、青海、海南、宁夏、贵州、新疆、内蒙古、广西、云南、江西、山西、甘肃、河北、河南。由此可见，高质量的研究生教育在全国的分布是高度不均衡的，主要集中于北京、上海等地。

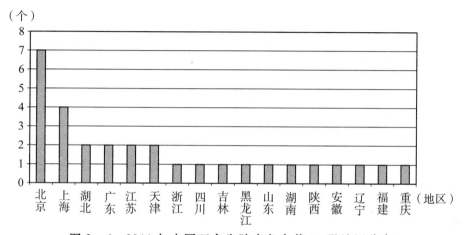

图 2 - 6　2011 年中国研究生院竞争力前 30 强地区分布

　　资料来源：邱均平等编著：《中国研究生教育评价报告 2012 ~ 2013》，科学出版社 2012 年版，第 9 页。

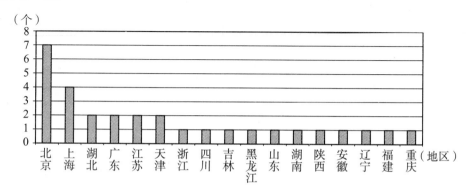

图 2 - 7　2011 年中国高校研究生教育竞争力前 30 强地区分布

　　资料来源：邱均平等编著：《中国研究生教育评价报告 2012 ~ 2013》，科学出版社 2012 年版，第 9 页。

三、区域分布差异的合理性判断

合理的研究生教育区域结构应使区域结构中的基本构成要素——各个区域的研究生教育协调发展，区域间发展差异不应过大。本书不均衡指数体系中的总体不均衡指数为基尼系数，其理论分布为：

$$G = \frac{1}{\mu} \int_a^b F(x)(1 - F(x)) \, dx \qquad (2-1)$$

其中，μ 为区域平均拥有要素（或资源，下同）数，a 为各区域所拥有的要素的最小值，b 为各区域中拥有的要素最大值，$F(x)$ 为教育要素在各区域的累计分布函数，x 为各地区教育要素的拥有量。[1]

如何运用总体不均衡指数来判断各地区研究生教育发展差异处于适度范围？[2] 我们有必要在合理与不合理之间划上一条泾渭分明的警戒线。收入分配领域中基尼系数为 0.4 的是衡量贫富差距程度是否合理的警戒线。但在衡量区域间发展差异的问题上，基尼系数只是作为一种算法被赋予了新的使命，其"0.4"的警戒标准是否适用？代表性的观点有三类：第一类观点强调基尼系数为 0.4 这一警戒线的普适性，例如，聂华林在其构建的地区发展差异的预警系统内就坚持这一观点；[3] 第二类观点是对警戒线进行主观判断，例如，吴德明认为测出的基尼系数偏低，实际调控时应以 0.45 作为警戒线为宜，警戒上限则定为 0.5；[4] 第三类观点是强调对警戒线的实际测算，他们认为"主观设定一个警戒水平，没有依据。实际上，算法不同，测得的基尼系数就不同，相应的警戒水平也不会相同。任何算法，不论测出的基尼系数偏高或偏低，只要数据充分多，以测得的基尼系数的某种临界值作为警戒水平来衡量收入差距就是比较科学的。"[5]

本书比较认同第三类观点，因为它强调了基尼系数警戒线的权变性和客观性。但其划定方式在很大程度上依赖于样本，外在效度值得推敲。因此本书将从反方向切入，寻找基尼系数警戒线的合理值。首先我们可假定研究生教育要素在各地区的分布形态，在既定的分布形态下，基尼系数的极限数值是多少？若实际计算出的基尼系数数值超过了基尼系数的极限值，说明现实生活中研究生教育要

---

① Dorfman, Robert: A Formula for the Gini Coefficient. The Review of Economics and Statistics, 1979, (1) P. 146.

② "广义熵指数难以通过假设各地区资源或要素拥有量的分布获得其理论分布的极限值"，故本书仅研究基尼系数。

③ 聂华林、鲁地、李泉：《现代区域经济学通论》，中国社会科学出版社 2009 年版，第 836 页。

④ 吴得民：《基尼系数理论及其实证分析》，载《经济体制改革》，2002 年第 4 期。

⑤ 徐映梅、张学新：《中国基尼系数警戒线的一个估计》，载《统计研究》，2011 年第 1 期。

素的分布状态与研究假定的分布状态不一样。换言之，合理的研究生教育区域结构必定具有合理的要素或资源分布，以合理的要素或资源分布状态所计算出的基尼系数数值必定小于其极限值。若大于极限值则说明区域结构不合理。例如，假设我国各地研究生教育发展应实现完全的均等化，各地区所拥有的研究生教育要素都一样多，此时各地区的差异程度为0，基尼系数绝不会超过0。若基尼系数超过0，则各地区研究生教育发展并非完全均等化。即"0"可作为研究生教育要素均等化分布状态下的基尼系数数值的警戒线。

事实上，我国各地区研究生教育发展绝不会呈现均等化的发展形态。我们认为我国高等教育的区域结构中各要素合理的分布形态可能呈现以下三种状况：

本科教育层面：各地区所拥有的教育要素和资源应趋于均衡，呈一个长方体型，近似于服从统计学上的均匀分布，只要极差足够小各地区所拥有的要素就会趋于基本一致。由于高等教育中很多要素既可归于本科生教育范畴，也与研究生教育有密切联系，难以截然区分，因此用此类指标衡量研究生教育发展时必须充分考虑这一情形。各地区要素的分布函数为：

$$F(x) = \frac{x-a}{b-a}, \ 0 \leqslant a \leqslant x \leqslant b \qquad (2-2)$$

硕士研究生教育层面：各地区发展应保持协调，发达地区和薄弱地区都较少，大部分地区的发展水平较为接近，要素在区域间的分布应呈橄榄形，中间多，两头少，拥有研究生教育资源最多的地区和最少的地区数量均只占少数，大部分地区都是处于中间位置，近似于服从统计学上的正态分布，各地区要素的分布函数为：

$$F(x) = \frac{1}{\sqrt{2\pi}\sigma} e^{-\frac{(x-\mu)^2}{2\sigma^2}} \qquad (2-3)$$

博士研究生教育层面：博士研究生教育处于精英教育阶段，各要素在省际的分布应呈一个金字塔形。资源充足的省份是少数，资源贫乏的省份是多数，资源拥有量呈鲜明的梯度发展。发达地区、中等发达地区和薄弱地区应呈非常明显的区别，近似于统计学上的帕累托分布，20%的地区拥有80%的资源。各地区要素的分布函数为：

$$F(x) = \frac{x^{-c} - a^{-c}}{b^{-c} - a^{-c}}; \ b \geqslant x \geqslant a > 0, c > 1 \qquad (2-4)$$

图2-8呈现以上三种高等教育要素的分布结构，从左往右的顺序为扁平长方形的本科教育要素分布结构、橄榄形的硕士研究生教育要素分布结构、金字塔形的博士研究生教育要素分布结构。

图 2 - 8　高等教育要素（或资源）分布结构的构想

为测算不同分布的 X 所对应的基尼系数值，我们将各类分布的 X 带入基尼系数的理论分布函数中。将式（2 - 2）代入式（2 - 1）并进行积分运算得到式（2 - 5）。

$$G = \frac{1}{3} \times \frac{1 - a/b}{1 + a/b} \tag{2-5}$$

当 $a = 0$，$G = 1/3$；当 $b \to \infty$；$G = 1/3$；即本科教育的要素在区域间分布差异的基尼系数的警戒线为 $G_{本} \leqslant 1/3$。

将式（2 - 3）代入式（2 - 1），由于 x 的取值范围从负无穷到正无穷，与现实社会含义不符，因此我们假定有 60% 的省份（即 20 个左右的省份）处于中间位置，20% 的省份（即 6 个左右省份）是要素富足的省份，20% 的省份（即 6 个左右省份）是要素贫乏的省份。由于各区域研究生教育要素拥有量与相应排名呈线性关系，满足洪兴建等学者对各地区分布所提出基本假定。[①] 我们借鉴其研究成果，将其基尼系数的警戒线的上限定为 $G \leqslant 0.4$。

考虑到硕士研究生教育与本科教育层次的不同，硕士研究生教育要素在区域间分布差异的基尼系数值应大于本科层次的基尼系数值，因此我们认为硕士研究生教育层次的基尼系数的警戒线为 $0.33 \leqslant G_{硕} \leqslant 0.4$。

将式（2 - 4）带入式（2 - 1）并进行积分运算得到：

$$G = \frac{1}{c} \times \frac{a^{-c} + b^{-c}}{a^{-c} - b^{-c}} - \frac{c - 1}{c} \times \frac{(b - a) a^{-c} b^{-c}}{(a^{1-c} - b^{1-c})(a^{-c} - b^{-c})}$$
$$- \frac{c - 1}{c(2c - 1)} \times \frac{a^{1-2c} - b^{1-2c}}{(a^{1-c} - b^{1-c})(a^{-c} - b^{-c})} \tag{2-6}$$

当 $b \to \infty$，$G = \frac{1}{2c - 1}$，由于 $c > 1$，$G < 0.5$。[②]

考虑到博士研究生教育与硕士研究生教育层次的不同，博士研究生教育要素

---

① 我们将处于中间位置的 19 个省份的硕士生数、博士生数和高校教师数分别作为因变量，将各省份按照其所拥有的硕士生数、博士生数、高校教师数排名而成的名次作为自变量进行回归，发现二者呈统计学上显著的线性关系，即满足 $y = a + bi$ 的函数形式。

② 欧阳葵：《理论基尼系数及其社会福利含义的讨论》，载《统计研究》，2011 年第 5 期。

在区域间分布差异的基尼系数值应大于硕士层次的基尼系数值，因此博士研究生教育层次的基尼系数警戒线定为 $0.4 \leqslant G_{博} < 0.5$。

按照 2011 年各指标所计算的基尼系数数值，除研究生教育发展优势平台、具有中级职称的研究生导师、博士生导师和博士生硕士生导师等指标之外，研究生教育的其余指标均基本在合理的范围之内，部分指标稍高（一级学科博士点的基尼系数为 0.51，博士在校生为 0.61，二者均略高于 0.5；硕士在校生的基尼系数为 0.43，略高于 0.4）。

各类研究生教育发展优势平台的基尼系数数值均超过警戒线数值（国家级重点学科和教育部人文社会科学重点研究基地均为 0.66，教育部重点实验室为 0.58），说明优势平台的区域分布较不协调。这是由于各类优势平台的建立依赖于已有的研究生教育成果和发展水平，需要良好的软硬件资源作为支持，因此那些研究生教育已经十分发达的地区更有可能建立更多的优势平台。在相同的评选标准下，那些研究生教育原本薄弱的地区建立新的优势平台的机会就十分有限。这就造成了各类优势平台分布的不均衡性程度显著高于其他衡量研究生教育区域结构指标的不均衡程度，从而呈现出较高的不协调性。

在研究生导师的区域分布方面，除了硕士生导师的分布在合理的范围之内，博士生导师数或者博士生硕士生导师数均明显超过警戒线，这说明博士层次的师资力量分布在区域间的不均衡性过大，可考虑降低区域间的差异。

第四节　我国研究生教育区域结构与经济社会发展的协调性

按照本书的理论基础，我们认为研究生教育区域结构与经济社会发展的协调性是我国研究生教育宏观质量体现的一个重要方面。协调性越高，则宏观质量越高。反之，则越低。因此准确定位我国研究生教育与经济社会发展的协调性有助于我国研究生教育宏观质量的提高。

本节将对我国研究生教育区域结构与经济社会发展的协调性进行全面的考察：一方面，从宏观层面了解我国研究生教育区域结构与经济、科技这两个结合最紧密的因素之间的协调性，既包括区域结构整体的协调性，也包括各省市研究生教育与区域经济、科技发展的协调性；另一方面，在微观层面以各区域研究生生源的地区结构和就业流向为重要观测点，考察各区域研究生教育的功能发挥状况，从而对当前我国研究生教育区域结构与经济社会发展的协调性做出判断。

一、宏观分析：区域结构与经济、科技发展之协调性

1. 区域结构与经济社会协调发展的应然判断

研究生教育是一国教育系统的最高层次，是国家人才强国与科教兴国战略的结合点与制高点，是国家创新体系的重要组成部分。[①] 研究生教育的科学发展有助于促进经济社会的繁荣昌盛。因而，研究生教育发展与经济社会发展的关系讨论成为当前研究生教育领域的一个热点话题，其中我国各省域研究生教育究竟应不应该与其所在省域的经济社会协调发展引起了相关学者的争论。

（1）探索与争鸣：研究生教育区域结构与经济社会发展关系之辨。众所周知，教育发展必须与社会经济发展相适应。"适应"一词的含义既包括"为之服务"，也包括"受其制约"。[②] 研究生教育亦是如此。但"社会经济"的外延有多大？似乎并非那么泾渭分明。"社会"既可能指一国之社会，也可能指一省之社会。从国家层面来看，研究生教育应该与国家经济社会发展相协调。

但从结构层面来看，研究生教育区域结构是否应该与经济社会发展相协调？即研究生教育是否应该与所在省份的经济社会协调发展？结论并不那么清晰。当前代表性的观点有两种：

第一种观点可归纳为"区域结构协调论"，此类观点强调研究生教育应该与所在省域的经济社会协调发展。例如，"中国学位与研究生教育现状"中顾秉林课题调研组认为："研究生教育作为区域经济发展的重要支撑，从理论上讲，应该与当地的社会发展、经济发展和产业布局等高度契合，这样研究生教育才能真正区域经济和社会发展的支撑，也有利于促进研究生教育的公平。"[③] 袁本涛、赵琳等学者以"省域发展协调论"为研究预设，实地考察了我国各省域研究生教育与经济发展之间的协调性，将各省域经济发展水平与研究生教育发展水平进行排名，并结合图示法将二者分别以坐标轴 X 轴和 Y 轴标示，处于坐标轴 45 度线上（省域研究生教育发展水平的排名与经济发展水平的排名相等）的省域为协调省份，反之（省域研究生教育发展水平的排名与经济发展水平的排名不相等）则为不协调省份。[④] 王传毅通过扎根理论归纳出"合理的研究生教育区域结构应使

① 王孙禹、袁本涛：《关于我国研究生教育发展战略的几点思考》，载《现代教育科学》，2005 年第 3 期。

② 潘懋元：《教育的基本规律及其相互关系》，载《高等教育研究》，1988 年第 3 期。

③ "中国学位与研究生教育现状"课题调研组：《中国学位与研究生教育发展报告（2011）》，清华大学出版社 2012 年版，第 24 页。

④ 赵琳、刘惠琴、袁本涛：《我国研究生教育省际发展状况及其特征研究》，载《学位与研究生教育》，2009 年第 5 期。

各省份研究生教育的发展与所在地区经济社会发展相协调。"[1]

第二种观点可归纳为"省域协调无用论",即研究生教育与所在省域经济社会是否协调发展不是一个值得研究的问题,"协调发展"应该从国家层面来进行探讨,而不应该从省域层面讨论。他们的观点主要包括[2]:①各省市研究生教育并非由所在辖区的省市教育行政部门来主导,它们大多是由国家统一进行管辖。②与一省经济社会发展相联系的并非是研究生教育,而是各地就业人群中接受过研究生教育的人才。接受过研究生教育的人才会遵循市场供求规律在不同地区选择具有高报酬率(包括直接和间接)的工作。一个地区研究生教育发展水平再高,若其培养出的研究生不能在本地获得令其满意的工作,那极有可能发生迁移就业。边远民族地区所发生的高层次人才流失问题就是最好的例证。③应在国家层面讨论研究生教育发展与经济社会发展的协调性,因为研究生教育更大程度受国家宏观调控的政策所影响,在国内接受过研究生教育的人大多都在国内就业。④"高层次人才流动性较强,研究生教育欠发达地区所缺乏的人才完全可以由研究生教育发达省区培养。"[3]

本书认为以上两种观点均有一定的可取之处。持"区域结构协调论"的学者们保持着一种积极的心态,他们看到了省域层面研究生教育与经济社会发展所存在的可能关系,并尝试运用各类研究方法去证明关系的存在性;持"省域协调无用论"的学者们秉承了批判怀疑的精神,以中国研究生教育管理体制规定和劳动力市场规律为基本工具,对当前研究的热点问题进行着理性的审判:真命题还是伪命题?值得研究还是不值得研究?

但同时,以上两种观点也均具有一定的局限性。对于"区域结构协调论"而言,何谓"协调",这是一个看似明确、却模棱两可的词语。省域层面的研究生教育与经济社会发展的协调是指规模的协调、水平的协调、质量的协调还是其他?虽然当前的研究者大多仅从规模的角度进行论证,但该问题还具有进一步细致分析的必要性。另外,面对"省域协调无用论"所提出的质疑,已有的持"区域结构协调论"观点的研究成果并未给予正面回答。对于"省域协调无用论"而言,虽然以相关理论为武器,也拥有一些现实证据(例如针对大学生或专

---

① 王传毅:《什么是合理的研究生教育区域结构——基于扎根理论的视角》,载《高等理科教育》,2012 年第 5 期。

② 持此类观点的学者虽认为讨论省域研究生教育与外部经济社会发展没有意义,但很少专门撰文阐释反对"省域研究生教育与外部经济社会协调发展"观点。本书中所罗列的观点主要来源于:(1)教育部哲学社会科学重大攻关课题《我国研究生教育结构调整问题研究》中期检查汇报时,专家组成员对"研究生教育与省域经济社会协同发展"这一观点的讨论;(2)部分学者的零散言论。

③ "中国学位与研究生教育现状"课题调研组:《中国学位与研究生教育发展报告(2011)》,清华大学出版社 2012 年版,第 24 页。

门针对研究生迁移就业的相关研究），但都并非否定"省域协调发展论"的充分必要条件。当然，任何事物的发展都满足矛盾对立统一的规律，来自对立观点的挑战会促进现有理论的完善，使其具有更令人信服的解释力。

（2）视角与边界：研究生教育区域结构与经济社会协调发展之内涵。本书认为，从省域层面来讨论省域研究生教育与经济社会发展的协调问题不能一概而论，将二者关系笼统地称为"协调"或"不协调"。任何的社会现象绝不可能像工程作业一样精确操作、严密控制。研究生教育区域结构与经济社会发展的关系也不可能达成完全的"协调"或完全的"不协调"。"协调"或"不协调"都只是一种相对而非绝对的概念。"应该协调发展"或"不应该协调发展"关键取决于我们对"协调发展"讨论的角度以及其适用的边界条件。本书所赞同的"协调发展"主要是从本土人才培养视角、权利匹配视角、层次结构视角以及产学研合作视角来进行阐释。

①本土特色人才培养视角：研究生专业区域结构与省域经济特色人才需求相协调。我国幅员辽阔，各省市经济社会发展的差异巨大，不同省市都具有不同的产业特色。产业特色往往和地区特殊的自然环境和社会文化相联系，它有助于形成各省市经济社会发展的比较优势和核心竞争力。例如，海南的热带农林业，云南的旅游业，辽宁的重工业，西藏的医药、高山农牧业、宗教特色旅游业以及江苏的轻工业等。各省市产业特色的保持、发展与创新均需要大量本土化的高层次专门人才。因此，本书所指的研究生教育与省域社会经济的协调发展首先是指专业设置与本省域的社会经济特色需求相匹配，即各省域研究生教育应满足本省社会与产业特色对相关专业领域高层次专门人才的需求。

首先，本省研究生教育具备培养出符合本土社会和产业特色要求的高层次专门人才的先决条件。任何具有地域特色的人才培养工作只有密切扎根于当地本土实际才能发挥出最好的效果。换言之，只有在特色地域才能培养出满足地域特色需求的人。具有地域特色的现实环境为人才培养工作的开展提供了真实、全面和便利的条件。因此一大批具有高层次人才培养功能的研究中心因地制宜地建设起来，例如山东曲阜的孔子研究中心、湖北武汉的楚简研究中心、海南海口的中国热带农业科学院热带生物技术研究所以及西藏拉萨的藏医药研究所等。这些研究所都为当地本土高层次人才的培养提供了重要支持。其他省份并不具有既定省域得天独厚的环境优势，同时在既定省份特色人才的培养方面不仅不具有经济效率，在技术操作上也存在着较大难度。

其次，与本省产业特色相匹配的高层次专门人才可以留在本土实现其最优价值。与省域产业特色相协调的研究生教育可以培养出一大批满足省域特色产业需求的研究生。他们能够在本土寻找到与自己所学相匹配的工作，能够将"学"和

"用"有效地结合在一起。在实现个人价值的同时，为本省经济社会发展做出较大的贡献。但需要看到的是，此类人才的专业倾向具有较强的地域排他性。例如，热带农林业的研究生很难在陕北高原觅得一份学用匹配的岗位；牧区畜牧业的研究生很难在沿海地区找到发挥专长的工作。但是这类人才留在就学地或具有此类特色产业的省份均是当地亟须的高层次专业人才，并且容易获得适宜发挥个人专长的条件和平台。

此外，依靠市场机制下的人才流动和计划机制下的人才引进均难以解决特色人才需求问题，只有在本省因地制宜地发展研究生教育，才能从根本上满足省域特色产业对高层次专门人才的需求。对于各地都需要的通用型的人才，例如，管理、人文、经济、法律等专业的研究生，市场机制下的人才流动或者计划机制下的人才引进均可以在一定程度上满足本地对于通用型人才的需求。但是对于特色人才，两种机制作用所引入的人才均难以满足需求。这主要是由于特色人才培养往往和地域社会、经济特色相联系，只有密切扎根于本省自然环境或社会文化环境土壤才能真正培养出满足地域需求的高层次创新人才。还需注意的是，对于欠发达地区或边远民族地区的通用型人才需求，依靠市场机制下的人才流动和计划机制下的人才引进也难以奏效。按照市场规律，人才总是会流向居住条件适宜、工作待遇较好、发展平台较高的省市，因而欠发达地区或边远民族地区的工作岗位鲜有人问津。仅仅依靠计划机制的人才引进，也只能满足小部分岗位的高端人才需求，并不能大规模、全方位地提高欠发达地区或边远民族地区的人力资本水平。同时，所引人才能否真正发挥作用，发挥多大作用，都值得深入探讨。

②权利匹配视角：地方高校研究生教育区域结构应与经济社会协调发展。笔者认为，讨论"研究生教育区域结构与经济社会协调发展"中的"研究生教育"也应依据其培养机构的不同类型而有所区分。与省域经济社会发展相协调的研究生教育应着重指向的是地方高校的研究生教育，即省级政府所属高校的研究生教育。其理由有两点：

第一，从当前研究生教育的管理体制上看，省级政府将扮演越来越重要的角色。一方面从高等教育管理体制上看，我国地方高校主要是由省级政府进行管理。《中华人民共和国高等教育法》第 13 条明确指出："省、自治区、直辖市人民政府统筹协调本行政区域内的高等教育事业，管理主要为地方培养人才和国务院授权管理的高等学校。"这就为省级政府调控地方高校研究生教育发展提供了法律支持。另一方面，当前地方高校的研究生教育发展也呈现出省级政府统筹的趋势。自 1995 年开始，硕士点由地方、部门或学位授予单位根据统一规定的办法组织审核、批准。学位授予单位在自行审核招收培养博士生计划的同时，遴选确定博士生指导教师。在一定的学科范围内和一定的总量控制下，硕士点审批权也下放具有省级学位委员会的省市和一部分条件较好的高等院校。因此，省级政府有权利、有能力、更有义务优化地方高校研究生教育，使其满足省域经济社会发展的人才需求。

第二，从财政投入上看，省级政府是地方高校教育经费的主要支持者。地方高校在接受省级政府投入的同时，也应为省域经济社会发展做贡献。因此地方高校应主动依据省域经济社会发展要求，密切联系本土用人单位，调整研究生教育结构，优化研究生课程设置，提高人才培养的有效性，增强地方高校研究生教育对省域经济社会的主动适应性。

③层次结构视角：硕士研究生教育区域结构应与经济社会协调发展。除了从研究生教育的实施机构来讨论"研究生教育区域结构与经济社会协调发展"外，也应依据研究生教育的层次结构特征对"与经济社会发展相协调"的研究生教育进行限定。主要是硕士研究生教育区域结构与省域经济社会发展相协调。博士层次的研究生教育是教育的最高层次，并非一种普及化的教育，它是一国科技创新、知识发展的重要推动力量。它有必要从国家战略发展的高度所进行统一谋划布局，因而既不可能、也无必要与各省经济社会发展相协调。但硕士层次的研究生教育与博士层次的研究生教育有所不同。

在高等教育大众化背景下，硕士研究生教育出现了扩张的趋势。2002 年，在学硕士生仅 392 136 人，2011 年，在学硕士生就达 1 373 936 人，[①] 9 年间增长了 3.5 倍。规模扩张的同时，硕士研究生教育的内部结构也开始分化。硕士研究生教育成为一个非常灵活的教育环节。一方面，它既可以为高端学术人才做准备；另一方面，它也能以适应社会需求为导向，培养社会需要的高层次创新型的应用性人才。此外，它还能满足人们对高层次教育日益增长的需求。例如，以培养高层次创新型应用型人才为基本目标的专业学位硕士研究生就必须适应社会和市场的需求。2011 年，专业学位的硕士研究生招生规模为 268 710 人，学术型硕士研究生的招生规模为 336 868 人。[②] 专业学位硕士研究生的招生规模已占到硕士研究生招生总规模的 44.37%。同时，为培养高层次学术型人才而做准备的学术型硕士研究生也并非完全走上了学术道路，相当一部分的学术型硕士生毕业后也进入劳动力市场寻找工作。他们的培养质量也必须接受社会检验，而检验的唯一标准就是能否满足社会需要，适应市场需求。有研究发现至少有 30% 的硕士研究生毕业后留在本省工作，在经济较发达的省份，这一比例可达 50% 以上；

[①]　中华人民共和国教育部规划司编：《中国教育统计年鉴（2002）》，人民教育出版社 2003 年版，中华人民共和国教育部规划司编：《中国教育统计年鉴（2010）》，人民教育出版社 2011 年版。

[②]　中华人民共和国教育部规划司编：《中国教育统计年鉴（2010）》，人民教育出版社 2011 年版。

在经济不太发达的省份（例如贵州或广西），这一比例也有近 40%。① 因此，如何使硕士毕业生，尤其是占有较大比例的"留守"硕士更好地适应省域经济社会发展的需求是一个非常重要的问题。

另一方面，硕士学位点审核授权的权力已逐步下放至省级政府。1995 年 4 月，国务院学位委员会第十三次会议通过了《国务院学位委员会授权省（自治区、直辖市）学位委员会审批一事硕士学位授予单位增列硕士点的实行办法》（以下简称《办法》）。该办法对各省级学位委员会审批硕士点的主要原则，硕士点应具备的基本条件，审批硕士点的授权范围、办法进行了规定。同年 5 月，上海、江苏、湖北、广东、四川和陕西 6 省在一定学科范围内审批已是硕士授予单位增列硕士点。1997 年，扩大到了 16 个省，1998 年，重庆成为直辖市后，授权重庆市学位授予委员会审批硕士点。2000 年，除海南、贵州、宁夏、西藏外，共有 27 个省级行政区可自行审批增列硕士点。这为省级政府统筹规划硕士研究生教育奠定了基础，也为省域经济社会与硕士生教育的协调发展提供了便利条件，有利于调动各省市发展研究生教育的积极性，使各省市能够因地制宜地发展硕士研究生教育。因此，硕士学位点的布局应该在需要的前提下，考虑办学条件进行布局；而博士学位点则在办学条件许可的前提下，考虑需要进行布局。

④产学研合作视角：大学科技园是协调发展的重要连接点。除了考虑研究生教育的人才培养功能对于省域经济社会发展的重要作用，还不能忽略研究生教育的研究特质。事实上，科学研究既是研究生教育的人才培养方式，也是研究生教育与外部经济社会发生联系的重要手段。产学研合作便是这一联系的贴切描绘。研究生群体是我国科学研究中一支重要的力量。据中国博士质量分析课题组的调查，理工科参与三项以上课题研究的博士生人数超过了被调查人数的 30%，参加了一项以上课题研究的博士生人数超过了被调查人数的 50%。② 因此研究生教育科研功能的强度不容忽视。省域研究生教育可将科研与所在省域的科技需求结合起来，通过技术创新促进省域经济社会的发展。这种同地区科技需求恰到好处的结合即是省域研究生教育与经济社会协调发展的重要形态。大学科技园便是这一形态的重要表现形式。我们可以看到斯坦福大学旁有世界著名的硅谷、剑桥大学旁有剑桥科技园、台湾清华大学旁有台湾新竹科技园、北京有中关村、江苏有太仓科技园等。这些科技园都位于大学之畔，为科技创新和成果转化提供重要的支持，从而促进了所在省域的经济社会发展。

---

① 王传毅：《我国研究生教育布局结构研究——基于省级行政区域的视角》，武汉大学博士学位论文，2012 年，第 181 页。

② 中国博士质量分析课题组：《中国博士质量报告》，北京大学出版社 2010 年版，第 80 页。

2. 区域结构与经济社会发展协调性之测算方法述评

虽然从本土人才培养视角、权利匹配视角、层次结构视角以及产学研合作视角来看，省域研究生教育与对应省市经济、科技协调发展具有强烈的现实意义。但"协调"是一个内涵明确而外延模糊的词语，可感知而难以测量，众多学者一直努力为其注入实证性含义。从已有研究来看，区域研究生教育与经济社会发展的协调性研究镶嵌在对区域高等教育与经济社会发展关系的考察里。一方面是由于研究生教育隶属于高等教育系统，另一方面是由于协调性问题的研究需要丰富的研究生教育方面的数据，但研究生教育发展的统计工作尚未从高等教育领域完全独立，以教育经费为例，至少鲜有研究将研究生教育的经费从高等教育经费中分离。即使有学者对各省份研究生教育经费进行比较，也大多将高等教育经费作为其实际观测的指标。综上所述，本书将涉及高等教育和研究生教育的协调性文献都纳入分析的范围，从研究视角、度量协调性的方法以及基本结论对已有研究进行归纳。

（1）与谁协调：单一化和综合化并存的研究视角。现有研究成果大多侧重于从单一视角（如经济或人口）来审视区域（省域）研究生教育（或高等教育）与经济社会发展的协调程度。例如，严全治等对 1995～2004 年中国区域高等教育、经济差距之间的相关性进行了研究，认为区域间高等教育非均衡发展是现阶段经济社会发展的必然产物。[①] 傅征也持同样的观点，无论从经济发展的水平上，还是从经济发展的产业结构上看，区域高等教育都并不与之协调。[②] 许为民等通过对美、英、中、日四国区域经济与区域研究生教育关系的比较，发现发达国家的研究生教育与其区域经济发展有着非常高的协调性。[③] 梁志等分别从人口和经济两个视角，探索了区域高等教育的协调性问题，也发现了若干省域高等教育发展欠协调的严峻现实。[④] 此外，从单一的经济视角或人口视角来考察的学者还较多，以下会更多提及。

需要注意的是，探讨区域研究生教育（或高等教育）发展与区域经济或人口发展的协调性可管中窥豹地推测研究生教育发展与外部系统整体的协调性，因为经济因素或人口因素是部分专家眼中最主要的两大因素。但从研究的有效性来

[①] 严全治、苗文燕：《区域高等教育与经济非均衡发展实证研究》，载《教育发展研究》，2006 年第 12 期。

[②] 傅征：《高等教育结构与经济发展的协调性分析》，载《武汉大学学报》（哲社版），2008 年第 3 期。

[③] 许为民等：《区域经济与研究生教育布局——美、英、日、中四国现状比较》载《比较教育研究》，2005 年第 1 期。

[④] 梁志：《从经济和人口的区域分布看我国高等教育的布局调整》，载《广西大学学报》（哲学社会科学版），2000 年第 5 期。

看，单方面考察教育发展与某一因素的协调性，而未将其他影响因素纳入同一个分析模型来考察整个外部系统对教育的共同作用会使研究信度严重缺失。因此，部分学者将外部系统作为一个整体，来探究区域高等教育或研究生教育发展的外部协调性。例如，李锋亮同时将财政、人口与经济发展三个变量纳入回归模型，通过估计三个变量的偏回归系数，考察三个变量共同对区域高等教育发展的影响程度，从而估算出与三大变量协调的区域高等教育发展水平，并与现实进行对比。① 欧阳润清通过构建高等教育区域结构协调发展的指标体系，建立起高等教育、人口和经济三大系统的协调发展模型，估算出了各省份三大系统之间的协调系数。② 潘璐璐等构建了相对地理、人口和经济等综合因素的高教分布基尼系数来考察区域高等教育系统的整体协调度。③ 综上所述，已有研究既有从单一的视角进行考察的文献，也有从综合的外部系统进行探索的成果。单一视角的研究占了多数，多系统、综合视角的成果并不多见。

（2）是否协调：区域结构与经济社会协调程度判别方法。已有研究对研究生教育（或高等教育）发展与经济社会发展协调程度判别的方法主要有以下五种类型：

第一，观察思辨判断型。此类研究成果大多列举出若干相关数据，通过思辨来判断当前研究生教育与区域经济社会发展是否协调，例如，李琳等在简短的描述了湖南 2003 年全省高校的分布情况后，认为"这种非均衡的集中状态，从整体上讲应该是与湖南目前的经济社会和文化发展水平相适应的。"④ 贺祖斌等定性地描述广西区域经济结构及人才需求后，将 2010 年广西普通高校类型与分布情况做了说明，最后得出结论"高等学校区域布局不平衡，无法适应广西区域经济协调发展的需要。"⑤ 问青松、董泽芳和孟立军等通过简单对比湖北、江苏、陕西和广西四省的研究生教育机构数、教师数以及学位授权点数，得出地方研究生教育机构呈现出不平稳的发展特点。⑥⑦ 高峰也直接提出："从社会经济发展需要、区域经济实力、人口分布、自然资源条件等角度观察我国的高等教育结构，

① 李锋亮：《中国高教资源的区域协调状况研究》，载《高等工程教育研究》，2009 年第 2 期。

② 欧阳润清：《我国高等教育协调发展的指标体系构建》，大连理工大学硕士论文，2010 年，第 69 页。

③ 潘璐璐等：《我国东西部高等教育布局结构研究》，载《数学的实践与认识》，2005 年第 11 期。

④ 邹阳、李琳：《高等教育与区域经济协调发展程度的地区差异分析》，载《高教探索》2008 年第 3 期。

⑤ 贺祖斌等：《广西区域高等教育布局结构与省域经济结构的适应性研究》，载《广西社会科学》，2010 年第 11 期。

⑥ 问青松、董泽芳：《地方研究生教育和谐发展研究》，湖北人民出版社 2009 年版。

⑦ 孟立军：《我国研究生教育区域和谐发展的实证研究》，广西民族出版社 2009 年版。

就会看出它尚有不合理之处。"[①] 需要注意的是，此类研究一般带有较强的个人经验色彩，科学性较弱。

第二，二维图示直观型。此类研究成果大多以二维图像的形式展现区域研究生教育的外部协调性，一般只涉及两个变量或两个系统（如研究生教育与经济发展，研究生教育与人口发展等）。研究成果中较为有代表性的首推谢维和和袁本涛等在《研究生教育发展：战略与规划》一书中所用的图示法，他们将地区经济发展水平与研究生教育发展水平分别作为坐标图中的 X 轴和 Y 轴，处于 45 度线上的地区均为协调地区，反之则为不协调地区。[②] 张振刚等则利用九宫图的展现形式，构建我国各省研究生教育和经济发展水平的关系矩阵图。[③] 李硕豪等学者也通过构建区域内高等学校数—总人口和高等学校数—生产总值的散点图来描绘其外部协调性。[④]

第三，描述性统计观测型。此类研究成果一般通过计算若干描述性统计指标或统计量来刻画省域研究生教育（或高等教育）的外部协调性。最常用的统计量为相关系数，袁本涛、张国昌和许为民等都曾运用相关系数表征省域研究生与经济发展水平的协调性。但需要指出的是，相关系数并非刻画事物任何相关关系的万金油。只有当两变量呈线性相关时，相关系数才有较好的数据表现。因此，有学者提出，采用灰色关联度分析能够有效地解决这一问题，因为它对样本量的多少和数据分布没有特殊要求。[⑤] 朱迎春等就曾运用此方法对我国省域高等教育与经济发展之间的协调度进行了分析。[⑥] 此外，与经济、人口相联系的相对塞尔系数和基尼系数，也是当前研究中较为常用的统计量，薛澜和侯龙龙曾构建了四种相对塞尔系数，以此对省域高等教育的相对不平衡性进行描绘。[⑦] 潘璐璐等分别构建了相对地理因素、相对于人口因素、相对于经济因素和相对于地理、人口和经济等综合因素的高教分布基尼系数。[⑧] 其他常见的描述性统计指标还包括：高等教育集中指数、高等教育再分布指数[⑨]、区域高等教育相对偏差[⑩]、高等教育人口集中指数[⑪]。它们都为区域高等教育或研究生教育的外部协调性测量提供了

① 高峰：《我国高等教育布局的问题与对策》，载《现代教育科学》，2003 年第 6 期，第 85～86 页。
② 谢维和、王孙禺、袁本涛：《学位与研究生教育：战略与规划》，教育科学出版社 2010 年版。
③ 张振刚等：《硕士专业学位研究生教育发展的区域分布研究》，载《中国高教研究》，2011 年第 6 期。
④ 李硕豪、魏昌廷：《我国高等教育布局结构分析》，载《教育发展研究》，2011 年第 3 期。
⑤ 刘思峰等：《灰色系统理论及其应用》，科学出版社 1999 年版，第 75 页。
⑥ 朱迎春等：《我国区域高等教育与经济发展灰色关联分析》，载《科技管理研究》，2008 年第 4 期。
⑦ 侯龙龙、薛澜：《我国高等教育地区差距的实证分析》，载《北京大学教育评论》，2009 年第 1 期。
⑧ 潘璐璐等：《我国东西部高等教育布局结构研究》，载《数学的实践与认识》，2005 年第 11 期。
⑨ 李若建：《高等教育布局与区域发展研究》，载《未来与发展》，1994 年第 2 期。
⑩ 赵庆年：《区域高等教育发展差异问题研究》，厦门大学博士学位论文，2009 年，第 120 页。
⑪ 周仲高：《中国高等教育人口的地域性研究》，中国经济出版社 2009 年版。

很大帮助。

第四，回归分析拟合型。此类研究成果一般将人口、经济、地理、财政和文化发展水平等因素中若干因素作为外生变量，将研究生教育（或高等教育）的发展水平指标（在校生数，培养机构数，学位授权点数和经费投入等）作为内生变量进行回归分析，通过对比既定外生变量后的模型估计值与实际值差异，判断教育发展是否协调、过快或过慢。例如，李锋亮以高等教育的在校生规模和大专以上人口分别作为内生变量，人口、经济和科研经费作为外生变量进行回归，将回归后的方程拟合值和实际值进行对比，将实际值高于拟合值的差异程度称为"超前发展指数"，拟合值低于实际值的称为"不协调指数。"[①] 但此类研究成果的问题有三个：①回归分析主要是讨论变量之间因果关系的方法，从逻辑上，将教育与外部的"协调"关系作为"因果"关系来讨论其合理的数值，似乎有些牵强，因为"协调"与"因果"在语义上并不完全对等。②政策性影响或突发事件，如布局调整、高校扩招、西部大开发等事件，也属于"因果"关系的考察之列，但并未纳入模型分析，并且这些因素都影响着研究生教育系统的稳定性。③由于省际截面数据的样本较小，拟合精度较低，但若采用时间序列数据或面板数据，数据的平稳性问题和整个系统的稳定性问题将会耗费研究者大量的精力。总体而言，此种研究方法不仅将各类因素作为一个整体系统来考察研究生教育发展与外部系统的协调性，并给出每个地区相应的协调值，还能控制部分无关变量的影响，较之以上三种方法科学性高很多。

第五，系统建模仿真型。此类研究成果从系统论的角度出发，认为系统间的协调取决于系统间的相互作用。他们将研究生教育（或高等教育）作为社会系统的一个子系统，将经济系统和人口系统作为社会的其他子系统，通过多元统计中主成分提取和综合评价的方法，估计出各个子系统的综合发展水平值，并通过曲线拟合和构建模糊数学隶属函数，估算出每个子系统相对于其他子系统的协调值，以及整个子系统之间的协调值。苗红、欧阳润清、杨欢、朱迎春、阎堃和王华锋等均在此领域做了有益的尝试。其中值得一提的是，苗红通过协调值的历史数据，利用非线性回归的方法，建立了系统协调程度的预测模型，检验并预测了系统间协调性的发展特征（稳定、周期或混沌）；[②] 朱迎春运用基于三角白化权函数的灰色聚类方法，依据不同省份的协调值对其进行分类，将各省份归入不同的协调类型，如完全协调、基本协调等。[③] 但此类研究成果尚有三个方面值得商

---

① 李锋亮：《中国高教资源的区域协调状况研究》，载《高等工程教育研究》，2009 年第 2 期。

② 苗红等：《"高等教育—经济"复合系统协调性评价与预测模型》，载《西南交通大学学报》（哲社版），2007 年第 10 期。

③ 朱迎：《区域"高等教育—经济"系统协调发展研究》，天津大学博士论文，2009 年，第 79 页。

榷：第一，运用一个综合评价后的指数代表某个子系统的发展水平，其代表性有多大？这同样也依赖于所选取指标的合理性。第二，已有研究成果最多讨论了高等教育、经济和人口三个系统之间的协调性，而与教育密切相关的科技系统尚未纳入考察范围。第三，运用此类方法的研究均主要针对高等教育。由于缺乏丰富的研究生教育数据，系统建模仿真的方法在研究生教育领域寸步难行。

（3）何处协调：结论迥异的盖棺定论。已有文献中部分研究分析了各个省份的协调程度，有的仅从整体上分析了我国研究生教育（或高等教育）的外部协调性。为在统一的框架下一窥已有研究成果的全貌，同时兼顾各自研究的特点，本书以二维表格的形式呈现相关代表性研究成果的信息（见表 2 - 27）。在以下图表中需要注意的是：①作者信息以第一作者为主。②研究视角为经济视角，用"ECONOMIC"的首字母"E"填写，人口视角用"POPULATION"的首字母"P"填写，分别从两个视角进行的研究用"E/P"填写，将两个视角作为一个外部系统的整体进行的研究用"E + P"填写。③依据本书前一部分对研究方法的分类，以序号"1"、"2"、"3"、"4"、"5"为标识，"1"为观察思辨判断法，"2"为二维图示直观法，"3"为描述性统计观测法，"4"为回归分析拟合法，"5"为系统建模仿真法，若同时运用了多种方法，则将相应的方法序号共同填入。④整体协调度的判别我们参考作者的原文表述，将其分为三档：强、中、弱；最不协调的三个省份以及最协调的三个省份，我们以省份的简称填入。⑤作者未得出的研究结论以"○"表示。

表 2 - 27 　　　　研究生教育外部协调性研究的代表性成果汇总

作者	视角	方法	整体协调度	协调（前三）	不协调（前三）
谢维和等[1]	E	2	中	京津沪	川闽陕
袁本涛等[2]	E	1	中	京津沪	川闽陕
李硕豪等[3]	E + P	2，3，4	中	○	○
赵庆年[4]	E + P	1，3	中	京津晋	宁内鄂
赵琳等[5]	E	2	中	京津沪	川闽陕
欧阳润清[6]	E + P	4	中	甘桂渝	京津沪
张国昌[7]	E	4	弱	湘皖宁	京鄂陕
朱迎春[8]	E	5	中	京黑甘	粤陕闽
李峰亮[9]	E + P	4	弱	闽川湘	琼藏青
梁志等[10]	E/P	1，3	弱	沪皖赣	粤鄂吉
侯龙龙等[11]	E + P	3	中	青蜀宁	京蒙新
李若建[12]	P	3	弱	○	○

续表

作者	视角	方法	整体协调度	协调（前三）	不协调（前三）
严全治等[13]	E	1，4	中	○	○
潘璐璐等[14]	E＋P	3	弱	○	○
傅征[15]	E	4	弱	黑滇辽	京粤陕
许为民等[16]	E/P	3	弱	○	○
邹阳等[17]	E	5	弱	辽皖贵	粤鄂陕

注：①谢维和等：《学位与研究生教育：战略与规划》，教育科学出版社 2010 年版，第 213～215 页。

②袁本涛、张文格：《我国研究生教育区域分布特征及相关策略分析》，载《高等工程教育研究》，2005 年第 6 期。

③李硕豪、魏昌廷：《我国高等教育布局结构分析》，载《教育发展研究》，2011 年第 3 期。

④赵庆年：《区域高等教育发展差异问题研究》，厦门大学博士学位论文，2009 年，第 120 页。

⑤赵琳等：《我国研究生教育省际发展状况及其特征研究》，载《学位与研究生教育》，2009 年第 5 期。

⑥欧阳润清：《我国高等教育协调发展的指标体系构建》，大连理工大学硕士论文，2010 年，第 69 页。

⑦张国昌：《基于区域经济发展的我国研究生教育布局优化研究》，浙江大学硕士学位论文，2005 年，第 67 页。

⑧朱迎春：《区域"高等教育—经济"系统协调发展研究》，天津大学博士论文，2009 年，第 79 页。

⑨李锋亮：《中国高教资源的区域协调状况研究》，载《高等工程教育研究》，2009 年第 2 期。

⑩梁志等：《从经济和人口的区域分布看我国高等教育的布局调整》，载《广西大学学报》（哲学社会科学版），2000 年第 5 期。

⑪侯龙龙、薛澜：《我国高等教育地区差距的实证分析》，载《北京大学教育评论》，2009 年第 1 期。

⑫李若建：《高等教育布局与区域发展研究》，载《未来与发展》，1994 年第 2 期。

⑬严全治、苗文燕：《区域高等教育与经济非均衡发展实证研究》，载《教育发展研究》，2006 年第 12 期。

⑭潘璐璐等：《我国东西部高等教育布局结构研究》，载《数学的实践与认识》，2005 年第 11 期。

⑮傅征：《高等教育结构与经济发展的协调性分析》，载《武汉大学学报（哲社版）》，2008 年第 3 期。

⑯许为民等：《区域经济与研究生教育布局——美、英、日、中四国现状比较》，载《比较教育研究》，2005 年第 1 期。

⑰邹阳、李琳：《高等教育与区域经济协调发展程度的地区差异分析》，载《高教探索》，2008 年第 3 期。

从表 2 - 27 可以看出，已有研究具有两个共识：第一，从整体上看，我国研究生教育（高等教育）的外部协调性较弱；第二，大多数学者认为，广东、湖北和陕西是最不协调省份，广东属于教育发展滞后型，湖北、陕西属于教育发展超前型。但同时，争论的焦点也非常明确：为何有的省份被某位作者归于最协调之列，但在其他部分作者的笔下则成为最不协调的一方，甚至在同一作者的笔下都成了自相矛盾的个体。北京就是其中最具有代表性的省份。事实上，结果的自相矛盾并不意味着过程一定存在问题。相反，它可能是同一硬币不同的两面。从"北京"来看，认为其高度协调的研究者大多将其经济发展水平的名次与其教育发展水平的名次进行比较，显而易见，北京毋庸置疑的被归于协调一方；另一方面，从北京现有的经济、人口发展指标的绝对数来看，其教育发展类指标的绝对数（在校生数、教师数等）并非与之相匹配，即北京市与其他省份相比，经济发展领先程度的数值表现远小于其研究生教育领先程度的数值表现，这造成了北京市研究生教育偏离了系统协调区域的现象。但总体而言，采用的数据精度越高，协调度测量的方法越精确，对某一省份误判的可能性就会降低。

（4）路在何方：区域结构与经济社会发展协调性测量的突破口。综合已有研究的基本特征，未来对研究生教育区域结构与经济社会发展协调性的探索将首先建立在逐步丰富研究生数据的基础上。研究生教育相关数据的获得，尤其是省域层面追踪数据的获得，是深入研究的首要条件。一方面，数据的独立性可促进研究领域的独立性，使研究生教育的研究（特别是实证研究）越来越不包含或依附在高等教育领域里，同时可更为深入地考察研究生教育的各个方面，例如，若可获得省域研究生教育的经费，则可进行省域研究生教育的投入产出的分析，若能获得各省份历年各科类的毕业生情况，则可更好地考察研究生教育与区域产业结构的协调性。另一方面，数据样本的扩大以及精度的提高，可为更为精确的实证方法提供素材，因为越高深的方法对数据的要求越高。本书归纳了含有研究生数据的主要年鉴，其中划"√"为年鉴已提供的数据，"O"为文献尚未提供，但却对协调性研究至关重要的数据。由图 2 - 9 可以看出，国家层面的研究生数据较为详细，但分省数据较为匮乏。分省的研究生导师数、分省分学科的研究生数都是亟待补充的数据。① 此外，如何将研究生教育经费从高等教育经费的统计中分离出来是未来研究生教育信息统计工作亟须攻克的难题。

---

① 《中国学位与研究生教育发展年度报告（2009）》与主要的年鉴相比提供了分省分学科的研究生数，但仍未提供分省的研究生导师数和研究生教育投入经费。并且数据仅有一年不能形成历时性的追踪数据进行趋势分析。

年鉴			中国教育年鉴	中国教育统计年鉴	中国教育经费统计年鉴	中国统计年鉴	湖北统计年鉴	上海统计年鉴	四川统计年鉴	A省教育统计年鉴
国家层面指标	导师数		O	√		O				
	学生数	分学科	√	√		√				
		分层次	√	√		√				
	学位点数		√	O		O				
	投入经费		O	O	O	O				
	培养机构	高校	√	√		O				
		其他	√	√		O				
省域层面指标	导师数		O	O		O	O	O	O	√
	学生数	分学科	O	O		O	O	O	√	√
		分层次	O	O		O	O	O	√	√
	学位点数		√	O		O	O	O	O	O
	投入经费		O	O	O	O	O	O	O	O
	培养机构	高校	√	O		O	O	O	O	O
		其他	√	O		O	O	O	O	√

图2－9　研究生数据来源分析

注：A省教育统计年鉴为A省教育厅内部资料，未对外公开。

此外，在协调性的测量方面，虽然此类研究成果为本书研究奠定了坚实基础，但仍有四个问题值得商榷：

第一，研究所基于的假设——区域结构整体的协调性尚未得到验证，从而使已有成果的有效性受到质疑。要讨论各个省份是否协调首先必须具有一个明确的参照系。依据已有研究中作者所采用的回归分析的特质，其参照系选取的基本逻辑是"区域结构整体协调→区域结构中研究生教育发展的均值与经济社会发展的均值协调→依据均值协调判断各省市研究生教育发展的协调性"。因而，均值水平作为参考基准的充分必要条件是区域结构整体的协调性。但在已有研究中鲜有涉足。

第二，研究所关注的重点——与谁协调是一个悬而未决的问题。虽然教育应该适应经济社会之发展。但研究生教育具有其特殊性，研究生教育的区域结构与人口分布、各省级政府的财政能力等因素的联系或许并不明显。依据薛天祥研究生教育学中的基本观点，产业结构和科技发展水平对研究生教育的影响巨大。因此，未来的研究应着重探讨研究生教育区域结构与经济、科技发展之间的协调性。

第三，已有研究大多关注研究生教育区域结构与经济、科技发展的协调性现状，却忽略了协调发展的历时性特征，从而不能对研究生教育区域结构与经济、科技的动态互动特征做出较为精确的描述。

第四，已有研究对于经济、科技和研究生教育区域结构之间的作用路径有简单化的倾向，未能区分各类因素对研究生教育的直接影响和间接影响。

3. 区域结构整体与经济、科技发展的协调性分析

从整体上判断我国研究生教育区域结构与经济、科技发展的协调性首先必须明确"协调发展"的操作性定义。在第二章第一节绪论中提出"协调发展"应当具有以下三个可供辨识的特征：第一，系统内各因素的发展状态应当存在长期稳定的关系。第二，因素之间会自发维持长期稳定的关系，若某一因素的变化出现偏差，为维持各因素之间所存在的稳定关系，系统会自发地形成调整机制进行调整，进而达到新的平衡。第三，系统内各因素应当相互促进、共同发展。协整理论的数理模型恰好能够对以上三个方面进行有效地判断。协整方程的构建能够清晰刻画出研究生教育区域结构与经济、科技之间所存在的长期稳定的关系；误差修正模型的估计可对因素间的短期波动状态进行描绘，从而考察各因素是否在发展中形成了内生的纠偏机制；此外，协整理论中的格兰杰因果检验可考察区域结构与经济、科技在数据层面所呈现的动态因果关联。因此本节将基于协整理论对我国研究生教育区域结构与经济、科技的协调性进行讨论。

（1）指标、数据与平稳性检验。本书拟采用各省市的 GDP 衡量经济发展状态，为克服物价上涨所带来的衡量偏差，以 1981 年的物价指数作为基期固定，测算出基于 1981 年物价的各年份的物价指数，将实际 GDP 除以物价指数得到平减后的 GDP；同时，以各省市在校研究生数来表征我国研究生教育的区域结构；对于科技发展水平，采用各省市研究与实验发展经费内部支出作为指标。由于该指标也会受到物价变动的影响，我们也将其除以物价指数转化为平减后的研究与实验发展经费内部支出（以下简称"科研支出"）。三个变量的数据均为面板数据，时间跨度为 2003～2011 年，其描述性统计结果见表 2-28。数据分析软件为EViews 6.0。

表 2-28　研究生教育区域结构、经济与科技的描述性统计分析

项目	单位	均值	标准差	极大值	极小值
各省市 GDP	亿元	9 585.833	9 204.03	53 210.28	185.09
各省市在校研究生数	人	42 609	48 664	404 865	59
各省市科研支出（平减后）	万元	3 101.58	4 037.58	21 580.63	8.1

为使变量转化为可进行协整分析的同阶平稳变量，必须首先进行平稳性检验。由于 2003~2011 年各省市在校研究生数增幅波动较大，不满足数据平稳性要求，且数据为年度数据，因此用基于加法模型的不含季节趋势的指数平滑法对数据进行滤波处理。同时为降低异方差，我们对各变量取对数。平稳性检验的结果显示（见表 2-29）：进行对数变化后，各省市 GDP、科研支出和经过滤波处理后的在校研究生数一阶差分平稳。①

表 2-29　　研究生教育、经济与科技的面板数据单位根检验

变量	检验方法			
	LLC	IM	ADF	PP
滤波后在校研究生数的对数后的一阶差分	32.8878	-7.46***	185.89***	530.51***
GDP 对数的一阶差分	-8.02***	-2.54***	99.11***	177.09***
科研支出对数的一阶差分	-9.51***	-2.71***	103.22***	210.33***

注：*** 代表参数通过 1% 的显著性检验。

（2）我国研究生教育区域结构整体与经济、科技发展的协整方程。协整方程构建的前提为变量间存在着显著的协整关系。面板数据的协整关系检验方法主要有两种（见表 2-30），第一种是基于面板数据回归方程的残差所进行的协整检验，是 E-G 两步法的推广，例如，Kao 检验和 Pedroni 检验。第二种是基于 Johansen 迹（Trace）检验所进行的面板协整检验，如 Fisher 检验。鉴于本书的面板数据在时间跨度上仅有 9 期，基于 E-G 两步法的检验更为稳定，同时面板数据存在异质的 AR 过程，因此对三变量是否存在协整关系进行 Kao 检验和 Pedroni 检验。②

表 2-30　　研究生教育区域结构整体与经济、科技的协整关系检验

检验方法	统计量	统计量数值	P 值
Kao	ADF	-5.37	0.0000
Pedroni	Panel v	-2.38	0.0233
	Panel rho	1.81	0.0768
	Panel PP	-7.01	0.0000

---

① 由于面板异质性，滤波后在校研究生数一阶差分未能通过 LLC 检验，但它通过了 IM、ADF 和 PP 检验，因此仍可进行协整分析。

② Pedroni 检验能够对异质面板的协整关系进行处理，从而弥补 Kao 检验的不足。

续表

检验方法	统计量	统计量数值	P 值
	Panel ADF	− 6.75	0.0000
Pedroni	Group rho	4.61	0.0000
	Group PP	− 9.05	0.0000
	Group ADF	− 7.93	0.0000

如表 2 – 30 显示，我国研究生教育区域结构整体与经济、科技之间存在着显著的协整关系，即从整体上看，我国研究生教育区域结构与经济、科技间存在着长期稳定的均衡关系。为消除模型估计中时间序列的异方差和自相关，我们运用 PCSE （Peroid SUR ESTIMATE） 的方法对我国研究生教育区域结构整体与经济、科技的协整方程进行估计，得到协整方程：

$$\ln te? = 0.44 \times \ln ge? + 1.05 \times \ln gdp? + \varepsilon$$

$\ln te?$ 为在校研究生数的对数，$\ln gdp?$ 为 GDP 的对数，$\ln te?$ 为科研支出的对数。[1] 协整方程显示：在其他条件不变的情况下，在校研究生增加 1%，科研支出将增加 0.44%；GDP 增加 1%，科研支出将增加 1.05%。

（3）区域结构整体与经济、科技的误差修正模型。协整方程表明：从整体上看，我国研究生教育区域结构与经济、科技间形成了长期稳定的关系。为保持这种稳定的关系，三者所构成的系统必须对各变量的发展形成具有显著的约束力度的内生纠偏机制。在协整方程的基础上分别估计三变量的误差修正模型，结果见表 2 – 31。

表 2 – 31　我国研究生教育区域结构整体与经济、科技的误差修正模型估计

误差修正模型的因变量	$d(\ln ge?)$	$d(\ln te?)$	$d(\ln gdp?)$
误差修正项	0.5629 ***	− 0.0705 ***	0.0377 ***
	[14.43]	[− 4.78]	[4.35]
$d(\ln ge?)$	—	0.0419 ***	− 0.0245 ***
	—	[3.59]	[− 3.65]
$d(\ln te?)$	0.4571 ***	—	0.4649 ***
	[13.81]	—	[30.16]
$d(\ln gdp?)$	− 0.5805 ***	1.3128 ***	—
	[− 5.75]	[29.06]	—

_____

①　由于数据为面板数据，故变量名以 "?" 表示以区分于时间序列数据或截面数据。

续表

误差修正模型的因变量	$d(\ln ge?)$	$d(\ln te?)$	$d(\ln gdp?)$
可决系数	0.47	0.07	——
调整的可决系数	0.46	0.06	——
DW 值	2.05	2.02	1.79
估计方法	PCSE （Peroid SUR ESTIMATE）		

注：$d(\ln gdp?)$ 为各省市 GDP 对数后的一阶差分；$d(\ln ge?)$ 为各省市在校研究生数对数后的一阶差分；$d(\ln te?)$ 为科研支出对数后的一阶差分；*** 代表参数通过 0.001 的显著性检验，——表示模型没有包括该项，方括号内为 T 值。

误差修正模型结果表明：三个变量间长期稳定的均衡关系形成了显著的内生纠偏机制，对科研支出和在校研究生数的增幅有着明显的调整作用。例如，当在校研究生数的增速超过科技、经济所能支撑的速度时，三变量所形成的内生调节机制能够将在校研究生数的增速放慢；当在校研究生数的增速低于科技、经济所能支撑的速度时，三变量所形成的内生调节机制能够将在校研究生数的增速加快。其对科研支出所产生的纠偏作用亦是类似。内生纠偏机制虽对 GDP 的发展有着显著影响，但由于 GDP 的增幅还受到更多外部因素的影响，故模型整体并未通过统计检验。此外，对于同期的 GDP 增速与在校研究生数增速，存在着短期的替代效应，当同期在校研究生数增速加快时，GDP 增速有减慢趋势；当同期 GDP 增速加快时，在校研究生数有减慢趋势。

（4）区域结构整体与经济、科技的格兰杰因果关系检验。为考察我国研究生教育区域结构整体与经济、科技之间的动态关联，我们将运用赫瑞林（Hurlin）给出的方程进行面板数据格兰杰因果检验。需要注意的是，格兰杰因果关系与真实的因果关系存在一定区别。变量间的格兰杰因果关系既非真实因果关系的充分条件，也非必要条件。格兰杰因果关系仅仅是真实因果关系在数据层面的反映。但无论怎样，变量间存在格兰杰因果关系较之于不存在格兰杰因果关系，其真实因果关系存在的可能性更大。对我国研究生教育区域结构整体与 GDP、科研支出间不同滞后期的格兰杰因果关系进行检验，结果见表 2 - 32。

表 2 - 32　　我国研究生教育区域结构整体与经济、科技的格兰杰检验结果

变量关系	滞后期						
	1	2	3	4	5	6	7
$d(\ln gdp?) \rightarrow d(\ln ge?)$	——	——	——	——	——	——	——
$d(\ln gdp?) \leftarrow d(\ln ge?)$	——	——	——	——	——	——	——

续表

变量关系	滞后期						
	1	2	3	4	5	6	7
$d(\ln gdp?)\rightarrow d(\ln te?)$	**	***	***	***	***	—	—
$d(\ln gdp?)\leftarrow d(\ln te?)$	***	***	***	***	***	—	***
$d(\ln te?)\rightarrow d(\ln ge?)$	—	—	—	**	—	—	—
$d(\ln te?)\leftarrow d(\ln ge?)$	—	***	**	***	***	**	

注：变量名同表4，→左侧变量是箭头指向变量的格兰杰原因，—表示该项没有通过显著性为10%的统计检验。** 代表参数通过5%的显著性检验；*** 代表参数通过1%的显著性检验。

表2-32表明：从整体上看，我国研究生教育区域结构与科技之间以及科技与经济之间均形成了较好的互动机制。科研支出的增幅与GDP的增幅有着双向显著的互动关系；在校研究生数的增幅对于科研支出的增幅在滞后2期到滞后6期有显著影响，科研支出增幅在滞后4期时对在校研究生数增幅有显著影响。

4. 区域结构中各省市研究生教育与经济、科技发展的协调性分析

我国研究生教育区域结构整体与经济、科技的面板数据协整模型、误差修正模型以及格兰杰因果检验的结果显示：整体上，我国研究生教育区域结构与经济、科技发展相协调。这奠定了我们进一步分析各省市研究生教育与经济、科技发展协调性的基础。本书的模型为以下形式（见图2-10）。

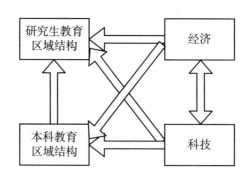

图2-10 影响研究生教育区域结构的主要因素及其作用路径

研究生教育区域结构受到各经济、科技以及本科教育区域结构的影响。但影响方式有两类：一类是本科教育区域结构、经济和科技直接作用于研究生教育区域结构；另一类是科技和经济通过影响本科教育区域结构从而作用于研究生教育区域结构。此外经济和科技之间相互作用、相互影响。我们将依据此模型估算出

144

各省市合理的研究生教育发展水平，从而判断各省市研究生教育与经济、科技发展的协调性。

（1）指标、数据与描述性统计。在整体协调性分析的基础上，进一步纳入更多的指标来衡量各个变量，并运用因子分析的方法对指标进行降维，从而更有效地测量各个变量。结果见表 2 - 33，其中在校硕士生数、在校博士生数、高等学校专任教师数、高等教育机构数和本、专科在校生数来源于 2003 ~ 2010 年的《中国教育统计年鉴》；城镇居民教育消费支出、各省市 GDP 和各省市财政收入来源于 2003 ~ 2010 年的《中国教育统计年鉴》；技术合同成交额、R&D内部支出和 R&D 人员全时当量来源于 2003 ~ 2010 年的《中国科技统计年鉴》；研究生教育竞争力来源于 2005 ~ 2011 年邱均平等所著的《中国研究生教育评价报告》。[1]

表 2 - 33　　　　　　　　各类衡量指标之描述性统计

变量	指标	单位	平均值	标准差	因子载荷	累计贡献率（%）
研究生教育区域结构	各省市在校硕士生数	人	29 473	28 267	0.93	82.56
	各省市在校博士生数	人	6 800	9 931	0.89	
	各省市研究生教育竞争力		51.24	24.03	0.65	
经济	各省市城镇居民教育消费支出	元	565.68	207.24	0.77	70.09
	各省市 GDP	亿元	9 585.83	9 204.03	0.55	
	各省市财政收入	万元	9 844 106	14 338	0.78	
科技	各省市技术合同成交额	万元	648 927	1 597 089	0.96	81.11
	各省市科研支出（平减后）	万元	3 102	4 038	0.88	
	各省市 R&D 人员全时当量	人	54 961	57 866	0.60	
本科教育	各省市高校专任教师数	人	34 956	21 957	0.98	97.24
	各省市高等教育机构数	所	64	33	0.98	
	各省市本、专科在校生数	人	565 526	383 092	0.96	

（2）模型求解及效应估计。将研究生教育、本科教育、科技和经济的因子得分带入模型，控制住经济和科技之间的相关性，运用路径分析的方法求解，得到影响因素的作用路径见表 2 - 34。由于该模型为饱和模型，故可完美拟合数据，

---

[1]　2005 ~ 2006 年度的报告于 2005 年发布，使用的是 2004 年的数据，因而我们拥有 2004 ~ 2010 各省市研究生教育竞争力数据，应用简单的向前外推法估计出 2003 年各省市研究生教育竞争力数值。

并通过了非递归模型的稳定性检验，模型参数均位于单位圆内。我们发现科技和本科教育是促进研究生教育发展的主要因素，并且科技的促进作用远大于本科教育。在控制了科技、本科教育以及科技与经济的相关系数后，经济与研究生教育的关系从控制前的正向中高度相关（相关系数为 0.59）转化为负向低度相关，这说明经济对研究生教育的影响主要是通过科技和本科教育来产生。在科技水平和本科教育发展水平基本接近的省市中，经济发展水平越高其研究生教育发展水平越低，例如，黑龙江、安徽、河北和湖南四省，三者科技得分基本接近，其经济发展水平排序为湖南、河北、黑龙江和安徽，但研究生教育发展水平排序为安徽、黑龙江、湖南和河北。[1] 对于本科教育而言，经济是影响本科教育发展的重要因素，经济发展水平越高，本科教育发展越好。剔除了经济的影响后，科技对于本科教育发展并无显著影响。

表 2 - 34　　　　　　　　　　　　模型求解结果

因变量		方程 1		方程 2	
		研究生教育		本科教育	
		系数	Z 值	系数	Z 值
自变量	本科教育	0.19***	3.09	—	—
	科技	1.02***	16.16	0.15	1.37
	经济	-0.38***	-4.19	0.58***	5.42
估计方法		极大似然估计			

注：　***代表参数通过1%的显著性检验。

依据所估计出的参数计算出科技、经济对研究生教育所产生的直接效应、间接效应和总效应（见表 2 - 35）发现：在控制了科技以及科技和经济的相关系数后，经济虽与研究生教育呈低度的负向相关关系，还具有通过影响本科教育来促进研究生教育发展的正向作用。

---

① 此处并不能简单理解为地方经济与研究生教育呈负向关系，因为经济与研究生教育的相关系数也达到0.59。之所以存在这个现象有三个原因：（1）各省市经济主要通过影响科研（如对科学研究的资助）和对投资本科教育来对研究生教育产生影响，剥离了这两块的影响以后省域经济对研究生教育的影响所剩无几；（2）绝大部分的研究生集中在中央部属高校，它们更多地依靠中央财政的拨款；依靠地方财政的高校大多为省属高校，它们研究生教育发展一般远滞后于中央部属高校；（3）中央部属高校的区域布局兼顾了均衡的原则，省属高校的布局大多以适应地方经济发展为目的，因此甘肃、陕西、安徽、湖北等经济发展水平并不出众的省市却因为拥有若干所中央部属高校而使其研究生教育发展水平处于较高的水平。

表 2 - 35   各因素对研究生教育的作用效应

对研究生教育的	直接效应		间接效应		总效应	
作用效应	系数	Z 值	系数	Z 值	系数	Z 值
科技	1.02***	10.59	0.03	0.18	1.04***	10.91
经济	-0.38***	-4.01	0.11**	2.57	-0.28***	-3.33
本科教育	0.19***	3.21	0	0	0.19***	3.21

注：** 代表参数通过 5% 的显著性检验；*** 代表参数通过 1% 的显著性检验。

（3）各省市研究生教育与经济、科技发展的协调性分析。依据估计结果，得到了与各省经济、科技发展相协调的研究生教育发展水平和本科教育发展水平，将现实的发展水平和依据模型拟合所得到的合理的发展水平对比，得到了各省市研究生教育发展和本科教育发展的不协调值。[①]

需要特别注意的是，由于测量误差和偶然性因素，各省份的不协调值大多会围绕完全协调状态（不协调值为 0）进行上下波动。因而完全协调仅是一种理想状态，一定程度的不协调才属于现实的正常状态。如何判断哪些地区的不协调程度属于正常波动？哪些地区的不协调程度是真正的不协调？借助于统计学上的均值统计控制图，依据本书计算出的各省市研究生教育发展不协调值的均值和方差，在 5% 的显著性水平下，研究生教育与经济、科技发展的不协调值的均值统计控制图的中心线和上下限为：

中心线：$CL = 0$

控制图上限：$UCL = 1.96 \times \sigma_{不协调值} = 1.08$

控制图下限：$LCL = -1.96 \times \sigma_{不协调值} = -1.08$

依据均值统计控制图，2003～2010 年，研究生教育发展不协调的省市见表 2 - 36，超前发展的省市包括北京和上海，滞后发展的省市包括山东、河南、江苏和广东。其他省份的研究生教育发展水平均被判定为协调。

表 2 - 36   2003～2010 年研究生教育发展不协调发展的省份

年份	超前发展省份	滞后发展省份
2003	北京	山东、河南
2004	北京、上海	无

---

① 各省市研究生教育和本科教育发展的不协调值并不呈统计意义上的线性相关。这说明讨论本科教育或高等教育与经济、科技发展的协调性，并不能替代讨论研究生教育的协调性，研究生教育与经济、科技发展的协调性研究具有自身的特殊性。

续表

年份	超前发展省份	滞后发展省份
2005	北京、上海	无
2006	北京、上海	无
2007	无	无
2008	北京、上海	广东
2009	无	江苏、广东
2010	无	山东、广东

二、微观分析：研究生教育区域功能发挥的实证考察

宏观分析结果显示：我国研究生教育区域结构与经济、科技的发展具有较高的协调性。本章将从微观层面切入，进一步通过考察各省份研究生教育区域功能的发挥状况来判断区域结构的合理性。

1. 研究生教育区域功能之阐释

要明确研究生教育区域功能，需要对功能、教育功能、研究生教育功能和研究生教育区域结构的功能进行辨析。"功能"一词一般有三种含义：①事物的能力；②功效和作用；③在自然辩证法中同"结构"相对，组成一对范畴。指物质系统所具有的作用、能力和功效等。[1] 从社会学理论来看，功能是与结构相对应的一个概念，结构是指诸要素及其相互关系按照一定秩序所构成的相对稳定的网络；功能是指有助于某特定结构或其构成部分适应、调节的任何社会活动的后果。[2] 我国教育学家胡德海认为：功能，或曰性能、职能，指的是一个事物系统所具备的对周围其他事物发生作用的能力或根本属性。它与"作用"、"价值"在含义上并不等同，"功能"是事物自身固有的单方面能力，而"作用"、"价值"则为关系范畴。事物的"功能"在事物之间彼此发挥作用才能形成"价值"和"作用"。因此，教育功能，就是指我国所研究的教育究竟其自身具有何种作用的问题。按照其不同的层次，可将教育功能分为本体功能和派生功能，本体功能就是指教育的育人功能，而派生功能则是指教育的社会功能，包括经济功能、政治功能、文化功能、社会分层与变迁功能。[3] 按此逻辑，研究生教育功能就是指研究生教育其自身具有何种作用。一般而言，"研究生教育的功能包含着育人

---

① 《辞海》（缩印本）：上海辞书出版社1991年版，第24页。
② 陆学艺：《社会学》，知识出版社1996年版，第375页。
③ 胡德海：《教育学原理》（第二版），甘肃教育出版社2006年版，第242~256页。

功能和社会功能。对于研究生教育来说，育人功能是它的基本功能，而经济、政治、文化等社会功能是它的特殊功能"。①

何谓研究生教育区域结构的功能呢？从结构与功能关系上来看，结构和功能是对立统一、相互联系的两个方面。没有结构的功能是不存在的，没有功能的结构也是不存在的。结构是功能的基础，功能是结构的表现。区域结构是区域功能的基础，区域功能是区域结构的外在体现，一定的结构总对应着一定的功能。因此研究生教育区域结构的功能就是研究生教育的区域功能。究竟何谓研究生教育的区域功能呢？有学者曾对高等教育的区域功能进行界定，他认为："高等教育区域功能概念的界定是高等教育功能的空间概念界定，是高等教育在一定地理区域的经济、社会的发展中的作用，即高等教育在一定区域的社会进步与人的发展中的价值体现。"② 还有学者认为，"高等教育区域功能是指高等学校与其外部一定的区域环境相互联系和相互作用中表现出来的性质、能力和功效，是高等学校内部相对稳定的联系方式、组织秩序及时空形式的外在表现形式。"它包括"区域经济功能、区域文化功能、区域政治功能、个体发展功能。"③

与高等教育的区域功能相似，研究生教育区域功能是指一定地理区域内的研究生教育通过培养高级专门人才，对该地区的经济、社会发展所起的作用。研究生教育的区域功能与研究生教育功能的最大区别就在于对功能发挥范围的界定，区域功能在功能发挥的范围上有较为明确的空间范围。

另外，基于教育的功能理论，我们将研究生教育区域功能分为本体功能和派生功能。本体功能是指一定地理区域内的研究生教育对本区内高级专门人才的培养所起的作用；其派生功能是指一定地理区域内的研究生教育通过培养出的本土高级专门人才，促进本地区经济、社会的发展。需要补充说明的是，科学研究与研究生教育区域功能之间的关系。在高等教育学领域，讨论"科学研究"的语境主要是基于认识论这一角度，将"科学研究"与人才培养、社会服务共同作为大学的三大职能。其中，"大学"并非是指教育活动或者教育事业，而是指实施高等教育的机构。"职能"也与"功能"有所区别，"职能"主要是指从事什么工作，"功能"主要是指有什么作用。因此，科学研究指向的是特定社会机构的特定工作。在研究生教育领域中，科学研究主要是培养研究生的一种手段、一种方式；虽然研究生进行科学研究可在一定程度上推动科学与知识的发展，也可通过科学研究，对经济社会发展产生一定影响，但这些影响并非是研究生教育最基本

---

① 薛天祥：《研究生教育学》，广西师范大学出版社 2001 年版，第 74 页。
② 张宝泉：《关于高等教育区域功能若干问题的探讨》，载《黑龙江高教研究》，1998 年第 5 期。
③ 薛晓丽：《高等教育区域功能的个案研究》，东北师范大学硕士学位论文，2006 年，第 3～4 页。

的功能。因此，本书并未将科学研究纳入功能分析的框架。

本书主要从狭义讨论研究生教育区域的本体功能，即育人功能。因为"目前的研究，有大大泛化教育功能、价值概念的趋向，把与教育发生着作用的一切联系，都纳入教育功能、价值范畴中来，也不管这种关系是直接的还是间接的，是稳定的还是松散的，是特有的还是普遍的，是本质的还是非本质的，是主导的还是次要的，是基本的还是派生的，一概称之为教育的功能、价值。这实质上是消解了教育与其他社会生活的系统边界与系统特质的差别，把教育与政治、经济、文化等活动混同起来，否定了教育独立存在的必要性，丧失了教育的本质，迷失了教育特有的功能、价值。"[①] 故我们基于本体功能，将研究生教育区域功能划分为两个方面：从教育起点的角度上来看，有多少人在本土接受研究生教育，这代表着区域研究生教育为本土居民素质的提高所做的努力；从教育的结果上看，有多少人接受完研究生教育后留在本土工作，这代表着区域研究生教育为本土经济、社会发展贡献了多少人才资源。后面将进一步通过调查结果对研究生教育区域结构的本体功能进行说明。

什么样的区域功能是合理的呢？这是一个仁者见仁，智者见智的问题。我们认为，研究生教育区域功能的合理发挥至少应体现在以下两方面：①在研究生群体内，本地居民在本地接受研究生教育的人数应占最大的比重；②在研究生的毕业生群体中，在本地接受完研究生教育并留在本地工作的毕业生应占最大的比重。我们采用数学公式将上述两条标准进行阐述：

设接受研究生教育的总人数为 N，其中来自本省的人数为 n_1，来自其他各省的人数分别为 n_2，n_3，$\cdots$，n_p，毕业后在本省工作的人数为 k_1，在其他省份工作的人数为 k_2，k_3，$\cdots$，k_p。

若本地居民在本地接受研究生教育的人数占最大的比重，则：

$$\max(n_1, n_2, \cdots, n_p) = n_1$$

若本地接受完研究生教育并留在本地工作的毕业生应占最大的比重，则：

$$\max(k_1, k_2, \cdots, k_p) = k_1$$

这里的本地，既指省级行政区域，也指省级行政区域所在的经济片区。

本书将采用八大经济区域的划分方法，按照各省份的地理位置将我国划分为八大部分：南部沿海地区（广东、福建、海南）；东部沿海地区（上海、江苏、浙江）；北部沿海地区（山东、河北、北京、天津）；东北地区（辽宁、吉林、黑龙江）；长江中游地区（湖南、湖北、江西、安徽）；黄河中游地区（陕西、

---

① 雷鸣强：《教育的万能、无能、本能——对教育功能、价值认识的反思》，载《南京师范大学学报》（社会科学版），1996 年第 2 期。

河南、山西、内蒙古）；西南地区（广西、云南、贵州、四川、重庆）；西北地区（甘肃、青海、宁夏、西藏、新疆）。①

本书将通过网络的随机抽样调查和对于部分省份的重点调查来考察我国研究生的生源结构以及就业流向，从而以我国研究生教育区域功能的发挥状况来判断当前我国研究生教育区域结构的合理性。

2. 调研设计

要把握我国研究生就业迁移的基本状况，有两种思路：①在全国范围内对已就业的研究生进行抽样调查，考察其籍贯、毕业院校以及工作所在地，从整体上了解其就业迁移的趋势；②以各高校研究生处或招生就业处为突破口，获得各校研究生毕业时的工作签约地信息以及生源信息。

两种思路各有优劣，第一种思路的优势有三个：采用随机抽样的方法，能够在统计学意义上保证研究的科学性；由于调查对象为业已就业的研究生，可在一定程度上采集到就业的研究生工作变更信息；能获得当前研究生收入、学用匹配程度和工作满意度等相关信息。但第一种思路的劣势也非常明显：调研实施的难度大，成本高；由于我国地区间研究生教育发展存在巨大差异，例如，西藏、贵州等地毕业的研究生较少，抽中在此类地区毕业研究生样本的概率就非常小，若按照当前各地区研究生教育发展的情况来估算，抽中一名毕业于贵州地区的研究生的概率仅为抽中毕业于北京地区的研究生的1%，因此容易导致较大的抽样偏误；获取的数据类型为同一时间段的个体数据，不能探测研究生就业迁移的发展趋势，即不能把握研究生就业迁移的历时性特征。

相较于第一种思路，第二种思路的优势有三个：能够对研究生教育发展的薄弱地区进行重点调查，以挖掘此类地区研究生就业迁移的基本规律；能够追溯各年份研究生就业的基本情况，从而把握研究生就业迁移的历时性特征；数据量大，无抽样误差。但第二种思路的劣势也显而易见：实施难度大，各高校研究生就业信息均属于保密资料，若无高层行政力量支持，难以获得此类信息；对研究生工作后的信息把握不足，一般仅能获得研究生就业的单位信息，工资收入、具体从事工作和工作满意度等信息难以获取；可能会忽略研究生职后工作变更的信息。

综上所述，本书将综合以上两种思路对研究生就业迁移情况进行把握，以此考察我国研究生教育区域功能实现的程度。一方面，在全国范围内进行随机抽样，对已工作的研究生进行问卷调查。另一方面，选取我国中西部若干省份进行

---

① 中国拟划八大经济区域代替以往东中西划分方法［EB/OL］. http：//news·sohu·com/2004/06/05/85/news220398505·shtml./［2012－03－18］。

重点分析，以弥补抽样调查的缺陷，使研究结果更能反映真实情况。

（1）随机抽样设计及问卷概况。随机抽样是指以相同的概率抽取欲考察总体中的个体。本书所考察的总体为所有已工作的研究生。显而易见，实施难度较大，因为抽样前并不具有相应的样本库。若采用便利抽样，即寻找研究者认识的毕业研究生，则不能保证抽样的随机性，会使抽取的样本有所偏误。因此，我们与全国第一大网络调查公司——问卷星进行合作，使用问卷星的样本服务进行抽样。

问卷星的样本库内有超过 260 万的个体，这些个体均是从我国各地随机抽样选取，其基本特征如图 2-11 和图 2-12 所示。

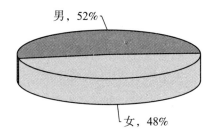

图 2-11 样本库中样本性别比例

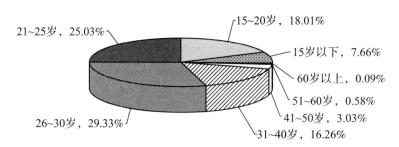

图 2-12 样本库中样本的年龄结构

从样本库的性别分布来看，男性个体和女性个体所占比例平分秋色；从年龄分布来看，样本库中的个体基本涵盖了 15~60 岁的人群，其中 21~25 岁的个体占样本总数的 25.03%，26~30 岁的个体占样本总数的 29.33%，31~40 岁的个体占样本总数 16.26%，这三个年龄阶段的个体均包含了较多的研究生。

从地域结构来看，样本库内涵盖了我国 31 个省级行政区域（见图 2-13），同时还包括中国台湾、中国香港、中国澳门和国外。其中样本来源最多的五个地区为广东、浙江、江苏、北京和上海；来源最少的五个地区（除海外）为西藏、青海、宁夏、海南和新疆。

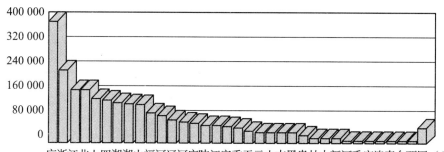

图 2-13　样本库中样本来源的地域分布

（2）重点抽样设计及考察信息。一方面，随机抽样具有较高的科学性和真实性，因为每个个体均是等概率地获得抽取机会；另一方面，前面也阐述了随机抽样的局限性，即对于研究生教育发展较为薄弱的地区，其研究生的毕业人数少，进入样本的概率会比较低。但从研究生教育布局的角度讲，薄弱地区的研究生教育发展到底对所在区域起了多大影响，培养出的研究生有多少继续在本地工作，都是本书应给予重点关注的问题。此外，由于随机抽样所获得的数据均为个体数据，很难把握研究生毕业迁移的历时性特征。因此，我们在中部地区抽取了一所综合性大学和一所民族类高校，在西南地区抽取了一所财经类高校，在西部民族地区抽取了一个省份，在西部沿海地区选取了一所师范类高校作为代表进行重点调查。我们向重点调查的各高校负责人阐明了研究意图，得到了他们的支持，获得了以上地区高校2009～2011 年的研究生就业信息，所获得的数据已隐去学生姓名，同时数据仅供研究之用，不会外传。数据信息主要包括研究生的生源地、就读院校以及工作就业地。

3. 样本描述

调查设计中涵盖了全国范围的随机抽样和部分地区、高校的重点抽样，因而需要对所获得的有效样本进行描述性统计以窥其特征。

（1）随机抽样的样本描述。在回收的 1 096 份问卷中，男性人数为 486，占样本总数的 44.3%，女性人数为 610，占样本总数的 55.7%。其中，尚未恋爱的有 213 人，占总数的 19.4%，已恋爱但尚未结婚的有 449 人，占总数的 41%，已结婚的有 412 人，占总数的 37.6%（见图 2-14 和图 2-15）。

在回收的问卷中，最高学历为硕士研究生学历的有 775 人，占样本总数的 70.7%，最高学历为博士研究生学历的有 321 人，占样本总数的 29.3%（见图 2-16）。其生源地分布在我国 29 个省级行政区，只有青海和西藏没有。其中人数最多的 5 个省份为湖北、山东、河南、四川和河北，人数最少的 5 个省份为海南、贵州、甘肃、宁夏和广西（见图 2-17）。

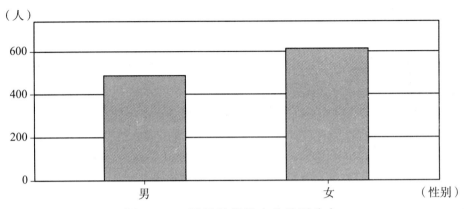

图 2 – 14   随机抽样样本的性别分布

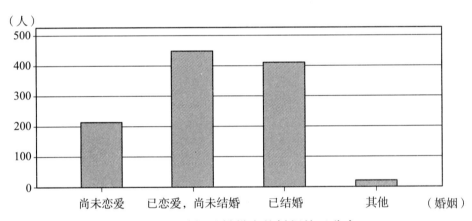

图 2 – 15   随机抽样样本的婚姻情况分布

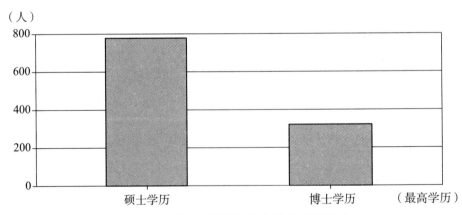

图 2 – 16   随机抽样样本的最高学历分布

我国研究生教育结构调整问题研究

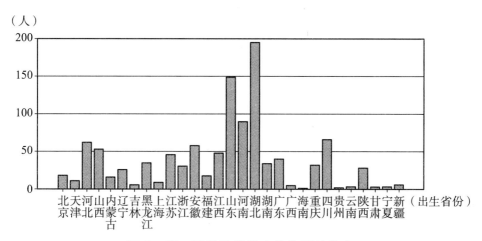

图 2 – 17　随机抽样样本的生源地分布

回收样本的工作地点分布也覆盖了我国 27 个省级行政区域，只有新疆、西藏、青海和甘肃没有。其中人数最多的 5 个省份为北京、湖北、广东、上海和山东，人数最少的 5 个省份为云南、贵州、宁夏、吉林和内蒙古（见图 2 – 18）。

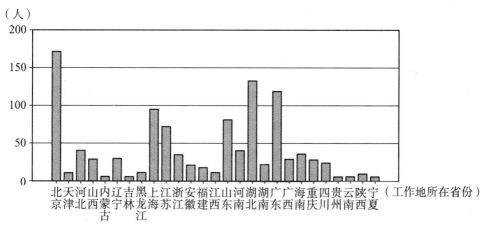

图 2 – 18　随机抽样样本的工作所在地分布

样本人群大多工作时间在 1 年以内，工作 5 年以内的占 85.9%。其中工作 20 年以上的只有 10 人，占总数的 0.9%（见图 2 – 19）。其工作年收入以 3 万 ~ 5 万元居多，有 305 人，占总数的 27.8%；5 万 ~ 8 万元次之，有 223 人，占总数的 20.3%。人数最少的为年收入 100 万元以上，仅有 6 人，占总数的 0.5%（见图 2 – 20）。

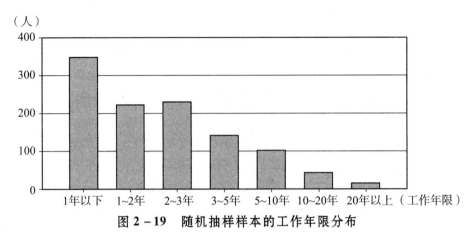

图 2-19　随机抽样样本的工作年限分布

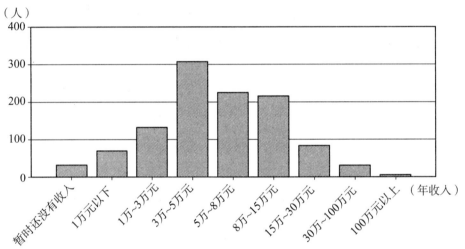

图 2-20　随机抽样样本的年收入分布

（2）重点调查的样本描述。遵循调研设计的思路，我们共选取 4 个省份 11 个大学进行重点调查。获取了这些大学 2009～2011 年的研究生就业信息，由于该信息涉及毕业研究生的个人隐私，因此我们所获得的就业统计表内容仅包括研究生毕业院校、学历层次、生源地信息、毕业专业以及工作地信息。各地区的高校分布以及样本情况如表 2-37 所示。

表 2-37　　　　　　　　重点调查的样本信息

省域	所在区域	研究生培养机构	2009～2011 年的有效样本数	每年毕业生占当地毕业生总数百分比（%）
A	西部地区	全省所有研究生培养机构	3 678	100

省域	所在区域	研究生培养机构	2009～2011 年的有效样本数	每年毕业生占当地毕业生总数百分比（%）
B	西部地区	某师范类高校	3 487	15
C	西部地区	某财经类高校	3 972	7
D	长江中游地区	某综合性高校	17 708	13
		某民族类高校	1 443	1

4. 区域功能发挥的分析框架

为从就业流向的视角考察我国研究生教育的区域功能，必须寻找出两个重要指标（本土居民在本土接受研究生教育情况以及毕业研究生迁移情况）的数据表现。需要注意的是，我们不仅需考察省域范围内区域功能的实现程度，也需要以省域为基础，考察其对既定省域对所在经济片区的影响。因为从研究生教育区域功能的实现来看，研究生的生源地和毕业后的工作所在地对功能实现有着重要影响。从生源地来看，若某高校招收的研究生来源于本地，则研究生教育有助于本地人口素质的提高；即使这些研究生毕业后迁移他乡，也会通过家庭中的同伴影响或代际效应等途径对其本地的亲人家属产生潜移默化的影响。当然若在生源地就学的研究生能够继续在本地工作，则对本地的经济社会发展有重要作用。从研究生毕业后的工作地点上看，若研究生在其就学所在地工作，则对就学所在地的经济社会发展有直接的影响；若毕业后离开就学所在地，则有很大可能无助于本地的经济社会发展。若研究生毕业后在就学所在地的周边省市或同一经济区域（如西部、民族地区等）就业，虽对本土经济社会发展并无直接影响，但对于同一经济片区的发展有着促进作用，从而对本土经济社会发展产生间接的影响。

借鉴劳动力迁移理论中对于高校毕业生迁移类型的分析框架，将生源地、就学地以及工作地作为划分研究生迁移类型的标准，将毕业研究生就业迁移的类型细分为 9 类，见表 2－38。

表 2－38　　　　　　　　毕业研究生就业迁移的 9 种类型

生源区域	生源地	工作地	类型编号	对就学所在省域或片区所产生的影响
本区	本省	本省	1	提高本省人口素质，增加更多本省的高级人才数量
		外区	2	有助于提高本省人口素质
		本区外省	3	有助于提高本省和所在片区的人口素质，增加片区的高级人才数量

157

生源区域	生源地	工作地	类型编号	对就学所在省域或片区所产生的影响
本区	外省	本省	4	增加更多本省的高级人才数量
		外区	5	一般情况下并无直接的影响
		本区外省	6	有助于提高本省和所在片区人口素质，增加片区的高级人才数量
外区		本省	7	增加更多本省的高级人才数量
		外区	8	一般情况下并无直接的影响
		本区外省	9	有助于增加所在经济片区的高级人才数量

通过对以上9种类型的数据统计，不仅能够对当前我国研究生教育区域功能的实现状况进行考察，还能更深入地了解区域功能实现的特征以及生源地、就学地和工作地之间的联系。

5. 区域功能发挥程度的统计分析

按照前面提出的分析框架，首先对样本的生源地与就学地之间的联系进行分析，结果见表2-39。我们发现从招生的角度来看，一半左右的生源都来源于本土，来源于本省的有42.8%，来源于所在经济区域的有48.6%。

表2-39   **样本生源地与就学地的关系**

		人数（人）	比例（%）			人数（人）	比例（%）
生源省份与就学省份	一致	469	42.8	生源区域与就学区域	一致	533	48.6
	不一致	627	57.2		不一致	563	51.4
	总计	1 096	100.0		总计	1 096	100.0

将样本个体最高学历的读书所在地和工作所在地在表2-40中进行对比，发现以省为衡量标准，研究生毕业迁移率为50.6%；以经济区域为衡量标准则研究生毕业迁移率为46.6%。二者差异不大，一定程度上说明就业迁移大多具有跨区域性。

表2-40   **样本就学地与工作地的关系**

		人数（人）	比例（%）			人数（人）	比例（%）
读书省份与工作地省份	一致	541	49.4	读书区域与工作区域	一致	585	53.4
	不一致	555	50.6		不一致	511	46.6
	总计	1 096	100.0		总计	1 096	100.0

引入研究生的学历层次，对生源地进行交叉分析，发现博士生源地与就学地的一致程度较硕士生要略高，这在一定程度上说明博士在选择就学地时更有可能考虑生源地因素，详细情况见表 2 – 41。

表 2 – 41　　　　　　　分学历的样本生源地与就学地的关系　　　　　单位：人，%

最高学历	生源省份与就学省份		总人数	最高学历	生源区域与就学区域		总人数
	一致	不一致			一致	不一致	
硕士学历	313（40.4）	462（59.6）	775（100）	硕士学历	350（47.5）	425（52.5）	775（100）
博士学历	156（48.6）	165（51.4）	321（100）	博士学历	183（67.6）	138（32.4）	321（100）
总人数	469（42.8）	627（57.2）	1 096（100）	总人数	533（48.6）	563（51.4）	1 096（100）

注：括号内为该类人数占某一学历层次总人数百分比（%）。

再对研究生毕业迁移的情况进行考察，将结果呈现于表 2 – 42 内。结果表明以省级行政区域为衡量标准，硕士研究生毕业迁移率为 57.6%，博士研究生毕业迁移率为 36.1%；以经济区域为衡量标准，硕士研究生毕业迁移率为 52.5%，博士研究生毕业迁移率为 32.4%。根据皮尔逊卡方检验结果（卡方值 = 36.91，通过 0.01 水平的显著性检验），学历对于研究生毕业迁移有着显著影响，博士毕业生就业迁移的比例显著低于硕士研究生。

表 2 – 42　　　　　　　分学历的样本就学地与工作地的关系　　　　　单位：人，%

最高学历	读书省份与工作地省份		总人数	最高学历	读书区域与工作区域		总人数
	一致	不一致			一致	不一致	
硕士学历	336（43.4）	439（57.6）	775（100）	硕士学历	368（47.5）	407（52.5）	775（100）
博士学历	205（63.9）	116（36.1）	321（100）	博士学历	217（67.6）	104（32.4）	321（100）
总人数	541（100）	555（100）	1 096（100）	总人数	585（100）	511（100）	1 096（100）

注：括号内为该类人数占某一学历层次总人数百分比（%）。

从整体上看，我国研究生教育区域功能的实现是非常明显的，招收的研究生中本地区生源比例不仅高于其他地区生源的比例，并占到了总数的 40% 以上。同时，留在本地工作的研究生所占比例也高于其他地区生源所占比例，而且占到了总数的 40% 以上。当然相较于硕士，博士迁移的比例明显要小，发生迁移行为的博士数量占博士生总数的比例只有不到 1/3。

对于中西部地区，基于重点调查的数据，我们将对其研究生 2009 ~ 2011 年的生源以及毕业迁移情况进行分析。首先，将样本省份的本土生源率和本土工作率统计于表 2 – 43 中。

表 2 – 43   重点调查中样本本土就学以及本土就业情况分析

省域	所在区域	样本来源及有效样本数	本土生源率		本土工作率	
			省份	片区	省份	片区
A	西部地区	全省所有研究生培养机构 （3 678 个有效样本）	0.27	0.32	0.36	0.44
B	西部地区	某师范类高校 （毕业生数约占省份总数 15%， 3 487 个有效样本）	0.35	0.37	0.45	0.48
C	西部地区	某财经类大学 （毕业生数约占省份总数 7%， 3 972 个有效样本）	0.47	0.58	0.49	0.58
D	长江中游地区	某综合性大学 （毕业生数约占省份总数 9%， 17 708 个有效样本）	0.53	0.65	0.44	0.49
		某民族类高校 （毕业生数约占省份总数 1%， 1 443 个有效样本）	0.52	0.63	0.60	0.66

从表 2 – 43 可以看出，中西部地区与全国整体情况相比，长江中游地区的本土生源率和本土工作率略高于全国平均水平，西部地区的本土生源率与全国平均水平基本持平，但本土工作率较全国平均水平因省而异。有的省份略高于全国平均水平，有的省份基本持平，还有的省份落后近七八个百分点。为更进一步把握中西部地区研究生生源以及毕业迁移情况的历时性特征，将 2009～2011 年来各省份基本情况按学历层次计算，统计结果见表 2 – 44，表中结果显示，各省份历年的本土生源率和本土工作率差异不大，以省域为考察单位，A 硕士本土生源率始终在 0.3 左右，本土工作的硕士比例始终在 0.36 附近，博士本土生源率始终在 0.5 以上，本土工作的博士比例始终在 0.5 以上；B 硕士本土生源率始终在 0.3～0.4，本土工作的硕士比例始终在 0.4～0.5，博士本土生源率始终在 0.3～0.5，本土工作的博士比例也始终在 0.5 以上；C 硕士本土生源率始终在 0.45 左右，本土工作的硕士比例也始终在 0.45 附近，博士本土生源率始终在 0.5 左右，本土工作的博士比例也始终在 0.5 左右。D 硕士本土生源率始终在 0.5 左右，本土工作的硕士比例始终在 0.42 附近，但 2011 年急速上升，达到 0.55，博士本土生源率始终在 0.5 以上，本土工作的博士比例也始终在 0.5 以上（2011 年除外）。从最高学历的不同来看，各省博士研究生无论从本土生源率还是本土工作率都基本高于硕士研究生。这反映了博士研究生较硕士研究生有更强的"故土情

结"。这一结论与全国随机抽样的结论是完全一致的。

表2-44　　重点调查中样本分年度的本土就学以及本土就业情况分析

年份		2009				2010				2011			
省域	层次	本土生源率		本土工作率		本土生源率		本土工作率		本土生源率		本土工作率	
		省份	片区	省份	片区	省份	片区	省份	片区	省份	片区	省份	片区
A	硕士	0.29	0.33	0.38	0.45	0.29	0.33	0.36	0.45	0.23	0.29	0.34	0.42
	博士	0.5	0.5	0.75	1	0.8	0.81	0.75	0.75	0.77	0.77	0.54	0.77
B	硕士	0.4	0.41	0.48	0.5	0.35	0.37	0.49	0.52	0.32	0.34	0.41	0.45
	博士	未招收博士				0	0	0	0.67	0.36	0.5	0.57	0.57
C	硕士	0.43	0.51	0.45	0.49	0.46	0.52	0.45	0.49	0.44	0.49	0.42	0.47
	博士	0.49	0.54	0.48	0.49	0.58	0.67	0.51	0.57	0.70	0.77	0.53	0.60
D	硕士	0.46	0.61	0.42	0.47	0.54	0.69	0.43	0.49	0.56	0.68	0.49	0.55
	博士	0.58	0.67	0.51	0.57	0.70	0.77	0.53	0.60	0.55	0.64	0.38	0.45

但不同地域对于研究生迁移行为也具有一定的影响,上述四省的迁移情况各不相同。为考察地域因素对研究生迁移行为的影响,将硕士、博士迁移状况分别和省份因素进行皮尔逊卡方检验,发现卡方值分别为51.57、183.81,均通过0.01的统计显著性检验,即不同省份的研究生就业迁移情况具有显著差异。鉴于地区的差异性,将具体到每一地区进行深入分析。综合随机抽样调查和重点调查的结果,按不同的学历层次整理出部分省市的本省就业率于表2-45中。

表2-45　　　　　　　分层次的研究生本省就业情况

省份	博士	硕士	省份	博士	硕士	省份	博士	硕士
北京	0.53	0.55	江苏	0.81	0.8	重庆	0.5	0.47
天津	0.44	0.53	山东	0.76	0.52	四川	0.68	0.45
河北	0.50	0.46	海南	—	0.32	贵州	0.67	0.35
辽宁	0.60	0.33	湖北	0.61	0.42	陕西	0.57	0.46
吉林	0.51	0.32	湖南	—	0.37	福建	—	0.67
黑龙江	0.53	0.29	广东	0.83	0.87	浙江	0.84	0.63
上海	0.59	0.66	广西	0.53	0.45			

注:由于部分省市的博士毕业生样本太少,计算偏误较大,故空缺。

为更清晰地看出不同地区研究生毕业迁移的特征,我们将31个省份归入8大经济区域进行统计，结果见表 2-46。从表 2-46 可以看出，沿海地区研究生的本土工作率较高，无论硕士和博士，本土工作率均在 0.6 以上，甚至有的高达 0.89，这意味着沿海地区的研究生迁移至其他地区的比例较小，只有不到40%。东北地区和长江中游地区硕士的本土工作率在 0.4~0.5，博士在 0.55 左右，这意味着这两个地区的硕士的迁移率在 50%~60%，博士的迁移率不到50%。西南地区的研究生本土工作率均在 0.55 左右，这意味着该地区研究生迁移率均在 45% 以下。黄河中游地区和西北地区由于样本较少，计算偏误可能较大，故未列入。

表 2-46　　　　　　地区分层次的研究生本区就业情况

毕业高校所在区域	本土工作率		毕业高校所在区域	本土工作率	
	硕士	博士		硕士	博士
南部沿海地区	0.66	0.89	长江中游地区	0.44	0.54
东部沿海地区	0.82	0.75	东北地区	0.48	0.55
北部沿海地区	0.67	0.65	西南地区	0.57	0.59

综上所述，按照前面给定的合理性判断标准，我国研究生教育区域功能的发挥基本正常，无论是招收本土生源的研究生还是毕业研究生留在本土工作情况，均达到正常标准：招收的本土学生的比例高于其他地区；毕业研究生留在本土工作的比例高于流向其他地区工作的比例。

但需要注意的是，以上分析割裂了生源地、就学地和工作地三者之间的相互联系，生源地是影响毕业流向的非常重要因素，因此我们采用前面提出的九类功能实现方式对我国研究生教育区域功能的实现情况进行更深入的分析。将样本按照九类功能实现的方式进行统计，如表 2-47 所示。

表 2-47　　　　　　研究生迁移就业类型的统计

生源区域	生源地	工作地	编号	总人数（人）	占样本总数比例（%）	硕士		博士	
						人数（人）	比例（%）	人数（人）	比例（%）
本区	本省	本省	1	300	28.36	168	22.64	132	41.77
		外区	2	114	10.76	97	13.07	17	5.38
		本区外省	3	17	1.6	15	2.02	2	0.63
	外省	本省	4	33	3.12	15	2.02	18	5.70
		外区	5	35	3.31	32	4.31	3	0.95
		本区外省	6	34	3.21	23	3.10	11	3.48

生源区域	生源地	工作地	编号	总人数（人）	占样本总数比例（%）	硕士		博士	
						人数（人）	比例（%）	人数（人）	比例（%）
外区		本省	7	177	16.73	126	16.98	51	16.14
		外区	8	327	30.91	248	33.42	79	25.00
		本区外省	9	21	2	18	2.43	3	0.95

从整体上看，从其他经济区域到本省读书，毕业后流向其他经济区域的人数最多，占样本总数的 30.91%；其次是本省生源毕业后留在本省工作这一类型，占样本总数的 28.36%；最后是从其他经济区域到本省读书，毕业后留在本省工作这一类型，占样本总数的 16.73%；同样，本省生源毕业后流向其他经济区域这一类型的人数也较多，占样本总数的 10.76%。

硕士毕业流向与整体趋势基本一致，当然这也可能是硕士的样本数目较多的缘故。对于博士而言，情况有所差异，本省生源毕业后留在本省工作这一类型的人数最多，占博士样本总数的 41.77%；其次是从其他经济区域流入本省读书，毕业后流向其他经济区域这一类型，占博士样本总数的 25%；最后是从其他经济区域到本省读书，毕业后留在本省工作这一类型，占博士样本总数的 16.14%。其他类型并不多。

第五节　我国研究生教育区域结构调节机制的现状与问题

一、区域结构调节机制的现状

恢复研究生招生制度以来，我国逐步形成了如下研究生教育区域结构调节机制：学位授权审核制度、招生计划、国家重点学科、研究生院建设和国家财政拨款等制度。这些制度决定了各类研究生教育的要素地区分布状态。而这些制度的制定及实施权力大多集中在中央政府手中，并随着体制改革的推进而逐步将相关权力下放给地方政府或培养单位。以学位授权审核制度为例，我们可以看到当前区域结构调节机制中不同主体的权责分配。

1. 中央政府的权力与作用

依据《中华人民共和国学位条例》，内地任何单位要在某一学科专业授予学位必须经国务院学位委员会审定并取得授权。高等学校和科研机构及其学科、专业是否有权授予硕士、博士学位，一般由国务院学位委员会办公室组织同行专家通讯评审，国务院学位委员会学科评议组复核，再由国务院学位委员会全体会议讨论和批准并予以公布。

首先，中央政府具有全局规划学位点布局的权力，规划方案的制订将对我国研究生教育的区域结构产生重大影响。依据 2008 年颁布的《博士、硕士学位授权审核办法改革方案》，国务院学位委员会将在适当的规划周期内，以各省（自治区、直辖市）的学位授权体系和研究生教育发展状况为基础，综合考虑经济社会人口等相关因素，对各省（自治区、直辖市）进行分类，根据各类省份的不同情况，按照分类指导的原则，确定新增学术学位授权学科专业的指导意见和分省份的增长规模控制方案。

其次，中央政府拥有强大的学位授权审核的权力，这些权力将直接决定区域结构中学位点（特别是博士学位点）及其相关要素的区域分布。按照《博士、硕士学位授权审核办法改革方案》和 2010 年颁布的《硕士、博士专业学位设置与授权审核办法》，国务院学位委员会对于博士学术学位和博士专业学位的新增拥有审批权；同时对于学位授予单位的新增，国务院学位委员会也具有审批权；对于硕士专业学位的新增，国务院学位委员会并不直接进行评审，而是由省级学位委员会和部分学位授予单位自行评审以后，报国务院学位委员会审批。

2. 省级政府的权力及作用

为促使我国研究生教育更好地适应经济建设和社会发展的需要，特别是区域经济社会发展的需要，过往集中于中央政府的学位授权审核权力开始逐步向省级政府高校下放。

首先，省级政府具备对本省学位点进行规划布局的权力。按照《博士、硕士学位授权审核办法改革方案》，各省（自治区、直辖市）将基于所在区域现有学位授权体系状况和研究生培养能力的基础上，根据国家分类管理的有关要求、区域经济社会发展以及特殊行业或部门的发展需要，以"科学分工、合理定位，统筹规划、优化结构，保证质量、提高效益"为原则，统筹考虑本省各级学位授予单位发展的规模和布局，制订新增学位授予单位立项、建设规划。

其次，省级政府具备的一定的审核硕士学位的权力。除了一部分国务院学位委员会委托其自行开展审核工作的单位外，已有学位授予单位增列硕士学术学位授权（不含军事学门类）由省级政府审核；对于部分单位增设硕士专业学位，由省级学位委员会组织评审，但需报国务院学位委员会审批。

从某种意义上说，省级政府所拥有的能够对区域结构产生影响的权力较为有限，即使是省级政府可对本省的学位点数量产生影响。这些影响也受制于中央政府规划布局所制定的整体框架之下。

3. 学位授予单位的权力及作用

在现行的调整机制下，各学位授予单位所拥有的权力有所不同：

对于大多数学位授予单位，其学位授权审核工作主要按照中央政府和省级政府的规划来进行申报、实施和建设，并不具有审核的权力。

对于一部分国务院学位委员会委托的基础条件好、办学实力雄厚、社会声誉高，并经教育部批准设置研究生院的学位授予单位能够自行开展本单位博士学术学位和硕士学术学位的授权学科（不含军事学门类的学科）的审核，同时，也能够自行组织硕士专业学位的评审工作，但需报国务院学位办审批。

二、区域结构调节机制的问题

当前中央政府、省级政府与学位授予单位三级管理体制所形成的区域结构调节机制也存在诸多问题，具体而言主要包括以下三个方面：

1. 中央政府权力过大，难以合理引导研究生教育的区域布局

从前期影响研究生教育资源和要素分布的制度和手段来看，包括研究生培养学科目录、研究生院建设、重点学科建设、招生计划制订、国家财政拨款以及评定院士和长江学者等强制度和手段都过于集中于中央政府，难以满足各地不同的研究生教育需求。而且各类研究生教育的评估、排行等都把研究生教育学科点的层次和多少作为评估的重要指标，导致各地研究生培养机构盲目申办硕士点、博士点，而当地经济社会发展需求则往往不在其考虑之列或居于次要的位置，从而导致研究生教育与当地经济社会发展难以协调。

2. 地方政府权力有限，难以协调研究生教育与当地社会经济发展关系

在政策实际执行过程中，相对来讲，地方政府基本难以起到调节本省区研究生教育机构分布与资源分布的作用。当然，在调查中也发现，由于各省区经济发展水平不一，用于研究生教育的财政资源相差甚远。财政资源丰富的省市在支持本省研究生教育发展方面比较积极，但即使这些省市，其作用也仅限于质量保障、学科建设等方面，根据当地社会、经济发展对研究生教育布局做出调整的能力尚有待加强，而那些经济欠发达省区的学位委员会则更难以起到相应的作用。这就导致地方学位委员会难以有大的作为，一位经济发达省份的学位办领导认为，"地方需控制自我行为，在中央政策框架内不折不扣地做好学位点评审、硕士学位点评估、各类选优推荐等工作。"也就是说，省级学位办的作用主要限于执行中央政策。

虽然目前在学位授权审核制度中，省级政府逐步拥有了增设部分学位点的权力，但相较于《国家教育中长期教育改革与发展纲要（2010～2020）》中所提出的"省级政府统筹"的理念还有相当的距离。当然，省级政府需要多大的权力，有多大的责任，这尚在不断的探索之中，但逐步向省级政府放权，这是一个研究生教育区域结构调节机制变革的必然方向。

3. 研究生培养机构被动适应政策，缺乏自主性

研究生培养单位作为研究生培养的主体，可以通过学科的设置、招生指标的分配以及学科建设资源的配置等对本校研究生教育结构做出相应的调整，使之与区域发展相适应。但调查中发现，现实中学校在学科布局调整时要受到研究生培养学科目录和招生指标、人事编制等的限制，加上学者对本学科的高度忠诚，院系作为博弈主体与学校进行博弈，高校的自身调节作用是非常有限的。在高校与政府的关系中，政府仍然管得过多、过细。其次，对高校而言，政府是举办者、管理者、评估者高度合一。同时，高校尚未建立起独立的法人治理结构和合理的权力制衡机制，依法自我发展、自我约束的调节机制还未能真正建立。

第六节　结论及建议

一、逐步走向协调：我国研究生教育区域结构的历史与现实

经过详细地考察我国研究生教育区域结构的历史、现状及其与经济、科技发展的协调性，得出以下结论：

第一，从我国研究生教育区域结构的历史变迁看，研究生教育区域结构中分布差异有逐步下降的趋势，省际分布的均衡性在不断增强，其中包括发达地区间的均衡性以及薄弱地区间的均衡性。

第二，从我国研究生教育区域结构的现状看，各类研究生教育要素的省际分布差异大多处于合理的范围之类。博士类要素省际差异的基尼系数值应介于0.4～0.5之间；硕士类要素省际差异的基尼系数值应介于0.3～0.4之间。除研究生教育发展优势平台、博士生导师数、博士生硕士生导师数和博士生规模之外，其余指标的地区差异值均基本在合理的范围之内，部分指标略高（一级学科博士点总体不均衡指数0.51，略高于0.5；硕士在校生总体不均衡指数0.43，略

高于0.4）。同时，省际博士类要素分布的不均衡性明显高于硕士类要素，如博士学位授予点与硕士学位授予点，博士在校生数与硕士在校生数。

第三，从宏观层面来看，我国研究生教育区域结构与经济、科技整体上呈现协调发展的态势，但部分省份存在着不协调的现象。"协调发展"的基本特征包括三个方面：研究生教育区域结构与经济、科技之间应存在长期稳定的关系；这种长期稳定的关系，能够在研究生教育区域结构与经济、科技长期的发展演化过程中被系统内生的纠偏机制所维持；研究生教育区域结构与经济、科技应当相互促进、共同发展。应用协整理论中的协整方程、误差修正模型和格兰杰因果检验，我们发现在2003~2010年，我国研究生教育区域结构与经济、科技的发展在整体上处于协调状态，但在部分年份，北京、上海的研究生教育发展超前于经济、科技的发展；江苏、山东、河南和广东的研究生教育滞后于经济、科技的发展，其他省份处于协调状态。

第四，从微观层面来看，我国当前研究生教育区域功能的发挥状况差强人意，在薄弱地区布点对于当地高层次人才的培养具有非常明显的作用。各省研究生教育的本土生源率平均在43%左右，西部地区略低，但也基本保持在30%以上。毕业研究生的迁移率在50%左右，西部地区的研究生的本土工作率可达到30%以上。这充分表明区域结构与经济、科技发展具有一定的协调性。

二、把握"中央调控"和"省域自主"的限度：优化当前我国研究生教育区域结构调节机制

要适应我国区域发展战略，满足我国各省市对高层次人才的需求，促进我国研究生教育又好又快地发展，区域结构需要在现有基础上不断优化。

我国当前研究生教育区域结构，很大程度上是新中国成立后中央政府教育部门宏观调控的结果。在影响区域结构的各类因素中，政治力量是直接而迅猛的。宏观调控下的区域结构遵循以点带面、重点发展的布局思路，主要在部分沿海城市以及西部中心城市发展研究生教育。值得肯定的是，当前研究生教育的区域结构基本满足了我国改革开放30多年各地经济社会对高层次专门人才的要求。

从近几年各类衡量研究生教育省际差异的统计量的变化来看，虽然省际差异依旧明显，但较之于2000年初，已有明显的缩小。一方面，得益于中央政府部门对部分薄弱地区的政策倾斜，另一方面，也源于省级教育行政部门对本省域内研究生教育发展的不断增大的主导权。从学位审核授权这一重要的制度来看，中央部门对省级教育行政部门的不断放权增大了省级教育行政部门对本省学位点管理的自主性。这在一定程度上为省级教育行政部门因地制宜地发展本省研究生教

育提供了契机。

本书认为，统筹"调控"和"自主"的限度以协调中央教育行政部门和省级教育行政部门的关系，从而完善我国研究生教育区域结构调整机制促进区域结构优化。从发展省域研究生教育的有利性来看，省级教育行政部门比中央教育行政部门更具有积极性、主动性，同时也更了解省域经济社会发展对高层次人才的需求状况。将研究生教育发展的主动权下放到省级教育行政部门是切实可行且行之有效的办法。

因此，中央教育行政部门和省级行政部门应在逐步下放各类学位点审批权的同时，实行"总量控制、核定标准、考虑需求、定期审核和政策倾斜"的调控手段。

第一，中央政府依据我国研究生教育发展与经济社会发展的协调程度，控制我国学位点与研究生人数的总量，避免教育过度、学位贬值等现象。

第二，制定学位点质量的层次标准，并将经济社会发展需求作为影响学位点审批的重要因素。对于硕士学位点，应实行"需求优先"的建设方式，在其满足地区经济社会发展需求的条件下，硕士学位点只要达到了基础性的标准即可由省级行政部门批准建立。对于博士学位点，应实行"质量优先"的建设方式，只有其拟申报的学位点达到了较高的质量标准，且经济社会发展存在着特别的需求以后，才由中央政府批准成立。

第三，中央政府定期对各级各类学位点质量进行审核，对达到标准的学位点予以保留，对不满足当前标准的学位点予以通报，并令其限期整改，即实现学位点的"宽建"但必须达到规定的质量标准；对薄弱地区的研究生教育发展予以政策倾斜，加大对薄弱地区特色学科的扶持力度，形成薄弱地区的研究生教育比较优势。

第四，省级行政部门应在保障学位与研究生教育质量的基础上，适度扩大研究生教育的规模。并依据中央教育行政部门不断调整的质量标准，不断改善学位与研究生教育的质量。同时发挥省级统筹的优势，紧紧把握省域经济社会发展的趋势与特色，加强对各类高层次专门人才需求的预测，调整省域研究生教育的科类结构、层次结构和类型结构等，使嵌套在区域结构中的科类结构、层次结构和类型结构凸显省域研究生教育发展的比较优势。例如海南省以热带农业、热带渔业的产业结构闻名于全国，海南省的研究生教育就应在已有学科的基础上，凸显其以农学门类相关学科为主导的研究生教育发展特色。云南省、西藏自治区是少数民族的聚集地，发展与民族相关的学科专业具有近水楼台的优势，因而在民族学、人类学等民族类相关学科的发展上，应构建鲜明的地域特色。具有地域发展特色的研究生教育不仅能够培养具有地域性的高级专门人才，还能使此类人才留在本地工作。例如，山西可在煤矿开采类的相关学科培养更多的研究生，这类高层次专门人才留在山西这样的产煤大省工作不仅能使培养出的人才"用得上"，还能使培养出的人才"留得住"，更好地反哺省域经济社会发展。

综上所述，只有统筹好中央教育行政部门的"调控"和省级教育行政部门的"自主"之间的关系，完善和优化我国研究生教育区域结构调整机制，才能避免"一放就乱，一统就死"的局面，促进我国研究生教育区域结构的不断优化。

三、促进"发展机遇"和"区域现状"的结合：统筹研究生教育的区域发展

按照教育发展的内部外部关系规律，研究生教育的发展不仅要考虑研究生教育内部各要素的相互作用，还要考虑研究生教育发展与外部经济社会系统的关系。关注研究生教育本身发展的同时，也必须将研究生教育的发展融入国家社会经济发展的整体规划。

按照《中华人民共和国国民经济和社会发展第十二个五年规划纲要》（以下简称《纲要》），区域发展将呈现"区域经济优势互补、主体功能定位清晰、国土空间高效利用、人与自然和谐相处的区域发展格局。"对于当前研究生教育发展较为薄弱的西部地区，《纲要》明确指出"坚持把深入实施西部大开发战略放在区域发展总体战略的优先位置，给予特殊政策支持。"基础设施建设、生态工程以及特色农业和旅游业将成为新一轮西部大开发的建设重点。此外，西部地区将实现"以线串点、以点带面"的发展路径，"推进重庆、成都、西安区域的战略合作，推动呼包鄂榆、广西北部湾、成渝、黔中、滇中、藏中南、关中—天水、兰州—西宁、宁夏炎黄、天山北坡等经济区加快发展。"

因此，当前研究生教育区域结构的调整应密切把握"机遇"，正视"现实"，将二者有机地统筹起来。中央教育行政部门应把西部地区新一轮大开发的实施战略作为西部地区各类政策倾斜的晴雨表，适时、适地地扩大西部研究生教育的规模，并将西部研究生教育发展的特色纳入其教育质量标准的制定和质量监督审核的体系中。应鼓励、支持西部地区自主培养具有地域特色的高层次专门人才甚至精英人才，使研究生教育成为西部各省份比较优势和核心竞争力形成的动力源。同时，积极引导各经济片区的研究生教育重镇与同区省份协作发展研究生教育，利用地理位置上的优势和产业结构的趋同，实现"学位点共建、师资共享、学分共认、人才共用、平台共筑"五大方面的实质性合作，真正实现研究生教育布局中"以点带面，点面结合"的发展格局。

除了省域之间的合作发展外，以学校为中心的协作发展方式也值得考虑。2001 年，教育部颁布了《关于实施"对口支援西部地区高等学校计划"的通

知》，确定北京大学与石河子大学，清华大学与青海大学等 13 对东西部高校建立对口支援关系。经过 8 年的"对口支援"，区域结构出现明显的优化。受援高校综合实力大为提升。贵州大学、宁夏大学、青海大学、西藏大学和石河子大学 5 所大学步入"211 工程"建设的院校行列；学科建设实现了跨越式发展；2001 年，首批 13 所受援高校在 2001 年一共仅有 5 个一级学科博士点、65 个二级学科博士点、488 个硕士点，2009 年增加到 46 个一级学科博士点、288 个二级学科博士点、1 493 个硕士点；专任教师中具有研究生学历的教师从 3 800 多人增长到 11 200 多人；受援高校的地区服务能力增强，8 年间对口支援双方学校共承担了省部级以上科研项目 200 多项。[①] 由此可见，以学校为中心的合作方式可以促进各区域研究生教育发展水平的提高，为省域发展做出更大的贡献。

事实上，不同省域研究生教育的合作不仅仅局限于"校校合作"的形式，还可采用更丰富灵活的组织方法。例如，"校省合作"也是不错的组织方式。2000 年，清华大学与重庆市按照"优势互补、互利互惠、联合开发、共同发展"的原则，长期为重庆市定向培养高层次管理人才和技术人才，同时选送硕士、博士到重庆市挂职锻炼，并将重庆市作为博士及博士后实习的基地。这类合作形式不仅为当地输送了一批优秀的高层次专门人才，还发挥了优质研究生教育资源的辐射作用，促进受援省份的经济社会发展。

此外，还可以将以上两种方式有效地结合起来。按照不同的地理位置，我国可划分为八大经济区域：南部沿海地区（广东、福建、海南）；东部沿海地区（上海、江苏、浙江）；北部沿海地区（山东、河北、北京、天津）；东北地区（辽宁、吉林、黑龙江）；长江中游地区（湖南、湖北、江西、安徽）；黄河中游地区（陕西、河南、山西、内蒙古）；西南地区（广西、云南、贵州、四川、重庆）；西北地区（甘肃、青海、宁夏、西藏、新疆）。各个经济区域内的经济发展水平、产业结构与地域特色都较为接近。同一经济区域内研究生教育的合作互助具有非常良好的基础。因此，可尝试建立区域研究生教育协调委员会，协调区域内各省份的研究生教育发展，使区域内优质的研究生教育资源能够辐射整个区域，而不仅限于本省。各个区域中具有其研究生教育发展的增长极，例如，西北地区是甘肃，黄河中游地区是陕西，西南地区是四川，长江中游地区是湖北。这些区域的优质教育资源都集中在这些省份，充分发挥此类"增长极"省份的辐射作用，更能够促进我国研究生教育区域结构的功能实现。此外，还可在同一区域内促进学生的访学、交流活动，甚至有条件的地区可实现学分互认、联合办学。

---

① 中国政府网，http://www.gov.cn/gzdt/2009 - 12/03/content_1478949.htm/2012 - 02 - 11。

第三章

我国研究生教育科类结构

第一节　相关概念界定

一、研究生培养的专业、学科

专业，依据《辞海》，即"高等学校或中等专业学校根据社会分工需要而划分的学业门类。"大体相当于《国际教育标准分类》的课程计划或美国高等学校的主修，根据社会职业分工、学科分类、科学技术和文化发展需要所划分。高等学校据此制定培养目标、教学计划，进行招生、教学、毕业生分配等工作，为国家培养、输送各种专门人才；学生亦按此进行学习，形成自己在某一专门领域的专长，为未来职业活动做准备。[①]

学科，依据《辞海》，定义有两个：①学术的分类，指一定科学领域或一门科学的分支；②教学的科目，学校教学内容的基本单位。在本书中，学科的定义侧重于后者，但是也与前者紧密相连。

当前我国研究生培养学科、专业的设置主要依据是国务院学位委员会颁

---

① 　教育大辞典编写组：《教育大辞典》（第三册），上海教育出版社 1991 年版。

布的《2011 年学位授予和人才培养学科目录》（简称"学科、专业目录"），它既是国务院学位委员会学科评议组审核授予学位的学科、专业范围划分的依据。同时，相应的人才培养工作也须按本目录中各学科、专业所归属的学科门类进行。可以说学科、专业目录直接决定了我国研究生教育科类结构的基本构架。当今我国高等教育学科主要划分为 13 个学科门类：哲学、经济学、法学、教育学、文学、理学、历史学、工学、农学、医学、管理学、军事学和艺术学。

我国最初的研究生学科、专业目录是在恢复学位制度之后，为做好第一批学位授权审核工作的需要而制定，名为《高等学校和科研机构授予博士和硕士学位的学科专业目录（试行草案）》。1986~1988 年经过修订，国务院学位委员会和国家教育委员会于 1990 年 10 月联合下发了《授予博士、硕士学位和培养研究生的学科、专业目录》。此后又经过多次征求意见、反复论证修订，1997 年，颁布了新的学科、专业目录，如表 3－1 所示，与 1990 年颁布的专业目录相比，在学科门类上增加了管理学；一级学科专业由 72 个增加到 88 个，二级学科则由 654 个减少到 381 个，减少了 41.7%。历经多次修订，逐步理顺和规范了一级学科，调整和拓宽了二级学科；增强了学科专业目录设置的合理性。随后的学科、目录在 1998 年 10 月和 2005 年 12 月又经过两次补充修订。2009 年，国务院学位委员会、教育部印发了《学位授予和人才培养学科目录设置与管理办法》，规定每十年对一级学科目录进行一次修订。2011 年，在《授予博士、硕士学位和培养研究生的学科、专业目录》（1997 年颁布）和《普通高等学校本科专业目录》（1998 年颁布）的基础上，国务院学位委员会、教育部将本科生和研究生的学科目录进行整合，颁发了新的《学位授予和人才培养学科目录》，在学科门类上增加了艺术学。至此，我国现行的学科、专业目录包括 13 个学科门类，110 个一级学科。

表 3－1　　　授予硕士和博士学位的学科专业目录调整情况

学科门类	一级学科个数（个）				二级学科个数（个）		
	1983 年	1990 年	1997 年	2011 年	1983 年	1990 年	1997 年
合计	64	72	88	110	647	654	381*
哲学	1	1	1	1	10	9	8
经济学	1	1	2	2	24	32	16
法学	5	5	4	6	37	40	27
教育学	3	3	3	3	34	35	17

续表

学科门类	一级学科个数（个）				二级学科个数（个）		
	1983 年	1990 年	1997 年	2011 年	1983 年	1990 年	1997 年
文学	3	3	4	3	51	46	29
历史学	1	1	1	3	13	14	8
理学	12	13	12	14	88	86	50
工学	25	26	32	38	234	234	113
农学	6	5	8	9	59	51	27
医学	6	6	8	11	88	78	53
军事学**	1	8	8	10	9	29	19
管理学	—	—	5	5	—	—	14
艺术学	—	—	—	5	—	—	—

资料来源：（1）1983～1997 年数据来源于谢维和、王孙禺、袁本涛：《学位与研究生教育：战略与规划》，教育科学出版社 2010 年版，第 272 页。2011 年数据来源于教育部：关于印发《学位授予和人才培养学科目录（2011 年）》，http：//www. moe. gov. cn/publicfiles/business/htmlfiles/moe/moe_834/201104/116439. html. /2012 - 04 - 25。

（2）*，1998 年 10 月国务院学位委员会决定在中医学一级学科内增设"民族医学（含藏医学、蒙医学等）"专业，实际的专业目录数为 382 个；2005 年 12 月修订后，增加了马克思主义理论一级学科，一级学科数共计 89 个；**，军事学门类所属一级学科与专业是 1985 年经国务院学位委员会批准设置的，统计数据列在 1983 年颁布的目录中。

二、学位授予权、学位授权单位和学位点

依据《学位与研究生教育大辞典》，学位授予权是指"向学位申请人授予学位的资格和权力。这种资格和权力表示其授予的学位能够获得社会的承认，并关系到其被认可的有效范围的大小。"学位授权单位是指"经过国务院学位委员会批准获得一定的学位授予权，能够授予相应学位的高等学校或科学研究机构"。学位点是指"经过国务院学位委员会批准的，有权授予各级学位的学科、专业点"。①

学位授权单位、学位点的审批主要依据我国的学位授权审核制度。1980 年12 月，国务院学位委员会第一次扩大会议审议通过了《国务院学位委员会关于

---

① 秦惠民：《学位与研究生教育大辞典》，北京理工大学出版社 1994 年版，第 28～36 页。

审定学位授予单位的原则和办法》，决定成立"学科评议组"，并明确其第一项任务就是"评议和审核有权授予硕士学位和博士学位的高等学校和科研机构及其学科、专业"。以此为标志，我国开始了历史上第一次学位授权审核工作，1981年，首次获批博士学位授予单位 151 个，硕士授予单位 358 个，博士点 318 个，硕士点 3 185 个。[①]

值得注意的是，最初博士、硕士的学位授予是在二级学科范围内进行的，从1996 年起，国务院学位委员会通过一级学科选优评估，在有条件的博士学位授予单位中，确定在部分学术水平高、整体力量强、培养研究生质量好的一级学科范围内招收培养研究生并授予博士、硕士学位，其博士、硕士学位授权范围扩大到若干一级学科，此后我国开始具有博士、硕士学位授予权的一级学科学位点。同时，为了鼓励和发展新兴和交叉学科，我国自 2002 年开展了一级学科下自主设置学科专业工作。

目前，通过多次学科专业目录调整和学位授权审核工作，从学科覆盖面和学位点数量两个方面来看，我国已经建立起包括高等院校、科研机构、军队系统三类培养单位在内的、涵盖硕士和博士 2 个层次、13 大学科门类的研究生培养体系，可以说已基本建成了学科门类相对齐全的学位授权体系和研究生教育体系。截至 2011 年，我国共有博士学位授予单位 348 所，硕士学位授予单位 697 所，共有 2 765 个一级学科博士学位授权点，5 706 个一级学科硕士学位授权点，574个二级学科博士学位授权点，2 770 个二级学科硕士学位授权点。此外，我国共有专业学位授予单位 509 个，其中博士层次的专业学位授权点 108 个，硕士层次的专业学位授权点 2 779 个。[②]

三、研究生教育科类结构

研究生教育科类结构，亦称学科、专业结构，是指研究生教育发展中不同学科领域的构成状态。它反映了社会分工的横断面，规定着研究生教育培养人才的"品种"和规格，是关系到研究生教育全局的基础性工作，同时对社会发展也有着非常直接的影响。其本身包含多种要素，而学科、专业设置状况是研究生教育科类结构的基本构成部分。

科类结构既反映了科学技术发展和知识进步所形成的学科划分，又反映了社

---

① 吴镇柔、陆叔云、汪太辅：《中华人民共和国研究生教育和学位制度史》，北京理工大学出版社2001 年版，第 151 页。

② 中国学位与研究生教育发展年度报告课题组：《中国学位与研究生教育发展年度报告（2012）》，中国人民大学出版社 2012 年版，第 234 页。

会分工和职业分工，其发展必然也受到各种社会结构，如经济结构、人口结构、阶层结构等的影响。也就是说，研究生教育科类结构的发展一方面受到来自社会政治、经济等各方面因素的影响和制约，另一方面也要适应社会经济和文化发展的需要。

第二节　我国研究生教育科类结构的调整历程及特征

研究生教育的科类结构是随着社会发展不断调整的，学科专业结构反映了一定时期国家经济社会的发展水平、劳动力分工、产业结构等社会结构状况，集中体现了社会对人才的种类、数量以及知识、能力素质等各个方面的要求。以学生数量来衡量研究生教育结构是目前大多数结构研究采取的统计指标。与学生数量有关的统计指标主要包括招生数、在校生数和毕业生数。鉴于招生数、在校生数和毕业生数三者具有高度的相关性，且在校生数能够较好地反映研究生教育规模的存量，同时数据可得性较强。故本节主要使用在校研究生数作为观测指标进行数据分析。通过对该指标近 30 年的数据变化进行统计分析，可以得出我国研究生教育科类结构发展变化的特征及趋势。

一、科类结构整体的调整历程与特征

从研究生各学科在校生的绝对数量来看（见图 3 - 1），自 1984 年以来，我国研究生在校生数量在各学科都呈现出增长的趋势。从各学科曲线斜率可以粗略看出，除工学外，1998 年前各学科研究生的在校生规模的曲线较为平稳，没有明显的上下波动。而 1998 年之后，几乎所有学科的研究生在校生数都出现了比较明显的增长，并在随后的近 10 年中保持了较高的发展速度，在 21 世纪初掀起了我国研究生教育发展的高潮。[①] 工学无论从规模上还是增长率方面均明显高于其他学科，而管理学在 2010 年之后异军突起，超越理学成为在校生规模第二大学科。

此外，增长率更能反映研究生教育规模发展的波动状况。除 1988 ~ 1991 年，各学科研究生在校生规模在大部分年份都呈现剧烈的波浪式增长趋势（如图 3 - 2 和表 3 - 2 所示）。具体情况可以分为以下几个阶段：

---

① 本书依据的《中国统计年鉴》和《中国科技统计年鉴》从 2001 年起才按 12 个学科门类来统计研究生数，之前统计都无军事学和管理学。

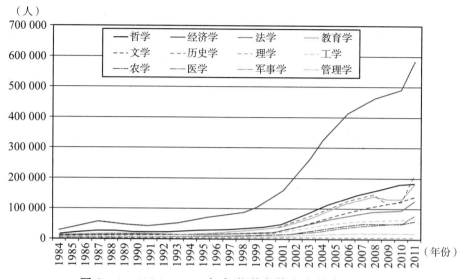

图 3 - 1   1984 ~ 2011 年各学科在校生人数变化情况

资料来源：2000 ~ 2011 年数据来源于《国家统计年鉴》（2001 ~ 2012），1984 ~ 1999 年数据来源于历年《中国教育统计年鉴》。

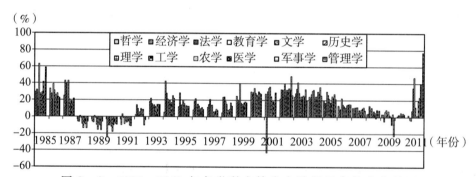

图 3 - 2   1985 ~ 2011 年各学科在校生人数增长率的变化情况

注：1997 年，管理学门类从经济学门类中分离出来以后，为保持统计口径的一致性，直到 2001 年才统计管理学门类的招生数、在校生数和学位授予数。

表 3 - 2　　　　1985 ~ 2011 年各学科在校生人数增长率的变化情况　　　　单位：%

年份	1985	1991	1995	1999	2001	2003	2005	2007	2009	2011
哲学	29.50	- 9.12	12.58	25.37	27.55	24.37	20.34	11.25	3.85	- 3.24
经济学	32.29	3.70	28.53	17.99	- 42.56	28.14	17.27	4.76	4.07	7.73
法学	11.82	- 1.16	14.22	19.71	30.51	33.47	17.45	11.97	- 4.31	35.04
教育学	63.05	- 8.49	14.27	40.53	34.65	40.93	30.87	11.66	6.72	47.36
文学	27.79	- 3.91	19.83	17.04	36.05	28.90	26.76	12.18	9.57	12.63
历史学	24.98	- 6.34	15.86	15.53	24.71	19.69	21.83	4.86	4.23	1.89
理学	29.13	- 5.52	6.58	12.84	18.88	24.68	17.71	8.47	7.31	1.97

续表

年份	1985	1991	1995	1999	2001	2003	2005	2007	2009	2011
工学	41.65	−4.67	13.16	17.30	19.04	24.68	16.25	5.84	2.65	19.82
农学	24.81	−10.11	12.27	18.14	15.22	25.54	24.65	9.27	0.92	23.96
医学	58.77	−10.32	13.05	17.34	29.16	24.42	22.58	10.85	−8.44	40.50
军事学	—	—	—	—	—	32.91	27.87	11.92	4.09	12.07
管理学	—	—	—	—	—	20.38	21.68	8.45	−21.52	77.02

资料来源：2000～2011 年数据来源于 2001～2012 年的《中国统计年鉴》，1984～1999 年的数据来源于 1984～1999 年的《中国教育统计年鉴》。

①1985～1987 年，大部分学科增长率在 20% 以上。其中，教育学、医学研究生在校生数 1984～1987 年的增长率分别达到了 63.05% 和 58.77%。

②1988～1991 年，几乎所有学科的规模增长速度均出现不同程度的下降，1989 年，下跌幅度超过 10% 的为农学（−15.55%）和工学（−15.46%），1991 年，下跌幅度超过 10% 的为农学（−10.11%）和医学（−10.32%）。社会科学（如法学和经济学）下跌幅度较小。

③1992～1998 年，各学科在校生数又开始恢复增长，其中经济学在校研究生的增长率在 1994 年达到 42.5%，增长率在 20% 左右的学科门类有 1997 年的法学和 1995 年的文学。

④1999～2005 年，各学科再次加速增长，大部分增长率超过 20%，教育学在 1999 年增长率为 40.5%，文学在 2002 年达到 40.6%。

⑤2006～2010 年，所有学科的增长率又开始回落，而且回落幅度较大，尤其在 2008 年之后，大部分学科在校生的增长率不到 10%，部分学科出现了负增长，例如，管理学在校研究生的增长率为 −21.52%。

⑥2011 年，各个学科的增长率又开始强势反弹，管理学的增长率达到 77.02%，医学的增长率达到 40.50%，教育学的增长率达到 47.36%，法学的增长率达到 35.04%。

需要指出的是，由于 2001 年之前学科专业统计标准只设有 10 个学科门类，没有管理学、军事学和艺术学，所以在 2000～2001 年，经济学的在校研究生数量出现较大幅度的减少，主要是因为在 1997 年管理学从经济学中分离出来，经济学中的一部分研究生开始授予管理学学位。①

从 1984～2011 年，各学科在校生规模的增长幅度和速度来看，研究生教育的规模扩展并没有给整个研究生教育学科结构产生显著的改变。但不同学科的增

① 1997 年，管理学门类从经济学门类中分离出来以后，为保持统计口径的一致性，直到 2001 年才统计管理学门类的招生数、在校生数和学位授予数。

长还表现出了一定的差异。具体而言，应用性学科，如教育学、法学、农学、医学和管理学等在校研究生规模增长较快，而以哲学、历史学和理学为代表的基础学科规模增长相对较慢。

除了关注各学科自身的变化，仍需要进一步考察各学科在整个学科结构中的地位。根据图3-3～图3-6①各学科在校研究生数占在校生总人数的比例在近30年来变化差异较大。大致来看有以下四类情况：

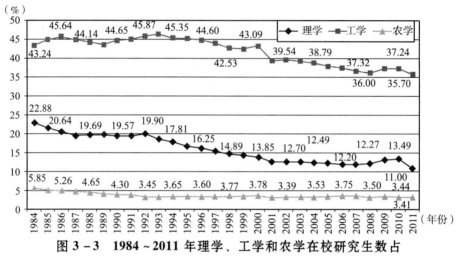

**图3-3　1984～2011年理学、工学和农学在校研究生数占
在校研究生总数的比例情况**

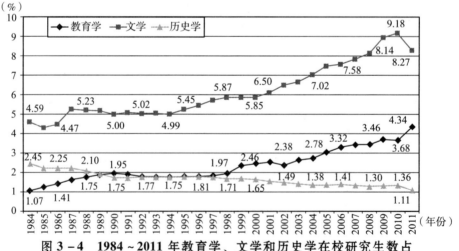

**图3-4　1984～2011年教育学、文学和历史学在校研究生数占
在校研究生总数的比例情况**

---

① 图3-3～图3-6的数据来源：2000～2011年数据来源于2001～2012年的《中国统计年鉴》，1984～1999年的数据来源于1984～1999年的《中国教育统计年鉴》。

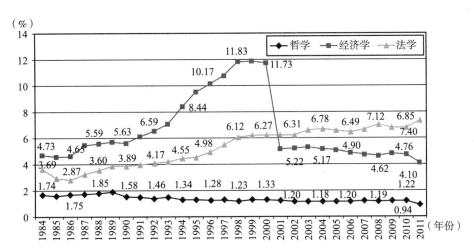

图 3－5　1984～2011 年哲学、经济学和法学在校研究生数占在校研究生总数的比例情况

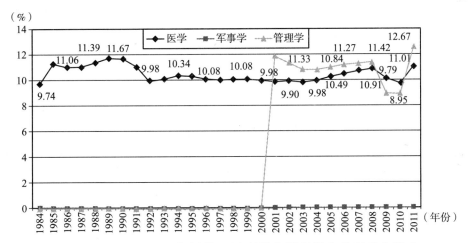

图 3－6　1984～2011 年医学、军事学和管理学在校研究生数占在校生总数的比例情况

注：图 3－3～图 3－6 中，2000～2011 年数据来源于 2001～2012 年的《中国统计年鉴》，1984～1999 年的数据来源于 1984～1999 年的《中国教育统计年鉴》。

①增长和回落交替型：经济学和管理学在 30 年的发展中存在着明显的增长和回落交替的调整趋势。经济学在 1992～2000 年高速增长，该专业在校研究生数占在校研究生总数的比例一度达到 11.83%，是 1984 年的 2 倍多；但是 2000 年后迅速回落，一直徘徊在 5% 左右。自 2001 年管理学门类进入统计口径以来，管理学在校研究生数基本稳定在 11% 左右，2008 年开始，管理学在校研究生数经历了一个迅速下降的阶段，2008 年，管理学在校研究生数占研究生总数的比

例为 11.42%，2010 年降至 8.95%，2011 年又迅速上升至 12.67%。

②稳定增长型：教育学、法学和文学在近 30 年来一直稳定增长，其中教育学在校研究生数占在校研究生总数的比例从 1984 年的 1.07% 上升到 2011 年的 4.34%。1984 年法学在校研究生数占在校研究生总数的比例为 3.69%，到 2011 年该比例增长到 7.40%。文学在校研究生数占在校研究生总数的比例从 1984 年的 4.59% 上升到 2011 年的 8.27%。

③基本稳定型：哲学、医学和农学在校研究生数占在校研究生总数的比例相对稳定，没有出现较大波动。1984～2011 年，哲学稳定在 1% 左右，医学稳定在 10% 左右，农学则稳定在 3%～5%。

④不断降低型：工学、理学、历史学的在校生比例持续下滑。工学的在校生规模在所有学科中始终最大，但是所占比例总体趋势在减少。1998～2000 年，尚能维持在 40% 以上，2000 年之后，跌破 40%，并持续缩减，在 2011 年降至 35.70%。理学在校研究生占在校研究生数的比例 1984 年为 22.88%，到 1987 年便跌至 20% 以下，此后继续缓慢下跌，到 1998 年跌至 15% 以下，在校研究生数占在校研究生总数的比例仅为 14.89%，2011 年跌至 11.00%。历史学也呈相同的调整趋势，但由于其规模较小，跌幅并不明显。1984 年，历史学在校研究生数占在校研究生总数的比例为 2.45%，逐年缓慢降低，2011 年降至 1.11%。

二、硕士科类结构的调整历程与特征

从硕士研究生各学科在校生的绝对数量来看，如图 3-7 所示，硕士生规模的走势与研究生整体规模的走势基本一致。自 1984 年以来，我国各学科硕士研究生的在校生数量均呈现显著的增长。除工学外，1998 年前，各学科硕士在校生规模的曲线较为平稳，无明显波动。而 1998 年之后，几乎所有的学科研究生在校生数都出现了比较明显的增加，并在随后保持了较高的发展速度。[①] 工学无论从规模上还是增长率方面均明显高于其他学科，而管理学在 2010 年之后迅猛增长，超越理学成为在校生规模第二大学科。

如图 3-8 和表 3-3 所示，1985～2011 年，我国硕士在校生增长率与总增长率变化基本吻合。除了 1988～1991 年这段时期，其余年份各学科硕士研究生在校生规模都呈现出较快的增速。

---

① 自 2001 年起，《中国统计年鉴》和《中国科技统计年鉴》才按 12 个学科门类来统计研究生数。

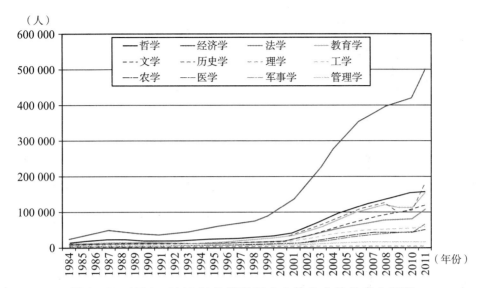

图 3 - 7　1984～2011 年各学科硕士在校生人数的变化情况

资料来源：2000～2011 年数据来源于《国家统计年鉴》（2001～2012），1984～1999 年数据来源于历年《中国教育统计年鉴》。

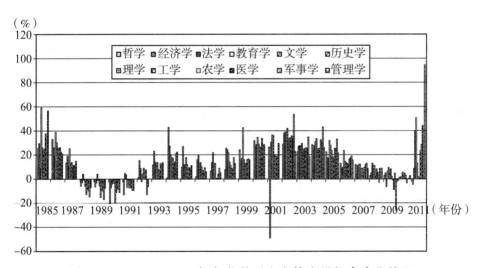

图 3 - 8　1984～2011 年各学科硕士在校生增长率变化情况

资料来源：2000～2011 年数据来源于《国家统计年鉴》（2001～2012），1984～1999 年数据来源于历年《中国教育统计年鉴》。

表 3 - 3　　1985 ~ 2011 年各学科硕士生在校生人数增长率的变化情况　　单位：%

年份	1985	1991	1995	1999	2001	2005	2007	2009	2011
哲学	25.51	-9.33	9.67	24.65	26.73	22.78	12.01	3.39	-4.19
经济学	29.90	5.18	26.86	16.36	-48.93	18.30	4.47	4.75	9.18
法学	9.34	3.56	12.34	17.52	30.94	17.72	11.46	-6.26	39.83
教育学	59.57	-6.65	12.17	42.87	36.74	32.13	12.38	6.81	50.83
文学	26.44	-0.36	18.06	16.25	36.39	27.96	12.79	9.83	13.27
历史学	19.64	-7.36	11.98	12.91	25.43	24.12	5.30	4.77	1.85
理学	24.92	-7.36	1.73	13.02	19.96	18.80	8.91	8.50	0.75
工学	37.84	-6.58	9.87	16.33	19.44	16.59	5.58	2.41	24.07
农学	21.98	-12.89	8.51	16.84	19.18	25.67	9.95	-0.67	28.56
医学	57.16	-12.62	11.28	16.22	30.07	25.00	11.83	-8.29	44.34
军事学	—	—	—	—		33.33	13.27	4.97	5.19
管理学	—	—	—	—		22.11	9.00	-25.79	94.81

资料来源：2000 ~ 2011 年数据来源于 2001 ~ 2012 年的《中国统计年鉴》，1984 ~ 1999 年的数据来源于 1984 ~ 1999 年的《中国教育统计年鉴》。

具体情况可以分为以下几个阶段：

①1985 ~ 1987 年，绝大多数学科硕士生规模的增长率超过 20%，其中教育学、医学硕士研究生在 1984 ~ 1985 年的增长率分别达到 59.57% 和 57.16%。

②1988 ~ 1991 年，几乎所有学科的规模增长速度都呈现不同程度的下降。部分学科的跌幅接近甚至达到 20%，其中哲学、历史学在 1989 ~ 1990 年的跌幅分别达到了 20% 和 19.7%。

③1992 ~ 1998 年，各个学科开始恢复增长，个别学科硕士在校生增长较为突出，如经济学、法学在 1993 ~ 1994 年的增长率分别为 42.69% 和 27.59%。

④1999 ~ 2005 年，所有学科再次加速增长。其中教育学在 1999 年的增长率为 42.87%，文学 2002 年的增长率达到 42.37%。1998 ~ 2004 年，几乎所有的学科增长率都超过了 20%。

⑤2006 ~ 2010 年，各学科的增长率又开始回落，增长幅度逐年下降。部分学科在此期间出现了负增长，如管理学在 2009 年的跌幅达到 25.79%。2010 年，除文学外，其他学科的增长率均小于 5%。

⑥2011 年，各学科的增长又开始反弹。其中管理学的增长率达到 94.81%，教育学为 50.83%，医学为 44.34%。法学、教育学、医学、农学、工学、管理学的增长率均超过 20%。

变化趋势显示：各科类中应用性学科，如工学、医学、管理学、法学、教育学的硕士在校生规模增长速度相对较快；而基础性学科，如理学、哲学、历史学的硕士在校生规模增长速度较慢，这与我国研究生科类结构的总体变化相符合。

进一步考察硕士层次中各学科在整个科类结构中的地位，根据图3-9～图3-12各学科在校硕士研究生数占在校研究生总人数的比例在近30年来变化与各学科在校研究生数占在校生总人数的比例变化相对一致。和研究生教育体系的变化一样，硕士层次研究生教育的科类结构大致来看也有以下四类情况：

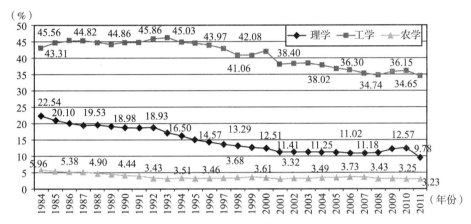

图3-9　1984～2011年理学、工学和农学硕士在校生数占
硕士在校生总数的比例情况

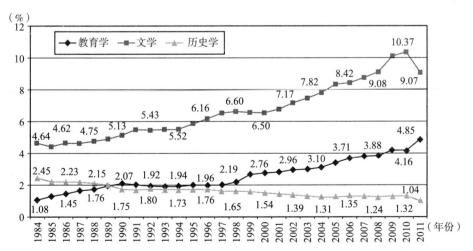

图3-10　1984～2011年教育学、文学和历史学硕士在校生数占
硕士在校生总数的比例情况

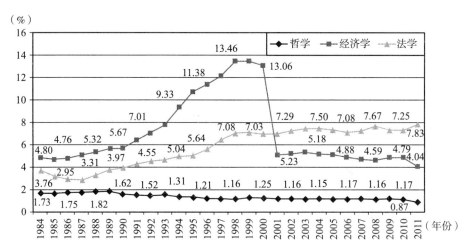

图3-11 1984~2011年哲学、经济学和法学硕士在校生数占硕士在校生总数的比例情况

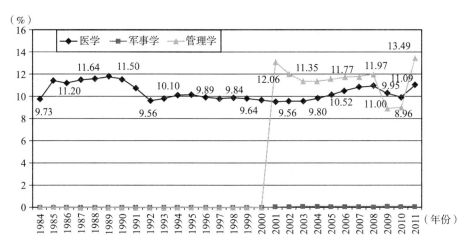

图3-12 1984~2011年医学、军事学和管理学硕士在校生数占硕士在校生总数的比例情况

注：图3-9~图3-12中，2000~2011年数据来源于2001~2012年的《中国统计年鉴》，1984~1999年的数据来源于1984~1999年的《中国教育统计年鉴》。

①增长和回落交替型：经济学和管理学在30年的发展中存在着明显的增长和回落交替的趋势走向。经济学在1992~2000年高速增长，在校硕士研究生数占硕士研究生总数的比例一度达到13.46%，是1984年该比例数值的3倍左右。自2001年起，因为管理学门类进行分开统计，其比例大幅下跌至5.23%，此后基本稳定，有微弱的下跌趋势。管理学门类自2001年设立以来，在校硕士研究生数基本稳定在11%左右，2008年，经历了一个迅速下降的阶

段，由 2008 年的 11.97% 降至 2010 年的 8.96%，之后又迅速上升，2011 年上升至 13.49%。

②稳定增长型：教育学、法学和文学在近 30 年来一直稳步增长，其中教育学在校硕士研究生数占硕士研究生总数的比例从 1984 年的 1.08% 上升到 2011 年的 4.85%。1984 年法学在校硕士研究生数占硕士研究生总数的比例为 3.76%，到了 2011 年其比例增长到 7.83%。文学在 1988～2008 年一直稳步增长，由 4.75% 上升至 10.37%，虽然在 2011 年突然跌至 9.07%，但总体上我们将文学归于稳定增长型一类。

③基本稳定型：哲学、医学和农学在校硕士研究生数占硕士研究生总数的比例相对稳定，没有出现较大波动。自 1984～2011 年哲学稳定在 1% 左右，医学稳定在 10% 左右，农学则稳定在 3%～5%。

④不断降低型。工学、理学、历史学的在校生相对规模不断下滑。工学的在校生规模在所有学科中始终最大，但所占比例的总体趋势递减。1998～2000 年，尚能维持在 40% 以上，2000 年之后，跌破 40%，并持续缩减，在 2011 年降至 34.65%。理学在校硕士研究生占硕士研究生数的比例在 1984 年为 22.54%，在 1987 年便跌至 20% 以下，此后缓慢下跌，到 2011 年跌破 10%，降至 9.78%。历史学也呈相同的调整趋势，但其规模相对较小，跌幅并不明显。1984 年，历史学在校研究生数占总研究生数的比例为 2.45%，逐年缓慢降低，2011 年降至 1.04%。

三、博士科类结构的调整历程与特征

自 1984 年以来，我国各学科博士研究生的规模均呈现一定的增长，但不同学科之间增长的幅度相差较大。除工学、理学外，1998 年前，各学科博士在校生规模的曲线较为平稳，无明显波动。而 1998 年之后，几乎所有的学科博士在校生数都出现了比较明显的增长。工科无论在规模和增长速度上均是最大，与之前不同的是，理学的规模增长同样明显，是规模第二大的学科。这与博士研究生教育更重视基础科学研究有关。

如图 3-13、图 3-14 和表 3-4 所示，1985～2011 年，我国博士在校生增长率与硕士生大不相同，增长更为明显。除 1988～1992 年少数学科出现负增长外，各学科博士研究生在校生规模长时间保持极快的增长。

具体情况可以分为以下几个阶段：

①1985～1987 年，所有科目的博士生规模都出现了惊人的增长，大部分学科在此期间的增长率超过 40%。其中，法学、农学在 1985 年的增长率分别达到

1 325%、816.67%（见图 3-13）。

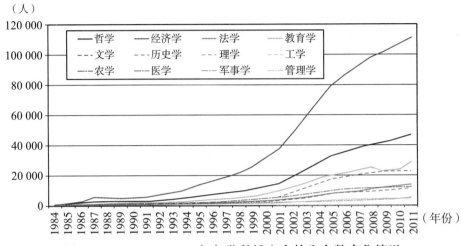

图 3-13　1984~2011 年各学科博士在校生人数变化情况

资料来源：2000~2011 年数据来源于《国家统计年鉴》（2001~2012），1984~1999 年数据来源于历年《中国教育统计年鉴》。

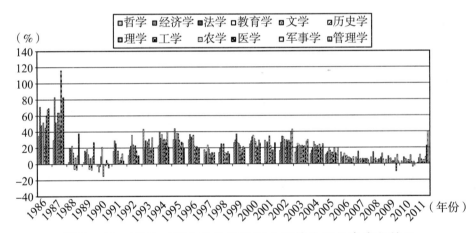

图 3-14　1985~2011 年各学科博士在校生增长率变化情况

资料来源：2000~2011 年数据来源于《国家统计年鉴》（2001~2012），1984~1999 年数据来源于历年《中国教育统计年鉴》。

表 3-4　　1985~2011 年各学科博士生在校生人数增长率的变化情况　　单位：%

年份	1985	1991	1995	1999	2001	2005	2007	2009	2011
哲学	167.86	16.41	30.61	27.23	29.75	11.76	8.36	5.57	0.08
经济学	373.68	29.70	44.46	30.15	2.02	13.21	5.97	1.15	1.46

年份	1985	1991	1995	1999	2001	2005	2007	2009	2011
法学	1 325.00	26.02	30.61	37.46	27.94	15.43	15.92	9.88	6.94
教育学	416.67	0.00	38.79	26.64	20.72	20.68	4.71	5.72	11.35
文学	137.50	17.14	38.04	26.07	35.08	17.24	6.62	7.02	6.03
历史学	248.48	1.93	30.55	23.11	22.85	14.76	3.33	2.33	2.04
理学	141.09	5.10	22.32	12.51	16.37	14.91	7.26	3.87	5.67
工学	226.44	9.15	28.04	18.29	18.06	15.00	6.82	3.51	4.52
农学	816.67	13.54	26.37	22.09	4.01	20.84	6.42	7.23	9.16
医学	127.13	4.63	20.17	21.02	26.82	13.87	6.52	−9.16	23.08
军事学						11.93	6.45	0.67	41.10
管理学						19.46	5.42	3.68	2.23

资料来源：2000~2011 年数据来源于《国家统计年鉴》（2001~2012），1984~1999 年数据来源于历年《中国教育统计年鉴》。

②1988~1991 年，所有学科的增长都明显程度的下降。少部分学科出现负增长，其中，文学在 1990 年跌幅达到 14.63%。但是部分学科的增长势头依然强劲，如医学在 1988 年的增长率达到 38.16%。

③1992~1996 年，各个学科恢复强势增长，大部分学科在此期间的增长率超过 20%，如哲学在 1992~1993 年增长率为 44.24%，经济学在 1994~1995 年的增长率为 44.46%。

④1997~1998 年，各学科增长速度放缓，只有少部分学科增长率在 20% 以上，其中文学和法学在 1997~1998 年的增长率分别为 25.53%、25.23%。

⑤1999~2004 年，所有学科在原有基础上加速增长。其中法学在 1999 年的增长率为 37.46%，管理学 2002 年的增长率达到 43.38%。1999~2005 年，大部分学科增长率都超过了 20%。

⑥2005~2011 年，各学科的增长率开始回落，增长幅度下降明显。部分学科在此期间出现了负增长，如医学在 2009 年的跌幅达到 9.16%。2010 年，除农学外，其他学科的增长率均小于 10%。2011 年医学、军事学虽然出现了较快增长，但总体增长疲软。

由以上变化可以看出，我国的博士生规模增长较硕士更为显著。主要原因是我国博士的初始规模很小，在 1984 年全国法学在校博士仅有 4 人，教育学 6 人，因此增长空间相对较大。与此同时，基础学科和应用学科并行强劲增长，理学博士规模仅次于工科，这与博士更重视基础研究有关。

进一步考察博士层次中各学科在整个博士层次科类结构中的地位，根据图3-15～图3-18，各学科在校博士研究生数占在校博士研究生总人数的比例在近30年来变化与硕士生存在很大的差异。大致来看也有以下四类情况，但具体的学科与硕士层次却有较大差别：

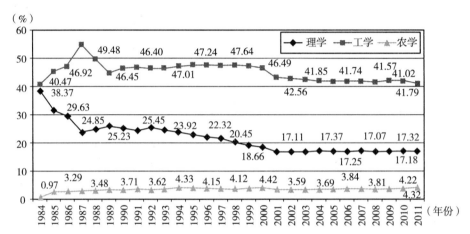

图3-15　1984～2011年理学、工学和农学在校博士生数占
在校博士生总数的比例情况

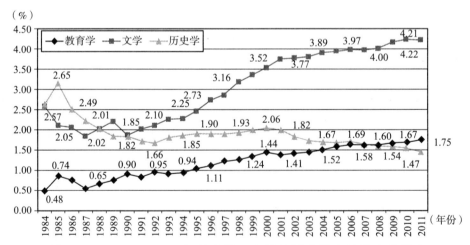

图3-16　1984～2011年教育学、文学和历史学在校博士生数占
在校博士生总数的比例情况

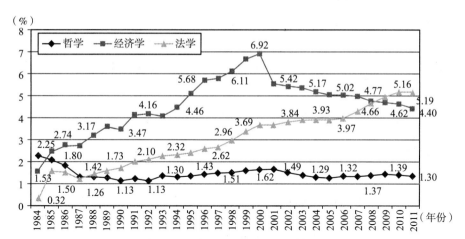

图 3 – 17　1984～2011 年哲学、经济学和法学在校博士生数占在校博士生总数的比例情况

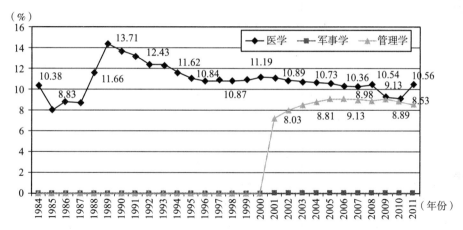

图 3 – 18　1984～2011 年医学、军事学和管理学在校博士生数占在校博士生总数的比例情况

资料来源：图 3 – 15～图 3 – 18 中，2000～2011 年数据来源于 2001～2012 年的《中国统计年鉴》，1984～1999 年的数据来源于 1984～1999 年的《中国教育统计年鉴》。

①增长和回落交替型：经济学、医学和文学在 30 年的发展中存在着明显的增长和回落交替走向。经济学在 1984～2000 年高速增长，在校博士研究生比例在 2000 年达到 6.92%，为 1984 年的 4 倍多；但是 2000 年后逐年回落并徘徊至5% 左右，2011 年为 4.40%。医学在 1987～1989 年增长迅速，1989 年增长到14.43%。但之后开始下滑，并长时间稳定在 10%～11%，2011 年该比例为10.56%。文学在 1984～1987 年显现出较为明显的波动，增长率一直围绕着 2%上下波动，1990 年开始稳步上升，由 1990 年的 1.85% 上升至 2011 年的 4.21%。

②稳定增长型：教育学和法学在近 30 年来一直稳步增长，其中教育学在校博士研究生数占博士研究生总数的比例从 1984 年的 0.48% 上升到 2011 年的 1.75% ；1984 年，法学在校博士研究生数占博士研究生总数的比例为 0.32% ，到 2011 年其比例增长到 5.19% 。

③基本稳定型：工学、哲学、管理学和农学在校博士研究生数占博士研究生总数的比例相对稳定，没有出现较大波动。1984 ~ 2011 年，工学稳定在 40% 以上，2011 年为 41.02% ；哲学稳定在 1% 左右；管理学稳定在 8% 左右；农学则稳定在 3% ~ 5% 。

④不断降低型。理学、历史学的在校生规模的比例不断下滑。理学在校博士研究生占博士研究生总数的比例在 1984 年为 38.37% ，此后不断下跌，最终稳定在 17% 左右。历史学的比例较小，跌幅并不明显。1985 年，历史学在校博士生数一度占总研究生数的比例为 3.16% ，之后逐年缓慢降低，并稳定在 1% ~ 2% ，2011 年降至 1.47% 。

四、科类结构的区域差异及变化

研究生科类结构的发展必然受到地区社会经济发展状况、政治制度、历史文化等因素的影响，因而不同省域的研究生科类结构也存在一定差异。对北京、福建、河南、黑龙江、四川 5 个省份 2011 年各科类在校研究生的规模进行分析，可在一定程度看出我国研究生教育科类结构的地区差异。例如，福建省经济学在校研究生的比例超过北京、河南、黑龙江、四川以及全国平均水平；黑龙江省的经济学在校研究生不到全国平均水平的 1/3 ，其教育学研究生也仅有 2.3% ，远低于全国平均水平（4.3%）。这是由于黑龙江是以重工业为主的省份，省域学科发展主要以工学为主，2011 年，其研究生教育科类结构中工学占比高达 26% ；以贸易为主的福建，其科类结构中管理学、经济学比例则远远高于北京、河南、黑龙江、四川以及全国平均水平。特别是管理学，福建省研究生教育科类结构中管理学占比高达 16% 。但其科类结构中工学的比例构成水平相对就较低，仅有 20% ，显著低于北京、河南、黑龙江、四川以及全国平均水平（见图 3 - 19）。

结合 1999 年和 2011 年的数据可以发现（见表 3 - 5），在 1999 年高等教育扩张阶段后各省份科类结构总体保持相对稳定。这可能是由于各省份研究生科类结构是基于当地的特点而发展，在调整过程中具有较强的路径依赖。

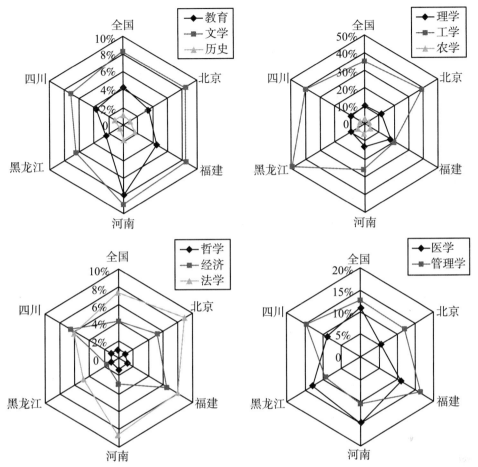

图 3-19 2011 年全国、北京、四川、黑龙江、福建和河南的科类结构比较

资料来源：各省市统计年鉴。

但需要注意的是，科类结构中工学的变动相对显著，从全国平均水平来看，工学所占比例从 1999 年的 42.5% 降低至 2011 年的 35.7%。从各省份来看，1999 年，科类结构中工学占很高比例的北京（41.9%）和河南（46.00%），在 2011 年工学所占比例分别降低了 2.42% 和 20.10%，而工学占比较低的福建（12.50%）和四川（26.80%），在 2011 年工学所占比例分别增加了 7.96% 和 12.92%。这在一定程度上说明各省研究生教育科类结构发展也存在着相互趋同的现象。

基于以上分析，并结合国际研究生教育科类结构的发展趋势，[①] 近 30 年我国研究生教育科类结构的调整历程主要呈现以下特征及问题：

———————————

① 参见第六章研究生教育结构的国际比较。

表 3 - 5　　1999～2011 年硕士在校生中各学科所占比例的变化情况

单位：%

学科	全国			北京			福建			河南			四川		
	1999 年	2011 年	变化	1999 年	2011 年	变化	1999 年	2011 年	变化	1999 年	2011 年	变化	1999 年	2011 年	变化
哲学	1.3	0.94	-0.38	1.4	0.92	-0.47	1.6	1.18	-0.39	1.0	1.38	0.38	1.7	0.86	-0.81
经济	11.9	4.10	-7.79	13.0	5.42	-7.56	30.6	6.68	-23.96	17.1	2.91	-14.18	8.5	6.30	-2.19
法学	6.2	7.40	1.15	10.3	9.09	-1.26	8.3	7.96	-0.38	2.9	8.55	5.66	6.4	5.64	-0.80
教育	2.4	4.34	1.98	2.4	3.34	0.97	1.7	4.43	2.69	1.2	7.89	6.74	4.7	3.61	-1.12
文学	5.9	8.27	2.41	6.0	8.46	2.44	8.3	8.52	0.23	4.7	8.99	4.28	8.6	7.06	-1.51
历史	1.7	1.11	-0.57	1.5	0.85	-0.67	3.5	1.49	-1.99	1.7	1.59	-0.10	3.3	1.22	-2.12
理学	14.3	11.00	-3.31	14.2	11.46	-2.74	19.6	17.40	-2.20	9.7	12.15	2.45	17.3	8.90	-8.37
工学	42.5	35.70	-6.79	41.90	39.44	-2.42	12.5	20.45	7.96	46.0	25.90	-20.10	26.8	39.76	12.92
农学	3.8	3.41	-0.38	2.7	3.29	0.61	6.2	4.11	-2.08	2.8	4.66	1.81	6.9	3.05	-3.80
医学	10.1	11.01	0.94	6.6	5.51	-1.13	7.7	11.11	3.46	13.0	15.23	2.28	15.8	9.08	-6.72
管理学	0.0	12.67	12.67	0.0	12.22	12.22	0.0	16.66	16.66	0.0	10.75	10.75	0.0	14.52	14.52

资料来源：2000 年和 2012 年的《北京统计年鉴》、《黑龙江统计年鉴》、《福建统计年鉴》、《河南统计年鉴》和《四川统计年鉴》，由于《黑龙江统计年鉴（2000）》未包括当年分学科的在校研究生数，故表格未包括黑龙江省研究生本科类结构的变化状况。

①各学科在校研究生规模总体都在增加。大致来说，工学一直占据着最大规模并持续增长，应用学科的规模增长较快，如教育学、法学、农学、医学、管理学等，而以哲学、历史学和理学为代表的基础学科规模增长得相对较慢。这在一定程度上反映了社会经济发展对不同科类人才的多样化需求。

②科类结构在博士、硕士层次没有明显差异。我国在博士、硕士学位授权点分布上，博士、硕士学位点学科构成比例最大的学科完全一样，依次为工学、理学、医学和法学。各学科在校研究生规模显示博士和硕士层次的科类结构也大致相同，只是在博士研究生教育的科类结构中，所占比例最大的学科依次是工学、理学、医学和管理学；在硕士研究生教育的科类结构中，则依次是工学、管理学、理学和医学。根据发达国家研究生教育科类结构的发展经验，不同层次的科类结构具有显著的差异。英、美、德等发达国家的硕士研究生的科类结构以社会科学、商业与法律学科为主导，而博士层次则以医学、自然科学为主导。这一方面反映出我国研究生教育在硕士、博士两个层次上缺乏必要的多样化和差异性；另一方面，也反映出我国在博士生阶段对基础学科的人才培养重视不足。

第三节　我国研究生教育科类结构与经济社会发展的协调性

科类结构与经济社会发展的协调性是研究生教育系统质量的组成部分。科类结构与经济社会发展，特别是与产业结构、科技发展的协调性会直接影响我国各学科研究生的就业质量，进而对各产业发展产生重要影响。协调性越高，各科类研究生教育对各产业发展和科技发展的支持力度越大。

基于此，本节将从两个层面对我国研究生教育科类结构与经济社会发展的协调性进行考察：在宏观层面，基于协整理论（包括面板序列协整和时间序列协整）判断研究生教育科类结构是否与经济社会中两大重要因素——产业结构和科技之间形成了长期稳定的关系以及相互制约却又相互促进的发展机制；在微观层面，从分学科的毕业研究生的落实率、学用匹配率和过度教育率判断研究生教育科类结构是否能够满足产业结构调整对于高层次人才的需求。

一、宏观分析：科类结构与产业结构、科技的协调性

历年各科类研究生教育规模、各产业产值以及科技支出之间的数量关系是判断科类结构与产业结构、科技发展之间协调性的重要依据。协整理论的分析方法可以

较好地兼顾上述指标的历时性和共时性特征，从而挖掘出三者互动、影响的机制。

1. 我国产业结构变化、科技战略实施与科类结构调整之关系

改革开放以来，中国经济一直保持着高速增长。1978～2001 年，中国 GDP 平均年增长率为 9.3%，2001～2011 年，GDP 的平均增长率达 10.5%（见表 3-6）。截至 2011 年，中国的 GDP 已达到 47.2 万亿美元，总量稳居世界第二。

表 3-6　　　　　　1978～2011 年我国国民经济总量及产业构成

指标	总量指标（亿元）				平均增长率（%）		
	1978 年	1990 年	2000 年	2011 年	1979～ 2008 年	1991～ 2008 年	2001～ 2011 年
国民总收入	3 645.2	18 718.3	98 000.5	472 115	9.8	10.4	10.5
国内生产总值	3 645.2	18 667.8	99 214.6	472 881	9.8	10.3	10.4
第一产业	1 027.5	5 062.0	14 944.7	47 486.2	4.6	4.0	4.2
第二产业	1 745.2	7 717.4	45 555.9	220 412.8	11.4	12.5	11.3
第三产业	872.5	5 888.4	38 714.0	204 982.5	10.8	10.4	11.0

资料来源：1979～2012 年《中国统计年鉴》。

经济高速增长的同时，我国产业结构也进行着不断的升级和优化。1978～2011 年，第一产业增加值占国内生产总值的比重由 28.2% 持续下降至 10.0%，下降了 18.2 个百分点；第二产业增加值占国内生产总值的比重由 47.9% 逐步下降至 46.6%，下降了 1.3 个百分点；第三产业增加值占国内生产总值的比重由 23.9% 升至 43.4%，上升了 19.5 个百分点。即产业结构从以农业为主向转变为农业、工业和第三产业并重的局面（见图 3-20）。

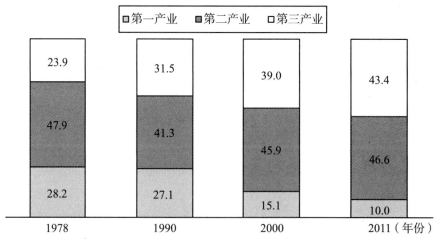

图 3-20　我国 1978～2011 年的产业结构变化（按国内生产总值计算）单位：%

资料来源：1979～2012 年《中国统计年鉴》。

与此同时，我国三次产业中从业人员的构成比例也不断发生变化。如表3-7所示，2001~2011年，第一产业吸纳了最大比重的就业人口，不过比例呈下降趋势，由50.00%降至34.80%；第二、第三产业的就业人口比重不断增大，第二产业从业人员所占比例从22.3%增长至29.5%，增长了7.2%，第三产业从业人员所占比例从27.7%增长到35.7%，增长了8%。

表3-7　　　　　　2001~2011年我国三次产业就业人口构成

年份	三次产业就业人口比重（%）		
	第一产业	第二产业	第三产业
2001	50.00	22.30	27.70
2003	49.10	21.60	29.30
2005	44.80	23.80	31.40
2007	40.80	26.80	32.40
2009	38.10	27.80	34.10
2011	34.80	29.50	35.70

资料来源：2009~2012年《中国统计年鉴》和《中国教育统计年鉴》。

产业结构变化所新增的各产业的人才需求与我国各科类毕业的研究生数量呈现很强的一致性。我们对全国105个城市的公共就业服务机构市场供求信息进行了统计。2004~2011年的产业分组需求显示（如表3-8所示），我国就业需求以第三产业为主，比重在58.9%~66.5%，第二产业次之，比重在31.4%~39.3%，第一产业需求比重较小，仅在1.8%~2.4%。而我国2004~2011年分学科的毕业研究生中农学门类的毕业生比例在2.79%~3.95%；工学门类的毕业生比例在33.61%~38.47%，逐年小幅下降；其他门类毕业的研究生比例在58.4%~63.6%，逐年小幅上升。纵观2004~2011年各学科毕业研究生数与各产业劳动力市场需求人数，二者的相关系数一直稳定在0.98以上，呈现高度的线性相关关系。

表3-8　　　　　　2004~2011年分学科毕业研究生数构成
与三大产业就业人员需求构成

年份	分学科毕业研究生数构成（1）（%）			劳动力市场需求人数构成（2）（%）			（1）和（2）相关系数
	农学门类	工学门类	其他门类	第一产业	第二产业	第三产业	
2004	3.43	37.20	59.37	2.20	31.40	66.50	0.9852
2005	3.18	38.47	58.35	2.20	32.00	65.80	0.9808

续表

年份	分学科毕业研究生数构成（1）（%）			劳动力市场需求人数构成（2）（%）			（1）和（2）相关系数
	农学门类	工学门类	其他门类	第一产业	第二产业	第三产业	
2006	3.46	36.95	59.59	2.40	32.90	64.70	0.9924
2007	3.62	36.78	59.60	2.40	36.40	61.20	0.9999
2008	3.74	35.76	60.51	2.60	37.80	59.60	0.9981
2009	3.87	37.63	58.50	2.30	38.90	58.80	0.9994
2010	3.95	36.06	60.00	1.80	38.70	59.50	0.9971
2011	2.79	33.61	63.60	1.80	39.30	58.90	0.9854

资料来源：（1）分学科毕业研究生数来源于 2004~2011 年《中国统计年鉴》；（2）劳动力市场需求人数来源于 2004~2009 年的全国部分城市劳动力市场供求状况分析，分析报告来自国家人力资源和社会保障部网站，http://w1.mohrss.gov.cn/gb/zwxx/node_5433.htm。

　　再深入聚焦至第三产业的内部结构，可以发现其内部各行业的人才需求状况与我国毕业研究生的就业结构也呈现非常强的相关性。图 3-21 显示：1978 年，批发和零售业占第三产业的比重为 27.49%，交通运输仓储和邮政业占第三产业的比重为 20.64%，金融业和房地产业所占比重分别仅为 8.68% 和 9.06%。随着改革开放以来经济体制改革的逐步推进，金融业、房地产业的产值所占比重不断增加，2011年，所占比重为 14.45% 和 13.27%，分别比 1978 年上升 5.77 个和 4.21 个百分点；批发和零售业、交通运输仓储和邮政业增加值占第三产业的比重小幅下降，2011年，比重分别为 21.2% 和 10.7%，比 1978 年分别下降了 6.6 个和 10.2 个百分点。

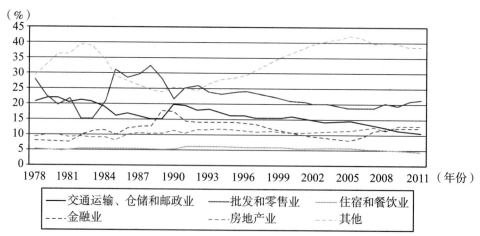

图 3-21　1978~2011 年部分行业增加值占第三产业的比重

资料来源：《中国统计年鉴（2011）》。

我国研究生教育结构调整问题研究

这部分新兴的行业已逐步成为吸纳大量的研究生的重要领域。图 3 – 22 显示，虽然目前具有研究生学历的从业人员在交通运输、仓储和邮政、批发零售、住宿餐饮和居民服务等行业的数量非常少，但在金融行业和房地产行业的具有研究生学历的从业人员数量已不可小觑，2011 年，金融行业中具有研究生学历的从业人员占比已达到 2%。

除了受到产业结构变化的影响外，我国研究生教育科类结构也受到科学技术发展的影响。随着科学技术革命的不断推进，高科技领域成为所有国家关注的焦点，尤其是生物工程、信息技术、新材料、能源以及环境等领域已经成为当今世界各国提升本国科技竞争力、争夺国际高科技领域制高点的国家优先发展项目。我国在 2006 年颁布的《国家中长期科学和技术发展规划纲要（2006～2020 年）》中确定优先发展能源、农业、环境、水和矿产资源、制造业、交通运输业、信息产业及现代服务业和人口与健康等八个技术领域，以及包括生物、信息、新材料、能源、海洋、激光等在内的 27 项前沿技术（见表 3 – 9）。

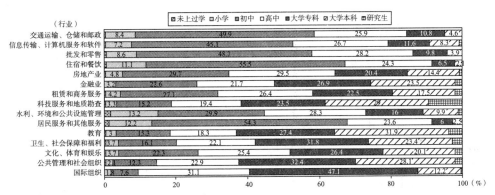

图 3 – 22　2011 年分行业的就业人口受教育程度构成（第三产业）

资料来源：《中国人口和就业统计年鉴（2012）》。

表 3 – 9　　　　　《国家中长期科学和技术发展规划纲要
（2006～2020 年）》中的重点领域

重点领域及优先主题	前沿技术	面向国家重大战略需求的基础研究
能源	生物技术	人类健康与疾病的生物学基础
水和矿产资源	信息	农业生物遗传改良和可持续发展中科学问题
环境	新材料	人类活动对地球系统的影响机制
农业	先进制造技术	全球变化与区域响应
制造业	先进能源技术	复杂系统、灾变形成及其预测控制
交通运输业	海洋技术	能源可持续发展中的关键科学问题

续表

重点领域及优先主题	前沿技术	面向国家重大战略需求的基础研究
信息产业与现代服务业	激光技术	材料设计与制备的新原理和新方法
人口与健康	空天技术	极端环境条件下制造的科学基础
城镇化与城市发展		航空航天重大力学问题
公共安全		支撑信息技术发展的科学基础
国防		

研究生教育在基础研究、前沿技术研究和社会公益性技术研究领域起着至关重要的作用。国家对这些重点领域的发展战略将直接影响着我国研究生教育科类结构调整的方向和重点。我国《国家中长期人才发展规划纲要（2010～2020年）》中明确提出"大力开发经济社会发展重点领域急需紧缺专门人才"的重要任务。该任务着眼于"将适应发展现代产业体系和构建社会主义和谐社会的需要，加大重点领域急需紧缺专门人才开发力度。到 2020 年，在装备制造、信息、生物技术、新材料、航空航天、海洋、金融财会、国际商务、生态环境保护、能源资源、现代交通运输、农业科技等经济重点领域培养开发急需紧缺专门人才500 多万人；在教育、政法、宣传思想文化、医药卫生、防灾减灾等社会发展重点领域培养开发急需紧缺专门人才 800 多万人。"

面对我国经济社会结构性的人才需求，研究生教育的科类结构也将产生相应的调整，为培养出满足国家"重点领域急需紧缺专门人才"发挥重要作用。

2. 协整理论视角下产业结构、科技与科类结构的协调性测度模型

基于上述分析，本书认为，除国家重大宏观政策外，产业结构和科技是影响一国研究生教育科类结构的最重要的因素。科类结构总是在与产业结构和科技的互动中不断发生变化。如何判断一国研究生教育科类结构是否与产业结构和科技协调发展？

首先，科类结构要与产业结构和科技发展保持长期的稳定关系，例如，"分学科毕业研究生数构成与分产业的劳动力市场需求人数在 8 年内呈现高度的线性相关"我们将其视为协调发展的一种现象。

其次，科类结构与产业结构、科技之间能够产生一种系统内生的纠偏机制，当某一要素（例如产业结构）的发展突然偏离三者所形成的长期稳定关系时，系统会使其他两个要素产生变化从而维持三者所形成的长期稳定关系，例如，当第三产业的劳动力市场需求激增时研究生教育科类结构为满足市场需求也应该产生相应的调整从而维持人才供需的平衡。

此外，科类结构与产业结构、科技之间能够共同作用、相互促进。

前面呈现了一些我国研究生教育科类结构与产业结构、科技之间的互动关系，也不乏一些支持三者"协调发展"的特征。但如何以一个统一的框架来测算三者的协调性？本书拟基于协整理论来构建测量我国研究生教育科类结构与经济、科技协调性的数理模型。正如利用协整理论来测量区域结构的协调性一样，应用协整理论测量研究生教育科类结构与经济、科技的协调性具有以下独特优势：

第一，协整理论中的协整方程可探测出因素间是否存在长期稳定的发展关系。

第二，协整理论中误差修正模型可结合协整方程，对各因素的短期波动状态进行描绘，从而考察它们是否形成了系统内生的纠偏机制。

第三，协整理论中的格兰杰因果检验可考察各因素在数据层面所呈现的动态因果关联。

因此，基于协整理论，本书构建的协调性测量模型的框架如图 3 – 23 所示。

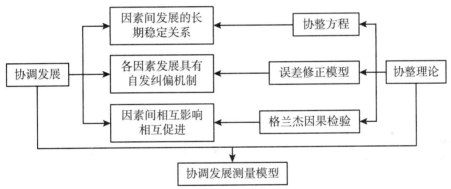

图 3 – 23　基于协整理论的科类结构与产业结构、科技协调性的测量模型

3. 指标、数据及变量平稳性检验

本书拟采用 GDP 衡量经济发展状态，为克服物价上涨所带来的衡量偏差，我们以 1981 年的物价指数作为基期固定，测算出基于 1981 年物价的各年份的物价指数。将实际 GDP 除以物价指数得到平减后的 GDP，对于不同产业的 GDP 也采用相同办法（见表 3 – 10），同时，以在校研究生数来衡量我国研究生教育的发展水平，其中既包括我国在校研究生总人数，也包括各科类的在校研究生数。我们将工学门类和农学门类的在校研究生数单列，将除工学和农学以外的其他学科门类的在校研究生数合并为一类（以下简称其他科类）。[①]　对于科技发展水平，

---

① 虽然农学门类、工学门类和其他门类的研究生教育与我国三大产业的人才需求不一定精确对应。但目前这前是在宏观数据分析中，唯一能够将产业结构和研究生教育的科类结构结合在一起分析的办法。

我们采用研究与实验发展经费内部支出作为指标。由于该指标也会受到物价变动的影响，我们将其除以物价指数转化为平减后的研究与实验发展经费的内部支出（以下简称科研支出），数据分析软件是 EViews 6.0。

表 3 - 10　　　　　　　　　指标、数据及描述性统计结果

因素	指标	单位	均值	极大值	极小值	标准差	时间跨度（年）
经济	GDP	亿元	114 583. 10	471 564. 00	5 330. 50	127 651. 00	1982~2011
	第一产业 GDP	亿元	14 795. 65	47 486. 21	1 777. 40	12 321. 74	1982~2011
	第二产业 GDP	亿元	53 340. 54	220 412. 80	2 383. 00	59 982. 13	1982~2011
	第三产业 GDP	亿元	46 490. 60	204 982. 50	1 163. 00	55 657. 84	1982~2011
	平减后 GDP	亿元	292. 45	955. 10	52. 26	254. 10	1982~2011
	平减后第一产业 GDP	亿元	41. 54	96. 18	17. 43	20. 85	1982~2011
	平减后第二产业 GDP	亿元	135. 40	446. 42	23. 36	120. 13	1982~2011
	平减后第三产业 GDP	亿元	115. 60	415. 17	11. 40	113. 55	1982~2011
研究生教育	在校研究生数	人	463 243	1 645 845	25 847	516 795	1982~2011
	农学类在校研究生数	人	18 479	56 119	3 248	17 643	1986~2011
	工学类在校研究生数	人	196 726	587 587	39 597	180 462	1986~2011
	其他门类在校研究生数	人	297 497	1 001 312	44 932	305 825	1986~2011
科技	科研支出（平减后）	万元	1 748. 71	7 062. 58	125. 43	2 008. 32	1990~2010

资料来源：1982~2012 年的《中国统计年鉴》。

由于进行协整分析的变量必须是同阶平稳的时间序列数据或者面板数据，在分析前需要对各变量进行平稳性检验，或将其转化为平稳变量进行分析。鉴于数据类型的不同，我们进行两组平稳性检验。第一组检验的是在校研究生、GDP 和对数化后的科研支出的面板数据。在校研究生的向量和 GDP 的向量分别代表着研究生的科类结构和产业结构。表 3 - 11 表明，二阶差分后的在校研究生数、二

阶差分后的 GDP 以及一阶差分后的对数化的科研支出通过了面板数据的平稳性
检验。

表 3 – 11   科类结构、产业结构与科技的面板数据单位根检验

变量	检验方法			
	LLC	IM	ADF	PP
在校研究生数的 2 阶差分	11. 21	− 2. 68 ***	18. 89 ***	4. 05
GDP 的 2 阶差分	− 4. 09 ***	− 3. 56 ***	22. 41 ***	22. 23 ***
科研支出对数的 1 阶差分	− 6. 20 ***	− 5. 85 ***	39. 07 ***	39. 54 ***

注： *** 代表参数通过 1% 的显著性检验。

第二组检验的是分产业平减后的 GDP、分科类的在校研究生数以及科研支
出的时间序列数据。为降低时间序列的异方差，同时平缓数据的增长趋势，我
们对序列进行了对数变换和 HP 滤波变换，并依据拟合结果，选取对数变化后
的农学门类在校研究生数、未经过变化的工学门类在校研究生数、HP 滤波变
化的其他科类在校研究生数、经过对数变化后的三大产业平减后的 GDP 以及
平减后的科研支出作为分析变量。表 3 – 12 显示：平减后的各产业 GDP、农学
门类的在校研究生数、其他门类在校生数为 2 阶差分平稳，工学门类在校研究
生数进行对数变化后 2 阶差分平稳，平减后的科研支出经过对数变化后 1 阶差
分平稳。

表 3 – 12   各变量时间序列平稳性检验结果

变量	变量处理方法	0 阶差分	1 阶差分	2 阶差分
平减后的第一产业 GDP	原数据	不平稳	不平稳	平稳
	对数变换	不平稳	平稳	—
平减后的第二产业 GDP	原数据	不平稳	不平稳	平稳
	对数变换	不平稳	平稳	—
平减后的第三产业 GDP	原数据	不平稳	不平稳	平稳
	对数变换	不平稳	平稳	—
农学门类在校研究生数	原数据	不平稳	不平稳	平稳
	对数变换	不平稳	不平稳	平稳
工学门类在校研究生数	原数据	不平稳	不平稳	不平稳
	对数变换	不平稳	不平稳	平稳

续表

变量	变量处理方法	0 阶差分	1 阶差分	2 阶差分
其他门类在校研究生数	原数据	不平稳	不平稳	平稳
	HP 滤波变换	不平稳	平稳	—
平减后的科研支出	原数据	不平稳	不平稳	不平稳
	对数处理	不平稳	平稳	—

4. 我国研究生教育科类结构整体与产业结构、科技发展的协调性分析

（1）我国研究生教育科类结构整体与产业结构、科技的协整方程。面板数据的协整关系检验主要有两类方法，第一类是基于面板数据回归方程的残差所进行的协整检验，是 E - G 两步法的推广，例如，Pedroni 检验和 Kao 检验。第二类是基于 Johansen 迹（Trace）检验所进行的面板协整检验，Fisher 检验就属于这种类型。较之第一类检验，第二类检验能够更清晰地描绘变量间协整关系的表达形式。并能够与 VAR 模型（向量自回归模型）的协整检验方法相统一。故本书以 Fisher 检验的结果为准，检验结果见表 3 - 13。

表 3 - 13　　在校研究生数、GDP 与科研支出的协整方程类型

数据形式	无	无	线性	线性	二次曲线
协整方程形式	无截距	有截距	有截距	有截距	有截距
	无趋势	无趋势	无趋势	有趋势	有趋势
Fisher 统计量（来自迹统计量）	3	2	1	1	1
Fisher 统计量（来自 λ - max 统计量）	1	2	1	1	1

由表 3 - 13 可知，在校研究生数的 1 阶差分，GDP 的 1 阶差分以及对数化的科研支出之间存在着显著的协整关系。但协整关系的形式并不清晰，从统计学的角度来看，这三个变量可表示为五种协整方程的形式。鉴于三变量的数据中存在着较为明显的线性趋势，本书选择第三种协整方程形式（也是最常用的形式）。为消除模型时间序列的自相关和异方差，运用 PCSE（Peroid SUR ESTIMATE）的方法估计模型，结果为：

$$d(ge?) = -12.14 + 1342.258d(gdp?) + 4901.76\ln te? + \varepsilon$$

$d(ge?)$ 为在校研究生数的 1 阶差分，$d(gdp?)$ 为 GDP 的 1 阶差分，$\ln te?$ 为科研支出的对数。[①] 协整方程表明三变量之间存在着长期稳定的正向关系，科研

[①] 由于数据为面板数据，故变量名以 ? 表示以区分于时间序列数据或截面数据。

支出和各产业产值增量的增加均伴随着研究生教育规模的增长。

（2）我国研究生教育科类结构整体与产业结构、科技的误差修正模型。从整体上看，我国研究生教育科类结构与产业结构、科研支出间形成了长期稳定的关系。为保持这种稳定的关系，三者所构成的系统必须对各变量的发展形成具有显著的约束力度的内生纠偏机制。在协整方程的基础上分别估计三变量的面板误差修正模型，结果见表 3 - 14。

表 3 - 14　我国研究生教育科类结构整体与经济、科技的误差修正模型估计

误差修正模型的因变量	$d(d(ge?))$	$d(\ln te?)$	$d(d(gdp?))$
误差修正项	- 0.336634 ***	- 2.27E - 07	6.60E - 05 ***
	[- 7.558918]	[- 0.295097]	[3.122428]
$d(d(ge?))$	—	1.04E - 06 *	1.75E - 05
		[1.703727]	[1.033462]
$d(\ln te?)$	8707.458 *	—	5.508013 *
	[2.465411]		[2.981448]
$d(d(gdp?))$	90.06503	0.006625 *	—
	[0.751023]	[2.924101]	
可决系数	0.342189	—①	0.170683
调整的可决系数	0.322255	—	0.145552
估计方法	时间异方差加权的广义最小二乘估计（Pooled EGLS）		

注：$d(d(gdp?))$ 为各产业 GDP 向量的 2 阶差分；$d(d(ge?))$ 为各科类在校研究生数向量的 2 阶差分；$d(\ln te?)$ 为科研支出的 1 阶差分；* 代表参数通过 10% 的显著性检验；*** 代表参数通过 1% 的显著性检验；—表示模型没有包括该项；方括号内为 T 值。

由于该误差修正模型为过原点回归模型，其计算出的可决系数与调整的可决系数为负数，不具有实际意义故略去。

表 3 - 14 显示：三个变量形成了显著的内生调节机制，对在校研究生数的增速有着明显的调整作用，当在校研究生数的增速超过科技、经济所能支撑的速度时，三变量所形成的内生调节机制能够将在校研究生数的增速放慢；当在校研究生数的增速低于科技、经济所能支撑的速度时，三变量所形成的内生调节机制能够将在校研究生数的增速加快。同时内生纠偏机制也对 GDP 的增速起到了显著的调节作用，当 GDP 增速高于当前研究生教育增速和科研支出增速所对应的发展速度时，内生纠偏机制会减缓 GDP 增速。需要看到的是，科研支出增速对在研究生数的增速、GDP 增速对科研支出的增速以及科研支出增速对 GDP 的增速都存在着显著的正向促进作用。

（3）我国研究生教育科类结构整体与经济、科技的格兰杰因果关系检验。为考察我国研究生教育科类结构整体与经济、科技之间的动态关联，以下将运用赫瑞林（Hurlin）所给出的格兰杰因果检验方程进行面板数据格兰杰因果检验。假设有两个协方差平稳的序列 x 和 y，N 为截面个体，T 为时间长度。面板格兰杰因果检验的模型为：$y_{it} = a_i + \sum_{k=1}^{K} \gamma_i^{(k)} y_{i,t-k} + \sum_{k=1}^{K} \beta_i^{(k)} x_{i,t-k} + \varepsilon_{it}$，其中 a_i 为固定个体效应，$\beta_i^{(k)}$ 和 $\gamma_i^{(k)}$ 为待估参数，$\varepsilon_{i,t} \sim IID(0, \sigma_{\varepsilon,i}^2)$，$\beta_i = (\beta_i^{(1)}, \beta_i^{(2)}, \cdots, \beta_i^{(k)})$，若 $\forall i = 1, \cdots, N$，$\beta_i = 0$，则在既定的滞后期 k 中，x 不是 y 的格兰杰原因；反之，则 x 是 y 的格兰杰原因。对我国研究生教育科类结构整体、产业结构与科研支出进行面板格兰杰因果关系检验，不断调整参数 k 的设置，结果见表 3 – 15。

表 3 – 15　　我国研究生教育科类结构整体与经济、科技的格兰杰检验结果

变量关系	滞后期 k						
	1	2	3	4	5	6	7
$d(d(gdp?)) \rightarrow d(d(ge?))$	—	***	—	—	—	—	—
$d(d(gdp?)) \leftarrow d(d(ge?))$	—	**	—	*	—	*	—
$d(d(gdp?)) \rightarrow d(\ln te?)$	—	—	—	—	—	*	—
$d(d(gdp?)) \leftarrow d(\ln te?)$	**	*	—	—	—	—	*
$d(\ln te?) \rightarrow d(d(ge?))$	—	—	—	—	—	—	**
$d(\ln te?) \leftarrow d(d(ge?))$	—	—	—	—	—	**	***

注：变量名同表 3 – 14，* 代表参数通过 10% 水平的显著性检验；** 代表参数通过 5% 水平的显著性检验；*** 代表参数通过 1% 水平的显著性检验，—代表未通过 10% 水平的显著性检验。由于不同的格兰杰因果检验值不具有可比性，在此仅呈现结果的显著性。

表 3 – 15 表明：从整体上看，我国研究生教育科类结构与经济、科技之间形成了较好的互动机制。滞后 2 期、4 期和 6 期的不同学科的在校研究生增速变化对各产业产值增速有显著影响，滞后 2 期的各产业产值增速也对不同学科在校研究生人数的增速产生显著影响。科研支出增速对各产业产值增速会迅速产生显著影响，但各产业产值增速仅在滞后 7 期时才对科技增速产生影响。滞后 6 期至 7 期的在校研究生增速影响了科研支出增速的变化，滞后 7 期的科研支出增速变化影响了在校研究生数的增速变化。

5. 我国各科类研究生教育与各产业经济、科技的协调性分析

（1）我国各科类研究生教育与经济、科技的协整方程。本节考察不同科类研究生教育发展与经济、科技的协调性。鉴于三个学科在校研究生数有 26 期的观测期，本书将采用基于 VAR 模型的 Johansen 协整关系检验。VAR 模型的协整方程估计必须首先确定 VAR 模型的滞后期。因此，综合运用 LR、FPE、AIC、SC 和 HQ 统计量对 VAR 模型的滞后长度进行检验，发现农学门类的滞后期为 1 期；工学为 2 期；其他科类为 4 期。[①] 在所选择的滞后期上，对各学科门类研究生教育与经济、科技的协整方程进行 Johansen 检验，依据 $\lambda - \max$ 统计量和迹（Trace）统计量的检验结果，协整方程表达式见表 3 - 16。

表 3 - 16　　我国各科类研究生教育与经济、科技的协整方程

学科	协整方程形式		统计量建议的协整方程数		协整方程的表达式
	数据	方程	$\lambda - \max$	迹（Trace）	
农学	无趋势	无截距，无趋势	1	1	$\ln fgdp = 3.18 \times d(\ln fge) + 0.37 \times \ln te + \varepsilon$
工学	线性趋势	有截距，有线性趋势	1	1	$d(sge) = -320\,013 + 24\,860 \times \ln te + 133\,616 \times \ln sgdp + 62\,004 \times t + \varepsilon$
其他科类	线性趋势	有截距，有二次曲线趋势	2	2	$htge = 1\,368\,831 + 98\,606 \times \ln te + 425\,758 \times \ln tgdp + 20\,908 \times t^2 + \varepsilon$

表 3 - 16 显示，各科类的研究生教育与各产业产值、科研支出之间都形成了较为清晰的长期稳定关系。依据 $\lambda - \max$ 统计量和迹统计量的检验结果，其他科类的研究生教育与经济、科技之间的协整方程的个数有两个，表明其研究生教育与经济、科技之间的发展轨迹更多地呈现协整关系的特征。鉴于不同科类间比较的便利性，我们仅写出具有一个协整关系时的协整方程。协整方程的表达式显示：不同科类研究生教育与不同产业产值、科技的协调发展形式有所不同。在其他条件不变的情况下，农学在校研究生规模的增幅和科研支出的增速分别与农业

---

① 滞后期的选择标准为不同滞后阶数的 VAR 模型的 LR、FPE、AIC、SC 和 HQ 统计量数值。农学门类的 VAR 模型中，LR（135.96）和 SC（-5.45）建议滞后期为 1，FPE（3.61×10^{-7}）建议滞后期为 2，AIC（-6.69）和 HQ（-6.27）建议滞后期为 4。由于滞后 1 期的 LR 数值远大于滞后 2 期（16.83）、3 期（10.41）和 4 期（8.48）的 LR 数值，其区分度较之于其他统计量格外明显，并为扩大模型参数估计的自由度，我们将农学门类 VAR 模型的滞后期定为滞后 1 期。工学门类 VAR 模型中，LR（34.99）、FPE（2 453.68）、AIC（16.26）、SC（17.29）和 HQ（16.52）五个统计量均建议滞后期为 2。其他学科门类的 VAR 模型中，FPE（0.01）、AIC（1.47）、SC（2.82）和 HQ（1.96）四个统计量均建议滞后期为 5，滞后 4 期的 LR 统计量数值（26.21）较之于滞后 5 期的数值（16.19）的差异远大于其他统计量滞后 4 期与滞后 5 期的差异，并为扩大模型参数估计的自由度，我们将其他学科门类 VAR 模型的滞后期定为滞后 4 期。

产值的增速呈现正向的长期稳定关系；工业产值增速和科研支出增速会分别与工学在校研究生数的增幅呈现正向的长期稳定关系，第三产业产值增速和科研支出增速会分别与其他科类在校研究生数呈现正向的长期稳定关系。

（2）我国各科类研究生教育与经济、科技的误差修正模型。在协整方程的基础上，建立起量误差修正模型，以考察各科类的三大因素间是否存在着内生的纠偏机制。[①] 向量误差修正模型的形式见表 3 – 17。[②]

表 3 – 17　　　　　各学科门类研究生教育与各产业产值、
科研的向量误差修正模型

因变量	农学、农业与科技		工学、工业与科技			其他学科、第三产业与科技		
	$d(\ln fgdp)$	$d(\ln te)$	$d(d(sge))$	$d(\ln te)$	$d(\ln sgdp)$	$d(htge)$	$d(\ln te)$	$d(\ln tgdp)$
误差修正项	0.00789 [1.45]	0.0251 [4.75]	0.1055 [1.15]	1.1E – 06 [4.73]	– 9.3E – 08 [– 0.62]	– 0.0173 [– 3.06]	– 2.7E – 06 [– 0.87]	1.9E – 06 [1.52]
可决系数	0.29	0.36	0.46	0.72	0.62	0.99	0.91	0.86
F 统计量	2.58	3.61	1.86	5.55	3.47	11 542	4.28	2.66
对数似然比	29.29	29.94	– 257.64	39.45	48.83	110.93	47.11	64.82
赤池准则	– 2.19	– 2.26	23.09	– 2.73	– 3.55	11.99	– 3.06	– 4.74
施瓦兹准则	– 2.01	– 2.06	23.49	– 2.34	– 3.16	12.74	– 2.32	– 3.99

注：$d(\ln fgdp)$ 为经过平减和对数处理后的农业产值的 1 阶差分；$d(\ln te)$ 为科研支出对数的 1 阶差分；$d(d(sge))$ 为经过对数处理的工学在校生数的 2 阶差分；$d\ln sgdp$ 为平减和对数处理后的工业产值的 1 阶差分；$d(htge)$ 为经过 HP 滤后的工学在校生数的 1 阶差分；$d(\ln tgdp)$ 为经过平减和对数化后的第三产业产值的一阶差分；方括号内为对应参数的 T 值。

表 3 – 17 表明：各科类的研究生教育与其相对应的产业、科技所形成的系统中均存在着内生纠偏机制。在农业系统和工业系统，这种内生纠偏机制对科研经费支出的变化起到了约束和调整作用，当科研经费的增速变化过快或者过慢时，为保持农业和工业系统中研究生教育、经济和科技三者发展的稳定关系，系统内部会自发地对科研支出的变化速度进行调节；在第三产业系统内，情况有所不同，内生纠偏机制主要是对第三产业研究生教育的发展速度起到调

① 由于农业系统中，以农学研究生为因变量的误差修正模型整体未能通过统计检验，故表格中未列入。

② 由于各个科类的误差修正模型具有不同的滞后期，故模型的自变量有所不同，但我们仅仅关注其误差修正项的显著性以判断其是否具有内生纠偏机制，故未列入其他的自变量。

节作用，当其他学科门类的在校研究生数增幅超过经济和科技发展所能承载的幅度时，系统自身会对其发展"降温"。当然，整个系统的稳定要求系统内各个因素的发展相互平衡，相互制约，系统内部的纠偏机制对单个因素发展变化具有调节作用并不意味着整个系统就处于稳定状态。例如，三大产业的产值就基本不受系统内生纠偏机制的影响，这主要是因为经济发展还受到更多其他系统外的因素（如固定资产投资、进出口和劳动力投入等）影响，而不仅仅由研究生教育和科技所决定。

（3）我国各科类研究生教育与经济、科技的格兰杰因果检验。对各科类的在校研究生数、各产业的产值以及科研支出进行格兰杰因果检验，以挖掘变量间的动态关联。由于进行格兰杰因果检验的变量必须为平稳的时间序列，故进行检验的变量为经过平减和对数处理后的农业产值的 1 阶差分序列 $d(\ln fgdp)$、经过平减和对数处理后的科研支出的一阶差分序列 $d(\ln te)$；经过对数处理的工学在校生数的 2 阶差分 $d(d(sge))$、平减和对数处理后的工业产值的一阶差分 $d(\ln sgdp)$、经过 HP 滤波处理后的其他科类在校研究生数的一阶差分 $d(htge)$ 以及经过平减和对数处理后的第三产业产值的一阶差分 $d(\ln tgdp)$。鉴于篇幅有限，我们仅列举出具有显著的格兰杰因果关系的 9 对变量（见表 3 - 18）。

表 3 - 18　　各科类研究生教育、经济和科技的格兰杰因果检验

变量关系	滞后期						
	1	2	3	4	5	6	7
$d(\ln te) \leftarrow d(\ln fge)$	—	**	**	*	—	—	—
$d(\ln sgdp) \rightarrow d(d(sge))$	—	—	—	*	—	—	—
$d(\ln sgdp) \leftarrow d(d(sge))$	—	**	*	—	—	—	—
$d(\ln te) \rightarrow d(\ln sgde)$	—	**	—	—	—	—	—
$d(\ln te) \leftarrow d(\ln sgde)$	*	—	**	**	**	—	—
$d(\ln te) \leftarrow d(htge)$	**	*	*	*	**	***	—
$d(\ln tgdp) \rightarrow d(htge)$	—	—	—	**	**	**	*
$d(\ln tgdp) \leftarrow d(htge)$	—	—	***	**	***	***	***
$d(\ln tgdp) \rightarrow d(\ln te)$	—	—	—	—	*	**	—

注：* 代表参数通过 10% 的显著性检验；** 代表参数通过 5% 的显著性检验；*** 代表参数通过 1% 的显著性检验；—代表参数未通过 10% 的显著性检验。由于不同的格兰杰因果检验值不具有可比性，在此仅呈现结果的显著性。

表 3 – 18 表明：科研支出的增长速度与农学在校生规模的增速间存在着格兰杰因果关系，农学在校生规模的增速是科研经费支出增速的格兰杰原因。即若干年前的农学门类研究生教育规模的变动会影响当前的科研支出。但科研支出并未对农学门类的研究生教育发展提供支撑作用，此外，其他因素间也并未形成相互作用、相互促进的发展关系。

工业产值增速与工科研究生规模增速之间存在着相互的格兰杰因果关系，它们相互影响、相互促进。当然无论是工业产值对工学研究生教育的影响和还是工学研究生对工业经济的影响，都具有一定的滞后性。此外，工业产值增速的变化会非常显著地影响到科研支出的增速变化，科研支出增速的变化也会显著影响工业产值增速的变化。

第三产业相关学科的在校生规模、科研支出与第三产业产值间存在着较为紧密的相互作用、相互促进机制。第三产业产值的增长会促进这些学科研究生教育规模和科研支出的增加；这些学科研究生教育规模的增加可以促进第三产业产值和科研支出的增加。

综上所述，我国各科类研究生教育与经济、科技之间形成了较为显著的互动作用，但较之于工业和第三产业，农业经济、农学研究生教育与科技之间的互动作用非常弱；相较于第三产业，工业经济、工学研究生教育与科技发展之间的互动作用也有待加强。

总体而言，协调性的宏观分析主要以协整理论为工具对我国研究生教育科类机构（各科类的研究生规模）、产业结构（各科类的产业产值）以及科技发展态势（科研支出）在宏观数据层面所显示出的关系进行了考察。

从整体上看，我国研究生教育科类结构与产业结构、科技发展之间存在着显著的协调性特征，各产业和科技的发展会显著促进各科类研究生教育的发展，三者自发地产生纠偏机制对各科类研究生教育和各产业的发展速度进行调控，同时因素间呈现显著的两两互动作用。

但具体至各科类其协调的方式和协调的程度有所不同：

①从各科类所形成的长期稳定关系来看，农学在校研究生规模的增幅和科研支出增速的提高会加快农业产值的增速；工业产值和科研支出增速的提高会促进工学在校研究生数增幅的加大。第三产业产值增速和科研支出增速的增加会促进其他科类在校研究生数的增加。

②在农业系统和工业系统，存在着系统内生的纠偏机制对科研经费支出的变化起到了约束和调整作用，当科研经费的增速变化过快或者过慢时，为保持农业和工业系统中研究生教育、经济和科技三者发展的稳定关系，系统内部会自发地对科研支出的变化速度进行调节；在第三产业系统内，情况有所不同，内生纠偏

机制主要是对第三产业研究生教育的发展速度起到调节作用，当其他学科门类的在校研究生数增幅超过经济和科技发展所能承载的幅度时，系统自身会对其发展"降温"。

当然宏观分析中也反映出我国研究生教育科类结构与产业结构、科技之间有着不协调的现象：

①较之于工业和第三产业，我国农业系统中研究生教育、经济和科技之间的互动机制非常薄弱，研究生教育、科技对农业经济发展产生的影响较小。这对于一个"民以食为天"的人口大国而言，是一个非常危险的信号。我国农学研究生教育的规模较小，这对于农业经济的发展，特别是依靠科技创新和技术更新所推动的农业发展更为不利。按照教育发展的外部规律，教育既受制于经济社会的发展水平，又能够反作用于经济社会的发展。因此，高校加大农业系统内高层次创新型人才的培养和就业引导工作是非常必要的；社会也应该为农业领域的高层次创新型人才提供更多的技术型岗位，而不仅限于"村官"性质的公务员岗位。

②我国各科类研究生教育与对应产业、科技的互动机制尚需加强。虽然从整体上看，我国研究生教育的科类结构在与经济、科技的互动中产生了自发的纠偏调整机制来实现研究生教育的协调发展，但具体至各科类研究生教育来看，情况并不乐观。农业、工业相应学科的研究生教育发展很大程度上并不受到其与经济、科技互动机制的影响，换而言之，决定农业、工业相应学科的研究生教育规模的因素可能更多地来自经济和科技力量的外部，受到自身规模存量以及政府指令的影响。相较之下，第三产业更能反映经济和科技发展的需求，能够在与经济、科技的互动中对自身规模的扩张进行调节。

二、微观分析：分学科研究生的就业态势

本节将运用就业落实率、学用结合率以及过度教育率三项指标来表征各学科研究生的就业态势，从而间接反映研究生教育科类结构与经济社会发展的协调性。其中就业落实率反映了该专业毕业生就业概况，学用结合率和过度教育率反映了就业质量。

数据来源于北京大学"高等教育规模扩展与毕业生就业"课题组于2003年、2005年、2007年以及2009年在全国范围内进行的四次高校毕业生的调查。之所以采用这套数据，是因为这是同一机构在不同时点做出的调查，而且调查问卷大体相似，具有很好的可比性。需要说明的是，这三次问卷调查的回收时间都是当年6月，所以关于毕业生落实率的值应该低于最终的实际值；而

有关学用结合以及过度教育的情况，也是毕业生尚未真正进入劳动力市场的主观估计值。

1. 分学科的毕业研究生的就业落实率

分学科毕业研究生的就业落实率可以反映研究生科类结构与各产业结构人才需求之间的协调性。较之于传统的就业率指标，分学科毕业研究生的就业落实率更为合理，因为在研究生阶段不但有数量可观的毕业生去海外继续深造或者就业，而且随着就业观念的转变申请不就业而选择自由职业或者自主创业的毕业生比例也越来越多，再加上各培养单位对毕业率的统计口径和方法不一，导致就业率的统计数据往往不具有严格意义上的可比性以及研究价值。

本书将在问卷调查截止前试图找到工作而没有找到工作的毕业生定义为未落实就业毕业生；与此对应，那些去海外深造的或者就业的、那些申请不就业、准备从事自由职业、自主创业以及那些已经找到工作的毕业生均定义为已落实的毕业生。那么已落实就业的毕业生的数量和毕业生总数的比例就是就业落实率。2003 年、2005 年、2007 年、2009 年四年分学科的毕业研究生就业落实率见表3－19。需要说明的是，由于金融危机的波及，2009 年，各学科的就业落实率均大幅下降，而2003 年、2005 年和2007 年的就业情况显示：除了一些样本量太小的学科外，其余学科的落实率基本上遵循着递增的趋势，2003~2007 年，毕业生的整体规模依然在增长，毕业生的就业落实率却也显著增加。这说明在中国经济强劲增长的宏观背景下，经济社会发展对研究生层次毕业生的需求也同样在增加。只要研究生的增长规模保持在一个合理幅度，就业市场就能够不断吸收新毕业的研究生。

表3－19　　　　　　　　各年份毕业生分学科就业落实率　　　　　　单位：%

学科门类	2003 年	2005 年	2007 年	2009 年
哲学	91. 4	91. 3	96. 1	68. 4
经济学	92. 9	94. 3	97. 2	79. 6
法学	86. 4	86. 1	99. 3	74. 8
教育学	100	76. 9	97. 2	77. 6
文学	80	92. 6	98. 4	64. 4
历史学	79. 2	84. 8	100	43. 5
理学	84	85. 6	98. 3	66. 7
工学	83. 9	93. 5	99. 2	89. 1

学科门类	2003 年	2005 年	2007 年	2009 年
农学	60	88.4	90.7	51.7
医学	66.7	100	100	43.2
管理学	94.6	89.1	97.1	73.2

注：2003 年，教育学、农学与医学的样本太少，都不足 10；2005 年，医学的样本数也太少，仅有 11。

2. 分学科毕业研究生的学用结合率

关于毕业生的学用结合情况，有两个相互竞争的主流经济学派——人力资本理论和信号传递理论都对此有着针锋相对的论述。其中人力资本理论认为教育的主要经济功能在于提高学习者的能力，学习者通过专业学习积累了专业人力资本，如果学习者最终去一个学用不能结合的工作岗位，就意味着专业人力资本的浪费与损失。而信号理论却认为教育的主要经济功能并不在于提高学习者的能力而在于作为信号反映学习者固有的能力，也就是说学习者通过专业学习并没有获得人力资本的增加，因此其最终选择的工作是否是学用结合，对于个体而言是没有任何损失的。事实上，人力资本理论和信号理论可能并不是相互冲突而是相互补充的。我们并不否认文凭的"羊皮效应"，也不能否认研究生在校期间所接受教育的作用。这也就意味着，与就业落实率相比较，学用结合率偏低是一种正常现象，因为不同学科间的毕业生可以在学用不结合的工作岗位中交叉就业。

根据问卷中毕业生对于问题"根据现有的了解，您将从事的工作与您所学专业的相关程度如何？"的回答来定义学用结合是较为通行的做法。该问题总共有五个选项，分别是："（1）非常对口；（2）基本对口；（3）有一些关联；（4）毫不相关；（5）不清楚"。如果毕业生的回答是"非常对口"或"基本对口"，那么则定义为"学用结合"，如果回答是"有一些关联"或"毫不相关"则定义为"学用不结合"。那么"学用结合率"的计算公式就是："学用结合"的样本量/（"学用结合"的样本量 + "学用不结合"的样本量）。也就是说，在计算学用结合率时，将那些缺失值和选择"不清楚"的样本排除在外。

表 3 - 20 列出了 2003 年、2005 年、2007 年、2009 年这四年内研究生毕业生分学科的学用结合率。虽然数据并未显示出比较一致的规律，但还是有以下几个有意思的发现：

①哲学、农学与教育学这三门学科的毕业生不回答关于"学用结合"这一问题时比例很高，即缺失值比例很高。我们虽然没有足够的信息对于这一情况给出精确的因果分析。但是，我们认为，可能的一个原因就是这三个学科的毕业生更

211

表3－20　　　　各年份分学科毕业研究生的学用结合率　　　单位：%

学科门类	2003 年	2005 年	2007 年	2009 年
哲学	43.3	82.4	55.6	37.5
经济学	63.6	53.7	68	68.8
法学	77.8	70.1	78.5	54.5
教育学	75	68.4	55.6	25.8
文学	60.3	73.7	74.1	73.4
历史学	73.7	61.5	53.1	50.0
理学	94.9	71.9	74.1	72.7
工学	87.5	64.8	86.6	78.1
农学	100	68.8	45.5	68.8
医学	100	28.6	87.2	87.9
管理学	65.3	65	67.4	69.0

注：2003 年，教育学、农学与医学的样本太少，都不足 10；2005 年，哲学、教育学、医学的样本数较少，都不足 20；2007 年，哲学、教育学与农学样本数较少，都不足 20。

多遭遇的就是"学用不结合"；因为"理学"与"工学"的缺失值比例很低，但学用结合率较高。如果真是这样的话，则说明哲学、农学与教育学这三门学科毕业生的学用结合率远远低于表 3－21 中的数据。如果说哲学学科由于其本身具有"形而上"的学科特性使得其专业人力资本的积累并不多，那么学用结合率不高也在情理之中；然而教育学与农学的学用结合率不高，就有其他负面的可能了。这里提供三种可能的解释。其一，与教育学与农学相对应的职业无法吸纳这么多的研究生毕业生；其二，教育学与农学的研究生教育无法培养其学科相对应的行业或职业所需要的技能；其三，教育学与农学的研究生不愿意去自己学科相关的工作岗位就业。不管是哪种原因，都表明教育学和农学的研究生教育在未来的一段时间内需要根据劳动力市场的需求进行有针对性的调整。

　　②文学门类的学用结合率较高，而且在 2009 年前呈增长态势，同时其近几年来就业落实率也较高。这说明虽然与哲学和历史学一样同为基础学科，其研究生培养的规格难以和劳动力市场对人才的需求规格直接对接，但文学对于研究生与职业相关的能力方面的培养（如写作能力、语言表达能力），可能有助于其毕业生在工作岗位上脱颖而出。

　　③经济学与管理学的学用结合率偏低，不但不能和同属社会科学的法学相提并论，而且有些年份的学用结合率甚至低于属于人文科学的文学与历史学。这可能与其招生规模过大、培养模式陈旧有关。经济学和管理学是应用性很强的学

科，其研究生培养过程中应逐步加大其专业实践方面的能力培养，但目前这两个学科（特别是经济学）的研究生培养大部分仍沿用传统的学术学位研究生的培养模式，故"学难以致用"就不足为奇了，

④理学与工学的学用结合率虽然在所有学科中处于金字塔的尖端，然而毕竟理学与工学本身的专业性更强，更需要学用结合才能发挥专业人力资本的优势。所以有必要通过各种措施进一步提高这两个学科的学用结合率。

3. 分学科毕业研究生的过度教育率

关于过度教育，大多数有关劳动力市场的经济学理论都认为在劳动力市场需求既定的情况下，若教育规模大幅度扩展，会不可避免地发生毕业生过度教育的情况；然而如果经济也在同步地快速发展，那么即使教育规模以较大速度扩展，毕业生仍然可能是供不应求，从而使得过度教育现象不明显。

关于过度教育，有很多种不同的度量方法，其中主观法就是其中一种很普遍的测量方法，本书使用的也是主观法。对过度教育的测度是根据毕业生对"如果要胜任您即将从事的工作，您估计实际上需要哪个层次的知识和能力？"这一问题的回答来进行。如果毕业生回答的教育层次低于其本身的教育层次则定义为"过度教育"，那么过度教育率就是那些过度教育的毕业生数量与所有找到工作的毕业生数量的比值。

表 3 - 21 中研究生毕业生分学科的过度教育率表明：

①许多学科毕业研究生的过度教育率都超过 30%，有的甚至高达 60%。对比对西方各国有关过度教育率的研究，目前我国各学科毕业生的过度教育率偏高。[①] 这反映了随着研究生教育规模的扩张，劳动力市场出现了一定的教育层次不匹配的情况。

②法学、经济学与管理学的过度教育率有着逐年升高的趋势，而且这三个学科历年的过度教育率在所有学科中都处于较高的位置，其中尤其以经济学与管理学更为明显。结合有关学用结合率的发现，经济学与管理学这两个学科的毕业生不但学用结合率较低而且过度教育率也较高。这个现象和目前中国经济社会发展的背景相冲突。随着中国加入 WTO，社会更需要掌握经济管理理论以及法律知识，具有在市场化、全球化的背景下参与竞争与创新的高层次、高素质的人才。我国的《国家中长期科技发展规划（2006~2020 年）》也强调"公共管理"，尤其是"危机管理"，是作为"优先主题"发展的重要领域，这说明目前高端的公共管理人才是急需的。然而，过度教育率却显示近年来劳动力市场对经济学、管

---

① 当然这可能是由于我们所用的是主观法的缘故，因为 Cohn 和 Khan 发现使用主观法所测量的教育过度的概率比使用标准差法所测量出来的概率更高；也有可能是由于我们所研究的是教育层次的最高级——研究生层次，还有可能是与调查的样本量太少有关。

理学门类毕业的研究生并不太看好。一方面，这可能是由于这三个学科的招生规模过大；另一方面，也与经济学与管理学门类现有的师资及培养方案与用人单位的要求不匹配所致。

③除了 2009 年外，文学类的过度教育率逐年降低。结合学用结合率的发现，本书认为，文学类毕业生在学用结合与教育层次的匹配方面都表现得不错。这可能主要是由于应用性文学专业增加所致。

表 3 - 21　　　　　　各年份分学科毕业研究生的过度教育率　　　　单位：%

学科门类	2003 年	2005 年	2007 年	2009 年
哲学	40	29.4	57.1	50.0
经济学	36.4	56.3	55.6	61.0
法学	38.2	44.8	44.3	59.1
教育学	25	26.3	38.9	63.6
文学	52.4	48.7	33.3	50.0
历史学	31.6	46.2	37.5	25.0
理学	17.9	38.8	31.5	35.6
工学	29.2	49.7	35.1	38.9
农学	33.3	40.6	60	68.8
医学	100	50	57.4	33.1
管理学	42.9	47.6	53.3	53.5

注：2003 年，教育学、农学与医学的样本太少，都不足 10；2005 年，医学的样本数也太少，仅有 11；2007 年，教育学与农学样本数较少，都不到 20。

本节通过对各学科毕业研究生的就业落实率、学用结合率以及过度教育率进行分析，从微观层面测度了我国研究生教育科类结构与经济社会发展的协调性。

当然，对于本书所得出的结论我们也必须报以谨慎的态度。

首先，影响研究生就业的因素复杂多样，研究生教育科类结构与地区产业结构、科技发展的协调性仅仅是其中一个重要的因素，而并非唯一的因素。故研究生学科结构设置是否合理与就业市场上研究生的表现也并非具有数学上严格的一一映射关系，因而就业落实率、学用结合率和过度教育率的高低，也只能间接地衡量研究生教育科类结构与产业结构、科技发展之间的协调性。

其次，以科类结构来对应产业结构考察研究生教育与经济社会需求的适应性是一种"刚性的结构对接"。这与我国计划经济时代遗留的学习苏联模式，强调一一对应的计划与分配的学科体制有关。但在学科、专业的设置中过分强调"专业对口"，"行业对接"，将导致学科划分过细、学科结构刚性过大。事实上，目前用人单位对毕业生素质能力的综合性和全面性提出了越来越高的要求。越来越需要毕业生不仅要具备多学科的知识和能力，更要具备不断学习适应多样化的环境需求的灵活调试能力。由此可见，市场对于科类结构的要求已逐步从刚性的结构性对接逐步转向柔性的适应性对接，使毕业生具备足够的灵活度和适应力以应对千变万化的社会需求。

第四节　我国研究生教育科类结构调节机制的现状与问题

一、科类结构调节机制的现状

我国研究生教育科类结构调节机制是以研究生教育三级管理体制为基础构建而成。三级管理体制确立了我国研究生教育科类结构调整机制的三大主体：中央政府、省级政府和培养单位，并基本确立了三者在管理体制中的权责分配。

在三级管理体制的基础上，《学位授予和人才培养学科目录设置与管理办法》、《博士、硕士学位授权审核办法改革方案》、《专业学位设置审批暂行办法》、《全国硕士学位研究生招生工作管理规定》和《全国招收攻读博士学位研究生工作管理办法》等制度确立了三大主体在科类结构调整中所拥有的主要权力和承担任务。此外，不同主体还可通过其他举措来对科类结构的调整施加影响。

1. 中央政府的权力与作用

中央政府主要对研究生教育进行宏观层面的管理，包括：贯彻国家重大方针和政策，引导和统筹规划国家学位与研究生教育工作的发展和改革；制定和修订相关法律法规文件，为研究生教育提供制度保障；通过教育事业费、科研经费和基本建设费等形式，为研究生教育提供基本的经费保障；授予地方政府统筹权和培养单位自主权，以调动地方政府与培养单位各方积极性，促进三级管理体制的完善；开展评估检查、组织制定研究生培养的学科与专业目录，组织进行学位授权审核，制订招生计划，实施研究生教育创新工程等工作来加强对研究生培养的质量和规模的监督、控制和服务等。具体至研究生教育科类结构的调整上，中央政府的调节机制包括以下方面：

（1）制定研究生学科、专业目录。中央政府通过制定和调整研究生学科专业目录来影响我国研究生教育科类结构的基本框架。学科目录在某种程度上具有强制性，不同于欧美等国家的统计性学科目录。因此，我国的学科目录在很大程度上决定了研究生层次人才培养科类结构的可能性。

1997年6月，国务院学位委员颁布实施的《授予博士、硕士学位和培养研究生的学科、专业目录》（以下简称《研究生学科专业目录》）中的第1条就明确规定："《授予博士、硕士学位和培养研究生的学科、专业目录》是国务院学位委员会学科评议组审核授予学位的学科、专业范围划分的依据。同时，学位授予单位按本目录中各学科、专业所归属的学科门类，授予相应的学位。"

学科、专业目录的调整对研究生教育科类结构的形成有着至关重要的影响。例如，1990年，研究生专业目录的调整中对科类结构有着重大影响的举措有：将一些以行业划分的专业按学科归口设置；增加一些国家亟须发展的新兴学科；增加授予学位的灵活性，即部分专业可以授予不同门类的学位。1997年颁布的新专业目录所增加的管理学门类，又使科类结构发生了显著的变化。

中央政府在学科、专业目录的设置和调整中具有哪些职责呢？2009年，国务院学位委员会、教育部印发的《学位授予和人才培养学科目录设置与管理办法》规定了中央政府的职责，包括："制定学科目录的设置与管理办法；统筹规划全国的学科目录设置与调整工作；批准学科门类、一级学科的设置与调整方案，定期发布学科目录；按照发布的学科目录对学位授予单位的人才培养工作进行宏观管理；收集和发布学科相关信息，组织学科设置与调整的论证工作，引导和规范学科设置；负责二级学科自主设置（或设置）的备案审查（或审批），定期编制二级学科目录；承办国务院学位委员会、教育部涉及学科目录的其他相关工作。"由此可见，中央政府是学科、专业目录的设置和调整的权力把持者。

（2）审批部分博士学位授权点和指导省级政府增列硕士学位授权点。学位授权审核制度是中央政府对科类结构进行部署和调整的强有力的制度手段，直接决定了各科类中不同层次的学位点数量。例如，2003年进行的第九次学位授权审核充分考虑了科技发展新趋势、国家建设和国家安全的需要，及时推进了学位授权的学科专业结构的调整，重点对信息技术、生命科学、新材料等关系到我国未来国际竞争力和可持续发展的学科进行了倾斜。①

依据2008年颁布的《博士、硕士学位授权审核办法改革方案》，中央政府的职责包括：①审核部分学位授予单位增列博士学位授权学科专业；②根据国家经

---

① 袁本涛、王孙禹：《我国实施学位授权审核制度的反思与改革刍议》，载《高等工程教育研究》，2005年第2期，第72~75页。

济社会和研究生教育发展需要，按照分类指导的原则，确定新增学位授权学科专业的指导意见和分省份的增长规模控制方案；③组织学科评议组对各学科发展现状、需求状况、未来学科发展、需求变化趋势等进行分析，提出各学科建设与发展的指导意见，对学位授予单位的学科建设、授权学科专业申报和评审进行引导和指导。

总而言之，中央政府可通过设置博士学位授权点和指导各省增列硕士学位授权点来对研究生教育科类结构进行调整。

（3）审批设置专业学位。2010 年以前，硕士专业学位和博士专业学位的审批权集中于中央政府，2010 年以后，硕士专业学位的审核权部分由省级政府或部分办学质量高的培养单位掌握，由他们自行组织评审，仅向中央政府报批。但无论如何，中央政府通过设置和发展专业学位对我国研究生教育的科类结构产生了明显的影响。截至 2011 年，我国已经设置了 39 种硕士专业学位和 5 种博士专业学位。

若将 39 种硕士专业学位和 5 种博士专业学位按照其对应的学科门类进行归类，可以得到表 3 - 22。① 表 3 - 22 表明：2011 年，在校专业学位研究生已大大丰富了我国研究生的科类结构。除了哲学门类和理学门类没有设置专业学位外，其他学科门类已陆续设置专业学位。其中管理学门类中专业学位的在校生数已经基本与学术学位在校生数相当，专业学位与学术学位的人数之比为 1∶1.12。紧随其后的是教育学，专业学位与学术学位的人数之比为 1∶1.90。法学排名第三，专业学位与学术学位的人数之比为 1∶2.73。学科门类中专业学位人数最少的是历史学，2011 年，全国仅有文物与博物馆方向的专业硕士在校研究生 260 名。具体至各层次（见表 3 - 23），专业学位的设置主要丰富了硕士层次研究生教育的科类结构。硕士层次中管理学门类中专业学位的在校研究生人数已达到 98 433人，超过了管理学门类中学术学位的在校研究生人数。

表 3 - 22 2011 年专业学位在校研究生数及其所对应的科类

层次	类别	对应学科门类	人数（人）	合计（人）
博士	临床医学	医学	4 378	4 659
	口腔医学		281	
	兽医	农学	25	25
	教育	教育学	290	290

---

① 工程博士于 2011 年设立，但并未招生。

续表

层次	类别	对应学科门类	人数（人）	合计（人）
硕士	金融	经济学	2 593	5 827
	应用统计		768	
	税务		387	
	国际商务		1 127	
	保险		417	
	资产评估		535	
	法律	法学	29 732	32 624
	社会工作		2 746	
	警务		146	
	教育	教育学	14 078	24 328
	体育		3 577	
	汉语国际教育		6 034	
	应用心理		639	
	艺术	文学	7 872	15 960
	翻译		6 488	
	新闻与传播		1 301	
	出版		299	
	文物与博物馆	历史学	260	260
	建筑学	工学	3 737	96 563
	工程		92 826	
	农业推广	农学	5 300	8 274
	兽医		869	
	风景园林		1 802	
	林业		303	
	临床医学	医学	45 980	50 768
	口腔医学		2 196	
	公共卫生		815	
	护理		210	
	药学		605	
	中药学		962	

层次	类别	对应学科门类	人数（人）	合计（人）
硕士	工商管理	管理学	82 393	98 433
	公共管理		9 825	
	会计		4 549	
	旅游管理		331	
	图书情报		159	
	工程管理		1 176	

资料来源：中国学位与研究生教育发展年度报告课题组：《中国学位与研究生教育发展年度报告（2012）》，中国人民大学出版社 2012 年版，第 43 页。

表 3－23　　2011 年分层次、分科类的学术学位和专业学位在校研究生数

学科门类	博士研究生（人）		硕士研究生（人）		合计（人）		专业学位与学术学位之比
	学术学位	专业学位	学术学位	专业学位	学术学位（1）	专业学位（2）	（2）／（1）
哲学	3 535	—	11 947	—	15 482	—	
经济学	11 940	—	49 736	5 827	61 676	5 827	1：10.59
法学	14 065	—	75 071	32 624	89 136	32 624	1：2.73
教育学	4 449	290	42 356	24 328	46 805	24 618	1：1.90
文学	11 407	—	108 734	15 960	120 141	15 960	1：7.53
历史学	3 993	—	13 976	260	17 969	260	1：69.11
理学	46 609	—	134 463	—	181 072	—	—
工学	111 267	—	379 757	96 563	491 024	96 563	1：5.09
农学	11 698	25	36 122	8 274	47 820	8 299	1：5.78
医学	23 973	4 659	101 729	50 768	125 702	55 427	1：2.27
管理学	23 145	—	87 008	98 433	110 153	98 433	1：1.12
合计	266 081	4 974	1 040 899	333 037	1 306 980	33 8011	1：3.87

资料来源：中国学位与研究生教育发展年度报告课题组：《中国学位与研究生教育发展年度报告（2012）》，中国人民大学出版社 2012 年版，第 39～40 页。

（4）制订招生计划。招生计划的制订使中央政府能通过制订招生计划和下达招生指标来调节各学科的学生增量，进而调节我国研究生教育的科类结构。

依据各年度《全国硕士学位研究生招生工作管理规定》以及《全国招收攻读博士学位研究生工作管理办法》，中央政府能够调控各学科研究生招生的规模、

219

结构和增量。具体职责包括：管理全国硕士研究生招生工作，研究制定招生工作的方针、政策、规定和办法，部署全国的招生工作，发布年度招生简章，组织实施并监督检查执行情况；会同国家有关部门制订并下达年度招生计划；公布组织单独考试招收硕士研究生的招生单位名单及其年度招生限额。其中，招生计划的制订和下达就直接影响着各科类研究生的招生数。

2. 省级政府的权力与作用

省级政府主管研究生教育的部门是各省（自治区、直辖市）教育厅，负责学位管理工作的部门为各省（自治区、直辖市）的学位委员会。军队系统、党校系统和国务院相关部委也设立了相应机构，负责本系统和本部门所属培养单位的研究生教育管理。

就科类结构而言，我国省级政府的作用在很长时间是缺位的，1991 年，国务院学位委员会在江苏、上海、北京、湖北、广东等 16 个省市试行建立省级学位委员会，这一时期，这些省级学位委员会的权力非常有限。1997 年 3 月，国家教委和国务院学位委员会联合发布《关于加强省级人民政府对学位与研究生教育工作统筹权的意见》，根据这个意见，省级学位委员会才开始在全国各省区成立，但其对科类结构的影响也主要限制在国务院学位委员会授权的学科范围内审批硕士点。

直到 2008 年，国务院学位委员会颁布的《博士、硕士学位授权审核办法改革方案》才真正落实了省级政府在优化学位授予单位布局、促进学位授权审核工作与国家经济建设及社会发展相协调等方面的指导、规划作用，省级政府可以对已有学位（除军事学门类和国务院学位委员会委托其开展自行审核工作的单位外）授予单位增列硕士学位授权学科专业进行审核。省级政府可结合省域现有学位授权体系状况和研究生培养能力的基础，根据国家分类管理的有关要求、区域经济社会发展以及特殊行业或部门的发展需要，统筹考虑本省（自治区、直辖市）各级学位授予单位发展的规模和布局，制定新增学位授予单位立项、建设规划，并对拟新增学位授予单位的立项、建设和评估验收。但这一时期，我国研究生教育学位授权单位和授权点的大规模布局已经基本完成。

2010 年，国务院学位委员会颁布的《硕士、博士专业学位设置与授权审核办法》又赋予了省级政府自行组织域内硕士专业学位评审工作的权力。

3. 培养单位的权力与作用

培养单位在学科结构的形成中是一支重要的力量，因为现有的学位授权点主要是培养单位根据自身的师资队伍、社会需求等申请设立的。

随着中央政府权力的下放，2010 年以后，部分培养单位可以自行审核博士学术学位、硕士学术学位和硕士专业学位，并报国务院学位办备案。2002 年，国务院学位委员会、教育部下发了《关于做好博士学位授权一级学科范围内自主设置学科、专业工作的几点意见》，开展在博士学位授权一级学科内自主设置学科、专业的改革试点工作。2008 年，国务院学位委员会所颁布的《博士、硕士学位授权审核办法改革方案》委托部分基础条件好、办学实力雄厚、社会声誉高，经教育部批准设置研究生院的学位授予单位，开展自行审核本单位博士学位授权学科（不含军事学门类的学科）的试点。同时，继续委托经教育部批准设置研究生院的学位授予单位，自行审核本单位硕士学位授权学科（不含军事学门类的学科）。2010 年，国务院学位委员会颁布的《硕士、博士专业学位设置与授权审核办法》又将硕士专业学位的审核权下放，由这部分单位自行组织评审，报国务院学位委员会备案。

因此，总体来说，院校等研究生培养单位在研究生科类结构的形成中具有很强的自主性，特别是那些经教育部批准设置研究生院的学位授权单位。为实际考察院校在进行科类结构调整中的作用，课题组成员分别于 2010 年 7 月和 9 月对哈尔滨工业大学、东北师范大学、吉林大学、西安交通大学、西安建筑科技大学、兰州大学、武汉大学和青海大学进行了实地调研，针对院校近年来院校调整科类结构的方向和措施以及为什么调整等问题开展了深度访谈。8 所高校研究生院学位办、培养办以及招生办的负责人结合本校实践情况对此类问题予以回答。

（1）当前培养单位的权力与作用。

①可在本单位的一级学科条目下取消或限额增设二级学科和交叉学科。依据 2009 年颁布的《学位授予和人才培养学科目录设置与管理办法》，培养单位在学科目录设置与管理中的职责是：依据学科目录，实施学位授予和人才培养工作；制定本单位二级学科、交叉学科设置的原则、要求和程序；按规定报送招生、学位授予和毕业生就业等信息；根据学科发展趋势，提出学科设置建议；根据国家经济和社会发展对人才的需求，结合本单位学科建设目标和人才培养条件，按本一级学科学位授权权限，可在二级学科目录内，自主设置与调整一级学科下的二级学科；也可在二级学科目录外增设二级学科和交叉学科，增设数量一般不多于 2 个。

课题组调研院校的研究生教育的发展历史及速度不尽相同，但近十年来各院校的博士、硕士的一级、二级学科授权点数量均有了不同程度的增加，尤其是 2006 年第十次学位授权审核后，无论是历史上以工科见长的院校，如西安交通大学、哈尔滨工业大学、西安建筑科技大学，还是以基础研究见长的兰州大学和武汉大学，或是以教育为特色的东北师范大学，在各自经历了多院校合并、学科的调整与整合后，一级学科学位点的数量增幅明显。院校根据自身发展需求各有侧重，或大力发展人文社会学科，或依托原有优势强化理学等基础学科建设，或结合区域地理优势建设特色学科，使得学校研究生教育的学科门类也更加齐全、多样。

案例：基于传统，突出特色——东北师范大学以"教育"为核心自主设置多个博士学位点。

东北师范大学是教育部6所直属师范大学之一，国家"211工程""九五"期间首批重点建设的大学。自1953年起，学校开始招收和培养研究生。1981年，被批准为首批具有博士、硕士学位授予权的单位，1996年，被批准为自行组织增列博士生指导教师单位[①]。

作为一所老牌师范大学，东北师范大学始终秉承其传统及特色，将"培养适应21世纪的优秀人民教师和各类新型人才"作为发展目标，而对于其研究生教育发展的定位，相关负责人也认为要充分考虑师范大学的办学传统和研究生的特点，办出师范大学研究生教育的特色来。

基于这一出发点，东北师范大学选择了将其传统的优势学科——教育，作为东北师范大学研究生教育办学特色的一个着眼点，进行重点建设。在学科学位点建设的过程中，学校充分发挥自主设置学位点的权利，增设了三个二级学科博士点——数学教育、农村教育和教师教育，尤其是教师教育的博士点在国内尚属先例。这些博士点的增设整合了校内原有的学科优势资源及科研力量，进一步拓展了高层次人才培养的领域，对东北师范大学不断提升培养教师的层次及质量具有重要的意义。

②部分培养单位可调整各科类的学术学位点数量。目前，培养单位之间在调整其单位内各科类的硕士或博士学位点数量的权力有所不同。接受国务院学位委员会委托的基础条件好、办学实力雄厚、社会声誉高，经教育部批准设置研究生院的学位授予单位可限额增设各科类的硕士或博士学位点，而其他培养单位可通过向省级学位委员会申报硕士学位点或向国务院学位委员会申报博士学位点增设各科类的学位点。

案例：哈尔滨工业大学以"创建世界一流大学，培养复合型、高层次工程人才"为目标的学科发展战略。

哈尔滨工业大学是我国最早开展研究生教育工作的高校之一，1984年，成立研究生院。早在20世纪30年代，学校就开始招收研究生，为全国各高校培养师资和出国预备人员。多年来，哈尔滨工业大学发挥传统的工科优势，立足航天，服务国防，面向国民经济建设主战场，不断主动承接国家高、精、尖大型科

① 东北师范大学学校简介. http：//www. nenu. edu. cn/nenulist. php？cid＝1&id＝1. /2010－10－29。

技项目，为国家经济社会发展做出贡献①。

近年来，哈尔滨工业大学在研究生教育发展中，结合国家经济发展需求，主要从创建世界一流大学的办学定位出发，以培养复合型高层次工程人才的目标为核心进行学科布局及结构调整。

重点发展理学：哈尔滨工业大学的相关负责人认为"世界一流大学不全是多科性大学，但是世界一流大学绝大多数是多科性大学"，因而基于创建世界一流大学的定位，哈尔滨工业大学谋求多个学科的全面、综合发展。他们认为，"随着我国工业化进程，自主创新成为工业发展的一个强劲需求。在这一背景下高校进行自主创新的源头之一在于理学，哈尔滨工业大学这所以工学见强的院校，在继承其工科优势、积极建设多个学科的同时，将理学科类作为结构调整的着眼点，进行重点建设。"理学学科门类下的博士、硕士点的不断增加便是其不断加大理学建设力度最直观地反映。相关负责人表示，"要真正提高创新能力，必须有强大的理学来支持，所以学校经过这个考虑，必须把理学发展好"。

兼顾社会科学：哈尔滨工业大学的相关负责人认为"作为个人创新性而言，尤其对于工程人才，仅有数理化等理工知识是远远不够的，要培养真正的创造力，个人对社会的全面了解及认识是必不可少的。"因而哈尔滨工业大学也逐步发展人文、社会学科。这些学科的发展始终"与复合型工程人才培养高度相关"。如作为一个现代化的高级工程人才，管理技能、社会伦理、法律等相关知识是必备的，因而法学、社会学、管理学等社会学科成为哈尔滨工业大学发展多科性大学的建设对象。而像教育学等与工程人才培养目标相关度不高、学校也无办学基础的学科，哈尔滨工业大学则不盲目求全，不作重点关注。

③积极申报各类专业学位点。对于培养单位而言，可结合自身学科优势以及所在区域需求向省级政府或中央政府申请设置专业学位以优化自身科类结构。2009 年，全国共有专业学位研究生培养单位 476 个，硕士专业学位已批准授权点 1 356 个，博士专业学位已批准授权点 83 个。② 2011 年，全国专业学位研究生培养单位增至 509 个，其中硕士专业学位授权点增至 2 779 个，博士专业学位授权点增至 108 个。③

需要注意的是，为适应经济社会发展及行业领域对高层次专门人才的特殊需求，2011 年，国务院学位委员会开展了"服务国家特殊需求人才培养项目"试

① 哈尔滨师范大学学校简介 [EB/OL]. [2011 - 06 - 03]. http://www.hit.edu.cn/about/profile.htm。

② 中国学位与研究生教育发展年度报告课题组：《中国学位与研究生教育发展年度报告（2009）》中国人民大学出版社 2010 年版，第 151 页。

③ 同②，第 234 页。

点，进行学士学位授予单位培养硕士专业学位研究生的工作。北京电子科技学院、华北科技学院和大连民族学院等51所学校获得授权开展培养硕士专业学位研究生试点工作。（见表3-24）这些本不具有硕士学位授予权的培养单位通过"服务国家特殊需求人才培养项目"在其学校的特色学科的基础上获得了专业学位硕士的授予权，从而在一定程度上优化了我国研究生教育科类结构。

表3-24　"服务国家特殊需求人才培养项目"——学士学位授予
单位开展培养硕士专业学位研究生试点工作
单位名单及授权专业学位类别

序号	学校名称	专业学位类别	工程领域
1	北京电子科技学院	工程硕士	电子与通信工程、计算机技术
2	华北科技学院	工程硕士	安全工程
3	大连民族学院	工程硕士	计算机技术、生物工程
4	北京石油化工学院	工程硕士	机械工程、化学工程
5	北京城市学院	社会工作硕士	
6	河北金融学院	金融硕士	
7	北华航天工业学院	工程硕士	电子与通信工程、航天工程
8	河北传媒学院	艺术硕士	
9	鞍山师范学院	教育硕士	
10	沈阳工程学院	工程硕士	动力工程、电气工程
11	长春工程学院	工程硕士	建筑与土木工程、水利工程
12	吉林华桥外国语学院	翻译硕士	
13	黑龙江东方学院	工程硕士	食品工程
14	上海立信会计学院	审计硕士	
15	上海电机学院	工程硕士	电气工程
16	上海第二工业大学	工程硕士	环境工程
17	淮阴工学院	工程硕士	化学工程
18	南京工程学院	工程硕士	机械工程、电气工程
19	江苏技术师范学院	工程硕士	机械工程、环境工程
20	湖州师范学院	护理硕士	
21	浙江万里学院	工程硕士	生物工程、物流工程
22	浙江传媒学院	新闻与传播硕士	
23	安徽科技学院	农业推广硕士	

我国研究生教育结构调整问题研究

续表

序号	学校名称	专业学位类别	工程领域
24	合肥学院	工程硕士	环境工程
25	合肥师范学院	教育硕士	
26	闽江学院	工商管理硕士	
27	泉州师范学院	艺术硕士	
28	厦门理工学院	工程硕士	电气工程、车辆工程
29	宜春学院	药学硕士	
30	井冈山大学	社会工作硕士	
31	南昌工程学院	工程硕士	动力工程、水利工程
32	济宁医学院	临床医学硕士	
33	山东交通学院	工程硕士	交通运输工程、船舶与海洋工程
34	山东政法学院	法律硕士	
35	安阳师范学院	汉语国际教育硕士	
36	南阳师范学院	工程硕士	生物工程
37	洛阳师范学院	教育硕士	
38	黄冈师范学院	教育硕士	
39	咸宁学院	药学硕士	
40	湖北经济学院	会计硕士	
41	邵阳学院	工程硕士	机械工程、食品工程
42	湖南人文科技学院	农业推广硕士	
43	湖南工程学院	工程硕士	动力工程、纺织工程
44	广东金融学院	金融硕士	
45	广西财经学院	会计硕士	
46	重庆科技学院	工程硕士	石油与天然气工程、安全工程
47	黔南民族师范学院	教育硕士	
48	绵阳师范学院	工程硕士	环境工程
49	四川警察学院	警务硕士	
50	西安医学院	临床医学硕士	
51	西京学院	工程硕士	机械工程、控制工程

资料来源：中国学位与研究生教育发展年度报告课题组：《中国学位与研究生教育发展年度报告（2012）》，中国人民大学出版社2012年版，第235～236页。

225

④创新交叉学科研究生的培养模式。除了在现有的学科目录及学位授权审核制度下向中央政府、省级政府申报学位点外，院校调整科类结构的措施更多地体现在对研究生培养过程上。例如，对培养方案的修订、培养计划的调整、培养课程体系的设置以及毕业考核环节的改革等。

随着知识的日益分化和综合，信息科学、环境科学以及生物科学等交叉学科不断涌现。传统的学科分类框架难以对交叉学科的归属问题提供一个较好解决方法。但经济社会发展对交叉学科的高层次人才需求不断增强，如何适应社会需求，在业已固定的学科专业目录的分类框架下开展交叉学科研究生的培养活动，这是值得关注的问题。

从最直接的意义上讲，培养出的交叉学科研究生可视为现有的科类结构中的一种新的学科类型，因为这部分人才不能简单地归于任何一个既有的学科门类。但此类研究生是在既有的学科门类框架中所培养的高层次人才，无论从其"入口"所属的学科门类还是最终获得的学位证书，均打上了当前既有的学科门类框架的烙印。

但作为科类结构适应经济、科技发展的一种探索，交叉学科人才的培养是一股势不可挡的趋势。如何顺应知识交叉融合之势，在研究生层次培养交叉学科人才，目前尚无统一的定论，但不少综合型大学在此方面做出了大胆的尝试与探索。

案例：构建交叉学科研究生培养模式——武汉大学中国中部发展研究院的做法与经验。

武汉大学中国中部发展研究院成立于 2007 年 4 月，是直属学校管理的跨学科研究机构，为中部崛起战略的实施承担政策咨询、理论研究和人才培养等任务。研究院目前在院研究生约 70 人。

实行研究院与学院协作的管理方式：武汉大学中国中部发展研究院成立之初，没有自己的学位点，也未组建专职教师队伍，同时因研究需要，还要从不同的学院招收不同学科的研究生，这对研究生培养和管理工作提出了很大的挑战。据该院的相关负责人介绍，该院研究生主要采取的是研究院与学院协作的管理方式。"研究生培养采取研究院和学院联合培养，课程培养在学院，课题研究在研究院，并要求和引导不同专业学生围绕中国中部发展问题开展研究；研究生管理实行研究院和学院双重领导，以研究院为主。研究院成立了学生党支部，挂靠在学生人数较多的学科所在学院的党委。"

招收多元化学科背景的学生：研究生的招生专业以区域经济学为主，兼顾其他专业，同时结合中部地区经济发展的多样性，试图从多角度研究中部发展的问题，此外也招收土地资源管理、环境法学（2009 年后调整为宪法与行政法学）

专业的研究生。

申报相关学位点开展跨学科人才培养：跨学科人才培养的前提是具有学位授权点。据该院负责人介绍："在研究院建设和发展的过程中，我们深深体会到，拥有一个核心的学位点至关重要。它是研究院可持续发展的基础，也是与其他学科进行交叉融合的前提。2009 年，在学校大力支持下，我们联合经济与管理学院成功申报了区域经济学博士点。博士点下设区域经济理论研究、中国区域经济可持续发展研究、区域经济比较研究三个领域，自 2010 年开始招收博士生。"在三个研究领域的基础上拓展出区域经济理论研究、区域经济比较研究、中国区域经济发展研究、区域产业发展研究、区域金融发展研究、中国中部地区经济发展研究、城市与区域规划研究 7 个研究方向，并确定了 2 门专业必修课（《高级微观经济理论》、《区域经济学理论前沿》）、7 门研究方向必修课（《中国经济与发展专题》、《区域可持续发展理论》、《区域经济比较研究》、《城市与区域规划研究》、《区域金融发展专题》、《区域产业发展专题》和《中国中部地区发展专题》）、5 门选修课（《公共经济学》、《计量经济学》、《城市经济学》、《世界经济理论专题》和《现代经济理论前沿》）以及 2 门跨学科学生补修课（《西方经济学基本理论》和《社会主义经济理论》）。培养方案在遵循区域经济学学科要求的前提下，力求从不同的视角，从跨学科的角度，来要求和引导师生更加深刻地认识和研究区域经济社会发展。

打造跨学科教师团队：交叉学科人才的培养离不开具有多学科背景的教学团队，目前武汉大学中国中部发展研究院的教师队伍共有 17 人，其中专职教师 7 人，兼职教师 10 人。教师队伍具有经济学背景的有 11 人，具有管理学背景的有 3 人，具有法学背景的有 2 人，工学背景（城市规划）的有 1 人。教师学科背景呈现以经济学为主，兼顾管理学、法学和工学三大学科。

构建跨学科的研究生学术交流平台：不同学科的研究生进行定期的学术交流活动是培养跨学科研究生的一个重要途径。据该院负责人介绍："武汉大学中国中部发展研究院从 2009 年下半年开始举办学术沙龙活动，已固定为每两周一次，学术沙龙已成为研究院跨学科学术交流的重要平台。除研究院专兼职老师主讲外，沙龙还邀请校内外、国内外不同学科的专家学者来讲学，内容涉及方方面面，有目前的经济社会热点问题，有介绍国外区域经济发展的政策问题等，还吸引了经济与管理学院、法学院和城市设计学院等学院的学生参与。开放式论坛成为从不同专业视角共同探讨区域发展问题的重要平台，通过交流和碰撞激发了学生创造活力，使学生受益匪浅。不少研究生反映，他们研究论文的选题和思想正是从论坛所获取的学术灵感。"

（2）培养单位调节机制的影响因素。目前学界已有的诸多研究认为，我国研究生科类结构与社会需求不符。至于为何会产生这样的问题以及如何解决，需要我们关注研究生教育科类结构发生变化的直接载体——院校，即社会需求究竟是如何在院校层面对我国研究生教育科类结构的调整产生影响的？是研究生教育科类结构调整的直接影响因素之一还是通过其他因素的间接影响？

基于此，本书课题组通过访谈院校对科类结构调整的影响因素进行了归纳包括："国家制度政策"、"学校的定位及发展战略"、"院系发展需要"、"科研团队及教师个体科研需要"、"领导的教育理念以及行政意愿" 以及 "学科自身发展需要"。

①国家制度和相关政策。目前国家制度及相关政策的实施对院校调整研究生教育科类结构有着决定性的影响。

调研院校认为国家制度和政策是研究生教育科类结构的决定性影响因素。一方面现行的制度政策已经规定好了科类结构的整体框架和调整空间，另一方面国家通过相关制度政策的调控和改革为科类结构的调整提供最根本的依据和导向。而院校受这一制度政策的决定性影响，在学科拓展、关注新兴、交叉学科以及学科专业自主调整等方面发挥的作用甚微，基本只是比照学科专业目录来申报、增设院校的学科点。

近年来国家为适应社会需求对学科目录进行多次调整，并逐步下放学位授权审核的自主权，为院校调整科类结构扩展了自主空间。在学科建设方面，国家建立了一批重点学科、重点实验室以及 "211"、"985" 工程。这方面的政策一方面利于国家基于社会需求对学科进行整体部署，重点投入，对院校的学科实力提升产生积极作用，而另一方面，教育资源和经费的投入倾向也容易滋生院校调整科类结构的资源获取性的动机。

此外，由国家相关部门组织的学科评估及质量验收的标准和过程也对院校调整科类结构造成直接影响。如学科评估的导向、重点学科遴选的标准及要求是驱动院校增加某些学位点、发展某些学科的重要因素。

②学校的定位以及发展战略。学校的定位以及发展战略是院校调整科类结构的又一大影响因素。随着社会各界越来越多地将 "综合性、研究型大学" 与 "高水平、高层次大学" 等同，各个学校竞相发展不同科类的研究生教育的势头愈发强劲。

基于此，科类结构调整是奔着综合化的研究型大学而去求多求全，还是依托已有的传统学科进一步强化优势、凸显特色？抑或是加大对弱势学科的重点建设谋求均衡性发展？不同院校在调整学科结构时呈现出了不同的决策取向。如哈尔滨工业大学定位为创建综合型、研究型的世界一流大学，故近年来在其传统的工学基础上，加强理学的建设，并积极发展与复合型工程人才培养相关的人文、社会学科的发展；东北师范大学则始终立足于"教育"优势学科的建设，凸显其师范特色；西安交通大学、兰州大学、吉林大学则是在稳固其传统优势学科基础上，谋求综合化、高水平大学建设发展策略。

③院系发展的需要。目前院校调整科类结构的另一大直接影响因素是院系发展的需要。院系通过对其学科实力、各学科专业的生源状况、毕业生就业状况、师资队伍、硬件条件、资源投入以及课题获取等多个方面的分析，向学校反映其科类结构调整和学科建设的需求，由学校综合其他影响因素进行宏观调控以做出科类结构调整的决策，再上报省级或国家主管部门进行审批。

此外吸引人才，加强师资队伍建设也是某些院系进行科类结构调整的一个影响因素。如哈尔滨工业大学、兰州大学和青海大学均提及由于地处非中心城市，人才的引进存在困难，院系有时候为了留住或引进某类人才，就不得不为其申报学科点，配备相应的科研环境及资源。

④科研团队及教师个体的科研需要。随着整个科研领域的发展变化，学科前沿不断推进，教师个体、科研团队对于科研方向的拓展、转型以及对不同科研焦点的偏好也是影响院校科类结构调整的重要因素。

⑤领导的教育理念以及行政意愿。院校不同层级领导的教育理念和行政意愿是科类结构调整重要的影响因素。领导对科类结构调整趋势、结构合理性的把握以及对科类结构调整决策的执行力度很大程度上决定了科类结构的变化。

⑥学科本身发展的需要。学科发展本身有其自身的规律。各个领域知识分化与综合的程度及其发展速度决定了科类结构的发展态势。自大学诞生以来的科类结构经历了："第一，单一化、等级式（中世纪到 16 世纪）；第二，人文科学崛起，并逐步取得绝对地位，自然科学和人文社会科学缓慢专门化（从 16 世纪到 18 世纪末 19 世纪初）；第三，大学学科分化加剧，人文社会科学与自然科学两类学科对峙，学科结构类型呈现多样化（从 19 世纪初到 20 世纪中叶）的演进过程。"① 从 20 世纪中叶开始至今，学科结构已进入第四阶段，即在高度分化的基础上高度综合，并呈现系统综合的趋势。而这类学科自身的发展变化规律目前对我国院校调整研究生教育科类结构的影响，相比国家制度政策而言，其直接影响是非常弱的。例如，针对学科系统综合化过程中不断涌现的新兴学科、交叉学科，院校基本上只以项目合作等形式参与建设或开展跨学科人才的培养活动，很少有院校突破学科目录的限制，根据学科本身发展势头，对交叉学科或新兴学科的设置进行深入思考。

---

① 庞青山、薛天祥：《大学学科结构的演进及其特点》，载《教师教育研究》，2005 年第 9 期，第 5 页。

综上所述，调研院校所反映的研究生教育科类结构调整的影响因素如图3－24所示。"社会需求"这一重要因素并未体现在内。虽然在访谈中调研院校也多次提及"社会需求"这一重大因素，但均仅以"根据社会需求变化"这一字眼简单带过。这表明院校对于社会需求的感知是较为模糊的，对本学科研究生就业发展信息的收集和分析是比较零散的。要么是依托就业指导中心或是学工口统计部门对毕业生规模、去向等信息进行统计，要么依托院系、导师在个别专业做的一些用人单位反馈调研，或是出于某项改革需要组织相关领导进行的专门性调研。即使收集的这些信息也仅供决策者在科类结构调整时作为一定参考，并非直接依据之一。

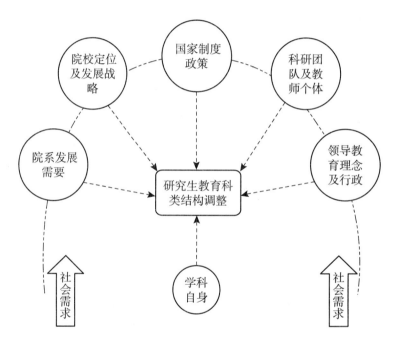

图 3－24　院校调整研究生教育科类结构的影响因素

因此，很多院校目前基本没有较为系统的、计划性较高的持续工作来感知社会需求，以及了解当前学科对于社会需求的适应性状况。社会需求对于科类结构调节而言，本应是作用机制直观的核心影响因素之一，但却成为一种隐性的因素：国家战略决策部门通过组织专门性调研分析，了解社会经济发展趋势、行业、产业结构的调整变化、劳动力市场对各类人才的需求，从而将其融入相关的宏观制度政策中。院校一方面通过国家政策的贯彻实施来间接感知社会需求对科类结构做出调整。另一方面，将社会需求融入学科发展与建设的理念从而间接作用于研究生教育科类结构（见图3－24）。

二、科类结构调节机制的问题

尽管我国研究生教育科类结构的调整机制为科类结构适应社会发展需求做出了重要的贡献，但调整机制中仍存在着一些亟待解决的问题。

1. 中央政府调节功能过强，相应的调节机制过于刚性

对于学科目录的设置与更改是中央政府调整科类结构的重要手段。但当前学科目录的设置也存在着诸多问题。首先，学科、专业目录不能反映新兴学科的特点，不利于交叉学科的发展。在研究生教育阶段，我国学科、专业目录划分存在着两大突出问题：一是学科、专业的划分主要是以已有学科、专业为基础，因而就必然存在着难以为新学科、新专业特别是新的交叉学科的产生留下位置的危险。二是目前这种划分方式，留下了一定的空白。正是由于学科、专业的划分是人为的产物，因此在划分过程中就很难避免遗漏一些重要的知识领域，特别是那些尚待发展的不成熟的知识领域。[①] 当前的学科发展出现了高度分化和高度综合的趋势，特别是在研究生领域，原本以单一的学科为中心的人才培养和科学研究模式，逐步发展为以学科为中心和以问题为中心的人才培养和科学研究模式并重。以问题为中心的科学研究促进了新兴学科、交叉学科的大力发展，大大突破了现有的学科框架，例如管理哲学、传媒经济学、物理化学和生物化工等。这些交叉学科的出现标志着知识的积累和发展进入到了新的阶段，但面临的一个尴尬境遇是这些交叉学科很难单独归于一个学科门类中。因此，学科目录的设置往往滞后于新兴学科和交叉学科的发展，中央政府在实行科类结构的调整过程中往往受制于业已制定的学科目录，缺乏预见性和规划性。

另外，学科目录的设置过于刚性，在一定程度上限定了高校自身发展特色学科的能动性。高校的学科建设往往依照学科目录为蓝本，在既定的学科门类和一级学科门类下发展二级学科。随着当前学科目录设置方案的改革，淡化二级学科、强化一级学科的指导思想使得学校获得经过政府批准或备案后自主设置二级学科的权力。但总体而言，高校无论在实施学科建设上还是人才培养上，都受制于当前的学科目录。高校往往基于现有的学科目录来进行学科建设，难以给予交叉学科或新兴学科与传统学科同等的地位，同时也降低了人才培养的灵活性与开放性。"特别是在博士研究生教育阶段，由于很多学科未能获得一级学科博士学位授权，只能局限于现有的专业进行博士生培养，这就非常不利于宽口径培养高层次人才，也不利于新兴、交叉学科的产生，更不利于高校优化自身学科结构，

---

① 王伟廉：《高等学校学科、专业划分与授权问题探讨》，载《高等教育研究》，2000 年第 3 期。

不利于高校根据社会对人才的需要和科技的发展灵活地调整学科、专业设置以满足区域经济发展和国家建设对高层次人才和科学技术研究的需要。"①

此外，科类结构的调整受制于学术学位研究生的培养传统而忽视了专业学位的科类属性。从当前我国各科类研究生的统计口径来看，仅仅将学术学位的研究生归于各学科门类，而并未将专业学位纳入各学科门类的统计范畴，这在某种程度上忽视了专业学位对科类结构优化的重要功能。更进一步说，科类结构是学术学位的专属，与培养应用型人才的专业学位无关。这大大窄化了科类结构的功能，缺乏在同一学科门类类属下统筹学术型人才和应用型人才培养功能。

2. 省级政府调节作用有限

当前科类结构的调整机制中，省级政府对于科类结构的实质性影响主要体现在对省属高校硕士专业学位点的设置上，其他的调节作用非常有限。换而言之，省级政府对于博士学位点的设置影响甚微，基本上很难对博士层次的科类结构产生影响。

事实上，省级政府对科类结构的调整机制应该有所加强。较之于中央政府，省级政府更能够"接地气"，了解省域经济的产业结构、科技发展的优势以及经济社会发展对高层次人才的需求状况。因此，强化省级政府的统筹功能，增强其在科类结构中的调整作用，特别是增强省级政府在既定的科类结构框架下规划培养域内应用型人才的功能，对于促进省域研究生教育与省域经济社会协调发展有着重要意义。

3. 培养单位难以着眼全国和长远调节学科结构

从整体来看，培养单位虽然可以通过申报各类学位点（部分高校可自主设置）来调整培养单位内部研究生教育的科类结构从而对国家研究生教育科类结构产生影响，但实际上，培养单位真正能够对国家研究生教育科类结构产生实质性影响的调整手段仍是设置交叉学科的研究机构，培养交叉学科的研究生。但受制于学科、专业目录，此类调节手段对科类结构的影响作用有限。

另外，作为人才培养的基层单位，应该更能够通过社会劳动力市场的人才需求信息搜集和就业追踪平台的建设等来调整单位内部的科类结构。但正如以上所言，很多院校目前基本没有较为系统的、计划性较高的持续工作来感知社会需求以及了解当前学科对于社会需求的适应性状况。社会需求仅仅是通过国家政策或领导意愿间接地影响培养单位的结构调整举措。更进一步地说，由于就业信息的欠缺，尤其是对未来劳动力市场高端人才需求预测严重不足，培养单位难以根据

---

① 谢维和、王孙禺、袁本涛：《学位与研究生教育：战略与规划》，教育科学出版社 2011 年版，第 273～276 页。

劳动力市场需求调整其学科结构和招生规模。很多培养单位会努力促进毕业生更好的就业，但难以因为毕业生就业状况不佳而减少其招生名额甚至撤销学位点。即使培养单位希望依据就业信息对其单位内部的科类结构进行调整，但受制于中央政府对招生指标的把控、学科目录的刚性以及培养单位内部既得利益集团的抵制，大部分的调整举措对培养单位的科类结构难以产生质的影响，更不用说对一国研究生教育结构产生重要影响。

4. 调节机制中社会参与严重不足

当前研究生教育科类结构的调节机制中从学科专业的申报、审核以及授权评估等全过程，只是从政府到院校和科研机构，再从院校和科研机构到政府，而需求来源的主体——社会参与严重不足。因而导致社会需求信息无法畅通、及时地流通到研究生科类结构的调整过程中。

尽管大学办学不能完全依据市场导向，但充分考虑社会需求，才能保证其人才培养以及社会服务功能得以实现。尤其是在当今社会对研究生人才需求完全市场化，而我国研究生人才供给却依然受制于政府管理者。同时如前所述，高校对于社会需求的感知很大程度上依赖于国家制度政策的宏观调控，抑或以培养对象为载体的各学科生源变化状况及就业去向的简单统计，而没有以社会需求为导向的信息反馈及评价渠道和环节，如用人单位或第三方机构的反馈与评价。缺失社会需求导向的信息反馈及评价环节将会影响科类结构调整的合理性和有效性。

第五节　结论及建议

一、我国研究生教育科类结构调整的特征与问题

自 1981 年恢复学位制度以来，我国研究生教育经历了快速的发展时期。这一时期，研究生教育的规模大幅增长，截至 2011 年在校研究生已达 164 万人。规模扩张的同时，科类结构也经历了重要的变化。归纳而言主要由以下特征：

1. 科类结构不断完善，但科类结构的层次差异不显著

研究显示：自 1987 年各学科的研究生规模总体都在增加。即使是规模最大的工学也一直在持续增长；此外，应用性学科研究生招生规模增长比较快，如教育学、法学、农学、医学、管理学等；以哲学、历史学和理学为代表的基础学科在校研究生规模增长相对较慢。

233

同时，科类结构在博士、硕士层次没有明显差异。博士研究生教育的科类结构中，所占比例最大的学科依次是工学、理学、医学和管理学；硕士研究生教育的科类结构中，则依次是工学、管理学、理学和医学。

2. 科类结构虽在一定程度与经济、科技实现协调发展，但仍存在着一些不协调的现象

基于协整理论的分析显示：我国研究生教育科类结构与产业结构、科技发展之间存在着显著的协调性特征，各产业和科技的发展会显著促进各科类研究生教育的发展，三者自发地产生纠偏机制对各科类研究生教育和各产业的发展速度进行调控，同时因素间呈现显著的两两互动作用。但我国研究生教育科类结构与产业结构、科技发展之间存在着一些不协调的现象：首先，较之于工业和第三产业，我国农业系统中研究生教育、经济和科技之间的互动机制非常薄弱，研究生教育、科技对农业经济发展产生的影响较小。其次，我国各科类研究生教育与对应产业、科技的互动机制尚需加强。农业、工业相关领域研究生教育发展并不受到其与经济、科技互动机制的影响，换而言之，决定农业、工业相关领域研究生教育规模的因素可能更多地来自经济和科技外部力量。农业、工业研究生教育与经济、科技的互动较弱，其规模的增长可能更多地受到自身规模存量以及政府指令的影响。

另外，微观层面的调查显示：我国研究生教育科类结构与经济社会发展的具有一定的协调性，但有待提升。2003～2007年，在毕业生规模扩张的情况下，就业落实率也显著增加；同时，文学毕业生的学用结合率逐年上升，过度教育率逐渐下降；理学和工学毕业生的学用结合率基本稳定在70%以上。但同时，经济学与管理学的学用结合率偏低，仅在50%～60%；法学、经济学与管理学的过度教育率有着逐年升高的趋势，2009年均达到50%以上。

二、优化我国研究生教育科类结构的建议

基于当前我国研究生教育科类结构所存在的问题以及科类结构调整机制的局限，优化我国研究生教育科类结构必须从两个方面入手：在学科门类的制度框架上，须改革当前的学科、专业设置办法，增强学科、专业设置的灵活性；在调整战略上，须密切结合我国产业结构和科技发展状况分层分类地调整设置当前我国研究生教育科类结构；在调整机制方面，须使权力重心下移，充分发挥省级政府的统筹功能和高校的自主调节功能。

1. 改革当前的学科、专业设置办法，增强学科设置的灵活性

研究生教育科类结构是建立在国家对不同学科和专业划分的基础上。学科和

专业的划分办法从根本上制约着科类结构的发展以及结构功能的发挥。在调整机制的分析中，学科、专业目录的设置是中央政府调整科类结构的重要手段。事实上，当前学科、专业目录的设置也是科类结构发展的制度框架。因此科类结构优化的前提是必须具有一个灵活的学科、专业设置环境。具体而言，科类结构的优化必须进行以下三个方面的改革：

（1）建立起学科的准入和退出机制。从国家层面来看，学科的准入和退出机制是指某学科或专业是否列入学科目录的准入标准以及该学科或专业是否应该从专业目录上删除的标准。从学校层面来看，是指学校自主设置了某个专业或学科，该学科或专业是否能够被官方和社会承认其合法性。以美国学科专业目录（Classification of Instructional Program）为例，其学科目录专业的设置、学科专业的新增和删除都有着明确的标准。其学科目录的专业设置条件有三个：①已有教育机构设置了该学科专业；②该学科专业必须有自己独立的特色课程或实践，且所有课程或实践构成了一个有机整体；③完成该学科专业的学习后可获得相应的学位或证书。将某个学科专业列入国家的学科目录的要求，即学科专业新增的标准有四个：①联邦调查统计数据表明，最近 3 年内至少有 3 个州的 10 个以上的高等教育机构授予至少 30 个该学科专业的学位；②在联邦调查统计中提出新增学科专业代码的书面申请；③由该学科专业领域的权威人士提供证据证实该学科专业已经存在；④通过分析有关数据证实该专业的发展潜力及可能性。学科专业删除的标准有三个：①联邦调查统计数据表明最近 3 年内在少于 3 个州的 10 个以下的高等教育机构授予少于 30 个该学科专业的学位；②由该领域的权威人士提供证据证实该专业已经不存在或将不再设置；③通过分析有关数据资料证实该学科专业事实上没有必要开设。① 建立学科的准入和退出机制的前提是国家必须拥有一套成熟可信的学科评估认证体系。

目前我国学位与研究生教育中心所实施的三轮学科评估均具有良好的社会反响，若以此为契机，将每一轮学科评估作为学科、专业目录设置和调整的基本依据，实现学科的准入和退出机制，将大大有利于增强学科设置的灵活性。

（2）增设交叉学科门类，下设交叉学科为一级学科，在交叉学科下的二级学科建立起常规化的学科准入与退出机制。在建立起成熟的学科准入和退出机制的基础上，可在交叉学科门类下设置相关交叉学科为一级学科，赋予交叉学科与传统学科门类和一级学科同等地位。在交叉学科的一级学科下，灵活地调整其二级学科的设置，通过学科评估和认证，逐步建立起一批适应社会发展需求，代表科

---

① 转引自谢维和、王孙禺、袁本涛：《学位与研究生教育：战略与规划》，教育科学出版社 2010 年版，第 295 页。

技发展方向的交叉学科，并依据时代变化对其二级学科实行动态调整。

（3）突破学科门类固有的学术学位导向，将专业学位的种类与学科门类和一级学科进行归并。这样有利于在同一学科门类下统筹学术型人才和应用型人才的培养，也有利于简化统计口径。对所授予的学位证书上，均按照一级学科进行授予，所不同的是在证书上区分其不同的类型（学术学位或专业学位）。

2. 密切结合我国经济社会发展分层分类地调整我国研究生教育科类结构

研究生教育科类结构的发展必须主动回应外部经济社会的发展需求，只有当科类结构与外部经济社会发展的需求相匹配时，研究生教育才能更好地促进一国经济社会的发展，研究生个体才能更好地实现其人力资本的价值。因此，在调整战略上，必须密切结合我国产业结构和科技发展状况分层分类地调整当前我国研究生教育科类结构。

在硕士层面，研究生教育科类结构必须更多地考虑我国产业结构的现状及未来若干年的发展趋势进行设置。一方面，科类结构除了在国家层面与产业结构的分布构成进行对应外，还必须在省域层面与省域产业结构相协调。这就要求我国硕士研究生教育在各省布点之时必须密切结合省域经济社会的发展需求和省域特征，例如，在海南省更多地发展热带农林业的硕士教育，在青海、西藏更多地发展高原医学的硕士教育。另一方面，在各省发展硕士研究生教育之时应更多地依据各省产业结构发展对不同类型人才的需求状况来定位其人才培养类型（培养应用型人才还是学术型人才），从而在同一学科门类兼顾学科自身发展规律和外部社会需求来统筹布局专业学位硕士研究教育和学术学位硕士研究生教育。

在博士层面，研究生教育科类结构必须更多地考虑我国科技发展的制高点、各学位点的人才培养质量以及院校传统、特色来进行设计。一方面，在我国科技战略实施的每个关键领域，应发展一批竞争实力相当、优势互补的博士学位点为占领科技制高点输送大量高层次人才；另一方面，不同科类的博士学位点设置要为学科的发展服务，要遵循学科的发展规律，其博士学位点应严格依据其人才培养的质量和学科实力来进行设置。

需要注意的是，科类结构的调整应在若干新兴学科或交叉学科领域突破现有的学科设置框架，以项目（或领域）为中心建构起新的学位授权点，并依托学科发展新兴学科的学位点，开展跨学科的人才培养活动。因此，正如以上所言，可考虑在当前的学科门类中单独设置一个交叉学科门类和交叉学科的一级学科。在一级学科下，依据经济社会发展需要来设置交叉学科的二级学科，并通过严格的学科准入与退出机制来保障其二级学科存在的合理性和必要性。

3. 优化调整机制，下移权力重心，充分发挥省级政府、高校和社会多元主体的调整功能

当前的调整机制存在着中央政府调节功能过强、调节机制过于刚性、省级政府调整作用有限以及社会参与严重不足等问题。基于此，本书认为，下移调整的权力重心，充分发挥省级政府、高校和社会多元主体的调节功能能够更加有效地促进科类结构的健康发展。

（1）加强省级政府对域内硕士研究生教育科类结构调整的统筹权。中央政府完全将硕士学位点（包括学术学位和专业学位）下放至省级政府，仅对各省研究生教育的总规模进行限额。由省级政府依据域内经济社会发展需求以及科技发展特色来统筹调整硕士研究生教育的科类结构。这样省级政府可以更好地依据本省经济社会对应用型人才的需求来发展专业学位研究生教育，也可以依据省域内学科发展优势与特色来发展硕士研究生教育，从而使硕士研究生教育科类结构与省域产业结构、科技发展特色相匹配。

（2）加强校企合作，基于学生就业信息建构起培养单位内部的科类结构调整机制。培养单位应充分发挥校友会、就业指导中心的功能，加强和用人单位的联系，将各学科毕业生的就业率以及就业后的职业发展状况作为培养单位内部科类结构调整的重要依据。一方面，培养单位应建立起毕业生就业信息数据库，让毕业生定期（每1~2年）登录数据库对个人的职业发展信息进行维护，从而积累起大量的毕业生就业信息数据；另一方面，培养单位应通过院系专业，对与之对口的用人单位进行定期的调研，以了解用人单位对不同学科的研究生规模以及能力素质结构的基本要求，从而为科类结构的调整提供参考。

第四章

我国研究生教育类型结构

第一节　相关概念界定

一、学位类型

学位类型是按照既定标志对现有的学位进行划分所形成的种类。目前各国的学位类型多种多样：既可分为学术学位和专业学位，也可分为荣誉性学位与攻读性学位；既可分为论文博士学位与课程博士学位，也可分为过渡性学位与终结性学位等。区分学位类型，有利于对各种不同性质和特点的专门人才有针对性地进行培养，也有利于社会对人才的选择和使用。① 本书主要关注学术学位和专业学位这两种学位类型。

二、学术学位和专业学位

学术学位（Academic Degree），也称"科学学位"（Scientific Degree），是学

---

① 秦惠民：《学位与研究生教育大辞典》，北京理工大学出版社 1994 年版，第 46 页。

科设立，它以学术研究为导向，偏重理论和研究，目标是培养大学教师和科研机构研究人员。[①] 授予学术学位的要求一般侧重于理论和学术研究方面，如具有进行创造性学术活动和较高水平科学研究工作的能力，在本门学科上掌握扎实广博的理论知识等。[②]

专业学位（Professional Degrees），也称"职业学位"，是针对社会特定职业领域的需要，培养具有较强的专业能力和职业素养、能够创造性地从事实际工作的高层次应用型专门人才而设置的一种学位。[③] 不少国家把专业学位作为从事某项职业的必备条件或先决条件，[④] 如工程师、医师、教师、律师、会计师等。[⑤]

学术学位与专业学位，二者相互联系又相互区别。一方面，学术学位和专业学位都是建立在共同的学科基础之上的，攻读两类学位者都需要接受共同的学科基础教育，都需要掌握学科基本理论和基础知识与技术。在不同的教育阶段，两类学位获得者进一步深造可以交叉发展[⑥]；另一方面，二者又有明显区别，学术学位强调对理论研究能力的培养，专业学位强调对解决实际应用问题能力的培养。

三、学术学位研究生和专业学位研究生

学术学位研究生是指从事教学和基础性、理论性科学研究工作的研究生。它要求被培养者具有较强的教学、科研工作能力。专业学位研究生与之相对应，他们普遍具有较强的业务能力，擅长技术性工作，如新产品、新工艺的研制开发，以及管理、经营、决策工作等。由于学术学位与专业学位的特征差别，学术学位研究生和专业学位研究生在知识结构、能力、素质和岗位指向上也存在较大差异，具体见表4-1。

表4-1　　　　　　学术学位研究生与专业学位研究生的差异

	学术学位研究生	专业学位研究生
培养目标	培养从事科研工作的人才；这种人才应以发展学科知识为目的	培养从事某种特定职业的人才；这种人才应该以将所学知识应用到职业实践为主要目的

① 中国高等教育学生信息网，http：//www.chsi.com.cn/ycnews/201306/20130627/436859579.html./2012-04-15。

② 中国学位与研究生信息网，http：//www.chinadegrees.cn/xwyyjsjyxx/xwbl/cdsy/260644.shtml./2012-04-15。

③ 中国学位与研究生信息网，http：//www.chinadegrees.cn/xwyyjsjyxx/gjjl/2012-04-15。

④ 秦惠民：《学位与研究生教育大辞典》，北京理工大学出版社1994年版，第46页。

⑤ 中国研究生招生信息网，http：//yz.chsi.com.cn/z/yzzyss/index.jsp，访问时间：2012-04-15。

⑥ 中国学位与研究生信息网，http：//www.chinadegrees.cn/xwyyjsjyxx/gjjl/szfa/267336.shtml，访问时间：2012-04-15。

	学术学位研究生	专业学位研究生
培养规格	了解研究环境的能力；科学研究能力；沟通技巧团队合作能力	专业技术能力；人际沟通表达能力；团队合作能力；搜集分析、组织信息能力；解决问题的能力；领导能力；终身学习的能力
知识	侧重知识的学术性、探究性和专业性；注重理论原理和理论前沿；强调"是什么"、"为什么"的知识；知识的获取强调理性分析	侧重知识的应用性、宽泛性和综合性；注重理论知识的实践和理论的应用；强调"做什么"、"怎么做"的知识；知识的获取强调实践体验
能力	擅长通过理论分析和学术研究创造学术价值；侧重运用所学知识进行理论和学术创新，善于发现事物的本质与原理	擅长通过应用分析和方法推广创造实践价值；侧重运用所学知识进行方法创新和解决实际问题，善于拓展理论的外延和功用
素质	侧重理论和学术思想修养，具有理论型风格	侧重实践和综合思维修养，具有经验型风格
岗位指向	面向院校、机关和科研院所的教学、科研岗位，以从事教学科研为主	面向企事业单位的研究开发与应用等实践岗位

资料来源：清华大学教育研究院课题组：《清华大学硕士学位研究生培养定位改革研究报告（2009）》，2010 年。

四、研究生教育类型结构

本书中研究生教育类型结构是指整个研究生教育系统中学术学位研究生与专业学位研究生各自的发展态势以及它们之间的相互联系。这种态势和关联体现在两种学位类型研究生教育在整个研究生教育系统中的构成状态上，可表征为基于招生数的类型结构（即学术学位研究生招生数和专业学位招生数之间的比例关系）、基于在校生数的类型结构（即学术学位研究生在校生数和专业学位在校生数之间的比例关系）以及基于学位授予数的类型结构（即学术学位授予数和专业学位授予数之间的比例关系）等。

第二节　我国研究生教育类型结构的调整历程：
以专业学位的设置与发展为视角

我国研究生教育的类型结构调整是与我国的经济社会发展紧密联系的。改革开放之初，我国经济发展开始走向正轨，力争在 20 世纪末实现"四个现代化"成为当时最响亮的口号之一。而科学技术现代化是其他各项现代化的基础，但当初高等教育百废待兴，师资队伍建设和研究队伍建设成为我国恢复研究生教育的当务之急。因此，自我国研究生教育恢复之时就以学术型人才的培养为主要任务。随着我国经济发展转型，尤其是工业化的发展，1984 年，开始试办工程硕士教育，直至 1990 年第一个专业硕士学位 MBA 正式批准建立，研究生教育才分化为学术学位和专业学位两种类型。后陆续建立了建筑学、法学、医学、工程等领域的专业硕士学位，可以说，我国的专业学位研究生教育诞生于中国经济体制转型期，既是应社会需求而产生，也是研究生教育发展的必然结果。从某种意义上讲，学位类型结构的调整史可视为专业学位研究生教育的发展史。

因此，本节首先通过对相关的宏观政策梳理，勾勒出专业学位研究生教育的发展历程以及阶段性特征；同时，聚焦于 MBA 专业学位的发展历程，以案例的形式描绘出专业学位发展过程中的动力机制、发展路径以及影响因素，从而折射出我国研究生教育类型结构的发展历程。

一、专业学位的历史变迁：基于政策演进的视角

从我国专业学位的政策演进来看，我国专业研究生教育的发展大致可分为以下四个阶段：酝酿期（1978～1989 年）、试点发展期（1990～1998 年）、稳步扩张期（1999～2008 年）和全面扩张期（2009 年至今）。

1. 专业学位的酝酿期（1978～1989 年）

专业学位的设置并非一日之功，而是从应用型学位的发展历程中逐渐分化而来，1984～1989 年，是专业学位发展的酝酿期。在此期间，国家对高层次应用型人才的需求不断加强，面向市场培养应用型人才的理念开始盛行，面向职业的应用型学位逐步设置。虽然从所授予的学位方面来看，已有的政策和实践探索并未超出学术学位的制度框架，但新型的学位类型——专业学位的设置即将启动。

早在 1978 年中共三中全会后，国家教委研究生司和国务院学位办开始研究如何解决"生源单一"、"类型单一"和"流向单一"的问题，强调研究生教育在培养教学、科研型人才的同时，要大力加强应用型、复合型人才的培养。例如 1981 年，时任国家教委主任的蒋南翔同志在国务院学位委员会学科评议组第一次会议上就以医学为例，提出探索面向应用部门培养高层次专门人才的思想。这些都为针对应用型人才培养设置相关学位起到了很好的导向作用。

真正对专业学位发展产生实质性影响的事件当属"工程硕士"的提出。1984 年 11 月中旬，清华大学、西安交通大学等 11 所工科院校在西安交通大学召开了

"关于培养工程类型硕士生"座谈会，并向教育部联名提交《关于培养工程类型硕士生的建议》（以下简称《建议》），《建议》指出："改革研究生的培养和管理办法，尽快培养出大批适应工矿企业和应用研究单位需要的、能够独立担负专门技术工作的高级工程科技人才，适应国民经济迅速发展的需要，是工科院校研究生培养工作中的一个重要任务"，并指出"当前工业企业中高级工程技术人员和管理干部已出现青黄不接、后继乏人的严重现象"。"工程硕士招生的对象是具有工作经验的技术干部，也可以招收应届本科毕业生，希望教育部允许与会院校可在委托培养的招生名额中增加不超过 10% 的合格应届本科毕业生。"[①] 教育部于当年即同意在部分高等工科院校开展培养工程类型硕士生的试点工作。这场座谈会可以看做是专业学位设置的萌芽。虽然工程硕士开始试点，同时"11 所高校建议将工程类型硕士生作为工学硕士学位的一种类型"，但由于经验不足，并未单独作为与工学硕士并列的学位来开展学位授予工作。由此可见，这场由高校自下而上发起的改革使得最早产生的工程类型硕士具有了专业学位的含义，虽然工程类硕士没有获得专业学位的名称，仍包含在学术学位的框架之内，但其对于日后专业学位设置所产生的影响不言而喻。

在"工程硕士"提出后，"医学博士（临床医学）"的提出又进一步推动了专业学位制度的建立。1986 年，国家教委提出要进一步改善研究生教育培养类型较为单一的状况，并发布《关于改进和加强研究生工作的通知》，该文件指出：我国要在培养教学、科研型人才的同时，大力加强对应用型人才的培养。特别是在财经、政法、管理、工程技术、临床医学和农林生产工艺等应用学科中，要大力培养实际工作部门急需的应用型、复合型人才。同年 11 月 29 日，国务院学位委员会、国家教育委员会、卫生部联合发出了《关于下达〈培养医学博士（临床医学）研究生的试行办法〉的通知》，在 38 个具有临床医学博士学位授予权的高等医学院校和医学科研机构进行培养医学博士（临床医学）研究生的试点。不同于培养科学研究能力为主的医学博士研究生，医学博士（临床医学）研究生，是以培养临床高级人才为目的，以临床实际工作能力的训练为主，在临床工作能力上达到初年主治医师水平。医学博士（临床医学）研究生的培养周期和培养质量，与其他学科门类大体相同，采取在 4 ~ 5 年内按硕士、博士研究生两段连续培养，直接攻读博士学位（临床医学）的培养方法。第一阶段，一般 2 年，轮回参加本学科各主要专科方向的临床医疗工作，进行严格的临床工作训练，同时参加学位课程学习。经严格的临床业务技能考核和学位课程考试，择优升入第

---

① 清华大学、西安交通大学等：《关于培养工程类型硕士生的建议》，http://www.meng.edu.cn/ht-mls/wjfg/statute_detail.jsp? wjfg_type = 1&wh = （84）教研司字 031 号/1984 - 11 - 14。

二阶段学习。第二阶段，一般 2～3 年，学完全部学位课程，进一步深入学科和掌握本专业临床技能和理论知识，逐步学会独立处理常见病及其一些疑难病症，结合临床参加教学工作和科研，完成学位论文。业务能力考核和论文答辩合格，授予医学博士（临床医学）学位。① 但医学博士（临床医学）仍然归属于学术学位的框架之内，其应用型人才培养的特征未能凸显，故 1989 年国务院学位委员会批准组建医学职业学位研究小组，着手对建立医学职业学位的问题积极组织调研和论证，探讨在医学门类建立专业学位的必要性和可行性。②

总体而言，1984～1989 年，我国专业学位的发展处于一个酝酿期。国家教育行政部门和培养单位一起从具有很强应用性的工学和医学着手，探索专门培养高层次应用型人才的研究生教育。虽然此时的工程类硕士和临床医学博士的学位授予并未突破学术学位的制度框架，但在教育理念、招生制度和培养模式方面均积累了宝贵的经验，为专业学位的设立奠定了良好的基础。

2. 专业学位的试点发展期（1990～1998 年）

进入 20 世纪 90 年代，我国经济发展开始向市场化转型，工业化进一步发展，为了适应社会发展需要，1990 年，工商管理硕士（MBA）获得批准，这标志着专业学位研究生教育正式建立。此后，专业学位从工商管理开始逐步拓展到临床医学、法律、教育和工程等领域。这一时期专业学位发展的主要特征有：①制度化。从制度层面明确了专业学位的名称、性质、任务和地位，颁布了《专业学位设置审批暂行办法》这一重要文件。②层次化。即开始推进硕士层次和博士层次两个层面的专业学位研究生教育，首先在医学领域同时设置了专业硕士和专业博士。③管理专业化。为促进专业学位研究生教育的科学发展，各类专业学位研究生教育的教学指导委员会逐步设立，教学指导委员会成为专业学位人才培养行业自律和管理的专业机构。

（1）专业学位的性质、目标、定位和任务不断明晰。首先，1990 年国务院学位委员会第九次会议专门讨论《关于设置专业学位调研工作的情况汇报》，明确了专业学位研究生教育的名称、目的和性质。同年所召开的国务院学位委员会第十次会议鲜明地指出了专业学位的性质及设置专业学位的目的："在我国设置专业学位，是为了促进我国应用学科的建设和发展，加速培养应用学科的高层次人才；是为了改变我国学位规格单一局面的一种措施。专业学位旨在培养在专业和专门技术上受到正规的、高水平的训练，在专门技术上做出成果的高层次人才，所授学位的标准应反映该专业领域的特点和对高层次人才在专门技术工作能

---

① 《中国教育年鉴》编辑部：《中国教育年鉴（1985～1986）》，湖南教育出版社 1988 年版，第 440～441 页。

② 《中国教育年鉴》编辑部：《中国教育年鉴（1990）》，人民教育出版社 1991 年版，第 172 页。

力和学术上的要求。"①

在建构了制度的基本框架后，中央政府在政策文本中正式地使用"专业学位"这一称谓，并建立我国第一个专业学位——工商管理硕士（MBA）。1991年3月，国务院学位委员会通过了《关于设置和试办工商管理硕士学位的几点意见》，首批批准了清华大学、中国人民大学和复旦大学等9所高校开展试点培养工作，并于当年开始第一批招生。该文件正式使用"专业学位"一词，②并指出"工商管理硕士学位是专业学位的一种"。

为进一步明晰专业学位的性质和定位，中央政府也尝试地提出将专业学位与职业资格获得联系起来的想法。1993年2月，国家教委、国务院学位委员会印发的《关于学位与研究生教育改革和发展的若干意见》中提出：结合国家人事制度的改革，根据不同层次的高等学校、科研机构等单位对高层次专门人才的不同需要，可以逐步试行将获得博士、硕士学位与评聘高级专业技术职务挂钩。根据不同行业对人才上岗的不同要求，在部分行业分层地将获得专业学位作为具备上岗资格的条件之一。

1996年4月，国务院学位委员会第十四次会议审议并通过《专业学位设置审批暂行办法》（以下简称《暂行办法》），这是我国第一个针对专业学位的专门性文件。《暂行办法》规定了专业学位的地位、目的和名称，指出完善学位制度，加速培养经济建设和社会发展所需的高层次应用型专业人才是设置专业学位的目的，专业学位具有职业背景，名称是"××（职业领域）硕士（学士、博士）专业学位"，分为学士、硕士、博士三级。③这些规定使专业学位的基本属性得到规范，整合了已有的专业学位设置方案，使它们具备了统一的内在逻辑，同时也规范了后续专业学位的设置及开展，标志着我国专业学位的发展进入制度化阶段。

（2）专业学位的科类结构、层次结构不断完善。自1991年工商管理硕士设立开始，专业学位研究生教育就逐步扩展到其他领域。法学、医学、教育学、工程学这些具有高度专业性的领域是专业学位最早的涉足之地。特别是在医学领域，专业学位分设为硕士和博士两个层次。

1995年国务院学位委员会第十三次会议通过了《关于设置和试办法律专业

---

① 谢桂华：《学位与研究生教育工作实践及思考》，高等教育出版社2002年版，第269～270页。

② 事实上，专业学位之名是由"职业学位"修正而来。国务院学位委员会第九次会议指出"将'职业学位'提法修订为'专业学位'更符合中国国情。因为我国学位制度还处于刚刚建立阶段，学位的主要作用是对学位获得者学术水平的认可，在人事制度方面还没规定获得某种学位是从事某项职业的必备条件"。

③ 国务院学位委员会：《专业学位设置审批暂行办法》，http://www.moe.edu.cn/publicfiles/business/htmlfiles/moe/moe_621/200410/3445.html/1996-7-22。

学位硕士学位的决议》，随后发布《关于开展法律专业学位硕士学位试点工作的通知》，确定中国人民大学、北京大学、中国政法大学和对外经济贸易大学等 8 所院校为首批举办法律专业学位硕士学位试点单位。

1997 年，国务院学位委员会第十五次会议审议通过《关于调整医学学位类型和设置医学专业学位的几点意见》，决定设置以培养从事基础理论或应用基础理论研究人员为目标的"医学科学学位"和以培养高级临床医师、口腔医师、卫生防疫和新药研制与开发的应用型人才为目标的"医学专业学位"。同年颁布的《临床医学专业学位试行办法》，决定首先在临床医学专业学位进行试点，分为"临床医学硕士专业学位"和"临床医学博士专业学位"，并确定了中国协和医科大学等 20 所高校具备培养临床医学研究生和授予临床医学博士和硕士专业学位的资格，确定了哈尔滨医科大学等 23 所高校具备培养临床医学硕士研究生和授予临床医学硕士专业学位试点工作。同时，此次会议也审议通过《工程硕士专业学位设置方案》，批准清华大学等 54 所高等院校开展工程硕士培养工作。工程硕士培养采取在国家计划内招收和在职攻读两种方式，以在职攻读方式为主。培养领域有机械工程、车辆工程以及制药工程等。

1998 年，国务院学位委员会与司法部联合发出《关于开展在职攻读法律硕士专业学位工作的通知》，决定开始开展在职攻读法律硕士专业学位工作。[1] 同年新增了复旦大学等 9 所院校为新增法律硕士专业学位试点单位。

1996 年国务院学位委员会办公室、国家教委研究生工作办公室发出了《关于开展教育硕士专业学位试点工作的通知》，批准北京师范大学、天津师范大学、辽宁师范大学和东北师范大学等 16 所师范大学为首批教育硕士专业学位试点单位。1998 年，在职攻读教育硕士专业学位工作开始推进，[2] 全国攻读教育硕士专业学位的组织了第一次联考，国务院学位委员会办公室还批准首都师范大学等 13 所师范院校新增为教育硕士专业学位试点单位。

（3）专业学位教学指导委员会的陆续建立。随着专业学位涉足的领域不断增多，工商管理硕士教学指导委员会、临床医学专业教学指导委员会等相关专业的专业学位教学指导委员会也不断建立。这些教学指导委员会的专家一般由培养单位相关专业的知名专家、主管部门和有关行业部门的负责人组成。具有很强的专业性、广泛的代表性和较高的权威性。在培养方案优化到教学改革，从师资培训到教材编写，从质量标准的确立到检查评估，从国内培养单位之间的联系到开展

---

① 《中国教育年鉴》编辑部：《中国教育年鉴（1985~1986）》，湖南教育出版社 1988 年版，第 239 页。

② 《中国教育年鉴》编辑部：《中国教育年鉴》，人民教育出版社 1999 年版，第 226~227 页。

国际交流与合作，教学指导委员会都发挥着重要作用。①

3. 专业学位的迅速扩张期（1999～2008 年）

随着 1998 年亚洲金融危机的爆发，我国经济发展动力不足、就业形势严峻、出口和内需萎缩等问题严重影响我国的经济发展，在这一背景下，1999 年开始，我国高等教育开始大规模扩张。研究生教育基于前期发展的不足而出现补偿性增长。专业学位研究生教育也在补偿性增长的时期内得到了迅速的发展。这一阶段不仅增加了大量的专业学位种类，而且专业学位的规模也不断扩大，层次结构不断完善。但须注意的是，整个研究生的培养中，学术学位仍占据着主导地位，专业学位的相对规模并未发生明显改变，在 1999～2008 年基本稳定。

（1）专业学位种类的不断丰富。这一时期增加了公共管理硕士、农业推广硕士、兽医专业学位硕士、公共卫生硕士、军事硕士、会计硕士、体育硕士、艺术硕士、风景园林硕士、汉语国际教育硕士、翻译硕士和社会工作硕士共 12 种专业学位。

相较于上一时期，专业学位的发展开始逐步从一些应用学科中的专业走向基础学科领域具有较强应用型特征的专业，例如，艺术硕士、汉语国际教育硕士和翻译硕士所依托的专业原都归属于文学门类。这也在一定程度上反映出专业学位的发展对原有的科类结构的调整和优化作用。

（2）硕士专业学位的绝对规模不断扩张，相对规模保持稳定。在不断新增专业学位种类的同时，专业学位的绝对规模也在不断扩充。1999～2008 年，专业学位的规模占研究生总招生规模的比例不断上升。其中硕士专业学位的规模占硕士研究生规模的比例上升尤为显著。

从招生规模来看，绝对规模的增幅显著。1999 年，全国共招收专业学位的硕士研究生 25 366 人，2008 年，规模已达 135 064 人，但另一方面，专业学位研究生教育的相对规模保持基本稳定。1999 年，招收的专业学位硕士研究生占硕士研究生招生总数的 28.63%，2008 年，这一比例也仅为 27.13%，基本没有发生变化。

（3）博士专业学位的绝对规模和相对规模仍处于很低水平。1999 年，全国授予博士专业学位 49 个，占授予博士学位总数的 0.49%，2008 年，授予博士专业学位虽增至 1 735 个，但也仅占授予博士学位总数的 3.83%。

4. 专业学位的全面发展期（2009 年至今）

2008 年，国际金融危机爆发，我国制造业面临转型升级的巨大机遇和挑战，以信息化带动工业化成为我国产业发展的重大战略。2012 年，党的十八大报告

---

① 研究生专业学位总体设计研究课题组：《开创我国专业学位研究生教育发展的新时代》，中国人民大学出版社 2010 年版，第 36 页。

提出了"新四化"（工业化、信息化、城镇化、农业现代化）同步发展的宏伟目标，第三产业在 GDP 中的比例也开始赶上甚至超越第二产业。与此相应的劳动力市场对高层次应用型人才的需求也日趋旺盛，传统的以学术型人才培养为主的研究生教育必须转型，专业学位和学术型学位研究生教育开始并重发展。

在全面发展时期，专业学位研究生教育得到迅猛的发展。具体而言，包括以下特征：①专业学位的种类大幅增加；②专业学位的规模迅猛增长，从单纯的绝对规模的增加发展到绝对规模和相对规模均显著增加；③专业学位的改革与发展逐步从规模和结构层面走到培养模式层面。

（1）专业学位种类的大幅增加。在专业学位的全面发展时期，增设的专业学位种类的数量与前三个阶段所设立的专业学位种类数量之和相当，包括城市规划硕士、林业硕士、中药学硕士、旅游管理硕士、图书情报硕士、工程管理硕士、金融硕士、应用统计硕士、税务硕士、国际商务硕士、保险硕士、资产评估硕士、警务硕士、应用心理硕士、新闻与传播硕士、出版硕士、文物与博物馆硕士、护理硕士、药学硕士、审计硕士和工程博士。截至 2011 年，我国硕士专业学位达到 39 种，博士专业学位达到 5 种，基本覆盖了国民经济和社会发展的主干领域。具有研究生专业学位授予权的培养单位 509 个，硕士专业学位授权点 2 679 个，博士专业学位授权点 66 个。

（2）专业学位的规模持续增长。全面发展期内专业学位的规模迅猛增长，从单纯的绝对规模的增加发展到绝对规模和相对规模均显著增加。

从招生层面来看，2009 年，招收专业学位硕士研究生 190 941 人，占当年硕士生招生总规模的 32.86%，2011 年，招收专业学位硕士研究生 268 710 人，占当年硕士生招生总规模的 44.37%。[①] 从学位授予层面来看，2009 年，授予专业学位 121 046 人，占学位授予总数的 24.77%，2011 年，授予专业学位 157 094 人，占学位授予总数的 28.49%。

在专业学位规模持续增长中，以全日制专业学位研究生规模的增长为主要驱动力。2009 年，教育部下达《关于做好全日制硕士专业学位研究生培养工作的若干意见》（以下简称《若干意见》），决定自 2009 年起，扩大招收以应届本科毕业生为主的全日制硕士专业学位范围。[②] 截至 2008 年上半年，我国累计招收 86.5 万专业学位人员，其中在职攻读招生 61.9 万，比例达 71.6%，[③] 因此《若

[①] 2009 年的专业学位博士招生数不详。

[②] 教育部：《教育部关于做好全日制硕士专业学位研究生培养工作的若干意见》，http：//www. cdgdc. Edu. cn/xwyyjsjyxx/gjjl/zcwj/267236. shtml. /2009－3－19。

[③] 杨玉良就硕士研究生教育结构调整答记者问，http：//www. cdgdc. edu. cn/xwyyjsjyxx/gjjl/zjft/267248. shtml. /2009－3－2。

干意见》指出我国专业学位教育的在职人员攻读比例偏大、应届本科毕业生攻读比例偏小。扩招决定一出，效果立刻显现。2008 年，我国专业学位研究生招生数占整体研究生招生数的 7%，2009 年，这一比例提高到 17%，总计招收 7.9 万，仅扩招的全日制专业学位硕士就达 5 万，且这 5 万名研究生主要面向应届本科毕业生。[①]

这意味着伴随着专业学位的此次扩招，研究生教育结构的发生了"历史性转型和战略性调整"[②]，形成了两个"并重"的局面（全日制专业学位研究生培养和非全日制专业学位研究生培养并重、学术学位研究生培养和专业学位研究生培养并重）。

（3）专业学位研究生教育的改革和发展从规模结构层面走向培养模式层面。随着专业学位研究生规模的扩张，优化专业学位研究生教育结构以及人才培养模式的相关改革制度也将开始启动。2010 年可谓是专业学位发展的规划之年。这一年国务院学位委员会下发《硕士、博士专业学位研究生教育发展总体方案》和《关于开展新增硕士专业学位授权点审核工作的通知》，前者明确了发展硕士、博士专业学位教育的指导思想、原则和目标，强调要积极引导、鼓励行业、企业及社会力量支持、参与专业学位教育，并从选拔、学位授权审核、衔接职业资格考试、宏观管理和质量保障几个方面论述要加快创造和完善有利于专业学位发展的宏观环境，提出要创新培养模式提高培养质量，对新时期发展专业学位教育进行了宏观设计和总体规划。[③] 后者扩大了高校在新增硕士专业学位授权中的权力，弱化了国务院学位委员会的审批设置权。

此外，教育部印发了《关于开展研究生专业学位教育综合改革试点工作的通知》，决定从 2010 年起在部分高校开展专业学位研究生教育综合改革试点。该通知提出了试点改革的任务，包括转变专业学位研究生教育发展方式，改革选拔制度，完善培养方案（要求跟踪国民经济发展需求及专业技术领域发展前沿，强化课程设计和教学要求），创新培养模式（要求学校与企业、行业组织开展多种形式的合作办学模式），改革考核评价方法，加强师资队伍建设，完善奖助贷体系和就业服务体系，完善内部管理体制与机制。[④] 试点涉及专业学位研究生培养的

---

① 顾海良：《专业学位硕士培养代表未来发展趋势》，http：//www.cdgdc.edu.cn/xwyyjsjyxx/gjjl/zjft/267249.shtml。

② 杨玉良就硕士研究生教育结构调整答记者问，http：//www.cdgdc.edu.cn/xwyyjsjyxx/gjjl/zjft/267248.shtml. /2009 - 3 - 2。

③ 国务院学位委员会：《硕士、博士专业学位研究生教育发展总体方案》，http：//www.cdgdc.edu.cn/xwyyjsjyxx/gjjl/zcwj/268313.shtml。

④ 教育部：《关于实施专业学位研究生教育综合改革试点工作的指导意见》，http：//www.moe.Gov.cn/publicfiles/business/htmlfiles/moe/s4927/201011/xxgk_110497.html/2010 - 10 - 13。

各方面，是我国专业学位制度新变革的纲领性文件，对于构建并完善专业学位研究生教育体系有着重要作用。

总体而言，自设立之日起，专业学位规模的扩张和结构的完善是非常显著的。尤其是在进入 1999 年高等教育大众化进程后，其发展速度越来越快。截至 2011 年 12 月 31 日，我国已设置硕士层次的专业学位 39 种，博士层次的专业学位 5 种。专业学位的设置大大丰富了我国研究生教育的类型结构。业已设置的专业学位基本信息如表 4 - 2 和表 4 - 3 所示。

表 4 - 2 　　　　　　　　　　我国专业学位硕士种类概览

序号	种类	获批年份	人才培养目标（摘要）	授予学位的单位数
1	工商管理硕士	1990	培养企业或经济管理部门的高级经营管理专门人才	234
2	建筑学硕士	1992	培养建筑设计专门人才	25
3	法律硕士	1995	培养专门型、实务型法律专门人才	117
4	教育硕士	1996	培养高素质的中小学教师、教育管理领域高级专门人才	88
5	工程硕士	1997	培养应用型、复合式高层次工程技术和工程管理人才	338
6	临床医学硕士	1998	培养高层次、高水平的临床医师	101
7	农业推广硕士	1999	培养具有综合职业技能的应用型、复合型高层次人才	98
8	兽医硕士	1999	培养从事兽医资源管理、技术监督、市场管理与开发、兽医临床工作和现代化兽医业务与管理的应用型、复合型高层次人才	36
9	公共管理硕士	1999	培养政府部门及非政府公共机构的高层次、应用型专门人才	146
10	口腔医学硕士	2000	培养高层次口腔临床医师	47
11	公共卫生硕士	2001	培养高层次公共卫生应用型专门人才	44
12	军事硕士	2002	培养军队军事、政治、后勤、装备等中级指挥军官	14
13	会计硕士	2003	培养高层次、应用型的会计专门人才	107
14	风景园林硕士	2005	培养风景园林事业相关领域的应用型、复合型、高层次专门人才	32

续表

序号	种类	获批年份	人才培养目标（摘要）	授予学位的单位数
15	体育硕士	2005	培养能独立承担体育专业技术或管理工作的高层次应用型体育专门人才	68
16	艺术硕士	2005	培养高层次、应用型艺术专门人才	139
17	汉语国际教育硕士	2007	培养适应汉语国际推广工作，胜任多种教学任务的高层次、应用型、复合型、国家化专门人才	83
18	翻译硕士	2007	培养高层次、应用型、专业性口笔译人才	159
19	社会工作硕士	2008	培养能够胜任针对不同人群及领域的社会服务与社会管理的应用型高级专业人才	60
20	城市规划硕士	2010	培养掌握城市规划与设计的理论、方法和技术，能够胜任城市规划管理和城市规划设计领域实务工作的高层次、应用型城市规划专门人才	11
21	林业硕士	2010	培养具有系统的林业基本理论和专业知识，熟练运用现代林业技术，适应林业及生态建设发展需要的高层次、应用型、复合型林业专门人才	16
22	中药学硕士	2010	培养胜任中药生产、药物质量评价与控制、新药研发、注册申请、流通管理、合理使用、临床及社会服务等工作的中药学专门人才	43
23	旅游管理硕士	2010	培养掌握旅游基本理论知识和管理方法及技能，能够胜任现代旅游业实际工作需要的高层次、应用型、复合型旅游管理专门人才	56
24	图书情报硕士	2010	培养掌握扎实的图书情报专业知识和技能，具有较强的跨文化交际能力，具有解决图书情报工作实际问题能力的图书情报专门人才	18
25	工程管理硕士	2010	培养掌握系统的管理理论和相关工程领域的专门知识，能独立担负工程管理工作，具有计划、组织、协调和决策能力的工程管理专门人才	77
26	金融硕士	2010	培养充分了解金融理论与实务，系统掌握投融资管理技能等领域的知识和技能，具有很强的解决金融实际问题能力的金融专门人才	86

序号	种类	获批年份	人才培养目标（摘要）	授予学位的单位数
27	应用统计硕士	2010	培养具有良好的统计学背景，能够从事统计调查咨询、数据分析、决策支持和信息管理的应用统计专门人才	78
28	税务硕士	2010	面向税务机关、企业、中介机构及司法部门等相关职业，培养系统掌握税收理论与政策、制度、税务管等知识，充分了解税务稽查等高级税收实务、具有解决实际涉税问题能力的专门人才	36
29	国际商务硕士	2010	培养从事国际商务经营运作与管理工作，通晓现代商务基础理论，具备完善的国际商务知识、国际商务分析与决策能力的国际商务专门人才	78
30	保险硕士	2010	培养掌握经济学基础知识，具有从事风险评估与管理、保险产品设计等工作的保险专门人才	50
31	资产评估硕士	2010	培养具备从事资产评估职业所要求的知识和技能，具有很强的解决实际问题能力的资产评估专门人才	65
32	警务硕士	2010	培养具有综合运用法律、公安基础理论、经济、科技、外语等知识，独立从事各项公安工作的专门人才	4
33	应用心理硕士	2010	培养具有将心理学理论和技术应用于某一相关领域以解决实际问题的能力的专门人才	30
34	新闻与传播硕士	2010	培养具有现代新闻传播理念与国际化视野，深入了解中国基本国情，熟练掌握新闻传播技能与方法的专门人才	49
35	出版硕士	2010	培养能够综合运用管理、经济、法律、外语、计算机等知识解决出版业实际问题，适应现代出版业发展需要的出版专门人才	14
36	文物与博物馆硕士	2010	培养具有现代文博事业理念，较好掌握文物与博物馆及相关领域的知识和技能的博物馆专门人才	28

续表

序号	种类	获批年份	人才培养目标（摘要）	授予学位的单位数
37	护理硕士	2010	培养具备较强的临床分析和思维能力，能独立解决本学科领域内的常见护理问题的专门人才	29
38	药学硕士	2010	培养具备较好掌握药学及相关学科专业知识，具有较强的技术创新能力和解决实际问题能力的药学专门人才	41
39	审计硕士	2011	培养具有开阔的国际视野、较强的专业能力、能够创造性地从事审计工作的专门人才	34

资料来源：（1）http：//www.cdgdc.edu.cn/xwyyjsjyxx/gjjl./2013－9－30。

（2）培养单位数来源：中国学位与研究生教育发展年度报告编写组：《中国学位与研究生教育发展年度报告（2012）》，中国人民大学出版社2013年版。

表4－3 我国专业博士种类概览

序号	专业学位类型	获批年份	人才培养目标	学位授予单位数（个）
1	临床医学博士	1998	培养高层次、高水平能解决疑难病的临床医师	48
2	兽医博士	1999	培养从事兽医资源管理、技术监督、市场管理与开发、兽医临床工作和现代化兽医业务与管理的应用型、复合型高层次人才	7
3	口腔医学博士	2000	培养能处理疑难病的口腔医学高层次临床医师	13
4	教育博士	2008	培养教育实践领域高层次专门人才	15
5	工程博士	2011	培养具有创新能力的应用型、复合式高层次工程技术和工程管理人才	25

二、专业学位的历史变迁：以MBA发展历程为案例

作为我国最早设立的专业学位，MBA教育创造了我国研究生教育的诸多"第一"：第一个按照专业学位类型授予学位，第一个成立专业学位教育指导委员会，第一个实行入学联考，第一个开展专项教学合格评估工作，第一个针对特殊

群体办教育。① 历经 20 年的发展，MBA 从最初仅有 9 所试点院校、招收 144 名 MBA 学生发展到 2011 年的 236 所院校、招收 35 777 名 MBA 学生，② MBA 教育开启了我国专业学位研究生教育的先河，以 MBA 教育为案例可以从微观视角探寻我国专业学位研究生教育发展和研究生教育类型结构的调整历程。

需要特别说明的是，MBA 教育的发展历程镶嵌在我国专业学位研究生教育发展的进程中，但作为我国专业学位的先导，其发展阶段有一定的先行性，故其发展阶段划分上不完全与我国专业学位研究生教育整体的发展阶段相一致。

1. MBA 教育的萌芽与确立（1979～1991 年）

"文革"之后，中国百废待兴，各行各业都急需人才，改革中的国企更是紧缺管理人才，但当初仿照苏联经验设立的以理论知识为基础的传统工商管理专业人才已经不能适应时代的需求。1979 年 10 月，一支由 30 名成员组成的中国工商行政管理代表团被政府派遣访问美国，对麻省理工学院、宾夕法尼亚州立大学和哈佛大学等五所高校的管理学院进行访问和考察。五所高校的 MBA 课程给代表团留下了深刻的印象，团长马洪返京后拟定了迅速改进传统工商管理教育的计划，提出应仿照美国研究生教育对企业的中、高级管理干部进行综合培养③。政府根据该份计划，决定暂由清华大学等个别院校进行试点培养，试点在 1979 年开始，但是这次试点不以 MBA 名义开展，时间也较短，不算真正的 MBA 教育。虽然这次试点没有成功，但国外的 MBA 教育却被中国的企业家铭记于心，中外联合培养 MBA 之路也在逐渐展开。

1982 年，原欧洲共同体委员会与中国政府决定联合进行 MBA 教育，1984 年开始招生，按照欧洲 MBA 的模式进行培养，在北京办了 6 期后迁往上海，更名为中欧国际工商学院，成为目前国内最优秀的 MBA 培养院校之一。

与此同时，一场由国家最高领导人直接推动的中美合作开办 MBA 教育的试验也拉开了帷幕。1979 年 1 月，邓小平应美国总统吉米·里根的邀请对美国进行正式友好访问，访问期间邓小平表达了让美国为中国的现代化事业培养一批高级管理人才的希望。1980 年 8 月，"中国工业科技管理大连培训中心"在原国家经委、国家科委和美国商务部的联合推动下成立于原大连理工学院，第一期 MBA 课程班的学制是 3 个月，浓缩了美国的 MBA 课程内容，参加学员 120 人。④ 美国

---

① ② 全国 MBA 教育指导委员会副主任委员，清华经管学院前任院长赵纯均教授在"中国暨清华 MBA 教育二十周年纪念会及论坛"发表的演讲，2011 年 5 月 21 日，http：//edu. sina. com. cn/bschool/2011 - 05 - 21/2144296516. shtml.

③ 清江、晓红：《中国 MBA》，辽宁大学出版社 1998 年版，第 188 页。

④ 陈莉莉、罗伦. 中国 MBA20 年：试点改革再思变［EB/OL］. 载《每日经济新闻》（2011 - 05 - 31）［2012 - 03 - 22］. http：//epaper. nbd. com. cn/shtml/mrjjxw/20110531/v07. shtml。

为了回应邓小平的期望，也在国内公开招标选择与中国合作培养 MBA 的学校，1984 年 4 月，中美两国政府达成共同为中国培养高级工商管理硕士的协议，正于中国访问的美国总统里根在人民大会堂发表演说："我很高兴地宣布，两国已一致同意成立一个新的特别训练班，毕业生将获得工商管理硕士学位。这一学位将由纽约州立大学授予。"① 参与合作办学的中国高校是原大连理工学院。第一期的 40 名学员经过严格的层层筛选，39 人在大连完成两年学业后赴美实习，38 名学员于 1986 年 12 月获得 MBA 学位归国，他们是中国第一批真正意义上的 MBA。

经历了与欧美联合培养 MBA 之后，政府开始研究自主培养 MBA 的可行性。1988 年，清华大学、南开大学、中国人民大学等 6 所高校向教育部就设立 MBA 学位和试办 MBA 教育的若干问题提交了论证报告。1990 年，国务院学位委员会正式批准设立 MBA 学位和试办 MBA 教育，1991 年 3 月，通过《关于设置和试办工商管理硕士学位的几点意见》，清华大学、南开大学和中国人民大学等 9 所高校成为第一批试点院校并于 1991 年正式招生，标志着我国 MBA 学位制度和 MBA 教育的正式开展，也标志着我国专业学位制度正式确立。

从 MBA 教育确立过程，我们可以看到来自社会不同主体的影响因素。

第一，MBA 的首推者来自市场的企业，MBA 的产生源于市场的迫切需要。赴美考察的中国工商行政管理代表团团长马洪是国有企业爱华玉器厂的领导，他亲眼目睹了爱华玉器厂因为管理失败而倒闭的过程，对中国传统工商管理专业失望，为企业缺乏现代化管理人才忧心。作为企业领导的有识之士，马洪深感管理人才对企业的重要性，出国考察后更坚定了他提议中国培养 MBA 的决心。虽然企业的客观需求是推动中国 MBA 产生的强大动力，但需要注意的是，并非所有企业在主观上都迫切需要现代化高级管理人才。

第二，MBA 的设置过程中政府起到了主导作用。从 1984 年十二届三中全会通过的《中共中央关于经济体制改革的决定》就明确提出"起用一代新人，造就一支社会主义经济管理干部的宏大队伍"的要求。② 在利益诉求的推动下，政府成为联合培养 MBA 的直接参与者，与企业发展关系密切的国家经委、计委更是外国联合培养 MBA 的直接合作方。政府还派遣代表团出国考察，批准团长马洪的建议并选定高校试办 MBA，后期组织高校商讨在国内培养 MBA 的可行性，最后以

---

① 张建伟、蒋峥、陆小娅等：《命运备忘录——38 名工商管理硕士（MBA）的境遇剖析》，载《中国青年报》，http：//news. cyol. com/content/2011 - 06/30/content_4603 601. htm. /1987 - 12 - 02 ［2012 - 03 - 22］。

② 《中共中央关于经济体制改革的决定》，http：//www. gov. cn/test/2008 - 06/26/content_1028140_ 2. htm/1984 - 10 - 20。

政策文件的形式确立 MBA 学位制度和 MBA 教育，政府在这个过程中一直扮演着积极主动的角色。在 MBA 的发展上，领导人的意志成为推动发展的重要因素。

第三，高校在 MBA 教育的前期主要发挥配合办学的作用。MBA 的概念源自国外，对于这样一个新鲜的办学方式，高校领导人其实心存疑虑，担心"玩不动这个洋玩意儿"。作为第一所参与联合培养 MBA 的高校——原大连理工学院的校长郭君在一开始也有所犹豫，担心试点培养 MBA 失败砸了学校的牌子，当他通过半个月的考察，确定了企业对管理人才的需求后，终于决定扛起这面大旗，与纽约州立大学联合培养中国的 MBA。[1] 因此无论是 1979 年自主培养 MBA 的尝试，还是 1988 年的可行性讨论，高校都是以配合者的身份出现。当 MBA 教育在政府的推动下正式确立后，高校才开始更多地介入。

2. MBA 的规模扩张与制度框架的完善（1992～1997 年）

《关于设置和试办工商管理硕士学位的几点意见》通过后，9 所试点院校于 1991 年正式招生。1993 年 5 月，我国新增 17 所 MBA 试点院校，至此我国 MBA 试点院校达到 26 所。试点院校不断增加的同时，MBA 的报考人数和招生人数也在稳步提升。1991 年，全国 MBA 招生人数仅为 144 人，1997 年，招生人数达到 2 552 人，几乎是 1991 年的 20 倍。具体数据如表 4－4 所示。

表 4－4　　　　1991～1997 年我国 MBA 招生院校数及招生人数

年份	招生院校数（所）	面向社会招生（人）	在职攻读学位（人）	招生人数（人）
1991	9	105	39	144
1992	9	149	0	149
1993	26	380	28	408
1994	26	1 364	60	1 424
1995	26	1 172	0	1 172
1996	26	2 190	220	2 410
1997	26	2 417	63	2 552

资料来源：吴世农、仝允桓：《中国 MBA 教育实践与探索》，机械工业出版社 2001 年版，第 10 页。

伴随着规模的扩大，MBA 教育的质量也逐渐获得学生和市场的认可。全国 MBA 教育指导委员会在 1999 年 6 月对 MBA 毕业生和用人企业进行了调

---

① 清江、晓红：《中国 MBA》，辽宁大学出版社 1998 年版，第 188 页。

查，"超过95%的毕业生认为MBA学习对他们毕业以后事业的发展帮助很大或帮助较大，37.9%的毕业生认为MBA学位为他们打开了新的事业机会之门"，企业表示MBA毕业生的综合素质是他们相对于其他管理类人才的最大优势。① 规模的扩大和质量的提高使MBA逐渐被社会熟知，越来越多的MBA毕业生在经济发展的大潮中成长起来，成为新时期高素质管理人才队伍的翘楚。

除了在规模质量方面的发展外，MBA的制度框架也不断被完善。1994年10月26日，全国工商管理硕士（MBA）教育指导委员会成立，这是我国第一个专业学位指导委员会，标志着MBA进入新的发展阶段。该委员会是全国MBA教育的指导与咨询组织，接受政府的领导与监督，第一届主任委员由国家计划委员会副主任袁宝华担任，2名顾问分别来自中国人民大学和西安交通大学，3名副主任分别来自复旦大学、清华大学和厦门大学，11名委员中除了2名企业领导、2名国务院学位办的成员外，其他均为高校教授。② 从成员结构来看，指导委员会的学术力量明显占据重要比例，而且注重了市场力量的平衡。MBA全国教育指导委员会的宗旨为"指导协调、推动发展、加强与工商企业界的联系及国际间的交流与合作、促进MBA教育水平不断提高"。③ 第四届指导委员会下面还成立了六个分委员会，分别负责MBA教育的案例建设、考试评价与战略研究、师资队伍与课程建设、合作与交流、中西部发展、评估与认证，全面影响着MBA学位制度和MBA教育的发展。MBA全国教育指导委员会的成立使我国MBA专业学位制度中的权力关系出现了转变，指导委员会以学校联合体的面貌成为一种新的学术权力，更全面、更高层次地影响着MBA教育，强化了学术权力在专业学位教育制度中的影响力，有助于转变政府在MBA学位管理体制中的职能，改变着我国专业学位制度的管理体制。

实行统一入学联考制度是MBA学位制度在这一阶段的又一重大改革。MBA教育试办之初由各校单独招生，导致各校标准不一，难易不同，考试内容不能充分反映MBA作为专业学位的特点。由各校单独进行的考试过于注重英语和数学，考题效度较低，在经费和招生规模受国家教委刚性控制的情况下，自主招生与宏观调控之间产生了矛盾。④ 1996年6月，国家教委高校学生司决定从第二年起开始对全国MBA招生实行统一考试科目、统一考试大纲、统一命题、统一阅卷、

① 吴世农、仝允桓：《中国MBA教育实践与探索》，机械工业出版社2001年版，第10页。
② 国家计委是国家发展和改革委员会（发改委）的前身。
③ 全国MBA教育指导委员会官方网站，http://www.mbacn.edu.cn/tabid/66/Default.aspx/2012 – 05 – 17。
④ 周三多：《中国MBA入学综合考试改革初探》，载《学位与研究生教育》1996年第3期。

统一录取标准的全国联考制度。[①] 联考每年举行两次，1 月的联考由全国 MBA 教育指导委员会秘书处组织，称为"MBA 联考"；10 月的在职研究生入学考试由国务院学位办组织，称为"GRK"。实行联考后，全国学员统一报名、统一考试，各学校根据一定的分数线划定面试资格，每个学员可以填报两个志愿，如果未能达到第一志愿的分数线将自动调剂至第二志愿学校。学者认为入学联考的考试本身比较有效，由于试题的信度和效度都较高，保证了公平招生，能够抵制招生工作中的不正之风，提高了 MBA 的教育形象。[②]

这一时期 MBA 的发展中，国家经济体制改革和企业人事制度改革的推进是首要的影响因素。1992 年，江泽民在中共十四大上作了题为《加快改革开放和现代化建设步伐，夺取有中国特色的社会主义事业的更大胜利》的报告，将我国经济体制改革的目标确定为建立社会主义市场经济体制，明确了市场在资源配置中的基础作用。1994 年以后，我国经济体制改革向纵深方向推进，多种所有制经济共同发展，社会对人才的渴望日益加剧，为 MBA 试点发展提供了适宜的宏观经济环境。同时，企业人事制度改革则扫清了 MBA 教育起源阶段的体制性障碍。1992 年 7 月，国务院颁布《全民所有制工业企业转换经营机制条例》，规定了企业在劳动用工、人事管理、工资奖金分配等方面的自主权，确立了企业在劳动力市场上的主体地位。[③] 从 90 年代中期开始，企业和政府开始注重人力资源管理，强调对员工的激励和绩效考核。人事自主权的获得和人事管理制度的改革大大激发了企业对管理人才的需求，激活了人才的自由流动，构成了 MBA 市场渐暖的制度性因素。

另外，政府和高校在 MBA 招生制度方面的权力调整，对于 MBA 的规范化管理有着重要意义。MBA 联考制度将 MBA 招生权力从试点院校收归政府和指导委员会，是一个"分权"到"集权"的过程，目的是为了规范。因为"分权"给宏观调控造成了困难，客观上也确实有利于 MBA 招生的管理。

3. MBA 教育的迅速扩张时期（1998～2006 年）

随着 1997 年新增 30 所招生院校并实行 MBA 入学全国统一联考，1998 年报考 MBA 的人数迅猛增长，增长的势头至 2002 年到达顶峰，随后经历报考人数的波动，但这 10 年期间，MBA 报考人数始终维持高位运行，MBA 教育呈现出一股发展热潮。

1998～2006 年，招生院校从 56 所增加到 96 所，联考录取人数从 4 289 名扩大到 15 207 名，录取率（录取/报名人数）从 18.6% 提高到 38.2%，GRK 的录

---

① 吴世农、仝允桓：《中国 MBA 教育实践与探索》，机械工业出版社 2001 年版。
② 雷曜、杨斌：《中美商学院 MBA 招生工作的比较研究》，载《比较教育研究》，2002 年第 5 期。
③ 郜风涛、张小建：《中国就业制度》，中国法制出版社 2009 年版。

取人数也从 3 369 名提升至 7 426 名①，这表明 MBA 教育正处在迅速扩张的阶段。这几年 MBA 招生院校和报考人数的具体数据如表 4 - 5 所示。

表 4 - 5　　　1998 ~ 2006 年我国 MBA 招生院校数及录取人数

年份	招生院校数	报考人数（人）		录取人数（人）		录取比例（%）	
		联考	GRK	联考	GRK	联考	GRK
1998	56	23 018	8 962	4 289	3 369	18.6	37.6
1999	56	30 435	11 915	5 133	5 221	16.9	43.8
2000	56	35 416	12 377	5 531	5 116	15.6	41.3
2001	62	38 126	13 979	7 111	5 739	18.7	41.1
2002	62	50 226	17 277	7 535	8 233	15.0	47.7
2003	62	44 732	12 234	8 895	6 893	19.9	56.3
2004	89	35 821	13 762	11 661	7 535	32.6	54.8
2005	89	38 631	15 520	13 049	7 800	33.8	50.3
2006	96	39 844	16 246	15 207	7 426	38.2	45.7

资料来源：熊建：《MBA 教育历史发展研究及对我国的启示》，清华大学出版社 2008 年版，第 50 ~ 51 页。

2002 年，我国 MBA 的报考人数达到顶峰，随后两年逐渐降温，2005 年、2006 年又继续缓慢增长，MBA 的录取人数则一直缓慢增长，在 2002 年、2003 年与报考人数形成较大缺口，尤其是 2002 年的 MBA 联考录取比例仅为 15.6%。MBA 市场在这个时期呈现出考生多、考取难的特点，更加引发社会的关注。

MBA 的迅速扩张潮不仅体现在火爆的考场上，还表现为 MBA 逐步成为大众和媒体热衷讨论的话题，从试办之初的无人知晓变成"但凡有些文化者都听说过MBA"②。MBA 在报纸上的广告中随处可见，书店里所有畅销的商业管理类书都冠以 MBA 的抬头，在介绍某位企业领导时加上"MBA"的学历。③ MBA 似乎变成了加冕的王冠和灵丹妙药，拥有它就能身价倍增。

纵观 MBA 教育迅速扩张的历程，其推动因素也大致分为三个方面：市场对于高层次管理人才的需求、教育产业化的思想以及高校自身的逐利需求。

首先，经济体制改革刺激了工商企业界对高级企事业单位管理人才的需求，

① 熊建：《MBA 教育历史发展研究及对我国的启示》，清华大学出版社 2008 年版，第 50 ~ 51 页。
② 王晓明、陈思和：《大学：MBA 的神话》，浙江教育出版社 2004 年版，第 11 页。
③ 同②，第 42 页。

进而促进 MBA 教育的发展。1999 年，十五届四中全会明确了除少数需要由国家垄断经营的企业外，所有国有企业都要进行股份化改制，实行鼓励兼并、规范破产、下岗分流、减员增效和再就业工程，形成企业优胜劣汰的竞争机制[①]。经济体制改革使得企业的人力资源管理方式也随之调整，各类企事业单位越来越重视人力资源的作用[②]。同时为帮助企业，尤其是大中型国企提升管理人员的素质、能力，1997 年 4 月，我国专门面向国有大中型企业的管理干部开通了"企业管理人员在职攻读 MBA 学位"项目。这个项目的开展是我国专业学位制度的一种创新，标志着我国专业学位研究生教育迈开了"两条腿走路"的新路子，即研究生学历教育和学位教育[③]。在职 MBA 学位的开通很好地满足了国有大中型企业培养干部的需求，开通后的 GRK 报考人数快速增长，录取比例长时间基本稳定在 40% 以上。

另外，教育产业化思想的提出进一步推动了 MBA 教育发展的高潮，以市场需求为导向的 MBA 教育充当了中国高等教育产业化的急先锋。[④] 产业化的特点就是将 MBA 教育作为一种商品，企业是需求方，学校是供给方，学校根据市场需求生产产品，MBA 的规模和学费都受供求关系影响而变化。

因而，作为 MBA 教育产品的供给方——高校，在利益的驱动下反过来又促进了 MBA 热潮的兴起。1991 年，中国第一届 MBA，清华大学的学费是 9 000 元，[⑤] 2002 年，这个数字上升到 7.2 万元。相对于一年几千元的本科学费和免费的研究生教育，MBA 为院校带来的收益颇为瞩目，一些高校为没有获得 MBA 招生权利痛心疾首。上海大学商学院原副院长陈宪就在一篇文章里写道"常为学院没有这个权利（MBA 学位授予权）而耿耿于怀"，在他看来，没有博士学位授予权等于没有学术地位，没有 MBA 学位授予权就少了很多创收来源，两者在很大程度上制约了学院的发展。[⑥]

此外，作为 MBA 教育产品的需求方——学生，出于自身利益诉求的需要积极报考 MBA，直接造成 MBA 教育市场的火爆。早期的 MBA 报考有一个重要的条件是获得部委一级的推介，加上招生名额的限制，很多人报考 MBA 并非出于个人选择，而是出于所处组织的需要，因而大部分报考者来自国有大中型

① 吴敬琏：《中国经济改革三十年历程的制度思考》，载《农村金融研究》，2008 年第 11 期。

② 赵曙明：《中国人力资源管理三十年的转变历程与展望》，载《南京社会科学》，2009 年第 1 期。

③ 吴世农、仝允桓：《中国 MBA 教育实践与探索》，机械工业出版社 2001 年版，第 2 页。

④ 张颖：《管理教育产业化是 MBA 教育管理模式的重要基础》，载《现代大学教育》，2002 年第 3 期。

⑤ 吴婧：MBA 本土 13 年系列报道之一 91 级是萌芽"试验品"，载《北京现代商报》，http：//news. xinhuanet. com/fortune/2004 - 11/01/content_2164708. htm 2004 - 11 - 01 ［2012 - 03 - 24］。

⑥ 王晓明、陈思和：《大学：MBA 的神话》，浙江教育出版社 2004 年版，第 1 页。

企业的中高层①。到 20 世纪 90 年代末，越来越多的考生因为个人发展、结交人脉和向往高薪等各种目的进入 MBA 的考场。促使他们选择国内 MBA 的原因主要是由于国外念书的高昂成本、国内 MBA 相对低廉的价格以及媒体对 MBA 的鼓吹。

总之，在 MBA 教育的迅速扩张期，企业、政府、高校和个人对 MBA 教育的需求，均成为 MBA 教育发展的重要推力。但在此过程中，MBA 教育也出现了一些合法性危机。

危机首先来源于社会对 MBA 教育的质疑。1998～2006 年，MBA 招生院校的迅速增多、报考人数的迅猛增长以及节节高涨的 MBA 学费，让社会开始质疑如此火爆的 MBA 市场是否存在泡沫。2002 年 10 月，《中华工商时报》发表了一篇《中国 MBA 运动》的报道，批评 MBA 教育以 "运动" 式形式发展，质疑 MBA 教育背后的高额利润、MBA 毕业生的价值被夸大和 MBA 的培养质量②。在 MBA 热潮中，一些不法培训机构或者打出清华大学、北京大学等高校的牌子，或者捏造一个欧美高校，混进 MBA 市场通过骗局谋取利益。这一事件被当时的《南方周末》连续跟踪报道，更是引起了社会对 MBA 教育的担忧。

学界同样也发出了质疑的声音。在 "中国知网" 里搜索 2002～2003 年发表的以 "MBA" 为题的文章，出现大量讨论 MBA 现存问题的论文。学界对 MBA 教育批评的观点主要集中在五个方面：与市场脱节的 MBA 课程设计、与传统教育类似的教学方法、缺乏管理经验的师资队伍、照搬西方的教学案例以及过于注重笔试的统一联考。

部分企业也对 MBA 毕业生的就业表现显示出或多或少的不满态度。企业领导们批评 MBA 自我估计过高、定位不准、吃苦性相对较差、创新和开拓能力不强。贝塔斯曼亚洲出版公司总编辑黄育海直言招聘时从不考虑 MBA 背景，认为 MBA 只是一种工具，MBA 教育应该降温③。当时企业对 MBA 的极端态度案例发生在国内著名企业创维集团。创维曾在全国引进了 8 名 MBA，但这些 MBA 一年内几乎都离开了创维。1999～2001 年，创维集团在北京大学一个 MBA 都未招到，2002 年，创维给北京大学 MBA 开出了月薪 2 000 元的价码，同期公司的管理人员年薪在 30 万～50 万元。创维集团认为 MBA 浮躁而务虚，用低薪表达着对 MBA 的不满。

4. MBA 教育的调整变革期（2007 年至今）

正如以上所言，MBA 教育在其迅速扩张的时期出现了一些合法性危机。社

---

① 吴婧：《MBA 本土 13 年系列报道之二：92 级充电不从政》，载《北京现代商报》，http：//www.chinahrd. net/news/info/8488/2004－11－03［2012－03－24］。

② 王擎：《中国 MBA 运动》，载《中华工商时报》，2002－10－25［2012－03－24］，http：//www.bimba. org/article. asp？articleid＝1109。

③ 王晓明、陈思和：《大学：MBA 的神话》，浙江教育出版社 2004 年版，第 22～32 页。

会公众、学界以及用人单位都对 MBA 教育的迅速发展存在一些质疑。面对这些质疑，MBA 教育专业指导委员会的成员开始予以回应。2002 年，指导委员会副主任仝允桓在《中国高等教育》上撰文《认清发展趋势，加快 MBA 教育改革和发展》，呼吁 MBA 教育从结构、教学、师资、管理体制、录取制度、合作办学等方面进行改革，加快发展。① 2003 年，指导委员会副主任、清华大学经管学院院长赵纯均接受采访，明确表达"MBA 教育没有失宠"，他认为，"中国的 MBA 教育第一是健康的，第二是成绩相当大的，第三是有巨大发展潜力和市场需求的"②。2005 年，面对社会对 MBA 发展过于迅速的指责，仝允桓表示 MBA 的发展速度虽快，但根据市场的实际需求来看，培养规模并没有满足客观需求，MBA 所谓高昂的学费是教育产业发展的一种尝试，也符合国际惯例。③

回应社会质疑的同时，MBA 教育的改革也开始启动，高校在改革的进程中充当了先行者和探索者的角色。

改革首先从课程设计开始，先行者是清华大学经济与管理学院。2007～2008 年，清华大学首先通过调研的方式启动课程方案的设计工作，从 2008 年秋季学期开始，开始了 MBA 课程试点，2009 年秋季学期，在所有 MBA 班级实施新版 MBA 课程。同时期进行改革的高校还有北京大学、中国人民大学等。各个高校的 MBA 课程改革的共同点在于强调"软课程"和"软技能"，强调课程应培养学习者领导者品格、商业伦理和人文知识等；其次，课程改革更多地关注 MBA 课程的国际化。

改革的第二个重点是招生制度和录取制度。自 1997 年实行的全国 MBA 统一联考经过 10 多年的发展，逐渐暴露出诸多弊端，其选拔有效性受到社会和学界的广泛质疑。2010 年 7 月，清华大学在 MBA 课程改革的基础上，正式推出 MBA 招生改革，实行"综合素养考评"，以综合素养考察为主，笔试为辅，录取方式上实行"提前条件录取"。北京大学也于同年推出双轨制招生，即提前面试预录取与常规招生方式并存，同时还在 2011 年率先从没有任何经验的本科生中直接招收 MBA，打破了只有具备一定工作经验才能读 MBA 的传统。在"中国 MBA 教育二十周年纪念会"上，各校在招生方面达成的共识是将一年一次的入学联考改为类似 GMAT④ 一年多次的资格考试，呼吁取消教育部的统一划线，由各高校通过面试决定是否录取。

---

① 仝允桓：《认清发展趋势，加快 MBA 教育改革和发展》，载《中国高等教育》，2002 年第 1 期。
② 赵纯均：《方兴未艾的中国 MBA 教育》，载《中国人才》，1997 年第 12 期。
③ 仝允桓：《MBA 是否发烧》，载《企业管理》，2005 年第 10 期。
④ GMAT 全称 Graduate Management Admission Test，中文名称是经企管理研究生入学考试，美国、英国、澳大利亚等多个国家高校商学院在评估 MBA 申请时均要求申请者提供 GMAT 成绩。

课程改革和招生改革的同时，高校逐渐重视国际认证，力图通过国际评估证明自身的培养质量，获得国内社会的承认。清华大学经济管理学院率先于2007年获得国际顶级MBA教育认证机构AACSB①的认证，2008年，获得欧洲管理教育认证机构EFMD的EQUIS②认证，截至2011年，国内已有2所院校通过AACSB认证，5所院校通过了EQUIS认证。

在MBA教育改革的同时，MBA规模扩张的速度开始下降。以清华大学为例，自2003年起，MBA在校生数持续下降，2007年，进行MBA改革以来，非全日制MBA在校生数急剧减少，具体情况如表4-6所示。

表4-6　　　2003~2011年清华大学MBA招生院校数及录取人数

年份	MBA在校学生数（人）	全日制MBA招生数（人）	非全日制MBA在校生数（人）
2003	2 039	512	745
2004	1 931	425	766
2005	—	—	—
2006	1 658	425	616
2007	1 530	430	474
2008	1 573	454	471
2009	1 475	457	331
2010	1 355	445	245
2011	1 302	479	81

资料来源：清华大学2003~2011年度学校统计资料，https：//sslvpn. tsinghua. edu. cn/oath/，DanaInfo = xxbg. cic. tsinghua. edu. cn + list. jsp? boardid = 22。

纵观MBA教育的变迁历程，政府、高校、市场三者的权力关系及组织利益不断变化，成为推动MBA教育发展变迁的重要动因。MBA起源和创建之初，虽然企业奇缺管理人才，但是受劳动就业体制、人事体制的约束，企业的客观需求并未转化为主观需要，社会对MBA更是一无所知，政府在MBA缺乏企业和社会广泛认同的情况下强势推动MBA学位的设置，领导人的意志发挥重要作用。当约束企业人才需求的劳动就业体制得到改变，高校在MBA办学中初尝利益，MBA获得快速发展，但是面临"一放就乱"的教育市场，政府又收回各高校的自主招生权以规范MBA的发展。当MBA教育在发展中面临多方质疑时，高校尤

---

①② 全称 The Association to Advance Collegiate Schools of Business（国际精英商学院协会），与 EQUIS（European Quality Improvement System，欧洲质量发展认证体系）和 AMBAs（Association of MBAs，国际MBA协会）并为MBA教育三大国际认证体系。

其是国内一流高校如清华大学、北京大学和中国人民大学等成为 MBA 教育改革进程中最早的积极行动者和探索者，充分展现了高校在 MBA 教育发展过程中的主观能动性。

第三节　我国研究生教育类型结构演化的数量特征

本节将运用描述性统计的方法对学术学位与专业学位之间的数量关系进行分析，以期对我国研究生教育类型结构调整的历程从定量的方面进行更为清晰地描述。纳入统计分析的指标有两个：研究生的招生数和学位授予数。

一、基于研究生招生数的分析[①]

1996～2011 年，我国的硕士研究生招生规模显著扩大，招生总数由 1996 年的 44 360 人增长到 2011 年的 605 578 人，增长了 12.6 倍，年平均增长率为 19.74%。其中，专业学位硕士招生人数由 1996 年的 3 497 人增长到 2011 年的 268 710 人，增长了 75 倍之多，年平均增长率为 37.64%；学术学位硕士研究生招生人数由 1996 年的 40 863 人增长到 2011 年的 336 868 人，增长了 7.2 倍，年平均增长率为 15.98%。各年份专业学位硕士与学术学位硕士招生人数及其增长速度如表 4-7 所示。

表 4-7　　1996～2011 年专业学位硕士与学术学位硕士招生人数

年份	专业学位硕士		学术学位硕士	
	招生数（人）	环比增长率（%）	招生数（人）	环比增长率（%）
1996	3 497	—	40 863	—
1997	7 803	123.1	46 629	14.1
1998	16 298	108.9	50 845	9.0
1999	25 366	55.6	63 203	24.3
2000	40 376	59.2	92 206	45.9

① 当前公开出版的文献仅覆盖 1996～2011 年的数据，故分析数据的时间跨度为 1996～2011 年。此外，当前的文献并未公开历年专业博士的招生人数，仅有《中国学位与研究生教育发展年度报告（2012）》将专业博士的招生人数进行单独统计（1 444 人），故招生部分的分析略去博士层次招生数。

年份	专业学位硕士		学术学位硕士	
	招生数（人）	环比增长率（%）	招生数（人）	环比增长率（%）
2001	60 640	50.2	118 962	29.0
2002	75 100	23.8	147 959	24.4
2003	81 881	9.0	204 709	38.4
2004	106 311	29.8	247 649	21.0
2005	123 760	16.4	281 043	13.5
2006	138 787	12.1	309 141	10.0
2007	128 807	−7.2	341 707	10.5
2008	135 064	4.9	362 814	6.2
2009	190 941	41.4	390 056	7.5
2010	226 809	18.8	356 517	−8.6
2011	268 710	18.5	336 868	−5.5

资料来源：（1）1996～2008年数据来源于：中国研究生院院长联席会：《中国研究生教育年度报告（2009）》，高等教育出版社2009年版；（2）2009年数据来源于中国学位与研究生教育发展年度报告组：《中国学位与研究生教育发展年度报告（2009）》，中国人民大学出版社2010年版；（3）2010年和2011年数据来源于中国学位与研究生教育发展年度报告组：《中国学位与研究生教育发展年度报告（2012）》，中国人民大学出版社2013年版。

由表4－7可知，从整体上看，1996～2011年，专业学位硕士的招生规模增长速度高于学术学位硕士的招生规模的增长速度，专业学位硕士招生规模的年平均增长率为学术学位硕士招生规模的年平均增长率的2.36倍。除个别年份外，专业学位硕士招生数的环比增长率均高于学术学位硕士的环比增长率，特别是在1996～2001年以及2009～2011年这两个时间段。即使在学术学位硕士招生出现负增长的情况下，专业学位硕士招生仍保持高速的正向增长（2010年、2011年）。国家研究生招生战略的调整导致了招生类型结构的显著变化，学术学位硕士招生规模与专业学位硕士招生规模的差距逐渐减小，学术学位硕士研究生占硕士招生总数的比例持续下降，由1996年的92.1%降为2011年的55.6%；专业学位硕士占硕士招生总数的比例持续上升，由1996年的7.9%升为2011年的44.4%（见图4－1和图4－2）。这意味着截至2011年招生类型结构已发生显著变化，从以招收学术学位硕士为主的格局已被完全打破，专业学位硕士招生的体量在整个硕士招生规模中已占有"半壁江山"，研究生教育类型结构调整成效显著。

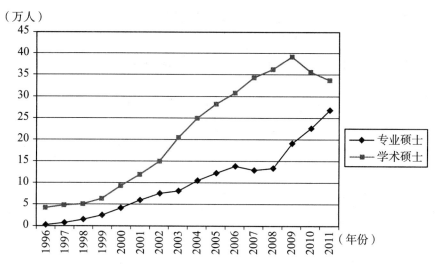

图 4 - 1　1996 ～ 2011 年专业学位硕士与学术学位硕士招生人数变化

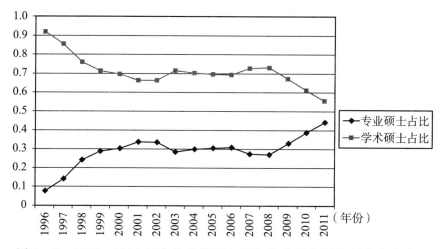

图 4 - 2　1996 ～ 2011 年专业学位硕士比与学术学位硕士招生占比变化

二、基于学位授予数的分析

1996 ～ 2011 年，我国硕士和博士学位授予规模显著扩大，学位授予总数由 1996 年的 41 715 人增长到 2011 年的 551 398 人，增长了 12.2 倍，年平均增长率为 19.28%。其中，专业学位授予人数由 1996 年的 289 人增长到 2011 年的 157 094 人，增长了 542.6 倍之多，年平均增长率为 60.95%；学术学位授予人数由 1996 年的 41 426 人增长到 2011 年的 394 304 人，增长了 8.5 倍，年平均增长率为 16.70%。各年份专业学位与学术学位授予数及其增长速度如表 4 - 8 所示。

表4-8　　　　　　　**1996～2011年专业学位与学术学位授予数**

年份	专业学位		学术学位	
	授予学位数（人）	环比增长率(%)	授予学位数（人）	环比增长率（%）
1996	289	—	41 426	—
1997	1 069	269.9	45 453	9.7
1998	1 277	19.5	47 605	4.7
1999	2 251	76.3	59 401	24.8
2000	4 617	105.1	66 136	11.3
2001	9 467	105.0	75 454	14.1
2002	13 017	37.5	89 246	18.3
2003	17 785	36.6	119 375	33.8
2004	31 869	79.2	156 740	31.3
2005	47 537	49.2	197 380	25.9
2006	60 596	27.5	263 039	33.3
2007	86 787	43.2	323 778	23.1
2008	101 633	17.1	353 373	9.1
2009	121 046	19.1	367 485	4.0
2010	124 035	2.5	378 516	3.0
2011	157 094	26.7	394 304	4.2

　　由表4-8可知，1996～2011年，专业学位的授予数量增长速度均高于学术学位授予数量的增长速度。专业学位授予数的年平均增长率为学术学位授予数的年平均增长率的3.65倍。在大部分年份中，专业学位授予数量的年增长率远远高于学术学位授予数量的年增长率。这些变化导致了学位授予结构的显著变化：学术学位占学位授予总数的比例持续下降，由1996年的99.3%降为2011年的71.5%；专业学位占学位授予总数的比例持续上升，由1996年的0.69%升为2011年的28.5%（见图4-3和图4-4）。这意味着学位授予的类型结构由几乎全部为学术学位逐步转变为学术学位与专业学位并重的趋势。

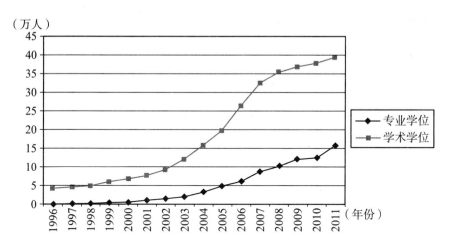

图 4 - 3　1996～2011 年专业学位与学术学位授予数趋势

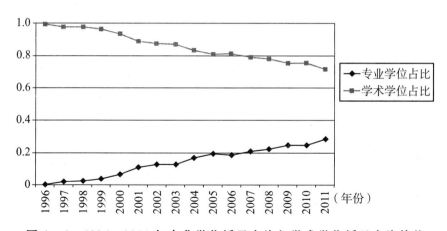

图 4 - 4　1996～2011 年专业学位授予占比与学术学位授予占比趋势

具体分层次来考察学位授予结构的变化，可以发现：

在博士层次，1996～2011 年，专业博士学位的授予量由 1996 年 34 人增长到 2011 年的 2 098 人，专业博士学位的授予量占博士学位授予总量的比值由 0.61% 提高到 4.13%，变化幅度虽然显著，但总的体量较小。这说明在博士层次上，学位授予结构变化相对而言不太明显，获得博士层次的专业学位人数仍是少数。各年份博士层次的专业学位授予数与学术学位授予数如表 4 - 9 所示。

表 4 – 9   1996 ~ 2011 年专业博士与学术博士的学位授予数

年份	学术博士（人）	专业博士（人）	专业学位博士占博士学位授予总数的比例（%）
1996	5 544	34	0.61
1997	6 743	38	0.56
1998	8 448	50	0.59
1999	10 049	49	0.49
2000	11 255	63	0.56
2001	12 350	54	0.44
2002	14 529	86	0.59
2003	18 311	216	1.17
2004	22 601	174	0.76
2005	27 784	306	1.09
2006	34 967	394	1.11
2007	40 928	1 743	4.08
2008	43 603	1 735	3.83
2009	47 036	2 242	4.55
2010	47 921	2 321	4.62
2011	48 679	2 098	4.13

资料来源：中国学位与研究生教育发展年度报告组：《中国学位与研究生教育发展年度报告（2012）》，中国人民大学出版社 2013 年版。

在硕士层次，专业硕士的学位授予数由 1996 年的 255 人增长到 2011 年的 154 996人，其占硕士学位授予总数的比值由 0.71% 提高到 30.96%，变化幅度巨大。这说明在硕士层次上，学位授予结构调整非常明显。各年份专业学位硕士学位授予数与学术硕士学位授予数如表 4 – 10 所示。

表 4 – 10   1996 ~ 2011 年专业硕士与学术硕士的学位授予数

年份	学术硕士（人）	专业硕士（人）	专业硕士占硕士学位授予总数的比例（%）
1996	35 882	255	0.71
1998	39 157	1 227	3.04

续表

年份	学术硕士（人）	专业硕士（人）	专业硕士占硕士学位授予总数的比例（%）
2000	54 881	4 554	7.66
2002	74 717	12 931	14.75
2004	134 139	31 695	19.11
2005	169 596	47 231	21.78
2006	228 072	60 202	20.88
2007	282 850	85 044	23.12
2008	309 770	99 898	24.39
2009	320 449	118 804	27.05
2010	330 595	121 714	26.91
2011	345 625	154 996	30.96

资料来源：中国学位与研究生教育发展年度报告组：《中国学位与研究生教育发展年度报告（2012）》，中国人民大学出版社 2013 年版。

自 1996 年起专业博士学位授予量占博士学位授予总量的比例与专业硕士学位授予量占硕士学位授予总量的比例变化见图 4-5。可以看出：历年来研究生教育类型结构调整的重点在硕士层次，硕士层次的专业学位授予数已达到学位授予总数的 30% 以上，并仍具有向上攀升的趋势；博士层次的研究生教育类型结构调整并不明显，专业博士学位授予量占博士学位授予总量不足 5%。

本书认为，我国研究生教育类型结构的调整趋势具有一定的合理之处：相较于博士层次的研究生教育，硕士层次的研究生教育更应依据社会发展需求而设置，更应该赋有培养高层次应用型人才的职责，因此专业硕士学位实现快速的补偿性增长是必然之举。

另外，专业博士所占比例较低也有一些客观的原因。专业学位硕士的招生是受到国家招生计划保障的，国家从所制定的硕士招生总规模中划出既定的专业硕士的招生份额。而专业学位的博士招生名额是与学术学位博士招生名额一起下放至高校，由高校自主决定专业博士的招生名额，鉴于目前具有培养专业博士学位的学位点较少、高校更重视培养学术学位的博士研究生的传统以及不同院校对专业博士研究生的认知程度差异，专业博士的规模在整个博士教育中所占比例很低。随着未来经济社会的发展需求以及专业博士培养模式的进一步完善，专业博

269

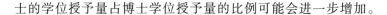

士的学位授予量占博士学位授予量的比例可能会进一步增加。

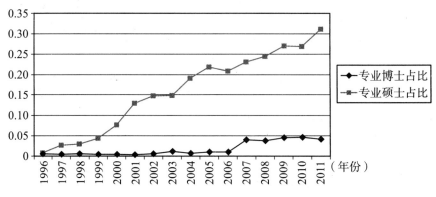

图 4-5　不同层次的专业学位授予量占相应
层次学位授予总量的比值

第四节　我国研究生教育类型结构的现状[①]

截至 2013 年 12 月，我国研究生教育领域的数据仅更新至 2011 年，并由《中国学位与研究生教育发展年度报告（2012）》公布。故本书现状的描述主要采用的是 2011 年的数据。

2011 年，我国学术学位研究生的招生数为 400 912 人，专业学位研究生的招生数为 270 154 人，学术学位与专业学位研究生的招生数之比为 1.48：1；2011 年，我国学术学位研究生的在校生数为 1 306 980 人，专业学位研究生的在校生数为 338 011 人，学术学位与专业学位研究生的在校生数之比为 3.87：1；2011 年，我国授予硕士和博士层次的学术学位数为 394 304 人，授予硕士和博士层次的专业学位数为 157 094 人，学术学位与专业学位的授予数之比为 2.51：1。

通过招生规模、在校生规模和学位授予规模三个方面对其不同层次、不同科类和不同区域的研究生教育类型结构进行全面解析，主要发现有三个特点：

硕士层次的类型结构中专业学位与学术学位基本相当，但是博士层次的类型结构中专业学位的规模远小于学术学位的规模。

---

　　①　本节数据全部来源于中国学位与研究生教育发展年度报告课题组：《中国学位与研究生教育发展年度报告（2012）》中国人民大学出版社 2013 年版。

管理学、教育学和工学门类的类型结构中专业学位研究生的规模已逐步超过学术学位研究生的规模；理学门类类型结构中专业学位研究生教育尚未发展（我们将应用统计归属于经济学）；历史学门类类型结构中专业学位研究生教育稳步发展，但总体上仍以学术学位为主；经济学和文学门类的类型结构中专业学位虽刚开始起步，但已呈现蓬勃发展的趋势。

我国各地区研究生教育的类型结构基本一致，专业学位的规模存量（在校生数）仅为学术学位的1/3，但从增量（招生数）上看，各地区类型结构中的专业学位的研究生规模正不断靠近学术学位的研究生规模。

一、分层次的类型结构现状

2011年，在招收的博士研究生中，学术学位博士研究生64 044人，占博士研究生招生总数的97.80%，专业学位博士研究生1 444人，占博士研究生招生总数的2.20%；招收的硕士研究生中，学术学位硕士研究生336 868人，占硕士研究生招生总数的55.63%，专业学位硕士研究生268 710人，占硕士研究生招生总数的44.37%（见表4-11）。

表4-11　　　　2011年基于招生数的分层次的类型结构

类型	博士研究生		硕士研究生		合计	
	人数（人）	比重（%）	人数（人）	比重（%）	人数（人）	比重（%）
学术学位	64 044	97.80	336 868	55.63	400 912	59.74
专业学位	1 444	2.20	268 710	44.37	270 154	40.26
合计	65 488	100.00	605 578	100.00	671 066	100.00

资料来源：根据教育部高校学生司和国务院学位委员会办公室提供的数据整理。说明：①除特别说明之外，本报告中招生、在校生和学位授予数据均不包括军事学；②硕士招生数含在职联考招生数据。下同。

2011年，我国在校博士研究生271 055人，其中学术学位在校博士研究生266 081人，专业学位在校博士研究生4 974人；博士层次的专业学位与学术学位的在校生数之比为1:53.49；在校硕士研究生共1 373 936人，其中专业学位在校硕士研究生333 037人，学术学位在校硕士研究生1 040 899人，硕士层次的专业学位与学术学位的在校生数之比为1:3.13（见表4-12）。

表 4 – 12　　　　2011 年基于在校研究生数的分层次的类型结构

类型	博士研究生		硕士研究生	
	人数（人）	比重（%）	人数（人）	比重（%）
学术学位（1）	266 081	98.16	1 040 899	75.76
专业学位（2）	4 974	1.84	333 037	24.24
专业学位与学术学位之比（2）/（1）	1∶53.49	1∶53.49	1∶3.13	1∶3.13

2011 年，全国共授予博士学位 50 777 人，其中学术学位 48 679 人，专业学位 2 098 人，博士层次的专业学位与学术学位的授予人数之比为 1∶23.20；共授予硕士学位 500 621 人，其中学术学位 345 625 人，专业学位 154 996 人，硕士层次的专业学位与学术学位的授予人数之比为 1∶2.23（见表 4 – 13）。

表 4 – 13　　　　2011 年基于学位授予数的分层次的类型结构

学位层级	学术学位（人）（1）	专业学位（人）（2）	专业学位与学术学位之比（2）/（1）
博士	48 679	2 098	1∶23.20
硕士	345 625	154 996	1∶2.23

从招生数、在校生数和学位授予数三个方面来看，我国研究生教育的类型结构中硕士层次的专业学位与学术学位的数量日渐相当，但博士层次还主要以学术学位为主。

二、分科类的类型结构现状

2011 年，专业学位博士研究生招生中，临床医学博士所占比重最大，为 83.38%，其次为教育博士，所占比重为 10.94%；专业学位硕士研究生招生中，工程硕士所占比重最大，为 41.89%，其次为工商管理硕士，所占比重为 13.30%。将各类别的专业学位归属至其所属的门类，招生规模最大的为工学门类，为 113 533 人，招生规模最小的为历史学仅为 277 人（见表 4 – 14）。

表 4 – 14　　　　2011 年专业学位研究生分类别的招生情况

层次	类别	对应学科门类	人数（人）	合计（人）
博士	临床医学	医学	1 204	1 284
	口腔医学		80	
	兽医	农学	2	2
	教育	教育学	158	158

层次	类别	对应学科门类	人数（人）	合计（人）
硕士	金融	经济学	2 532	5 809
	应用统计		840	
	税务		392	
	国际商务		1 079	
	保险		430	
	资产评估		536	
	法律	法学	16 802	18 528
	社会工作		1 577	
	警务		149	
	教育	教育学	16 613	23 647
	体育		3 659	
	汉语国际教育		2 924	
	应用心理		451	
	艺术	文学	6 581	12 727
	翻译		4 759	
	新闻与传播		1 223	
	出版		164	
	文物与博物馆	历史学	277	277
	建筑学	工学	982	113 533
	工程		112 551	
	农业推广	农学	13 402	16 756
	兽医		1 228	
	风景园林		1 906	
	林业		220	
	临床医学	医学	18 682	22 776
	口腔医学		978	
	公共卫生		1 884	
	护理		218	
	药学		617	
	中药学		343	

层次	类别	对应学科门类	人数（人）	合计（人）
硕士	工商管理	管理学	35 731	54 657
	公共管理		13 369	
	会计		4 612	
	旅游管理		351	
	图书情报		162	
	工程管理		432	

从招生规模来看，2011 年，业已招生的门类中专业学位与学术学位的人数之比最小的为历史学，比值为 1∶19.5；最大的为管理学，比值为 1∶0.55，这说明管理学门类中专业学位的招生数已经接近学术学位招生数的 2 倍（见表 4 - 15）。

表 4 - 15   2011 年基于研究生招生数的分科类的类型结构

学科门类	博士研究生（人）		硕士研究生（人）		合计（人）		专业学位与学术学位之比
	学术学位	专业学位	学术学位	专业学位	学术学位（1）	专业学位（2）	（2）／（1）
哲学	805		3 933	—	4 738	—	—
经济学	2 726	—	16 826	5 809	19 552	5 809	1∶3.37
法学	3 445	—	24 736	18 528	28 181	18 528	1∶1.52
教育学	1 173	158	12 809	23 647	13 982	23 805	1∶0.59
文学	2 820	—	34 361	12 727	37 181	12 727	1∶2.92
历史学	935	—	4 469	277	5 404	277	1∶19.5
理学	12 912		50 003	—	62 915		—
工学	24 918	—	121 743	113 533	146 661	113 533	1∶1.29
农学	2 950	2	13 118	16 756	16 068	16 754	1∶0.95
医学	6 774	1 284	29 045	22 776	35 819	24 064	1∶1.49
管理学	4 586	—	25 825	54 657	30 411	54 657	1∶0.55
合计	64 044	1 444	336 868	268 710	400 912	270 154	1∶1.48

注：除特别说明外，2011 年新设立的艺术学学科门类数据并入文学门类中统计，下同。

从在校生上来看，2011 年，在校专业学位博士研究生中，临床医学博士所占比重最大，为 88.02%；在校专业学位硕士研究生中，工程硕士所占比重最大，为 27.87%，其次是工商管理硕士，为 24.74%。将各类别的专业学位归属至其所属的不同门类，在校生规模最大的为管理学门类，为 98 433 人，在校生规模最小的为历史学仅为 260 人（见表 4 – 16）。

表 4 – 16　　　　2011 年在校专业学位研究生分类别分布情况

层次	类别	对应学科门类	人数（人）	合计（人）
博士	临床医学	医学	4 378	4 659
	口腔医学		281	
	兽医	农学	25	25
	教育	教育学	290	290
硕士	金融	经济学	2 593	5 827
	应用统计		768	
	税务		387	
	国际商务		1 127	
	保险		417	
	资产评估		535	
	法律	法学	29 732	32 624
	社会工作		2 746	
	警务		146	
	教育	教育学	14 078	24 328
	体育		3 577	
	汉语国际教育		6 034	
	应用心理		639	
	艺术	文学	7 872	15 960
	翻译		6 488	
	新闻与传播		1 301	
	出版		299	
	文物与博物馆	历史学	260	260
	建筑学	工学	3 737	96 563
	工程		92 826	
	农业推广	农学	5 300	8 274
	兽医		869	
	风景园林		1 802	
	林业		303	

层次	类别	对应学科门类	人数（人）	合计（人）
硕士	临床医学	医学	45 980	50 768
	口腔医学		2 196	
	公共卫生		815	
	护理		210	
	药学		605	
	中药学		962	
	工商管理	管理学	82 393	98 433
	公共管理		9 825	
	会计		4 549	
	旅游管理		331	
	图书情报		159	
	工程管理		1 176	

从在校生规模来看，2011 年，业已招生的门类中专业学位与学术学位的人数之比最小的为历史学，比值为 1:69.11；最大的为管理学，比值为 1:1.12，这说明管理学门类中专业学位的在校生数已经基本与学术学位在校生数相当（见表 4 - 17）。

表 4 - 17   2011 年基于在校研究生数的分科类的类型结构

学科门类	博士研究生（人）		硕士研究生（人）		合计（人）		专业学位与学术学位之比
	学术学位	专业学位	学术学位	专业学位	学术学位（1）	专业学位（2）	（2）／（1）
哲学	3 535	—	11 947	—	15 482	—	—
经济学	11 940	—	49 736	5 827	61 676	5 827	1:10.59
法学	14 065	—	75 071	32 624	89 136	32 624	1:2.73
教育学	4 449	290	42 356	24 328	46 805	24 618	1:1.90
文学	11 407	—	108 734	15 960	120 141	15 960	1:7.53
历史学	3 993	—	13 976	260	17 969	260	1:69.11
理学	46 609	—	134 463	—	181 072	—	—
工学	111 267	—	379 757	96 563	491 024	96 563	1:5.09

学科门类	博士研究生（人）		硕士研究生（人）		合计（人）		专业学位与学术学位之比
	学术学位	专业学位	学术学位	专业学位	学术学位（1）	专业学位（2）	（2）／（1）
农学	11 698	25	36 122	8 274	47 820	8 299	1：5.78
医学	23 973	4 659	101 729	50 768	125 702	55 427	1：2.27
管理学	23 145	—	87 008	98 433	110 153	98 433	1：1.12
合计	266 081	4 974	1 040 899	333 037	1 306 980	338 011	1：3.87

2011 年，全国授予专业学位人数最多的是工程硕士，占 37.0%，其他依次为工商管理硕士（17.2%），法律硕士（10.6%），临床医学专业学位（10.1%），教育硕士（9.2%），公共管理硕士（5.5%），农业推广硕士（3.5%）。这七个专业学位占专业硕士学位的总授予数的 93.2%。此外，在授予的专业博士学位中，临床医学占主导地位（91.9%）。将各类别的专业学位归属至不同学科门类，学位授予规模最大的为工学门类，为 58 384 人，学位授予规模最小的为经济学仅为 9 人，这主要是由于应用统计和税务均为 2010 年才设立，2011 年才毕业第一届研究生（见表 4-18）。

表 4-18　　　　　　　2011 年分类别的专业学位授予规模

	类别	对应学科门类	专业学位授予人数（人）	合计（人）
博士	临床医学	医学	1 927	2 030
	口腔医学		103	
	兽医	农学	68	68
硕士	应用统计	经济学	1	9
	税务		8	
	法律	法学	16 483	16 484
	社会工作		1	
	教育	教育学	14 326	17 085
	体育		1 238	
	汉语国际教育		1 521	
	工程	工学	57 390	58 384
	建筑学		994	

续表

类别		对应学科门类	专业学位授予人数（人）	合计（人）
硕士	临床医学	医学	15 717	17 121
	口腔医学		662	
	公共卫生		741	
	中药学		1	
	农业推广	农学	5 360	6 506
	兽医		485	
	风景园林		661	
	公共管理	管理学	8 451	37 463
	工商管理		26 688	
	旅游管理		1	
	会计		2 323	
	艺术	文学	1 284	1 944
	翻译		660	

从学位授予规模来看，专业学位与学术学位的人数之比最小的为经济学，比值为1:2 571；最大的为教育学，比值为1:0.93，这说明教育学门类中所授予的专业学位数已经略超过学术学位数（见表4-19）。

表4-19　　　　　2011年基于学位授予数的分科类的类型结构

学科门类	硕士（人）		博士（人）		合计（人）		专业学位与学术学位之比 (2)／(1)
	学术学位	专业学位	学术学位	专业学位	学术学位 (1)	专业学位 (2)	
哲学	4 260	—	738	—	4 998	—	—
经济学	20 672	9	2 466	—	23 138	9	1:2 571
法学	28 599	16 484	2 506	—	31 105	16 484	1:1.87
教育学	14 996	17 085	875	—	15 871	17 085	1:0.93
文学	39 469	1 944	2 359	—	41 828	1 944	1:21.52
历史学	4 575	—	809	—	5 384	—	—
理学	43 768	—	10 887	—	54 655	—	—
工学	115 442	58 384	17 152	—	132 594	58 384	1:2.27

| 学科门类 | 硕士（人） | | 博士（人） | | 合计（人） | | 专业学位与学术学位之比 |
	学术学位	专业学位	学术学位	专业学位	学术学位（1）	专业学位（2）	（2）／（1）
农学	10 433	6 506	2 087	68	12 520	6 574	1∶1.91
医学	31 485	17 121	4 949	2 030	36 434	19 151	1∶1.90
管理学	31 926	37 463	3 851	——	35 777	37 463	1∶0.95
合计	345 625	154 996	48 679	2 098	394 304	157 094	1∶2.51

三、分地区的类型结构现状

从招生规模来看，各区域的类型结构特征基本相同，专业学位与学术学位的人数之比均稳定在1∶1.50附近。其中华北地区专业学位与学术学位之比最小为1∶1.63，中南地区最大为1∶1.35（见表4–20）。

表4–20　　　　　2011年基于招生数的分区域的类型结构

| 区域 | 博士研究生（人） | | 硕士研究生（人） | | 合计（人） | | 专业学位与学术学位之比 |
	学术学位	专业学位	学术学位	专业学位	学术学位（1）	专业学位（2）	（2）／（1）
华北	22 110	391	72 762	57 655	94 872	58 046	1∶1.63
东北	6 898	68	41 826	29 619	48 724	29 687	1∶1.64
华东	17 182	145	96 390	81 216	113 572	81 361	1∶1.40
中南	9 664	576	61 621	52 065	71 285	52 641	1∶1.35
西南	4 143	175	35 220	27 075	39 363	27 250	1∶1.45
西北	4 047	89	29 049	21 080	33 096	21 169	1∶1.56
合计	64 044	1 444	336 868	268 710	400 912	270 154	1∶1.48

注：东北地区：辽宁省、吉林省、黑龙江省；华北地区：北京市、天津市、河北省、山西省、内蒙古自治区；西北地区：陕西省、甘肃省、青海省、宁夏回族自治区、新疆维吾尔自治区；华东地区：上海市、江苏省、浙江省、安徽省、福建省、江西省、山东省；西南地区：重庆市、四川省、贵州省、云南省、西藏自治区；中南地区：河南省、湖北省、湖南省、广东省、广西壮族自治区、海南省。下同。

从在校生规模来看，各区域的类型结构特征基本相同，专业学位与学术学位的人数之比均稳定在1∶3.90附近。其中东北地区专业学位与学术学位之比最小为1∶4.19，中南地区最大为1∶3.56（见表4–21）。

表 4 - 21　　　　　　**2011 年基于在校生数的分区域的类型结构**

区域	博士研究生（人）		硕士研究生（人）		合计（人）		专业学位与学术学位之比 (2)／(1)
	学术学位	专业学位	学术学位	专业学位	学术学位(1)	专业学位(2)	
华北	76 151	1 559	215 606	69 561	291 757	71 120	1∶4.10
东北	31 515	158	129 866	38 370	161 381	38 528	1∶4.19
华东	75 319	622	298 808	99 011	374 127	99 633	1∶3.76
中南	43 649	1 878	191 817	64 331	235 466	66 209	1∶3.56
西南	19 953	408	114 461	34 517	134 414	34 925	1∶3.85
西北	19 494	349	90 341	27 247	109 835	27 596	1∶3.98
合计	266 081	4 974	1 040 899	333 037	1 306 980	338 042	1∶3.87

第五节　我国研究生教育类型结构与经济社会发展的协调性

研究生教育类型结构与经济社会发展的协调性主要是指研究生培养的不同类型高层次人才对劳动力市场需求的满足程度。类型结构与经济社会发展的协调性，特别是与社会职业类型的协调性是宏观质量高低的直接体现。

基于此，为反映我国研究生教育的宏观质量，本节将首先从宏观层面考察我国研究生教育类型结构与就业人员类型结构之间的协调性，以了解我国研究生教育在规模和结构两个方面对我国经济社会发展的学术型人才和应用型人才需求的满足程度；同时，本节将从微观层面考察我国学术型人才——博士研究生的就业流向，从而间接反映我国研究生教育类型结构与经济社会发展的协调性。

一、宏观分析：类型结构与就业人员职业类型结构的协调性

依据我国研究生类型结构中学术学位研究生和专业学位研究生的培养目标，学术学位的研究生毕业以后应该从事和学术科研相联系的工作；专业学位

的研究生毕业后应该成为高层次应用型人才。以此二分法对就业人员的职业类型进行划分：一类以学术科研类的工作为业；另一类以非学术科研类的工作为业。

1. 我国劳动力市场对研究生的需求分析

依据我国人力资源和社会保障部的年度统计（见图4-6），劳动力市场对于研究生具有大量的刚性需求，各类企事业单位对研究生群体的需求逐年上升。毕业研究生的求人倍率从2010年的0.71达到了2013年的3.03，远高于大学本科、大专、职高、高中以及初中的求人倍率，这意味着平均每3.03个需要研究生的工作岗位仅有1名研究生求职。这在一定程度上也反映了我国经济社会发展近几年对于劳动力素质及结构要求的显著变化。

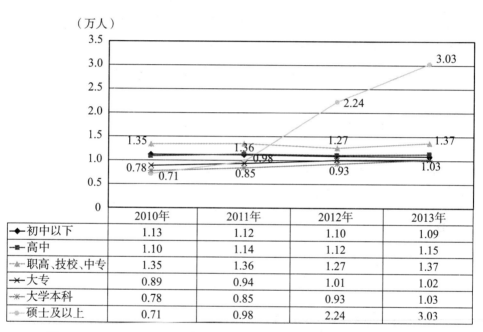

（万人）

	2010年	2011年	2012年	2013年
◆初中以下	1.13	1.12	1.10	1.09
■高中	1.10	1.14	1.12	1.15
▲职高、技校、中专	1.35	1.36	1.27	1.37
✳大专	0.89	0.94	1.01	1.02
✳大学本科	0.78	0.85	0.93	1.03
●硕士及以上	0.71	0.98	2.24	3.03

图4-6 2010~2013年部分城市公共就业服务机构市场供求状况

资料来源：依据人力资源和社会保障部网站各年度部分城市公共就业服务机构市场供求状况分析整理而成，http：//www.mohrss.gov.cn/SYrlzyhshbzb/ldbk/jiuye/renliziyuanshichang//2013-12-18。

劳动力市场对研究生人才需求旺盛主要得益于创新型国家建设战略的实施、"新四化"战略的迅猛推进以及一些用人部门对人才学历要求的提高。随着高校、科研院所、企业研发机构等对研发类人才的需求不断增大，推动了劳动力市场对毕业研究生的吸纳力度。1991~2011年，我国全时当量的试验与发展人员（R&D人员）不断增长。具体而言，增长可分为两个阶段：第一阶段是1991~

2004 年，我国全时当量的 R&D 人员在振荡中小幅上升。1991 年为 670 500 人，2004 年为 1 152 617 人，14 年共增长 482 117 人，增长了近 72%。但从 2004 年以后，我国全时当量的 R&D 人员数量增加非常显著，2004 年全时当量的 R&D 人员数仅为 2011 年全时当量的 R&D 人员数的 40%，8 年增加了 1 730 286 人，这 8 年增加的人数是前 14 年（1991～2004 年）增加的 3.59 倍（见图 4-7）。

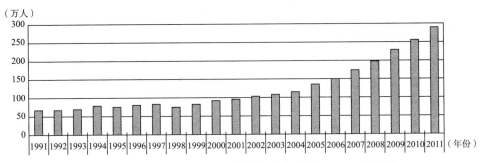

图 4-7　1991～2011 年我国全时当量的 R&D 人员数

资料来源：《中国科技统计年鉴（2012）》。

同时，我国全时当量的 R&D 人员的环比增长率也显示：自 2001 年开始，全时当量的 R&D 人员的环比增长率超过 5%，到 2005 年的增长率上升至 15% 以上，此后直到 2010 年，环比增长率一直稳定在 10% 以上。这进一步表明当前我国劳动力市场对于学术科研人员的需求总量在不断加强（见图 4-8）。

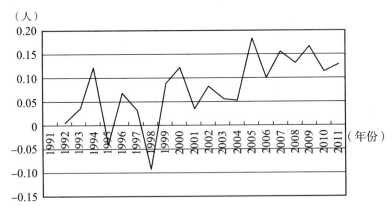

图 4-8　1992～2011 年我国全时当量的 R&D 人员数环比增长率

资料来源：《中国科技统计年鉴（2012）》。

但需求总量的增加不一定意味着就业人员职业结构发生变动，即学术科研类岗位的就业人员数量的增加有可能是劳动力市场本身规模的扩展所致，而并非劳动力市场中学术科研岗位的就业人员所占的比例增加。基于此，我们进一步考察我国就业人员中研究人员所占比例。图 4 - 9 显示：1991 年，每千人就业人员中 R&D 人员有 1 人，2006 年，有 2 人。但仅仅过了 3 年，即 2009 年，每千人就业人员中 R&D 人员达到了 3 人，到 2011 年，已趋近 4 人。从某种意义上说，我国劳动力市场中学术科研类岗位的相对需求是呈加速增长的，相较于非学术科研类岗位的需求，学术科研类岗位需求的增速更大。

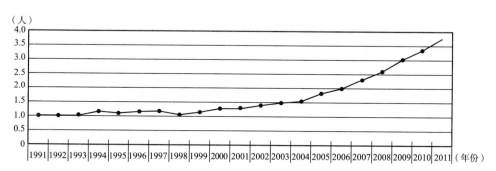

图 4 - 9　1991 ~ 2011 年我国每千人就业人员中的 R&D 人员数

资料来源：OECD 数据库：http：//stats. oecd. org/，访问时间 2013 - 06 - 11。

进一步聚焦到研究生的劳动力市场分析其职业结构。表 4 - 22 显示：2011 年，研究生及以上受教育程度的城镇就业人员中，从事教育行业的占 21.4%，从事科学研究和技术服务业的占 10.9%，从事公共管理、社会保障和社会组织行业的占 13.3%，从事卫生和社会工作行业的占 11.7%，研究生在农林牧渔业、住宿和餐饮业以及居民服务、修理和其他服务业中就业的人数较少。2006 ~ 2011 年，研究生的就业结构发生了显著变化。批发零售业、金融业和信息传输、软件、信息技术服务业、科学研究和技术服务业中的研究生数量占就业研究生数量的比例增幅显著，教育业的研究生数量占就业研究生数量的比例明显下降。这意味着一些新兴的产业以及科学院所对于研究生学历及以上受教育程度的人才需求在过去的 7 年内持续增加，而研究生传统的就业领域（在高校从事教学科研工作）有所下降。

表 4 - 22　　　　　2006 ~ 2011 年研究生学历获得者在城镇
就业人员中的行业构成　　　　　　　单位：%

行业	2006 年	2007 年	2008 年	2009 年	2010 年	2011 年
城镇就业人员	100. 0	100. 0	100	100. 0	100. 0	100. 0
农、林、牧、渔业	0. 4	0. 3	0. 8	0. 6	0. 5	0. 4
采矿业	0. 4	0. 4	0. 5	0. 6	0. 8	0. 7

续表

行业	2006 年	2007 年	2008 年	2009 年	2010 年	2011 年
制造业	8.8	8.8	11.3	12.0	12.6	9.5
电力、热力、燃气水生产和供应业	5.7	5.9	3.6	1.6	1.4	2.2
建筑业	0.9	1.3	1.5	0.7	1.5	1.1
批发和零售业	1.1	1.9	2.5	1.2	1.6	4.5
交通运输、仓储和邮政业	4.4	4.0	4.7	4.8	5.6	1.5
住宿和餐饮业	4.0	4.5	3.4	3.9	5.0	0.2
信息传输、软件和信息技术服务业	0.6	0.4	0.6	0.3	0.4	5.8
金融业	3.5	3.9	5.8	5.3	6.1	6.2
房地产业	0.7	1.0	1.1	0.9	1.3	1.1
租赁和商务服务业	3.3	3.1	3.3	3.4	4.2	4.0
科学研究和技术服务业	7.4	8.1	8.0	5.3	7.5	10.9
水利、环境和公共设施管理业	0.9	0.5	0.9	1.2	0.6	1.0
居民服务、修理和其他服务业	0.3	0.6	0.8	0.8	0.3	0.3
教育	36.3	36.3	30.5	37.8	28.4	21.4
卫生和社会工作	9.2	7.7	5.9	5.8	7.1	11.7
文化、体育和娱乐业	2.6	1.9	2.4	3.1	2.2	4.0
公共管理、社会保障和社会组织	9.5	9.5	12.6	10.7	12.8	13.3

资料来源：2006～2012 年的《中国人口和就业统计年鉴》。

究竟我国研究生教育的类型结构是否满足社会需求？需要从研究生的就业情况入手进行分析。但由于我国研究生教育就业信息在 2011 年后未见公开发布，不同层次、不同类型的研究生就业率以及就业去向无从获得。故本书对不同类型的研究生就业状况分析主要采用的是《中国科技统计年鉴》和《中国人口与就业统计年鉴》中的二手数据。为简化分析并保证概念理解的一致性，本书做出以下六条假定：

①既定年份实际就业的研究生数能够真实反映当年全国各类用人单位的人才需求。

②学术学位研究生教育应该是学术型人才的供给方，专业学位研究生教育应该是应用型人才的供给方。

③科研类岗位限定于研究与试验发展（R&D）的岗位，包括在企业、政府和高校三方的设置的 R&D 岗位；非科研类岗位限定于全社会所有的非 R&D 岗位。

④2010～2012 年，毕业的研究生在 2010 年 1 月～2012 年 12 月 3 年间全部实

现就业（包括出国留学与继续深造）。①

⑤专业学位研究生就职的岗位全部为非科研类岗位。

⑥在职研究生的工作岗位视为需要研究生的就业岗位。

（1）劳动力市场对学术科研类人才的需求分析。日益增长的科研岗位对我国学术型人才的需求到底有多大？以下将对 R&D 人员的结构与增量进行分析。② 2009～2012 年，R&D 人员从 318.37 万增长到 461.71 万，增长了 143.34 万。其中的研究人员从 164.97 万增长到 206.97 万，增长了 42 万。若将 R&D 人员（或研究人员）的岗位均视为需要学术学位研究生的岗位，则 2009～2012 年劳动力市场对学术学位研究生的需求总量为 143.43 万人（或 42.00 万人），其中，2010年为 35.86 万人（或 9.79 万人），2011 年为 47.53 万人（或 15.83 万人），2012年为 59.96 万人（或 16.38 万人）。

假如以保守的态度认为 R&D 人员（或研究人员）的岗位目前仅仅只有一部分是需要研究生的，那么 2010～2012 年劳动力市场对从事科研工作的研究生的需求为多少呢？R&D 人员结构的存量与增量显示（见表 4－23）：2009～2012年，R&D 人员中硕士和博士学位获得者从 61.14 万上涨至 90.29 万，共增长了29.15 万；博士学位获得者从 17.88 万上涨至 26.42 万，共增长了 8.54 万；硕士学位获得者从 43.26 万上涨至 63.87 万，增长了 20.61 万。若该增量真实反映了科研类岗位对学术学位研究生的需求，那么科研类岗位对硕士和博士学位获得者的需求在 2010 年为 8.54 万人，2011 年为 10.13 万人，2012 年为 10.48 万人。

表 4－23　　　　　　　　　R&D 人员结构的存量与增量分析　　　　　　单位：人

人员结构	存量				增量		
	2009 年	2010 年	2011 年	2012 年	2010 年	2011 年	2012 年
R&D 人员	3 183 687	3 542 244	4 017 578	4 617 120	358 557	475 334	599 542
其中：研究人员	1 649 700	1 747 600	1 905 900	2 069 700	97 900	158 300	163 800
硕士和博士学位获得者	611 423	696 861	798 111	902 916	85 438	101 250	104 805

---

① 首先，按照 2011 年《中国学位与研究生教育发展年度报告（2011）》公布的数据，研究生毕业当年的就业率应该至少在 80% 以上；同时，依据笔者在多家高校调研的结果，研究生第 2 年的就业率一般都稳定在 95% 左右，当将其就业时间跨度拓展到 3 年时，最多仅有前 2 年毕业生的 5% 和第 3 年毕业生的 10%～15% 的毕业生未加以考虑，故该假设具有较强的合理性。

② 这里的假设为每一年用人单位的人才需求都被完全满足。若人才需求并未被完全满足，我们所给出的增量值则为人才需求的极小值。

续表

人员结构	存量				增量		
	2009 年	2010 年	2011 年	2012 年	2010 年	2011 年	2012 年
其中：博士学位获得者	178 843	201 728	231 677	264 168	22 885	29 949	32 491
硕士学位获得者	432 580	495 133	566 434	638 748	62 553	71 301	72 314

资料来源：（1）存量数据来源于 2010～2013 年《中国科技统计年鉴》；（2）增量数据为既定年份的存量减去前一年的存量。

（2）劳动力市场对应用型人才的需求分析。基于 R&D 人员中具有硕士学位和博士学位的人员数量[①]，可以通过排除法来确定劳动力市场中从事非科研工作的研究生数量。通过对具有研究生学历的就业人数及占比进行分析，不难得出（见表4－24）：2006～2012 年，就业人员中具有研究生学历人数的比例从0.23% 上升至0.48%，就业人群中具有研究生学历的人数从 171.22 万人上升至368.18 万人。用具有研究生学历的总就业人数减去 R&D 岗位中具有研究生学历的人数就可以得到从事非科研工作的研究生数。

表 4－24　　　　具有研究生学历的就业人员数及占比

		存量				增量		
		2009 年	2010 年	2011 年	2012 年	2010 年	2011 年	2012 年
就业人员数（万人）	（1）	75 828	76 105	76 420	76 704	277	315	284
具有研究生学历的就业人数占比（％）	（2）	0.23	0.39	0.44	0.48	0.16	0.05	0.04
就业人群中研究生数（人）	（3）=（1）×（2）	1 744 044	2 968 095	3 362 480	3 681 792	1 224 051	394 385	319 312
R&D 人员中的研究生数（人）	（4）	611 423	696 861	798 111	902 916	85 438	101 250	104 805
从事非科研工作的研究生数（人）	（5）=（3）－（4）	1 132 621	2 271 234	2 564 369	2 778 816	1 138 613	293 135	214 447

资料来源：（1）就业人员数与具有研究生学历的就业人数占比来源于 2010～2013 年《中国人口和就业统计年鉴》；（2）就业人群中的研究生数由就业人员数与就业人员中研究生学历获得者的比例相乘得出；（3）R&D 人员中的研究生数来源于 2010～2013 年《中国科技统计年鉴》。

---

① 将其作为劳动力市场中从事研究工作的研究生数量的估计值。

采用增量分析，可以估算出 2010~2012 年劳动力市场对从事非科研工作的研究生的需求。表 4-24 显示：2009~2012 年，劳动力市场中从事非科研工作的研究生从 113.26 万人上涨至 277.88 万人，增长了 164.62 万人，其中，2010 年的增量为 113.86 万人，2011 年的增量为 29.31 万人，2012 年的增量为 21.44 万人。依据前面的假设，该增量应真实反映了非科研类岗位对研究生的需求，即 2010 年、2011 年和 2012 年劳动力市场对从事非科研工作的研究生的需求分别为 113.86 万人、29.31 万人和 21.44 万人，3 年累计的需求为 164.62 万人。

2. 当前研究生教育类型结构对各类型人才的供给分析

为回应社会不断变化的人才需求，我国对研究生教育的规模和结构进行了持续调整，专业学位研究生教育得到了迅猛发展。基于现有的公开数据测算，1996~2011 年，专业学位授予数量的增长速度均高于学术学位授予数量的增长速度。专业学位授予数量的年平均增长率为学术学位授予数量的年平均增长率的 3.65 倍。在大部分年份中，专业学位授予数量的年增长率远远高于学术学位授予数量的年增长率。学位授予数量的相对变化导致了学位授予结构的显著变化。该时期内，学术学位授予规模与专业学位授予规模的差距逐渐减小，学术学位占学位授予总数的比例持续下降，由 1996 年的 99.3% 降为 2011 年的 71.5%；与之相应，专业学位占学位授予总数的比例持续上升，由 1996 年的 0.69% 上升为 2011 年的 28.5%。总体来看，该时期类型结构的调整是由"学术学位主导"转变为"学术学位与专业学位并重"的局面。[①]

在获得各年度的硕士和博士的学位授予数（即顺利完成学业的人数）后，将其减去当年招收的博士生数（留在高等教育系统继续学习的人数）即可估算当年进入劳动力市场的研究生数，即研究生教育对各类人才的供给量。聚焦 2010~2012 年的发展情况（见表 4-25），近几年我国研究生层次的应用型人才的供给量增幅明显，年均增幅达到 30%。

表 4-25 显示：研究生层次的应用型人才在 2010 年、2011 年和 2012 年的供给量分别为 12.29 万人、15.57 万人和 19.92 万人，3 年累计供给 47.78 万人；学术型人才在 2010 年、2011 年和 2012 年的供给量分别为 31.65 万人、33.03 万人和 35.36 万人，3 年累计供给 100.00 万人。

3. 不同类型的毕业研究生供给与需求的匹配度分析

我国研究生教育所供给的学术型人才和应用型人才的数量是否分别满足劳动

---

① 中国学位与研究生教育发展年度报告课题组：《中国学位与研究生教育发展年度报告（2013）》，中国人民大学出版社 2014 年版，第 188 页。

表4-25　　　　　　2010~2012年专业学位与学术学位授予
数及各类人才的供给量　　　　　　　单位：人

年份	专业学位		应用型人才供给量	学术学位		学术型人才供给量
	学位授予数	博士招生数		学位授予数	博士招生数	
	(1)	(2)	(1)-(2)	(3)	(4)	(3)-(4)
2010	124 035	1 119	122 916	378 516	61 986	316 530
2011	157 094	1 444	155 650	394 304	64 044	330 260
2012	201 373	2 185	199 188	420 176	66 596	353 580

资料来源：中国学位与研究生教育发展年度报告组：《中国学位与研究生教育发展年度报告（2013）》，中国人民大学出版社2014年版。

力市场对学术型人才和应用型人才的需求，是判断我国研究生教育类型结构与经济社会发展是否协调的重要标准。因此，对"供"和"需"是否匹配的分析成为一个非常重要的研究问题。

（1）现实供需之"错位"：当前研究生教育类型结构与经济社会发展的协调性较低。从我国整体供需情况来看（见表4-26），2010~2012年，社会新增的高层次人才需求为193.77万人，学位授予规模为167.55万人。较之于社会对研究生的新增需求，以每年的学位授予数所表征的我国研究生教育的人才供给规模还略显不足。与此同时，我国研究生教育的类型结构对于不同类型的人才供给与当前社会需求还存在明显的"错位"。[①]

从学术型人才的供需来看：一方面，2010~2012年，社会对学术型人才的新增需求在缓慢增加，从2010年的8.54万人上升至2012年的10.48万人；另一方面，研究生教育中的学术型人才供给量基数庞大，并呈现缓慢增长的态势，其数量从2010年的31.65万人上升至2012年的35.36万人。由此不难看出，较之于现有的新增需求，学术型人才的供给明显过大。

从应用型人才的供需来看：一方面，社会每年对应用型人才的需求近年来逐年降低，从2010年的113.86万人降低到2012年的21.44万人；另一方面，每年研究生教育中的应用型人才供给数量迅猛增长，从2010年的12.29万人增加到2012年的19.92万人。这说明随着我国研究生教育类型结构的不断调整，每年毕业的专业学位研究生数量及其相应的应用型人才供给量已逐步接近新增的应用型人才需求，较大程度地改变了过往专业学位研究生培养不足、不得不依靠学术学位研究生填补社会非科研类岗位需求的局面。但从2010~

---

① 需求大于供给的部分主要是依靠两部分研究生来满足的：（1）2010年以前未实现就业的研究生；（2）留学归国的研究生。

2012 年的整体情况来看，应用型人才的供给仍未能完全满足社会对该类人才的新增需求。

表 4 - 26　　　　　　　**学术型人才和应用型人才的供需状况分析**　　　单位：人

	年份	供给	需求	供需之差
学术型 人才	2010	316 530	85 438	231 092
	2011	330 260	101 250	229 010
	2012	353 580	104 805	248 775
	三年累计	1 000 370	291 493	708 877
应用型 人才	2010	122 916	1 138 613	- 1 015 697
	2011	155 650	293 135	- 137 485
	2012	199 188	214 447	- 15 259
	三年累计	477 754	1 646 195	- 1 168 441

注：（1）"供给"数据见表 4 - 25。（2）"需求"数据见表 4 - 24。（3）学术型人才"供需失调"：科研岗位的潜在需求远未被现实供给满足。

虽然数据显示我国研究生教育对学术型人才的供给远大于现有的学术型人才需求，似乎缩减学术型人才的培养规模，并将其名额转而分配至专业学位是一条可行的方案。但事实上并非如此，我国的科研类岗位存在着强劲的潜在需求。2010～2012 年，新增的 R&D 人员数（3 年累计 143.34 万人）显著大于现有的学术学位研究生学位授予数（3 年累计 119.30 万人），新增的研究人员（3 年累计 42.00 万人）显著大于相应年份博士层次的学术学位授予数（3 年累计 14.96 万人）[1]。换言之，与科研直接或间接相关的岗位需求完全能够消化每年新增的学术型人才供给。

但学术型人才存在着明显的"供需失调"，主要体现在两个方面：

第一，现实供给并未完全转化为满足科研岗位需求的学术型人才供给。2010～2012 年，一共仅有 57.03% 的博士学位获得者和 19.76% 的硕士学位获得者进入了 R&D 岗位。其中 2011 年的比例最高，有 61.52% 的博士学位获得者和 20.63% 的硕士学位获得者进入了 R&D 岗位（见图 4 - 10）。

第二，科研岗位的需求并未被研究生教育所形成的有效供给所满足。2010～2012 年，新增的 R&D 人员中仅有 20.34% 的人具有硕士或博士学位，新增的研究人员中仅有 20.32% 的人具有博士学位，69.40% 的人具有硕士及以上学位

---

[1]　中国学位与研究生教育发展年度报告课题组：《中国学位与研究生教育发展年度报告（2013）》，中国人民大学出版社 2014 年版，第 188 页。

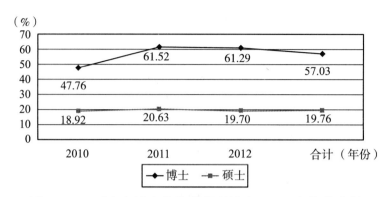

图 4-10　硕士和博士学位获得者进入 R&D 岗位的比例

（假设硕士学位获得者均为 R&D 人员中的研究人员）。而在 2012 年新增的 R&D 人员中具有硕士或博士学位的人仅有 17.48%，研究人员中具有博士学位的人仅有 19.84%（见图 4-11）。

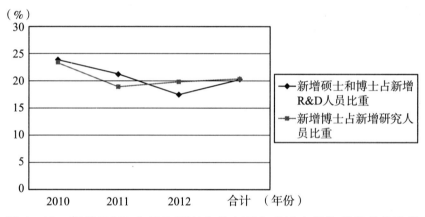

图 4-11　新增 R&D 人员和研究人员中硕士或博士学位获得者的比例

二、微观分析：博士学位获得者的就业走向

　　除了从宏观层面讨论我国研究生教育类型结构与就业人员职业类型结构的协调性，还可以聚焦到每个个体，从其就业走向来判断当前我国研究生教育类型结构与社会需求的协调性。

　　本节主要关注的是我国博士研究生群体的就业情况，其原因有两个：①我国博士研究生的培养目标往往是以学术为导向的，即使存在少量的专业博士，其每年的学位授予规模也非常小（2011 年仅为 2 098 人，占当年博士学位授予总数的 4%），关注这部分专门以学术为导向进行培养的高层次人才的就业去向有助于我们了解当前我国研究生教育类型结构与就业人员职业类型结构的协调状况。②对于硕士层次的研究生，我们很难对其就业的走向进行价值判断，按照《毫不伸张的成功：美国研究生教育》中的观点，硕士层次的研究生教育是最灵活的一个环节，既可以为从事学术做准备，又能进入非学术劳动力市场为经济发展提供人才支持，因此我们主要聚焦博士研究生的就业情况。

依据 2008 年《中国博士质量调查》的相关数据，1995～2008 年，博士中选择高等院校就业的博士比例从 1995 年的 59.8% 下降到 2002 年 39.2%，之后几年保持在一个较为平稳的水上，到 2008 年又上升到 46.1%。选择科研院所就业的博士也呈现较为明显的下降趋势，从 1995 年的 16.9% 下降到 2008 年的 8.3%。选择事业单位就业的博士比例一直保持着较为稳定的增长水平，从 1995 年的 1.4% 增长到 2008 年的 14.3%。选择到企业工作的博士在 2005 年之前一直保持在 4.5% 左右的稳定水平，但从 2006 年开始出现较为明显的增长趋势，2008 年比例达到 7.8%。

表 4 - 27　　　　　　　　1995～2008 年博士就业目的地　　　　　单位：人

就业目的地	1995 年	1998 年	2001 年	2002 年	2003 年	2004 年	2005 年	2006 年	2007 年	2008 年
高等院校	2 473	4 406	5 435	5 516	6 887	8 945	10 951	12 774	11 299	10 346
科研院所	698	1 429	2 007	1 475	1 136	2 139	2 489	2 938	2 469	1 853
政府部门	245	453	663	639	722	979	1 219	1 601	1 568	1 688
事业单位	58	146	1 029	1 445	1 875	2 130	2 714	3 891	3 801	3 202
企业	139	474	737	748	615	1 011	1 255	1 361	1 483	1 749
博士后	204	221	633	564	481	641	688	751	574	334
出国	179	564	939	688	262	490	494	600	243	276
其他	139	614	1 715	2 987	4 140	5 778	7 421	9 149	3 907	2 990

资料来源：蔡学军、范巍等：《中国博士发展状况》，北京大学出版社 2011 年版，第 23 页。

总体而言，以学术为职业的博士毕业生群体（选择高等院校、科研院所、博士后和出国的群体）的规模不断降低，从 1995 年的 85.95% 下降到 2008 年的 57.09%（如图 4 - 12 所示）。

这个数据与中国学位与研究生教育信息分析课题组《中国学位与研究生教育信息分析报告》的研究基本一致。《中国学位与研究生教育信息分析报告》认为，近年来，我国培养的博士研究生越来越多地开始从事非学术性研究工作。从图4 - 13可以看出，从事教学和科研工作的博士毕业生比例不断下降，1996 年这一比例为 77.3%，到 2006 年该比例仅为 46.4%。

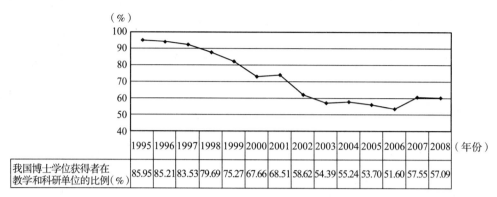

（%）	1995	1996	1997	1998	1999	2000	2001	2002	2003	2004	2005	2006	2007	2008 （年份）
我国博士学位获得者在教学和科研单位的比例（%）	85.95	85.21	83.53	79.69	75.27	67.66	68.51	58.62	54.39	55.24	53.70	51.60	57.55	57.09

图 4 – 12　1995～2008 年我国博士毕业生从事
学术科研类职业的比例变化

注：此图依据表 4 – 27 中数据绘制。

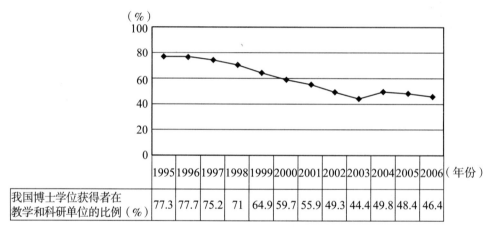

（%）	1995	1996	1997	1998	1999	2000	2001	2002	2003	2004	2005	2006 （年份）
我国博士学位获得者在教学和科研单位的比例（%）	77.3	77.7	75.2	71	64.9	59.7	55.9	49.3	44.4	49.8	48.4	46.4

图 4 – 13　1995～2006 年我国博士学位获得者
在教学和科研单位的比例

资料来源：中国学位与研究生教育信息分析课题组：《中国学位与研究生教育信息分析报告》，中国人民大学出版社 2009 年版，第 42 页。

　　基于上述两项调查，本书认为，越来越多的博士毕业生进入到了非学术领域就业，进一步表明，我国调整博士生培养目标和培养模式的必要性，这不仅是博士生规模增长导致的必然结果，也是当今知识生产方式转型所产生的必然要求。

　　因此，重新定位我国博士培养目标和类型势在必行。按照高等教育的现实情况和社会对应用型人才的普遍要求，适度发展专业博士学位教育，在专业化程度较高的工程、医学、法律、教育、企业管理等领域增加专业博士培养的种类与数量可能是未来博士生教育发展的重要趋势。

第六节　我国研究生教育类型结构调节机制的现状与问题

一、类型结构调节机制的现状

我国当前研究生教育类型结构的调节机制框架主要由中央政府宏观调控和培养单位的微观调节机制共同构成。

中央政府对类型结构的调节机制主要由专业学位办学资格的审批制度、招考制度构成。一方面，中央政府具有专业学位办学资格的审批权，能够决定"哪个领域招收专业学位研究生"以及"谁来招收专业学位研究生"；另一方面，中央政府能够确定招生的总规模以及专业学位研究生的招生规模计划从而直接影响类型结构中学术学位和专业学位研究生在招生规模中的比例关系。

培养单位的微观调节机制主要包括两个方面：①在国家既定的专业学位设置框架下，通过申报专业学位授权点来对一校、一地区甚至一国研究生教育的类型结构产生影响；②主要以研究生培养模式为载体，在学术学位和专业学位两条路径上依据经济社会发展需求和研究生的就业结构对研究生采取分类的培养方式，从而形成"出口层面"的类型结构。

1. 中央政府的权力与作用

中央政府的调节机制主要包括专业学位的设置、专业学位办学资格的审批以及招生制度。当前专业学位的设置以及办学资格的审批主要依据《专业学位设置审批暂行办法》，招生制度主要依据各年度《全国硕士学位研究生招生工作管理规定》以及《全国招收攻读博士学位研究生工作管理办法》。这些宏观调控机制对于研究生教育类型结构的影响是非常直接的。

（1）专业学位办学资格的审批。中央政府可通过专业学位办学资格的审批决定专业学位研究生的培养平台数量，其对于类型结构的调整具有举足轻重的作用。

首先，依据《专业学位设置审批暂行办法》，中央政府决定了"设置什么样的专业学位"以及"在哪些行业设置专业学位"。对于新增某个种类的专业学位，一般首先需要由有关行业主管部门或高等学校联合行业主管部门提出专业学位的设置；同时由国务院学位委员会办公室会同有关单位组织专家进行论证，报国务院学位委员会审批。

其次，中央政府可决定"谁来开展专业学位教育"。依据《专业学位设置审批暂行办法》，对于业已设置的专业学位，国务院学位办公室可以确定试办专业学位的单位。确定的主要依据是申请试办专业学位的单位相关学术学位授权点的质量、相关专业的教学水平以及相应的办学基础。当试办单位开展一段时间的招生、培养和学位授予工作后。国务院学位办公室组织专业学位教育指导委员会对齐进行检查评估。试办合格的单位将被批准正式招收培养和授予专业学位的单位。对于存在问题者，限期改进，重新评估；仍不合格者撤销其试办权。国务院学位办将组织"转正"的评估。① 2011 年，中央政府又进一步对专业学位研究生教育的开办单位实施了新的规定。国务院学位委员会以服务国家经济社会发展，主动适应国家现代化建设为出发点，发布《服务国家特殊需求人才培养项目》。该项目可使一部分仅具有学士学位授予权的培养单位能够依据国家需求和地方需求开展硕士专业学位研究生的培养工作。

（2）不同类型的研究生招生规模制定。中央政府可通过研究生招考制度来调控学术学位和专业学位的招生规模。

首先，中央政府可制订各类型研究生招生的规模。依据《全国硕士学位研究生招生工作管理规定》，教育部归口管理全国硕士研究生招生工作，研究制定招生工作的方针、政策、规定和办法，部署全国的招生工作，会同国家有关部门制订并下达年度招生计划。② 依据《全国招收攻读博士学位研究生工作管理办法》，由国家下达博士生的招生规模，由省级政府和高等学校落实。即使是由高等学校和科研机构联合培养博士生的招生规模数，也由教育部以专项计划形式下达至有关高等学校。当然，在各院校对其博士招生规模也有一定的建议权。需要调整其招生名额的院校可报教育部审批，审批通过后方能进行调整。由此可见，无论是硕士层次还是博士层次，我国研究生招生的类型结构基本上由国家所调控，并通过招生计划的制订和实施加以实现。

其次，中央政府可通过招考制度中相关政策的倾斜来支持不同类型研究生教育的发展。当前招考制度中本科生推荐免试攻读研究生的制度对专业学位的生源保障起到了一定的支持作用。以 2013 年的研究生推荐免试入学工作为例，教育部规定：各院校学术学位名额可用于推荐攻读学术学位研究生或专业学位硕士研究生，但专业学位名额仅限用于推荐攻读专业学位硕士研究生；同时，凡有留校限额的高校学术学位推免生的留校数量不得高于一定的限额，专业学位推免生名

---

① 谢桂华著：《学位与研究生教育工作实践及思考》，高等教育出版社 2003 年版，第 268 页。
② 教育部. 教育部印发 2015 年全国硕士研究生招生工作管理规定 [EB/OL]. [2014 - 9 - 15]，http://www.gov.cn/xinwen/2014 - 09/15/content_2750753.htm。

额留本校比例暂不作规定，鼓励各高校向其他研究生招生单位推荐。这意味着中央政府通过"推荐免试入学"这一政策保障专业学位研究生的数量和质量，增加专业学位的吸引力，从而对类型结构产生影响。①

2. 培养单位的权力与作用

培养单位对类型结构的调节机制主要是在国家既定的专业学位类型框架下所进行的有限调整，其主要手段包括：申报增设专业学位点和对研究生进行分类培养。

（1）依据需要申报专业学位点，影响"入口"的类型结构。培养单位可在国家所制定的专业学位的种类框架下申报与其学科传统优势相近、适应社会发展需求的专业学位授权点。虽然学校的申报对类型结构的影响最终还是要通过国家的审批环节来产生作用，但因为国家鼓励专业学位研究生教育的发展，学校的申请很大程度上能够获得政府的批准。故培养单位的申报对于类型结构的调整作用很大。特别是2011年所实施的"服务特需"项目，② 使一部分仅具有学士学位授予权，且没有列入国家批准的新增硕士学位授予单位能够以国家需求和地方需求为出发点针对国家有关行业领域积极申报相关种类的专业学位点。2011年，首批"服务特需"项目就有包括北京电子科技学院在内的51所学士学位授予单位申报成功。

（2）分类培养研究生，影响"出口"的类型结构。除了通过申报专业学位点来对类型结构产生影响，培养单位也能够依据研究生的就业走向分类培养研究生，从而影响研究生"出口"的类型结构。特别是一些重点大学因为有较好的人才培养基础和自律机制，能够根据自身条件和国家需要，有目的有策略地分类培养研究生，从而优化类型结构。

我们主要以清华大学和北京师范大学对研究生的分类培养为例呈现培养单位进行类型结构调整的具体举措。

①清华大学的类型结构调整机制：以硕士研究生培养目标定位改革为例③。清华大学硕士研究生教育形成了理、工、文、史、哲、法、医、经济、管理、教育等学科门类比较齐全的学术学位，兼有16种专业学位硕士（建筑学硕士、工商管理硕士、工程硕士、公共管理硕士、法律硕士、会计硕士、艺术硕士、体育硕士、风景园林硕士、社会工作硕士、金融硕士、应用统计硕士、新闻与传播硕

---

① 教育部：《教育部办公厅关于进一步加强推荐优秀应届本科毕业生免试攻读研究生工作的通知》[EB/OL]．[2013–09–04]．http：//www.moe.edu.cn/publicfiles/business/htmlfiles/moe/s3261/201309/157196.html.

② "服务特需"项目是指由国务院学位委员会开展的《服务国家特殊需求人才培养项目》——学士学位授予单位开展培养硕士专业学位研究生试点工作的项目。

③ 资料由清华大学研究生院提供。

士、工程管理硕士、公共卫生硕士、汉语国际教育硕士）和1种专业博士（教育博士）的培养格局。

清华大学认为，硕士研究生教育培养定位应集中反映社会需求与教育功能的契合度，硕士研究生培养定位不是一成不变的，它会随着整个社会政治、经济和文化的发展而不断进行调整和变革。基于此，清华大学针对硕士生的培养目标定位，建立多元化的硕士生培养模式，实行分类培养教育。

清华大学认为硕士研究生培养要综合平衡硕士生升学与就业两方面的需求，既要为学生继续攻读博士研究生奠定扎实的专业研究基础，又要为学生参加工作提供必要职业素养。要根据学生不同的发展倾向，有针对性地引导硕士生选择适合自身发展的人生道路。根据学科性质和社会需求调整硕士研究生的"出口"的类型结构。

图4-14显示清华大学的分类培养方式：

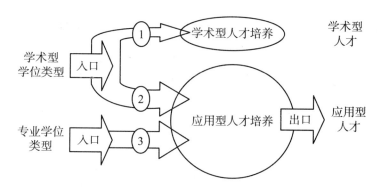

图4-14　清华大学硕士研究生培养定位

首先，清华大学在国家既定的招生计划下形成"入口"处的类型结构，招收学术学位和专业学位的硕士研究生。

其次，通过分类培养，实现研究生的"分流"。路径1表示以传统的学术型人才的培养方式对从学术学位"入口"进校的研究生开展培养活动，但这部分研究生的体量逐渐减小；路径2表示部分从学术学位"入口"进校的研究生，依据其就业意向、专业特质等方面，按照应用型人才的培养方式进行；路径3表示从专业学位"入口"处进校的研究生，完全按照应用型人才的培养方式开展培养活动。其中，"分类培养"的关键在于实现"入口"为学术学位研究生的培养模式转型，使之能够按照应用型人才加以培养，从而为其就业做准备。

最后，在"出口"，清华大学形成了自身研究生教育的类型结构，这与"入口"的类型结构非常不同。"出口"的类型结构中，通过分类培养所形成的两种人才数量与劳动力市场的需求密切关联。

②北京师范大学的类型结构调整机制：分类设置教育学类三种硕士培养方案。北京师范大学是我国教育学领域人才培养的重镇。根据教育部学位与研究生教育发展研究中心发布的 2009 年一级学科评估结果，该校教育学、心理学均排名全国第一。现以该校教育学为例，对其研究生分类培养机制进行分析。

北京师范大学教育学类的硕士主要有三种类型：学术学位硕士、"4＋2"硕士和专业学位硕士。其中，"4＋2"硕士是指本硕连读阶段的硕士。三类硕士在培养目标、招生方式、修业年限、培养方式、课程设置、学位论文选题、学位论文指导和学位授予条件等方面均有显著差别。我们以教育经济与管理专业为例，对三类硕士的分类培养模式进行考察。

从培养目标上看，三类硕士有着较为明确的区分。学术学位硕士明确以研究为导向，而"4＋2"硕士和专业学位硕士则以应用为导向，但兼顾科学研究能力的培养。具体而言，传统学术学位硕士研究生的培养目标为适应社会主义现代化建设需要的、德智体美全面发展、具有较为扎实的理论基础、较为开阔的学术视野和掌握科学研究方法的专门人才；"4＋2"硕士的培养目标为基础教育各阶段高素质、研究型的教师及教学管理人员，通过这一模式的培养，他们能够成为中小学校未来的教学、科研骨干力量，并能够很快成长为科研、教学和行政管理方面的人才；专业学位硕士的培养目标为具有坚定的政治原则、良好的职业道德、深厚的文化底蕴、坚韧的开拓精神、新的研究型的基础教育教师和管理干部。

从招生方式和对象上看，传统学术学位研究生的选拔仍沿用学术型人才的选拔标准，以学习成绩作为人才选拔的重要依据；"4＋2"硕士的选拔更强调学生所具有的与中小学教育教学所接轨的学科基础；专业硕士的选拔更强调学生所具有的职业背景和工作经验。具体而言，传统的学术学位硕士的招生方式有两种：国家统招和推荐免试，面向全国所有的本科生；"4＋2"硕士则从北京师范大学数学、物理、化学、生命科学、地理、中文、历史、哲学 8 个基础学科专业本科三年级学生中选拔，学生自愿报名、院系选拔优秀者，经学校批准后，免试入学；专业学位硕士的招生对象为"具有学士学位、3 年以上基础教育工作经历的在职普通中学、小学、幼儿园和其他中等学校的文化基础课的专任教师或管理人员，以及省、市、区、县教育研究部门或政府机关教育系统中有相当于中学、小学、幼儿园教师职务的教研员或管理人员；只有国民教育序列大学本科学历、未获得学士学位者，除满足上述条件外，还需具有中学一级（或相当的）教师职务。"当然，2009 年起北京师范大学也开始从应届本科毕业生中招收全日制的教育硕士专业学位研究生。

从修业年限上看，三类学位的修业年限大致接近，但"4＋2"硕士的贯通培养使修业年限略有缩短。传统的学术学位的硕士学习年限一般为 3 年。"4＋2"

硕士的修业年限是镶嵌在整个本科和硕士阶段，即"3 年本科综合性专业培养 + 1 年本硕衔接培养 + 2 年硕士"。专业学位的研究生一般修业年限为 2~4 年，其中全日制一般为 2~3 年，非全日制为 3~4 年。

从培养方式上看，传统学术学位更强调科研能力的培养，"4 + 2"硕士更强调中学的实习经历；专业学位更强调案例教学和实际工作部门的参与培养。具体而言，传统的学术学位的硕士采取系统理论学习、进行科学研究和参加实践活动相结合、导师个别指导和集体培养相结合的培养方式，课程学习时间一般为一年半，撰写论文时间不少于一年，在第四学期初，学校会对研究生进行中期筛选的考核，考核的内容包括研究生的思想品德、课程学习和科研能力，考核后，少数学习成绩优秀、科研能力强、思想品德好的硕士生可以提前毕业，个别学习成绩差或明显缺乏科研能力的，或因品德不合格的，或因其他原因不宜继续攻读硕士学位的，按研究生院相关规定处理；"4 + 2"硕士的前三年与各专业学生按照统一教学计划进行培养，第四学年按分流后的计划组织教学，一是继续完成本专业学士学位要求的学分，并完成毕业论文取得学士学位；二是修读本专业研究生的部分学位课程；三是从第二学期起到中学见习，并且研究生在就读期间，每周都将安排到中小学校见习或实习，以保证学生有足够的教育实践经验；专业学位研究生的培养以课程学习为主，系统学习基础理论与专门知识，强调实践与应用，重视案例教学，聘请基础教育实际工作部门高级教师参与研究生培养工作，加强教学、科研和社会实践三个方面的联系，提高研究生理论联系实际及解决实际问题的能力。

从课程设置和学分要求上看，传统的学术学位硕士注重的是理论学习与研究能力培养，专业基础和理论知识所占比重较大，实践环节相对而言较少；"4 + 2"硕士和专业学位硕士的课程设置则着重以教育实践工作的必要性和实用性为基础，突出实践性与灵活性。具体而言，传统的学术学位硕士的课程可分为公共学位课、学位基础课、学位专业课、专业选修课和必修环节五类。总学分为 37 学分。其中，公共学位课共 3 门 9 学分，必修环节（教育实习及论文等）4 学分，学位基础课 4 门共 12 学分，学位专业课 2 门共 6 学分，专业选修课 3 门共 6 学分。值得注意的是，在专业选修课上，北京师范大学打通了教育学部与经济学院之间的课程，经济学院硕士课程都可作为本专业的硕士选修课。"4 + 2"硕士的课程分为四类：公共课、专业课、其他教育类课程、基础理论课、教育见习与实习。其中，公共课包括马克思主义政治理论与外语（共 8 学分）；专业基础课和专业方向的课程（共 15 学分）以及专业选修课由各基础学科院系承担；其他教育类课程/基础理论课由教育学院承担，教学见习与教育实习也由教育学院统一安排和管理；教育实践环节是"4 + 2"模式的重点环节，贯穿于整个学习阶段，本科第四学年安排学生进入中学课堂进行教学见习，各类课程也适当地加强实习环节；研究生第二学年第一学期在微格教学课程中强化教学实践及反思能力，并集中安排 3 个月教学实习；专业学位的硕士课程共分为学位课程、专业必修课程及选修课程三类，除了学习本培养方向的基础理论、基本方法及专业知识外，教育科学类的课程必须占到一定比例。在学分要求上，教育硕士必须修满 34 学分，其中学位公共课程 18 个学分，专业必修课至少 12 个学分，选修课（包括公共选修课和专业选修课）至少 4 学分。课程教学必须坚持理论联系实际，少而精，内容宽、新、实及质量第一的原则。

从学位论文的选题来看，传统学术学位的硕士学位论文更强调具有理论价值的题目，"4＋2"硕士的学位论文强调可运用科学研究的方法来解决现实的教育教学问题的题目；专业学位的硕士学位论文强调现实问题、甚至是"工作的专题研究"。具体而言，传统的学术学位硕士研究生将选择本专业有重要应用价值或理论价值的问题作为论文选题。论文选题须经制定研究和撰写计划及开题报告阶段，并经导师和本专业其他教师审核通过，论文内容应达到相应的学术水平，部分内容修改后达到公开发表水平，形式上应符合规范要求，字数不少于 3 万字；"4＋2"硕士研究生的学位论文淡化纯理论研究色彩，提倡选择对教学实践有现实意义和应用价值的题目，例如，针对实际问题或改革实验的调查报告、研究报告等；专业学位硕士研究生的论文选题是对我国基础教育事业发展、改革与管理有一定价值的题目，论文结合所学专业，对基础教育改革、教学及教育管理中的问题进行分析、研究，并提出解决策略或方其形式可以是基础教育学科教学或管理工作的专题研究，高质量的调研报告、实验报告或典型诊断报告。

从学位论文的指导教师来看，传统的学术学位硕士研究生的学位论文主要由高校的教师担任指导教师；"4＋2"硕士和专业学位硕士的学位论文均强调由高校教师和具有教育实践背景的教师组成论文指导教师小组。具体而言，学术学位的硕上学位论文指导工作出研究生的导师承担；"4＋2"硕士的论文指导教师由教育学硕士研究生导师组指导，导师组成员包括三方面成员：具有高级职称的研究生导师，有实践经验和高级职称的中小学教师、教研员与教学行政管理人员；专业学位硕士研究生的学位论文仍采取单人指导和导师小组指导的形式，指导小组将聘请在基础教育实际部门工作的高级教师加入。

从学位授予的条件来看，传统的学术学位硕士研究生与"4＋2"硕士研究生所要达到的条件是相似的，即在规定学习年限结束后，修满课程规定学分、教学实习或实践环节成绩合格、通过学位论文答辩，即可授予教育学硕士学位。专业学位硕士研究生通过学位论文答辩，经教育硕士评审组审议，并报专业学位评定分委员会通过后，报学校评定委员会审查备案，合格者授予教育硕士专业学位并颁发学位证书。

二、类型结构调整机制的问题

当前我国研究生教育类型结构调整机制的问题主要体现在两个方面：第一，培养单位的调整的权力有限且调整行为具有一定的盲目性；第二，行业、产业的参与不足。

1. 培养单位权力有限，且具有一定的盲目性

调整机制中培养单位的主要通过积极申报专业学位点和采取分类培养的模式对研究生教育的类型结构产生影响。然而两种方式都有较大的局限性。

（1）培养单位在申报专业学位点上权力有限，且具有一定的盲目性。正如以上分析，培养单位对学位类型的调整只能在国家既定的专业学位类型框架下进行相关专业学位种类的申请，学校难以根据市场需求自主设置相关的专业学位类型，不同区域、不同专业禀赋的学校很难办出自身的特色。

同时，课题组在访谈中发现，很多学位授权机构积极申报专业学位的动因主要在于三个方面：①提高自身在某一领域的学术资源禀赋，使相应的学科既能够培养学术型人才，又能够培养应用型人才；②增加研究生的规模，使培养单位能够通过增加专业学位研究生的指标；③增加经济利益，更大的研究生规模意味着更多的财政投入，同时部分专业学位学费收入较高，经济收益较大。此外，不少学士学位授权机构申报专业硕士学位项目很大程度上是提升办学层次的需要。

也就是说，一些培养单位并不完全遵循国家、地方的发展需要以及人才市场的需求，而以自身利益导向为出发点来申报、设置专业学位，从而降低研究生教育类型结构与经济社会发展的协调性。

（2）研究生的"分类培养"对类型结构的实质性影响较小。虽然培养单位可以按照经济社会发展需求、学生个人发展志趣、学术能力以及单位的培养特色来制订不同类型的研究生培养方案，从而优化研究生毕业"出口"方面的类型结构，但这种方式仅仅只能在国家业已制定的招生的类型结构框架内进行，对类型结构的实质性影响较弱。

首先，从毕业的研究生实际就业去向来看，"出口"的类型结构与"入口"的类型结构大相径庭。按照前面所述，在硕士层次至少有 70% 的研究生在非学术领域就职，即使在博士层次，也有近一半的研究生在非学术领域就职。"出口"现实的类型结构与"入口"国家所计划制定的类型结构有很大差异。因此从在某种意义上讲国家的调控机制降低了培养单位进行类型结构调整的活力。

其次，部分学术学位研究生的能力素质与其所获得的学位所代表的能力素质

标准不一样，即部分学术学位获得者的学位之"名"与能力之"实"并不相符，从而使得学位功能的人才标识功能和甄别功能有所丧失。部分有志于在非学术领域（如企业、NGO 组织等）就业的学术学位研究生在校期间所接受的培养和锻炼均以其就业为导向，但在其毕业时仍依据其"入口"时的标识授予学术学位而非专业学位，从而导致学位的"名"与"实"不符。特别是对于从事部分特定职业的研究生而言，即使其能力素质满足其职业要求，但所获得的学术学位使其丧失了竞争优势。"科硕门"事件就是典型的案例。2012 年 3 月所发布的医师资格考试报名资格规定（2012 版）中规定"研究生可以本科学历或专业学位研究生学历报考，科学学位研究生不得以研究生学历报考"医师资格考试，由此导致 2004 年、2005 年和 2006 年考取的普通全日制本科医学高校非西医临床医学专业的大学生（专业类别主要包括中医学、中西医结合、护理学、检验学、口腔、预防、基础医学等专业）和非预防专业的医学专业学生（卫生管理、护理、卫生统计、基础医学等），以及 2009 年、2010 年、2011 年因跨专业或其他原因考取医学学术学位的研究生不能依靠研究生学历报名医师资格考试，从而导致无法领取作为医生行医所必备的"执业医师资格证"。这充分说明培养单位调整权力的不足使名义上的"类型结构"不等于实际上的"类型结构"，也不等于现实劳动力市场中所需求的"职业结构"。

2. 省级政府的权力有限

虽然中央政府这些年来大力推进体制改革，加大省级政府对本省研究生教育统筹的权力，但由于现有的布局具有历史的延续性，路径依赖严重，省级政府在类型结构的调节功能方面，实际作用非常有限。

由于专业学位授权点的审批均在国家层面进行，省级政府在 2010 年以后才具有自行资质审核的权力，因此在专业学位的迅速发展阶段（2010 年以前）对"办什么样的专业学位"以及"谁来开展专业学位研究生教育"基本不具有决定权。国家是否能够充分了解省域的需求而对各省研究生教育的发展和结构调整进行有效的指导呢？课题组曾对一些省份学位委员会办公室的负责人进行了访谈，他们均认为地方政府在依据省域经济社会发展的需求统筹研究生教育发展上具有很大的优势，但目前在整个学位授权体系中省级政府所拥有的权力并不能很好地实现这一目标。

因此，省级政府在依据区域经济社会发展需求规划设计、调整研究生教育类型结构方面难有作为。

3. 行业和企业参与不足

从当前类型结构的调节机制来看，行业和产业参与到专业学位研究生教育发展和研究生培养的广度和深度均不够。

在整个调节机制中，行业和产业的参与能够在一定程度上对中央政府和培养单位这两个调整的主体产生影响：

对于中央政府而言，行业和产业可以：①作为专业学位研究生的需求方向国家提出设置专业学位的申请；②作为专业学位发展的咨询成员加入专业学位教育指导委员会，对专业学位人才培养提供建议。

对于培养单位而言，行业和产业可以：①为专业学位研究生的培养提供实践基地或平台；②作为导师组成员指导专业学位研究生的论文选题及写作；③作为部分课程的合作授课教师开设部分与实践密切相关的研究生课程。

但总体而言，行业和企业在我国研究生教育类型结构调整上参与不足。在宏观层面，企业和产业的参与基本上从属于国家政府的安排，企业和产业仅具有建议权和指导权。在微观层面，企业和产业的实际参与也较为有限，课题组相关的访谈资料显示：专业学位研究生的实践、实习环节的科学设计和规划有待加强；实习和实践环节在整个培养方案的重要程度有待加强；企业或产业的人员对于研究生论文的指导非常有限，甚至有时只是挂名；即使与培养单位的教师合作开设课程，在课时安排、考核评价方面也不甚重视。

第七节 结论及建议

一、进一步调整类型结构，推动专业学位研究生教育发展

进一步推动专业学位研究生教育的发展，使之与学术学位在地位上相当，实现和劳动力市场的职业需求"无缝对接"。

1. 以法律形式明确专业学位教育的性质和地位

现有的《中华人民共和国学位条例》中授予学士、硕士和博士学位的基本条件中都强调一定程度的学术水平，《中华人民共和国高等教育法》中硕士、博士研究生教育都在强调从事科学研究的能力，而《中华人民共和国职业教育法》中只提学历证书、培训证书和职业资格证书而未涉及学位证书。因此，有必要在《中华人民共和国学位条例》、《中华人民共和国高等教育法》、《中华人民共和国职业教育法》等相关法律法规中均明确我国专业学位教育的性质和地位，将专业学位与学术学位作为两种不同的学位类型予以规定：

（1）明确规定专业学位教育在国家高等教育体系中的层次，包括副学士或准

学士（专科）、学士（本科）、硕士和博士四级，且具有不同于学术学位教育的
社会功能，要求高校树立专业学位教育与学术学位教育同等重要的办学思想
观念。

（2）明确专业学位体系和学术学位体系在满足一定的条件下可以互相跨越、
立交互通。

（3）在培养要求与评价标准上，应当规定专业学位教育必须突出职业性、实
践性和复合性等方面的要求，与学术学位相比，专业学位在人才培养目标与培养
模式等方面存在类型上的区别，而非层次、水平上的区别。

（4）经过规范的认定程序后（如在招生程序中加入能反映学位攻读者所掌
握的知识与能力），一种学位体系的学位获得者可以进入另一种学位体系内从事
更高层次和阶段的转轨学习（见图 4 - 15）。

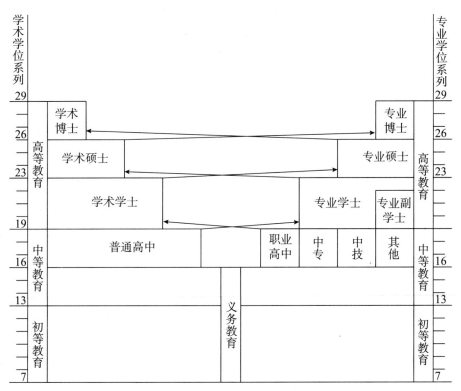

图 4 - 15　我国学术学位与专业学位教育体系的架构

2. 明确专业学位与职业资格证书的衔接机制

在不少发达国家，专业学位往往是获得职业资格证书的前提条件，专业学位
教育与职业资格匹配是被视为专业学位质量保障的重要手段。两者的有效衔接，
实质上是产学结合人才培养模式的重要体现。由于肩负培养特定行业专业人才的

使命，专业学位的人才培养、课程设置、评价机制和质量保障通常由大学与相关行业组织共同协商、承担。

目前，我国的翻译、建筑学专业学位与职业资格证书实现了较好衔接。以翻译硕士为例，在校翻译硕士专业学位研究生，凭学校开具的"翻译硕士专业学位研究生在读证明"，在报考二级口、笔译翻译专业资格（水平）考试时，免试《口（笔）译综合能力》科目，只参加《口（笔）译实务》科目考试。这既有利于翻译硕士专业学位达到国际上通行的"职业学位"标准；也有利于翻译硕士学位教育与翻译人才评价制度以及翻译行业管理规范之间的有机结合。建筑学专业学位的学士、硕士学位获得者在获得参加注册建筑师考试资格时享有一定的优先权。建筑学专业学位培养以国家注册考试的基本要求，即成为建筑师的基本条件为目标，注册建造师考试资格则以申请人获得专业学位为必要条件之一。

专业学位与职业资格证书之间的衔接方式可以考虑以下两种情况：①将专业学位作为参加职业资格考试的必要条件，在相关文件中明确相关领域的专业学位是参加职业资格考试的必要前提；②将专业学位作为参加职业资格考试的优先条件。在相关文件中明确获得专业学位者参加相关国家资格考试时可享受一定的优待，免除部分考试科目。采用不同的模式对专业学位与职业资格考试进行匹配，主要取决于该学科领域专业化程度的高低。不论采取何种模式，专业学位与职业资格考试的有效衔接，既有利于对特定职业的专业化程度不断提高，有利于改善专业学位的社会认可度、提升其教育质量；有利于强化学校与行业用人单位的结合，推动专业学位研究生教育更切实地面向社会、面向行业发展的需要。

3. 将专业学位的审批权逐步下放至省级政府，中央实行总量控制和动态调整

在当前学位授权审核权力不断"放权"的过程中，学术学位硕士点的审批权已经下放至省级学位委员会和设有研究生院的高校。较之于学术学位，专业学位研究生教育在适应国家和地方经济社会发展需求上具有更大的灵活性和主动性，因此将硕士专业学位下放至省级政府，由省级政府统筹规划是未来专业学位授权审核的必然趋势。当然从目前的制度上讲，2010年以后省级政府已具备了自行组织审核的权力，但仍需报国务院学位委员会审批。

但这并不意味着中央政府将发展专业学位研究生教育的任务完全交给省级政府。中央政府仅仅是从过去的"主办者"的角色逐步转向"指导者"和"监督者"的角色，对专业学位的发展进行全局性的谋划，对现有的专业学位和新增的专业学位的质量通过评估手段进行保障，通过"总量控制"和"动态调整"以实现专业学位研究生教育的健康发展。

4. 逐步扩大专业学位的规模

为了增强研究生教育与社会经济发展需要的适应性，应当增加专业学位研究生的培养规模。扩大专业学位研究生的招生数量，在不降低学术型研究生规模的前提下提高专业学位研究生占研究生总量的比例。尤其是硕士层次的研究生培养，要从以往学术学位占多数、辅以少数专业学位的状况，逐步转变到以专业学位为主、辅以多种类型的新格局。[①] 依据英、美等发达国家研究生教育发展的经验，非学术学位（包括职业学位或授课型学位）的研究生规模应逐步调整至占研究生总规模的50%左右，甚至超过50%。

5. 根据经济社会发展需求调整专业学位的科类结构和层次结构

目前专业学位的科类较少，所涉及的专业优先。按照我国统计局的行业分类标准，我国行业可分为20大类98种。对比当前我国专业学位所覆盖的行业类型，专业学位较少的科类难以与经济社会发展的行业结构相匹配。

在未来的一段时间内，中央政府可考虑完善多层次高级专业人才培养体系，增加专业学位的层级，完善专业学位的类型设置：

（1）在博士层面，增设金融、应用心理学、药学、工程管理、海洋工程、城市规划等领域的专业博士学位。

（2）在硕士层面，考虑增设海洋资源、物流、设计、社会保障、广告、人力资源管理、环境保护与监测、公共安全等类型的专业学位硕士学位。

（3）在本科层面，将《普通高等学校本科专业目录》、《普通高等学校高职高专教育指导性专业目录》中具有专业学位属性、特征的专业设置为专业准学士（或副学士）、专业学士学位，同时，根据经济社会发展、行业产业和职业发展需要开发和完善新型的学士专业学位类型。

（4）通过调整和改革现有的学术学科目录，把应用性、实践性强的，有较强的行业或职业背景、有严格职业资格准入标准和考试的某些学科从学术学位的人才培养体系中退出，进入专业学位的人才培养体系，改变目前部分侧重应用研究的学科不得不培养学术性人才的现象。

二、把握外部影响因素，构建研究生培养单位的自主调节机制

研究生培养单位对类型结构的自主调节机制主要是在国家既定的类型结构的框架下，从具体的不同类型的研究生的培养方案入手来调节学术型人才和应用型

---

① 湖北省教育厅、湖北省政府学位委员会：《关于博士、硕士学位授予单位布局问题的研究》。谢桂华：《学位与研究生教育研究新进展》，高等教育出版社2006年版，第53页。

人才的培养活动。结合课题组调研院校的相关负责人的建议，我们认为构建研究生培养单位的自主调节机制需要做好以下两个方面：

第一，研究生培养单位自主调节机制的构建应把握国家的宏观背景和政策。院校在制定学科发展战略时要特别注重结合国家发布的《科技中长期发展规划纲要》、《人才中长期发展规划纲要》等反映国家经济社会发展动向、科学技术重点发展领域及特殊人才需求的文件，在学校内部，调配人力、物力和财力等资源对相关学科和专业给予重点支持和发展。

第二，研究生培养单位自主调节机制的构建应把握市场的需求与导向，构建畅通的研究生就业及发展信息的反馈机制，确保培养单位与市场之间沟通的及时与顺畅：①导师可以通过课题研究与合作项目为依托，定期与用人单位交换信息；②院系要对毕业生和用人单位进行定期的追踪调查；③学校则要整合各部门的力量，包括研究生院、校友会、就业指导中心、教育研究机构等部门获取学生的就业与发展信息。这样才能做到由点到线地逐级逐层扩大就业信息的范围和质量，确保就业信息的全面性、稳定性和长期性。另外，在及时掌握市场需求和信息的过程中，高校与用人单位联合建立的实习实践基地在沟通市场与高校、搭建双方信息平台、及时信息反馈方面发挥了重要作用。对于高校而言，实习实践基地除了解决学生的专业实习和社会实践外，还发挥直接解决就业以及及时反馈毕业生和用人单位的信息和需求的功能。

此外，研究生培养单位自主调节机制的构建需要转变学术学位研究生的评价方式。对于从事非学术领域工作的学术学位研究生的评价，培养单位应：①丰富评价人员构成，充分使用"双导师制"，积极发挥具有深厚职业背景的校外专家的评价作用，增加来自行业、企业等校外专家在评价中的比例构成；②保持学术性能力的评价内容，增设学术学位研究生实践能力的评价指标；③创新专业研究生的评价方式，保留毕业论文，增设毕业实践项目，让学生自主选择毕业评价的方式。鼓励从事企事业工作的学生通过毕业实践的方式获得学位，通过评估学生毕业实践的完成情况对其专业技术能力做出全面评价，以确定其综合职业能力是否达到了毕业要求；④建立评价反馈机制，调整自身的评价体系，增强评价体系与社会需求的适应性。

第五章

我国研究生教育微观结构

第一节 研究生教育微观结构理论分析

基于本书所提出的研究生教育的"系统质量观"，研究生教育系统的质量是由宏观质量和微观质量共同构成。宏观结构（包括区域结构、科类结构和类型结构）满足经济社会发展需求的程度决定了研究生教育宏观质量的高低；微观结构满足研究生培养需求的程度决定了研究生教育微观质量的高低。因此，讨论微观结构的现状、问题，进而有针对性地提出优化微观结构的建议对于提高研究生教育的培养质量非常重要的。

一、微观结构的内涵

结构是系统的天然固有属性，任何客观系统都以某种结构形式存在与演化。结构侧重于强调要素之间的关系，即要素相对稳定的联系与互动。"在构成系统的诸要素之间存在着一定的有机联系，在系统内部形成一定的结构和秩序，结构即组成系统的诸要素之间相互关联的方式。"[①] 研究生教育结构是研究生教育系

---

① 汪应洛：《系统工程》，机械工业出版社 2003 年版，第 5 页。

统内部各组成要素相互联系的方式与比例关系。

研究生教育微观结构是指从个体教育实践的层次来考察研究生培养过程中各要素之间的相互联系与构成状态。它具有复杂性、动态性和相对稳定性。微观结构是否科学合理，直接影响研究生的培养质量。研究生教育微观结构的合理标准体现在研究生教育机构内部各培养要素之间及各培养要素与整体之间的均衡协调性上，合理的研究生教育微观结构将有助于保持研究生教育机构内部培养要素的动态平衡，维护研究生教育微观结构的灵活性与稳定性，使其满足研究生培养需求。

二、微观结构的种类

我们认为研究生教育活动包括教师、学生、课程（包括研究，下同）三大要素。学生发展是教师和课程的最终指向，课程是教师和学生共同建构的产物，而教师（主要是导师）则是研究生教育之所以发生的基础。故对于研究生教育微观结构研究，我们重点考虑影响研究生培养质量的核心要素结构：导师队伍结构、课程结构与生源结构，它们共同对研究生培养质量起着重要影响。

1. 导师队伍结构

研究生导师队伍是一个由不同类型的导师组成的系统，按照不同的标准，可以划分为不同的导师类型。例如，按照身份划分，可以分为全职导师与兼职导师，专职导师与兼职导师等。

导师队伍结构是研究生导师队伍在学历、职称、学缘等方面的构成状态，它在一定程度上反映了导师队伍的整体质量水平。研究生教育培养主要以追求高质量为基本目标，导师队伍结构的优劣在很大程度上决定了我国研究生培养质量的高低。本书的导师队伍结构研究主要集中于导师的学历结构、学缘结构、国际化结构、专兼职导师结构与生师比结构。

2. 课程结构

课程是教育教学活动的载体，是教师与学生两者之间的重要中介环节之一，也是教师和学生沟通与对话的平台，师生双方通过课程进行信息交流。课程是具有多重结构的复杂系统，所以，课程的概念不能仅仅局限于传统的课堂教学环节，"课程是学习者在学校获得的全部经验。"[①] 因此，本书的课程是广义上的课程，有必要将学术讲座、学术沙龙、科研参与等都纳入课程范畴中来，从多维度的视角分析课程，才能更加全面反映课程的实际情况。

308

① 陈侠：《课程论》，人民教育出版社 1989 年版，第 14 页。

课程结构是培养单位根据专业培养目标，在课程价值观的指导下，设置课程体系中各类课程的构成状态及比例关系。课程结构可以分为课程性质结构、课程形式结构、课程层次结构与课程国际化结构等。课程的性质结构包括必修课程与选修课程之间的比例，合理的课程性质结构能够保证研究生掌握扎实的基础知识，扩大个人的学术视野；课程的形式结构包括学术讲座、学术沙龙等非正式课程所占的比例，合理的形式结构能够激发研究生学术研究兴趣，增加学术经验；课程层次结构是指不同层次课程之间的差异程度，也就是研究生课程与本科生课程之间的差异，硕士研究生课程与博士研究生课程之间的差异程度，合理的课程层次结构使得不同层次课程更具有针对性和实效性。

3. 生源结构

生源是研究生培养工作开展的前提，研究生生源质量是研究生教育质量的基础。生源结构是指研究生群体中不同种类的研究生的构成状态和比例关系，它是影响研究生培养质量的核心。研究生培养质量的高低只有通过学生质量才能反映出来。只有生源结构合理，才能保证一系列的培养进程高效率进行，才能全面实现研究生教育的培养目标。研究生生源结构大致可以分为推免生源结构、跨学科生源结构与生源国际化结构等几类。

三、研究方法

本书研究的方法主要包括文献法和访谈法。

文献法主要通过查阅国内外大量的有关研究生教育的微观过程、要素的文献资料，利用图书馆及网络学术资源，收集期刊论文、学术专著、研究报告与学位论文等相关资料，进行归纳、整理与提炼，力争从已有研究中总结出我国研究生教育微观结构问题及其背后根源，并且通过文献分析，构思访谈提纲与调查问卷的设计，从理论层面为后续的调查研究打下基础。

访谈法主要是了解学校研究生教育管理相关部门、导师以及研究生对于研究生教育微观结构问题现状的直观感受与评价，从而探明当前微观结构问题存在的形态、产生的影响及其形成的原因，以便为微观结构调整提供借鉴。本书研究于2011 年 11 月 ~ 2012 年 6 月，对清华大学、中国农业大学、北京印刷学院、中国地质大学、北京林业大学、首都师范大学、首都经贸大学、北京城建学院等北京地区院校的相关人员进行了实地访谈。受访者主要是各学校研究生院（处）的管理人员、二级学院研究生科的老师，以及部分学科的导师与研究生。

第二节　我国研究生教育微观结构问题

依据现有文献的梳理和访谈，当前我国研究生教育的导师队伍结构、课程结构和生源结构存在着一定的不合理现象。这些现象制约着研究生培养质量的提高。

一、导师队伍结构问题

研究生教育培养主要以追求高质量为基本目标，导师队伍结构的优劣在很大程度上决定了我国研究生培养质量的高低。但遗憾的是，长期以来，我们对高校研究生导师队伍的研究非常不够，特别是一些基础数据难以获得，如导师队伍的学历结构、学缘结构等数据几乎是一片空白，很难从官方的正式渠道获得权威性、具有研究价值的数据。即使有相关数据，也是非常笼统的一般信息或者零星信息。因此，我们无法全面、深入地分析我国研究生导师队伍结构，这里仅就相关问题进行阐述。

当前导师结构中，除职称结构、年龄结构、生师比较为合理外，其他结构的问题均比较严重。2012 年，我国研究生导师队伍中，79% 都集中在 36～55 岁，说明我国研究生导师队伍总体比较年轻。同年，导师队伍的职称结构中，正高职占 49.13%，副高级职称占 46.79%，说明我国研究生导师队伍的绝对主体都具有高级职称。

1. 导师学历结构偏低

正如前面指出的，由于缺乏必要的数据，无法对研究生导师队伍的学历结构做系统深入的分析，但我们可以从相关数据中进行推论。

根据教育部的相关报道，2012 年，全国高等教育专任教师 144.03 万人，其中具有研究生学历的比例为 53.34%。[①] 当然，研究生导师的平均学历可以肯定远远高于全国普通高校教师得平均学历水平，但可以大致计算，到 2012 年，我国累计授予博士学位（含专业博士学位）人数为 490 852 人，其中，2008～2012 年，合计授予博士学位数为 251 973 人，占累计授予博士学位总数的 51.34%，假定 2007 年及其以前的博士学位获得者中 60% 在高校工作，约为

---

① 教育部：《教师学历结构总体改善》，http://www.chinanews.com/edu/2013/09－03/5240537.shtml。

143 327人；又根据我们掌握的相关数据，2008～2012年，博士学位获得者中到高校从事教学科研工作的比例平均不超过40%。按40%计算，约为100 789人。因此，可以大致确认，到2012年，我国高校教师中具有博士学位的人数约为244 116人，占当年高校专职教师总数的约17%。又假定这244 116人中的90%都是研究生导师，则共有219 704人，约占当年研究生导师队伍总数298 438人的73%。[①]

以上是我们对我国研究生导师队伍学历结构目前最乐观的估计，即使这样，与发达国家比较，仍然有很大的距离，发达国家高校教师中拥有博士学位比例一般都在90%以上，更不用说研究生导师。

2. 导师学缘结构单一

本书的导师学缘结构是指导师队伍中具有在外校完成学历教育的导师比例。导师学缘结构在一定程度上反映了导师队伍学术思维、学术传统、学术文化的互补性，是衡量导师队伍学术活力与创新潜力的重要指标。一般来看，在学缘杂交的导师队伍中，不同学术派系的导师聚集，能博采众长，导师学缘越多样化，学术交流的活跃程度就越高，越有利于激发导师的创新力，推动导师学术水平的前进与提高。

当前我国高校导师队伍当中学缘结构单一化现象比较突出，越是重点高校越倾向于招收本校毕业生作为教师。根据2011年全国大学教师问卷调查的结果（见表5-1），毕业生留校任教比例在不同层次高校有所不同，"985"/"211"高校最高，达到45.76%，全国平均水平为23.26%。[②]

表5-1　　　　　　　　　　不同层次高校教师学缘结构

教师学缘结构	"985"/"211"（%）	一般本科（%）	高职高专（%）	全国平均（%）
本校毕业	45.76	25.9	5.67	23.26
留校培养	4.33	10.5	4.34	7.97
国内毕业	31.29	56.96	84.09	60.64
国外毕业	12.55	2.89	1.62	3.91
其他	6.07	3.76	4.29	4.23
合计	100	100	100	100

注：留校培养是指毕业留校后到其他单位进修获得更高一级学位的情况。

[①] 中国学位与研究生教育发展年度报告课题组，全国学位与研究生教育数据中心：《中国学位与研究生教育发展年度报告（2013）》，中国人民大学出版社2014年版，第188页。

[②] 数据来自2011年清华大学高校教师队伍发展研究课题组。

此外，有学者曾调查了北京大学、清华大学、中国人民大学等 17 所重点高校的财经类专业教师来源。"17 所高校共调查教师 987 人，其中有 604 人在最高学历毕业后，直接在母校任教，这个比例占所有教师的 62%。只有 300 名教师就职的大学与他曾经就读的大学并不一致，这一比例只占 30%。具体来说，在南开大学经济学院，80% 的教师毕业于本院，在中国人民大学财政金融学院，71% 的教师毕业于本院；64% 的北京大学经济学院教师和 53% 的清华大学经济管理学院教师毕业于本院。"[①]

也有学者采用分层随机抽样，对北京市 22 所高校的教师进行了问卷调查，其中包括北京大学、北京理工大学等高校在内的重点高校 11 所，实际回收 3 220 份问卷，发现"重点高校教师中在当前工作单位获得学位的比例为 36.3%。其中本科、硕士与博士同校的比例达到 30.9%。"[②]

从重点大学的个案来看，"2007 年，北京大学教师队伍中具有博士学位的教师共有 1 882 位，其中在本校获得博士学位占 45.7%。"[③] "2010 年，清华大学共有教师 3 036 人，45 岁以下具有博士学位的教师中，从清华大学本校博士毕业的占 55%。"[④] 2012 年 4 月，南开大学校长在该校师资会议上指出，"目前南开大学 2 046 位专任教师中，有近六成是本校毕业生。南开大学教师学缘结构显示，12.1% 的教师来自北美等海外国家，29.2% 毕业于国内其他机构，58.7% 毕业于本校。"[⑤] 天津大学电子信息工程学院拥有两个国家重点学科，是该校学术水平最高的学院之一，截至 2012 年 12 月，该学院共有教授 26 人，其中 20 人（占 81%）都具有本校学习经历。[⑥]

从国际经验来看，美国学术界早在 20 世纪初就已经意识到学术"近亲繁殖"问题的存在。1908 年，哈佛大学前校长艾略特在其《大学管理》一书中最早将大学聘用自己的毕业生担任教职称为"近亲繁殖"（breeding in and in），并认为此种现象是"自然的"，但绝非"明智的"。[⑦] 美国有关"近亲繁殖"的研究主要集中于"近亲繁殖"与教师发展的关系上，其中学术产出及学术影响力是研究

---

① 代小琳、韩娜：《七成大学教师出自本校，学术近亲繁殖现象日趋严重》，载《北京晨报》，2011 - 01 - 20。

② 陈苑等：《北京市高校教师学缘关系与职业发展轨迹的调查与分析》，载《大学研究与评价》，2008 年第 3 期。

③ 刘波等：《完善机制保障优化师资配置——北京大学师资队伍建设思考》，载《中国高校师资研究》，2008 年第 1 期。

④ 2011 年清华大学人事处年鉴。

⑤ 张国：《南开大学欲遏制"近亲繁殖"》，载《中国青年报》（第 1 版），2012 - 4 - 27。

⑥ 天津大学电子信息工程学院网站 [EB/OL]. http://www.tju.edu.cn/seie/szdw/qrjh/。

⑦ Reece McGee: The Function of Institutional Inbreeding. The American Journal of Sociology, 1960, 65 (5): pp. 483 - 488.

者主要关注的指标，但除此之外，部分研究者也会将考察的范围拓展到职务晋升、教学—科研—服务时间分配、学术认可度、获得基金情况等方面。绝大部分研究认为近亲繁殖与学术产出呈负相关的关系。[①] 因而欧美高校从 20 世纪 50 年代开始就采取措施限制从本校毕业生中直接留任教师，尽量从其他高校选拔毕业生补充师资队伍。国外著名高校导师的学缘结构一般都比较多元化，大多数高校拥有本校博士学位教师的比例都在 20% 以下，在这些教师中，往往也不是直接留校任教的，而是在外工作一段时间后才回校任教的，"声望越高的高校，其教师来源于同一学校的最高比例也越低。如美国哈佛大学的教师中，来源于斯坦福大学的最多，占 16.9%；英国剑桥大学的教师中，来源于牛津大学的最多，占 10.8%；德国柏林大学的教师中，来源于慕尼黑大学的最多，占 11.2%。这些学校的教师来源至少有 30 个，最多的剑桥大学竟达 1 000 多个学校和科研单位。"[②]

因此，相比于国外著名高校，当前我国高校，尤其是重点高校研究生导师队伍学缘结构单一化现象比较突出，相当比例的导师来源于本校本专业，甚至有些高校导师队伍出现了几代同堂的现象。在访谈中，一位"211 工程"高校某重点学院的负责人认为：当前国内高校导师队伍中学缘结构单一化比较普遍，他所在学院每年都会有相当比例的本校博士毕业留校任教，其中大部分留校博士是院士的学生，都由院士强力推荐，造成教师队伍一定程度的封闭性。虽然目前学校层面也有一些呼声要求优化教师学缘结构，不留本校毕业生留校任教，但是改革难度较大。

3. 导师队伍国际化比例偏低

导师的国际化结构是指导师队伍中具有海外背景的教师比例，其中既包括留学回国人员，又包括外籍教师人员。当前我国研究生导师队伍建设不断朝着国际化的目标前进，通过与国外高水平大学交流，有力地促进了我国研究生导师队伍的国际化。但是相比于国外一流高校，我国研究生导师队伍国际化还存在较大差距。

整体来看，当前我国研究生导师队伍国际化比例较低，除了少数国家重点建设的高校之外，绝大多数高校导师队伍基本还以本土化导师为主，具有海外留学背景的导师比例不高，人数较少。清华大学作为我国高校中国际化战略启动较

---

① Walter Crosby Eells, Austin Carl Cleveland. Faculty Inbreeding: Extent, Types, and Trends in American Colleges and Universities [J]. The Journal of Higher Education, 1935, 6 (5): pp. 261 - 265. Reece McGee. The Function of Institutional Inbreeding [J]. The American Journal of Sociology, 1960, 65 (5) pp. 483 - 488.

Jean C. Wyer and Clifton F. Conrad. Institutional Inbreeding Reexamined [J]. American Educational Research Journal, 1984, 21 (1), pp. 213 - 225.

② 姜友芬等：《影响研究生创新能力培养的导师因素分析》，载《复旦教育论坛》，2005 年第 6 期。

早，步伐较快的高校，在教师队伍国际化进程中位于国内领先水平。依据2011年清华大学人事处年鉴，"2010年清华大学共有教师3 036人，45岁以下具有博士学位的教师中国外博士毕业的占18.5%。"即只有不到1/5的中青年教师具有长期国外留学背景，如果以教师总数计算，导师国际化水平更低。另外，就我国高校导师队伍中外籍教师情况来看，国际学术大师与长期工作的外籍学者不多，大多数海外学者都是来华进行短期交流，真正具有国际影响力的学术大师很少。以武汉市2所"211工程"高校2010年教师队伍国际化状况为例，"其中一所高校全体教师海外（含中国香港）学缘仅占5.7%；另一所大学其中一个学院教师92人，海外学缘包括美国高校毕业1人、新加坡2人、中国香港6人，没有一位外籍教师或者外国裔教师。"①

从全国平均水平看，如表5－2所示，2000～2012年，全国普通高校外籍教师人数不断上升，但是相比于专任教师规模，外籍教师数量仍是非常稀少。值得指出的是，外籍教师中很大比例是外语教师，专业教师中外籍教师的比例更少。

表5－2　　　　　　2000～2012年普通高校专任教师与外籍教师数

年份	专任教师数（人）	外籍教师数（人）	专任教师与外籍教师比
2012	1 440 292	13 652	106∶1
2010	1 343 127	11 287	119∶1
2008	1 237 451	10 550	117∶1
2006	1 075 989	8 951	120∶1
2004	858 393	5 777	149∶1
2002	618 419	3 495	177∶1
2000	462 772	2 049	226∶1

资料来源：教育部门户网站，2000～2012年教育统计数据［2013－04－01］，http：//www. moe. edu. cn/publicfiles/business/htmlfiles/moe/s6200/list. html。

从研究生教育发达的国家和地区现状来看，教师队伍国际化程度一直较高，表5－3显示：哈佛大学拥有海外背景的教师比例高达34.9%，南加州大学、德州大学奥斯丁分校、圣地亚哥大学有留学背景的教师比例也比较高，都超过了24%。在哈佛大学的某些专业，拥有跨国学习背景的教师甚至超过了一半。例如，比较文学专业，拥有跨国学习背景的教师比例达到100%，古典文学专业这一比例也达到77%。

---

① 黄建雄：《高校教师队伍学缘结构的三重特征及其优化》，载《江苏高教》，2011年第5期。

表 5 – 3　　　　　　　　　美国 4 所大学具有海外背景教师统计

学校	跨国学习背景教师		最高学位国外获得教师		合计	
	人数（人）	比例（%）	人数（人）	比例（%）	人数（人）	比例（%）
哈佛大学	218	25.6	80	9.4	298	34.9
南加州大学	97	11.6	104	12.4	201	24.0
德州大学奥斯丁分校	96	19.4	27	5.5	123	24.8
圣地亚哥大学	42	16.7	20	8.3	62	24.6

　　资料来源：姜远平、刘少雪：《世界一流大学教师学缘研究》，载《江苏高教》，2004 年第 4 期。

　　"2009 年，英格兰全国高校的国外教师比例达 20.2%，其中牛津大学来自欧盟其他国家的教师占 13.2%，来自美国、中国、澳洲、印度、加拿大等世界各国教师占 15.2%。"[1] "香港各大学的外籍教师已超过 40%，并且几乎所有教师都有留学背景。香港大学 2002 年校内教师中 56% 是有跨国学习背景的本地学者，44% 为境外人才。"[2] 成立于 1991 年的香港科技大学，是一所高度国际化大学，建校仅 11 年时间，跻身世界大学前 50 名。这些成就的取得离不开其高度国际化的导师队伍，"香港科技大学拥有一支享誉国际的教师队伍，有 480 多名教授，全部拥有博士学位，其中 80% 来自世界顶尖研究型学府，包括哈佛大学、斯坦福大学、耶鲁大学、剑桥大学、牛津大学、多伦多大学、麻省理工学院、加州理工学院等。"[3] 新加坡国立大学李光耀公共政策学院成立于 2004 年，尽管历史不长，但是由于大量引进海外高水平教师，使得其在学术界的影响力剧增，飞速成为亚洲地区重要的公共政策研究中心。据学院主页介绍，截至 2012 年 12 月，该学院共有 46 名教师（Faculty），其中 42 名教师从海外获得博士学位，占总教师人数比例 91%。[4]

　　当前，我国研究生导师队伍国际化发展现状不仅与发达国家或地区的高校相比落后，就是纵向对比中国近代大学也存在相当差距。例如，在 1907～1909 年，全国京师高等以上学堂和各省专门实业学堂聘请外籍教师 632 人次。其中以京师高等

---

　　① 黄建雄：《高校教师队伍学缘结构的三重特征及其优化》，载《江苏高教》，2011 年第 5 期。

　　② 李永强、罗云：《师资队伍国际化：建设世界一流大学的关键》，载《中国农业教育》，2009 年第 3 期。

　　③ 汪润珊等：《香港科技大学高水平师资队伍建设的特点与启示》，载《教育探索》，2011 年第 3 期。

　　④ 新加坡国立大学李光耀公共政策学院主页［EB/OL］，http：//www. lkyspp. nus. edu. sg/FacultyPro-files. aspx. /2012 – 05 – 14。

以上学堂聘请的外籍教师占总教师人数的比例最大。以 1907 年为例，京师高等以上学堂外籍教师的比例占 18.6%，大约在 5 名教师中就有一位是外籍教师。在各省专门实业学堂所聘请外籍教师占教师总数的比例接近 10%（见表 5-4）。

表 5-4　　　　　　　　1907~1909 年各学堂中外教员比较

年份	京师高等以上学堂				各省专门实业学堂			
	中国教员		外国教员		中国教员		外国教员	
	数量	比例（%）	数量	比例（%）	数量	比例（%）	数量	比例（%）
1907	118	81.4	27	18.6	1 178	90.6	122	9.4
1908	150	84.7	27	15.3	1 961	90.2	214	9.8
1909	139	86.3	27	13.7	2 482	91.5	230	8.5

资料来源：孔涛：《中国近代高校教师国际化的特点分析》，载《新西部》，2007 年第 16 期。

4. 兼职导师缺乏

依据高校导师人事关系的单位归属，可以将导师分为专职导师与兼职导师两类，专职导师是指人事关系属于本单位的导师，兼职导师的人事关系属于外单位，但是需履行导师的职责，指导本单位的研究生。兼职导师可以是其他高校的导师、政府官员，也可以是科研院所的学者，还可以是产业界的工程技术专家与高级管理人员。兼职导师往往在技术水平、管理经验等方面有较高造诣，是研究生导师队伍的有机组成部分。兼职导师参与研究生的培养过程，协助制订培养计划、参与项目研究、实践课程与论文指导等多个环节的工作。兼职导师能有效弥补现有导师队伍的不足，尤其是对于专业学位研究生培养来讲，具有丰富实践经验的兼职导师更是其培养质量的重要保证。

从当前我国高校研究生导师队伍结构来看，尽管近年来部分高校开始与企事业单位联合开展研究生培养，聘请了外单位的专家学者兼职担任研究生导师，但是，从全国整体研究生导师队伍情况分析，兼职导师比例还比较低。2012 年，我国高校研究生导师达到 30 万人，相比于规模庞大的专职研究生导师数量，兼职导师数量显得很少。由于缺少全国性研究生兼职导师数据，本书使用全国高校聘请校外教师数据来推算（见表 5-5）。

表 5-5　　　2000~2012 年普通高校专任教师与聘请校外教师数

年份	专任教师数（人）	聘请校外教师数（人）	专任教师与校外教师比例
2012	1 440 292	387 673	3.7:1
2010	1 343 127	348 134	3.9:1

续表

年份	专任教师数（人）	聘请校外教师数（人）	专任教师与校外教师比例
2008	1 237 451	307 808	4.0 : 1
2006	1 075 989	258 520	4.2 : 1
2004	858 393	181 430	4.7 : 1
2002	618 419	82 538	7.5 : 1
2000	462 772	21 448	21.6 : 1

资料来源：教育部门户网站，2000～2010 年教育统计数据 ［EB/OL］，http：//www.moe. edu. cn/publicfiles/business/htmlfiles/moe/s6200/list. html. /2012 – 05 – 14。

上述数据是我国高校整体的教师专兼职比例，虽然近年来专兼职教师比持续降低，但是到 2012 年为止，专兼职教师比例依然高达 3.7:1，且主要集中于专科院校层次。如果聚焦到具有研究生招生资格的高校，兼职教师的比例将会更低。

从个案情况看，清华大学"2010 年全校共有教师 3 036 人，全校双聘教师 80 人，兼职教师 183 人。"[1] 双聘教师加兼职教师共是 263 人，仅占全体教师总数的 8.7%，专兼职比例为 10.5:1。以天津大学电子信息工程学院为个案，该学院专业基本为电子通信工程类方向的应用型工学专业。产、学应该紧密合作，加大外聘兼职导师力度培养研究生。但是，相较于该学院专职教授（26 人）和副教授（18 人）规模，截至 2012 年 12 月，该院兼职教授只有 8 人，占 15%。这个比例已经在高校中算很高的，但也不到 20%。[2]

访谈中各高校的负责人均指出：当前高校兼职导师基本都是由各学院自行联系，学校对于兼职导师的聘用缺乏支持力度，这是导致各高校兼职导师比例较低的一个重要原因。

对比美国的情况，我们发现美国高校兼职教师比例在过去几十年中不断提高，如图 5 - 1 所示。当然，不同层次的大学兼职教师功能定位不同。如社区学院的兼职教师一般都只从事教学任务，这些教师大多数以兼职为主业，在数个高校兼职，没有长期的雇用合同。但相当比例的研究型大学兼职教师并不是以兼职为生的普通教师，这些兼职教师或者是某一学科的知名学者，享有很高的学术声誉，担任兼职教师主要是以学术交流、学术服务为目的，参与兼职高校的科学研究与研究生培养；或者是某一实践领域的专家，将自己丰富的业界经验引入研究生培养。根据 2005 年美国教育部的高校师资状况调研，兼职教师占总教师数量的比例已超过 40%。同时兼职教师中 65% 的人不愿意获得高校的全职岗位，其

---

[1]　2011 年清华大学人事处年鉴。

[2]　天津大学电子信息工程学院网站，［EB/OL］. http：//www. tju. edu. cn/seie/szdw/Qrjh//2012 –05 – 14。

中绝大部分的教师是因为他们在高校之外有全职工作，这部分人的平均年龄为48周岁。这意味着这部分兼职教师往往属于在业界有所成就而在高校兼职教授课程的人，他们宝贵的实践经验对高校应用型人才培养有重要意义。①

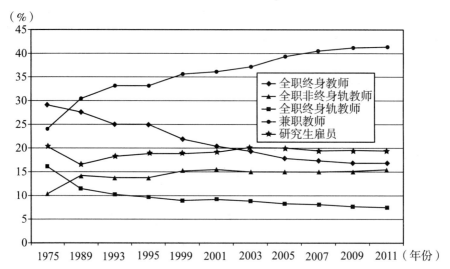

图 5 - 1　美国有资格授予学位的高等教育机构 1975 ~ 2011 年的教学型师资结构

资料来源：Curtis，J. W. and Thornton S.，Here's the News：The Annual Report on the Economic Status of the Profession 2012 - 13，Figure 1.，Academe，March - April 2013.

5. 生师比结构不断增高

生师比是指研究生人数与导师人数的比例，从理论上看，一个导师所指导的研究生人数应该处于一个合理比例才能保证研究生培养质量。随着近年来研究生教育的扩招，研究生教育规模迅速扩大，而研究生导师数量增长却相对缓慢，具有一定的滞后性，导师数量增速明显低于学生数量的增长，生师比持续增长，如表 5 - 6 所示。这一比例目前来看，与大多数西方研究生教育发达国家基本持平。因此，我们认为这一比例关系基本合理。

表 5 - 6　　2000 ~ 2012 年普通高校研究生导师数与在校研究生数

年份	研究生导师数（人）	在校研究生数（人）	生师比
2012	279 901	1 678 607	6.0
2010	240 023	1 482 680	6.2
2008	205 271	1 230 945	6.0

---

① James Monks. Who Are the Part - Time Faculty? http：//www. aaup. org/article/who - are - part - time - faculty.：/2012 - 05 - 14.

续表

年份	研究生导师数（人）	在校研究生数（人）	生师比
2006	172 051	1 056 283	6.1
2004	136 151	779 408	5.7
2002	102 970	473 459	4.6
2000	79 031	283 913	3.6

资料来源：教育部门户网站，2000～2012 年教育统计数据，http：//www.moe.edu.cn/publicfiles/business/ htmlfiles/moe/s6200/list. html. /2012 − 05 − 14。

虽然全国平均水平的生师比基本合理，但在部分高校或者院系，研究生生师比数明显超过上述比例，"以教育部直属高校为例，2003 年，博士生导师平均每人指导博士生达 15.32 人，按 3 年平均，每人每年招 5.1 人。"[①] "南京大学曾对本校 102 个博士生导师招收博士生人数做过调查，当年没有招生的占 2.0%，招收 1～3 人的占 26.5%，招收 4～6 人的占 46.1%，招收 7～9 人的占 16.7%，招收 10 人以上的占 8.8%。"[②]

有学者认为仅研究自然生师比，并不能反映研究生教育实际的师资力量，必须扣除导师参与本科生培养活动以及教育行政管理工作的时间与精力，以计算完全对于研究生培养的投入，如表 5 − 7 所示。

表 5 − 7   某重点高校博士研究生生师比

科类	人文类	社科类	理科类	工科类
自然生师比	3.5	5.1	2.9	3.0
实际生师比	6.6	15.6	9.4	9.8

资料来源：杨倩、谢作栩：《我国博士生教育生师比的调查分析——基于一所研究型大学的调查》，载《教育考试》，2011 年第 4 期。

张国栋，吴松与刘念才于 2005 年对世界主要大学生师比情况进行了调查，发现"欧美发达国家研究生生师略低于我国，例如，加拿大为 4.0，瑞典为 4.7，美国为 5.6。"[③] 吕菊芳于 2011 年对美国研究型大学的生师比情况进行了调查

① 苌庆辉、闫广芬：《扩招后影响研究生教育质量的主体因素》，载《现代大学教育》，2010 年第 5 期。

② 张巧林等：《博士研究生培养质量及其影响因素分析——博士生视角与导师视角的比较》，载《学位与研究生教育》，2009 年第 4 期。

③ 张国栋、吴松、刘念才：《世界著名大学师均研究生数的研究》，载《中国高教研究》，2006 年第 8 期。

（见表 5 - 8），生师比中学生人数的计算口径包括了本科生与研究生，若扣除了本科生的数据，这些大学研究生的生师比应该还有一定程度的降低。

表 5 - 8　　　　　　　美国部分研究型大学生师比情况

学校	普林斯顿大学	哈佛大学	耶鲁大学	斯坦福大学	加州理工学院
生师比	5	7	6	5	6

　　资料来源：吕菊芳等：《美国高校"生师比"的实证分析及思考》，载《现代教育科学》，2011 年第 3 期。

　　访谈显示：一般越是知名教授，所带的研究生越多。有些博士生导师工作比较繁忙，指导的研究生一多，便很难顾及所有学生的学习指导，尤其对于硕士生，更是缺乏时间与精力指导。研究生很多时候以自学为主。

二、课程结构问题

　　"课程是学习者在学校指导下获得的全部经验。"[1] 因此，课程的概念不能仅仅局限于传统的课堂教学环节，从现实角度看，研究生的教育经验仅仅只有一部分直接来自于课堂，甚至并非最重要的部分，在导师指导下参与科研课题、发表学术论文，参与校内外、国内外的学术交流活动以及与专业相关的实习实践等均可视为其教育经验的重要组成部分。因此有必要拓展课程的内涵，更加真实全面地反映研究生教育课程的情况。本书将研究生教育课程结构具体化为课程性质结构、课程形式结构、课程层次结构与课程国际化结构。

　　1. 课程性质结构问题

　　课程性质结构是指研究生教育中不同性质课程之间比例，反映为选修课程、跨学科课程与研究方法等方面课程在研究生课程体系中开设的状况。

　　（1）选修课程比例过低。按照课程选择的自由度，研究生教育课程可以分为选修课与必修课。选修课体现了因材施教的原则，能够满足不同学生的个性化需求，有利于促进研究生广泛地涉猎相关知识，强化学术特长。

　　当前，我国研究生教育课程设置较少考虑到学生需要和个人兴趣，相较于必修课，选修课比例较低。同时，选修课中还规定部分限定性选修课程，真正能够让研究生自由选择的课程极少。难以满足学生个性化需求，不利于形成学生合理的知识结构。

---

① 陈侠著：《课程论》人民教育出版社 1998 年版，第 14 页。

以科技管理专业为例，国内高校所提供的研究生选修课数量显著低于国外高校。麻省理工学院科技管理专业硕士研究生课程总数达到108门以上，其中任选课程86门，学院提供航空学、生物科技、建筑工程、发展学、电力学、能源学、环境与可持续发展、材料学、通信学与运输学110个专业的课程供学生选修。而国内的上海交通大学科技管理专业硕士研究生只开设19门课程，其中选修课只有10门（见表5-9）。

表5-9　　　　　中美大学科技管理专业研究生选修课程设置比较

学校名称	课程数量
麻省理工学院	108门以上，其中限选课5门，任选课86门
哈佛大学	90门以上，其中选修课程70门以上
天津大学	16门，其中选修课程12门
上海交通大学	19门，其中选修课程10门
厦门大学	14~15门，其中选修课8门

资料来源：周倩：《中美高校科技管理专业研究生课程设置的比较与启示》，载《科技管理研究》，2010年第7期。

访谈结果也显示：很多研究生认为专业课程中选修课程较少，而且很多选修课属于"限定性选修课"，真正能够充分让自己按照兴趣与需要去选择的课程数量很少。

（2）跨学科课程设置不足。随着科技发展的日新月异，科学研究的广度和深度不断拓展，学科之间呈现出交互渗透的综合发展趋势，对人才的知识结构、能力结构与素质结构都提出了新的要求。研究生教育课程有必要对知识的发展趋势做出积极响应，为研究生提供跨学科课程。

在发达国家研究生的课程设置中，跨学科课程已经成为一种趋势。世界著名大学都将跨学科课程作为研究生课程设置的重点。例如，"斯坦福大学教育学研究生课程打破原有的课程界限，课程设置不局限在教育学学科内，实行跨学科的综合研究，扩大了学科范围，开设新的综合性课程，使课程设置的门类更加齐全。课程内容非常丰富而广泛，既有心理学、社会学、伦理学、人类学及方法论等人文学科课程，也有行为学和自然科学课程，还加入了网络技术和计算机类课程，使得整个课程体系表现得比较完善而多样。"[1]　同时，斯坦福大学对主修理工科专业的学生做了规定，"明确其必须选修占课程总量20%的人文艺术类课

---

[1]　吴巧玲：《美国比较教育学专业研究生培养模式的研究与启示》中央民族大学硕士学位论文，2010年。

程；同样，主修文科的学生也必须选修占课程总量 16.7% 的理工科课程。"①

在我国研究生教育课程中跨学科课程较少，很多专业的课程按二级学科设置，课程涉及面狭窄，学生跨学科学习受到很大局限，难以满足未来学科交叉发展的趋势。在访谈中，某位地方高校研究生处的老师指出，跨学科课程设置的确能够拓宽研究生的视野，增加研究生的知识储备，对于提高研究生培养质量有一定的作用。但是，由于研究生学制时间较短，一般只有 1 年时间用于课程学习。而传统的专业课程加上一些公共课程占据了绝大部分时间，能够留给跨学科课程的余地很少。

（3）研究方法课程重视不够。研究生教育必须突出研究性，而研究能力的培养离不开研究方法课程。研究方法包括如何查阅文献、如何收集信息、如何分析资料、如何找出问题并解决问题，这些都是研究生从事研究所必须具备的基本能力。

以教育学这一专业为例，国内高校与发达国家的高校相比研究方法课程所占比重过少。在武汉大学教育经济与管理专业，博士生没有规定研究方法课程。硕士生只设置一门课程《教育研究方法导论》，为 3 学分，培养方案规定的学分为 32 分，研究方法课程学分所占总课程比例仅占不到 1/10。② 而宾夕法尼亚大学教育研究生院教育、文化与社会学专业，特别强调研究方法课程的设置，在其 2012 年的研究生课程大纲中，总课程一共为 34 门，其中 7 门为研究方法课程。研究方法课程占据总课程的比例为 21%。③

访谈结果显示：当前我国研究生教育课程计划中研究方法课程普遍不受重视，很多学校没有开设研究方法课程，少数学校也仅仅是象征性地开设 1～2 门方法论课程。即使在"985 工程"高校中也屡见不鲜。某位"985 工程"高校研究生指出，他所在专业只设置了 1 门研究方法课程，而且该门课程是由 3 个老师合作完成的，课程收获不大。他所掌握的研究方法大多是向师兄与同学学习的，由于较为零散，往往是遇到问题再向他人请教。所以研究方法掌握得不够系统。他希望学校能够重视起这一问题，多开设一些基本的研究方法课程。

2. 课程形式结构问题

研究生教育课程形式结构是指不同形式课程的构成状态。本书对课程形式

---

① 温静、李恩、陈志权：《研究生课程设置与创新能力培养》，载《重庆工学院学报》，2007 年第 4 期。

② 武汉大学教育经济与管理专业研究生培养方案。

③ 宾夕法尼亚大学教育研究生院主页［EB/OL］，http：//www.gse.upenn.edu/ecs/courses/2012 - 05 - 14。

结构的分析主要分为以下两个方面：一是正式课程之外的各种学术活动的比例，主要涉及学术沙龙、学术会议与讲座三类学术活动；二是正式课程实施形式中课堂教学的比例。课程想要真正发挥功能，离不开实施形式的保证。当前研究生教育课程形式结构中，课堂教学以及传统课程实施形式占据主导地位，这并不符合研究生成长规律。不同的课程形式在研究生培养中所起的作用不同，课程形式灵活化，能够开拓研究生视野，增加研究生学习兴趣，培养研究生质疑能力、思辨能力以及学术交流能力。因此，多样化的课程形式应该在研究生教育课程中有所体现。

（1）学术沙龙开展不足。学术沙龙不同于传统课堂教学，在活动组织上具有较大的灵活性，活动形式不拘一格，在时间安排上具有机动性，在内容上具有发散性，一般围绕某个主题展开讨论，这个主题往往选取某学科或跨学科的热点、难点问题。参与者可以从不同的思维角度发表自己的观点，参与者地位平等，没有绝对权威，不同的学术观点都能够产生碰撞，有利于构建浓郁的学术讨论氛围。

访谈结果显示：当前我国高校中学术沙龙受到的重视程度不够，没有形成相应的固定化模式。同时，形式比较单调，学术沙龙主题往往局限于本学科领域内，参与人员也主要是本专业的研究生，跨学科学术沙龙很少。

"跨学科学术交流不仅是促进学科交叉融合、产生思想火花和形成新见解的有效渠道，也是跨学科研究生培养不可或缺的形式。"[①] 在访谈中某位"211 工程"高校研究生谈到该校没有举行研究生学术沙龙的传统，他平时的学术交流主要还是局限于自己所在的实验室。

（2）学术会议参与不足。学术会议是专家学者交流学术思想的场所，是传递学术信息的重要平台，参加高水平的学术会议是提升研究生学术水平的重要途径，能够让研究生在短时间内密集接受学术领域最新信息。

在研究生参加学术会议方面，根据相关课题组的抽样调查结果，博士生入学（本次调研对象均为高年级研究生）以来参加 1 次以上在国外召开的国际会议、在国内召开（不含学校所在地）的国际会议、全国性学术会议（不含学校所在地）的比例仅分别为 15.5%、56.6% 和 41.9%，硕士生的这一比例更低，学术型硕士分别为 4.13%、19.46% 和 21.77%，专业型硕士分别为 4.01%、40.92% 和 14.73%。[②]

访谈结果显示：当前我国研究生或多或少有机会参与学校内外举行的学术

---

① 周叶中：《关于跨学科培养研究生的思考》，载《学位与研究生教育》，2007 年第 8 期。
② 中国学位与研究生教育发展年度报告课题组著：《中国学位与研究生教育发展年度报告（2013）》，中国人民大学出版社 2014 年版，第 118 页。

会议，但总体来讲，机会还不是太多，而参与国际会议的机会更少。在访谈中，某位"211 工程"高校的研究生指出："一般在本校或本市举行的学术会议，自己有机会参加，另外，本学科举办的学术会议，也有机会参与。除此之外，很少有机会去外地参与学术会议，至于出国参与国际学术会议，那基本是不可能的。"

（3）讲座举办类型单一。讲座是指某一领域的学者、专家、社会贤达、知名人士等将一定主题的知识或观点在短时间内通过报告或讲演的形式传授给听众的活动，① 是传统课程之外重要的人才培养途径，承载思想交流和文化传播的功能，繁荣了学术文化、丰富了学生的知识结构、促进了学生综合素质的提高。

访谈结果显示：当前高校举办讲座中，关于如何选题，如何在国际学术期刊上发表高水平论文，如何为就职作准备等研究类，以及通识类、素质类讲座不多。有限的讲座集中于专业领域，对于提升研究生整体素质的讲座开设不够。

（4）研讨式教学实施不够。不同于本科生教学，研究生课程应该更加强调主动探究性，但是，由于长期受到传统教学模式影响，大多数研究生习惯于被动的学习方式，问题意识不够，学习缺乏自主性。对于教师而言，由于受到教学惯性影响，变革教学模式的主动性不够，倾向于按照传统模式教学，将自己已经使用多年的讲义作为上课内容，导致研究生课程教学中照本宣科、课堂灌输现象比较普遍。

国外高校几乎所有的教学环节都加入了大量的师生互动讨论，"在哈佛大学哲学博士的课堂之中，教师注重引导学生积极讨论，学生在讨论中深入思考和广泛交流，在讨论中相互质疑和论证，思考量相当大，在思想碰撞中，不断产生新的观点，授课老师只做指点和评论。这种主动性讨论，能够训练学生运用知识的能力、评价论证能力、独立思考能力和表达能力。"② 除此之外，还专门设置了研讨式课程（Seminar），有些高校还特别设置了核心研讨课程（Core Seminar）。例如，明尼苏达大学管理学院的人力资源与工业关系专业（Human Resources and Industrial Relations）的博士生课程中，一共设置了 4 门核心研讨课程（Core Seminar），分别是经济分析基础、组织行为学、人力资源研究基础、人力资源与工业关系研究方法。③

与国外高水平大学相比，我国研究生课程中研讨式教学比例过小。有学者调

---

① 肖伟：《新建地方本科院校开展学术讲座的必要性和紧迫性》，载《高教论坛》，2011 年第 1 期。

② 李新翔：《哈佛大学博士研究生科研训练方式研究》，山东师范大学硕士学位论文，2011 年，第 47 页。

③ 明尼苏达大学管理学院，http://www.csom.umn.edu/master - human - resources/academics/syllabi.html. 2012 - 05 - 14。

查了不同学科导师与研究生对于教学方式的支持态度，其中以教师讲授为主，课堂研讨为辅的形式支持率最高（如表5－10所示）。

表5－10　　　不同科类的导师与研究生对教学方式的支持率　　　单位：%

学科	讲授		讲主，论辅		论主，讲辅		讨论	
	导师	学生	导师	学生	导师	学生	导师	学生
理	7.7	34.5	69.2	56.9	15.4	6.9	7.7	1.7
工	10.4	31.8	65.5	46.2	24.1	20.9	—	1.1
文	11.7	9	76.5	65.7	11.8	25.3	—	—
管	9.1	9.8	81.8	70.5	9.1	16.4	—	3.3

资料来源：韩莹：《我国硕士研究生能力培养的分析与对策》，大连理工大学硕士学位论文，2009年，第54页。

课题组的访谈也发现类似的现象：无论是导师还是研究生对于研讨式教学都不太热衷，尤其是研究生，更愿意采取传统听课方式。一些研究生明确表示：尽管研讨式教学对于自身多方面的能力提升是有利的，但是，研讨式教学太费事，课前需要查阅大量的资料，课上还要讨论，不如传统授课方式简单轻松。

（5）课程实施强度问题。课程实施强度是指研究生学习一门课程所投入的时间与精力，投入越多代表课程实施强度越高。高强度的课程实施有利于研究生在短时间内迅速提升对课程的理解，强化对课程的掌握能力。

国外知名高校的研究生课程实施强度是非常大的。以哈佛大学肯尼迪政府学院为例，"每一次课后，经常有30～50页的阅读，有1～2个小组案例讨论，有书面作业，期末要完成长度为20～40页的论文1～2篇，课外功夫至少是课内的3～4倍。"[1] 国务院学位办前主任杨卫对比了清华大学固体力学研究所与国外大学同学科博士课程，发现"我们的博士生课程学习远远低于美国比较好的大学的博士生课程。我们博士生没有几门课，清华大学只有政治、外语，然后就是资格考试等几项考试，专业课要求的学分很少，大约就是三门课左右。美国博士生培养过程中学生感到有很强的外界压力。美国的课程学习要求非常严，一个学期尽全力也只能上4门课，压力却非常大，完成作业非常费时。要求的学分也很多。如果完全学习的话，大概需要三年，才能把博士生要求的课程念完。"[2]

---

① 谭海珠、杨棉华：《高等教育大众化与研究生教育质量的提高》，载《西北医学教育》，2006年第3期。

② 杨卫：《营造研究生教育的创新环境》，载《学位与研究生教育》，2005年第1期。

相较于国外知名高校，我国研究生课程实施强度存在很大差距。访谈结果显示：研究生课程学习的压力普遍较小，无论是课前还是课后，查阅的经典资料文献数量都不够，许多地方高校研究生教育课程还是以课堂教学为主，课程作业很少。一些研究生表示："很多专业课程学习毫不费力，任课教师都是本专业的教师，平时大家都比较熟悉，没有老师会刻意强调课程实施强度，一般只要按时到课即可。学期结束交一篇课程论文，要求不高，分数也不会太低，皆大欢喜。"

（6）科研参与度不高。研究生教育与本科生教育一个明显差异在于研究生教育更加强调科研能力的训练。研究生教育以研究为主要特征，科研环节是研究生培养的重要组成部分，是实现研究生培养目标的关键环节。在理想的研究生教育活动中，"教学和科研活动结合起来，学习被结合在科研的框架之中。"① 科学研究在研究生培养过程中具有举足轻重的地位，科研也是课程计划的有机组成部分。

总体来看，当前研究生参与科研活动没有形成制度化的保障。现有的研究生科研能力的训练基本都是由导师负责，组织形式上比较松散。研究生参与科研活动并没有形成制度规范。虽然当前研究生培养方案中也会设置相应的实践环节，强调研究生要参加实践活动，但是，却忽视了实践活动的科研性，基本都是一些与本科阶段区别不大的社会实践活动。

即使是参与科研，研究生通过参与高质量的研究课题得到规范锻炼的机会仍然不足。重点高校或者优势学科的导师，拥有的课题比较多，研究生有较多机会可以参与课题。但课题组的规范管理和对参与研究生的学术训练往往并没有成为导师和学校关注的重点。加之部分高校或学科的导师课题较少或质量不高，研究生的科研能力训练更加无所依凭。最近的一项研究表明，"在研究生被问到在学期间是否参与科研课题项目时，没有参与课题研究的占35.1%。"② 一项研究表明，"我国博士研究生在学期间参与的课题并不均等，参与0项课题的比例占据10.3%，而参与3项课题及以上的比例占据34.3%。不同学科博士生参与课题也存在差异，相比于理工科博士生，文科博士生参与0项课题的比例最高，占到24.6%。"③

此外，当前研究生独立申报课题的机会较少。独立申报课题能力是科研能力

① 伯顿·克拉克著，王承绪等译：《探究的场所——现代大学的科研和研究生教育》，浙江教育出版社2001年版，第25页。
② 程蓉：《地方性高校硕士研究生对学术研究能力的理解和倾向性调查》，载《惠州学院学报》，2011年第2期。
③ 罗尧成等：《我国高校博士生参与课题的现状分析及研究建议》，载《复旦教育论坛》，2009年第6期。

培养一个非常重要的环节。通过独立申报课题，研究生能够从宏观上进行研究资料积累和研究设计，从而提高独立从事科研活动的能力。但是，当前校外课题竞争过于激烈，校内的研究生科研基金项目设置不多，覆盖面也不广。研究生通常只是帮助导师申报课题，难以获得独立申报课题的机会。

3. 课程层次结构问题

不同教育层次之间的培养目标不一样，课程设计也应该具有针对性，既能体现出层次之间的定位差异，又能体现出层次之间的连贯性。例如，本科教育旨在培养宽口径通才，研究生教育则需要在厚基础上培养专才，反映到课程上，本科教育课程需要强调基本理论课程的设计，而研究生教育课程更需要加强学术前沿课程设置。

对国外高校的课程进行案例调研发现，澳大利亚国立大学经济政策（Economic Policy）专业研究生课程中，博士生与硕士生的课程差异很大，充分反映了不同层次课程之间的特点和不同[1]。同样，明尼苏达大学管理学院的人力资源与工业关系专业（Human Resources and Industrial Relations）本科生、硕士生与博士生部分专业课大纲显示，这三大层次的专业课之间基本没有重合，合理地拉开了距离，体现出不同教育层次自身的特点。例如，本科生课程突出基础性，硕士生课程的应用性较强，设置了大量实用性课程，而博士生课程则强调探究性，从课程形式上看是少而精，设置了包括核心研讨课（Core Seminar）在内的少量课程，如表 5 – 11 所示。

表 5 – 11　　　　　明尼苏达大学管理学院人力资源与工业
关系专业部分专业课层次

	课程名称
本科生	Human Resource Management and Industrial Relations
	Staffing and Selection：Strategic and Operational Concerns
	Training and Development
	The Individual in the Organization
	Compensation：Theory and Practice
	Union Organizing and Labor Relations
	Collective Bargaining and Dispute Resolution
	Undergraduate HRIR Leadership Capstone（WI）

---

[1]　澳大利亚国立大学 2013 年学习手册［EB/OL］，http：//studyat. anu. edu. au/programs/2012 – 05 – 17。

	课程名称
硕士生	Leadership and Personal Development
	Graduate Topics in Human Resources and Industrial Relations
	Business Principles for the HRIR Professional
	Using Data and Metrics in Human Resources and Industrial Relations
	International Human Resource Management
	Staffing, Training, and Development
	Staffing and Selection: Strategic and Operational Concerns
	Employee Training: Creating a Learning Organization
	Employee Development: Creating a Competitive Advantage
	Organizational Structure and Performance
	Organizational Development, HR Metrics, and the Balanced Scorecard
	Compensation and Benefits
	Compensation Theory and Applications
	Employer – Sponsored Employee Benefit Programs
	Labor Relations and Collective Bargaining
	Dispute Resolution: Labor Arbitration
	HRIR in Practice: Strategy, Execution, and Ethics
	Organizational Behavior Foundations of High – Impact HRIR
博士生	Core Seminar: Fundamentals of Economic Analysis for HRIR
	Core Seminar: Organizational Behavior
	Core Seminar: Fundamentals of HR Research
	Advanced Quantitative Research Methods in HRIR
	Core Seminar: HRIR Research Methods
	Seminar: Special Topics in HRIR Research
	Research Practicum/Workshop

资料来源：明尼苏达大学管理学院主页［EB/OL］，http：//www. csom. umn. edu/ master – human – resources/ academics/syllabi. html，访问时间：2012 – 05 – 17。

对比国外高校，我国高校研究生课程层次结构存在明显的重复问题，远没有形成合理的层次结构。谢安邦教授指出，当前"研究生教育部分课程内容的高深层级性只是体现在对本科生课程内容在横向层面上作平面式扩展上，而没有凸显研究生教育课程内容上的要求和特色。"① 潘懋元先生也认为，目前研究生教育出现了本科化的现象和趋势。② 不少大学实际上是降低了研究生的课程要求，没有能够体现出在本科教育基础之上的深化与升华。尽管大部分高校分别制定博士生与硕士生课程教学计划，但在具体实施时，并没有将硕士研究生与博士研究生区别对待。由于博士研究生人数相对较少，往往将大部分博士生课程并入硕士生课程中，博士与硕士坐在同一课堂上学习，这一现象在高校经常出现，从而导致课程教学过程中频频出现炒冷饭的现象。张喜梅、陈建列举并分析了我国清华大学、浙江大学、中国科技大学、哈尔滨工业大学、华中科技大学、北京交通大学与东南大学 7 所理工科大学计算机学科的研究生课程，发现"课程层次性不明显，博士课程与硕士课程、硕士课程与本科课程之间拉不开档次，博士课程中有许多与硕士课程重复，有几所大学的博士专业课与硕士专业课几乎一样。硕士课程与本科课程的差别也不是很大。"③ 可见，这种现象即使在国内高水平大学中也是普遍存在的。

访谈结果也显示：当前我国研究生教育课程层次不清晰，界限模糊，本科生教育课程与研究生教育课程、硕士研究生课程与博士研究生课程之间都存在比较严重的重合现象，学士、硕士与博士课程层次结构不分明，没有能够体现不同层次应有的培养要求。

4. 课程国际化问题

课程国际化是研究生教育国际化的重要内容。胡建华认为，"课程国际化主要是指从课程设置的指导思想到具体的课程内容、实施方式都体现出国际性的趋向，课程国际化的主要目标是培养在全球化背景下具有国际视野与国际交往能力的人才。"④ 从这个定义上看，课程国际化是一个系统工程，不仅包括课程内容国际化，而且包括课程实施手段的国际化。本书的课程国际化结构是指教材、课程内容与课程实施方式中的国际化程度。当前我国研究生教育课程国际化结构主要存在以下几个问题。

（1）国外教材使用问题。"国内大学所使用的教材强调按知识系统的逻辑性编写，以清晰反映学科体系的基本原理，同时促进学生对学科体系的掌握。国外一流大学使用一种以培养学生科研能力、探索精神为重要教学目标的教材。对国外教材实行拿来主义，有利于使学生更快到达学科前沿。"⑤ 因此，在自主建设

① 谢安邦：《构建合理的研究生教育课程体系》，载《高等教育研究》，2003 年第 5 期。
② 转引自陈慧青：《研究生教育质量问题探讨》，载《教育与考试》，2007 年第 1 期。
③ 张喜梅、陈建：《中美理工大学研究生教育课程设置研究》，载《外国教育研究》，2008 年第 2 期。
④ 胡建华：《中国大学课程国际化发展分析》，载《中国高教研究》，2007 年第 9 期。
⑤ 卢晓东：《高等教育的国际化与原版教材引进》，载《中国大学教学》，2001 年第 2 期。

国内精品教材的过程中，适当地引进和采用国外高质量教材有利于直接吸取国外研究生课程精华，并促进国内的教材建设。

然而访谈结果显示：除了少数重点高校，大多数高校的研究生教材中难以见到国外原版教材的身影。某地方高校研究生反映，他所在的学科基本都是采用国内教材，虽然老师上课时也会列出一些外文原版参考书目，但是由于价格比较昂贵，研究生一般都不会买。

（2）双语课程比例问题。双语课程是研究生教育课程国际化的重要标志，双语课程不是外语培训，而是基于专业学科教学的延伸。双语课程使研究生教育课程进一步与国际接轨，有利于培养国际型人才。

访谈结果显示：当前研究生专业课程教学过程中，只有部分高校的少数专业、个别教师采用双语或全外文授课的方式。有一些重点学科可能采用汉语教学、外语 PPT 或者讲义辅助相结合的方式。而在其他类型的高校，尤其是一些地方高校，由于师资水平局限，很多专业根本就不会设置双语教学课程。另外，英语教学与专业教学相脱节，英语的学习与运用仅局限于英语课，研究生英语能力只能依靠公共外语课程来提高。某"985 工程"高校研究生院的老师反映：他们学校近年来所引进的教师基本都是在国外大学获得博士学位，应该具备双语教学的水平。但是从实施情况来看，不尽如人意。

三、生源结构问题

研究生生源质量是研究生教育质量的基础，其生源结构大致可以分为推免生源结构、学校类型生源结构与生源国际化结构等几类。生源结构合理是保证培养活动高效率进行、全面实现研究生培养目标的必要条件。当前生源结构的问题主要集中于推免生生源比例、重点大学生源比例以及国际生源比例等方面。

1. 重点大学生源比例较低，且重点大学之间生源流动少

在我国研究生招生过程中，普遍存在"跨级报考"现象，即一般大学的本科毕业生报考重点大学就读研究生、重点大学本科毕业生重点选择本校或具有更高学术声誉的大学就读研究生。这导致一般高校研究生招生生源质量较差、重点高校本校生源比例过大的现象。同时，这也导致重点大学之间学生跨校就读研究生的比例过低，不利于跨学科、跨学校之间的交流，难以形成多元化的学术生态。以清华大学为例，2002～2011 年，清华大学硕士研究生中来自清华本校的生源约占 40%，其他"985 工程"院校的生源比例基本稳定在 30% 左右，来自"211 工程"院校（不含"985"）的生源占比约 13%，还有近 17% 的学生是来自一般高校。从清华大学的案例可以知道，重点大学之间生源的流动比例是不高的，期间

来自北大的生源仅占 1.5% 左右。[①]

2. 推免生生源比例总体偏低，两极分化严重

推荐免试就读研究生是指普通高等学校推荐优秀应届本科毕业生免试攻读硕士学位研究生。本书的推免生生源比例是指通过推荐免试渠道录取的研究生占总录取人数的比例。

当前设立研究生院的高校推免生按应届本科毕业生数的 15% 确定，未设立研究生院的"211 工程"高校按应届本科毕业生数的 5% 确定，其他高等学校按应届本科毕业生数的 2% 确定。总体而言，推免生比例依然不高，且存在严重的两极分化现象，即一些著名高校的推免生比例达到了近 50%，而大部分的高校则严格限制在政府规定的比例范围内。以某著名"985 高校"为例，其生源中来源于推免的比例接近 50%，见图 5 – 2。

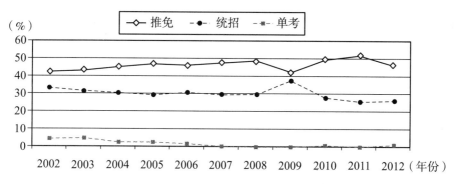

图 5 – 2　某 985 高校硕士生招生类型变化

由于获得推免资格的往往是成绩最优秀的学生，推免生比例越高，其生源质量越高，进而也导致了高校研究生生源质量的进一步分化。

3. 国际生源比例问题

在高等教育国际化发展的背景下，如何扩大来华留学研究生教育规模，是值得研究的重要课题。当前来华留学研究生总体比例较低，而且在这些留学研究生中，不同学科之间比例差异过大，理工科比例很低，大多数留学研究生集中于语言类专业，而且留学生中欧美发达国家比例较低，大多数来自亚洲与非洲等国家。

（1）留学生整体生源比例低。当前，相比于研究生教育总体规模，我国留学研究生整体比例较低。尽管近几年情况有所改善，留学研究生人数不断增加，2012 年，来华留学硕士研究生 27 757 人，留学博士研究生 8 303 人，留学

---

①　课题组调研数据。

研究生招收总数达到 36 060 人。但是，与我国研究生招生规模增长速度相比，整体比例依然非常低。2012 年，我国留学研究生只占到研究生招生总数的2.15%（见表 5 - 12）。即使研究生中留学生规模最大高校之一——清华大学2011 年攻读硕士、博士学位的外国留学生为 1 184 人，占全校研究生总数的比例也只有 5%。

表 5 - 12　　　　　　2008～2012 年来华留学研究生人数
及其占研究生招生人数比例

年份	接受学历教育留学生数（人）	其中		研究生总计（人）	占当年普通高校在校研究生比例（%）
		硕士（人）	博士（人）		
2008	80 005	10 373	3 908	14 281	1.16
2009	93 450	—	—	18 978	1.40
2010	107 432	19 040	5 826	24 866	1.68
2011	118 837	23 453	6 923	30 376	1.91
2012	133 509	27 757	8 303	36 060	2.15

资料来源：中国高教学会外国留学生教育管理分会：2008～2012 年全国来华留学生数据统计［EB/OL］，http：//www.cafsa.org.cn/index.php? mid = 6/2012 - 03 - 17。

在欧洲国家当中，英国的国际化程度最高，2013 年，博士学位获得者中留学生的比例高达 43.83%。[1] 德国博士毕业生中留学生的比例一直以来并不是很高，不超过 10%，但近年来上升较快，2013 年，德国博士毕业生中国际学生的比例已经达到 15.69%。[2] 北美洲是高等教育国际化程度很高的一个区域。2013年，美国博士毕业生中非美国公民的临时签证持有者（Non U. S.，Temporary Visa Holders）的人数为 35.67%。[3] 2010 年，加拿大博士学位获得者中留学生的比例为 25%。即使在亚洲国家，日本博士教育的国际化程度也是非常高的，但近几年博士毕业生中留学生的比例略有下滑，2003 年达到 13%，2013 年达到18.18%。[4]

因此，从留学生整体比例上看，我国研究生教育的国际吸引力不足，生源结构国际化程度较低。

---

[1]　英国高等教育统计署，http：//www.hesa.ac.uk/content/view/1973/239/。
[2]　德国联邦统计局，https：//www.destatis.de/DE/Publikationen/Thematisch/BildungForschungKultur.html。
[3]　美国国家自然科学基金会，http：//www.nsf.gov/statistics/sed/2013/data - tables.cfm。
[4]　2003 年数据来源于 Nerad, M.（2010）Globalization and the Interantionalization of Graduate Education：A Macro and Micro View. Canadian Journal of Higher Education. Volume 40，Issue 1；2009 年以后数据依据OECD 的《教育概览》所提供的毕业率数据加以估算。

（2）留学生生源学科分布不均匀。"近年来，来华留学生专业学科类别尽管在不断丰富，但结构还很不合理。留学生集中在文科类少数专业，且主要局限于汉语言、中医、戏曲等专业，理、工、艺术、体育等专业相对较少，新兴技术学科更是薄弱。"[①] 如表 5 - 13 所示，来华留学生理工科生源比例较低，主要是以文科类专业为主，尽管当前总体比例有所下降，但依然占据主导地位。

表 5 - 13　　　　1995 ~ 2009 年来华留学生教育主要科类分布人数

年份	文科		医科	工科	艺术	理科	体育	农科
	人数	比例（%）						
1995	26 377	80.5	3 945	933	471	596	293	143
1996	31 745	86.0	3 509	313	391	203	663	80
1997	33 178	76.0	4 134	458	516	253	428	68
1998	35 588	82.6	4 004	1 742	383	674	196	497
1999	37 286	81.4	4 973	1 724	656	425	229	303
2000	44 689	87.3	5 099	1 740	707	403	599	219
2001	53 750	87.0	5 512	1 888	539	494	498	225
2002	68 438	79.7	6 713	2 442	774	393	834	267
2003	59 059	76.0	7 184	2 693	918	465	467	241
2004	83 266	75.1	10 971	3 519	1 291	555	708	298
2005	99 816	70.7	18 032	4 455	1 537	741	547	380
2006	114 846	70.6	20 355	5 803	2 118	1 007	1 332	440
2007	135 477	69.3	25 573	6 785	2 508	1 411	1 361	755
2008	175 043	78.3	28 651	9 128	2 835	9 978	—	699
2009	187 948	78.9	32 145	11 606	2 732	1 471	1 318	1 018

资料来源：中国高教学会外国留学生教育管理分会：2008 年、2009 年全国来华留学生数据统计［EB/OL］，http：//www. cafsa. org. cn/index. php？mid = 6，访问时间：2012 - 03 - 17。

（3）欧美发达国家生源比例较低。准确地讲，当前我国留学生教育还停留在区域国际化阶段，远远没有达到全球国际化阶段，大部分留学生生源都来自亚洲，美洲与欧洲等国的生源比例一直处于较低水平。单一化的生源区域不利于留学研究生教育的多元化，也不利于促进研究生教育发展（如表 5 - 14 所示）。

[①] 李云鹏：《中美两国留学生教育结构之比较》，载《高教发展与评估》，2011 年第 5 期。

表 5 - 14　　　　1997 ~ 2011 年来华留学生洲际来源比例　　　单位：%

年份	亚洲	美洲	欧洲	非洲	大洋洲	合计
1997	76.9	8.6	9.9	2.8	1.9	100
1998	72.2	10.9	12.0	3.2	1.7	100
1999	71.4	11.0	12.6	3.1	1.9	100
2000	74.9	9.9	11.2	2.7	1.5	100
2001	74.6	10.4	10.9	2.5	1.7	100
2002	77.0	10.4	9.5	1.9	1.3	100
2003	81.9	6.1	8.3	2.3	1.4	100
2004	76.8	9.7	10.4	2.0	1.2	100
2005	75.7	9.4	11.7	2.0	1.3	100
2006	74.3	9.6	12.7	2.2	1.1	100
2007	72.5	10.1	13.5	3.0	0.9	100
2009	67.9	10.7	15.1	5.2	1.1	100
2010	66.32	10.27	15.8	6.19	1.42	100
2011	64.21	11.05	16.15	7.09	1.50	100
2012	63.22	10.62	16.58	8.24	1.34	100

　　资料来源：中国高教学会外国留学生教育管理分会：2008 年、2009 年全国来华留学生数据统计［EB/OL］，http：//www. cafsa. org. cn/index. php？mid = 6. /2012 - 03 - 17。

第三节　微观结构问题对研究生培养质量的影响

一、导师队伍结构问题对培养质量的影响

　　导师队伍结构是导师队伍质量的核心衡量指标。当今世界一流大学都十分重视导师队伍结构的优化，因为这些大学知道，只有维持科学合理的导师队伍结构，才能推进研究生培养质量的提高。但是，导师结构究竟对于研究生培养质量存在何种影响，现有文献没有进行深入分析，本书从研究生导师的学缘结构、国际化结构、专兼职结构以及生师比结构存在的问题出发，分别分析这些问题对研究生培养质量的影响，为更好地解决问题提供依据和参考。

1. 导师队伍学缘结构问题的影响

多样化意味着活力，研究生导师队伍学缘结构也是如此，学缘结构单一化是当前我国研究生导师队伍中存在的主要问题之一，尤其在重点高校，相当比例的导师都是毕业于本校本学科，甚至连自己的导师都是相同的，形成了比较封闭的学术门派，外来的学术思想很难融入其中。

事实证明，学缘结构单一的导师队伍难以促进不同学术思想的交流，不利于创新思维的激发，"McNeely 对 6 000 多位美国大学教师进行了问卷调查，结果发现大量聘用本校毕业生做教师将对大学组织的效率与发展产生负面影响，大学教师亦难以在学术上成就斐然。Eisenberg 等对美国 32 所大学的法学院中约 700 位初入职教师的学术影响力进行了深入的比较研究，发现'近亲繁殖'教师与学术影响力之间呈显著负相关。"[①]

单一化的学缘结构制约了学术的多样化，容易造成学术垄断，压制了导师的学术发展空间，导师难以产生新的思想，往往只会沿着原有的学术路径前进；单一化的学缘结构造成导师队伍缺乏活跃的学术气氛，不利于多元学术风格和学术思想碰撞，不仅限制了导师学术发展，更加制约了创新型研究生人才的培养；单一化的导师学缘结构压制了学术创新活动的开展，动摇了学术民主的基础，限制了拔尖人才的培养。在这种环境中，研究生被局限在狭小的学术空间里，无法获得多元学术观点与思想的熏陶，造成其知识构成和思维方式具有较强的同质性，形成固定的思维套路，在学术研究的道路上不敢突破、不敢尝试。

学术多元化是研究生教育应有的价值取向，研究生教育应该提倡不同的学术观点共存，形成不同流派争鸣的学术氛围。同时，多元化也是研究生培养的重要原则，尤其是在导师队伍建设方面，只有构建多元化的导师队伍，才能使研究生获得更好的学术成长，所以，导师学缘结构多元化是建立创新型研究生教育系统的基础，能够极大地优化创新型人才的培养环境与氛围，同时也是创新型人才培养的内在要求。

访谈结果显示：导师队伍学缘结构对研究生培养质量有着重要影响。导师学缘结构的多元化有利于导师团队中形成学术自由、学术民主的氛围，脱离派系的影响，敢于向不同学术观点发出挑战，从整体上促进学术氛围活跃，提高导师队伍自身学术水平，从而影响研究生培养质量。某"211 工程"高校一位理科导师在访谈时谈到："自己所在学院相当一部分导师都是本校毕业的，平时大家关系较好，交流比较频繁。但是从学术思维上看，还是会受到限制，培养的研究生的毕业论文质量不高，难以出现创新，这在一定程度上与导师学缘结构单一化有关。"

---

① 钟云华：《学缘关系对大学教师学术职业发展影响的实证研究》，载《教育发展研究》，2012 年第1 期。

2. 导师队伍国际化结构问题的影响

当前，我国研究生导师队伍国际化处于比较低的水平，除了少数重点高校之外，大多数高校研究生导师还是以本土化教师占主导地位。在当前高等教育国际化的背景下，本土化为主的研究生导师队伍结构在一定程度制约了研究生培养质量的提升。具体表现在以下几个方面：首先，导师国际化水平不足限制研究生获得国际化专业知识的机会。高水平的研究生必须拥有国际前沿的专业知识，才能立足于未来国际学术竞争的舞台，国际化的导师队伍对于国际最新的专业知识有着更多的了解和掌握，往往能明确地告诉研究生在知识结构方面与世界一流大学的研究生存在哪些差距，应该掌握哪些专业知识与技能。其次，导师国际化水平不足限制研究生国际化学术视野的拓展。当前我国培养的研究生与国外一流大学研究生相比，一个重要的差距就是研究生国际视野不够开阔，造成这一现象主要的原因之一就是导师队伍国际化程度较低。最后，导师国际化水平不足限制研究生国际化学术交流渠道的搭建。具有国际化背景的导师，或者是从海外留学归国，或者本身就是外籍教师，他们在海外高水平大学与科研机构拥有广泛的学术人脉，借助于这些导师介绍和引荐，研究生可以与海外学术界取得联系，从而有可能参与国际科研项目的研究或与国外学者合写论文。因此，导师结构的国际化程度对于研究生培养质量具有重要的影响，当前，研究生导师结构国际化程度偏低问题，制约了研究生国际化专业知识获得、国际化学术视野开阔以及国际化学术交流开展，进而影响了研究生培养质量的提高。

3. 专兼职导师结构问题的影响

长期以来，我国研究生培养处于一个"封闭"的空间，即培养者只局限于本校教师，校外兼职导师数量很少。随着研究生教育的发展，研究生教育与社会的关系越来越紧密，面向社会，增加校外兼职导师比例也应是一个非常重要的趋势。兼职导师包括科研专家、企业家、工程技术专家以及各行各业中拔尖的专门人才，他们的知识水平、生产经验与身份地位都是研究生培养可以依赖的巨大资源。兼职导师处于科研与生产实践的第一线，他们所具有的实践技能是高校导师所缺乏的，能够弥补研究生培养过程中实践经验不足的弊端。同时，多数情况下，兼职导师所带来的资源也能够弥补研究生培养中资源短缺的现状。

增加兼职导师是未来研究生教育尤其是专业学位的发展方向，既是社会对于研究生教育发展的要求，同时也是研究生教育自身发展的要求。一方面，在传统教育观念中，研究生导师队伍应该完全由本校导师担任，只有这样，才能够保证研究生培养质量。这种观念实际上是与传统的研究生培养类型相对应的，传统的研究生培养是以学术型研究生为主导的，对于研究生实践技能的掌握要求不高，但是，随着研究生教育的改革，专业学位研究生扮演了越来越重要的角色，尤其是 2009 年开始的专业学位研究生扩招改革，更是将专业学位研究生教育发展目标定位于研究生教育的半壁江山。在这种背景下，现有的研究生导师队伍就不能够适应研究生教育发展了。因为，当前高校导师基本上是从学校毕业到学校工作，没有经历过生产实践的锻炼，虽然理论基础扎实，但是对于实践技能的掌握有所欠缺，专业实践经验不足，对于专业学位研究生培养显得力不从心。另一方面，随着研究生教育规模的不断增长，现有的导师队伍人数已经不能够满足研究生培养的要求，迫切需要扩大导师队伍，但是，由于人员编制的限制，研究生导师队伍不可能得到快速扩张，必须由兼职导师来弥补现有的人员缺口。所以，增加导师队伍中兼职导师比例，可弥补导师队伍实践经验不足的缺陷，从而进一步提高导师队伍的整体素质，有利于研究生培养质量的提高。

从当前研究生培养现状来看，兼职导师比例过低对研究生培养质量造成了一定的影响。例如，学位论文质量是研究生教育质量的重要体现。兼职导师对研究生学位论文进行的指导，首先表现在对于论文选题与过程指导方面，论文选题是决定论文质量的关键因素，兼职导师可以从自身工作实际出发，为研究生建议一个合适的题目，指出研究的方向与重点。过程指导方面，兼职导师可以为研究生论文中所需实验设备的使用、数据的收集与分析，提供必要的支持。当前研究生的学位论文，尤其是一些应用性较强的工科研究生甚至一些专业学位研究生学位论文选题，与生产实际联系不够紧密，实用价值较低，与实际脱节。这就与当前导师队伍兼职导师比例较低有关；在专业学位研究生培养方面，专业学位研究生是面向生产实践第一线培养高级应用型人才，在培养目标、教学理念、培养模式等方面与学术型研究生相比差异很大，有必要突出实践特色。因此，传统的封闭型导师队伍难以培养出这类研究生，必须实行兼职导师培养制度，让兼职导师与全职导师共同负责研究生培养计划制定，开展科研项目、学位论文指导。

总而言之，兼职导师利用其工作经验和社会影响力，帮助研究生在知识、能力与素质提升方面获得更好的发展。同时，兼职导师能够提供更多社会资源，让研究生直接参与到实践性很强的课题中，提高了研究生的培养质量，满足了社会对高素质、高层次应用型研究生的需求。在访谈中，某地方高校研究生处处长表示："兼职导师的确能够极大地提高研究生培养质量，尤其是对于应用性较强的专业，兼职导师所起的作用就更大了。该校的部分专业的研究生都配备了兼职导师，实行双导师制。研究生所有校外实习都是由兼职导师负责，这极大地缓解了该校实训设备不足的弊端，研究生通过兼职导师介绍，进入企业进行实训，提高了研究生动手实践能力，受到用人单位欢迎。"

4. 生师比结构问题的影响

导师的时间和精力是有限的，现在导师的科研、社会服务、教学任务都比较重，生存压力也在不断加大，在这样的背景下，虽然当前生师比尚处于合理范围，但其快速上升的趋势意味着导师指导的研究生人数将越来越多，从而大大加强了导师指导的工作量，尤其是那些研究型大学的导师，工作量和各种压力都处于超负荷状态，难以保障其对于研究生有足够的时间和经历来指导其研究；而普通高校的导师，一般研究任务又明显不足，其研究生越多，则其指导的研究生参与高水平研究课题的机会也就越少，其质量更难保障。

研究生培养过程是研究生与导师交流互动的过程，研究生在学习的过程中，能否获得真正的学术发展与成长，不仅取决于导师的水平，而且取决于与导师交流的程度。陈学飞在分析西方发达国家博士研究生培养过程后，发现"如果导师与其所指导的博士生能够建立起一种亲如父子的密切关系，那么，博士生必然能够得到导师的悉心指导，其学术水平必然大有进步。从实际效果来看，这种密切的关系在博士生培养过程中确实能够起到非常积极的作用。"[1] "学生不是被通过标准化的程序进行训练，而是通过依附于一位名师并且看着他或她工作，学习他们的学科是干什么的。"[2] 克拉克所言的这种学习就是通过耳濡目染习得隐性知识的过程，隐性知识只能通过长期的共事、交流而潜移默化地获得，研究生除了在课程学习中获得显性知识外，更重要的是可以通过与导师交流获得更加宝贵的隐性知识。

当前，在我国部分高校也存在着生师比过高的现象，制约了研究生培养质量，北京大学一位著名教授也指出，"现在一位导师往往要带八九位甚至十几位研究生，别说悉心指导，就是答辩前完整看一遍这些论文都难以保证。"[3] "某所研究型大学的导师们也明确指出生师比过高是制约本校博士质量提高的主要因素。一方面，导师指导的博士生数过多，而导师的课题有限，一些学生没有机会参与课题研究，难以进行科研方法的规范训练；另一方面，生师比过高，使导师的工作量都非常满，导师处于超负荷状态，没有充分的时间和精力认真指导博士生。"[4]

在访谈中，一些研究生谈道：一些导师指导学生数量过多，指导的硕士与博士加起来一共有 20 多位。导师平时工作较忙，还要在外面"拉课题、找项目"，自己一个月都不一定能够见到导师，一般都是有些文件必须导师签字时，才会联系导师，平时有什么学术问题，也只会咨询师兄，而不会去麻烦导师。自己从导师那里得到的指导很少，大多数靠自学，对于一些学术问题也不求甚解，基本掌握即可。由此可见，生师比过高的确会影响研究生培养质量的改善与提高。

二、课程结构问题对培养质量的影响

课程是研究生培养过程中重要的环节，研究生培养质量一定程度上取决于课

---

① 陈学飞：《西方怎样培养博士——法、英、德、美的模式与经验》，教育科学出版社 2002 年版，第 166 页。

② 克拉克著：王承绪译：《研究生教育的科学研究基础》，浙江教育出版社 2001 年版，第 143 页。

③ 阮平章：《分类培养是研究生发展过程的必然选择》，载《学位与研究生教育》，2004 年第 8 期。

④ 杨倩、谢作栩：《我国博士生教育生师比的调查分析——基于一所研究型大学的调查》，载《教育考试》，2011 年第 4 期。

程结构的合理性与科学性，相比于导师与生源，课程在研究生培养过程中位于中间位置。本节将研究生培养质量细分为知识、能力与素质三个维度，全面分析当前研究生教育课程结构问题对这三个维度的影响。

1. 对研究生知识获取的影响

"所谓知识，就它反映的内容而言，是客观事物的属性和联系的反映，是客观世界在人脑中的主观印象。就它反映活动的形式而言，有时表现为主体对事物的感性直觉或表象，属于感性认识，有时表现为关于事物的概念或规律，属于理性认识。"[1] 研究生教育作为传授高深知识的场所，知识性也就成为研究生教育的重要特性，"高深知识是知识中相对高级和比较深奥的部分，这就意味着知识可以分为比较高深的部分和一般的部分。通常来说，普通教育传授的知识属于一般知识，而高等教育传授和研究的对象是高深知识。"[2] 研究生教育中的知识是高深专业知识，既包括基础知识，也包括前沿知识，既包括理论知识，又包括实践知识，这些知识与其他教育层次的知识存在很大的层次差异。同时，研究生的知识结构必须保持多元性，不同类型的知识在研究生发展中的作用不同，知识结构的单一化会影响研究生未来创新活动的成效。

因此，研究生的知识结构中既要包括尖端的前沿知识，又要包括复合的跨学科知识，既要包括精深的专业知识，又要包括广博的隐性知识。课程与知识高度相关，"无论我们怎样看待课程，它总是与知识的性质、知识的价值、知识的组织与传递方式相关。"[3] 通过对课程的系统学习，研究生一方面学习已有经典知识，另一方面探索新知识，并将这些知识统一内化到自己的知识结构当中。当前研究生教育课程结构问题直接影响了研究生对于前沿知识、跨学科知识与隐性知识的掌握，具体表现在以下几个方面。

（1）对前沿知识获取的影响。要想做出高水平的科研成果，所掌握的知识是否处于前沿领域非常关键，布鲁贝克认为，"高等教育（研究生教育）作为教育阶梯顶层，关注的是深奥的学问，学问的高深性是研究生教育的本质特征。"[4] 学问的高深性一定程度上代表了学问的前沿性，研究生必须保持对学术前沿的高度敏感性，频繁接触前沿领域知识。因此，研究生教育课程必须体现知识的前沿性，只有掌握尖端的前沿知识，才能为后续研究工作提供保证。因此有必要通过课程设计，使得研究生在前沿性课程的指引下，直接获得更多更新的学术体验，提升创造科研成果的潜力。

研究生培养质量的一个重要标准就是研究生对于学术前沿的把握程度。假如课程只是照本宣科地传授现成的知识，不能够汇集国际上最新的学术成果，并且

---

① 董纯才主编：《中国大百科全书·教育》，中国大百科全书出版社 1985 年版，第 525 页。

② 陈洪捷：《论高深知识与高等教育》，载《北京大学教育评论》，2006 年第 4 期。

③ 施良方：《课程理论——课程的基础、原理与问题》，教育科学出版社 1996 年版，第 59 页。

④ 布鲁贝克著，王承绪等译：《高等教育哲学》，浙江教育出版社 1998 年版，第 2 页。

把最新的学术成果融进课程中，是不利于前沿知识的获取的。当前研究生教育课程中，绝大部分课程内容仅仅局限于传统经典的知识体系，虽然能够为研究生打下扎实的理论基础，但是，由于和学术发展前沿脱节，研究生难以跟随学术发展最新动态。同时，研究生教育课程知识体系陈旧落后，课程内容中前沿知识比例过小，阻碍了研究生接触学术前沿的机会。另外，参与高水平学术会议次数的匮乏也导致研究生与世界学术前沿交流的机会大大减少，所有的这一切课程结构问题都使得当前我国研究生对于前沿知识的获得不够理想。在访谈中，部分研究生导师指出：当前研究生普遍对于学术前沿的把握能力很差，对于所在学科最新的学术研究进展了解不够，这就造成了学术论文选题眼光不远，水平不高。这在很大程度上是由于在培养过程中缺少对研究生学术前沿知识的传递与熏陶造成的。

（2）对跨学科知识获取的影响。控制论创始人维纳指出，"在科学发展上可以得到最大收获的领域是各种已经建立起来的部门之间被忽视的无人区，正是这些科学的边缘区域，给有学养的研究者提供了最丰富的机会。"[①] 当代任何重大的政治、经济和科技问题都是相当复杂的综合性问题，不是单一学科所能解决的。跨学科知识是来自不同学科的概念、技巧、方法和理论的有机结合，超越了单一学科领域的局限，实现了理论创新、思维创新与方法创新。学术创新点往往产生于学科交叉的边缘，产生于学科融合之处。"英国广播公司曾对23位世界著名科学家（包括7位诺贝尔奖得主）进行访谈，他们所深度涉及的专业或学科领域，最多达6个，平均3.3个。"[②] 所以，跨学科知识学习有助于研究生构建广博的知识结构。知识结构越广博，创新空间就越大，创新潜力也就越强。

世界原本是个统一的整体，任何学术领域之间都存在天然的联系，人为的学科划分主要目的是想更深入地探寻内在的规律。但是，过于细化僵硬的划分，使得学术领域之间形成壁垒，不同学科之间形成一个封闭系统，阻碍了对学术领域进行全面、立体、综合、系统的分析和理解。贝塔朗菲认为，"物理学、生物学或社会科学的传统教育都是把它们作为独立的领域来处理，普遍地趋向于越来越小的子领域成为独立的学科，这个过程一再重复，到了每门专业成为无足轻重的、支离破碎的子领域的程度。"[③] 在社会分工越来越细的情况下，高深知识分类也被不断细化，并逐渐形成各自的学科专业堡垒，从而使现行的研究生教育课程设计强调专业本位，忽视了学科之间的联系和知识之间的相互融合的趋势。课程设计很少考虑知识之间的横向联系，不注重知识的融合性，不同学科课程之间封闭性很强，人为隔离了课程知识的相关性。研究生课程通常是按二级学科设计的，过于强调专业基础课程与专业方向课，只注重本专业知识的传授，对于交叉

---

① 维纳著、郝季仁译：《控制论》，科学出版社1963年版，第2页。
② 赵伶俐：《发展交叉学科》，《21世纪高等学校创新的主题和难题现代大学教育》，2003年第4期。
③ 冯·贝塔朗菲著，林康义等译：《一般系统论》，清华大学出版社1987年版，第47页。

学科内容很少涉及。另外，选修课程的范围很小，不同院系之间在跨学科课程开设与选修等方面缺乏系统协作的机制，学校层面也缺乏激励制度鼓励不同院系、不同学科研究生之间互选课程。如果仅仅将研究生课程局限在狭窄的专业范围之内，是不符合未来时代发展需要的，难以使研究生认识到不同知识之间的整体性联系，很难从整体视角分析和处理问题。

访谈结果显示：许多专家认为当前研究生知识结构单一，知识面较窄，缺乏相应的多学科知识背景。由于自身知识的局限性，分析问题往往只能从单一视角出发，导致科研创新能力不足，难以取得较有新意的科研成果。而要解决这一问题，必须在课程设置方面下工夫，增加选修课程，让研究生有机会接触到不同学科知识的熏陶。

因此，跨学科融合应该成为未来研究生课程改革和发展的趋势，在课程设置中不仅要加强本学科基础知识，而且要提供多学科知识，从而优化课程结构，体现课程结构的均衡性、综合性与相互渗透性。打破知识领域之间的壁垒界限，拓宽研究生的视野，帮助研究生建立多学科交叉的知识结构。

（3）对隐性知识获取的影响。显性知识是可以用文字、图像与数字等符号表达的具有物质载体的知识，隐性知识是在长期实践过程中不断积累形成的特有经验与诀窍，属于尚未编码化的无形知识。隐性知识往往只可意会不可言传，一般以抽象的形式存在，包括各种难以明确的经验。隐性知识具有以下特点，"隐性知识是依附在人头脑中的经验、技巧、诀窍和灵感等知识，它很难用语言、文字表述，并且难以形式化或难以沟通；隐性知识是一种动态的存在，它随着认知主体注意力的转移而建构或者消解，它是伴随着认知主体注意力活动而出现的共生的附带觉察状态；隐性知识具有个体专有的属性，它是存在于组织中私人的、有特殊背景的知识，它依赖于个人的不同体验、直觉和洞察力；隐性知识产生于正在进行的实践活动中，它可以通过工作经验而获得。"[①]

与隐性知识相反，显性知识通过文字的形式呈现出来，可以通过现代技术手段获取。显性知识的共享只是知识的表面共享，对于研究生来讲，获取并共享显性知识并不是难事，关键是隐性知识的获取与共享。隐性知识传授方式与显性知识差异极大，隐性知识获得是长期体验和实践的结果。研究生获得隐性知识主要的渠道是通过师生之间交流、同学之间互动等活动。专家学者在长期的教学科研过程中积累了丰富的隐性知识，这些知识并不能通过传统课堂教学形式传递，必须要通过相互之间沟通交流，形成经验分享模式，才能传播。所以，隐性知识获得是一个彼此启发、领会的过程，要求建立开放、自由、民主的组织文化，构建有利于隐性知识交流和共享的氛围。

因此，研究生仅仅获得显性知识是不够的，还要获得隐性知识，并将隐性知

---

① 方华、张淑华、柳治仁：《论隐性知识》，载《沈阳师范大学学报》，2004年第2期。

识与显性知识有机融合。但是，当前研究生课程设计中，基本上是以显性知识的传授为主导的，也就是以传统的课堂教学模式为主，研讨式教学、学术沙龙等课程形式比例较小，导师与研究生之间、研究生与学术同行之间的交流互动不够，程度不深，尤其是在课程实践环节，没有能够充分促进研究生对隐性知识的获得。在访谈中，部分研究生表示：研究生阶段课程与本科阶段课程在授课形式上比较相似，基本还是课堂教学，以课本讲述为主，除了上课之外，大部分时间都是自学，学术交流很少。学校方面也很少提供机会促进研究生之间学术交流，对于一些研究技巧与思路大多数只能依靠自己感悟。

2. 对研究生能力提升的影响

心理学认为能力是完成某种活动所需的心理特征，能力分为一般能力和特殊能力，一般能力是特殊能力的基础，是自然人所具有的能力，特殊能力是在某些方面所具备的特长或专业技能。研究生除了具备一般能力之外，还要具备特殊能力。科研能力属于特殊能力，是从事科学研究的人员必备的工作能力，是运用科学方法完成科研活动所需要的能力。"高智力机构的一个独特的特点，是把科学和学术作为最终不可穷尽的任务，这意味着他们要从事不停顿的探究过程。"[1]科学研究是探求事物的本质及规律的活动，在于对真理的探究与发现，研究生教育以科学研究为主要使命，必须强调科研能力的培养。"科学研究能力是指在人文、社会和自然科学等领域进行旨在探索真理的普遍理智创造活动所需要的能力，是科研人员顺利完成科研活动任务所需要的能力。"[2] 著名哲学家约翰·帕斯英尔在一次国际研究生教育会议上强调，"研究生教育的目的，就是为了培养学生进行科研的能力，从而促使他们对一些重要的，带有根本性的问题进行批判，做出判断。"[3]

课程与研究生科研能力培养紧密相关，良好的课程结构有利于促进研究生科研能力提升，而科研能力水平直接标志着研究生培养质量高低。由于科研活动具有多样性，科研能力也是一个多维度的概念。依据已有的文献以及访谈调查的结果，本文将研究生科研能力分为科研创新能力、科研实践能力与科研信息能力三种能力。科研创新能力表现为对未知世界的探究，运用自己的批判性思维判断问题所在，通过归纳、推理、判断、总结得出结论的能力，是科研能力的核心部分；科研实践能力是理论联系实际，将思维转化为现实的能力；科研信息能力是在科研的过程中对收集的信息进行理解与消化，不断超越前人研究成果的能力。科研活动建立在大量资料和信息的基础之上，信息能力大小直接决定着科研成效的优劣。

---

[1] 沈红：《美国研究性大学形成与发展》，华中理工大学出版社 1999 年版，第 238 页。

[2] 谢安邦主编：《比较高等教育》，广西师范大学出版社 2002 年版，第 333 页。

[3] 刘红梅：《论硕士研究生科研能力的培养》，载《辽宁师范大学学报》，1999 年第 1 期。

（1）对科研创新能力提升的影响。"创新能力是指利用积累的知识和经验经过科学的思维加工和再造，产生新知识、新思想、新方法和新成果的本领。"[1]科研创新能力是提出新的构思、设计与见解，运用新技术，从新角度探索问题、解决问题的能力。在知识创新的背景下，研究生尤其需要培养科研创新能力。

顾明远教授曾要求研究生按重要性对能力进行排序，"无论是文科研究生还是理科研究生，都将创新能力都排在首位。"[2] 孟万金通过对全国 20 个省、市的150 名研究生导师进行问卷调查，要求他们分别对文理工科研究生科研能力构成要素进行排序，发现"文科研究生基本科研能力要素按重要程度由大到小排列前5 项依次为：创新能力、语言表达能力、言语理解能力、逻辑推理能力与感悟力。理科研究生基本科研能力要素按重要程度由大到小排列前 5 项分别为：创新能力、逻辑推理能力、问题解决能力、数字运算能力、资料搜集与处理能力。工科研究生基本科研能力要素按重要度由大到小排序前 5 项依次为：创新能力、动手能力、问题解决能力、逻辑推理能力、资料搜集与处理能力。"[3] 毫无疑问，无论是文科、理科还是工科，都认为创新能力是研究生最重要的能力。

富于多样性的课程结构能够激励研究生创新思维，破除思维定式，碰撞出灵感火花，从而训练研究生的开拓意识与问题意识，使他们能够从不同的角度分析问题，用不同的方法解决问题。其中，科研活动的广泛参与能够有效地提升研究生的科研创新能力。"研究机会与研究生创新能力培养存在一定的相关性。研究生获得多元化学术指导机会越多、深度参与课题研究机会越多、单独申报课题机会越多、参与同所学专业相关的社会实践机会越多，其创新能力越强。"[4] 罗尧成调查了全国 8 所设有研究生院的大学，发现："近 85% 的硕士、博士研究生认为参与课题研究对于自身科研能力的提高帮助较大（包括很大），并指出参与课题研究是研究生成长为创新型人才的重要路径，研究生通过参与课题研究，尤其是参与前沿性的科研课题，容易使自己成长为创新型人才。"[5]

因此，研究生教育课程结构既要体现出多样化的趋势，也要突出科研活动的位置，才能达到提高研究生科研创新能力的目标。但当前我国研究生教育课程结构存在的一系列问题制约了研究生科研创新能力的培养与提高。例如，选修课的比例、学术活动的次数、参与课题的机会等都相对较少，从而限制了研究生创新动机、创新需要与创新意识，约束了研究生创新精神与创新思维。研究生更多的

---

① 蒋小满、张斌荣：《论硕士研究生课程目标的三个内涵》，载《鲁东大学学报》，2009 年第 4 期。

② 顾明远：《试论 21 世纪研究生的知识结构和能力结构》，载《学位与研究生教育》，1998 年第 3 期。

③ 孟万金：《研究生科研能力结构要素的调查研究及启示》，载《高等教育研究》，2001 年第 6 期。

④ 郑路鸿：《研究机会对研究生创新能力培养的影响》，湖南师范大学硕士学位论文，2007 年，第 73 页。

⑤ 罗尧成、曾忠：《我国高校研究生参与课题研究的现状分析及思考》，载《国家教育行政学院学报》，2007 年第 9 期。

是被动学习，创新主动性不够，难以通过选择不同形式的课程，参与不同类型的学术活动与课题，提高自己科研创新的思维能力、质疑能力与批判能力。

在访谈中很多研究生导师认为：和国外大学研究生相比，当前我国研究生科研创新能力较低，自己所带的研究生甚至比不过当年自己读研究生时的水平。尤其体现在毕业论文方面，大多只是已有观点的罗列，所谓创新点的新意不足，难得看到具有创新意义的论文，这在一定程度上与目前研究生课程设置有关，缺少对于研究生创新能力的培养。特别是大部分课程的挑战度不高，课堂学习、课堂研讨和课外研究的要求难以达到能力培养的目标。

（2）对科研实践能力提升的影响。实践是人类最基本的生存活动，实践活动中形成的实践能力是人类最基本的能力之一。傅维利认为："实践能力是保证个体顺利运用已有知识、技能去解决实际问题所必须具备的那些生理和心理特征。"[①] 实践能力是一种包含知识运用等多方面技能的综合能力，是从实践活动的角度来看待个体所应具备的生理特征和心理特征。科研实践训练是研究生培养中重要的组成部分。"科研工作的整个过程是围绕解决科学问题进行的。从发现科学问题到解决这个科学问题，是一个极其复杂而艰辛的探索过程。在这个过程中没有科学实践，就不可能解决科学问题。"[②] 科研实践能力是指研究生将理论知识运用于实践活动中的能力，是理论知识在实践领域的延伸。

课程环节中的实践性部分是培养研究生科研实践能力的主渠道，为研究生科研实践能力训练提供了合理的路径。路宁等曾对主持过国家自然科学基金项目的研究生导师进行问卷调查，"发现参加了基金课题的研究生比未参加基金课题的研究生发表论文数要高出许多，参加自然科学基金项目的博士生在学期间发表论文平均数为 5.19 篇，未参加的博士生发表论文平均数只有 3.69 篇；参加基金项目的硕士生发表论文平均数为 2.15 篇，未参加的硕士生发表论文平均数为 1.47篇。"[③] 由此可以看出，科研活动是实现研究生科研实践能力培养的有效手段。

在目前的研究生教育课程环节中，主要强调对专业知识的传授，而忽视了对科研实践技能的培养。研究生培养所实行的课程学习主要是指理论课程，而大量的实践性课程，尤其是课题研究等都不包括在内，导致研究生的科研实践能力相对较差。与此同时，一方面部分导师自身课题较少，所带研究生又比较多，无法给所有研究生平等提供科研机会，造成研究生参与课题机会不足；另一方面，在有限的课题参与过程中，研究生参与课题深度不够，大部分研究生只能从事简单的科研辅助工作，很难真正深入到整个课题运作全过程中。少数导师只是将研究

---

① 傅维利、刘全：《实践能力：含义、结构及培养对策》，载《教育科学》，2005 年第 2 期。

② 王秀珍、符得团：《再论研究生科研能力的培养》，载《西安石油大学学报》（社会科学版），2005 年第 1 期。

③ 路宁、王亚杰等：《国家自然科学基金在研究生培养中的作用及相关问题研究》，载《中国科学基金》，2002 年第 6 期。

生当成廉价劳动力使用，在科研过程中布置大量重复性、低水平的任务，目的是完成科研项目，而忽视了对研究生科研实践能力的训练，使得研究生尽管从事了一些课题，但是学术水平却没有得到明显的提高。

因此，导师要发挥科研课题，尤其是重大课题在研究生培养中的作用，鼓励研究生参与多样化的科研课题。让研究生学会运用专业知识分析和处理科研实务，并且重视研究生在参与课题中的投入程度，通过深度参与课题来培养研究生科研实践能力。

（3）对科研信息获取能力提升的影响。科研信息获取能力是指从复杂多样的科研信息源中甄别、收集、处理所需信息的能力，以保证获取科研信息的准确性、快捷性与可用性。作为高校知识创新生力军的研究生，在日常的科研活动中，经常会接触大量的科研信息，面对这些科研信息，研究生需要做出快速判断与正确决策，获取并利用他们所需的科研信息，而这一切都离不开科研信息能力。科研信息获取能力可以分为三大类，即信息搜集能力、信息处理能力与信息利用能力。以信息搜集能力为例，学术研究要以学术信息的积累为前提，掌握资料查阅的方法。美国某科研机构的调查统计表明，"一名从事自然科学研究的科研人员在一个科研项目中查阅文献资料所用的时间占全部科研时间的 $1/4 \sim 1/3$，而社会科学研究查阅文献资料的时间要占到一半以上。"[1] 由此可见信息获取能力的重要性。

有学者对当前我国高校研究生科研信息获取能力现状进行了调查指出，"研究生在科研信息获取渠道上主要来源是书籍与期刊，通过阅读中外文图书与中外文期刊获取科研信息的研究生占调查对象的比例分别为 71.3% 与 78.7%；研究生中不了解数据库基本内容的占 34.7%，不懂数据库检索方法的占 34.0%，不会使用有关检索技巧的占 37.3%；在遇到问题时，只有 38.0% 的研究生会询问信息咨询人员；只有 32.0% 的研究生能够熟练地使用相关信息软件。"[2] 因此，我国研究生教育必须加强对研究生科研信息能力的培养。而我国当前研究生课程中缺少科研信息能力相关课程设置，尤其是针对研究生科研信息能力的培训较少，培训内容没有结合不同学科特点，制约了研究生科研信息能力养成，没有能够做到循序渐进地帮助研究生学会利用信息解决在科研中遇到的问题。

在访谈中，很多高校研究生，特别是地方高校的研究生反映：他所掌握的学术资料检索方法主要是自己摸索出来的，一般是针对几个常用中文数据库的检索，而且也仅仅局限于数据库的少部分功能，相当多的功能还没有利用起来。另外，对于外文数据库的检索也是知之甚少，由于自己所在专业并没有开设研究方

----

① 周水涛著：《新编文科毕业论文写作教程》，甘肃教育出版社 2007 年版，第 1 页。

② 王琼、龙世彤、袁玉敏：《网络环境下本科生、研究生信息能力比较研究》，载《情报科学》，2004 年第 11 期。

法课程，同时，相关的培训也很少，完全靠自学难度较大，希望能够从课程方面获得更多的科研信息能力培养的训练和帮助。

总之，良好的科研信息能力是培养研究生科研能力的基石，只有具备良好的科研信息能力，才能更好地开展科研工作，探索新规律、取得新的突破。因此，通过优化课程结构，加强研究生的科研信息能力建设势在必行，这既是学术研究对研究生的要求，也是研究生自身学术发展的要求。

3. 对研究生素质完善的影响

"素质是以人的先天享赋为基础，在环境和教育的影响下形成和发展起来的相对稳定的身心组织的要素、结构及质量水平。"[1] 素质分为广义与狭义两种，狭义素质是指生理素质，广义素质是综合素质，包括生理素质在内的诸多素质的结合。所以，素质不仅具有自然属性，更具有社会属性，也就是说素质可以通过训练与教育活动而提升完善。

研究生的素质包括德智体美劳等多个方面的综合素质，课程结构问题对研究生素质完善的影响，主要体现在道德素质、心理素质与创业素质三个方面。

（1）对道德素质完善的影响。道德是人际关系的伦理规范，对于道德规范的理解和掌握，形成个体的道德观念和道德信念。道德素质是在对一定的道德现象和道德关系本质认知的基础上，能够自觉地做出正确的判断与选择的素质。高水平的道德素质能够审查道德行为的后果，对道德水平进行检查和反思。

培养一名适合社会发展的研究生不能只考虑他的专业知识与能力是否扎实，首先要考虑他是否具有高水平的道德素质。人才的培养首先是"人"的培养，做事先做人，对于研究生层次的人才来讲，学术道德是其从事科研活动必须遵守的行为准则，也是开展学术活动的准绳和依据。学术道德素质是决定研究生未来是否能够取得学术成功的关键因素。学术道德是从事学术活动的主体在进行学术研究、学术评价、学术奖励等活动的整个过程及结果中处理个人与他人、个人与社会等关系时所应遵循的行为准则和规范的总和。[2]"研究生学术道德素质培养目的是加强研究生学术道德自觉性，不仅让研究生掌握道德规范，更重要的是帮助研究生确立道德观，成为具有较高学术道德素质的人才。

当前研究生教育课程结构中，缺少能够完善研究生学术道德的课程环节，本科阶段需要学习思想道德修养相关课程，而研究生阶段这方面的要求降低了，研究生道德修养主要依靠研究生自身的修炼。当前，道德素质类讲座与论坛较少，研究生较少有机会领略科学发展历史上学术大师的道德风范与人格品质，不能满足研究生道德素质提升的需求。研究生难以接受道德榜样与道德模范的熏陶，导

---

[1] 毛家瑞著：《素质教育论》，人民教育出版社1993年版，第27页。
[2] 江新华著：《学术何以失范：大学学术道德失范的制度分析》，社会科学文献出版社2005年版，第30页。

致研究生道德品质陶冶、道德意志锻炼、道德人格确立和道德习惯养成都存在一系列问题。在面对道德选择时，没有能力区分不同利益主体的关系，尤其是少数研究生在价值取向上出现偏失，学术道德低下、学术理想虚无，在科学研究中急功近利，出现了伪造实验数据，抄袭、剽窃他人的科研成果等问题。

课题组的访谈结果也呈现出类似的问题：有研究生院领导指出，当前研究生学术道德素质一般，存在很多学术道德违规的现象，一方面是研究生自身修养问题，另一方面，更主要的原因是当前培养环节忽视了对研究生学术道德素质的培养和完善，研究生对于自身的学术道德要求不高，因此，有必要加大对研究生学术道德素质的培养力度。

（2）对心理素质完善的影响。心理素质是个体心理的一种状态，是兴趣、需要、动机、情感、意志等因素有机结合的整体，可以通过情绪稳定、行为适度、意志健全与人际关系和谐等几个方面表现出来。良好的心理素质应该是个体心理素质达到稳定和谐的统一，具备积极的心理状态和良好的心理品质，使个体的发展能适应不同主体发展的需要。要想实现学术的目标，没有良好的心理素质是不行的。积极的心理素质能够帮助研究生克服内外各种因素的干扰，迎接挑战，对研究生学习与工作等活动产生重要影响，成为学术事业前进的主要推动力。芝加哥大学教授布斯认为："学术水平首先不是与成就清单相关，而是与个性品质有关。当然，标准与程序很重要，但更重要的是坚忍不拔、创造性、谦逊和正直，所有这些才是学术生活的真正核心。"[1] 研究生将来能否成为有用之才，很大程度上取决于其自身的心理素质，研究生在未来发展成长过程中，必须以良好的心理素质为前提。

课程在引导研究生心理健康方面能够起到巨大的作用，是完善研究生心理素质不可忽略的有效资源。当前，我国研究生教育课程结构当中，有关心理素质完善的内容较少，过于偏重学术性，从而导致研究生很难从课程方面获得心理安抚。研究生也不了解自身心理发展的规律和特点，不能够掌握心理自我调控的方法，难以解决生活学习中遇到的心理问题。尤其是当前研究生面临着很多心理压力，例如，学习压力、就业压力、生活压力与经济压力等，使研究生产生焦虑不安，并演化成心理负担。冯蓉对工科专业研究生心理压力进行了调查。"认为自己有心理压力的研究生占总人数的56.7%，认为自己有着较大的心理压力占总人数的29.9%，只有13.4%的研究生认为自己没有明显心理压力。"[2]

另外，我国研究生教育课程结构过于偏重知识性，对于在研究过程中如何培养学生勇于奉献、淡泊名利、持之以恒、不畏学术权威、敢于创新、树立学术自信等心理品质非常不够。

---

[1] 杜作润、高烽煌著：《大学论》，四川教育出版社2000年版，第440页。
[2] 冯蓉：《对工科专业研究生心理压力的访谈研究》，载《当代教育论坛》，2011年第6期。

（3）对创业素质完善的影响。创业素质是个体在创业实践活动中全面表现出来的身心要素水平，它是创业者进行创业所必须具备的基本素质。创业素质包括创业意识与创业精神两个方面，"创业意识是人们从事创业活动的出发点与内驱力，由创业需求、动机、理想、信念、价值观和世界观等组成。创业意识支配着人们对创业实践活动的态度与行为，规定着态度与行为的方向和强度，具有较强的选择性和能动性。"① 创业精神主要包括与创业相关的意志、兴趣和作风等因素，坚定的创业意志、浓厚的创业兴趣、顽强的创业作风是必备的创业精神。有学者总结出了成功创业者的特质，"积极主动、执著、亲自寻找信息、发现和利用机会、注重效率、系统地计划、有独创的解决问题的方法、有自信心、预测风险、有决断力、有说服力。"② 这些特质都是创业成功必备的素质。

由于研究生教育规模持续增加，研究生就业难度也在相应增大。研究生创业应该成为研究生未来就业的选择路径之一。但是从现实来看，创业成功率较低、持续性较差一直是我国研究生创业的主要问题，除了客观环境因素之外，最主要原因还是研究生自身并不具备相应的创业素质。尽管政府与社会各界非常支持研究生自主创业，但如果研究生本人缺乏创业素质，没有动力或根本不知道该如何创业、兴业，研究生自主创业也不可能实现。

国外研究生教育比较重视创业素质的培养，通过多种形式的课程，推进创业素质的形成，所以，相当多的研究生都会以创业作为未来发展的一种选择。"目前美国已经有至少400余所大学开设了创业教育，其创业课程达2 000门之多，已基本形成较为完善的课程体系。课程内容涵盖创业构思、融资、设立、管理等各方面。一项研究调查表明，有23%的大学在研究生教育中开设企业创业课程，38.7%的大学同时在本科和研究生教育中开设至少一门创业课。美国最优秀的上市公司与高新技术企业老板有86%接受过创业教育。"③ 美国的硅谷聚集了大量的计算机、信息技术、电子半导体等方面的高技术公司，很多都是由研究生创建的。例如，惠普公司创始人之一的休利特就是斯坦福大学的研究生，毕业后，在老师特曼的帮助下，创建了惠普电脑公司。

国内研究生教育对于创业素质的培养比较欠缺，尤其在课程结构中，很少有关创业素质培养的课程。在当前研究生课程计划中，绝大多数高校并没有设置专门具有学科专业特征的创业课程，有关创业素质主题讲座也不多，没有能够很好地将创业素质培养融入课程体系，从而使得我国研究生创业素质处于比较低的层次与水平。有学者等对浙江大学827名在校研究生进行问卷调查，描述了研究生的创业意识、创业动机、创业优势和困境等状况，发现"面临不乐观的就业前

---

① 彭钢著：《创业教育学》，江苏教育出版社1995年版，第87页。
② 共青团中央等主编：《大学生KAB创业基础》，高等教育出版社2007年版，第131页。
③ 钱广、汤富荣：《高校开展研究生创新创业教育的若干思考》，载《四川教育学院学报》，2011年第9期。

景，研究生有一半左右考虑过创业。但想法多，实践少的现象明显，有42.8%的研究生有创业的想法，但还没有真正付诸行动，真正付诸行动的只有7.3%。研究生中有85%的人认为高校开展创业教育重要和非常重要。研究生认为从学校的角度应该给学生开设讲座、咨询和创业培训的有279人，从学生角度认为应该积累专业和创业相关知识的有330人。"[1]

访谈结果显示：当前我国研究生当中，具有创新想法的人数还是不少的。但由于缺少相应的创业素质，很少会有研究生真正自主创业。而研究生也普遍希望能够增加与创业相关的课程，特别是增加一些有关创业的讲座，提升自己的创业素质。

总而言之，研究生不仅要具备坚实的专业理论知识，强大的科研能力，同时更应具备优秀的综合素质。所有这些因素都与研究生教育课程结构合理程度有密切关系，当前研究生教育课程结构存在的一系列问题极大地制约了研究生知识、能力与素质的培养，亟须进行调整与优化。

三、生源结构问题对培养质量的影响

1. 提高跨学科生源比例有助于复合型人才的培养

随着现代科技的发展，人类对整个世界的认识更加深刻和全面，科学研究出现了高度融合的态势，学科之间的交叉已经成为新的学科生长点。正如克拉克·克尔所言，"知识的发展需要越过学科界限、系别界限甚至学校界限去寻找真理。"[2] 研究生教育主要是培养未来从事科研工作人才的教育，因此加大跨学科研究生的招生力度，增加跨学科生源的比例是非常重要的。

提倡跨学科招收研究生是优化研究生整体素质，培养创新型人才，提高研究生培养质量的重要手段，例如，文科专业招收理工科背景研究生，能改善文科研究生队伍的学科单一化的局面，有利于丰富文科研究生的思维方式，拓宽文科研究生的知识视野，推动不同研究风格的融合并产生创新。大量的事实表明，具有跨学科背景的学者更容易做出创新性的研究成果。"美国研究者曾对1 331位科学家的论文、成果、晋级等做了5年调查，发现这些人大多数以博取胜，很少是仅仅精通一门学科的专才。"[3] "1901～1925年，诺贝尔奖获得者共计74人，具有交叉学科知识背景的人数22人，所占比例为29.73%；1926～1950年，获奖人数88人，具有交叉学科知识背景人数34人，所占比例为38.64%；1951～1975

---

① 龚惠香等：《研究生创业状况调查及创业型人才培养模式探析》，载《浙江社会科学》，2011年第9期。

② 徐丹：《克拉克·克尔高等教育思想研究》，湖南大学出版社2007年版，第12页。

③ 柳洲：《强化我国研究生跨学科教育的对策分析》，载《高等理科教育》，2006年第6期。

年，获奖人数 143 人，具有交叉学科知识背景人数 58 人，所占比例为 40.56%；1976~2000 年，获奖人数 161 人，具有交叉学科知识背景人数 79 人，所占比例为 49.07%。"① 由此可以看出，诺贝尔奖获得者中具有交叉学科背景人数所占的比例持续提升，这也说明交叉学科与杰出人才培养之间的关系越来越紧密。从单一的诺贝尔奖获得者成长经历来看，"著名物理学家卢瑟福先后取得文学学士、文学硕士及理学学士三个学位，但他获得的却是诺贝尔化学奖；1902 年，诺贝尔生理学和医学奖得主罗斯是一位医学博士，但他有较深的数学、物理学造诣，曾主编过《科学进步》杂志，同时具有较高的文学素养，出版过诗集和小说；100 年来先后获得诺贝尔生理学和医学奖的科学家中，近 80% 都曾取得非医学的学位，如 1969 年获奖的德尔布吕克，他开始学的专业是天文学，后转读天体物理，最后又投身生物学；1978 年，诺贝尔经济学奖得主赫伯特·A. 西蒙，在政治学、经济学、心理学、管理科学、计算机科学、科学哲学等诸多领域都有建树，对人工智能、认知科学、信息处理心理学也作出过开创性的贡献。"② 所以，要想提高研究生培养质量，有必要加大跨学科培养力度，而招收跨学科研究生则是一条可行的捷径。

研究生是未来科学研究的接班人与主力军，通过跨学科招生，能够更好地培养研究生的创新意识，拓宽研究生的知识面。跨学科研究生具有传统单学科研究生不具备的优势，跨学科研究生学术视野开阔，掌握不同学科理论；跨学科研究生能够博采众长、兼收并蓄其他学科的方法；跨学科研究生具有交叉学科的知识背景，产生交相辉映、相得益彰的效果。除了方法与知识结构的多元化之外，跨学科研究生还提供了多角度看问题的视角，突破了单一视角下固定的模式框架，有利于激发创新思维，从多角度去思考探索问题；不同的学科具有不同的思维方式，例如，理工科思维方式的逻辑性与严密性，文科思维方式的抽象性与系统性，跨学科研究生能够将不同学科思维方式有机结合，运用到学术研究当中去。武汉大学周叶中教授认为："本科和研究生阶段所学的学科专业不同，是一种天然的跨学科教育，也为后期跨学科培养奠定了坚实的基础。"③因此，增加本科生跨学科报考研究生的比例，招收不同学术背景的生源，有利于克服研究生培养中原有知识的狭隘性，形成不同学科相互融合渗透，使其他学科的知识和方法与本学科进行交叉互补，发生非线性相互作用，从而有利于全方位训练研究生分析理解能力、抽象概括能力以及逻辑思维能力。

总之，多学科交叉合作是当前科学研究发展的方向，现代研究生教育的使命在于为社会发展和人类文明培养复合型高素质人才，而跨学科交叉融合是重大科

---

①③　周叶中：《科技创新与研究生创新能力的跨学科培养》，载《中国高校科技与产业化》，2011 年第 3 期。

②　周叶中：《关于跨学科培养研究生的思考》，载《学位与研究生教育》，2007 年第 8 期。

我国研究生教育结构调整问题研究

研创新的突破点，也是复合型人才培养的制高点。研究生教育也必须顺应这一发展潮流，构建跨学科的招生机制，造就未来复合型创新人才。

2. 提高重点大学生源比例有助于整体上提升研究生教育质量

总体来看，地域因素、院校声誉是影响研究生生源质量的重要因素。发达地区的院校或学校声誉很高的院校，本科毕业于重点大学的生源比例就较多，而地方院校、西部地区和民族地区的高校，研究生群体中来源于重点大学的生源比例非常少。以地处北京的首都经济贸易大学为例，该校每年来源于"985"、"211"工程大学的生源比例为25%左右。① 这一比例较之于西部地区或民族地区的重点高校有过之而无不及。以"985"工程大学兰州大学为例，来源于兰州大学以外的"985"、"211"工程大学的生源平均每年仅有5%。②

促进学生的跨校流动，尤其是提高研究生生源中重点大学本科毕业生的比例，不仅有助于提升研究生的生源质量，也有助于研究生培养质量的普遍提升。生源质量的好坏，决定了研究生培养质量的基础和可能。同时，促进跨学校的生源流动，尤其是使一般高校的研究生生源也能有很大比例来自重点大学，对于促进这些学校的发展具有巨大的推动作用，也有利于多元化学术生态的形成。

3. 国际化生源结构问题的影响

随着全球化时代的到来，社会对国际化人才的依赖程度不断增加。时代发展要求培养出的研究生应该具有全球化的视野，具备参与国际竞争的能力。在研究生教育国际化的进程中，生源的国际化是一项重要内容，也是衡量研究生教育国际化的重要指标。当今世界各国都把生源国际化作为研究生教育发展的重要工作来做，美国作为当今世界研究生教育强国，在很大程度上是与能够利用其优厚的经济条件，吸引世界各地青年来攻读研究生密切相关的。大批优秀人才汇聚在美国高校中，推动了美国研究生教育飞速发展，曾任美国哈佛大学文理学院院长达11年之久的亨利·罗素夫斯基指出，"一流大学应得天下英才而育之，当大学校园中有相当数量的海外留学生时，学校的教育思路和眼界会更开阔，教学和科研水平会更高。"③

扩大研究生教育国际生源比例，对于我国研究生培养质量提升具有较大的促进作用。一方面有利于国际化人才的培养，留学研究生，尤其是来自国外一流大学的学生往往具有较高的学术水平，在本科期间就已经接触到很多新的学术思想与科研课题，体现出较强的创新思维与实践技能。我国研究生通过与留学研究生的科研合作，在很多方面都能够学习新的东西，留学研究生的到来客观上促进了

---

① 方文心：《提高研究生生源质量的对策与方法——首都经济贸易大学研究生生源质量分析与研究》，载《北京航空航天大学学报（社会科学版）》，2007年第12期。

② 董世平，徐国英：《硕士研究生招生中的优秀生源选拔——兰州大学提高硕士生质量、改善学缘结构的探索与实践》，载《发展》，2010年第4期。

③ 刘小军：《研究生层次外国留学生培养的几点思考》，载《学位与研究生教育》，2006年第7期。

我国研究生培养水平，带动了研究生培养质量的整体提升；另一方面，扩大国际生源比例有利于增进我国研究生跨文化的体验机会。但是由于经费限制，不可能所有研究生都有机会前往国外访学交流，而留学生的到来，某种程度弥补了这一不足，使得我国研究生在国内也能通过跨文化交流体会到不同国家的学术文化，理解文化差异，这对于研究生未来国际化的学术发展具有积极促进作用。另外，国际化的人才应该具有国际化意识与视野，具有流利的外语能力，而留学研究生的到来，能够推动我国研究生外语能力的提升。

相比于国外发达国家，我国研究生教育生源国际化步伐较慢，国际化生源比例不高，导致研究生普遍缺乏全球意识以及跨文化学术交流的能力，这在一定程度上制约了研究生培养质量的提高。所以，研究生教育有必要以开放的心态，积极的态度加大研究生招生国际化的步伐，以国际化的视角重新审视与定位研究生招生工作，确立开放式招生制度，面向世界广泛招收生源，从而推动人才培养国际化目标的实现。

第四节　我国研究生教育微观结构问题的原因分析

一、导师队伍结构问题的原因分析

1. 人事管理权力过于集中

当前，我国高校研究生导师队伍人事管理权力过于集中，其他多元主体的权力难以得到充分体现，这在部分程度上造成了导师结构问题。

首先，高校内部学术权力相比行政权力处于弱势地位。有学者调查了约100所高校的学术委员会、学位评定委员会、教学委员会成员，指出"我国各高校的学术委员会等学术权力机构表面上看是由教授们组成，但若无行政背景实际很难进入，究其实质还是行政权力披上了学术面纱在进行控制和管理。学术性事务是否需要教授参与以及在多大程度上让教授参与，往往随行政权力拥有者的喜好和意图而定。从组织形式看，高校各学术权力机构简单套用行政管理办法来进行学术管理。从成员产生看，是任命而非选举，各学术权力机构成员的产生是自上而下，而非自下而上，不是由教授民主推选出来代表大家履行职责。"[1] 这一现象同样也存在于研究生导师队伍人事管理权力结构中，当前高校研究生教育导师队

---

[1]　李海萍：《高校学术权力运行现状的实证研究》，载《教育研究》，2011年第10期。

伍人事管理表面上受行政权力与学术权力控制，这两种权力分别属于行政管理部门与教授委员会。但由于教授委员会的掌控者往往同时既是教授又兼具行政职位，教授委员会成员很多都是由具有行政职位的"双肩挑"教授组成。因此，导致学术权力出现了行政化的倾向。

其次，在导师招聘过程中，高校外部同行专家和研究生的权力没有得到很好的体现。同行评估是国外高校教师招聘中经常运用到的方法，在教师聘用的过程中，由校外同行专家根据申请人所提供的科研成果，对申请人是否具有岗位职责所需的能力进行综合评价判断。申请人只有得到同行的认可才能符合学术界公认的要求。尽管国内部分高校在职称评审方面已经采用了同行评议，例如，《江苏省高等学校专业技术职务评聘工作意见》规定，申报副高级职务任职资格者，须将两篇（部）及以上代表作送两名具有高级职务的在职同行专家鉴定（至少一名为校外专家）。申报正高级职务任职资格者，须将三篇（部）及以上代表作送三名具有正高级职务的在职同行专家鉴定（至少两名为校外专家）。但是在教师招聘的过程中，这一做法并没有得到广泛运用，导致同行专家的权力没有得到体现。即使少数高校在教师招聘中采用同行评议，同行专家范围也比较有限，主要集中在国内专家。另外，研究生作为受教育的主体应该有权对导师的招聘发表意见和观点，尤其是对于申请人试讲阶段的表现更是具有发言权，但是，在研究生导师招聘决策过程中，极少看到研究生的身影，研究生权力明显缺位。

再其次，在导师评价考核过程中，研究生权力还体现得不够。由于我国教育理念滞后，研究生很大程度上处于被教育的地位，自身主动性不强，对于权力的需求不明显，同时，各方对于研究生权力的认可度明显偏低。尽管国内一些高校开展了研究生评教的活动，但是，这种评价仅仅集中于对导师的课堂教学能力评价，与本科生评教差别不大，不能够反映研究生教育的特点。研究生评价对象应该更集中于导师的指导能力方面，而当前这一类的评价权还处于高校研究生管理部门手里，研究生的权力没有能够得到体现。

最后，社会权力在导师队伍人事管理权力结构中的参与度很低。从国外的经验来看，社会权力参与主要是通过捐赠实现的，捐赠一般都指明了资金的用途和方式，而且对于资金的使用过程还实行了一定的监控，如牛津大学规定当捐赠用于增加教师岗位时，应将招聘和任用过程告诉捐赠者。[①] 国外高校的社会捐赠资金中有相当一部分是用于教师岗位设置的，而这些岗位的设置必须遵循捐赠者具体意愿，这也可看成是社会权力对于教师队伍调整的参与。相比之下，我国高校来源于社会的经费远远不够，尤其是缺少社会力量捐助教授职位，导致社会权力在导师结构调整中的作用不明显。随着社会主义市场经济的发展和研究生教育规

① 谷贤林、王砾：《英国高等教育捐赠主体、制度保障与回馈方式分析》，载《比较教育研究》，2011 年第 10 期。

模的扩大，研究生教育发展越来越离不开社会力量的支持与帮助，缺少社会权力的研究生导师人事管理权力体系是不完整的。因此，有必要将社会权力看成是研究生教育的一个主体，广泛吸收社会捐赠，给予其充分参与研究生导师队伍结构调整的权力。

2. 人事制度不够完善

当前人事管理制度方面存在的问题制约了导师结构的改善与优化，影响了研究生培养质量，具体表现在人事管理制度滞后和建设制度缺乏长远规划以及缺乏导师的分流制度三个方面。

（1）人事管理制度滞后。高校治理制度建设最根本的是建立现代大学制度，但我国高校现代大学制度建设普遍比较滞后，包括人事制度建设，集中体现在两个方面：

首先，当前导师队伍的管理中，行政权力甚至政府权力过大而学术权力薄弱。我国高校导师队伍建设很大程度上普遍受到人事指标限制，高校人事指标又受政府主管部门"人事编制"的刚性约束。而院系在调整和建设本学科师资队伍的过程中，又极大地受到学校人事部门的"指标"限制，包括人才招聘指标、职称晋升指标等，各种"指标"严重制约了学科和院系师资队伍建设的主动性和能动性。需要进的人进不来，不需要的人又出不去，存量限制增量的惯性比比皆是。虽然导师队伍建设表面上受行政权力与学术权力控制，但学术权力（教授委员会等）的行使往往受制于行政"指标"而无法真正发挥作用。

其次，随着我国经济的发展，政府越来越有能力投资于高校师资队伍建设，各种人才"工程""计划"如雨后春笋般地出现。本来政府投资于高校教师队伍建设是极大的好事，但在实际执行工程中，由于我们的评价指标导向过于偏向学术 GDP，加上一些不良社会风气的影响，导致通过这些"计划"、"工程"入选的导师良莠不齐，名不副实。更为严重的是，在各高校争相引进各种"人才"的同时，忽视了教师队伍结构的优化。

（2）人事建设制度缺乏长远规划和协调。从教师招聘制度上看：目前高校各种"人才计划"和"工程"非常热闹，但往往彼此缺乏协调，甚至出现了无序竞争，对师资队伍建设本身并没有起到根本的改善作用。从教师建设制度来看，往往缺乏科学的规划尤其是地方高校这一现象比较突出，反正有指标就用，不用则担心过期作废，导致教师引进针对性不强，缺乏国际视野，对优秀学者信息收集不够，未能主动识别和引入自己需要的人才；此外，兼职导师招聘方式单一，未能充分发挥行业协会的作用，兼职导师来源往往集中于少数与高校有协作关系的企事业单位，从而导致兼职导师来源渠道不够宽广，尤其是一些新成立的科技型企业的导师资源未能有效利用。

从导师培训制度来看：缺少必要的培训环节，特别是一些新任导师，往往是一评上副教授就开始招收研究生，实际上他们自己也不过博士毕业 2 年左右而已，缺乏必要的培训环节。

（3）导师分流制度缺失。我国高校长期以来受计划经济影响较大，导师队伍管理带有浓厚的封闭性。人事管理制度改革相对滞后，研究生导师队伍固化现象比较突出，使得导师队伍自身活跃程度下降，导师终身制导致能上不能下的问题，一旦成为研究生导师，通常一直保留到退休。对于绩效不佳的导师，既不能将其分流出导师队伍，更不能将其分流出高校，造成一些水平不佳教师停留在导师岗位占据编制，导师队伍低水平存量比重过大，导师队伍结构优化难度很高。

另外，高校教师人才市场及其配套措施建设滞后也是影响分流的原因，我国现有的社会保障体系不健全，缺乏全国性的高校教师人才市场，中介服务机构体系尚未建立，导致分流的下游渠道不畅，市场机制在高校教师分流上并未发挥应有的作用。

二、课程结构问题的原因分析

课程的生成系统实际上也就是影响课程结构形成的根源系统，这一系统涉及因素众多，本节主要从课程价值取向、课程权力与课程制度三个方面进行论述。

1. 课程价值取向单一

课程设计在一定程度上反映了某种价值取向的意蕴，代表着相应价值取向的目标。价值取向直接或间接地对课程设计产生重要影响，无论在任何层次的教育中，其课程设计者在进行课程决策时，必然要受到价值取向的影响，并不自觉地将这种价值取向体现到课程结构调整当中。

（1）研究生教育课程的三种价值取向。

①学科本位价值取向。"学科本位的课程价值观主张课程的基本功能是传授、研究和运用知识，课程设置要根据知识的分类和逻辑来进行，以满足学问与技艺等系统知识发展需要为根本价值取向。"[1] 学科本位价值取向在研究生教育课程中表现得特别明显，由于研究生教育更加强调知识性，对于高深知识掌握要求更高，课程设计者认为学科知识高于一切，课程结构必须要能够体现学科知识的完整性，通过设计合理课程结构加深研究生对于知识的理解和掌握。学科本位的价值取向是想将学生培养成学术型人才，这一价值观与整个研究生教育发展史十分吻合。从柏林大学开始，就强调高深知识的重要性，霍普金斯大学的研究生教育更突出学科知识的重要地位，这一传统一直延续至今。

当前研究生教育课程设计中占据主导地位的价值取向就是学科本位，虽然在研究生教育其他领域可能会出现不同的主导价值取向，但是在课程设计领域，学科本位价值取向还是主旋律。学科本位的课程价值取向表现为课程设计偏重于学

---

[1] 埃利斯著，张文军译：《课程理论及其实践范例》，教育科学出版社 2005 年版，第 36 页。

科模式，以学科发展为基础，服从于学科自身发展的倾向性，注重传授现有学科的经典知识。在课程设计过程中，学科本位价值取向注重必修课程，忽视选修课程，因为必修课更加能够体现知识的系统逻辑顺序，是以知识为导向的课程，而选修课程不能体现出知识的发展脉络。

②学生本位价值取向。学生本位价值取向强调个体的价值高于其他价值，重视学生个性发展需要，把学生发展作为课程设计的根本目的。学生本位课程价值取向注重研究生个性全面化的生成，强调课程对研究生个体在德智体美等方面的促进作用。全面发展并不是指平均发展，也不与个性发展相矛盾，是在尊重学生个性发展的前提下，各个方面都得到发展。正如哈佛大学原校长埃略特所言："每个学生天生的爱好和特殊才能都应该在教育中受到尊重，只有充分发挥学生独特才能的课程，才是最有价值的课程。"①

学生本位课程价值取向强调研究生作为人的自由，认为研究生理智的训练、心智的完善，比起其他目的更重要。要求通过课程训练研究生心智理性的和谐，尊重与满足研究生个体差异的需要，着重发展研究生个人的潜力和兴趣。学生本位课程价值取向注重全面优化研究生的认知、智力、意识和感悟等多种形式，不仅激发研究生的智慧与个人责任感，而且丰富研究生的情感，使得研究生对学习产生全新的感受，为培养研究生多样化的个性提供坚实的课程基础。

③社会本位价值取向。社会的发展与延续离不开教育系统中课程的支持，通过课程设计，传达与倡导社会意志，从而促进政治、经济与文化的发展。柏林大学前校长费希特是社会本位课程价值观的代表人物，他提出课程必须为国家利益服务的口号，把为社会的政治、经济、科技等的服务作为课程宗旨。同样，阿普尔也认为"课程是政治的、经济的和文化活动的产物，是不同阶级、种族、性别和宗教群体之间权力斗争和妥协的结果。"② 社会本位课程价值取向从社会发展出发设计课程，侧重于课程对国家利益与社会发展的促进，指出教育是社会的一分子，课程又是教育的有机组成部分，课程有义务敏感地反映统治阶级与社会对教育的各种要求，依据国家与社会需要的满足程度评价课程设计的质量。课程必须与社会发展紧密联系在一起，必须依据一定的社会环境与条件，设计合理的课程结构，突出反映现代科技的发展需求，把满足社会需要视为课程的重要价值目标。

（2）研究生教育课程价值取向问题。陈学飞指出，"在研究生课程建设中除了重视课程的设置及结构等外，更重要的是要明确课程建设中的理念问题。"③因此，明确课程价值取向是设计课程的首要工作。研究生教育内外部环境的发展要求研究生教育课程价值取向必须保证多元化：首先，整个社会环境发生变化，

---

① 罗尧成：《中国大学课程结构改革研究》，中南大学硕士学位论文，2002年，第78页。
② 阿普尔著，黄忠敬译：《意识形态与课程》，华东师范大学出版社2001年版，第67页。
③ 陈学飞：《质量是研究生教育的生命线——北京大学高等教育学科研究生培养的工作报告》，载《现代大学教育》，2002年第4期。

尤其是国际经济、科技竞争日益加剧，要求研究生课程更好地适应社会的需求；其次，研究生自己成长也需要课程提供相应的支撑，教育的本质是培养人的活动，相对于社会本位价值取向，学生本位价值取向更强调通过为研究生提供多元化的课程养分，提高研究生的综合素质，促进研究生能够持续进步，不断迎接未来的挑战；最后，研究生教育既包括硕士研究生，也包括博士研究生，既包括学术型研究生，也包括专业型研究生，这些不同层次类型的研究生必须按照多元化的课程培养，单一化的课程价值取向不能够适用于所有的研究生。任何试图从单一角度来看待研究生教育课程价值取向的做法都是有失偏颇的，课程主体必须在多重价值取向中整合出合乎现实发展的价值取向，也就是综合性价值取向，才能够符合研究生教育未来发展趋势。

当前，我国研究生教育课程三种价值取向之间没有能够形成合理的结构，具体表现在以下三个方面：

第一，当前主导我国研究生教育课程的价值取向是学科本位（知识本位），学科本位的价值取向侧重理论知识传授，忽视了能力与素质的养成与熏陶，课程内容因循守旧，与社会需求脱节，难以满足研究生个人未来长远发展的需求。同时，研究生教育课程沿袭传统的分科课程结构，以学科划分为界限，割裂了学科知识的内在联系，强调学科知识的系统性和相对独立性，虽然有助于学生深入掌握某一领域的学科知识，但是知识过于专门化，跨学科课程少，实践形式单一，降低了研究生对事物全面性与整体性认识。

第二，学生本位价值取向没有深入人心。大多数的研究生没有意识到自己的课程权力，长期处于顺从状态，习惯于根据既定的课程学习，主张自己课程权力的意识不强。和本科生相比，研究生课程主体意识更弱。研究生的主体性课程需求没有得到张显，研究生个人的发展也不在课程设计的考虑范围之内，很少从研究生自身发展的需求出发设计课程，忽视了研究生自身技能与素质的培养。

第三，社会本位价值取向范围局限。当前研究生教育中，为社会服务的呼声日益高涨，研究生教育多个领域和社会的联系也逐渐紧密，但是在研究生教育课程领域，研究生教育管理者没有意识到课程社会本位价值取向的意义，课程体系对社会的开放性不够，封闭性太强，社会本位的影响在课程设计过程中没有得以足够的体现。

总之，课程价值取向单一是制约课程结构的一个重要因素，课程价值取向作为一种思想观念，对于研究生教育课程结构调整具有导向功能，能够强化课程主体对课程结构的价值判断，并影响研究生教育课程结构设计。单一化课程价值取向是当前研究生教育课程价值取向最大的问题。课程价值取向整合化是现代研究生教育课程发展的潮流，实现研究生教育课程价值就要在全面分析课程属性的基础上，体现多方主体的需求，从而对课程结构进行设计。

2. 课程权力过于集中

"课程权力是根据一定的目的来影响课程行为的力量，依靠这种力量可以在课程方面造成某种特定的结果。课程权力主要包括课程政策制定中的参与权、课程决策权、课程专业自主权以及课程实施权等。它具体体现在课程设置计划、课程标准的制定以及课程内容的选择优化过程当中。"① 本书认为课程权力是在现行教育法规和课程政策范围内，课程主体在对课程进行设计或实施的过程中所拥有的影响力，这种影响力代表着一种权威，能够影响课程设计行为与设计结果。

高效率的课程运行有赖于多元课程权力共同维系，课程权力必须在诸多主体之间寻求平衡。过于满足一方的利益必然牺牲了其他主体的利益，课程权力不能过于集中，必须有效均衡，通过多方协同合力，共同勾勒出课程设计的未来愿景。但当前研究生教育课程权力问题制约了课程结构的优化。

（1）课程权力过于集中。当前在我国研究生教育内部，课程权力模式是在校长领导下，研究生院（处）、学院（系）、学科与任课教师各自享有一定的权力，该模式中包括行政权力与学术权力，研究生院（处）是行政权力代表，学科与任课教师是学术权力代表，而学院（系）则处于两种权力中间，在管理形式上属于行政权力，但是与学科具有天然的亲近性，院系负责人一般都是由学科带头人担任，所以又具有学术权力属性。因此，学术权力与行政权力是当前我国研究生教育课程的主要权力。

在课程设计过程当中，行政权力的作用方式一般通过指令来完成，行政权力的目的是保证方针政策贯彻执行，保证课程设计整体目标的实现。研究生教育课程设计中存在着一个行政权力系统，用于维护课程设计的有效性，迅速地贯彻设计方案。在研究生教育内部，行政权力对课程设计主要是总体性指令，常常通过制定专门的课程章程来完成权力运行，对于课程设计行为进行鼓励或限制。由于行政权力的局限性，不可能对所有学科知识都非常了解，所以行政权力一般不涉及具体的课程设计内容。学术权力来源于学科高深知识，"专业的和学者的专门知识是一种至关重要的和独特的权力形式，它授予某些人以某种方式支配他人的权力。"② 学术权力对课程设计的影响比较微观，主要集中于学术委员会以及教师层面，包括本学科课程科目的种类、课程之间的比例、某门课程内容的比例、各课程的学分与时间分配、课程的标准与评价方式等。

课程设计由谁来决策直接关系到课程设计的质量。不同的权力立场对于课程设计的效果影响也不同，当前课程权力存在主要问题之一就是课程权力过于集中，没有充分体现多元课程利益主体的代表性。克拉克认为"过于集中的权力成为高等教育系统运转过程中的最大危险。对权力的任何形式的垄断只能体现部分

---

① 郭德侠：《研究生的课程权力亟待加强》，载《学位与研究生教育》，2007 年第 1 期。
② 伯顿·克拉克著，王承绪等译：《高等教育系统——学术组织的跨国研究》，杭州大学出版社 1994年版，第 121 页。

团体的利益和观点，而其他团体的利益却遭到了排斥。[①]" 研究生教育课程的利益相关者不仅包括行政管理者与学者，而且还包括研究生、社会用人单位等主体。当前研究生教育二元制的课程权力几乎完全掌控了整个课程设计的全过程，行政权力与学术权力各自从自身利益出发，将其利益诉求反映到课程结构设计上，其他主体的权力没有机会得到充分体现与反映。这是不合理的，也是不利于课程结构优化的。

（2）学生权力不够。联合国教科文组织在《21 世纪的高等教育：展望与行动世界宣言》中明确指出，"把学生视为高等教育关注的焦点和主要力量之一，应当在现有的制度范围内通过适当的组织结构，让学生参与教育革新（包括课程和教学法的改革）和决策。"[②] 提升学生课程设计参与程度是当今世界教育改革的潮流。格伦·哈斯（G. Hass）认为，"学生最有权利来解释现行课程中的优点和缺点，他们对课程的反应至关重要，当学生参与到课程规划与评价中时，学习的效果就会大大提高。"[③] 如果学生不具备课程权力，只能被动接受课程决策的结果，自己的利益需求将难以得到反映，学习的效果也很难得到提高。

目前，在我国研究生教育课程设计中，学生课程权力基本处于缺失状态，很少有研究生能够对课程结构设计发表观点，参与讨论表决。"学校和院系决定着某个专业开设哪些课程，必修课和选修课的比例如何，总学分的要求等。而任课教师具体决定所教课程的内容和教学的方式。研究生的课程权力是极其有限的，他们既无权参与自己的课程设置，又无权决定课程内容。"[④] 在这样的背景下，学生课程权力的合法性得不到保障，主体地位受损和话语权缩微，退居课程权力的底层，"这既不利于学生的发展，也影响课程变革的进程。"[⑤]

（3）社会权力缺失。研究生教育是一国竞争力和创新力的基石。研究生教育发展必须和社会发展紧密联系，按照社会要求培养高素质人才，根据经济、科技和文化发展需求开设相关课程，使得研究生适应未来职业的需要，更好地融入社会，成为社会有用的人才，体现研究生教育的社会责任。因此，研究生教育有必要考虑用人单位的需要，通过吸收用人单位参与课程设计，将其意见融合进课程设计的全过程。

尽管当前研究生教育已经意识到社会需求的重要性，但在研究生教育课程领域，社会力量尚未真正进入，社会权力依然游离于课程权力之外。学校内的课程

---

① 伯顿·克拉克著，王承绪等译：《高等教育系统——学术组织的跨国研究》，杭州大学出版社 1994 年版，第 306 页。

② 赵中建编：《全球教育发展的研究热点——90 年代来自联合国教科文组织的报告》，教育科学出版社 2003 年版，第 417 页。

③ 弗雷斯特·帕克，格伦·哈斯著，谢登斌译：《课程规划——当代之取向》，浙江教育出版社 2004 年版，第 393 页。

④ 郭德侠：《研究生的课程权力亟待加强》，载《学位与研究生教育》，2007 年第 1 期。

⑤ 李宝庆：《学生参与课程决策》，载《全球教育展望》，2009 年第 10 期。

设计者对于课程领域向社会开放心存疑虑，认为社会需求与课程学术性会产生矛盾，故在具体决策过程中将用人单位排除在课程权力之外。同时，大多数教师把课程设计看成是专业人士的领地，不愿意自己的领地受到"侵犯"。因此社会力量的课程权力没有得到根本的重视，用人单位难以参与课程标准的制定与课程教学计划的修改。

由于缺少社会权力的参与，研究生课程内容中缺少生产新技术、新工艺，课程与实践脱节，课程结构不能反映社会发展变化和职业岗位需求，从而难以有针对性地培养出社会发展亟须的人才。"另外，社会力量自觉意识和行为的缺失也是导致参与不够的重要原因。社会力量对自身的发展历程和规律尤其是对当下与未来的课程变革没有充分的认识，以务虚的态度和非前瞻性的眼光来分析、处理课程问题，缺乏自主能力。它们对自身有没有课程权力、有哪些权力、怎样运用这些权力等问题没有清醒的认识，很难通过出色的权力行为来推动和引领课程变革。"[1]

总之，研究生教育课程权力应该是一个多元权力的综合体，各种权力之间相互作用、相互渗透、实现均衡。课程设计除了要从行政权力和学术权力出发外，还需要从研究生个人的发展、社会对毕业生的需要出发，体现社会与学生的要求，寻求多方权力主体之间的微妙平衡关系，建立具有现实指导意义，符合研究生教育课程发展方向的多元权力治理结构，将多种权力在研究生教育课程设计中的作用发挥到最佳状态，推动课程结构的不断优化。

3. 课程保障与激动制度不完善

"课程制度是学校共同遵守的，落实课程计划和课程方案，有效促进学校课程实施与课程开发、课程管理与课程评价的一系列规程和行为准则，是学校实现课程自主更新的机制。"[2] 当前研究生教育课程制度问题主要有三个方面：一是保障制度问题，也就是没有能够建立起保障课程价值取向整合与课程权力多元化的制度；二是评估制度问题，没有能够制定出针对课程设计的监督评价制度；三是激励制度问题，也就是对课程权力主体的激励程度不够。它们制约了研究生教育课程结构的优化。

（1）课程保障制度问题。前面提到的课程价值取向与课程权力问题，更多的是形式上的问题，也就是"实然"状态与"应然"状态之间出现了差距，未能达到理想化的状态。但是，如果拨开现象看本质，可以发现问题的根源还在于缺少相应的制度来保障。从制度层面看，无论是课程价值取向整合还是课程权力多元化，都缺少相应的制度作为支撑。

（2）课程评价制度问题。评价是进行课程设计、提高课程质量的基础和重要

---

① 罗生全、靳玉乐：《社会力量：课程变革的第三领域——种基于课程权力的有效参与》，载《中国教育学刊》，2007年第1期。

② 郭元祥：《学校课程制度及其生成》，载《教育研究》，2007年第2期。

保证，"课程评价是教育评价的重要组成部分，它是在系统调查与描述的基础上对学校课程满足社会与个体需要的程度做出判断的活动，是对学校课程现实的或潜在的价值作出判断，以期不断完善课程，达至教育价值增值的过程。"① 课程评价是研究生教育有效控制研究生课程质量的关键手段，但是，研究生课程的复杂性决定了课程评价绝非容易的事情，必须通过制度化的手段保障课程评价的程序与结果的有效性。当前，研究生教育课程评价制度并不完善，缺乏科学性和可操作性，从而导致课程结构存在许多不合理之处。

首先，评价主体单一。评价是多元主体共同参与的活动，多元主体参与有利于扩大课程评价的范围，将利益主体所关心的内容纳入评价指标中。参与课程评价的人员应该来自不同的利益主体，从不同角度对课程进行评价从而促进课程的发展。长期以来，我国研究生教育没有形成促进多元主体共同参与的课程评价制度。研究生教育课程评价基本上是以高校内部人员为主体，采用自上而下的评价路径。虽然基层教师享有部分课程设计权力，但是却被排除在课程评价体制之外，研究生参与课程评价兴趣没有得到调动，社会力量在课程评价信息获取、利益表达方面存在明显失权现象。

其次，评价过程局限。课程结构评价到底评什么、怎么评，在评价制度上没有明确，没有将视野扩展到整个课程结构从制定到实施的过程，对于整个课程结构实际运行状态关注不够，难以对课程结构调整进行有效监控。

再其次，评价信息收集缺乏。和本科生课程相比，当前研究生教育课程评价没有建立信息收集的长效制度，对于课程结构情况缺少关注，课程在运行过程中存在哪些结构性问题，不能得到及时的反馈。特别是学生对课程结构优化所提出的意见或建议缺少信息反馈渠道，难以反馈至课程设计者。

最后，评价结果执行不力。评价结果必须得到有效执行才能有利于改进，当前评价重形式轻执行，评价后的执行没有得到很好的实施，评估报告往往被束之高阁，流于形式。缺少有效的制度监控对评估结果改进的执行，长此以往，必将导致课程评价的威信受到影响。

（3）课程激励制度问题。本书的课程激励制度主要是指激励教师，尤其是任课教师参与课程设计的相关规章制度。任课教师能否有效参与课程设计，既取决于教师的参与动机，也取决于教师的设计课程能力。教师是具有较高文化层次的特殊群体，强调自我价值的实现，对尊重与信任等需要强烈，应该通过设计合理的激励制度充分发挥教师参与课程设计的能动性与积极性，增强教师参与课程设计的能力。教师是学术权力代表，也是课程利益相关者，而且，任何课程决策的执行最终要落实到教师，由教师去实现。另外，教师是课程的具体组织者，是课程改革的直接实践者。如果教师的积极性没有得到充分激发，能力没有得到提

---

① 陈玉琨等著：《课程改革与课程评价》，教育科学出版社 2001 年版，第 137 页。

升，将很难保证课程结构调整的有效性。

总体来看，当前，我国研究生教育还没有建立起一套明确的激励任课教师参与课程设计的制度，尽管有少部分学校制定了相关鼓励政策，但是，也往往流于形式，存在执行不到位的情况；同时，当前研究生教育中教师激励制度存在重科研轻教学的现象，几乎所有的教师激励制度都是围绕科研进行的，无论是职称评定，奖金分配等都主要是依据教师的科研情况，而有关课程教学的内容较少提及。科研是硬指标，课程是软指标，在这一制度导向下，任课教师缺少利益的驱动，参与课程结构调整的积极性不高，教师很难把工作重心放在课程方面。另外，从现状来看，教师课程能力在实际应用中与迅速发展的研究生课程教学改革的要求差距日益加大，很多任课教师缺乏必备的课程设计能力，尤其是青年教师更难以科学合理地设计课程环节，导致课程设计中出现了随意拼凑知识的现象。教师课程能力的发展在一定程度上依靠参与相关的培训。但当前很多高校缺少针对教师课程能力方面的培训，没有能够从制度层面出台相关规定，帮助教师优化与改善自身的课程能力。

综上所述，当前我国研究生教育课程结构问题很大程度上与课程价值取向、课程权力与课程制度的不合理有关。只有解决这些根源性问题，才能真正优化研究生教育课程结构，推动研究生培养质量的提升。

三、生源结构问题的原因分析

1. 政府招生权力过大

当前研究生招生涉及的权力要素很多，这些权力整合到一起，共同影响了研究生招生全过程。有学者根据人力资源和财力资源的投入、收益与执行主体的不同，划分研究生招生利益的相关者，如表 5 - 15 所示。并从权力维度指出"以研究生招生单位为界，外部是基于社会公平监督（国家）和人才质量监督（用人单位），内部是基于学术权力的研究生招生执行方。"[①]

表 5 - 15　　　　　　　　研究生招生利益相关者分类

相关者	人力资源	财力资源
投入者	招生单位导师	举办者（各部委、地方政府） 支付学费的研究生及家长 支付学费的委培企业 招生单位对研究生教育的交叉补助 社会捐赠（奖助学金、奖教金）

①　罗敏：《基于资源配置的研究生招生机制研究》，华中科技大学博士学位论文，2011 年，第 98 页。

相关者	人力资源	财力资源
受益者	研究生 委培企业 研究生就业集中度高的行业企事业单位 研究生就业集中度高的行政区域国家	获得资助的研究生 招生单位导师 培养硬件条件提高的招生单位
执行者	研究生招生计划制定者 （教育部、地方政府、招生单位、院系所）	教育经费预算拨付部门 （发改委、财政部、教育部、其他部委、 地方政府、招生单位）

资料来源：罗敏：《基于资源配置的研究生招生机制研究》，华中科技大学博士学位论文，2011 年，第 98 页。

表 5 - 15 显示：研究生招生过程是一个复杂的系统活动，涉及多方面的权力关系。从当前我国研究生招生权力分布来看，外部权力结构分为若干层次，从宏观上看，我国研究生招生权力主体有三个：教育部、社会和高校。他们在研究生招生过程中分别承担不同的角色。教育部是从我国研究生教育发展整体战略出发，对研究生招生工作进行宏观调控，编制与下达招生计划，检查执行情况等；社会是企事业单位或个人通过设立奖学金，开展联合办学等形式影响研究生招生活动；高校是具体开展招生活动，完成招生计划。在高校内部，研究生招生内部权力又可以进行进一步细分，从上到下依次为学校研究生主管机构（例如研究生院或者研究生处）、二级学院、学科与导师。如此复杂的权力关系需要建立相应的机制进行协调。

国家、高校、导师、社会既是研究生教育利益相关者，也是研究生招生权力的主体，但是这些主体在研究生招生过程中的的权力与利益并不完全匹配，在招生权力的分配过程中，各个主体权力范围具有相当的模糊性，常常造成权力之间的冲突与矛盾，甚至导致招生权力滥用，阻碍研究生招生工作中选拔优秀人才活动的开展。

一方面，政府招生权力过大，形成了招生权力结构重心的不平衡。由于政府是研究生教育资源的主要提供者，所以，政府在当前研究生招生权力结构中占据主导地位，拥有的权力远远超过其他任何利益相关者，从招生计划的制定到最后的录取都是由政府进行控制。

另一方面，除了少数重点高校之外，绝大多数高校在研究生招生上缺乏自主权，无法按照高校自身的发展确定招生计划。高校招生自主权和选拔权得不到落实，选拔权力相对较小，例如，大部分高校都有扩大推免生比例的设想，但是，国家对于推免生比例有严格的规定，高校无法突破国家规定，擅自增加推免生比例，在现有自上而下的研究生招生体制下，改革的尝试难以从基层自主萌生成长。

另外，从本质上看，研究生招生应该采取导师负责制，研究生质量的高低完全由导师个人承担后果，这样既能增加导师自主权，又能增加导师责任感。但是，当前导师招生自主权力不足，导师往往只能就进入复试的考生发表有限的选择权，对于个别确实有发展潜力，但是未进入复试的考生，没有办法录取。

最后，社会在招生过程中的代表性也不够。社会在招生过程中的影响主要体现在社会组织与个人在高校中通过设立奖学金等形式，有针对性地吸引生源报考，例如，设立针对跨学科生源的奖学金，鼓励跨学科生源的报考，设立留学生奖学金，吸引国外优秀生源报考等。但是当前社会参与力度不够，也在一定程度上制约了研究生生源结构的调整。

所以，如何在遵循研究生教育规律的前提下，发挥各个权力主体的积极性，均衡各方权力关系，促使研究生招生向着高效的方向发展，从而选拔出具有创新潜力的高层次人才，是当前研究生招生权力结构调整工作的重心。

2. 招生制度不够健全

（1）跨学科招生制度尚未建立。从制度方面来看，当前我国研究生跨学科招生制度问题很大程度上制约了跨学科研究生招生工作的开展。我国研究生入学考试分为初试和复试，初试科目为外语、政治和专业课，复试则是对研究生专业素质的综合评价。因此，无论是初试还是复试，都强调专业性，侧重于考察研究生专业的知识、能力与素质。现有的研究生招生制度在整体上是以单学科招生为设计依据的，突出对考生专业性的考核。

但需看到的是，当前的招生制度对于跨学科生源报考来讲，却存在相当大的制约。在招生的过程中，跨学科生源也必须和本学科的生源一样，进行同样科目的初试与复试，招生环节缺少设置相应的特殊渠道，为跨学科生源报考提供方便，促进跨学科人才的报考。因此，研究生招生考试的单一性与跨学科报考背景多样性之间产生了冲突，未能从制度方面设计出措施激励跨学科生源报考。

此外，跨学科招生制度不够科学有效，制约了跨学科优秀人才的选拔，影响了跨学科生源比例的提高。一般而言，跨学科生源分为两种，一种是出于对跨学科的兴趣与热爱，打算终身从事学术研究的生源，另一种是完全出于就业等经济利益考虑的生源。从研究生培养来看，第一种生源更有利于培养学术人才，但对于此类生源，如果专业课考试成绩不够，即使是导师想招收，也没有办法实现。在访谈中，很多高校研究生处的老师反映：学校对于跨学科生源的招生几乎没有什么特殊性，不会专门设置跨学科招生计划，一般都是生源过线之后都能录取，不会特别关注这些生源究竟能不能适应跨学科的培养要求。

（2）推免生招生制度尚待完善。在当前以全国统考为主体的研究生招生工作中，由于考生各自的知识结构与素质不同，过于统一的选拔方式很难一次性鉴别出考生的水平，不利于选拔出具有真正潜能的生源。因此，研究生推免作为研究生招生的必要补充形式，具有非常重要的意义，能够在一定程度上避免投机行为，根据考生本科期间的学习成绩、获奖情况等评估考生综合水平，有利于保证研究生生源整体质量。

但是，研究生推免制度存在很多问题，降低了研究生整体的质量。首先，国家层面对于推免资格的管理过紧，一方面限制具有推免资格高校的数量，规定设有研究生院高校、"211 工程"高校以及少数地方重点高校才能享有推免资格，其他高校即使部分学科表现优秀，也不具有推免资格；同时，国家限制推免生比例，设有研究生院高校推免生比例不能超过应届生的15%，"211 工程"高校不能超过5%，其他地方重点高校不能超过2%。这么小的比例，限制了推免生生源的候选人数，造成很多具有潜力的优秀生源不能得到推免机会，导致广大高校难以获得足够的自由度挑选推免生；此外，缺乏科学合理的推免生选拔制度，也会降低推免研究生的质量。经过推荐的生源，大多是等额复试，尤其是对本校推免生复试往往就是走过场，导致推免生源的近亲繁殖现象，不利于吸引外校优秀考生。

（3）留学生招生制度不具有竞争力。当前我国留学研究生制度存在问题制约了留学研究生招生工作的开展，例如，留学生奖学金制度以及招生宣传制度等都不同程度地存在问题，这些制度问题限制了研究生中留学生生源比例的提高。

在奖学金制度方面。现行的奖学金制度在推动来华留学生教育中起到了积极作用，但是，随着研究生教育发展，奖学金制度的弊端日益显现出来。当前我国留学研究生的主体是自费留学生，只有极少数的留学生能够享受到我国政府提供的公费奖学金的资助，奖学金的涉及范围小，不利于吸引更多的留学生。我国现有留学生奖学金主要分为三类，中国政府奖学金、地方政府奖学金和高校奖学金。其中地方政府奖学金和高校奖学金数量极少，而能够享受到中国政府奖学金的留学研究生比例也不高，不到留学生总数的10%。就教育部直属高校2005～2008 年的数据来看，中国政府奖学金比例相对较高，但总体比例也还不到15%，如表5–16 所示。此外，还有学者指出，"奖学金覆盖面较低，高校奖学金、学术团体奖学金及企业奖学金过少，使得我国奖学金制度没有国际吸引力。"[1]

---

① 王苏春：《发达国家留学生教育经验对我国留学生教育的启示》，载《教育探索》，2009 年第9 期。

表 5 – 16　　　2005～2008 年教育部直属高校来华留学生受资助情况

年份	国际组织资助		中国政府资助		本国政府资助		学校间交换		自费	
	人数	%	人数	%	人数	%	人数	%	人数	%
2005	47	0.10	4 158	9.10	392	0.86	1 719	3.76	39 375	86.18
2006	92	0.19	4 738	9.79	386	0.80	2 278	4.71	40 906	84.52
2007	54	0.10	6 401	11.66	503	0.92	2 799	5.10	45 132	82.22
2008	80	0.14	8 707	14.77	571	0.97	3 026	5.13	46 565	78.99

资料来源：国家留学基金委员会和中华人民共和国教育部数据库，转引自姚云：《直属高校来华留学生教育发展现状及其改善》，载《教师教育研究》，2010 年第 2 期。

同时，在招生宣传以及招生渠道拓展方面，很多国外高校都会到我国进行留学生招生宣传。相比国外高校的宣传，我国高校对外宣传的力度很小，招生渠道较少，信息传递不够畅通。在海外留学生招生市场的影响面不广，成效不明显，总的来讲，高校对外宣传的主动性与灵活性不够，开拓留学生教育国际市场的意识不够强，这在很大程度上制约了我国研究生教育在海外知名度的提升，国外生源对我国高校知之甚少，难以形成吸引力，制约了国外生源的报考。

第五节　结论及建议

一、导师队伍结构的调整

1. 人事管理权力多样化

社会学家波普诺指出，"权力是指个人或群体控制或影响他人行动的能力。"[①] 在个体之间，尤其是社会组织中存在着复杂的权力，各种权力交织在一起。

高校是具有高度学术性的社会组织，既然是社会组织，那么高校必然和权力紧密相关，这些权力在高校发展过程中起着重要的作用，表现为多样性与多层性。多样性是指权力来源不同，有来自内部的权力，也有来自外部的权力；多层性是指多种权力并不是在同一条水平线上的，而是具有高低等级之分，某些权力

---

① 戴维·波普诺著，李强等译：《社会学》，中国人民大学出版社 1999 年版，第 482 页。

会受到其他权力的控制与影响。从本质上看，高校的研究生教育也应该具有多元权力的形式，只有多元权力结合才是现代研究生教育发展的根本逻辑，任何一方权力缺位，必然导致其他权力的越位与泛滥。所以，权力多元化是研究生教育的重要发展原则。在研究生导师结构优化过程中，也必须坚持人事权力多元化的指导思想，解除强势权力的垄断状态，加强弱势权力的代表性，避免出现人事权力垄断与失语现象。协调好多方主体之间的人事权力分配，在各自职责空间中相互协作与制衡，既不缺位也不越位，实现各主体合理的利益诉求。具体来讲，可以通过优化学术权力、学生权力与社会权力这三大权力来实现人事权力结构优化。

（1）学术权力优化。学者是研究生教育的关键主体，"学者的专门知识是一种独特的和至关重要的权力，它赋予组织中的某些人以独特方式控制他人的能力。"[1] 只有学者才具有这种特殊的权力。"这种权力不是以官僚权限为基础，而被认为是以专家和技术权限为基础。"[2]

所以，在导师队伍人事管理过程中，必须坚持学术权力为主的模式，弱化行政权力，由学术权力决定从教师招聘到导师分流的导师队伍结构调整全过程。坚持以学术权力为主，使研究生教育导师队伍结构调整能够在多方权力主体参与的过程中，坚守学术信念，合理平衡各利益相关者间的利益，从而实现各方利益最大化。教授委员会是保障学术权力的重要组织形式，教授委员会应当在教师聘任、导师评定、导师考核等方面发挥重要作用。教授委员会的委员应当通过全体教授选举产生，实行任期制，尤其应该注重无行政级别教授的比例，将各种学术事务置于教授委员会的管理下，形成以学术权力为主，多种权力并存的多元结构。

（2）学生权力优化。在美国高校教师队伍管理中，学生权力一直占据一定的份额，"据1969年对875所高校的一项调查发现，41%的院校允许学生作为教师选用、晋级的观察员。"[3] "在德国，从1968年开始，学生们要求在更大程度上参与大学的管理，有些州在立法上明确强调了学生和初级教员能在更大程度上参与大学事务的决策和管理。大多数学生组织都提出要求，主张所有管理机构的席位中，学生代表应占1/3，助教代表占1/3，教授等高级教学人员代表占1/3。1983年，法国巴黎第十三大学理事会成员共70人。其中教师、研究人员29人，学生22人，行政人员和职工6人，校外人士13人，学生的席位比例，达到

---

① 伯顿·克拉克著，王承绪等译：《高等教育系统——学术组织的跨国研究》，杭州大学出版社1994年版，第121页。

② 约翰·范德格拉夫等编著，王承绪等译：《学术权力——七国高等教育管理体制比较》，浙江教育出版社2001年版，第189页。

③ 李朝阳、高建芳：《从静默期到调整期：美国高校学生权力发展历程》，载《高教发展与评估》，2011年第6期。

31%。学生作为理事会的成员，可以参与各项校务的决策。"① 研究生是研究生教育的主体，是与导师接触最密切的群体，最了解导师情况，对于导师水平最具有发言权，有权力以主体的姿态参与到导师队伍结构调整活动中去。因此，在导师队伍人事管理过程中，有必要增加学生的权力，发挥学生的积极性。例如，"斯坦福大学非常重视学生在教师聘任与晋升中的参与，通过学生与候选人的面谈，让学生发表对候选人的看法，学生参与教师聘任。学生的观点对聘任过程来说是非常重要的，尤其是在缺乏有关候选者教学方面资料的情况下。在搜寻过程中，要有学生参与讨论小组、座谈会和候选人介绍他们自己研究情况的公开场合。以使学生与候选人有接触的机会。各系要积极为学生做出反馈提供一个系统的程序。"②

因此，在导师队伍人事管理权力中，需要树立正确的学生权力观。学生权力观是各方对于学生在研究生教育中权力地位的根本看法，认识到研究生作为消费者应该具有相应的权力；同时，研究生作为高校的主体也应该行使相应的权力，其主体地位应该在多个区域充分体现。唐纳德·肯尼迪教授指出："将学生放在首位只是一个简单的设计原则，但它有很大的力量。"③ 提高研究生权力的参与度，本质上增加了研究生对于导师队伍人事管理过程中的意愿表达程度。

（3）社会权力优化。重视社会权力是研究生导师队伍发展的必然要求，尤其是随着导师队伍结构的不断优化，对于经费的需要日渐增长，必须将目光投向社会，充分利用社会资金补充研究生导师队伍结构调整中经费不足的困境。例如，据北京大学教育基金会报道，北京大学设立讲席教授基金项目，"其使命为延揽国际一流学术人才，培育和支持国际领先学科。项目方案讲席教授基金阶段性或永久性地向在本学科领域具有国际领先水平的北京大学教授提供。阶段性聘任的讲席教授的聘期一般为5年；永久性聘任的讲席教授每5年接受一次聘期考核。接受社会捐赠方式为一次性捐赠人民币500万元（文科）或1 000万元（理工科）及以上，作为永久性基金的不动本本金，由北京大学教育基金会进行长期性投资运作。每年利用收益向教授提供薪金或津贴。也可留取少部分收益返还本金，保证基金本金的稳定和增长。回报方式为可根据捐赠方意愿冠名基金，如北京大学叶氏鲁迅讲席教授基金，也可根据捐赠方意愿冠名基金支持的教授职位，为北京大学叶氏鲁迅讲席教授。"④ 由此可见，由企事业单位和个人出资设立讲席教授的职位，缓解了导师队伍建设资金不足的问题，改善了研究生导师队伍的

① 陈阳：《高校传统权力结构模式的缺陷及优化研究》，载《黑龙江高教研究》，2012年第2期。
② 焦磊：《斯坦福大学教师的聘任与晋升》，载《大学》，2010年第2期。
③ 唐纳德·肯尼迪著，阎凤桥等译：《学术责任》，新华出版社2002年版，第350页。
④ 北大教育基金会［EB/OL］，http：//www.pkuef.org/newdetail2.php? id=1026，/2011-12-05。

结构，是社会权力参与研究生导师队伍人事管理的重要形式。

当然，对于社会权力在研究生导师队伍调整中的作用，也必须持有客观的态度，不能给予太多的责任，毕竟社会权力不是研究生教育发展的主导力量，必须给社会权力以科学合理的定位，找准均衡点。

2. 招聘制度优化

规范化的教师招聘制度是我国高校导师队伍结构完善的前提选择，有必要制定出切实可行的教师招聘制度，对招聘过程与程序进行明确的规定，主要从以下两个方面开展工作。

（1）扩大招聘范围。采取公开招聘扩大选择范围，广泛吸收社会各界的优秀人才，通过报纸、专业杂志、学术网站等向全社会发布招聘信息。"香港科技大学录取教师的程序非常烦琐，当有空缺职位时，系里会成立专门的录用委员会，在国际范围内招聘，会在至少两家英文的、一至两家中文的专业期刊或报纸上公布招聘信息。"[1] 打破高校与其他行业壁垒，拓宽教师选聘来源，面向社会开放教师职务岗位，教师来源不一定局限于国内高校，而是可以招聘产业界、科研院所等有丰富实践经验的高层次人才；同时，打破地域的限制，把视野扩展到全球范围内，在国际专业领域的刊物发布聘任广告，有条件的甚至可以直接去海外招聘。在招聘过程中尽可能不留任本校毕业生补充教师队伍，注意保持教师学缘结构的多元性，参照美国研究型大学教师招聘的做法，"芝加哥大学在教师申请标准中明确规定，必须把近亲繁殖控制在最低程度……任何时候涉及近亲候选人，都必须尽最大努力对其进行考察，以便与外校申请者进行公平比较，相同条件下要将重点放在外校的候选人身上。"[2]

（2）实施全球同行评议制度。全球同行评议被广泛地运用于世界一流大学教师招聘过程中，例如，"耶鲁大学对于终身岗位的选聘，要引入外部评价，一般通过信件交流的方式进行。第一封是征询信，目的是在岗位选聘广告刊登的同时，请校外专家推荐该终身岗位的合适人选。如果学系已经有一份候选人名单，经院长同意，可以不发第一封信。学系主任要与院长商讨向哪些校外专家征询哪些信息。征询信将寄给 12 位学者，请他们推荐若干名人选，并做简短比较性评价。如果第一封信的反馈较为一致，即认为某位学者相当优秀，学系就可以做出某位候选人是最佳人选的决定，那么经院长同意，就不发第二封信，直接发第三封追加信，但大多数情况下会寄出第二封信。第二封是评估信，目的是对候选人做出比较性评估。申请截止日期过后，由遴选委员会主席向院长提交一份罗列

---

① 汪润珊等：《香港科技大学高水平师资队伍建设的特点与启事》，载《教育探索》，2011 年第 3 期。
② 杨茂庆：《美国研究型大学的教师流动》，西南大学博士学位论文，2011 年。

4～8位候选人的名单，同时交上一份校外学者名单，并保证这些校外评估者中会有6～8位能回信。通常借助第二封信的反馈，第一候选人或若干名最优候选人就会明确下来。如果第二封信没有起到应有的效用，那么就要向另外一批校外专家寄第三封信。"[1] 香港科技大学在教师招聘过程中也采取同行评议的政策，"在香港科技大学有一个非常有趣的现象，就是拥有许多常设的或临时的评审委员会，委员会的很多成员分布于世界各地，由世界最权威的专家组成。这些大大小小的委员会，构成了这个管理体系的各个环节，也是学校领导的影子团队。这些影子团队拥有超越于科技大学内部管理的校长、副校长、院系主任之上的权力。在整个评审流程中，真正对申请人具有生杀予夺大权的是6～7封外部匿名同行评鉴信。"[2] 我国高校可以逐步地引入全球同行评议制度，或将其作为招聘的先决条件（例如应聘者需2～3名具备相关领域来自海外专家的推荐信）进行筛选，或将其作为最终环节（例如院系将拟招聘学者的相关资料进行同行匿名评审，以决定其最终是否能够进入教师队伍）进行实践。

（3）扩大兼职导师来源。兼职导师是研究生导师队伍的重要组成部分，他们对于优化导师队伍结构，提高研究生培养质量起到举足轻重的作用。因此，有必要加大兼职导师招聘引进。

一方面，扩大来自企事业单位的兼职导师数量，建立方法更灵活、形式更多样的兼职导师招聘制度。兼职导师采用"不求所有，但求所用"原则，突破工作单位的限制，结合本校研究生教育实际情况，建立兼职导师库，收集相关行业专家学者的信息。同时，建立导师联聘机制，发挥行业协会作用，大力推进产学研合作，推进研究生联合培养基地建设，聘请产业界与科研院所专家学者担任兼职教授和客座教授，承担研究生指导任务，共同参与研究生联合培养。其中，必须激发产业界与科研院所参加导师队伍建设的积极性，产、学、研三方都是独立的法人实体，所追求的利益是不同的，因此，只有建立互惠互利的激励制度，才能真正调动各方的积极性，使得兼职导师队伍建设走上持续发展道路。因此，要找准产业界与科研院所的利益出发点，让产业界与科研院所能够真正从中获得利益，从而全力支持兼职导师队伍建设。必须指出的是，在兼职导师的选择上必须注意以下两点，一是兼职导师要具有丰富的实践经验，对于产业界技术专家与管理者来讲，聘请他们作为兼职导师的主要原因在于他们积累的实践经验能够对研究生实践技能的提升起到很好的促进作用；二是兼职导师要能够提供实践场所，无论是来自产业界还是学术界的导师，兼职导师所在单位都具有丰富的资源可以

---

① 缪榕楠：《大学教师任用制度研究》南京师范大学博士学位论文，2007年，第134页。
② 汪润珊等：《香港科技大学高水平师资队伍建设的特点与启示》，载《教育探索》，2011年第3期。

用来培育研究生，弥补高校自身的资源不足。

另一方面，扩大海外兼职导师来源，聘请世界知名学者来华长期从事教学和科研工作，指导研究生。知名学者不仅能够带来先进的办学理念，而且通过他们能够吸引到更多的海外学者加盟。以清华大学为例，它"设计了一种全新的人才引进模式——讲席教授组。受聘的讲席教授组由符合讲席教授条件的知名教授领衔，由国际知名学者组成，共同完成岗位职责。团组成员在学校的总体工作时间一般不少于 10 个月，按照讲席教授组成员在校的实际工作时间，共享讲席教授薪金。而讲席教授薪金开支则由国内知名企业和其他法人团体捐助设立的'讲席教授基金'提供。清华大学的首个讲席教授组设在了自动化系，由哈佛大学终身教授、美国工程院院士、中国科学院及工程院外籍院士何毓琦教授领衔。何毓琦教授邀请了美国康涅狄格大学陆宝森教授、香港科技大学曹希仁教授、美国马萨诸塞大学电气与计算机工程系龚维博教授、香港中文大学系统工程与工程管理学系严厚民教授，组成讲席教授组。"[1] "在何毓琦讲席教授组成立之后，讲席教授组这一制度得以在清华工业工程系、经管学院、计算机系等院系推广。一些世界知名的学者，如姚期智、钱颖一、施一公在清华做讲席教授之后，最终选择到清华做全职教授。"[2] "由讲席教授牵头，组成讲席教授团组的形式，相比单纯聘请学者个人的模式，既满足了清华大学对智力资源的需求，又使海外学者能够灵活地安排自己的时间。讲席教授团组可以总体上满足每年工作 10 个月的要求，相当于引进了一名全时的国际知名学者，同时也保证了这些学者来校进行教学与研究的连贯性。"[3]

3. 培训制度优化

导师是研究生教育的重要力量，拥有一大批结构优良的导师是推动研究生培养质量的关键。在研究生导师队伍结构优化过程中，既要重视外来教师招聘与引进，还要重视内部导师的培训与提高，通过培训有计划安排导师到其他高校进修学习，丰富导师队伍的学缘关系，降低学缘单一化带来的不良影响，带动导师队伍整体水平的提高，因此，导师培训是导师队伍结构优化的重要环节。

（1）实行多样化培训项目。导师队伍培训的目标是要改变原有的不适合研究生教育发展的导师队伍结构，而多样化的培训项目是其中的关键部分。

以上海交通大学为例，它采用多样化的培训项目使得导师队伍结构迅速得到

---

① 陈礼算：《移植还是嫁接：人才引进本土化的思考》，载《中国高校科技与产业化》，2010 年第 11 期。

② 周襄楠：《十年始成荫——何毓琦讲席教授组扎根清华十年》，载《国际人才交流》，2011 年第 12 期。

③ 生云龙：《以制度创新实现海外智力引进——论清华大学讲席教授制度》，载《清华大学教育研究》，2006 年第 5 期。

优化，"自 2002 年起，上海交通大学开始设立青年骨干教师出国培养计划，积极筹资，利用国家政策，选拔一流的青年教师赴国外一流大学或研究机构师从一流的导师，从事科学研究和学术交流。管理学院、机械与动力学院、农学院等单位选派主讲教师赴海外名校听一门课程，带一门课程。"① 与此同时，"上海交通大学与美国密西根大学进行了广泛的合作与交流，上海交通大学机械工程学院的学术带头人与美国密西根大学的相关教授结成了合作伙伴。双方每年互派教授代表团进行工作访问。上海交通大学每年派 5 名教授到密西根大学讲学及进行学术交流，并在合作的前两年先后派出了 20 名年轻教师赴密西根大学进修学习，开展合作研究，并与密西根大学教授联合发表论文。"②

同时，还可以采取学术休假制度来进行培训。学术休假制度起源于哈佛大学，现已成为美国高校教师培训的重要形式。"学术休假制度就是高等学校在教师连续满工作量若干年后给予一段带薪（全部或部分）休假时间，使他们能不受日常工作干扰而专门从事相关科研、进修和学术交流活动，最终达到促进教师教学、科研能力的发展。"③ 导师学术休假是指研究生导师在连续工作若干年之后，工作绩效考核优良可以申请学术休假，获得的一段较长时间（大约半年）的带薪外出培训机会。导师可以利用这段时间从事科研、进修与学术交流，学术休假在提升导师学术水平，优化导师队伍结构方面起着重要的作用。在我国导师队伍的培训中可适当考虑学术休假的培训方式。

（2）培训评估制度。建立导师培训评估制度是完善导师培训制度的关键，培训考核评价是培训工作的一部分，是培训过程和效果的真实反映。为了保证导师培训效果，必须对导师的培训效果进行评估，并以此对导师进行相应的激励。培训评估要将定性和定量相结合、短期与长远相结合、考核评估与总结反思相结合，从而促进导师更好地投入培训。

评估本身并不是目的，通过评估提高绩效才是评估的意义所在。要实现这个目标，则必须建立科学的评估反馈制度。反馈是进行信息互动的过程，坚持在培训过程中重视与受训导师的双向互动，一方面及时将评估结果反馈给导师，另一方面收集受训导师对培训工作的意见。

（3）培训经费分担制度。美国高校教师培训经费来源广泛，"设立了多种基金资助和鼓励教师关注国际事务、进行国际合作与交流。如密执安州立大学设立了教师国际专业学术发展基金、国际旅费专项基金、国际研究基金、国际联系基金、外语能力基金等，为教师进行国际交流、提高自身专业素质给予资助。这种

---

① 付瑶瑶：《青年教师培养机制的探索与实践》，载《中国高校师资研究》，2009 年第 5 期。
② 罗光春：《国际化背景下高校师资管理与培训探析》，载《中国民族教育》，2006 年第 9 期。
③ 林杰：《美国大学的学术休假制度》，载《比较教育研究》，2008 年第 7 期。

多渠道、多形式的资助项目为高校教师到国外进行学习、进修、访问和开展科学研究和学术交流提供了保障,增强了本国高校教师的教学和研究能力,提升了本国高校整体的学术水平。"① 充裕的经费保障使得美国高校教师能够比较容易地获得多样化且高质量的培训进修机会。

相比于美国,导师培训经费短缺一直是制约我国高校导师培训的关键因素。有必要根据研究生导师培训发展的需要,改变目前经费来源单一的筹集方式,实行政府、学校、教师培训经费共同分担制,按照谁受益,谁付款的原则,由政府、高校、社会与教师共同承担费用,按照不同比例分担培训经费。建立起政府、高校、学科与教师各自配套的培训经费筹措机制。研究生教育主管部门应该定期拨出导师培训专项款,专款专用,而高校也应该设立项目,筹措相应的导师培训经费,以保证培训有持续稳定的经费来源,例如,据西电新闻网报道,"西安电子科技大学与国家留学基金委员会签订合作协议,双方按照1∶1的比例,共同出资,每年选派 10 名教师出国留学。选派类别有访问学者、攻读博士学位(含联合培养)和博士后研究。"这种配套的形式使得政府与高校的经费整合达到最好的效果。同时,导师所在的学科也可以利用自身的学科发展经费,支持导师开展培训活动,当然,最重要的还是需要导师自己承担一部分培训经费。导师自身也有培训的需求,需要掌握学科前沿技术,把握学科发展方向,拓宽学术视野,更新知识结构,因此,让导师承担部分费用是合理的,有利于推进培训成本分担机制改革。另外,有必要积极吸纳社会企事业单位和个人的资源,鼓励建立社会基金项目补充到导师培训经费中去,为导师进修培训提供必要的经费支持和保障。

4. 流动制度优化

当前,我国高校导师队伍所存在的问题与导师流动制度的长期缺乏密切相关,高校要保持一支结构优良的导师队伍,其人员必须保持一定流动。导师队伍流动是绝对的,稳定是相对的,在动态中求得相对的稳定是导师队伍的理想状态。因此有必要通过建立合理流动制度,构建结构合理的导师队伍。

(1)导师晋升制度。导师的晋升是弥补导师队伍成员的直接方式,可以看成是教师队伍成员的向上流动。当前很多高校,拥有高级职称仍然是获得导师资格的前提条件,而一批高水平的青年学者虽然不具有高级职称,却完全具备指导研究生的能力和水平。在当前导师晋升制度下,这部分教师不可能成为研究生导师,因此有必要改革目前导师晋升制度,将导师晋升与高级职称脱钩。在导师晋升上,以学术为首要标准,只要学术水平高、科研能力强,即使是低职称教

---

① 孔涛:《高校教师国际化背景分析》,载《新西部》,2007 年第 12 期。

师也可以晋升成为研究生导师。

在国外高校中，导师资格与职称并没有关系，例如，"英国剑桥大学工程学系规定，现任的教授、高级讲师和讲师都有资格担任研究生的导师。加拿大劳里埃大学规定，助理教授以上的教师都可以担任导师。加拿大卡尔顿大学规定，助理教授以上的教师可以担任研究生导师，但如果没有博士学位，那么他将不能指导博士生。诺丁汉大学规定本校任何全职的科研岗教师都可以担任导师一职。"① "1988 年颁布的《法国博士生教育法令》规定，博士论文指导教师由下列人员出任，教授和高级研究员；持有指导研究资格或国家博士文凭的教师、研究人员；由校长、院长根据科学委员会建议，并视其研究能力遴选的其他知名人士，副教授或副研究员可以通过这一途径申请博士生指导教师资格。德国所有的大学教授及获得博士学位的其他教师（包括讲师）都具备担任博士生导师的资格。"②

目前，国内也有少数高校开始进行导师晋升评定制度改革，早在 2003 年，北京大学就遴选出了国内第一位副教授博导。"上海交通大学为了让那些在学术上崭露头角而资历不足的教师充分施展才华，努力为青年教师创造更好的科研条件，适当放宽研究生导师的资历要求，让符合条件的具有副高级职务的教师担任博士生的指导工作，并适时推出赋予符合条件的具有中级职务的教师指导硕士生资格的相关措施。"③ 清华大学研究生院前副院长高策理透露，"清华大学从 2011 年开始全面取消博导评聘制度，全体副高职称以上从事教学科研工作的教师均具有指导博士生的资格。出台此项政策的原因，是近年来学校副教授的水平越来越高，他们学术思维活跃，创新能力突出，其中很多人都处在年富力强、最能出成就的阶段，也具备了指导博士生的能力，但是因为博导评聘制度的束缚却迟迟不能带博士生。实行新政策后，1 000 多名副教授都有机会招收博士生。"④

当前高校教师年龄结构趋于年轻化，40 岁以下的青年教师成为主力；尤其是"985 工程"高校，青年教师中很多都具有海外留学背景。尽早使得这些青年教师参与到导师队伍中来，能够极大优化导师队伍生师比结构与国际化结构。清华大学马克思主义学院一位副教授表示："像我这样的年轻教师都非常赞同学校的这项新举措。我在国外读博士的时候，博导里有教授、副教授，也有助教（相当于国内的讲师），只要你的学术水平够，就可以做博士生指导教师。我现在在

---

① 林杰：《英美国家研究生导师资格认定制度管窥》，载《学位与研究生教育》，2007 年第 9 期。
② 李远：《对我国"博士研究生导师评审制度"改革的思考》，载《高等农业教育》，2004 年第 11 期。
③ 付瑶瑶：《青年教师培养机制的探索与实践》，载《中国高校师资研究》，2009 年第 5 期。
④ 原春琳：《清华副教授也可当博导》，载《中国青年报》（第 2 版），2011 年 2 月 26 日。

学校做副教授两年多了，一般而言，按照正常途径，副教授做满 5 年才有资格评正教授，才可以带博士生。由于副教授比较多，即使到了年限，由于名额所限，也不一定就能成为教授。如今有了这项政策，应该说为年轻教师的学术发展创造了很好的平台，减少了一些人为的障碍，减轻了年轻教师的压力。现在很多高校，在一线进行教学、科研的骨干主体大部分是年轻人，他们对学科前沿接触更多，有机会带博士生是有利于学生成长的。"①

因此，有必要在更多的高校开展导师晋升评定制度改革，近期可以先在"985 工程"高校开始试点，建立以博士学位为前提，以指导研究能力为重点的导师资格制度。资格评定制度改革将使研究生导师成为一个具有竞争性的工作岗位，而不是一个荣誉。能使很多在学术方面已经达到相当水平，但由于职称名额、资历等条件限制而暂时无法晋升高级职称者，也能走上导师岗位。

（2）导师分流制度。如果说教师招聘是从入口调节导师队伍结构的话，那么导师分流则是从出口调节导师队伍结构，严格的导师分流制度，是保证导师队伍整体结构优化的重要环节。如何妥善处理好导师分流问题，不仅是高校导师队伍结构优化的重中之重，而且关系到高校的稳定与发展。对不能胜任现岗位的导师，为其转出导师队伍创造条件。

从世界一流大学研究生教育来看，导师队伍也不是固定不变的，而是充满竞争的，并不存在所谓的导师终身制。"加拿大卡尔顿大学规定，主管研究生学习与研究工作的院长有权对导师们的研究成果和课程情况进行定期评估，如果发现导师在七年的聘期内在学术研究或者研究生指导方面固步不前，院长有权取消其导师资格。如果导师在一定年限内科研停滞甚至退化，院长有权任命新的导师取而代之。加拿大纽芬兰大学规定，如果导师不恪尽职守，证据确凿，那么主管研究生事务的副院长可以会同该学术单位的负责人暂停其导师资格。所以，在英美大学，导师名单年年更新，导师几上几下乃是常事。"② 高校教师的流动在欧美大学里也是非常普遍的现象，尽管教师流动的原因多种多样，但是，一个教师在高校中流动 2~3 次是非常平常的事情。美国高校普遍实现"非升即走"的政策。对于一些助理教授与讲师来讲，必须在规定任用期内，至少上升为副教授，否则必须离开高校另谋出路，以明尼苏达大学为例，"每年大约只有 60% 的助理教师才能晋升到副教授而获得终身教席的资格，其余的人员就意味着被淘汰和解

① 杨晨光：《清华将取消博导评聘制度，副教授均可带博士生，吸引更多青年学者投身人才培养》［EB/OL］，清华大学新闻网，http：//www.tsinghua.edu.cn/publish/news/4207/2011/20110228163238795599855/20110228163238795599855_.html/2011-02-28。

② 林杰：《英美国家研究生导师资格认定制度管窥》，载《学位与研究生教育》，2007 年第 9 期。

雇。"① 与美国高校相反，德国实行的是非走不升的政策。德国高校教授实行强制流动制度，也就是说，一旦被评为教授，就不能在本校任职，必须去其他高校，这种模式有利于保持教师队伍活力，优化学缘结构。"德国各高等学校的教授一般不从本校招聘，不采取在本校成员内部逐渐晋升的办法。《高校总纲法》明文规定，在招聘教授时，本校人员只有在具有特殊理由的例外情况下才予以考虑，招聘时就确定其职称。因此，德国高校的教师要想晋升，只有离开原来的学校到别的高校去应聘，在本单位晋升的可能性几乎等于零。这样，教师一生中要变动 3 ~ 4 个工作单位，方能晋升到高级职称。因此，在德国高等学校内，实质上只有招聘制度而无晋升制度，这就要求高校教师不断流动，不流动就得不到晋升。"②

系统论认为一个系统要保持持久活力，必须与外界保持资源与能量交换，高校导师队伍是人力资源系统，也必须遵循这一规律。从人事管理角度来看，我国高校研究生导师队伍必须建立合理的分流制度，转变人事管理思想，确立开放、动态发展的导师管理观念，要在《教育法》、《高等教育法》和《教师法》的制度框架下出台相关导师分流制度的条例和实施细则，对高校导师的分流程序做出规定，制定出符合本校实际情况的导师分流政策。改革导师终身制，回归导师作为岗位的本质，实行聘后考核制度，将年度考核与聘期考核结合起来，考核结果与续聘挂钩。对于优秀导师给予奖励，激励优秀导师在学术上做出更加突出贡献，连续两年考核不合格者，给出一定期限的调整期，如果调整期还不能改变，取消导师资格。因此，流动制度与考核是紧密联系在一起的，在聘后管理中加强对导师的考核工作，定性与定量相结合，科学制定导师考核指标体系，明确导师必须承担的职责，使考核具有针对性和可操作性。对不适合在导师岗位上的教师实施淘汰，以加强导师岗位竞争意识，提升导师工作的积极性，确保导师队伍的整体优良结构。

二、课程结构的调整

为了更好地解决课程性质结构、课程形式结构、课程层次结构与课程国际化结构问题，强化研究生综合知识、能力与素质培养，促进研究生培养质量全面改善与提升。有必要针对课程结构问题根源，以课程价值取向整合为指导，课程权力均衡为核心，课程制度优化为保障，全面设计研究生教育课程结构的调整

---

① 司晓宏：《管窥美国公立大学的教师聘任制度》，载《当代教师教育》，2011 年第 3 期。
② 杨华祥、黄启兵：《美德高校教师流动机制比较研究》，载《比较教育研究》，2008 年第 5 期。

路径。

1. 整合课程价值取向

当前课程结构领域出现的问题很大程度上来源于课程价值取向单一化，过于强调以学科本位为导向，无形中忽视或限制了其他价值取向的空间，造成课程价值取向结构的失衡。合理的课程价值取向不是简单用某一取向代替其他取向，而是对多种价值取向进行有机整合，也就是在不同的时期，结合多变的时代背景，与教育的内外部环境相结合，在强调某一价值取向的同时，又保证不会约束其他价值取向在课程中的体现，在充分体现多方需求的基础上，架构一个合理的价值取向结构。因此，多元价值整合方式应该以社会本位取向为根本、学科本位取向为基础、学生本位取向为核心。

（1）社会本位取向为根本。研究生教育不是一个孤立的系统，研究生教育必须与社会发展相适应，这是研究生教育的发展规律。随着我国经济改革的深入，研究生教育与社会互动意识日益增强，在社会中发挥着越来越重要的作用。同时，研究生教育是一个国家科技发展水平的重要标志，科教兴国战略和人才强国战略的实施都离不开研究生教育的作用。因此，研究生教育承担着为社会发展，国家进步提供重要支撑的历史使命。

研究生教育培养的学生首先是一个社会人，研究生教育课程应该肩负对社会的责任。提倡以人为本的课程结构调整，并不是要忽视社会的需求，而是站在社会发展的视角，思考学生的未来成长。同样，学科本位取向的课程结构调整，也不能完全脱离社会时代的背景，不能为了过于强调学科知识的内在逻辑，而无视社会发展的现实需求，必须将这两者辩证统一起来考虑。在研究生教育课程结构调整过程中，必须坚持社会本位取向为根本，在这个前提下，整合三种价值取向的关系，实现多元化发展。需要指出的是，研究生教育课程的社会本位价值取向，并不是被动地适应社会发展，而是主动根据社会发展的现状与趋势，结合研究生教育自身的特质，积极地回应社会需要，预先判断社会变化发展的方向，甚至某种程度上以适度超前的理念设计课程，引领社会未来发展。

社会本位价值取向反映到研究生教育课程结构上，就是要重视应用性课程的设计，加大应用性课程的比重。这在专业学位研究生教育课程结构调整中更加应该重视，专业学位研究生教育就是为了适应社会的需要，突出应用性而设置的研究生类型，在其课程结构调整中，必须紧紧围绕社会需求，以社会需求为导向调整课程结构，使得课程结构突出应用性，贴近社会经济结构调整，产业升级的需求现状，能够更加适应社会对于高层次应用型人才的要求。当前我国正在加大研究生教育改革力度，大力提升专业学位研究生教育比重，这也是未来我国研究生教育的发展趋势，这客观上也就更加需要我国研究生教育课程结构突出社会本位价值取向。

（2）学科本位取向为基础。学科本位也称为知识本位，早在古希腊时代就出现在课程领域，知识本位认为"要把教育建立在知识的本质及其重要性的基础上。"① 研究生教育天然与知识密不可分，"知识材料，尤其是高深的知识材料，处于任何高等教育系统的目的和实质的核心。"② 从研究生教育诞生开始，高深知识就是研究生教育生存发展的基础，离开高深知识就不能称之为研究生教育。

无论是社会发展还是学生成长，都离不开学科知识的支撑，所以学科本位取向是其他两种价值取向的基础。任何课程只能在尊重学科知识逻辑的基础上才能为社会、学生发展服务，一味强调课程为社会、学生发展服务而不顾课程内在知识的逻辑，无疑是本末倒置，这样的课程最终也无法满足社会与学生的发展。与社会本位强调课程的工具性，学生本位强调课程的个性化不同，学科本位更注重课程知识自身的逻辑性，学科本位价值取向认为学科知识是人类社会发展的根源，必须依据学科知识的逻辑设计课程体系。同时，学科本位认为知识按照不同学科分类，每一门知识都有自己的逻辑体系，"要求根据知识的分类和知识之间的内在逻辑来组织课程，学习一部分知识对学习另一部分知识是必需的，因此学习这一部分知识被看成是学习另一部分知识的必要准备。"③ 所以，课程结构设计应该按照学科体系的方式进行，突出基础性理论课程在课程结构中的地位，强调系统理论教学。目的是让研究生学习掌握扎实理论知识，提高理论素质，训练研究生的科学思维，培养厚基础、宽口径的学术型人才，让研究生掌握系统的科学知识，使其真正成为基础科学研究后备人才。因此，研究生教育课程设计必须以学科知识为基础支点，才能不断满足学生需要和社会需要，促进它们持续进步，最终达到学科、学生与社会和谐发展的理想境界。

（3）学生本位取向为核心。教育是培养学生的活动，促进学生的发展是教育的基本职能，也是教育的核心所在，因此，促进学生的全面成长就成为研究生教育的重要目标。学生是研究生教育中的主体，社会本位也好，学科本位也好，都是通过学生实现的，离开学生，社会本位难以实现，学科本位也没有任何意义。从长远来看，研究生发展与社会发展以及学科发展并不矛盾，社会的发展离不开高素质人才的支撑，同样，学科知识的探索也离不开广大的科研工作者辛苦的工

---

① 单丁著：《课程流派研究》，山东教育出版社 1998 年版，第 392 页。
② 伯顿·克拉克著，王承绪等译：《高等教育系统》，杭州大学出版社 1994 年版，第 12 页。
③ 陈玉琨：《课程价值论》，载《学术月刊》，2000 年第 5 期。

作，研究生人才正是社会以及学科发展的重要人力资源。从这个意义上看，研究生处于课程的核心位置，学生本位应该成为研究生教育课程价值取向的核心要素。

学生本位取向更强调学生成长的价值，学生应该在课程中使得自身的潜能充分发挥，完全实现自我价值。学生本位取向要求研究生不再是课程的被动接受者，而成为课程设计的参与者，将学习的主动权还给研究生，让研究生有权利选择适合自身发展的课程。弘扬研究生的主体性、能动性，更大限度地调动研究生的积极性，激发研究生内在的学习动力，激活长期被压抑的主体意识。学生本位表现在课程结构当中，就是不仅要给予学生知识，而且要培养学生能力与技能，更为重要的是培养相关素质。研究生教育课程应由单纯知识的积累转向素质的提升，研究生理智的完善、心智的训练、人格的陶冶超过任何其他目的。因此，有必要增设素质以及道德伦理等方面课程，提升研究生责任感及道德意识，改进研究生思维方式，培养研究生综合素质。

学生本位取向要求在课程结构调整中，还需要注意研究生的个性化培养。课程结构不能千篇一律，更不能是铁板一块，而是要具有相应的灵活性。研究生教育的对象是具有独立个性的人，研究生来源广泛，在爱好、兴趣与特长等方面差异较大，如果以单一的课程结构来培养研究生，不利于培养研究生多样化的素质，因此，课程结构当中需要体现选择性，增加选修课程的比重，设置跨学科、跨专业选课，注重课程的开放性和多样性，增加研究生选课的自由度，对研究生个人智力和兴趣方面的差别给予足够的重视。

总之，无论是社会本位、学科本位还是学生本位都不可能单一地主导研究生教育课程价值取向，任何单一化的观点看待课程价值取向都是错误的，必须以整合视角看待研究生教育课程价值取向，有机地将社会本位、学科本位以及学生本位三维合一。

2. 均衡课程权力

（1）增加课程权力主体。权力多元化是治理理论的主张，研究生教育课程结构调整涉及的主体不能仅仅包括行政权力与学术权力，必须将用人单位为代表的社会权力，研究生为代表的学生权力以及同行专家权力涵盖进来，建立多元权力治理模型，实现多元主体利益的最大化。多元权力主体是课程设计科学合理的前提条件，缺少任何一种权力，课程结构便难以达到预定的效果，正如泰勒所指出的，"参与课程编制活动的人员和机构包括个人、团体、全国性协会和国际组织等，没有哪一个国家是由某一个机构或个人来进行课程编制的。"[1] 具体来看，

---

[1] 菲利普·泰勒著，王伟廉等译：《课程研究导论》，春秋出版社 1989 年版，第 42 页。

课程行政权力归学校的研究生管理部门享有，从而保证课程设计的强制性与稳定性；教师则拥有课程设计的主导权力，具体实施课程结构调整策略；学生也会从自身需求出发，要求享有相应的课程权力；用人单位也享有课程权力，保证课程设计的外部适应性；而同行专家则会从客观的角度对课程结构的合理性提出意见。"在现代知识以多样化为背景的前提下，学科专家、课程专家、作为政治家的政府官员、作为社会管理者的企事业单位以及社会团体负责人、能工巧匠均应该根据知识多样化中的重点和难点选择具有相应的课程权力，成为课程权力主体。"① 这种多元化的权力结构使主体在参与课程结构调整的过程中能够表达各自不同的利益要求，将提高课程质量以及多方满意度，减少课程结构调整的阻力，对课程结构优化产生推动作用，具体可以从以下几个方面来分析。

①增加用人单位参与权。当前，研究生教育课程决策几乎完全由行政权力与学术权力来主导，尽管这两种权力主观上都想使得课程能够尽量体现用人单位的实际需求，也加大了对用人单位生产情况的了解，但那些理解往往跟不上生产实践发展的步伐。教师容易按照自己的知识结构进行课程设计，侧重于理论知识的传授，对理论知识在现实工作的具体运用关注甚少。用人单位在研究生教育课程设计中的地位始终未被确认，被排除在课程设计环节之外。"课程变革是系统中各主体互动的过程，它不仅需要社会力量的被动参与，更需要充分发挥社会力量参与课程变革的主动性，扩大其影响力。"② 用人单位是课程实施的参与者，课程结构合理与否和用人单位切身利益相关，必须明确用人单位参与课程设计的主体地位，保障用人单位的参与权，维护用人单位的利益。对于用人单位来讲，有必要主动地为课程结构调整出谋划策，在课程结构调整中发挥想象力和创造力，根据自身的需要对课程结构调整提出具有建设性的意见。

用人单位处于实践生产的第一线，对技术变化情况有切身体会，能够预见技术发展的脉络走向，以及未来人才的要求，知道怎样的课程更能满足工作需要。和传统的课程结构相比，用人单位参与课程设计能够强化课程实践模块，增加案例教学形式，增强课程结构的实践性，提高了研究生对问题的分析与解决能力；另外，能够弥补教师实践能力的不足，研究生导师以学术性为主，对于企业岗位技术了解不够，知识储备以理论为主，实践技能不够。用人单位参与课程设计后，可以极大地弥补教师实践技能的不足，由用人单位专家为教师提供课程方面的补充与支持。因此，必须充分发挥用人单位在课程决策中的作用，聘请与本学科相关的技术专家，人力资源经理等参与课程决策。值得注意的是，不是任何课

---

① 蒋建华：《权力多极化的课程权力定位》，载《教育学报》，2005 年第 2 期。
② 罗生全、靳玉乐：《社会力量：课程变革的第三领域——一种基于课程权力的有效参与》，载《中国教育学刊》，2007 年第 1 期。

程都要用人单位参与，一些理论性、基础性强的课程不适合用人单位来参与，同时也不能过度听从用人单位的意见，导致基础性课程开发的盲目性和无序状态，用人单位在课程设计中的权力范围应该有明确界定和限制。

②增加研究生参与权。研究生是参与课程治理的重要力量，需要研究生通过参与来维护自己的课程权力，Tokoro 和 Steels 指出，"学生是教育主体之一，让学生享有一定的课程权力，应该让学生参与课程设计，决定课程设置。"[1]

"对于研究生来说，课程权力具体是指参与课程设置的权力（即开设哪些课程）、参与课程内容选择的权力、自主选择授课教师及导师的权力等。他们有权力对学校提供给他们的课程计划、课程内容、授课教师及教学方法等进行选择，有权力发表自己的意见并提出相关的合理要求。"[2] 因此，研究生参与课程结构调整是研究生主体地位的体现，它不仅是研究生的权力，更是研究生的责任和义务。"学生参与课程决策的实质也就在于课程权力分配，它意味着对学生进行赋权，其核心要求在于学生在课程事务中能实现民主参与和权责分享，自主地理解、诠释并建构课程意义，能充分地表达自己的课程意志并行使课程权力。"[3] 值得注意的是，研究生参与权力不仅包括在学研究生，而且包括已经毕业的研究生，他们对于课程应该更加具有发言权，能够结合自己的职业，分析课程设计中存在的问题，并提出对策。

③增加同行专家参与权。在当今国际研究生教育中，同行评价广泛地运用于自然科学、人文社会科学等领域，并取得了较好的效果，值得大力推广。在研究生教育课程结构调整中，也有必要增加同行专家参与的力度。但是，由于受到传统文化的束缚，同行专家参与课程设计的理念没有能够树立起来，同行专家更多地被视为课程无关者，校方才是课程权力的拥有者与执行者，同行专家作为校外人士，没有权力参与课程结构调整。如果只是依靠本校力量来设计课程，难以准确把握课程结构调整的方向，难以明确课程结构问题症结所在。由于同行专家来自于校外，避免了复杂人际关系对于课程设计可能存在的影响；同时，同行专家不会受到已有课程体系固定模式的影响，可以从更加客观的角度，对现有课程结构提出自己的看法与意见。

同行专家参与课程结构调整主要体现为评价、讨论、建议等方面，首先是对课程结构现状发表评价和看法，也就是课程结构存在哪些问题；其次是针对问题，和其他成员一起展开研讨，找出问题的原因；最后是建议，对问题解决方案

---

① M. Tokoro, L. Steels. The future of Learning: Issues and Prospects [M]. Nieuwe Hemweg: IOS Press, 2003: 11.

② 郭德侠：《研究生的课程权力亟待加强》，载《学位与研究生教育》，2007 年第 1 期。

③ 李宝庆：《学生参与课程决策》，载《全球教育展望》，2009 年第 10 期。

提出一系列对策建议。客观公正是同行专家参与课程结构调整的首要标准,同行专家的学术水平与道德素质成为遴选的关键因素,有必要加强对同行专家多方面水平和素质的考察,建立专家库,加大同行专家的随机遴选,避免与本学科有直接利益关系的专家入选。

研究生教育课程体系具有多样性与复杂性,课程结构调整不可能在短时间内取得很好的效果,是一个长期过程,包括课程的讨论、决策与评估等各阶段都需要同行专家的参与,才能将同行专家的参与权落实到课程结构调整的全过程,也只有全过程参与,才能对课程结构做出一个准确的判断。在课程结构调整过程中,要增强透明度,采用咨询会、座谈会等各种形式把同行专家集中起来,征询同行专家的意见和看法。总之,同行专家参与课程决策,能将学科领域发展变化及时反映到课程结构调整过程中,指导研究生教育课程结构朝着合理的方向调整。

(2)协调课程权力主体。治理的过程是通过民主协商,共同决策,主张经互动式谈判,使对立的利益彼此适应,使社会治理系统中的任何一方,都在互动的同时也受到制约。"课程编制过程的基本因素是权力、人员、程序和参与问题。"[①] 在研究生教育课程权力调整过程中,不仅需要提供机会让多元权力主体参与,而且也需要协调多元课程权力,既要考虑各学科的发展,考虑社会的需要,还要关注学生。美国著名的课程理论专家施瓦布曾建议,"以学校为基础成立包括校长、社区代表、教师、学生、教材专家、课程专家、心理学家和社会学家组成的课程集体对课程问题进行审议。"[②] 构建起以民主、协商为特征的多种课程权力相互制衡机制,建立完善课程委员会,从组织形式上保证课程权力协调的有效性。

研究生课程结构调整治理共同体包括研究生院(处)、学院、学科、教师、学生、社会组织、行业机构与同行专家。"事实上,受课程影响的各阶层人士都应参与决策,包括教师、学生、家长、专家学者和专业教育管理人员。在课程决策过程中,不同参与者代表了不同的利益群体。"[③] 多元权力在课程结构调整中都有其存在的必要性和局限性,权力之间不能互相替代,既不能独立行使,又不能相互混同,行政权力、学术权力、学生权力、社会权力与同行专家权力形成了研究生教育课程结构调整中的五个维度。在这些权力路径当中,既有横向路径方向权衡,又有纵向路径方向博弈,建立以行政权力为纵向,学术权力、学生权力、社会权力与同行专家权力为横向的网状运行路径。行政权力的主体是高校研

---

① 徐培成主编:《国际教育百科全书》贵州教育出版社 1990 年版,第 575 页。
② 胡东芳:《课程共有:一种新的课程权力分配方式》,载《当代教育科学》,2004 年第 6 期。
③ 李宝庆:《学生参与课程决策》,载《全球教育展望》,2009 年第 10 期。

究生教育管理机构，其作用方式是通过指令，行政权力路径是由上而下进行的，其权力来自于行政授权，具有强制性；学术权力是对学术事务施加影响和干预的力量，学术权力的主体是教师，权力来源于学科知识的专业性以及学者水平和学术能力；学生权力的主体是研究生，权力来源于研究生作为课程实施对象而具有的地位；社会权力的主体是用人单位，权力的来源是研究生教育必须适应社会发展的规律；同行专家权力主体是来自于校外的专家。在课程结构调整过程中，多方权力主体参与决策将使行动更为科学可行，将课程结构调整所涉及的多方主体凝聚起来形成合力，以推动课程变革的运行。

另一方面，课程利益主体多元化是不可避免的趋势，任何单向课程权力的垄断都很难成功，都会受到其他各方利益主体的抵制。Brundrett 和 Silscock 指出，"所有有兴趣的人们和团体都有权加入到商讨课程的过程中来，从这个过程中产生的课程模式比其他任何模式都更具民主性和平等性。"[1] 协调课程权力的具体举措可以是成立课程委员会，建立一个民主的沟通平台，让每一个利益相关者都有表达自己观点的空间。课程权力主体代表以委员会形式集体商讨课程设计有关的问题，使得集体的经验、专业知识得到最大限度的利用，体现民主精神，获得不同主体认可，从而使决策更容易得到贯彻和执行。课程委员会成员的地位应该平等，能够对委员会今后的方向形成思路和工作计划，制定课程委员会章程，包括工作职责，权利和义务，明确运作流程。课程委员会做出的决策必须公开透明，向全体成员公布。

总之，研究生教育课程结构调整是一项系统工程，涉及多个主体，牵涉内部各主体之间的权力分配问题。有必要贯彻治理理论，各相关部门全方位、多层次地配合与协调，明确各主体的性质、定位、责任范围，加强各主体相互之间的沟通与联系；同时，加大对多元权力的制衡和约束，在相互冲突的权力系统中寻找出平衡点，形成多方主体共同参与课程结构调整的格局。

3. 优化课程制度

课程制度是课程结构调整的合理性依据，谁来调整课程结构，怎样调整课程结构，都需要课程制度提供指导和规范。"学校课程系统的各个环节和过程之间并不是线性、单向的关系，而是一个不断深化、相互制约的关系。如果失去了制度保障，一切试图进行细致有价值的课程管理和开发活动都不可能实现。"[2] 课程制度是研究生教育课程结构调整的根本保证，是落实课程结构调整计划和方案、有效促进课程结构设计、保障与评价的一系列准则。针对课程制度存在的问

---

[1] 凯莉著、吕敏霞译：《课程理论与实践》，中国轻工业出版社 2007 年版，第 98 页。
[2] 和学新、张丹丹：《论学校课程制度》，载《全球教育展望》，2011 年第 2 期。

题，本书从优化保障制度、评价制度与激励制度三个方面进行论述。

（1）优化保障制度。前面分析的课程价值取向融合与课程权力的多元化，更多的是从方向、理念与组织方面进行论述的，而缺少合理的制度对整个过程加以保证。保障制度是指通过设计合理的制度保证课程价值取向融合与课程权力多元化的有序推进，因此，优化保障制度分为两个方面，一方面是优化课程价值取向融合制度，另一方面是优化多元课程权力制度。

①优化价值取向融合制度。课程价值取向具有凝聚功能，一旦成为全体成员普遍认同的观念，会对整个课程结构调整产生不可估量的影响。研究生教育课程主体多样，如果要协调这些主体之间的关系，规范他们的行动，只有依靠价值取向的统一融合，并让他们对融合后的课程价值取向产生强烈的认同感、归属感与责任感，紧密凝聚在一起，共同奋斗实现目标。融合的课程价值取向是在多次与不同价值观的交锋中锻炼碰撞形成的，是所有师生最终形成的课程价值认同和价值追求，已经融入对课程的基本态度和基本看法之中，对全体师生产生潜移默化的影响，成为课程设计者采取行动的一种主动选择和自觉行动。价值取向的融合需要以完善的保障制度作为前提，制度对价值取向的形成起着支撑性的作用，没有制度的保障就不可能形成合理的价值取向，必须要建立一整套规章制度来保障价值取向融合的顺利推进。例如，通过完善相关的推广制度，开展课程价值取向大讨论等，加大对课程价值取向的宣传，增加师生对于当代课程价值取向的了解，懂得课程价值取向融合的意义。同时，加强课程价值取向教育。例如，通过新教师岗前培训等活动，增强新教师对多元价值趋向课程的理解，增加新教师对价值取向融合的认同感，形成正确的价值判断，做出合理的价值选择。总之，通过完善一系列制度，使得课程设计者重新认识课程价值，反思自己原有课程价值的不足以及改进方向，更好地形成合理的课程价值取向。

②优化多元课程权力制度。越来越多的研究生教育管理者认为课程权力应该丰富和多元化，意识到更好地发挥多权力主体功能是提高课程结构调整效率的重要途径，应该赋予多权力主体更多的课程责任和权力，使得他们能够参与课程结构调整的全过程，将他们的观点和意见在课程结构中得到一定程度的体现。但正如 Gaff 和 Ratcliff 指出，"高校课程一直都是不同利益主体冲突的战场。"[1] 课程领域由存在诸多差异的主体组成，因而存在着矛盾与冲突。如何使这些相互差异的主体相互合作，必须加大制度设计，对行为和相互关系做出约束，通过制度明

---

① J. G. Gaff, J. L. Ratcliff. Handbook of Undergraduate Curriculum: A Comprehensive Gruide to Purposes, Structures, Practices, and Change [M]. San Francisco: Jossey - Bass Publisher, 1997: 703.

确不同主体各自的职责与权力范围。

首先，需要通过优化制度积极吸纳多元主体参与课程结构调整，维系多元权力主体高效运行。课程制度的首要功能是规范功能，为集体成员的行动提供价值标杆和行为方式。其次，课程制度能够以普遍的约束力规范成员的行为，保障牵涉其中的利益群体的共同利益。第三，课程制度通过内隐的价值旨趣促进成员的集体认同。[①] 通过完善相应的制度，将参与课程结构调整与各自利益挂钩，使得不同的权力主体能够更加积极参与课程结构调整活动。

（2）优化评价制度。课程结构评价是以课程结构为评价对象，以鉴定课程结构的合理性为目标，依照当初设定的指标，参照国内外相同学科的课程结构，对课程结构进行总体性分析判断的过程。通过评价，发现问题，改进工作，总结经验，从而促进课程结构整体水平的提高。研究生教育课程结构到底怎么样，存在什么问题，改进措施是否发挥应有作用等，都需要科学的评价来加以监督检验，因此，评价制度是研究生教育课程结构调整的重要制度之一。优化现有的课程评价制度、推进课程结构调整可以从以下几个方面推进：

首先，优化评价主体参与制度。评价主体应该包括多元主体，使代表不同利益的主体都能参与课程评价。评价主体由学校研究生管理人员、学科教师、研究生、用人单位和同行专家组成，学校研究生管理人员是评价协调人与联系人，学科教师是评价负责人，研究生、用人单位和同行专家是评价过程的主要参与者，在多元主体参与评价过程中，吸纳多元主体的评价意见，并注意整合多元主体的评价建议。

其次，优化评价信息制度。有必要建立立体式、全方位的课程信息收集与反馈系统，运用先进的信息技术手段，提高信息收集与反馈的时效性，为后续的评价做好准备。因此，一方面应通过定期的调查，甚至是专门的网络调查平台，搜集研究生对于课程学习的体验、看法，并及时反馈，另一方面，应建立定期的督导、督学制度，通过定期的抽样旁听获取课程质量信息；此外，在课程开设之前，应在条件许可的情况下实行匿名的同行评议制度，获得新开课的质量信息，对达不到开课质量的课程应予以停开。

（3）优化激励制度。教师是研究生教育课程结构调整的主体力量之一，其参与课程结构调整的积极性与能力直接决定了课程结构调整的效果，必须通过设计相关激励制度推进教师更好地参与课程结构调整。所以，本书的激励制度主要是指激励任课教师更好地参与到课程结构调整活动中来的制度。

为激励教师进行课程设计的积极性，要尽可能全面地分析与把握任课教师心

---

① 和学新、张丹丹：《论学校课程制度》，载《全球教育展望》，2011 年第 2 期。

理需求以及心理特点。对于任课教师参与课程结构调整行为要予以肯定，激发任课教师为课程尽职的主人翁意识，增强任课教师的责任感。同时，保证教师对于科研与课程的等同责任，扭转过于偏重科研的倾向，将教师参与课程结构调整、实施课程的改革行为也纳入教师的工作量，对在参与课程结构调整工作中付出精力的教师给予一定的物质补偿。另外，需要把握好物质激励与精神激励的关系，设立优质课程奖，专门针对提升课程质量、优化课程结构的教师进行大奖甚至重奖。

三、生源结构的调整

研究生教育是培养高层次人才的重要途径，而研究生招生工作将直接关系到研究生生源结构，进而影响培养质量。因此，有必要从多个方面入手，对照招生环节中存在的问题，采取有针对性的措施，优化研究生生源结构。

1. 招生权力多元化

从权力关系来看，我国现行的研究生招生活动是一种高度集权化的模式，带有强烈的计划经济痕迹，招生权力集中在国家上层，具有很强的集中性。这种模式曾经发挥过重要作用，但是，随着研究生教育的发展，这种模式越来越不适应创新型人才的选拔。国外一流高校的研究生招生中，越是基层权力越大，高校与导师享有高度的招生自主权，完全拥有自主决定录取方式，确定录取名额的权力。国家层面对招生的影响力较弱，在这种体制下，高校与导师的招生积极性被最大可能地调动起来，有力地促进了研究生生源结构的调整。随着研究生教育改革的深入推进，研究生招生应该是多元主体参与的活动，需要在招生过程中充分反映不同主体的权力需求。所以，我国现行的研究生招生权力结构调整必须以有利于创新型人才选拔为出发点，促进招生机制的改革，建立多中心治理结构，明确研究生招生权力主体责权范围和利益边界，形成权力主体的利益和权力共担的格局。

（1）政府以宏观调控为主，明确自身权力边界。政府权力主要的作用是发挥宏观调控的功能，依据高等教育法律法规的要求，指导规范整个研究生招生活动，保证招生活动有序进行，最终将研究生招生权落实到高校和导师身上，通过制定相关的指导性文件，为保障招生工作的公平、公正和公开。

（2）高校充分利用招生自主权，避免权力滥用。高校在获得招生自主权后，也应该进行内部相关改革，建立合理的招生机制。既要充分利用招生自主权，又要避免出现招生权力滥用的情况。在高校内部招生计划制定过程中，优化招生计划分配方案，充分尊重导师招生权力，可以由研究生院牵头组建由不同学科教授代表组成的招生指导小组，招生具体事项由指导小组讨论后决定。改革招生计划分配方式，采取由下而上的方式，先由基层学科进行制定，然后再汇总到高校，高校根据汇总上来的信息出台招生计划草案，再下达给各学科听取意见。经过多轮信息反馈之后，力争让更多的利益相关者参与招生计划制定过程。

（3）导师充分参与招生过程，有一定的独立裁量权。导师在研究生招生过程中的权力地位应充分肯定，通过制定相关制度明确导师在招生选拔环节中的权力和责任。曾任美国康纳尔大学研究生院院长的艾莉森·卡萨雷特在《研究生院的招生》一文中指出："研究生教育最根本的责任还在教师身上，研究生院只是负责协调、咨询并执行教师制定的政策。"① 导师有权参与考试科目的讨论和设计，科目设置应该充分遵循导师的建议。导师对于招生程序具有知情权、参与权、表决权以及选拔权，导师能够自行决定是否最终录取考生。必须指出的是，为了防止导师在招生的过程中存在不规范的行为，高校也应该制定相关的制度来约束导师，使得导师的招生权力在规定范围内得以合理运用。例如，对于破格录取的学生，导师应提供尽可能详细的材料来支撑其录取的理由，同时，也应把破格录取的学生的在校表现，例如论文发表、科研参与等情况纳入对导师的考察之中。

（4）社会权力通过奖学金与联合招生等有效介入。应该允许社会组织在研究生招生中发挥一定的影响力。传统的研究生招生更多地被看成是高校内部的事情，外界的力量不应该参与进来，但是，随着研究生教育的发展，研究生教育与社会的关系越来越紧密，社会权力在一定程度上也应该对研究生招生产生影响。一方面可以鼓励企事业单位、个人或法人团体在高校设立专项奖学金，例如，跨学科生源奖学金、留学生奖学金等，通过多种社会渠道筹集研究生奖学金，增加覆盖面；另一方面还可以与其他高校、科研院所开展跨学科研究生联合招生，并单列招生计划。通过一系列社会力量的介入，改变原先固化的研究生招生权力体系，同时也为研究生教育补充大量外部资源，从而优化研究生生源结构。

2. 跨学科招生制度优化

招收一定数量具有培养潜质的跨学科生源是招生的任务之一。"首先，招收的研究生要适应交叉学科发展的需求。即经过一定的招生机制选拔出来的研究生，应该符合该学科发展对人才的要求，选拔出来的人员能适应该学科的人才培养需求；其次，录取的研究生需对交叉学科的发展有着推动作用，需要招生环节在人才选拔上体现出一定的前瞻性，需要通过一定的选拔机制辨析出所选拔的人

---

① 北京师范大学外国教育研究所编：《美国和日本的研究生入学考试》，北京师范大学出版社 1987 年版，第 22 页。

才是否真正符合交叉学科发展的深层次要求，是否适合从事交叉学科研究，并将此当做一生的职业方向，能对所在交叉学科的发展做出进一步的贡献等。"[1] 因此，跨学科研究生招生与传统单学科研究生招生有着重大区别，不能简单套用传统招生模式。"通过研究生招生考试各环节的系列改革，营造一种有利于跨学科考生脱颖而出的氛围，并从制度和政策上对跨学科考生给予一定倾斜和扶持，为跨学科培养研究生赢得先机。"[2] 具体来讲，跨学科研究生招生制度优化可分为以下几个方面。

（1）对跨学科招生名额给予倾斜。当前，研究生招生计划是由国家统一制定下发到各所高校的，在这个计划中并没有特别制定针对跨学科生源招生计划，也就是说，所有的跨学科考生都必须与其他考生一起参加全国考试，共同竞争统一的名额。因此，为了鼓励更多的跨学科生源报考研究生，有必要在现有的招生计划中按照一定的比例，单列出一部分计划指标，专门用于跨学科生源招生，这在一定程度上可以减轻跨学科生源报考的竞争压力，提高了跨学科计划对于考生的吸引力。国内已经有少数高校开始采取跨学科研究生招生试点工作。例如，北京大学早在 2003 年的研究生招生中，就将跨学科的招生计划单列，在生物信息学、生物医学工程和纳米科技等国际上跨学科研究的热门领域进行试点招生。对于高校来讲，为了更好地推进跨学科招生进程，必须对高校各个学科未来发展有一个清晰的规划，将跨学科招生指标投入到未来具有发展前景，又与本校发展战略相匹配的交叉学科之中，并且制定相应的制度细化流程。

（2）对跨学科考试科目特别设置。由于属于跨学科报考，有可能导致许多具有潜力的跨学科生源分数不如本学科生源。这在一定程度上限制了跨学科生源报考的积极性。因此，在初试的专业科目中跨学科考生可以选考自己本学科的科目，然后在复试阶段再加强报考学科科目的考核，设计一些学科交叉的热点问题作为考题，检验其是否真正具备跨学科思维方式，从而选拔出具有发展潜力的跨学科生源。据山东大学研究生院网站报道，2010 年，山东大学在博士研究生招生过程中采取特别政策，推动跨学科研究生的招生工作。跨学科考生提出申请，经报考导师、报考学院同意，并报学校研究生招生办公室审核通过后，可不选考报考专业的考试科目，而选考博士研究生招生专业目录中与本人硕士所学专业相近专业的一组考试科目。同济大学也采用了对跨学科考试科目特别设置的方式，"同济大学为鼓励跨学科考研，在其研究生招生中规定，各学科除确定一组本学

---

① 罗英姿、伍红军：《交叉学科研究生招生机制设计新思维》，载《中国高教研究》，2010 年第 2 期。

② 周叶中：《科技创新与研究生创新能力的跨学科培养》，载《中国高校科技与产业化》，2011 年第 3 期。

科的初试科目外，还可选择其他学科的初试科目作为本学科和本专业的初试科目。跨学科的考生可以选考所报考专业科目组承认的科目。这样，跨学科考生就可以学有所用，考有所对；而招生单位也可以更准确地认识和把握跨学科考生的素质优劣。"① 因此，通过改革考试科目能够更好地吸引跨学科生源报考，从而促进跨学科生源选拔。

（3）加强跨学科招生组织工作。能否招收到优秀的跨学科生源与招生组织工作有着密切的关系。对于跨学科生源招生，高校不能采取坐等的方式，有必要主动出击开展招生宣传，让更多考生了解跨学科研究生的前景，激发更多考生跨学科报考的意识。跨学科研究生招生宣传工作一定要具备针对性，确定目标生源，针对重点宣传对象，有效宣传。

除了在招生环节加大宣传力度之外，有学者认为在加大考核力度的基础上，可以在跨学科研究生招生程序中加入延后考察期，将招生环节延后，增加对跨学科生源的考察时间。"延后考察期是对预录取的学生在入学后的一段时间内，可能是几个月也可能是一年的时间里，将候选者置于交叉课程学习和交叉学科研究的实际情境中，来实地评测学生具备的交叉学科研究潜能。如果并不合适，就需要有进一步的分流行为。将不适合从事该领域的跨学科事业的学生转移到传统的学科，或者向其他的适合性学科转移。"整个过程如图 5-3 所示。

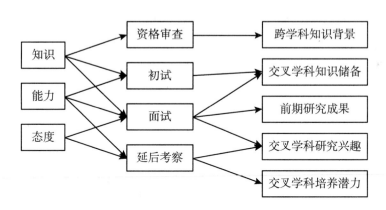

图 5-3 交叉学科研究生招生流程

资料来源：罗英姿、伍红军：《交叉学科研究生招生机制设计新思维》，载《中国高教研究》，2010 年第 2 期。

3. 推免生招生制度优化

我国研究生推免的宏观调控权主要集中于教育部，教育部之所以严格限定各

---

① 王传毅、程斯辉：《研究生入学考试中的跨学科考研现象分析》，载《湖北招生考试》，2009 年第 3 期。

高校推免生的行为，主要原因就是由于当前推免生招生环节制度不健全，一旦放开宏观管理，可能会导致推免生招生失控，形成大量投机行为造成混乱，影响招生的公平性。因此，优化推免生招生制度，建立符合未来发展需要的招生制度。从根源上杜绝可能发生的问题，使得推免生比例能够进一步上升，从而优化研究生培养质量。具体来讲，可以从以下几个方面入手。

（1）增加具有推免资格的高校。从理论上讲，当前我国可以培养本科生的单位都应该都具备推免生的资格。但是，当前教育部对具有推免资格的高校严格限制，主要还是集中于设有研究生院的高校和"211 工程"高校，除此之外，还有一些地方重点高校。按照教育部的规定，这些重点高校必须是具有博士学位授予权或具备硕士学位授予权，且招收硕士研究生连续 15 年，按照这样严格标准，我国很多本科高校都不具备推免资格，这无形之中就缩小了推免生的备选范围，可能导致相当数量的优秀本科生不能够通过推免的途径接受研究生教育。其实，在普通地方高校中，尤其是一些重点学科中，每年都能够培养出部分优秀的毕业生，这些毕业生的水平不一定比重点高校毕业生的水平差，甚至有的毕业生本科期间在科研方面都获得过重大科研奖项，例如"挑战杯"等。但是由于出身于普通高校，限制了他们参与推免的资格，不利于选拔更多的优秀人才。因此，有必要扩大具有推免资格高校范围，获得硕士学位授予权的高校都自动具备推免资格，另外，对于不具备硕士学位授予资格的高校，只要在本科教学评估中获得优秀等级，该院校中的优势重点学科在经过国务院学位办组织的评审委员会评估之后，也可以获得推免资格。从而增加了具有推免资格高校的数量，有利于更多普通地方高校的优秀本科毕业生，也能够获得推免机会。

（2）扩大高校推免生比例。当前，教育部规定具有推免资格的高校，按照不同的等级享有不同的推免比例，设有研究生院的高校享有本科应届生源 15% 比例的推免人数，"211 工程"高校享有 5% 比例，其他地方重点高校享有 2% 比例。相比于近些年研究生教育规模的迅猛发展，这一比例明显过低，已经不能满足研究生教育发展的需要。因此，扩大推免生比例既符合我国研究生教育发展的需求，也符合世界研究生教育的潮流与惯例。欧美高校不存在推免生这一说法，研究生招生基本实行的是申请制，也就是任何本科生都具有理论上的申请资格，高校根据考生的申请材料，结合面试做出录取决定。"美国研究生入学申请者必须提供申报材料、大学成绩单（要求提供盖有大学教务部门公章的原件）、推荐信（推荐人应是申报学科领域的专家、教授），美国的大学设有研究生招生委员会，负责审查上述材料后通知面试，对考生的综合素质和各方面的能力作进一步的了解和全面的考查。上述各方面均获通过后，由导师、研究生院、大学校务委员会或录取委员会分级把关，决定录取与否。"① 我国推免生只是免试初试，还必须参加复试，从这个意义上看，与国外高校的申请制比较接近。国外的申请制经过多年的招生实践，已经证明是比较科学的模式，能够最大限度地选拔出优秀人才。既然我国当前还不可能全面铺开申请制，那么不妨从推免生制度开始入手，逐步扩大推免生比例，具体比例可以根据学校的实际情况决定。

必须指出的是，在增加推免生比例的同时，在高校内部不能平均固化推免比例，而是应该根据各个学科发展具体情况，有针对性地增加或缩减不同学科的推免指标，使得推免指标能够发挥更重要的作用。

此外，扩大推免生比例并不意味着增加推免生的录取比例。教育部应该按照一定的比例限定各院校推免生的录取比例，实现推免生的差额录取，从而真正保障推免生的录取质量。

（3）控制本校推免生源比例。本校推免生比例过高是当前研究生生源结构中一个主要问题，许多高校倾向于将优秀生源留在本校，而由于环境比较熟悉，很多考生更愿意参加本校推免，不愿意去外校，造成许多高校将大部分推免指标都放在校内推免上。我国研究生教育管理部门也意识到这一问题，出台了相关规定，控制本校推免生比例，例如，研究生院高校接受本校推免生比例不能超过整体推免生比例的 65%。但是，即使按照这一标准，从学术多元化的角度来看，当前本校推免生生源比例还依然较高，不利于学术融合。因此必须进一步压缩本校生源推免比例，更主要的是，改革当前推免生制度，采取措施鼓励学生参与外校推免，具体来讲，一方面，加大外校推免指标比例，优先推荐本校生源参与外校推免，将本校推免环节放在外校推免环节之后，如果本校生源参与外校推免失败，还有机会参与本校推免，使得推免生源具有两次录取的机会，调动推免生源参与外校推免的积极性；另一方面，高校应该与外校相关学科保持长期密切联系，签订对等互换协议，采取互相交换推免生源的方法，规定每年各自有相关比例的推免生用于对等推免。在实际操作上，可以采用优势学科捆绑劣势学科的办法，即规定本校优势学科每年接受协议高校劣势学科一定数量的推免生，同时，对方高校优势学科也要接受本校劣势学科一定数量的推免生，从而使得校际推免活动能够长期进行下去，形成一种常态化的互动机制。

4. 国际生源招生制度优化

根据发展规划，我国到 2020 年将成为亚洲最大的留学目的地国，留学生人数将达到 50 万人。从目前我国留学生招生情况来看，要达到这一目标，还存在

---

① 黄万武、杨东亮：《中外医学研究生招生制度的比较》，载《中国高等医学教育》，2007 年第 1 期。

一定的挑战。为了更好地推进留学研究生招生工作，需要在招生制度方面加大改革力度。尤其是需要加大奖学金，创新招生宣传以及优化招生途径。

（1）改革奖学金制度。奖学金是对留学生影响最大的因素之一，高额的奖学金能够从世界范围吸引大批优秀留学生，"美国之所以能成为留学生接受大国，除了其拥有庞大的高质量高等教育系统外，名目繁多且高额的奖学金尤以吸引了全世界最优秀人才，例如在哈佛大学攻读生物、化学、物理、天文、数学等理科的中国留学生基本上都是免学费的，除此之外校方每月还发给每人2 000美元的生活费。"① 因此，必须加大奖学金制度改革，既要增加奖学金的来源，又要有针对性地在不同学科设立不同专项奖学金，调节留学生在不同学科之间的比例。

一方面要增加奖学金的来源。当前中国政府奖学金的单一模式已经不适应留学生招生工作的开展，有必要建立多元化的奖学金制度，增加奖学金的来源，吸引更多的外国学生前来留学。从世界留学生教育强国的经验来看，完全由政府投入的留学生奖学金模式已经不多了，更多的是由政府与社会力量共同负责奖学金来源的提供。例如，"英国设立了专门海外研究生奖励计划，2004年3月，英国政府宣布提供总额超过100万英镑的研究生奖学金，以资助印度、香港、俄罗斯和中国内地等国家或地区的优秀海外学生，帮助他们在理学、工程学、医学、社会科学和技术领域完成3~4年的学习和研究。该奖项由英国政府和私人企业共同承担，包括牛津大学、剑桥大学和帝国理工学院在内的24所名校都参与了该项目，申请人可直接向这些大学申请奖学金。"② 因此，可以鼓励政府之外的力量，包括企事业单位、社团法人与个人在高校设立奖学金，鼓励企业冠名设立留学生专项奖学金。另外，还可以设立地方政府奖学金，"2006年度，美国仅加利福尼亚州政府的留学生经费预算就将近2亿美元，相当于中国政府奖学金总额的3倍。而加利福尼亚州、纽约州、德克萨斯州、伊利诺伊州四个州每年资助国外留学生的经费约为5.31亿美元。"③ 美国各州政府都对本州留学生工作予以强力的支持，有效地促进了各州留学生教育的发展。当前，我国已经有少部分省份设立了地方政府奖学金，但是总体数量还不多，云南省政府是第一个设立地方政府奖学金的省份，其政府奖学金专门资助邻国优秀学生到云南的大学留学。

另一方面，在奖学金分配上，应改变过去平均主义的作风，可以按照不同学科发展需求，设立专项奖学金，在奖学金申请对象上提出专业等限定条件。调节

---

① 夏青：《来华留学生中国政府奖学金制度现状及货币化改革刍议》，载《科技通报》，2011年第3期。

② 易红郡：《英国高等教育国际化策略：留学生视角》，载《湖南师范大学教育科学学报》，2012年第1期。

③ 田辉：《高等教育留学生国际流动趋势与来华留学对策分析》，载《大学》，2010年第4期。

留学生生源在不同学科之间的比例，引导留学生生源从目前过于集中的语言类专业向其他专业转移，尤其是加大对理工类学科的奖学金设置力度与比例，从而调节留学生生源结构。

（2）创新招生宣传制度。招生宣传是留学研究生招生工作的第一环节，但往往又是最容易忽略的环节。当前除了少数高校之外，我国大多数高校在海外知名度较低，很多留学生生源在来华之前对相关高校了解并不充足，还有更多的生源由于了解不够而放弃前往中国留学。因此，各大高校，包括教育主管部门都需要树立走出去的意识，尤其是要加大国际宣传力度，通过举办来华留学教育展，组团参加各类宣传活动，进行"来华留学项目"的整体推介，联合举办留学生教育说明会，增加海外学生对我国研究生教育的了解。英国政府从国家层面推进留学生招生宣传工作，取得了很好的效果，"如英国文化委员会在全世界110多个国家设立了派驻机构，它们一方面协助校方招收外国留学生，开展留学生教育咨询服务，举办教育展览；另一方面积极宣传留学生服务项目，英国约有260所院校出资委托英国文化委员会组织有关展览、安排访问计划及发放宣传材料等。"①

另外，高校网页是留学生了解招生信息的最主要途径，据了解大多数留学生会先通过网站对高校进行初步信息收集，同时，相比于举办教育展、邮寄招生材料等宣传活动，留学网页的设计成本较低，见效较快。因此网页建设是留学生招生宣传的主渠道。高校有必要加强留学网页建设，设立专门的留学生栏目，同时增加学校主页英文版面的内容，并保持信息及时更新。对于学校重点学科、重点实验室进行深入介绍，在师资队伍、奖学金申请、住宿条件等方面都要有详细的说明。另外，为了改变网页浏览的信息传输单向性，还可以开通网络在线咨询平台，及时解答留学生的问题。

（3）多元化招生途径。只有留学生招生途径多元化，才能保证选拔到尽可能多的优秀生源。当前，留学研究生招生途径比较单一，形式陈旧，为了更好地招收留学研究生，有必要改革招生方式实现多元化的招生途径。可以从以下几个方面展开工作。

首先，可以密切保持与已经毕业的留学生的联系，这些留学生很多已经回国，在本国各行各业中发挥着重要作用。如果能够利用好这部分留学生资源，调动他们的积极性，可以将其中的积极分子发展成为招生义务代理人，授予他们在国外一定的招生推广权，利用一切机会开展招生推广活动，介绍他们在华的留学亲身经历，说明来华留学的益处，以及通过留学获得的知识与能力的提升，对其

---

① 易红郡：《英国高等教育国际化策略：留学生视角》，《湖南师范大学教育科学学报》，2012年第1期。

他潜在生源进行推广活动，对其中取得比较好绩效的人员，可以授予相应的奖励，甚至提供一定的物质激励；其次，联系海外招生中介机构协助做好招生工作，海外留学招生中介是专业从事留学招生的机构，手里掌握大量的留学生信息。如果能够与这些中介机构取得密切的合作，可以在一定程度上保证生源的数量；最后，可以与海外高校开展留学教育合作项目，互相交换留学生。当前，由于中国经济的迅速崛起，许多海外高校有意与中国高校开展全方位的合作，其中也包括互派留学生，如果我国高校能够抓住这一机会，与海外有意向的高校展开长期合作，在研究生层次上与国外高校达成互换留学生协议，必将极大地补充留学研究生生源，提高留学研究生生源质量，推动研究生教育更好地发展。

总之，高校应该将留学生教育纳入学校总体发展规划，尤其是"985 工程"重点高校更需要明确留学研究生教育在学校发展中的地位。将研究生教育面向世界，积极参与国际教育市场，制定相应的配套政策推动留学研究生来华。加大留学研究生市场调查，更好地了解留学生的特性与需求。从奖学金设置、创新招生宣传以及优化招生途径入手，加大留学研究生招生制度改革力度，从而提高留学研究生生源比例，优化生源结构。

第六章

研究生教育结构的国际比较

本书将从国际比较的视角探讨研究生教育结构的变化趋势，从而了解和借鉴发达国家在研究生教育结构调整中的经验，以期推动我国研究生教育的改革发展。在所选国家中，既包括了美国、英国等欧美国家，也包括了日本、韩国等同属东亚历史文化圈的亚洲国家和地区。

然而，需要注意的是，研究生教育的结构是一个动态结构，既不存在一种"放之四海而皆准"的结构，也不存在一种永远合理的结构模式。我们能做到的是找到在一定的时间和空间范围内，在一定的条件下，相对合理或者优化的结构模式，使之能充分发挥教育功能，取得最佳的教育效益。以下将从区域结构、科类结构、类型结构、层次结构及生源结构等方面来考察不同国家的研究生教育结构调整过程。

第一节 国际研究生教育结构变化趋势

一、区域结构

发达国家研究生教育的区域结构具有鲜明的特征，以美国、英国和日本为例，其国内各地区研究生教育的发展差异非常大。

395

2010 年，美国各州州均拥有 57 472 个在校研究生，各州中在校研究生数最少的怀俄明州，仅有 2 762 人，在校研究生数最多的加利福尼亚州，共有 266 116 人，加利福尼亚州的研究生数是怀俄明州的近 100 倍。美国州际之间在校研究生数的标准差为 59 730 人，超过了其州均在校研究生数，说明美国各州之间的在校研究生数的差异非常大。

英国分为四个地区：英格兰、威尔士、苏格兰和北爱尔兰。四个地区之间的在校研究生数差异也非常大，各大区区均拥有在校研究生 142 126 人，各区中在校研究生数最少的北爱尔兰地区，仅有 11 235 人，在校研究生数最多的英格兰地区，共有 475 005 人，英格兰地区的研究生数是北爱尔兰的近 43 倍。英国区际之间在校研究生数的标准差为 475 005 人，超过了其区均在校研究生数。

日本也是如此，各地区区均拥有 5 776 个在校研究生，各地区中在校研究生数最少的宫崎，仅有 771 人，在校研究生数最多的东京，共有 72 691 人，东京的研究生数是宫崎的近 90 倍。日本区际在校研究生数的标准差为 11 067 人，约为其区均在校研究生数的 2 倍，说明日本各区之间的在校研究生数的差异较之于英、美更大。[①]

但需要看到的是，美、英、日三国中各地区的研究生教育与对应地区的经济发展水平呈现出高度的相关性。通过 SPSS 软件进行相关分析，三国各地区在校研究生数与所在地区的 GDP 均呈高度的正相关。美国在校研究生数与 GDP 的相关系数为 0.92，英国为 0.99，日本为 0.95。图 6-1、图 6-2 和图 6-3 均显示：美国、英国和日本三国各地区在校研究生数占国内研究生总数的比例曲线与各地区 GDP 占国内 GDP 总量的比例曲线基本重合，这意味着在这三个国家内各地区在校研究生占国内在校研究生总量的比例与其 GDP 占国内 GDP 总量的比例是基本接近的。以英国为例，其英格兰地区拥有全国 83.55% 的在校研究生，也生产了 85.86% 的 GDP，苏格兰地区拥有全国 9.52% 的在校研究生，也生产了全国 8.25% 的 GDP。

相较于发达国家，中国研究生教育的区域结构有类似之处：省际差异非常大，研究生教育要素（或资源）大多集中在北京、上海、江苏、湖北和陕西等东部和中部省市，西部民族地区各省份研究生教育要素（或资源）非常稀缺。但是，中国大陆地区各省研究生教育与经济发展的协调性却远不如发达国家。依据第二章的研究成果，各省市研究生教育与各省市 GDP 的相关系数数值仅为 0.59，

---

① 在校研究生的统计口径中，美国包括硕士、博士、第一职业学位；英国包括学术型研究生、授课型研究生和其他类型（证书或文凭性质）的研究生；日本包括硕士、博士和职业课程学位（Professional Course Degree）。

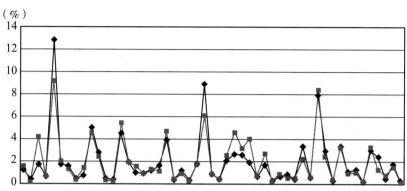

图 6 – 1   2010 年美国各州 GDP 份额与各州注册研究生数份额

资料来源：GDP 来源于美国商务部网站：http：//www. bea. gov/2013 – 10 – 28；注册研究生数来源于美国教育统计中心网站：http：//nces. ed. gov/programs/digest/2012menu_tables. asp/2013 – 10 – 28。

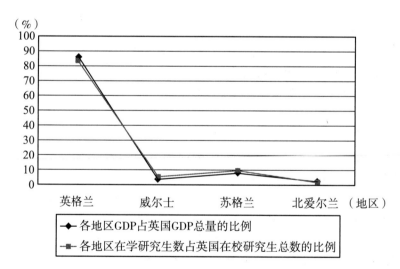

图 6 – 2   2011 年英国各地区 GVA 份额与各地区在学研究生数份额

资料来源：研究生人数来自 www. hesa. ac. uk/2013 – 10 – 28；英国各地区 GVA 来源于http://www. ons. uk/ons/，访问时间：2013 – 10 – 28，其中 GVA 是指增加值总额（Gross Value Added），在校研究生数的统计年份为 2011～2012 学年。

远低于发达国家，同时，2003～2010 年，中国大陆地区部分省份的研究生教育发展明显与省域经济、科技发展不协调，北京和上海的研究生教育显著超前于区域的经济社会发展水平，山东、河南、江苏和广东省的研究生教育滞后发展于区域经济社会发展水平。

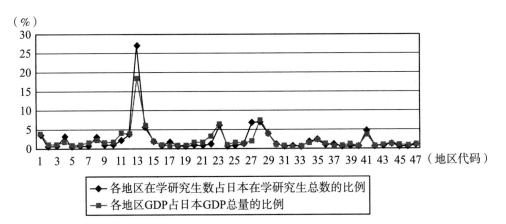

图 6 - 3　2010 年日本各地区 GDP 份额与各地区在校研究生数份额

资料来源：日本内阁统计局 . http：//www. esri. cao. go. jp/jp/sna/data/ data _list/kenmin/ files/contents/main_h22. html. /2013 - 10 - 28。

二、科类结构

鉴于不同教育层次中科类结构所存在的差异，本部分将分别从硕士和博士两个层次来分析研究生教育的科类结构。

1. 各国（地区）硕士研究生教育科类结构

在世界各国的硕士研究生科类结构中，增幅最快的主要是社会科学。1970～2010 年，美国社会科学、商业与法律的硕士学位授予数量从 59 698 人增加到 250 965 人，增幅达到 320.39%；师资培训和教育科学硕士学位授予数量从 87 666 人增加到 182 139 人，增幅达到 107.76%。1995～2011 年，英国社会科学、商业与法律的硕士学位授予数量从 15 444 人增加到 85 130 人，增幅超过 451.22%（见图 6 - 4）。1965～2011年，日本社会科学、商业与法律的硕士学位授予数量从 874 人增加到 7 964 人，增幅近 10 倍。1990～2006 年，韩国社会科学、商业与法律的硕士学位授予数量从 4 823 人增加到 16 914 人，增幅达到 250.69%；师资培训和教育科学硕士学位授予数量从 3 504 人增加到 17 677 人，增幅达到 404.48%（见图 6 - 5）。1987～2011年，中国大陆地区社会科学、商业与法律的硕士学位授予数量从 2 047 人增加到 97 235 人，增幅达 46 倍，1997～2012 年，台湾地区社会科学、商业与法律的硕士学位授予数量从 3 018 人增加到 17 098 人，增幅达 466.53%（见图 6 - 6）。

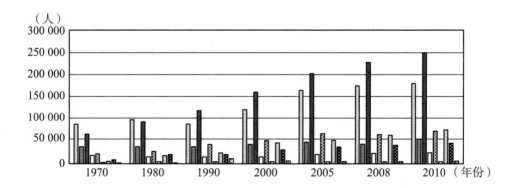

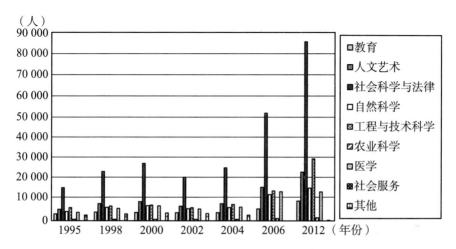

图 6 - 4　美国（1970～2012 年）（上）、英国（1995～2012 年）（下）
硕士研究生教育规模变化趋势（按学科分类）

资料来源：参见附录附表三、附表四。

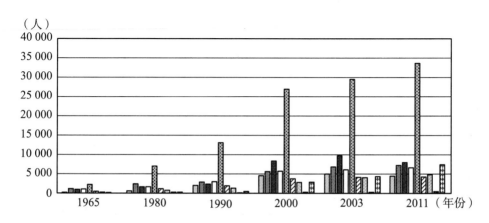

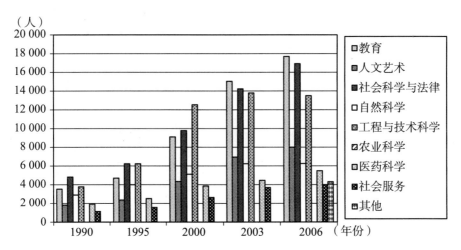

图 6 - 5   日本（1965 ~ 2011 年）（上）、韩国（1990 ~ 2006 年）（下）
硕士研究生教育规模变化趋势（按学科分类）

资料来源：参见附录附表五、附表六。

亚洲地区国家的工程与技术类学科的研究生规模增长非常迅速。1965 ~ 2011 年，日本工程、制造和建筑硕士学位授予数量从 2 272 人增加到33 677 人，增幅近 14 倍；1990 ~ 2006 年，韩国工程、制造和建筑硕士学位授予数量从 3 725 人增加到 13 470 人，增幅达到 261.61%（见图 6 - 5）。1987 ~ 2011 年，中国大陆工程、制造和建筑硕士学位授予数量从 9 545 人增加到 123 849 人，增幅达 12 倍；1997 ~ 2012 年，中国台湾工程、制造和建筑硕士学位授予数量从 5 425 人增加到 22 543 人，增幅达 3 倍（见图 6 - 6）。

具体至各国（地区）硕士研究生教育科类结构（见图 6 - 7），情况略有不同：

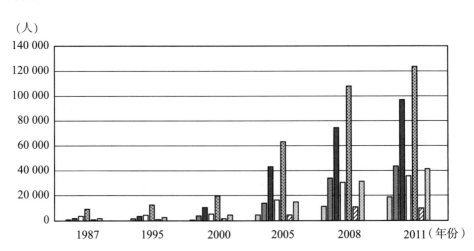

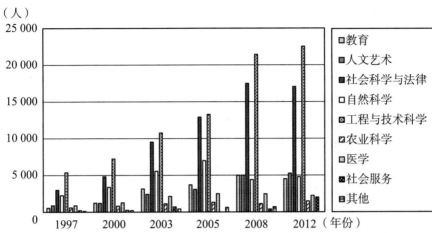

图 6 - 6   中国大陆（1987 ~ 2011 年）（上）、台湾（1997 ~ 2012 年）（下）
硕士研究生教育规模变化趋势（按学科分类）

资料来源：参见附录附表七、附表八。

　　1970 ~ 2010 年，美国硕士学位授予数量占全部硕士学位授予数量的比重增幅最大为社会科学、商业与法律学科，从 25.34% 增加到 36.21%；第二个增幅较大的学科为医学，从 2.26% 增加到 9.97%。另外，教育学科和人文艺术学科硕士学位授予数量占全部硕士学位授予数量的比重出现了较大的下滑，其中教育类学科所占比重从 37.22% 下降到 26.28%；人文艺术类学科所占比重从 14.44% 下降到 7.18%。需要注意的是，此处对于美国硕士科类结构的分析并未将第一职业学位（First Professional Degree）纳入，若将第一职业学位中的牙医（Dentistry）、医学（Medicine）、验光业（Optometry）、骨科（Osteopathic Medicine）、制药学（Pharmacy）、足部医疗（Podiatry or Podiatry Medicine）以及脊骨神经医学（Chiropractic）计入。[①] 若在硕士层次计入第一职业学位，美国硕士层次的科类结构中医学的所占比重将会在现有基础上增加 2/3。

　　1995 ~ 2012 年，英国社会科学、商业与法律类硕士学位授予数量占全部硕士学位授予数量的比重从 39.19% 增加到 48.96%；第二个增幅较大的学科为工程、制造和建筑类，从 13.96% 增加到 16.87%；其次人文艺术类学科的比重从 12% 上升到 12.70%。

　　2002 ~ 2011 年，德国的医学与健康科学、语言与文化科学以及数学与自然科学增幅最为明显。从其硕士学位授予数量占硕士学位授予总数比重变化来看，医学与健康科学从 0.84% 上升到 2.75%，语言与文化科学从 3.63% 上升到

————————

　　① 由于国内外学界对于第一职业学位（First Professional Degree）的归属层次（是归属于博士，还是归属于硕士）意见不统一，故在此并未将其计入。

11.61%；数学从 12.00% 上升到 17.81%（见图 6-8）。

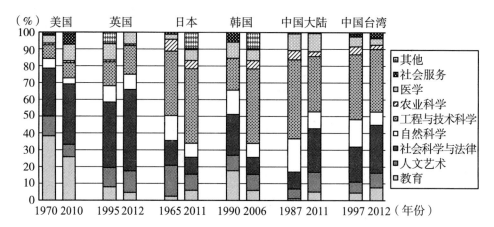

图 6-7　世界各国（地区）硕士研究生科类结构
变化趋势（1970～2012 年）

资料来源：参见附录附表三、附表四、附表五、附表六、附表七、附表八。

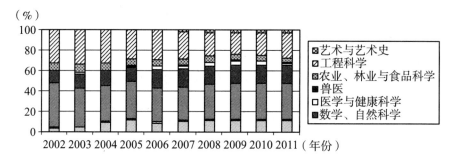

图 6-8　德国分学科硕士学位授予数量（2002～2011 年）

资料来源：参见附录附表十一。

1965～2011 年，日本教育类学科硕士学位授予数量占全部硕士学位授予数量的比重从 2.25% 上升到 5.84%；工程、制造和建筑类学科硕士学位授予数量占全部硕士学位授予数量的比重从 38.08% 上升到 44.02%；人文艺术类学科硕士学位授予数量从 18.45% 下降到 9.35%；自然科学硕士学位从 15.62% 下降到 8.49%。

1990～2006 年，韩国教育类学科硕士学位授予数量占全部硕士学位授予数量的比重从 17.71% 上升到 25.22%；人文艺术类学科从 9.07% 上升到 11.28%。自然科学从 14.7% 下降到 8.86%；医学硕士从 9.62% 下降到 7.83%。

1987～2011 年，中国大陆社会科学、商业与法律类硕士学位授予数量占全部硕士学位授予数量的比重从 10.08% 增加到 26.19%；人文艺术类硕士学位授予数量占全部硕士学位授予数量的比重从 5.97% 增加到 11.79% 点；教育类学科硕士学位授予数量占全部硕士学位授予数量的比重从 0.67% 增加到 5.07%。自然科学硕士学位授予数量占全部硕士学位授予数量的比重从 20.11% 下降到 9.61%；工程、制造和建筑类学科硕士学位授予数量占全部硕士学位授予数量的比重从 47.00% 下降到 33.36%。

1997～2012 年，中国台湾地区社会科学、商业与法律类硕士学位授予数量占全部硕士学位授予数量的比重从 21.33% 增加到 28.47%；教育类学科硕士学位授予数量占全部硕士学位授予数量的比重从 4.16% 上升到 7.54%。农业科学硕士学位授予数量占全部硕士学位授予数量的比重从 4.69% 下降到 2.49%。

总体来看，英、美、德等发达国家的硕士研究生科类结构以社会科学、商业与法律学科为主导，该类学科在科类结构中的比重出现了显著的上升趋势。日本、韩国、中国大陆、中国台湾等后发国家和地区的硕士研究生科类结构以工程、制造和建筑类学科为主导，虽然中国大陆、中国台湾的工程、制造和建筑类学科硕士研究生学位授予量占全部研究生学位授予量比重有所降低，但是仍然占有较大比例。此外，中国大陆和中国台湾的社会科学、商业与法律类硕士学位授予数量占全部硕士学位授予数量的比重明显上升。

这充分反映了研究生教育发展的一个重要规律：硕士研究生的科类结构应密切适应国内产业结构变化而变化。对于发达国家中英、美、德等先发国家而言，在 19 世纪末 20 世纪初便实现了工业化，硕士层次的工程学科发展已处于相对稳定的状态，因此在 70 年代后适应第三产业需求的社会科学、商业与法律等应用型很强的学科便产生了巨大的发展；而对于发达国家中的后发国家或者发展中国家，在 70 年代后期仍处于工业发展的重要阶段，因此工程、制造和建筑类学科在整个科类结构的比例非常大，但随着这些国家利用后发优势迅速地实现产业结构优化升级后，社会科学、商业与法律学科也逐步加速发展。

2. 各国（地区）博士研究生教育科类结构分析

从博士研究生教育各学科规模变化来看，医学是美、英、日、韩等发达国家战后博士层次研究生教育中规模增长速度最快的学科。1950～2010 年，美国医学博士学位授予数量从 764 人上升到 57 746 人，增长了近 75 倍。1995～2012 年，英国医学博士学位授予数量从 2008 人上升到 3 225 人，增幅达到 60.61%（见图 6－9）。1965～2011 年，日本医学博士学位授予数量从 2 676 人上升到 5 261 人，增长了 96.60%。1997～2006 年，韩国医学博士学位授予数量从 1 155 人上升到 2 266 人，增长了 96.19%（见图 6－10）。

相较而言，中国增长最快的学科为工程与技术科学。1987～2011 年，中国大陆地区工程、制造和建筑博士学位授予数量从 192 人上升到 15 804 人；自然科学博士学位授予数量从 158 人上升到 7 019 人，增长超过 44 倍。1997～2012 年，

403

中国台湾地区工程、制造和建筑博士学位授予数量从 492 人上升到 1 651 人（见图 6 – 11）。

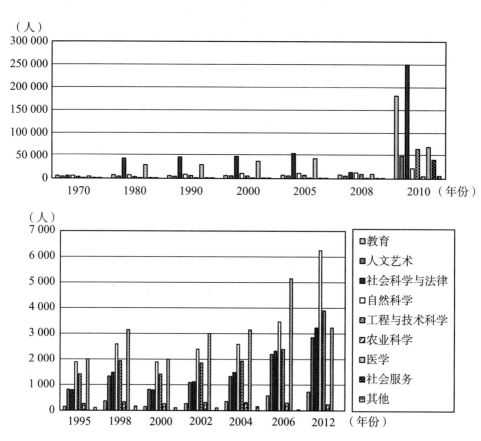

图 6 – 9　美国（1970 ～ 2010 年）（上）、英国（1995 ～ 2012 年）（下）
博士研究生教育规模变化趋势（按学科分类）

资料来源：参见附录附表三、附表四。

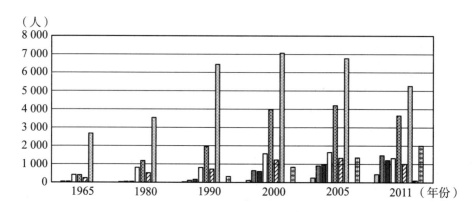

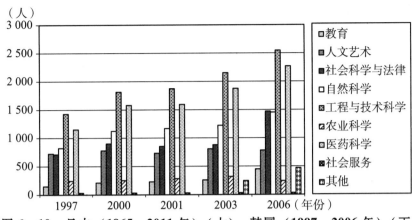

图 6 – 10　日本（1965～2011 年）（上）、韩国（1997～2006 年）（下）
博士研究生教育规模变化趋势（按学科分类）

资料来源：参见附录附表五、附表六。

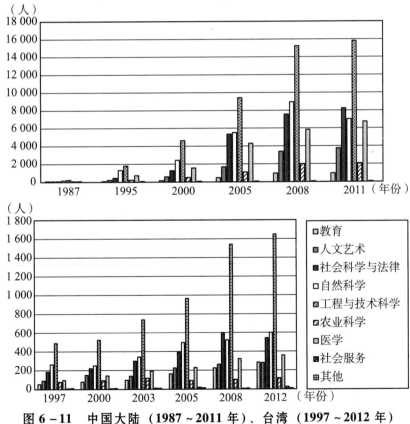

图 6 – 11　中国大陆（1987～2011 年）、台湾（1997～2012 年）
博士研究生教育规模变化趋势（按学科分类）

资料来源：参见附录附表七、附表八。

第六章　研究生教育结构的国际比较

　　总体来看，美、英、日等发达国家博士研究生教育中医学是规模增长速度最快的学科，中国大陆、中国台湾等亚洲国家和地区博士研究生教育中工程、制造和建筑科学是规模增长速度较快的学科，自然科学、社会科学、商业与法律科学次之。

　　首先，从各国（地区）博士研究生教育科类结构变化来看（见图6－12），工程与技术科学和医学虽在各国的变化趋势不尽相同，但均成为各国博士研究生教育的主要学科甚至主导学科。1950～2010年，美国医学博士学位授予数量占全部博士学位授予数量的比重从11.90%上升到36.42%；工程与技术科学博士学位授予数量占全部博士学位授予数量的比重从7.28%下降到6.04%。1995～2011年，英国医学博士学位授予数量占全部博士学位授予数量的比重从26.56%下降到15.78%，工程与技术科学博士学位授予数量占全部博士学位授予数量的比重从18.79%上升到19.1%。日本工程与技术科学博士学位授予数量占全部博士学位授予数量的比重在1965～2011年从10.71%上升到22.31%，医学博士学位授予数量占全部博士学位授予数量的比重从68.42%下降到32.00%。韩国医学博士学位授予数量占全部博士学位授予数量的比重从21.87%上升到24.95%。1987～2011年，中国大陆工程与技术科学博士学位授予数量占全部博士学位授予数量的比重从41.38%下降到35.54%，医学博士学位授予数量占全部博士学位授予数量的比重从10.99%上升到15.24%。1997～2012年，中国台湾医学博士学位授予数量占全部博士学位授予数量的比重从7.64%上升到9.43%，增加了1.79个百分点。

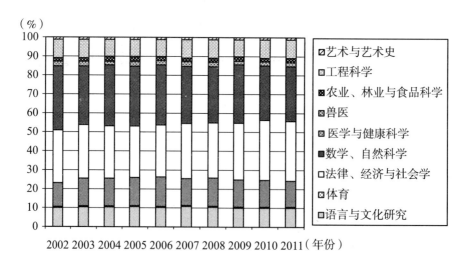

图6－12　德国博士研究生科类结构变化趋势（2002～2011年）

　　其次，在各国博士研究生教育科类结构中人文艺术、社会科学、商业与法律学科在博士研究生的学科构成中逐步呈现增长趋势。1950～2010年，美国社会科学、商业与法律博士学位授予数量占全部博士学位授予数量的比重从 19.47% 上升到 36.35%。英国在 1995～2012 年，社会科学、商业与法律博士学位授予数量占全部博士学位授予数量的比重从 10.83% 上升到 15.83%。日本在 1965～2011 年，人文艺术科学博士学位授予数量占全部博士学位授予数量的比重从 1.28% 上升到 9%。中国大陆地区在 1987～2011 年，社会科学、商业与法律博士学位授予数量占全部博士学位授予数量的比重从 4.74% 上升到 18.45%。

最后，博士研究生教育科类结构中自然科学在欧洲国家所占比重较为突出。1950～2010 年，美国自然科学博士学位授予数量占全部博士学位授予数量的比重从 27.70% 下降到 9.03%。但在 1995～2012 年，英国自然科学博士学位授予数量占全部博士学位授予数量的比重从 25.28% 上升到 30.56%。2002～2011 年，德国数学与自然科学的学位授予数量占全部博士学位授予数量的比重从 27.58% 上升到 31.36%。

总体来看，各国博士研究生教育的科类构成结构正在逐步朝多元化方向发展，英美等发达国家的博士研究生科类结构多样化的趋势尤为明显。各国（地区）博士研究生教育各学科门类均得到不同程度的发展，除了农学、社会服务、人文艺术等学科所占比例保持一个相对较小的比例以外，工程、自然科学、社会科学、医学等学科之间的构成比重差异呈现出逐渐缩小的趋势。换句话说，各国的博士研究生教育的科类结构呈现明显的趋同性走向。

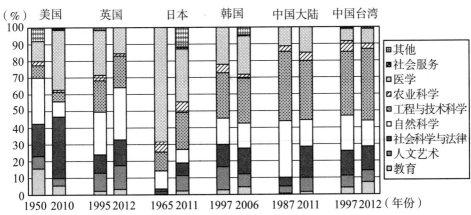

图 6-13　世界各国（地区）博士研究生科类结构变化趋势（1950～2012 年）

资料来源：参见附录附表三、附表四、附表五、附表六、附表七、附表八。

这又反映了研究生教育发展的另一个规律：博士研究生教育科类结构的调整与硕士层次有所不同，并不完全以适应国内经济社会发展的需求以及产业结构的调整为主；它主要与科学自身发展相适应，与本国既有的科研传统相适应，从而促进基础学科（数学、物理学、化学等）以及关涉人类生存发展重大问题的学科

（医学、生命科学、工程等）的发展；由于科学是一项无国界的事业，随着国际合作研究和交流的不断深入，各国博士研究生教育的科类结构将获多或少地呈现趋同化的趋势。

三、类型结构

在西方发达国家，为适应社会经济的需求，传统的以培养科研人员为主的学术型培养模式和结构正在逐渐发生变化，大多数国家的研究生教育逐渐分化成"学术研究型"和"专业应用型"两种类型。例如，在法国，自 20 世纪 80 年代以来，已从原先的单一的研究型培养模式转变为既有研究型培养，又有应用型培养，即"两种不同概念的博士并存"。[①] 在英国，研究生大体上可分为"研究型"和"授课型"两种，两种类型在规模上平分秋色。[②] 在美国，由于实用主义教育思想的影响，自 20 世纪 60 年代开始，逐渐形成了极具美国特色的"学、术兼顾"的兼容式研究生培养模式，形成了较为完善的"学术—职业"，"研究—应用"的多元化学位体系。首先，美国的研究生教育可分为研究型和职业型两大类。其中，研究型学位又可以分成以学术研究为主的学术型和以应用研究为主的应用型两种。职业型又称为第一职业学位（First Professional Degree），这种学位并不是一般的职业或者应用研究，而是以培养高度职业化的从业人员为主，不但重视培养学生系统的职业理论知识，而且特别重视塑造学生职业技能，80% 以上采取全日制教学模式。图 6 - 14 较为清晰地展示了美国研究生教育各学位类型、层次之间的关系。

美国的学位体系比较复杂，除了我们较为熟悉的哲学硕士、哲学博士以外，专业型学位主要有工商管理、教育、新闻、计算机、工程等学科的硕士和博士。这些专业型学位的教学计划的原则与学术型学位相同，但是在培养目标和培养方式上更强调实际问题的解决能力。以工程博士和工学博士的对比为例，工学博士强调学术研究，旨在培养学生在大学从事教学和科研；其课程侧重讲原理，主要使学生明白为什么，重视理论性。工程博士则追求学习实用的知识，旨在培养在工商业和政府部门从事设计开发和管理的人员；其课程侧重讲事实，主要使学生弄清楚是什么、有什么用，强调实用性，往往以一项有创新的设计论文来获得学位。[③] 作为职业型学位的第一职业学位包括：牙医、医学、验光业、骨科、制药学、足部医疗、兽医、脊骨神经医学、法学、神学以及其他共 11 个类别。这些第一职业学位基本已被看做是这些领域的从业资格证书。

---

① ② 陈学飞等：《西方怎样培养博士》，教育科学出版社 2002 年版。
③ 陈学飞等：《西方怎样培养博士》，教育科学出版社 2002 年版。

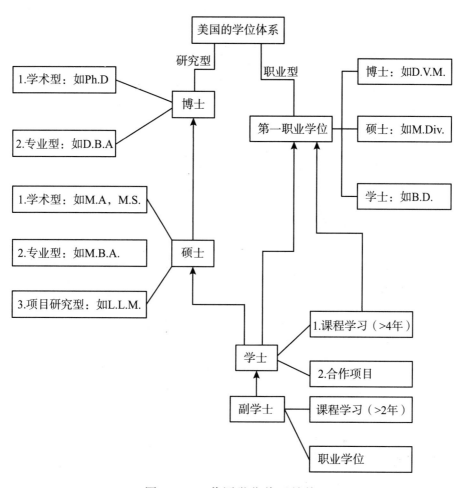

图6-14 美国学位体系结构

资料来源：中国学位与研究生教育信息课题组：《中国学位与研究生教育信息分析报告》，中国人民大学出版社2009年版。

美国专业型和第一职业学位的发展具有很强的国家和市场导向，其兴起和发展既是战后美国国家主义导向下对研究生教育大力度投入的结果，也在很大程度上体现了研究生教育对经济和社会发展的主动适应。在一些研究型大学，其专业型硕士学位的授予数量已超出了学术型硕士学位的授予数量，如MIT、哈佛大学和耶鲁大学专业型硕士学位和学术型硕士学位授予的现状（见图6-15）。

博士研究生的培养则呈现学术型博士研究生（Doctor's Degree - Research）和职业型博士研究生（Doctor's Degree - Professional Practice）并重的局面（见图6-16），美国常青藤八大名校中除了普林斯顿，其他各院校的学术型博士研究生和职业型博士研究生的比例均在1:1左右。

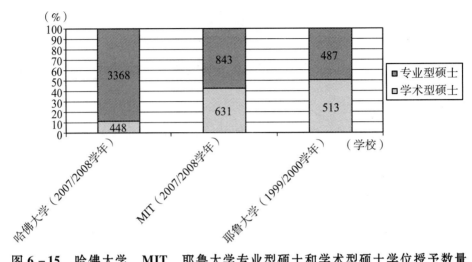

图 6 – 15　哈佛大学、MIT、耶鲁大学专业型硕士和学术型硕士学位授予数量

资料来源：清华大学研究生定位改革研究报告 2010 年。

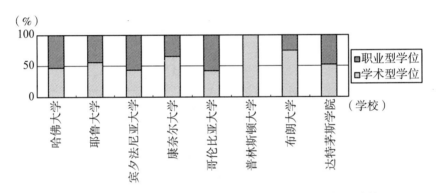

图 6 – 16　2012 年美国常青藤大学博士学位的类型结构

资料来源：美国教育统计中心，http：//nces. ed. gov/ipeds/datacenter/Data. aspx。

　　从世界研究生教育的发展趋势来看，发达国家纷纷在原有单一的研究型培养模式的基础上，增加与社会需求联系更加紧密的专业型或职业型学位。英国和澳大利亚所增设的授课型学位（Taught）的在校研究生数量是学术学位的 3 倍以上。德国素以培养学术型人才为传统，且主要由综合性大学（Universitärer）承担此重任，但博洛尼亚进程之后，德国的二级学位制度转变为"本—硕—博"三级学位制度，一大批应用科技大学（Fachhochschul）升格成为培养研究生的机构。虽然其硕士学位在名称上并没有明显的不同，但综合性大学的硕士往往更强调学术能力的培养，应用科技大学的硕士更强调实践能力的培养。法国的硕士类型分为三种类型：研究型硕士（Masters recherche）、职业型硕士（Masters Profes-sionnel）和未进行类型区分的硕士（Masters indifférenciés）。若仅仅对比研究型硕士和职业型硕士的学位授予数，则法国的职业型硕士数量远远高于研究型硕士。日本专门职学位（Professional Course Degree）的研究生教育起步较晚，但数量也占到接近研究生总数 10% 的比例。韩国学术型人才培养主要交给普通研究生院（General Graduate School）来承担，职业型人才的培养主要交给特殊研究生院（Special Graduate School）和职业研究生院（Professional Graduate School）承担。

表 6 - 1　　　　各国学术学位与非学术学位的在校研究生
人数之比（2003 ~ 2011 年）

年份	英国	德国	法国	澳大利亚	日本	中国	韩国
2003	1 : 3.58	—	—	1 : 5.45	1 : 0.003	—	1 : 0.78
2005	1 : 3.76	—	1 : 2.40	1 : 4.47	1 : 0.06	—	1 : 0.75
2007	1 : 3.70	—	1 : 2.81	1 : 4.55	1 : 0.07	—	1 : 0.74
2009	1 : 4.70	1 : 0.25	1 : 3.04	1 : 4.85	1 : 0.10	—	1 : 0.76
2011	1 : 4.70	1 : 0.32	1 : 3.32	1 : 4.50	1 : 0.09	1 : 0.26	1 : 0.80

　　资料来源：英国高等教育统计署 http：//www. hesa. ac. uk/content/view/1897/239；德国联邦统计局 https：//www. destatis. de/DE/Startseite. html；法国教育部 http：//www. education. gouv. fr/；日本文部科学省 http：//www. mext. go. jp/english/statistics/；澳大利亚统计局 http：//www. abs. gov. au/；韩国教育统计中心 http：//kess. kedi. re. kr/index；中国教育部发展规划司；（2）英国和澳大利亚的非学术学位研究生包括证书性质的研究生和文凭性质的研究生；（3）鉴于德国博士教育的传统，其博士研究生都统计为学术学位研究生，而硕士层次的在校生数主要依据德国联邦统计局的统计口径，以不同类型特点的高校进行区分，其中，综合性大学（Universitärer）条目下的硕士研究生计为学术学位，应用科技大学（Fachhochschul）和教师资格考试（Lehramtsprüfung）条目下的硕士研究生计为非学术学位；（4）法国自 2005 年起实行"LMD"（Licence - Master - Doctorat）新学制，硕士研究生入学时一般并不区分类型，而是在硕士一年级课程结束后才自主选择攻读以就业为目标的职业型硕士（Master Profession-nel），或以从事研究为目标的研究型硕士（Masters recherche）等不同类型的硕士学位。因此采用硕士层次的学位授予数代替其在校生数计算。其中，学术学位为研究型硕士（Masters recherche），非学术学位为职业型硕士（Masters Professionnel），而未进行类型区分的硕士（Masters indifférenciés）和博士（Doctorats）未计入分析；（5）韩国研究生教育类型结构以不同类型的研究生院的人数来进行统计。一般研究生院的学生计为学术学位研究生，职业研究生院和特殊研究生院的学生计为非学术学位研究生。由于韩国教育统计中心未提供不同类型研究生院的在校生数，故用学位授予数来进行衡量。

四、层次结构

　　研究生教育的层次结构主要从两个方面来考察，一是研究生教育在整个高等教育系统中的构成状态，主要通过研究生注册人数和整个高等教育系统注册的学生数的比例变化来反映；二是研究生教育内部各层次的构成状态，这种构成状态的变化体现出各层次研究生教育地位的调整和变化，主要通过硕士学位授予数和博士学位授予数的比例变化来反映。

1. 研究生教育在整个高等教育中所占比重

从各国（地区）研究生教育规模所占整个高等教育规模比例来看（见图 6 - 17），整体上，研究生教育的相对规模越来越大。从 1950 年以来，英国、美国研究生注册规模所占高等教育学生注册规模的比例居于最高，印度居于第三位。中国台湾、韩国、中国大陆、日本研究生注册规模所占高等教育学生注册规模的比例在 1980 年以后出现了大幅度的提升。巴西、俄罗斯研究生注册规模所占高等教育学生注册规模的比例长期处于稳定状态，未出现较大增幅。

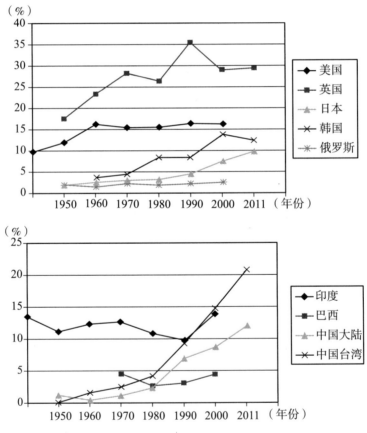

**图 6－17　各国（地区）研究生数在高等教育学生数
中所占百分比（1950～2011 年）**

资料来源：参见附录附表一。

2. 研究生教育内部各层次构成比例

衡量研究生教育内部各层次构成比例的常用指标为硕博比。表 6 - 2 显示了 9 个国家 2003 年、2005 年、2007 年、2009 年及 2011 年的硕博比。除了美国、日本和德国以外，各国的硕博比均在 6 : 1 ~ 10 : 1。若美国的博士和硕士的统计口径均不包括 FPD（First Professional Degree），则美国的硕博比也在 10 : 1 左右。自 2003 年以来，美国、加拿大、日本三国的硕博比没有发生明显变化。英国、澳大利亚两国层次结构中硕士研究生所占比重在 2011 年以前较高，这主要是由于两国实施的吸引留学生的政策为硕士研究生教育带来了大量生源。德国和法国硕士学位授予数的相对增长主要在于博洛尼亚进程之后统一学制、实行本科—硕士—博士三级学位所致；韩国的层次结构中博士学位授予数不断增加，这说明韩国研究生教育规模的扩张进程中博士层次的扩张较硕士层次更为明显；中国在研究生教育规模稳步扩张之时，保持了博士层次的规模稳定，为提高博士研究生培养质量奠定了良好的基础，其博士研究生教育的相对规模在层次结构中进一步降低。

表 6 - 2   各国研究生教育的硕博比（2003 ~ 2011 年）

年份	美国	加拿大	英国	德国	法国	澳大利亚	日本	韩国	中国
2003	4.26:1	7.52:1	5.65:1	0.13:1	–	–	4.65:1	8.86:1	6.40:1
2005	4.31:1	7.86:1	6.57:1	0.35:1	4.71:1	9.26:1	4.67:1	7.96:1	7.72:1
2007	4.22:1	7.21:1	6.32:1	0.60:1	7.79:1	8.89:1	4.40:1	7.72:1	8.62:1
2009	4.28:1	7.82:1	6.99:1	0.92:1	7.58:1	9.83:1	4.48:1	7.63:1	8.91:1
2011	4.46:1	7.9:1	8.09:1	1.74:1	9.3:11	10.19:1	4.70:1	6.82:1	9.86:1

资料来源：同表 5 - 1；（2）美国博士学位的统计口径包括了第一职业学位（First Professional Degree，FPD）；（2）加拿大的博士学位统计口径未包括 FPD；（3）英国、澳大利亚的研究生统计口径中仅包括学位性质的研究生；（4）日本的硕士、博士统计口径均未包括职业学位课程（Professional Degree Course）。

从历史变化趋势上来看（见图 6 - 18），英国和日本都出现了硕士研究生比重逐渐增长的趋势。英国硕士学位授予数量占硕士、博士学位授予数量总和的比重从 1994 年的 83.91% 上升到 2011 年的 89.48%，增加了 5.58 个百分点；日本从 1960 年的 60.41% 增长到 2011 年的 82.31%，增加了 21.9 个百分点。

与欧美发达国家相反，俄罗斯、巴西的博士研究生教育在整个研究生教育层次中所占比重出现了逐渐增加的趋势，其中俄罗斯博士学位授予数量占硕士、博士学位授予总数的比重，从 1990 年的 2.57% 增长到 2006 年的 10.55%；巴西从 1980 年的 19.22% 增长到 2004 年的 22.66%。

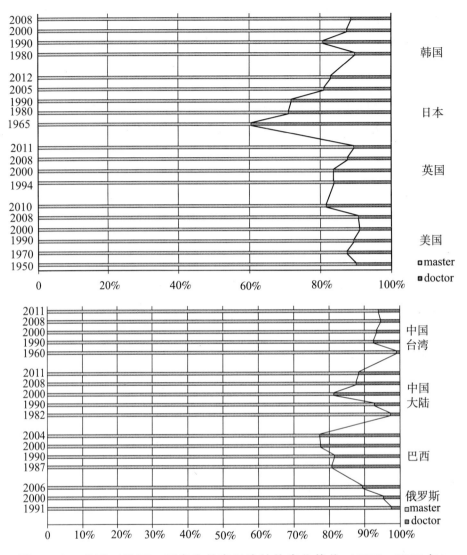

图 6 - 18   各国（地区）研究生教育层次结构变化趋势（1950 ～ 2012 年）

资料来源：参见附录附表二。

中国大陆地区、中国台湾地区在 20 世纪后期研究生学位授予层次结构开始发生变化，博士研究生教育在整个研究生教育层次中所占比重出现了下降趋势，总体上呈现了先升后降的过程。中国大陆地区博士学位授予数量占硕士和博士学位授予总数的比重，从 1982 年的 2.66% 上升到 2000 年的 18.79%，20 年间增长了 16.13 个百分比。2000 年后博士学位授予数量占硕士学位和博士学位授予数量总和的比重增长放缓，2011 年该比重为 10.69%，较 2000 年下降 8.09 个百分点。

414

总体来看，中国大陆地区现阶段的硕博比例结构与英国、韩国基本类似，硕士比例低于俄罗斯、中国台湾地区和美国，高于德国、巴西、法国和日本。从趋势上看，英国、日本、韩国、法国、德国等发达国家出现了硕士研究生教育在整个研究生教育层次中所占的比重逐渐增长的趋势。与之相反，发展中国家如巴西、俄罗斯的博士生教育比例却大幅增长。中国大陆地区自 1982～2000 年以来，博士研究生教育在整个研究生教育层次中所占的比重出现较大的增幅；但近年来，博士研究生教育在整个研究生教育层次中所占的比重有所下降。在逐步实现博士研究生教育的补偿性增长之后，开始将研究生教育扩张的重心向硕士层次转移。

五、生源结构

本书主要关注的是基于学习形式划分的生源结构和基于学生国籍划分的生源结构。

1. 全日制与非全日制

20 世纪后半期，随着科学技术的不断进步，人类知识更新速度不断加快，人们职业变换频率不断增加，一次性的学校教育已经无法满足个人不断面临的新挑战，终身学习已经成为时代趋势和指导研究生教育改革的一大因素。在这种背景下，研究生教育的学习形式发生了很大的变化，获得硕士或博士学位不再只局限于全日制攻读这一条途径。学习的自由性和灵活性大大加强，非全日制攻读硕士、博士学位成为非常普遍的现象。

1967～2011 年，美国非全日制注册学生数量占全部注册研究生数量的比例从 49.98% 下降到 43.97%，降低 6.01 个百分点；全日制注册研究生数量占全部注册研究生数量的比例从 50.02% 上升到 56.03%。从长期来看，美国非全日制学生数量与全日制注册学生数量基本相当（见表 6－3）。

表 6－3　　　　美国注册研究生中全日制研究生和非全日制
研究生数量（1967～2011 年）

年份	总研究生数（人）	全日制		非全日制	
		数量（人）	占总数比例（%）	数量（人）	占总数比例（%）
1967	896 065	448 238	50.02	447 827	49.98
1970	1 212 243	536 226	44.23	676 017	55.77
1975	1 505 404	672 938	44.70	832 466	55.30
1980	1 621 840	736 214	45.39	885 626	54.61

415

年份	总研究生数（人）	全日制		非全日制	
		数量（人）	占总数比例（%）	数量（人）	占总数比例（%）
1985	1 650 381	755 629	45.79	894 752	54.21
1990	1 859 531	844 955	45.44	1 014 576	54.56
1995	2 030 062	983 534	48.45	1 046 528	51.55
2000	2 156 896	1 086 674	50.38	1 070 222	49.62
2005	2 523 511	1 350 581	53.52	1 172 930	46.48
2010	2 937 454	1 630 699	55.51	1 306 755	44.49
2011	2 931 076	1 642 389	56.03	1 288 687	43.97

资料来源：美国教育统计中心，http://nces.ed.gov/programs/digest/2012menu_tables.asp。

在近 20 年，英国非全日制注册研究生占全部注册研究生数的比重，从 62.84% 降低到 45.57%，降低了 17.27 个百分点；全日制注册研究生占全部注册研究生数的比重从 37.16% 增长到 54.43%，增长了 17.27 个百分点。整体来看，英国非全日制学生数量与全日制注册学生数量也大致相当（见表 6-4）。

表 6-4　　　　英国在学研究生中全日制研究生和非全日制
研究生数量（1995~2012 年）

年份	总研究生数（人）	全日制		非全日制	
		数量（人）	占总数比例（%）	数量（人）	占总数比例（%）
1995~1996	364 244	135 348	37.16	228 896	62.84
2001~2002	469 850	186 345	39.66	283 505	60.34
2005~2006	545 370	234 220	42.95	311 150	57.05
2011~2012	568 505	309 425	54.43	259 080	45.57

资料来源：英国高等教育统计处，http://www.hesa.ac.uk/content/view/1973/239/。

在近 10 年，日本非全日制注册研究生占全部注册研究生数的比重，从 12.13% 上升到 20.18%，增长了 8.05 个百分点；全日制注册研究生占全部注册研究生数的比重从 87.87% 降低到 79.82%，降低了 8.05 个百分点。从近期的发展趋势来看，日本非全日制学生数量有逐步小幅增长并稳定的趋势（见表 6-5）。

表 6 – 5　　　　日本在学研究生中全日制研究生和非全日制

研究生数量（2000～2011 年）

年份	总研究生数（人）	全日制		非全日制	
		数量（人）	占总数比例（%）	数量（人）	占总数比例（%）
2000	205 311	180 414	87.87	24 897	12.13
2005	239 457	201 242	84.04	38 215	15.96
2008	262 686	209 019	79.57	53 667	20.43
2009	263 989	209 347	79.30	54 642	20.70
2010	271 454	216 109	79.61	55 345	20.39
2011	272 566	217 572	79.82	54 994	20.18

注：（1）日本非全日制学生是指成人学生（Adult Students）。

资料来源：日本文部科学省，http：//www.mext.go.jp/english/。

中国大陆研究生教育最初全部采用全日制研究生教育形式。1990 年，中国非全日制在校研究生数量占当年全部研究生数量的 4.9%；2000 年该比重增加到 17.3%；2005 年继续增加到 26.2%；2010 年继续增加到 27.33%（见表 6 – 6）。

表 6 – 6　　　　中国在学研究生中全日制研究生和非全日制

研究生数量（1990～2010 年）

年份	在学研究生数（人）	全日制		非全日制	
		数量（人）	占总数比例（%）	数量（人）	占总数比例（%）
1990	92 030	87 519	95.10	4 511	4.90
1995	145 148	126 213	86.95	18 935	13.05
2000	300 437	248 473	82.70	51 964	17.30
2005	978 610	723 938	73.98	254 672	26.02
2010	1 537 652	1 117 358	72.67	420 294	27.33

资料来源：中国各年份总研究生数来源于中国学位与研究生教育发展课题组：《中国学位与研究生教育发展年度报告（2012）》[M]，中国人民大学出版社 2013 年版；各年份非全日制研究生数来源于各年份《中国教育统计年鉴》，全日制研究生数等于总研究生数减去非全日制研究生数。1990～2000 年的非全日制研究生人数等于委托培养的研究生数与研究生班的在读研究生数之和，2005 年和 2010 年的为在职人员攻读研究生的数量。

总体上看，英国、美国、日本三大发达国家中非全日制研究生教育扮演了重要角色，其注册学生数量与全日制研究生教育注册学生数量基本持平。相比之下，我国非全日制教育虽然获得了一定发展，但是在研究生教育的整体结构中仅占有较小的比例，不到30％。

2. 本国研究生与外国研究生

由于知识本身具有无国界的特性，高等教育自诞生之日起就具有国际化的特点。随着全球化进程的深入和互联网技术的普及，知识、理念、技术更是以前所未有的速度传播。学生在世界范围内的流动也随着通信、交通、货币等技术手段的全球化变得越发便捷。

据 OECD 和 UNESCO 的统计数据显示，1975～2011 年，全球高等教育国际留学生规模呈现稳定上升趋势（见图 6-19）。进入 21 世纪以来，国际留学生更是达到前所未有的规模，2011 年全球共有 430 万国际留学生。

在国际留学生这一巨大的新兴市场中，发达国家尤其是美国、英国、德国、法国、日本等均是研究生教育服务的重要出口国，而包括中国在内的大多数发展中国家是研究生教育服务的进口国。OECD2013 年的调查报告显示：美国、英国、德国、法国等国家成为全球各个国家和地区的留学生的主要目的地，分别占有全球国际留学生总数的 16.5％、13％、6.3％ 和 6.2％，日本的这一比例也达到了 3.5％（见图 6-20）。而中国作为国际研究生的最大输出国，仅吸收了全球国际留学生 1.8％，而且留学生国籍成分单一，主要以日本、韩国等邻近的亚洲国家留学生为主。

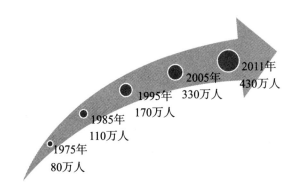

图 6-19 世界高等教育留学生数量变化（1975～2011 年）

资料来源：OECD 统计数据库，http：//www.oecd-ilibrary.org/education/education-at-a-glance-2012_eag-2012-en。

图 6-21 显示了 2000～2010 年西方主要国家国际留学生数量的变化趋势，美国、英国、法国、澳大利亚、德国、日本等国保持了稳定快速的增长，这与各国为增加国际学生在留学、移民政策上所付出的努力密不可分。

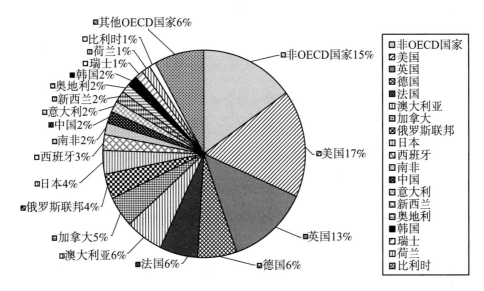

图 6-20　第三级教育留学生的目的地分布

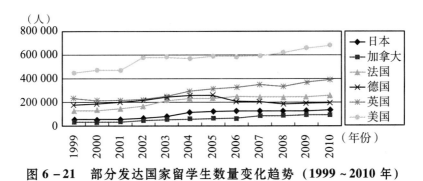

图 6-21　部分发达国家留学生数量变化趋势（1999～2010 年）

资料来源：UNESCO 统计数据库，http：//stats. uis. unesco. org/unesco/TableViewer/table View. aspx。

在发达国家不断增长的留学生群体中，攻读硕士、博士学位的群体也在不断攀升。2010 年，美国、英国、日本、澳大利亚、新西兰五国国际留学生在不同类型的高等教育中所占比例（见表 6-7）。依据 ISCED 对教育阶段的划分，A 类高等教育是指以理论为基础的教育，未进入研究生教育提供资格，掌握高级技能。B 类高等教育是比 A 类高等教育更短，侧重就业所需要的实践性的、技术性的或职业性的技能。研究生教育是指可获得研究生学历的教育。[①] 可以看出，英国、新西兰和澳大利亚均为留学生积聚的大国，英国有 41.7% 的

---

① OECD 统计数据库，http：//www. oecd – ilibrary. org/education/education – at – a – glance – 2012 _ eag – 2012 – en。

研究生均为留学生，新西兰有 37.2%，澳大利亚和美国持平在 28% 左右。在 A 类高等教育课程里澳大利亚的留学生比例达到了 21.8%，英国其次，新西兰第三。

表 6 - 7　　　　**2010 年世界各国留学生在各级高等教育中的分配**　　　单位：%

	美国	英国	日本	澳大利亚	新西兰
A 类高等教育	3.3	17.6	2.9	21.8	12.4
B 类高等教育	1.0	5.4	4.0	17.3	16.6
研究生教育	27.8	41.7	17.3	28.7	37.2

资料来源：OECD 统计数据库，http：//www. oecd - ilibrary. org/education/education - at - a - glance - 2012_eag - 2012 - en。

中国研究生教育的国际化程度一直处于较低水平，但较之于 1999 年的水平，近十余年来留学生人数增长了 9.35 倍。1999 年，接受学历教育的外国留学生总计 11 479 人，2011 年，已达到 118 837 人。其中，硕士研究生 23 453 人，博士研究生 6 923 人（见表 6 - 8）。但从留学生占在读研究生的比例来看，情况仍不容乐观。我国在读硕士研究生 1 373 936 人，来华留学硕士研究生占 1.71%，在读博士研究生 271 055 人，来华留学博士研究生占 2.55%，这两个比例都显著低于西方发达国家的水平。

表 6 - 8　　　　　　　　**在学来华接收学历教育的人员统计**

年份	总计（含专科生、本科生和研究生）（人）	学历教育留学生数（人）		
		本科生	硕士生	博士生
1999	11 479	8 402	2 000	896
2001	16 650	11 797	2 377	1 194
2003	24 616	19 319	3 397	1 637
2005	44 851	37 147	4 807	2 304
2007	68 213	56 248	7 628	3 218
2009	93 450	73 515	14 227	4 751
2011	118 837	87 212	23 453	6 923

资料来源：2013 年全国来华留学生统计报告；历年教育统计年鉴，转引自留学中国网，http：//www. studyinchina. edu. cn。

2010 年，教育部颁布了《留学中国计划》，根据该计划所制定的《留学中国计划分项目工作进程规划表》，学历留学生数量到 2013 年达到 10 万人以上，到

2020 年，全年在内地接受高等学历教育的留学生达到 15 万人。按照 2011 年留学生中硕士生（19.74%）和博士生（5.83%）所占的比重推算，到 2020 年来华接受学历教育的硕士生将达到 29 610 人，博士生将达到 8 738 人，按照《国家中长期教育改革与发展纲要（2010～2020 年）》的规划，2020 年，我国研究生将达到 200 万人，这意味着 2020 年我国在校研究生中留学生的比例将达到 1.92%，这距离发达国家研究生教育的水平将有非常大的差距。如何提高国际化水平将成为未来我国研究生教育发展的重要问题。

第二节 国际研究生教育结构调整的原因分析

一、知识的发展和分化是研究生教育结构调整的源泉

研究生教育的本质特征之一就是它的知识属性。从大学诞生之日直到今天，知识的生产、保存和传播仍然是高等教育的核心功能之一。进入 20 世纪以来，随着人类社会由工业社会迈入信息社会，知识的发展和分化达到前所未有的速度和广度。以知识为主要特征，以科学技术为主要推动力的第三次科技革命，不仅改变了产业格局和生产力结构，改变了人们的生活方式和生产模式，而这场科技革命的源头正是高等知识的发展和分化。传统的知识构架被新兴知识，如原子能技术、航天技术、人工合成材料、信息技术、新能源与新材料、生物技术、计算机科学分子生物学和遗传等取代或者补充，实验室里诞生的科研成果、发明创造像发动机一样推动着第三次科技革命的进展；另外，科学技术的创新又反过来带动新型学科分支领域产生，科技革命对新兴科技人才的需求激增迫使高校改变原有学科的比重格局。在这种相互作用下，研究生教育中的一些学科取得了突飞猛进的发展。下面以计算机科学、信息与通信技术、交叉学科、工程技术、生物学与生物医学为代表说明。

图 6-22 和图 6-23 显示了美国 1970 年以来上述标志性学科的硕士和博士学位授予数的变化。

1970～2011 年，美国"计算机与信息科学"硕士和博士学位授予数从 1 716 增至 21 034，增长了 12.42 倍；"信息与通信技术"硕士和博士学位授予数从 86 增至 503，增长了 5.85 倍。这两个学科的迅猛发展均远远超出美国研究生教育的总体增长幅度，高度体现了科技革命对其研究成果和人才培养的需求。

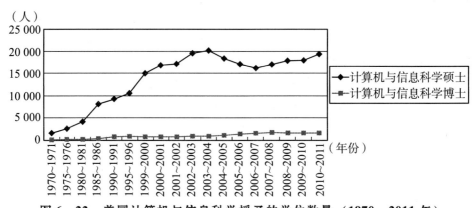

图6-22　美国计算机与信息科学授予的学位数量（1970～2011年）

资料来源：《美国教育统计年鉴（2012）》（Digest of Education Statistics2012）。

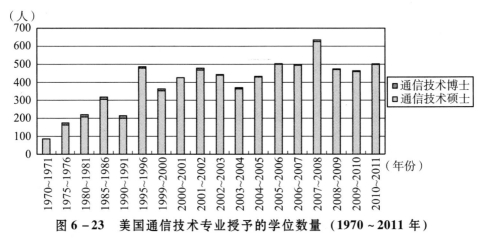

图6-23　美国通信技术专业授予的学位数量（1970～2011年）

资料来源：《美国教育统计年鉴2012》（Digest of Education Statistics2012）。

　　同时，进一步聚焦这两门学科扩大的过程。图6-22中，"计算机学科"从1970～2004年大幅增加，2004年达到顶峰后近几年来有小幅回落，但其中博士学位数仍有增无减。可见，美国"计算机学科"的研究生教育经过高速发展扩张后稳定在高水平阶段，并逐步从数量的增长转变至质量的提升。这也是美国在计算机领域长期保持全球领先的有力佐证。

　　"通信技术学科"则呈现出波动式的增长。图6-23中，1995～1996年和1997～1998年连续两个学年在整个过程中出现一个增长高峰，其后的1998～1999年度则回落到1990年左右的水平，然后逐步增长。2007～2008年，"通信技术学科"的学位授予数又出现了一个高峰，此后有所回落，但基本稳定在500人这一水平。需要注意的是，"通信技术学科"博士学位授予数并没有显著增加，主要的增长发生在硕士阶段。

在现代科学技术发展中，许多重大问题的解决都是在跨学科的基础上进行的。因为"科学已被组织成了一些学科。然而，科学的本性决定了它又是处于一种持续的流变状态之中。新学科在现有学科的边缘或交叉点上产生。在新学科从旧学科中汲取知识和技能的同时，旧学科也被新知识和新技能改造。现在科学家正在寻求解决的许多问题都需要多个学科的贡献。为了使这种跨学科的研究获得成功，科学家必须将他们的知识扩展到新领域，而且要作为团队的一员进行有效的工作"。① 应该说，"交叉学科"是真正有赖于科技革命而兴起的一类学科，它是学科知识高度分化又走向新形式融合的体现，也是科技进步在横向、多元化发展的体现。因而，本书着重关注交叉学科研究生数目的变化。

图6-24中，"交叉学科"最初的基数较小，但最近30多年来的增长势头有增无减，1970年硕士学位授予数为924人，博士学位数为101人，2011年分别增加至6 748人和660人，均增长了6倍以上。交叉学科的繁荣实际上也体现了各门单一学科的活力与前瞻性。可以预见，交叉学科的发展趋势将改变现有自然科学的学科分布格局，甚至横跨自然、人文、社会等领域，从根本上为各类学科的发展提供新的启迪和方向，本身也将获得更主流的学科地位。

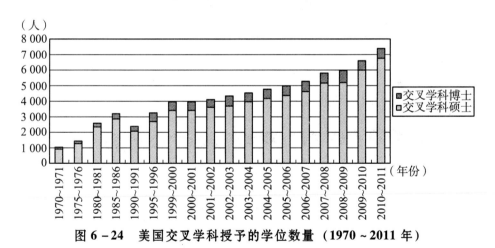

图6-24 美国交叉学科授予的学位数量（1970~2011年）

资料来源：《美国教育统计年鉴2012》（Digest of Education Statistics 2012）。

另外，"工程学"与"生物学与生物医学"等的变化也体现出知识结构的变化。图6-25和图6-26显示，美国的"工程学"从1970~1996年快速增长，其后进入一个增长放缓的平台期。这主要是因为，"工程与工程技术"大类包含

---

① ［美］科学、工程与公共政策委员会著，张京京译：《科学技术和联邦政府：新时代的国家目标》，科学文献技术出版社1999年版。

了许多传统工科，在总量上相对弱化了新兴工科领域的发展和变化。20世纪90年代后，随着全球化带来的产业升级与国际产业分工的形成，美国的国家战略主要定位在计算机与信息技术为首的高新科技、金融与军工等行业，从而促进了工程研究生教育的新发展。

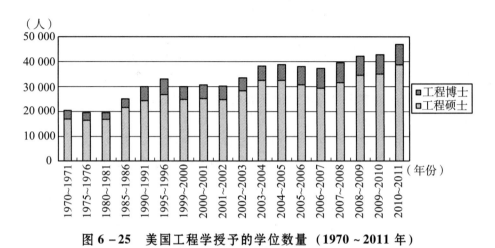

图6-25　美国工程学授予的学位数量（1970~2011年）

资料来源：《美国教育统计年鉴2012》（Digest of Education Statistics2012）。

相比之下，"生物学与生物医学"授予的学位虽然也取得了稳步的增长，但增幅相较于其他学科并不明显，仅增长了2倍左右（见图6-26）。虽然，该学科增福不如上述其他新兴学科来得迅猛，但是在美国的高校研究生院中却属老牌学科；而且，授予学位中博士学位所占比重明显高于其他学科。"生物学与生物医学"作为科技革命中比较年轻的学科大类，至今其产业链尚未完全成熟，因此对研发人才的需求更大，而尚未达到大量需求产业人才的程度，所以博士所占比重特别大。这些获得学位的高端研究者们主要集中在学院、研究室内，产业的周期性波动对其影响也较小。这些学科特性及其对应的产业状况决定了研究生院的"生物学与生物医学"学科的成长主要有赖于稳定的政策性教育资源投入，而不会像IT产业相关的计算机、信息等学科应市场需求在数量上爆发式增长。

英国的"生物学与生物医学"类学科研究生学位授予数也和美国呈现相似的发展趋势。英国对生物与生物医学研究生教育的投入主要是为了战略上的人才储备且着眼于顶尖研发能力的国际竞争。图6-27显示：1996年以来，英国"信息科学"①、"计算机与信息科学"、"工程技术"和"生物学与生物医学"四类学科

① 据 http：//www.hesa.ac.uk 英国教育统计数据网站数据显示：自2002~2003年度起，英国高等教育"Librarianship & information science"科目大类改制，更名为"Mass communications & documentation"。文中译为："图书馆与信息科学"与"大众传媒与文档处理"。

研究生学位授予情况。作为科技革命的代表性学科，在 1996 年以来这些学科的学位授予数均显著增长。其中，计算机科学与信息科学在 2004～2007 年呈现小幅回落，这一点和美国的数据不谋而合。这可以解读为 2000 年前后 IT 产业泡沫破裂影响的滞后效应。

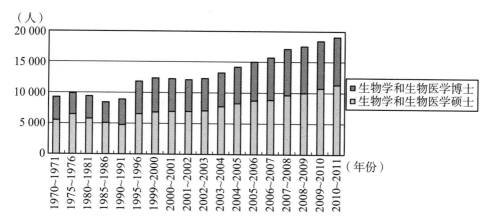

图 6 - 26　美国生物学与生物医学授予的学位数量（1970～2011 年）

资料来源：《美国教育统计年鉴 2012》（Digest of Education Statistics2012）。

总体来说，知识本身的分化和发展促发了新学科、交叉学科的兴起，是其研究生教育发展的有力驱动，而这些学科的发展也同时受到国家对新科技产业的战略规划以及产业周期波动的影响。

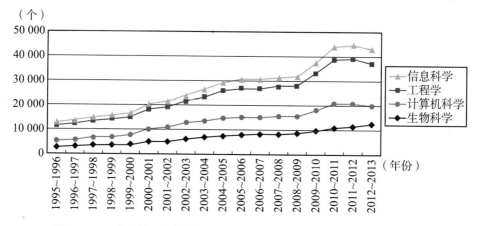

图 6 - 27　英国部分学科的研究生学位授予数（1995～2013 年）

资料来源：英国高等教育统计处 http：//www. hesa. ac. uk。

二、国家科技创新战略是研究生教育结构调整的重要动力

在科学技术日新月异、知识经济蓬勃发展、全球化步伐不断加快的今天，"二战"以来形成的国际经济、政治格局已经发生改变，新的国际竞争已经到来。无论是发达国家还是后发国家，或者为了强化领先地位，或者为了争取后发优势，纷纷抓住此次契机，把发展科学技术作为增强综合国力和国际竞争力的重要战略目标。这次的国际竞赛，科技创新能力成为国家核心竞争力，高端创新人才培养成为各国提升国家核心竞争力的重要基础。研究生教育作为高等教育的最高阶段，是将科研与教学结合的主要载体，因而也成为各国教育发展的战略重点。以下以美国、英国、日本、韩国为例，论述各国的国家政策对研究生教育结构调整的重大影响。

美国政府一直把研究生教育作为联邦政府的重要职责，认为通过大力开展科学研究来培养研究生是保持美国科技领先、高级人才迅速成长的主要途径。1995年，美国国家科学、工程与公共政策委员会1995年发表的《重塑科学家与工程师的研究生教育》研究报告呼吁："研究生教育不仅是未来科学家与工程领袖的摇篮，而且是国家强盛和繁荣的必不可少的基石，是不断增加的社会和经济所需的创造力和智能活力的不竭源泉"①。2006年，美国研究生院理事会发布《21世纪美国国防教育法》指出："重视研究生教育和科学研究已成为半个世纪以来美国经济繁荣和国家安全的重要组成部分，面对全球化知识经济时代的挑战，美国必须更加重视研究生教育，从而吸引世界范围内的知识型劳动力，保持美国国际竞争的优势地位。"② 2007年，美国研究生院理事会再次发布《研究生教育：美国竞争力与创新支柱》研究报告，提出加强政府、高校与企业的合作，为美国保持和增强国家竞争与创新能力提供训练有素的科技队伍。③ 在研究生教育方面，美国政府提出了国家战略性的主导方向：纳米技术、生物技术、替代能源以及氢能、高端计算和网络技术、量子机械模拟、安全通信、材料科学、传感与探测能力为主的自动化和控制技术等。并采取配套措施和资金大力扶持相关领域的发展，其中重要一条举措就是加大对科研相关部门的投入，这些机构和部门包括：国家科学基金会、能源部科学办公室以及商务部所属的国家标准技术研究院。政府对以上机

---

① ［美］科学、工程与公共政策委员会、国家科学院、国家工程院、医学研究院，许远超等译：《重塑科学家与工程师的研究生教育》，科学技术文献出版社1999年版，第53页。

② 美国研究生院协会白皮书：《21世纪的国防教育法：对研究生教育的新承诺》，http：//www. csadge. edu. cn/xwyjs/detail. jsp? seq = 372&boardid = 34

③ *Council of Graduate Schools. Graduate Education：The Backbone of American Competitiveness and Innovation，http：//www. cgsnet. org/portals/0/pdf/GR_GradEdAmComp_0407. pdf.*

构所做研究的支持在 10 年时间内将翻一番。美国政府 2007 年为上述研究领域的人才培养和科研项目专门拨款 59 亿美元。未来 10 年，在科研和教育上的拨款总额将超过 1 360 亿美元。但这些拨款并不直接划入教育部门或科研机构，而是根据《美国竞争力计划》制订具体实施方案，由计划的最终实施者来申请专项拨款。例如，美国国会通过《学术竞争力拨款法案》（Academic Competitive）和《美国数学与科学人才拨款计划》（National Science and Mathematics Grant）在 2006~2007 学年拨款 7.9 亿美元，5 年拨款达到 45 亿美元。正是在国家政府强大的政策、经费支撑下，美国的研究生教育结构的调整，包括科类结构和层次结构，有了强劲的动力。

和美国一样，英国政府近年来也把科技创新和研究生教育放到了国家战略的高度。2003 年，英国颁布白皮书《未来的高等教育》（Higher Education in the Future），提出集中力量投入优势、重点学科。2004 年，英国政府颁发了"科学创新投资框架十年规划"，提出加强对研究基地的投资。大学的研究生教育作为知识创新的重要源泉，得到了国家大量的经费投入。2004~2011 年，英国政府对各种研究基地的投入每年增加 40 亿英镑。大学衍生公司吸引了大约 12% 的英国重要风险资本资金。在该规划中，确定了以下四个重点发展的研究领域：能源（包括气候变化和能源供应安全）、环境、全球安全（包括综合犯罪研究、恐怖主义、环境压力、全球贫困）、老龄化—终身健康及幸福（包括癌症、人口研究）。

英国国家科研经费的拨款采取了双重资助体制（the Dual Support System）。一部分科研经费由英国研究委员会（UK Research Councils）对大学和研究机构的研究项目直接资助，另一部分科研经费由英国高等教育拨款委员会（HEFCE）对大学系所资助。图 6-28 和图 6-29 是各学科从政府获得研究经费的比例。值得注意的是，与我国不同，英国的科研经费包括了该课题研究生（通常是博士或者博士后）的培养费用，因而，某学科获得的科研经费越多，理论上该学科培养的研究生数目就越多。

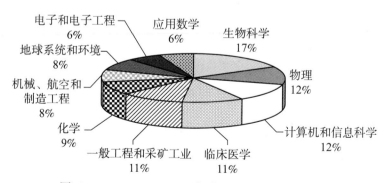

**图 6-28　2010~2011 年英格兰高等教育拨款
委员会科研经费前 10 名（理工类）**

资料来源：英格兰高等教育拨款委员会 http：//www. hefce. ac. uk/。

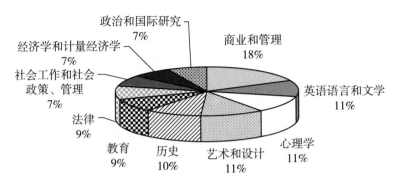

图 6-29 2010~2011 年英格兰高等教育拨款
委员会科研经费前 10 名（人文社科类）

资料来源：英格兰高等教育拨款委员会 http：//www.hefce.ac.uk/。

图 6-28 显示：2010~2011 年，英国研究生教育中获得经费最多的理工类学科是生物科学（17%）、物理（12%）、计算机和信息科学（12%）、临床医学（11%）、一般工程和采矿工业（11%）。图 6-29 显示：在人文社会科学中，商业和管理（18%）、英语和文学（11%）、心理学（11%）、艺术和设计（11%）。由政府主导的学科科研经费构成，在一定程度上对应了英国研究生教育分学科的学生规模。

图 6-30 是 2007 年法国公共科研经费预算的分配情况。主要集中在生命科学、人文与社会科学、数学物理与化学、空间、对偶研究、科学与信息通信技术、生产与技术工业、能源、环境、发展等学科。其中，生命科学（21%）、人文社会科学（17%）、数学、物理、化学（13%）三大学科超过了全部科研经费预算的 50%，由此可看出法国国家政府在科研领域上的侧重点及与之相应的研究生教育重点。

20 世纪 80 年代之后，日本政府确立科技立国的发展战略，发展研究生教育逐渐成为国家支持的教育战略重点。以东京大学为发端，开始了日本高等教育的"大学院（研究生院）重点化"改革进程。"重点化"政策的一般含义是：将原来以本科为基础的大学教育研究组织方式转变为以研究生院为中心，具体表现在教职员工的编制转换以及研究生院学生数量的扩大等方面。1991 年，日本大学审议会向政府提出《关于研究生院数量整顿的建议》，呼吁加快研究生院建设；1996 年，日本大学审议会在《关于提高日本研究生教育质量的对策研究》中提出，日本研究生教育不仅在数量和规模上要有所发展，而且在质量和水平上要不断提高，要培养新一代学术水平高、创新能力强、能参与国际竞争的年轻的科学

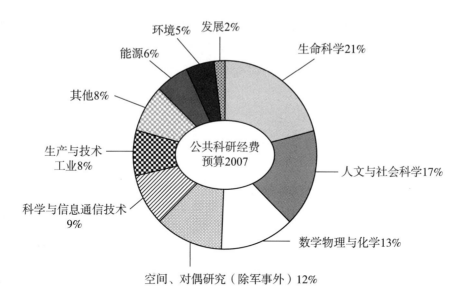

图 6 - 30　2007 年法国公共科研经费按学科领域分配状况

　　资料来源：http：//stats. uis. unesco. org/unesco/TableViewer/document. aspx？ ReportId = 143&IF_Language = eng。

工作者。同年，文部科学省还推出了"学位博士一万人计划"[1]，要在 1996 ~ 2000 年的 5 年内增加学位博士 1 万人支持计划。随后，该政策被纳入 1995 年颁布的《科学技术基本法》中，成为第一期"科学技术基本计划"的一部分。该计划旨在增加日本的理工科方面博士学位的授予量，培养更多的科技人才。实施几年后，该计划最显著的成果是学术论文数量大增。1996 年以前，在"Nature"、"Science"、"Cell"等国际一流的科学杂志上日本的研究者发表的文章比较罕见。而"学位博士 1 万人计划"实施完成的 2000 年以后，日本研究者（研究室）在上述杂志上变得非常活跃，发表了大量论文。可见该计划确实有助于提升日本基础科学的研究水平。2001 年，日本文部省与科学技术省合并，并很快推出《振兴日本经济改革大学结构计划》，其中提出要在 10 年内建设 30 所具有世界最高水平的大学。其基本思路为：激发大学活力，提高大学国际竞争力，为日本经济发展提供知识资源；引入竞争机制，提高资源效率，以研究生院为单位予以重点建设实行重点建设；推动大学适合社会发展需求，加速科研成果产业化进程。[2] 2002 年，日本政府推出"21 世纪 COE（Center of Excellence）"计划，即建设"一流的教育研究基地"计划，从全国范围内选择具有较高研究水平或特色、并

---

　　① 文部科学省：《科学技術白書（平成 17 年版）》http：//www. mext. go. jp/b_menu/houdou/17/06/05060903/007. pdf。

　　② 张晓鹏：《"COE 计划"引领日本大学迈一流》，载《上海教育》，2002 年第 3 期。

且有较好发展前景的博士点，连续五年进行重点资助建设。[1] 2005 年，日本政府又通过《研究生教育振兴纲要》，提出要强化研究生院培养高水准人才的功能，构筑具有国际影响力且充满魅力的研究生教育，进而强化国家的整体竞争力。2007 年之后，为了进一步充实强化日本大学研究生院的教育科研能力，培养出更多能领导世界先进水平的创造型人才，日本政府又在"21 世纪 COE 计划"的基础上推出"全球 COE 计划"，对具有国际领先水平的教育科研基地加以重点扶持，大力提升日本大学的国际竞争能力。

韩国政府从 20 世纪 90 年代中期开始着手新的大学教育改革，旨在提高大学竞争力和国际影响力。1998 年，韩国政府提出"面向 21 世纪的智力韩国"计划，目的是通过加强研究生教育，培养高素质的研发人员，满足 21 世纪知识经济时代劳动力市场对高素质人才资源的需求；通过提高大学竞争力（科研能力），提高韩国大学的世界排名，从而保持国家在国际市场的竞争优势。这项计划从 1999 年正式启动，政府每年投入 2 000 亿以上韩元，连续 7 年共投入 1995 亿韩元。经费主要用于：建设具有世界一流水平的研究生院和地方优秀大学和地方大学建设；开发高校研究生院的科研潜力。主要支持科学技术、人类学及社会学等方面的研究；加强学术研究的基础设施建设，为各项学术研究领域，特别是基础学科的研究提供财政支持。到 2005 年，这项工程已经取得显著的效果，主要标志是在 SCI 国际学术期刊上登载的论文数量大幅上升。在科技领域参与该工程的 1 500 名教授在 SCI 学术期刊上发表的论文数量，从 1999 年的 3 765 篇提高到 2005 年的 7 477 篇，占韩国在 SCI 国际学术期刊上发表的论文总数的 40% 左右，其中在读研究生参与发表的论文达 4 300 篇。[2]

三、产业结构转型拓宽研究生教育结构调整空间

在战后科技革命的推动下，20 世纪后半期，全世界的产业结构经历过四次大规模的调整。第一次是 20 世纪 50 年代，美国将钢铁、纺织等传统产业向日本、德国等国转移，集中力量发展半导体、通信、电子计算机等新兴技术密集型产业。第二次是 20 世纪 60～70 年代，日本、西德等国转向发展集成电路、精密机械、精细化工、家用电器、汽车等耗能耗材少、附加价值高的技术密集型产业，包括"亚洲四小龙"在内的新兴工业化国家和地区获得了扩大劳动密集型产

---

① 龚兴英、陈时见：《日本"21 世纪 COE 计划"：背景、内容及意义》，载《比较教育研究》，2007 年第 7 期。

② 施晓光、具滋亿：《提高大学竞争力：韩国经验》，载《高等教育研究》，2005 年第 9 期。

品出口的良机，实现了由进口替代型向出口导向型经济的转变。第三次是 20 世纪 80 年代以后，全球经济结构进入了新一轮以信息技术为核心的新技术广泛采用为特征的结构调整期，出现了美国、日本和欧洲发达国家发展知识密集型产业、新兴工业化国家和地区发展技术密集型产业，而劳动密集型和一般技术密集型产业则向发展中国家转移的景象。20 世纪 90 年代之后，世界产业结构转型速度逐渐加快，产业模块化和全球化的发展更加显著，国际产业转移沿着制造业链条向服务业和研发部门延伸已然形成趋势。[①]

可见，人类社会每一次大规模的产业结构调整无不是掌握新技术和新兴产业先机的国家占据产业链的高端，随之将较低端的产业转移至欠发达的国家、地区。这一过程随着全球化程度的加深，越来越多地牵动到各国产业与科技政策以及产业发展重心的转移。同时，产业结构调整为国际竞争和实力的此消彼长的腾挪出了空间，对各国来说均是难得的机遇和挑战。而这也正是相应的研究生教育学科不可多得的发展空间。一般来说，伴随着产业结构重心从第一产业向第二产业转型，制造业成为经济发展的主力，传统理工科的研究生教育将会获得大的发展；产业结构重心从第二产业向第三产业转移的过程中，服务业逐渐占据国民经济的主导地位，与此相关的信息技术以及社会科学、商业与法律研究生教育则会出现较大幅度的增长。

图 6 - 31 和图 6 - 32 是 20 世纪 60 年代以来美国和日本 "自然科学、工程与技术科学""农业科学"、"医学"、"社会服务" 等几类学科研究生学位授予数量变化的趋势图。

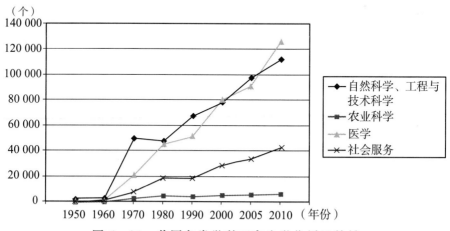

图 6 - 31　美国各类学科研究生学位授予数量

资料来源：美国教育统计中心 http：//nces. ed. gov/programs/digest/d09/tables/dt09_194. asp？ referrer = list。

[①]　潘悦：《国际产业转移的四次浪潮及其影响》，载《现代国际关系》，2006 年第 4 期。

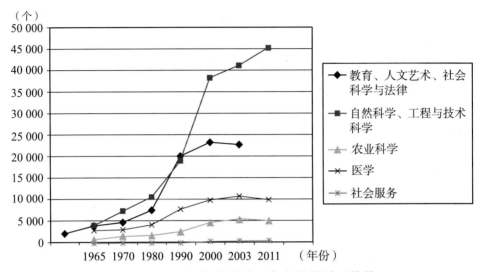

（个）

图 6 - 32　日本各类学科研究生学位授予数量

资料来源：文部科学省：《文部科学统计要览》，http：//www.mext.go.jp/。

20 世纪 60 年代处于冷战初期的美国以航天军工等高科技产业为国家重心，总统科学顾问委员会于 1960 年、1962 年接连发表《科学进步、大学和联邦政府》和《科学工程领域的人力需求》报告，力言基础研究与研究生教育是美国科学技术发展的关键和核心，大力开展科学研究来培养研究生的做法是保持美国科技领先、高级人才迅速成长的主要途径，加强基础研究与研究生教育是联邦政府的重要职责。1960～1970 年，美国自然科学、工程与技术科学的研究生学位授予增量明显，这与上述报告及其后美国政府着力对研究生教育的资助政策不无关系。1969 年 7 月，美国宇航员成功登陆月球，标志着美国在与苏联的科技竞争中重新取得领先优势。随后，70 年代两次中东石油危机和越战的影响，美国联邦政府的研发支出的增长速度减缓，资助科研活动的目的不再仅仅出于冷战的国家安全的需要，开始倾向于运用科学技术来解决迫切的社会问题和刺激经济发展。于是，1970～1980 年，自然科学、工程与技术科学的研究生学位授予量略显减少，1980 年以后恢复稳步增长至今。60 年代医疗产业占美国 GDP 中的比重仅为 5%，70 年代上升到 8%，90 年代后达到 14%，2008 年已达 17%。该产业超越 GDP 的增幅与医学研究生学位授予的增长完全一致，又恰恰反映出产业竞争的本质是科技竞争，而科技竞争的本质是人才。农业不是美国产业发展的重点，因此其研究生培养数量也稳定在较低水平。

"二战"之后，日本政府通过制定积极的宏观产业政策推动产业结构优化升级：50 年代初，制定了"产业合理化政策"，重点发展钢铁、煤炭、电力和造船等重工业，积极引进国外先进技术，改造设备，提升工业生产力；60 年代，以追赶欧美发达国家为指导思想，确立贸易立国战略，推动重工业化和化学工业化，提高劳动生产率，培养国际竞争能力，使主要工业部门和先进国家并驾齐驱。1955～1970 年，日本制造业占 GDP 的比重从 33.7% 迅速增加到 43.1%，而农业占 GDP 的比重则从 19.2% 下降到 5.9%，日本在短短的 15 年时间实现工业化。

在此期间，日本的理工类研究生教育获得空前的发展（见图 6 – 33）。1960～1970 年，日本理工类博士在校研究生数量从 1 291 人增加到 3 990 人，增幅达到 318.36%，年均增速达到 15.39%，理工类博士在校研究生占当年全部博士在校生总量的百分比，也从 17.4% 增加到 34.9%；同时，由于政府产业发展政策重视先进技术的引进吸收和转化，作为培养高级技术人才的理工类硕士研究生教育更是突飞猛进。1965～1975 年，日本理工类硕士研究生学位授予数量从 3 204 人增加到 7 303 人，增幅达到 269.75%，年均增速为 13.97%。理工科成为战后日本研究生教育中名副其实发展最快的学科。[1]

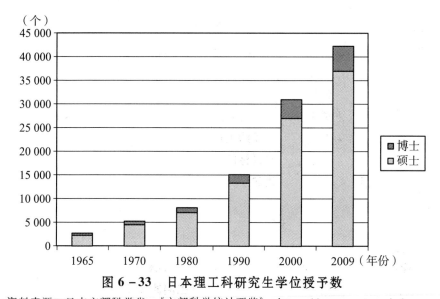

图 6 – 33　日本理工科研究生学位授予数

资料来源：日本文部科学省，《文部科学统计要览》，http：//www. mext. go. jp/。

20 世纪 70 年代之后，受到国内生态环境恶化和石油危机等连锁影响，日本经济结束高速增长进入停滞阶段。在寻求新的国民经济发展动力的过程中，政府逐渐认识到从明治维新以来追赶欧美发达国家的使命已基本完成，将贸易立国的发展战略逐步转向"科学技术创造立国"，力图使知识密集型、能源依赖较低、附加价值高、科技含量高的制造业与第三产业成为日本国民经济的主导产业。[2]

---

①　文部科学省：《文部科学统计要览》，http：//www. mext. go. jp。

②　谢维和、王孙禺、袁本涛：《学位与研究生教育：战略与规划》，教育科学出版社 2010 年版，第 98～102 页。

在此背景中，知识创新与高级人才培养成为普遍关注的问题，研究生教育因此受到前所未有的重视。20 世纪 90 年代初期之后，日本研究生教育开始推行扩大化、弹性化、多样化的改革，以期大大充实研究生教育。图 6 - 33 显示：1990 年以来，自然科学、工程与技术科学直接受此影响，突破原来的趋势取得大幅增长。由此，日本的研究生科类结构愈发鲜明，呈现更有层次的多样化发展态势。

四、劳动力就业市场变化是研究生教育结构调整的直接动力

如前一部分所述，"二战"以来全球产业结构发生了多次重要的转变，与产业结构紧密联系的劳动力就业结构也随之发生了变化：劳动力就业结构重心从第一产业转向第二产业，并逐步转向第三产业，人们职业岗位的变化和重组速度在不断加快。另外，新兴工作岗位和在新环境下的传统工作岗位都对从业人员的知识水平和综合素质有了更高更新的要求。劳动力就业市场的这些变化对研究生教育的影响主要体现在两个方面：第一，研究生教育与劳动力市场日益增加的关联性要求研究生教育不断调整各学科和各种层次的发展规模，以适应不断变化的劳动力市场；第二，科技进步和社会发展对劳动力技能水平提出了更高的要求，原来本科教育水平的劳动力就可以胜任的工作，现在需要研究生水平的劳动力才能完成，这实质上反映了研究生教育目标的一个转变，原来专门培养科研人才的研究生教育，如今面临一个更为分化和多样化的劳动力市场，以学术为业不再是研究生的唯一选择。

以美国为例，美国的研究生教育从建立伊始就具有较强的实用主义导向，尤其是硕士阶段的研究生教育，直接受到劳动力市场的调节和影响。图 6 - 34 显示了美国三次产业在 1950 年和 2000 年劳动力的就业比例。可以看出，第一产业和第二产业的就业比例明显下降，而第三产业的比例则从 58% 上升到 79%。具体到行业就业指标，1990～2005 年，自然资源与采矿行业就业的人数减少近 10 万人，制造行业就业人数减少 350 万人，与此相反，运输与仓储行业就业人数增加90 万人，娱乐休闲行业就业人数增加 350 万人，金融行业就业人数增加 150 万人，各种专业及商业服务行业就业的人数增加 600 万人，教育与医疗服务行业增加的就业人数更是达到 640 万人。第三产业已经成为美国吸纳劳动力就业的主战场，而第三产业中的教育、医疗、商业管理、旅游服务行业则更是成为吸纳劳动力就业的重要阵地。[1]

---

① 景跃军、王晓峰：《美国三次产业结构现状及未来趋势变动分析》，《东北亚论坛》，2006 年第 1 期。

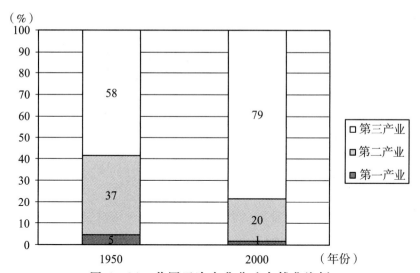

图 6 - 34 美国三次产业劳动力就业比例

资料来源：美国教育统计中心 http：//nces. ed. gov，访问时间，2013 - 08 - 26.

　　与劳动力市场的这种变化趋势相对应，美国研究生教育的科类结构也表现出相应的变化趋势。图 6 - 35 是 1990 年和 2005 年美国部分学科硕士学位授予数量占全部硕士学位授予数量的比重。

　　图 6 - 35 显示：与第一产业、第二产业显著相关的学科如农业与自然资源、工程的硕士学位授予比例明显下降，而与第三产业显著相关的学科，如娱乐休闲、医疗保健、工商管理硕士、教育硕士等却明显上升。其中，休闲娱乐相关学科的硕士比例虽然比较低，但增幅较大，达到 364%。

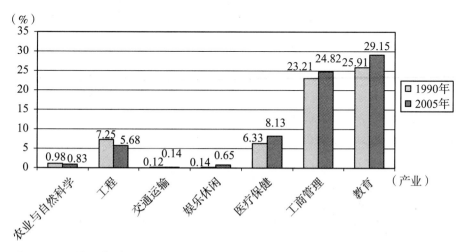

图 6 - 35 美国部分学科硕士学位授予数量占全部硕士学位授予数量的比重

资料来源：美国教育统计中心 . http：//nces. ed. gov. /2013 - 08 - 26。

受劳动力就业市场影响，研究生教育另外一个大的转变是研究生教育功能的分化和目标定位的多样化。传统上，研究生教育主要是为高校和科研机构培养教学以及科学研究人才，然而，随着高等教育从社会的边缘逐渐走向中心，研究生教育的这一功能也渐渐发生了变化。从日本研究生初次就业结构的变化趋势即可见一斑。

就硕士研究生而言，日本硕士研究生的就职行业逐渐从过去的以服务性行业为主向以制造业为主的方向发展。1965 年，日本硕士毕业生在包括教育在内的服务性行业就业的人数占当年全部毕业生的比重达到 41.72%，同比到 2011 年降至 12.14%，下降近 30 个百分点。与此同时，选择信息通信业的人数占当年全部毕业生的比重从 1.69% 上升至 9.99%，上升了 8 个左右的百分点。其他行业（包括新兴行业）的就业人数从 5.75% 上升至 21.08%，上升近 15 个百分点。1965 ~ 2011 年，日本硕士研究生选择从事教师的人数占全部硕士毕业生的比重，从 32.16% 迅速下降到 7.20%，而同期选择的工程师职业的硕士毕业生比重则从 46.49% 增加到 55.53%。日本硕士研究生的职业选择正在逐渐向包括制造业、建筑业在内的第二产业发展。当然，这种变化与日本硕士研究生以工程与技术科学以及自然科学为主业存在着内在的关联（见图 6 - 36 和图 6 - 37）。

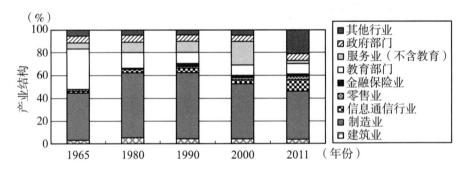

图 6 - 36　基于产业结构的日本硕士毕业生就业去向变化（1965 ~ 2011 年）

资料来源：日本文部科学省 http：//www. mext. go. jp/english/，访问时间，2013 - 08 - 26。

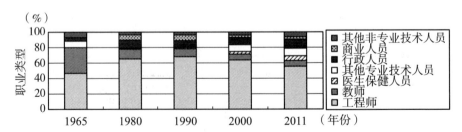

图 6 - 37　基于职业类型的日本硕士毕业生就业去向变化（1965 ~ 2011 年）

资料来源：日本文部科学省 http：//www. mext. go. jp/english/2013 - 08 - 26。

　　就博士研究生而言，日本博士研究生的就职行业逐渐由传统的教育行业向教育之外的服务性行业转移，博士毕业研究生的职业则从教师为主转向更丰富的职业选择。1965～2011 年，选择到教育部门工作的博士毕业生占当年全部博士毕业生的比重从 72.87% 下降到 35.99%，降幅超过 50%，而到其他行业就职的博士毕业生的比重则从 3.00% 迅速增加到 41.43%，增幅超过 1 300%。同期，选择从事教师职业的博士毕业研究生占当年博士毕业研究生的比重，则从 63.71% 降低至 26.56%，而从事工程师职业的博士研究生的比重从 4.76% 上升至 14.73%。日本博士研究生的就业结构日益趋向多元。

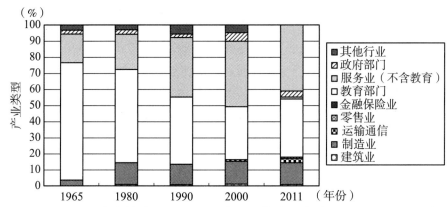

图 6 – 38　基于产业结构的日本博士毕业生就业去向变化（1965～2011 年）
资料来源：日本文部科学省 http：//www.mext.go.jp/english/，访问时间：2013 – 09 – 24。

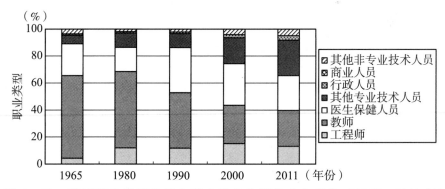

图 6 – 39　基于职业类型的日本博士毕业生就业去向变化（1965～2011 年）
资料来源：日本文部科学省 http：//www.mext.go.jp/english/2013 – 09 – 24。

　　其他各国的研究生教育培养类型也开始出现多样化趋势，研究生教育的功能不断分化。在博士教育阶段，在保持以学术研究训练为主，培养科学家和学术工作者为主的目标同时，专业学位开始增加。与传统的学术型博士学位相对应，专业博士主要集中在教育、公共管理、公共服务等应用学科领域，强调技能训练以及跨学科研究，毕业后往往在学术领域之外的行业就职。以美国为例，共有500多个学科领域可授予博士学位，除传统的哲学博士（PHD）以外，有56种博士专业学位，还有11种为培养高级职业人才的第一职业学位（First Professional Degree）。

在硕士教育阶段，发达国家的硕士研究生培养定位已经出现多元分化的趋势。以美国为例，据美国研究生院1991发布的研究报告显示，美国硕士阶段研究生教育大致包括博士附属型、职业发展型、社区中心型、学徒型四种。其中博士附属型硕士研究生教育重视基本理论学习和科研学术训练，主要面向未来的博士研究生教育提供后备力量，这类研究生教育在研究型大学最为常见；职业发展型硕士研究生教育是以学生为中心的训练专家的教育，训练学生掌握从事专业工作需要的基本知识、技能与情感，授予终结性学位，这种硕士研究生教育主要集中在商业、教育与工程领域，主要面向社会提供相关专业高级人才；社区中心型硕士研究生教育强调教育内容和方式的实用性与应用性，主要目的是面向社区培养服务型高级人才，这类研究生教育主要集中在环境研究、护理、应用人类学、微生物学、教育、英语语言学等应用性较强的领域，毕业生大部分成为社会工作者；学徒型研究生教育强调训练学生高级知识和技能，给学生发现自身感兴趣领域的机会，重视现场教学与实践训练，毕业生未来可以朝学术方向发展，也可以朝职业方向发展，取向灵活。①

日本的专业硕士教育于1974年启动，并设置了专门职大学院这一机构负责专业硕士的培养。在教育模式上，日本对专业硕士教育提出了诸多与学术型研究生教育不同的要求。例如，"专门职大学院"更加重视与企业的合作，通过与企业开展协作研究、接受企业委托研究、对企业职员进行研究生教育等渠道推进产学研结合，不仅提高了研究生院的研究水平，也提高了人才培养质量。另外，日本专业硕士教育对专任教师的要求也有别于学术型研究生教育，明确要求专业硕士教育师资中要有一定比例的具备特色职业经验的工作者。虽然专业硕士与学术硕士在学分上都要求最低为30学分，但专业学位研究生教育并不要求学位论文。2007年，日本出台《研究生教育振兴纲要》，进一步促进了专业学位研究生教育的发展。

韩国的专业硕士教育启动较早。1959年，汉城国立大学首创了韩国的专门研究生院。韩国研究生教育的主要特点是"三院制"，开设了"普通研究生院"、"专门研究生院"和"成人研究生院"三种类型，各种类型的研究生院具有不同的培养目标和办学特色。普通研究生院主要培养学者和研究人员，具有审查申请

---

① 李敏：《美国硕士研究生教育的类型分析》，载《学位与研究生教育》，2003年第12期。

者提交博士论文的权力,并由资格颁发博士学位证书。这类研究生院往往在基础理论研究领域实力雄厚,注重挖掘和发挥学生学术研究的潜力和创造性,培养学生在各专业领域的领导和组织才能。专门研究生院主要培养职业型和应用型人才,颁发各种职业学位,开设课程往往以教育、通信、商业、行政和公共管理为主,重视学生实践行动能力的培养。成人研究生院的培养目标与专门研究生院相似,但学制更加灵活,主要为在职人员开设硕士学位课程,学生无须入学考试,教学一般采用夜间制,修完学分可以获得课程硕士学位。

五、知识生产模式的转变是研究生教育结构调整的拉动者

英国著名社会学家吉本斯认为:"我们正经历着科学、社会和文化知识生产方式的根本变革,传统的以理论独尊、实验性科学、学科内部驱动、以大学为核心的传统知识生产'模式1'(Mode-1),正在被新知识生产范式'模式2'(Mode-2)所取代。"

"模式1"和"模式2"在研究问题选择、研究资源获取、研究组织架构、研究的社会责任感以及质量控制标准上有着明显的区分。

表6-9   知识生产模式1和模式2的区别

项目	模式1	模式2
研究问题选择	以研究者的兴趣为主	以社会需要为主
研究资源获取	学科资源	跨学科情境下整合各种资源和知识
研究组织架构	同质性强,灵活性较低	异质性强,富有灵活性
研究所附的社会责任	相对自主	整个研究过程都需较强的社会责任感
质量控制标准	单一标准,由同行评议决定	多样化标准,设计学术、政治、商业、社会等多个方面

资料来源:吉本斯等著,陈洪捷、沈文钦译:《知识生产的新模式》,北京大学出版社2011年版。

知识生产模式的转变对研究生教育产生了重要影响。由于研究生教育是与大学的科学研究以及知识生产紧密结合在一起的。传统的研究生培养途径是通过科学研究、参与知识生产以及师傅带徒弟的方式来进行的,但随着知识生产模式的转型,新的知识生产方式对研究生培养目标、模式也提出了新的要求。

这些要求进而对一国研究生教育的结构产生影响:一方面,"以问题为中心"

的研究方式对跨学科研究以及交叉学科平台的构建产生了重大需求，推动着新兴学科和交叉学科的不断发展，从而影响着科类结构的构成状态；另一方面，研究生教育所担负的培养学术型人才和应用型人才的使命促使着类型结构进一步产生变化，研究生教育不仅要培养纯粹知识的生产者，更要培养知识的应用者和转化者，特别是在硕士层次要更多地满足应用的需求；此外，新的知识生产方式下，研究成为一个"全民参与"的活动，由高校、企业、社会等多方组织所建构，研究生教育也将不只局限于全日制的学习者，更多具有工作经验的在职人员将涌入校园，把获得硕士、博士学位作为提升其个人核心竞争力的重要手段，研究生的生源结构日趋多元化。

六、终身教育理念促进研究生教育形式多样化

终身教育思想主张在每一个人需要的时刻以最好的方式提供必要的知识和技能，使教育贯穿于人的一生，彻底改变了过去将人的一生划分为"学习期"和"工作期"两个阶段的刻板观念。在科技日新月异、知识更新周期不断加速的当今社会，个人应该不断保持学习的活力紧跟时代发展，即是"活到老学到老"。它促进了学习型社会的建立。特别是现代教育技术的发展，云技术、网络技术等使教育超越了学校的局限，从而扩展到社区、图书馆、互联网、公司企业等贴近人类社会生活的整个空间。另外，高校相应地变得更开放，职能更多元，成为整个学习新社会复杂教育体系的中枢。它重新阐释了教育内容。学习者不仅要学习已有的文化知识，更要培养个人对环境变化的主动适应性，并贯彻全面发展的精神。师生关系也将发生根本变化，形成一种开放式的教学相长的互动关系。并且带给学习者更大的自主权和选择余地，其多元化价值标准和随时随地获得教育机会的理念，促使学习者主动寻求自我发展、自我完善的途径，从而提升人生。终身教育思想的提出和实施，对于当代世界教育改革和发展具有十分重要的意义，如今已成为很多国家的教育改革的指导方针。

英国是战后最早推动非全日制研究生教育发展的国家之一。为适应经济社会发展对多方面人才的需要和提供更多的受教育机会，英国政府致力于推动研究生教育体制的多元化改革。1963 年，《罗宾斯报告》建议研究生的扩展主要是课程学位的增加而非研究学位，并提出了形式灵活的非全日制教育；1969 年，经英国皇家特许令批准，成立"开放大学"为独立、自治的国家高等教育机构，有权授予学位。还有大学的成人教育部，提供成人教育。大学举办公开讲座、成人教育中心、函授等形式为人们提供继续教育和回归教育的机会。

美国则在联邦教育局内专设了终身教育局，并于 1976 年制定并颁布了《终

身学习法》。特别是 60 年代以后，以设区发展为目标的"社会学院"被大力发展起来，其对成人的开放性达到了几乎没有什么限制的地步。很多大学都成立了大学开放部，开展对"非传统型学生"的教育活动。

日本在 1988 年设立了终身学习局，提出了"向终身教育体系过渡"的建议，发展社会教育团体，建立学习信息网，建立家庭、社会、学校教育一体化的终身教育体系，将文化会馆、图书馆、博物馆、活动中心等各种科学文化设施都纳入教育的范畴。1990 年，颁布并实施了《终身学习振兴整备法》。1995 年召开了由社会各界知名人士组成的"终身学习审议会"，会中要求高等教育机构必须向社会敞开大门，广泛吸收在职成人进入高等教育机构学习。日本的成人大学已经被纳入大学计划，一些高级中学还举办开放讲座，使高中向社区开放，发挥学校的文化中心作用。

法国国民议会在 1971 年制定并通过了一部比较完善的成人教育法《终身职业教育法》，而且还在 1984 年通过了新的《职业继续教育法》对一些问题做了补充规定。

联邦德国、瑞典、加拿大、韩国等许多国家均依据终身教育理念立法推行。

因此，从高等教育的视角来看，与终生教育直接相关的具体表现形式有职业教育、远程开放教育、社区教育、成人教育和继续教育。其中，成人教育、在职人员重回高校深造的比例大幅增加是发达国家研究生教育受终身教育理念影响而发生的显著转变。以日本为例，日本 1990 年以后对研究生教育做了大刀阔斧的改革，在原有传统大学研究生院的基础上，逐步建立完善了二类面向终身教育的研究生院。一类是职业型研究生院，主要面向具有一定工作经历的社会人员，培养具有国际视野的高级职业人；另一类是业余研究生院及函授研究生院，注重满足社会成人及在职人员继续接受教育的需求。研究生教育机构的多样化发展极大地满足了经济与社会多元化的高层次人才需求。[1] 2000 年以后日本大学院（研究生院）在学的成人学生数及总在学学生数。成人学生总数从 2000 年的 24 897 人增长至 2013 年的 55 315 人，平均年增长率为 9.242%，大大高于总在学学生数的 2.851%。其中，成人博士数增长 10.99%，而在学修士（硕士研究生）数2000 ~ 2003 年平均增长率为 9.8%，2003 年日本成立了新型高层次应用型职业学校"专门职业研究生院"，尤其注重那些职业资格要求较高的法律、会计、教师、经营管理、公共政策等职业人才。由于这类学校水准定位高、应用性强、与直接有助于职业素质的提高，受到广泛欢迎，就读学生不断增加，2004 年至

---

① 刘向虹：《20 世纪 90 年代以来日本研究生教育改革与发展探析》，载《日本问题研究》，2007 年第 2 期。

2009 年"法科职业研究生院"平均年增长率为 19.5%，"教育职业研究生院"更是高达28.1%。反而使得成人就读传统的研究生数增长相对地放缓。传统的以本科教育作为高等教育终点的模式不断受到冲击，越来越多的在职工作人员选择重新返回学校接受职业培训和继续教育。研究生教育需要调整姿态，变得更开放且经过改革创新方能适应更多样化的学生需要，终身学习已然成为时代趋势。

韩国从 1996 年开始推行新的研究生教育制度，满足终身教育时代的多样化入学需求，① 其中成人研究生院的设置就是专门针对成人学生和在职人员。成人研究生院的培养目标与专门研究生院相似，但学制更加灵活，学生无须入学考试，教学一般采用夜间制，修完学分可以获得课程硕士学位。此外，韩国政府还将允许在大学内成立脱离本科课程的非延续型研究生院，以培养信息通信、通商外交、地区研究、设计等与国际化、信息化有关的特殊领域的高级专门人才，并考虑在企业、医院等特殊机构也建立类似的研究生院，逐步扩大其专业领域。近年来，随着接受研究生教育的在职人员不断增加，专业研究生院和成人研究生院发展速度较快。②

七、高等教育国际化：研究生教育结构调整的新挑战

在经济全球化的背景下，大学的定位与发展也需要适应国际化趋势。各国高校，尤其是世界一流大学都注重其研究、教育以及教师和学生的国际合作与发展问题。发达国家关注研究生教育的国际化，旨在巩固自身的国际教育优势地位，推动本国文化理念的传播，招揽国际优秀人才，满足本国竞争力发展需要；作为国际研究生教育交流的主要需求方，发展中国家希望通过研究生教育的国际合作，培养适应本国经济发展建设需要的各种高端人才，吸引海外优质教育资源，推动本国研究生教育竞争能力的提升。正是这种人才在国际间的流动促进了研究生生源结构的巨大变化，为研究生教育结构的调整带来了新的挑战。

英国和美国等西方发达国家在 20 世纪后半期采取各种优惠举措，吸引来自世界各地的优秀留学生进入本国接受研究生教育，从而推动本国科技及经济竞争力的提升。为推动欧洲各国高等教育的国际化进程，欧洲理事会与联合国教科文

---

① 王鲁新：《韩国实施新型研究生培养制度》，载《当代韩国》，1996 年第 2 期。

② 谢维和、王孙禺、袁本涛：《学位与研究生教育：战略与规划》，教育科学出版社 2010 年版，第113 页。

组织于 1997 年在里斯本召开会议并签署《欧洲地区高等教育资格承认公约》（简称《里斯本公约》），旨在推动欧洲范围内高等教育资格互认。1998 年，法国、德国、意大利和英国的教育部长共同签订了旨在促进四国高等教育体系相互协调的一个协议，即《索邦宣言》。1999 年，欧洲 29 个国家联合签署的博洛尼亚宣言，宣布到 2010 年，欧洲"博洛尼亚进程"签约国中的任何一个国家的大学毕业生的毕业证书和成绩，都将获得其他签约国家的承认，大学毕业生可以毫无障碍地在其他欧洲国家申请学习硕士阶段的课程或者寻找就业机会，实现欧洲高教和科技一体化，建成欧洲高等教育区。这项计划是旨在通过增强欧洲高等教育结构与学位制度的一致性和可比性，增加欧洲人的就业率和欧洲高等教育的吸引力及竞争力。

后发国家在大规模向海外输出人才之后，也逐渐意识到发挥本国优势，吸引海外高层次人才的重要性。以日本为例。日本从战后以来始终将高等教育国际化作为改善和提升日本国际影响力的重要战略。日本政府从 20 世纪 60 年代就开始提出大学国际化发展思路。20 世纪 80 年代，日本逐步加大吸收外国留学生的力度，并提出到 21 世纪接受 10 万外国留学生的目标，2003 年这一目标已经达到；2007 年日本政府又提出了到 2025 年将在校留学生扩大到 100 万人的新目标。20 世纪 90 年代，日本与澳大利亚、韩国、泰国、新西兰等国发起成立"亚太大学流动计划"（UMAP, University Mobility in Asia and the Pacific Scheme），推动亚太地区的高等教育国际化进程。日本各大学积极采取多项具体措施推动大学国际化发展，其中包括：实行与国外高等学校学分、学历与学位的互认，促进高等学校的国际化；加强广泛的国际交流，开展国际性的共同研究，支持社会各个阶层的教师、学者和公民参与国际项目；努力建立国际合作和知识的项目和计划，发展支持在全世界传播知识的新技术；加大接受国外留学生和外籍教师与研究人员工作的力度，为国外留学生提供便捷的生活服务；鼓励国内大学生到国外进行短期留学；调整与国外相连的信息网，开办海外分校，加大海外日语教育，在国内加大本国学生的外语教学，培养具有国际观念和全球意识的新型人才。[1]

第三节　增强结构的适应性：美国麻省理工学院的改革案例研究

前面从区域结构、科类结构、类型结构、层次结构、生源结构五个方面描述

---

[1]　王留栓、小柳佐和子：《日本大学国际化的进程与回顾》，载《日本问题研究》，2001 年第 1 期。

了国际研究生教育结构的发展和调整趋势，并从知识的发展和分化、国家科技创新战略政策、产业结构转型、知识生产模式转型、劳动力就业市场变化、终身教育理念以及高等教育国际化等方面阐述和分析了影响研究生教育结构变化和调整的因素。在院校层面，培养单位如何发挥自身的优势特色，积极主动地进行研究生教育改革，从而使研究生教育结构适应社会需求这也是非常重要的问题。

院校研究生教育改革实践往往对一国研究生教育结构产生重要影响。院校为加强自身研究生教育对外部经济社会的主动适应性的同时，也对一国研究生教育结构的优化产生了重要影响。从某种意义上说，院校自身的改革举措是研究生教育结构调整机制中不可或缺重要一环。基于此，本研究选择麻省理工学院作为案例，考察其对结构优化产生重要影响的改革举措。

麻省理工学院成立于 1865 年，作为赠地学院的典型代表，其创始人W. B. Rogers 曾指出："必须告别死记硬背的学习方式和学习生活、现实和自然法则……必须以社会经济、劳动力应用理论为目的，为生产服务，为经济服务，到生产过程中去学习并求得在经济繁荣中的发展"[①]。一百多年以来，MIT 秉承"为生产服务，为经济服务"和"科学与实践并重的学校"理念，来设计其研究生培养模式。正如 1979 年康普顿校长指出"对我们来说，只适应变革是不够的，我们的任务不仅仅是生存。尽管我们只能对未来的世界进行模糊的感知，但我们的任务是帮助培养未来世界的杰出领导人群体，这需要我们做出最大的努力。"[②]即 MIT 不仅是为工业的训练有素的人才的源头，还应该是创造新的工业、基于新技术的系统、并且最终创造新的社会现实的中坚力量。[③]

一、占据战略制高点，发展重点学科

对于 MIT 来说，其研究生教育不仅仅要适应当下社会的需求，更需要前瞻性的发展具有战略制高点地位的学科。以 MIT 生命科学的发展为例，生物系在相当长时间内并不是 MIT 最显耀的学科，甚至有些籍籍无名。然而校方对该学科却非常重视，这完全是基于"未来的需求"，而非"当下的实力"作出的判断。早在1930 年的校长报告中，校长便提到"食物技术是一个发展迅速而且具有重要作用的领域。在这一方面，生物系在有限的设施和人员的条件下，进行了大量工作。对专业人员的需求大大地超出了它的供给。这为我校提供了一个进行一项伟大的公共服务工程的机会，这是一项不容忽视的工程。"1962 年的报告中又再次

---

①②③　Rogerster etc. Life and Letters of William Barton Rogers，Vol. 11，Boston and NewYork Houghton Mif-flin and Co，The Riverside Press，Cambridge，1986：pp. 128 – 150.

对生命科学给予了高度评价，"现在我们有充足的理由将生物科学和应用作为学院研究的主要领域之一。显而易见，它们也已经进入整个科学发展历时最活跃最多产的时期。而且，它们对人类生活产生直接有力的影响，包括药物、食物和营养，以及我们对生命和疾病基本过程的认识。最后，生命科学的快速发展越来越多地利用 MIT 的丰富资源，包括物理、化学、数学，以及其他一些工程领域"。

在这种清醒而准确的判断下，20 世纪 70 年代初"生命和保健科学研究已逐步达到了 MIT 所有研究的 1/3"。生命科学和生物技术的研究是美国当今最重要的研究领域之一，MIT 之所以能把握先机，正是因为对未来科学技术发展制高点的准确把握和超前准备。

二、推动跨学科实践创新

MIT 有着跨学科研究的传统，并凭借这一优势在"二战"后迅速崛起，成为世界顶尖一流大学。MIT 的跨学科研究传统来自第二次世界大战中大科学工程的实施。由于 MIT 直接参与了雷达的研究和其他工作，不同学科的学者积累了跨学科研究的经验，并将其带回 MIT 的工作之中。源于雷达实验室的电子实验室为跨学科的研究提供了生存的空间和环境。20 世纪 50 年代末，由物理学者研究而产生的跨学科研究课题导致跨学科研究中心组织形式的产生。MIT 支持并通过政策强化了全校的跨学科的发展，如能源实验室、技术政策研究室等强调的都是跨学科的研究。今天，MIT 跨学科组织比传统的学科组织还要多，至今已发展到六七十个。跨学科组织的历史都不长，但到 1973 年时这些跨学科组织获得的研究经费就已经开始超过全校科研经费的 50% 以上，而且此后持续不断增长，跨学科的组织已经成为与传统的学科组织并存的学科组织，学院之间和系之间几乎只是行政划分的意义，学术上的界限变得越来越模糊和淡化。在科研和教学领域中，人们形成了相互关联的研究热点，产生了一个学校活动网络，这些都突破了传统的运作方式。

为了保障和促进跨学科研究的发展，MIT 设置了一系列组织和制度安排以打破院系和专业壁垒。先是跨学科和部门组建了多个委员会，由每个委员会负责本领域内的科研与教育项目，并要求这些项目都能循序渐进，协调配合，全面开花。这些委员会打破了院系间的壁垒，开发了充满生气的研究合作计划，收效良好。受"二战"时的雷达实验室和辐射实验室的经验启发，MIT 有意识的推广这种新的组织形式的效率，并称之为"研究中心"，"它可以在有重复兴趣的某些非常重要的领域，协调不同系的各类合作活动。" MIT 的这类中心包括物理系、电机系等合作的电子研究实验室，以及物理系、化学系、电机系、冶金系、机械系、生物系等合作的核科学和工程实验室。他们都主要由政府和工业界的基金支持，都有专门的管理人员，并面向研究生提供众多机会。在 MIT，各研究中心是一个协调单位，它的主要功能是传递信息，并提供任何单个项目所无法承担的重要研究设备。MIT 还专门设立了首席副校长的高级管理职务。其主要职责便是管理与协调在单一学院权限之外的教学与研究活动。因此他需要了解各系实验室及工业合作部的研究项目。并促进跨学科合作研究。自电子研究实验室之后的几十年，通信科学中心、材料科学与工程中心、地球科学研究中心、航空航天中心、海洋研究项目、哈佛—麻省健康科学与技术合作项目、政策研究中心、能源实验室、交通研究中心、认知科学研究中心等形形色色的跨学科组织在 MIT 如雨后春笋般涌现出来。MIT 校长不无自豪地说，"很少有大学能够如此成功地打破学科的界线，或动员起所有的资源，集中力量攻克几项大难题的。当然，这一切也是和教师的相互团结，没有派系的倾轧，勇于合作分不开的——所有这些都对麻省理工学院的氛围产生了直接的影响"。①

第四节　结论及建议

结构调整是研究生教育发展中不可回避的重要问题。正如本书开篇所言，就规模而言，我国现阶段的研究生教育规模能够基本满足我国国民经济以及社会需求。然而，虽然我们有足够规模的毕业研究生，但依旧存在就业落实率低、学用结合率低、培养模式和类型单一、国际化程度低等问题。这些问题很大程度上都是由我国研究生教育结构不尽合理所致。

基于研究生教育结构的国际比较结果，发达国家的研究生教育结构调整存在着较为明显的趋势性特征，可供我国研究生教育结构的调整提供方向性的参考。

一、区域结构特征：与地区经济协调发展

发达国家研究生教育区域结构的特征显示：研究生教育与所在区域经济社会呈现高度的协调发展状态。这意味着在一国域内，研究生教育的发展已经与所在区域经济社会形成了良性的互动：通过研究生教育的人才培养、科学研究和社会

---

　　① 清华大学教育研究院内部出版物：MIT 校长报告。

服务为区域经济社会的发展提供持续的动力；区域经济社会从而通过各类资源、政策的支持，进一步反哺域内研究生教育的发展。

较之于国外，我国各省研究生教育与省域经济社会的发展存在着一定的不协调性。其中有历史原因、也有政策原因。但随着我国行政管理体制的改革，研究生教育的管理将逐步实现省级统筹。省级政府将省域科技发展和产业结构调整与省域研究生教育的发展结合一起，形成教育系统与经济社会系统的协调发展，这是一个非常重要的问题。中央政府和省级政府应齐心协力为实现与经济布局相匹配的研究生教育区域结构而提供政策支持。

二、科类结构调整：硕士以适应社会需求为重点，博士呈多元化发展态势

发达国家的科类结构调整过程也有些共同的发展趋势：在硕士层面，科类结构以适应产业结构的需求为主，密切依据产业结构的变化来调整人才培养的规模和科类；在博士层面，科类结构的调整并不完全将产业结构的变化作为"风向标"，而是将关涉人类生存发展的学科领域、基础研究领域以及与各国学术传统密切关联的学科作为国内博士科类结构调整的主要依据，虽然各国博士研究生教育的科类结构有所不同，但总体而言科类结构中各学科的差异逐步缩小，呈现多元化的发展态势。

对于我国而言，科类结构的调整也应依据不同的层次来规划不同的科类结构：在硕士层次，应密切关注国内的经济社会发展需求，为不同的行业、产业培养高层次的应用型人才，甚至在某些高度专业化的职业领域可依托专业学位的增设为行业量身定做它们所需的专业人才；在博士层次，应密切结合科技发展趋势，以及关涉人类生存发展的重大问题有侧重地发展相关领域的博士生教育，同时特别是扶持基础学科领域的研究，使之不受市场导向的干扰，从而在博士研究生教育的科类结构中实现多元化的发展。

三、类型结构趋向：兼顾学术型人才培养和应用型人才培养

西方发达国家为适应社会经济的需求，传统的以培养科研人员为主的学术型培养模式和结构已逐渐发生变化，世界其他各国纷纷在原有单一的研究型培养模式的基础上，增加与社会需求联系更加紧密的专业型或职业型学位。

这说明，发达国家研究生教育类型结构将逐步从一元的学术型人才培养转向

兼顾学术型人才培养和应用型人才培养的类型结构。这种变化是符合研究生教育发展规律的，具有必然性。随着知识生产模式的转型、劳动力市场需求的变化原有以学术型人才培养为基本模式的研究生教育已经不能适应社会的发展需求，毕业的研究生所学难以所用，即使在规模上能够达到经济社会发展水平相匹配，但人才的知识、能力、素质均与用人单位的需求差距甚远，因此增设应用型学位、细分培养目标、转变培养模式成为研究生教育发展的必然选择。

从我国研究生教育发展的历史来看，我国最初的硕士学位设置也是以培养学术型人才为主导，以充实我国高校教师和科研人员队伍。随着市场经济的发展、现代化建设的推进，经济社会对应用型人才的需求激增。所以从20世纪80年代开始，我国就开始探索应用型人才的培养模式。随着专业学位研究生教育30多年的改革发展，其规模结构基本形成。学术学位研究生和专业学位研究生的规模在硕士层次基本实现了"平分秋色"，但从研究生的培养模式来看，在某些学科领域二者区别还不是非常鲜明，这就要求我国研究生教育类型结构的调整要从规模和结构层面逐步深入至培养模式层面，以实现从单纯的学术型人才转向兼顾学术型人才培养和应用型人才培养的类型结构。

四、层次结构：以硕士研究生教育规模扩张为中心

从西方国家整个高等教育系统来看，研究生教育的相对规模越来越大。美国、英国、日本、韩国等发达国家研究生教育规模占高等教育规模的比例在不断扩张，且研究生规模增长速度均超过本科生规模增长速度；从研究生教育系统内部来看，美国、英国、德国、法国和日本等国都出现了硕士研究生比重逐渐增长的趋势，而博士生的规模相对稳定。这表明西方国家的层次结构调整主要以硕士研究生教育的规模扩张为中心，这也是与经济社会发展需求相适应的。硕士层次是一个非常灵活的阶段，即可为从事学术职业做准备，也可为进入企业界提供强力的支持。按照美国研究生院理事会的观点："硕士文凭已成为学生进入企业界的最低凭证。"原来仅需要本科文凭即可叩开的企业大门现在更多地面向硕士毕业生敞开。因此，硕士层次的"膨胀"是教育深化的一个自然反应。

对于我国而言，当前的研究生教育的层次结构较为合理，在某种程度上，更保持了博士教育的小规模，为博士生教育质量的提高奠定了基础。

五、生源结构：逐步实现多元化

发达国家研究生教育的生源结构呈现鲜明的多元化特征，这是与整个时代背

景的社会发展离不开的。教育的全球化、教育的终身化以及教育的民主化成为影响研究生教育发展的重要因素。具有工作经历的人群大量涌入，非本国国籍的群体也大量涌入，共同构成了多元化的研究生群体。

对于我国而言，增强研究生教育结构的开放性和灵活性也是必然之举。一方面，通过扩宽入口为更多的人提供高质量的研究生教育；另一方面，通过国际合作，提高我研究生教育的国际化水平。我国在向国际输出研究生、让中国了解世界的同时，还要吸引更多来自世界的优秀研究生，让世界了解中国，让中国研究生教育成为世界优秀人才成长历程中有意义的一个阶段。政府除了加大研究生教育投入和政策引导外，还应注意直接关系国际化的软环境建设：第一，建立与国际接轨、国际认可的学位与学历制度，实行灵活的学分转化与累积制；第二，将国际化程度作为评价某项学科、某个学位点质量的重要指标，逐步加大各类院校研究生教育的国际化进程；第三，强调不同高校研究生教育中的特色专业，在加快国际化步伐的同时大力发展民族特色和地方特色的教育。第四，在提高本国学生外语学习与交流能力的同时，注重输出中国语言和文化元素，在交流中实现中外融会贯通。

附录一

研究生教育微观结构访谈提纲

尊敬的老师（同学）您好：

本次访谈是 2010 年教育部哲学社会科学研究重大课题攻关项目（10JZD0039）"我国研究生教育结构调整问题研究"的子课题"研究生教育微观结构问题及调整研究"的实证环节，希望能够得到您的配合和支持，谢谢！

1. 贵校（院）导师的学缘结构情况怎么样？有没有相关人事制度？

2. 贵校（院）研究生兼职导师来源、比例，以及兼职导师对研究生培养的作用有哪些？

3. 贵校（院）研究生导师具有海外背景的比例，导师国际化对于研究生培养的作用有哪些？

4. 贵校（院）研究生导师每年招收学生情况，有无具体相关制度？

5. 贵校（院）课程环节中选修课程，研讨式教学，前沿知识比例是否合理？

6. 贵校（院）研究生参加学术会议、学术沙龙的机会如何？对于研究生培养的作用有哪些？

7. 贵校（院）研究生课程层次结构情况如何，区分度是否明显？

8. 贵校（院）研究生课程国际化存在哪些问题？

9. 贵校（院）研究生参与课题情况如何？

10. 贵校（院）跨专业生源报考情况如何？有何制度？

11. 贵校（院）研究生推免情况如何，你是如何评价推免生制度的？

12. 贵校（院）研究生中有没有海外留学生，来源于哪些地区？

450

境外研究生教育基本数据

附表一　1950～2012年各国（地区）高等教育注册规模变化

单位：人

国家（地区）	年度	1950年	1960年	1970年	1980年	1990年	2000年	2005年	2008年	2011/2012年
美国	A	2 422 000	2 874 000	7 376 000	10 475 055	11 959 106	13 155 393	14 963 964	16 365 738	18 078 672
	B	237 000	342 000	1 204 411	1 620 267	1 859 531	2 156 896	2 523 511	2 737 076	2 937 454
英国	A	89 014	105 013	215 820	291 486	316 664	1 541 925	1 790 745	1 859 240	1 928 140
	B	15 673	24 514	60 901	76 971	112 194	448 695	545 370	536 810	568 505
日本	A	296 789	601 464	1 344 358	1 741 504	1 988 572	2 740 023	2 865 051	2 885 014	2 562 164
	B	5 666	15 734	40 957	53 992	90 238	205 311	254 480	262 686	255 390
韩国	A	—	109 485 (1965)	153 054	402 979	1 040 166	1 665 398	1 859 639	2 484 650	2 555 016 (2010)
	B	—	3 842 (1965)	6 640	33 939	86 911	229 437	282 225	301 412	316 633 (2010)

451

续表

国家（地区）年度		1950 年	1960 年	1970 年	1980 年	1990 年	2000 年	2005 年	2008 年	2011/2012 年
俄罗斯	A	1 247 400	2 396 100	4 580 600	5 235 200	2 777 000(1995)	4 741 400	6 456 000(2003)	7 461 310	
	B	21 900	36 800	99 400	96 800	61 148(1991)	117 714	145 308(2003)	151 828	
印度	A	86 668	954 377(1965)	2 223 538(1975)	2 401 485	403 0761(1985)	4 975 189(1995)	7 579 830	—	13 872 870(2011)
	B	11 718	107 173(1965)	276 239(1975)	305 528	435 788(1985)	488 701(1995)	845 700	—	1 925 718(2011)
巴西	A*	—	155 781	430 473	1 345 000	1 540 080	2 125 958	4 453 156	5 905 385	
	B	—		19 914(1974)	36 608(1979)	48 999	94 618	118 287(2004)		
中国大陆	A	93 917(1949)	774 515	108 617(1969)	861 926	1 320 124	3 400 181	8 488 188	11 042 207	13 496 577
	B	1 261	3 635	1 317(1968)	21 604	93 018	301 239	978 610	1 283 046	1 645 845
中国台湾	A	5 374	26 735	92 850	153 088	239 082	564 059	938 648	1 123 755	1 038 041
	B	5	437	2 295	6 306	22 372	83 861	177 024	213 700	215 825

注：A 本科生（＊巴西数据为高校在校学生数量），B 研究生；括号中标注的是该数据引用年份。

美国资料来源：Ben J. Wattenberg, The Statistical History of the United States: From Colonial times to the Present, NY: Basic Book, Inc., Publisher, 1976. Susa B. Carter (et. al), Millennial ed., Historical Statistics of the United State: Earliest time to present, NY: Cambridge University Press, 2006; National Center for Education Statistics (NCES) http://nces.ed.gov/. 2008 年数据来自美国教育部国家教育数据统计中心网站：http://nces.ed.gov/programs/digest/d09/tables/dt09_194.asp? referrer = list。

英国资料来源：Center Statistical Office, ANNUAL ABSTRACT OF STATISTICS, 1960 年, 1970 年, 1980 年, 1992 年, London: Her Majesty's Stationary Office; Higher Education Statistics Agency (HESA) http://www.hesa.ac.uk/, 2008 年数据来源：http://www.hesa.ac.uk/index.php? option = com_datatables&Itemid = 121&task = show_category&catdex = 3#institution。

日本资料来源：文部科学省，《文部科学统计要览》，http://www.mext.go.jp/, 2008 年数据来自：Higher Education in Japan, 2008。http://www.mext.go.jp/english/koutou/detail/1287370.htm（本科学生包括所有本专科学生）。

我国研究生教育结构调整问题研究

韩国资料来源：1960 年、1970 年数据来源：UNESCO Statistical Yearbook, 1975; 1980 年、1990 年、2000 年、2005 年数据来源：교육인적자원부 http: //www. moe. go. kr/. 2008 年数据来源：http: //eng. kedi. re. kr/03_archives/reports_result. php, 2008_Brief_Statistics_on_Korean_Education。

俄罗斯资料来源：1950 年、1960 年、1970 年、1980 年数据为苏联数据，转引自郝克明、汪永铨主编：《中国高等教育结构研究》，人民教育出版社 1987 年版；本科生数据来源：1995～1997 年数据来源：Развитие высшегопрофессиональ ногообразо вания Российскойфедерации（1995～1998гг.），магистр, 1999, 3－4; 1998～2000 年数据来源：Л. Гохберг, Н. Ковалёва, Статистикаобразования. ВысшееобразованиевРоссии, 2002, 2, 21. 研究生数据来源：Образование в Российской Федерации [М]. Статистическийежегодник. М. : ГУВШЭ, 2005. 285, 307。

印度资料来源：Government of India, Ministry of Human Resource Development, Department of Education with National Informatics Centre, http: //education. nic. in/cd50years/home. htm ; Government of India, Ministry of Human Resource Development, Department of Education Statistics Division, SELECTED EDUCATIONAL STATISTICS 2003 -2004, 2004 -2005, New Delhi.

巴西资料来源：1960 年、1970 年、1980 年、1990 年高校在校学生来源：UNESCO Statistical Yearbook1975 年、1985 年、1992 年、1995 年；2000 年、2004 年高校在校学生来源：UNESCO: http: //stats. uis. unesco. org/unesco/TableViewer/tableView. aspx; 研究生数据来源 Ministry of Education, Coordination for the Improvement of Higher Education Personnel (CAPES), http: //www. capes. gov. br

中国大陆资料来源：中华人民共和国国家教育委员会计划财务司编：《中国教育成就·统计资料（1949～1983）》人民教育出版社 1984 年版；中华人民共和国国家教育委员会计划财务司编：《中国教育成就·统计资料（1980～1985）》人民教育出版社 1986 年版，《中国教育统计年鉴》（各年度）。2008 年本科生注册数来源：教育部网站，http: //www. moe. edu. cn/edoas/website18/39/info1261557845709139. htm ; 2008 年研究生注册数来源：中华人民共和国国家教育委员会计划财务司编：《中国教育成就·统计资料（1980～1985）》人民教育出版社 1986 年版，http: //www. moe. edu. cn/edoas/website18/31/info1261557090918131. htm 。

中国台湾资料来源：教育部网站，http: //www. edu. tw/。

附表二　　1950～2012年各国（地区）研究生学位授予规模变化（分层次统计）

单位：人

年份 国家（地区）		1949/1950年	1959/1960年	1969/1970年	1979/1980年	1989/1990年	1999/2000年	2007/2008年	2011/2012年
美国	A	6 419	9 651	59 486	95 631	103 508	118 736	149 378	163 765(2010/11)
美国	B	58 183	74 435	213 589	305 196	330 152	463 185	630 666	730 635(2010/11)
英国	A	—	—	—	—	7 559(1994)	11 540	16 635	20 435
英国	B	—	—	—	—	39 409(1994)	60 370	118 930	173 860
日本	A	—	3 911(1965)	4 688	6 269	10 633	16 076	17 396(2005)	16 260(2012)
日本	B	—	5 967(1965)	11 301	15 396	27 059	60 836	74 210(2005)	78 711(2012)
韩国	A	—	—	480(1972)	569	4 731	6 714	9 346	—
韩国	B	—	—	—	4 983	19 788	47 226	72 893	—
俄罗斯	A	—	—	—	—	430(1991)	1 251	4 189(2006)	—
俄罗斯	B	—	—	—	—	16 322(1991)	24 828	35 530(2006)	—
印度	A	—	—	—	—	—	—	—	—
印度	B	—	—	—	—	—	—	—	—
巴西	A	—	—	—	868(1987)	1 302	5 335	8 094(2004)	
巴西	B	—	—	—	3 647(1987)	5 737	18 373	27 630(2004)	
中国大陆	A	—	—	—	13(1982)	2 457	11 004	42 217	50 289
中国大陆	B	—	—	—	476(1982)	31 505	47 565	298 937	379 705
中国台湾	A	0	2	15	64	518	1 463	3 140	3 861
中国台湾	B	1	205	659	1 940	6 409	20 752	54 387	60 050

注：A 博士学位；B 硕士学位（俄罗斯为副博士学位）。

454

附表三

1950～2010年美国研究生学位授予数量变化（分学科统计）

单位：人

学科	1949/1950年		1959/1960年		1970/1971年		1980/1981年		1990/1991年		1999/2000年		2004/2005年		2009/2010年	
	A	B	A	B	A	B	A	B	A	B	A	B	A	B	A	B
教育	1 032	—	1 591	—	6 041	87 666	7 279	96 713	6 189	87 352	6 409	123 045	7 681	167 490	9 233	182 139
人文艺术	447	—	926	—	4 281	34 006	4 677	34 542	4 622	34 213	6 321	39 154	5 965	43 560	7 151	49 759
社会科学与法律	1 250	—	1 871	—	24 347	59 698	44 321	91 983	46 666	115 121	48 918	158 987	54 734	201 290	57 642	250 965
自然科学	1 778	—	2 141	—	9 126	17 152	7 473	13 579	9 378	13 664	10 555	14 946	11 359	18 584	14 321	22 422
工程与技术科学	467	—	803	—	3 852	20 326	2 964	24 796	6 154	38 874	6 285	46 964	7 768	60 319	9 583	66 126
农业科学	152	—	440	—	1 086	2 457	1 067	4 003	1 185	3 295	1 168	4 360	1 173	4 746	1 147	5 211
医学	764	—	1 312	—	15 988	5 330	29 595	16 176	29 842	21 354	37 829	42 593	44 201	46 703	57 746	69 084
社会服务	0	—	0	—	176	8 003	404	18 446	458	18 388	671	27 916	880	33 292	1 104	41 346
其他	529	—	567	—	101	926	236	2 399	1 053	10 602	580	5 220	626	4 167	631	5 973
总计	6 419	58 183	9 651	74 435	64 998	235 564	98 016	302 637	105 547	342 863	118 736	463 185	134 387	580 151	158 558	693 025

注：A 博士学位，B 硕士学位。

资料来源：National Center for Education Statistics（NCES）http：//nces. ed. gov/。

455

附表四

1994～2012 年英国研究生学位授予规模变化（分学科统计）

单位：人

学科	1994/1995年		1995/1996年		1996/1997年		1997/1998年		1998/1999年		1999/2000年		2000/2001年		2001/2002年		2002/2003年		2003/2004年		2004/2005年		2005/2006年		2011/2012年	
	A	B	A	B	A	B	A	B	A	B	A	B	A	B	A	B	A	B	A	B	A	B	A	B	A	B
教育	170	2 913	198	3 147	273	3 270	338	3 456	363	3 281	410	3 300	170	2 913	198	3 147	273	3 270	338	3 456	363	3 281	410	3 300	735	8 290
人文艺术	835	4 729	1 084	5 634	1 102	6 225	1 251	7 234	1 320	7 144	1 420	8 190	835	4 729	1 084	5 634	1 102	6 225	1 251	7 234	1 320	7 144	1 420	8 190	2 855	22 080
社会科学与法律	819	15 444	1 124	19 387	1 129	19 930	1 282	22 555	1 487	23 790	1 550	25 740	819	15 444	1 124	19 387	1 129	19 930	1 282	22 555	1 487	23 790	1 550	25 740	3 235	85 130
自然科学	1 911	3 937	2 477	4 735	2 396	5 028	2 516	5 520	2 588	5 534	2 480	6 340	1 911	3 937	2 477	4 735	2 396	5 028	2 516	5 520	2 588	5 534	2 480	6 340	6 245	15 450
工程与技术科学	1 420	5 501	1 638	5 911	1 867	5 855	1 971	6 278	1 937	6 990	1 850	6 760	1 420	5 501	1 638	5 911	1 867	5 855	1 971	6 278	1 937	6 990	1 850	6 760	3 905	29 315
农业科学	271	626	351	666	324	668	392	666	326	689	340	770	271	626	351	666	324	668	392	666	326	689	340	770	235	1 160
医药科学	2 008	3 720	2 666	4 067	2 992	4 940	3 105	5 395	3 157	5 740	3 360	6 150	2 008	3 720	2 666	4 067	2 992	4 940	3 105	5 395	3 157	5 740	3 360	6 150	3 225	12 390
其他	125	2 539	223	2 944	131	2 872	138	2 871	160	2 669	130	3 120	125	2 539	223	2 944	131	2 872	138	2 871	160	2 669	130	3 120	0	45
总计	7 559	39 409	9 761	46 491	10 214	48 788	10 993	53 975	11 338	55 837	11 540	60 370	7 559	39 409	9 761	46 491	10 214	48 788	10 993	53 975	11 338	55 837	11 540	60 370	20 435	173 860

注：A 博士学位，B 硕士学位。

资料来源：Higher Education Statistics Agency（HESA）http：//www. hesa. ac. uk/。

附表五

1965～2011 年日本研究生学位授予数量变化（分学科统计）

单位：人

学科	1965 年		1970 年		1980 年		1990 年		2000 年		2003 年		2011 年	
	A	B	A	B	A	B	A	B	A	B	A	B	A	B
教育	27	134	61	337	34	569	40	2 036	127	4 593	179	5 069	433	4 470
人文艺术	50	1 101	57	1 895	77	2 419	129	2 889	644	5 629	872	6 793	1 478	7 150
社会科学与法律	82	874	91	1 483	76	1 572	183	2 326	610	8 328	808	9 698	1 192	7 964
自然科学	416	932	611	1 484	822	1 710	835	2 984	1 586	5 724	1 679	6 064	1 328	6 500
工程与技术科学	419	2 272	853	4 448	1 186	6 975	1 967	13 117	3 964	26 957	4 077	29 446	3 668	33 677
农业科学	241	406	353	1 149	527	1 168	719	1 868	1 241	3 661	1 348	4 108	1 000	4 200
医学	2 676	204	2 662	423	3 537	697	6 436	1 273	7 053	2 841	6 869	4 037	5 261	4 746
社会服务	—	44	—	82	—	106	—	154	17	245	10	271	82	441
其他	—	—	—	—	10	180	324	412	834	2 858	1 067	4 285	1 998	7 359
总计	3 911	5 967	4 688	11 301	6 269	15 396	10 633	27 059	16 076	60 836	16 909	69 771	16 440	76 507

注：A 博士学位，B 硕士学位。

资料来源：文部科学省：《文部科学统计要览》，http：//www.mext.go.jp/。

457

附表六　1990～2006年韩国研究生学位授予数量变化（分学科统计）

单位：人

学科	1997年 (A)	1999年 (A)	2000年 (A)	2001年 (A)	2003年 (A)	2006年 (A)	1990年 (B)	1993年 (B)	1995年 (B)	1998年 (B)	2000年 (B)	2003年 (B)	2006年 (B)
教育	157	188	221	227	262	456	3 504	4 862	4 777	5 852	9 111	15 021	17 677
人文艺术	730	739	777	737	803	790	1 794	2 326	2 336	2 944	4 276	6 921	7 909
社会科学与法律	710	770	902	857	884	1 472	4 823	5 888	6 196	7 256	9 782	14 219	16 914
自然科学	820	1 009	1 120	1 184	1 224	1 455	2 909	3 306	3 902	4 350	5 061	6 177	6 209
工程与技术科学	1 430	1 726	1 813	1 871	2 146	2 553	3 725	4 493	6 188	9 264	12 513	13 796	13 470
农业科学	247	258	263	285	316	285	—	—	—	—	—	—	—
医药科学	1 155	1 397	1 578	1 594	1 876	2 266	1 904	2 160	2 492	3 167	3 883	4 430	5 487
社会服务	33	40	40	28	23	21	1 129	1 484	1 507	2 042	2 600	3 695	4 032
其他	0	0	0	0	242	479	0	0	0	0	0	0	4 307
总计	5 282	6 127	6 714	6 783	7 776	9 082	19 788	24 519	27 398	34 875	47 226	64 259	70 092

注：A 博士学位，B 硕士学位。

资料来源：Ministry of Education & Human Resources Development Korean Educational Development Institute, Brief Statistics On Korean Education, 2006。

附表七 1980～2011年中国大陆毕业研究生规模变化（分学科统计）

单位：人

学科	1950年 A+B	1955年 A+B	1960年 A+B	1965年 A+B	1980年 A+B	1985年 A+B	1987年 A	1987年 B	1990年 A	1990年 B	1995年 A	1995年 B	2000年 A	2000年 B	2005年 A	2005年 B	2011年 A	2011年 B
教育	61	455	12	68	21	1 255	2	136	12	486	45	442	131	832	890	11 307	889	18 817
人文艺术	9	620	413	92	142	1 393	22	1 212	125	2 092	172	1 829	556	3 868	3 365	34 191	3 707	43 755
社会科学与法律	8	405	0	22	7	1 233	22	2 047	218	3 416	411	3 711	1 259	10 806	7 557	74 564	8 205	97 235
自然科学	13	44	91	184	68	4 315	158	4 084	652	6 006	1 307	4 718	2 408	5 669	8 953	30 491	7 019	35 692
工程与技术科学	2	187	34	820	205	6 765	192	9 545	974	14 297	1 784	12 873	4 611	19 752	15 276	107 950	15 804	123 849
农业科学	4	19	14	130	1	1 209	17	1 132	109	1 443	197	914	499	1 783	1 936	10 943	2 029	10 135
医药科学	62	0	25	11	32	777	51	2 051	367	3 670	719	2 561	1 520	4 617	5 782	31 620	777	41 565
社会服务	0	0	0	27	0	57	0	100	0	95	6	75	20	238	222 005	922 005	34	175
总计	159	1 730	589	1 354	476	17 004	464	20 307	2 457	31 505	4 641	27 123	11 004	47 565	43 759	301 066	44 464	371 223

注：A 博士毕业研究生；B 硕士毕业研究生。

资料来源：《三十年全国教育统计资料（1949～1978）》；《中国教育统计资料（1980～1985统计资料）》；《中国教育统计年鉴（1987）》；《中国教育统计年鉴（1990）》；《中国教育统计年鉴（1995）》；《中国教育统计年鉴（2000）》；《中国教育统计年鉴（2005）》；中华人民共和国教育部·统计数据 http://www.moe.gov.cn/publicfiles/business/htmlfiles/moe/s7382/list.html。

附录二　境外研究生教育基本数据

附表八　　1997~2012 年中国台湾毕业生规模变化（分学科统计）

单位：人

学科	1997 年 A	1997 年 B	1998 年 A	1998 年 B	1999 年 A	1999 年 B	2000 年 A	2000 年 B	2001 年 A	2001 年 B	2002 年 A	2002 年 B	2003 年 A	2003 年 B	2004 年 A	2004 年 B	2005 年 A	2005 年 B	2011/2012 年 A	2011/2012 年 B
教育	54	589	54	634	91	826	77	1 269	73	2 120	80	2 500	98	3 192	113	3 585	165	3 732	285	4 527
人文艺术	94	923	88	881	90	1 076	149	1 272	123	1 585	157	2 011	139	2 401	166	2 895	224	3 155	276	5 236
社会科学与法律	188	3 018	171	3 234	235	3 593	218	4 849	192	6 368	243	8 007	300	9 588	332	11 762	393	12 941	543	17 098
自然科学	265	2 298	278	2 481	249	2 813	251	3 407	273	4 245	329	5 065	342	5 595	436	6 427	501	7 028	596	4 785
工程与技术科学	492	5 425	494	5 781	549	6 221	525	7 248	554	8 263	677	9 282	744	10 822	785	12 486	967	13 301	1 651	22 543
农业科学	78	663	76	707	87	705	90	815	93	945	93	1 016	116	1 119	83	1 251	92	1 283	120	1 494
医学科学	98	893	132	950	141	1 078	139	1 317	164	1 603	151	1 877	192	2 132	204	2 430	236	2 498	364	2 324
社会服务	4	229	8	238	7	302	5	328	9	490	17	660	18	691	20	976	21	1 137	24	2 002
其它	9	108	6	110	6	143	9	247	20	281	12	438	15	441	26	522	15	661	2	41
合计	1 282	14 146	1 307	15 016	1 455	16 757	1 463	20 752	1 501	25 900	1 759	30 856	1 964	35 981	2 165	42 334	2 614	38 708	3 861	60 050

注：A 博士毕业研究生；B 硕士毕业研究生。

数据来源：http://www.edu.tw/。

附表九　　各国研究生教育阶段在校本国学生与留学生数量变化

单位：人

	英国					美国						日本					中国大陆		
	1970年	1980年	1990年	2000年	2005年	1960年	1970年	1980年	1990年	2000年	2008年	1970年	1980年	1990年	2000年	2005年	2004年	2005年	2006年
A	31 938	57 139	85 501	337 335	373 785	15 734	40 957	371 433	399 895	518 617	648 010		53 992	90 238	205 311	254 480	819 896	978 610	1 104 653
B	10 882	19 832	26 693	111 365	171 580	557	1 857	26 929	48 515	74 470	276 842		2 644	12 306	23 729	31 282	5 065	5 935	6 348

注：A 在校本国研究生数 B 在校外国留学生数；其中，美国数据为学位授予数，日本外国留学研究生数包含进修人员数。

美国数据来源：National Center for Education Statistics（NCES）http：//nces. ed. gov/；英国数据来源：Center Statistical Office, ANNUAL ABSTRACT OF STATISTICS, 1960, 1970, 1980, 1992, London: HerMajesty's Stationary Office; Higher Education Statistics Agency（HESA）http：//www. hesa. ac. uk/；日本数据来源：《文部科学统计要览》，http：//www. mext. go. jp；中国数据来源：教育部统计数据，http：//www. moe. edu. cn/。

461

附表十

日本大学院成人学生数

单位：人

年份	大学院学生总数	成人总数	成人修士数	成人博士数	成人专门职业研究生院学生数	
					法科职业研究生院	教育职业研究生院
2000	205 311	24 897	15 077	9 820	—	—
2001	216 322	29 237	18 122	11 115	—	—
2002	223 512	33 171	19 579	13 592	—	—
2003	231 489	35 378	19 795	15 023	560	645
2004	244 024	40 988	19 946	16 796	4 246	7 866
2005	254 480	45 194	19 607	18 608	6 979	15 023
2006	261 049	48 609	19 629	20 212	8 768	20 159
2007	262 113	51 142	19 784	22 415	8 943	22 083
2008	262 686	53 667	20 043	24 568	9 056	23 033
2009	263 989	54 642	20 333	24 879	9 430	23 381
平均年增长率（%）	2.851	9.242	3.562	10.998	19.478	28.106

资料来源：文部科学省，《文部科学统计要览》，http://www.mext.go.jp/。

我国研究生教育结构调整问题研究

附表十一　　1950～2008年德国博士学位授予数量变化（分学科）

单位：人

学科 ＼ 年份	2000	2001	2002	2003	2004	2005	2006	2007	2008	2009	2010	2011
语言文化科学	2 674	2 539	2 403	2 512	2 518	2 852	2 596	2 649	2 679	2 625	2 760	2 711
体育	58	80	85	85	93	90	90	110	110	101	115	138
法律、经济、社会科学	3 261	3 403	3 130	3 342	3 329	3 811	3 785	3 368	3 769	3 549	3 534	3 761
数学、自然科学	7 607	7 095	6 575	6 412	6 345	7 068	6 658	6 863	7 303	7 425	8 092	8 460
医学、健康科学	8 397	8 088	8 062	7 193	7 447	8 224	7 560	7 222	7 352	7 700	7 287	7 771
兽医	537	512	544	532	511	668	558	519	476	510	481	488
农、林、食品科学	531	472	448	501	538	575	498	555	535	484	538	539
工程	2 398	2 299	2 332	2 153	2 112	2 336	2 206	2 247	2 541	2 340	2 561	2 833
艺术等	317	308	259	313	245	328	301	262	323	258	261	248
合计	25 780	24 796	23 838	23 043	23 138	25 952	24 287	23 843	25 088	24 992	25 629	26 949

资料来源：德国联邦统计局，https：//www.destatis.de/。

463

附表十二　1950～2008 年德国硕士学位授予数量变化（分学科）

单位：人

学科＼年份	2000	2001	2002	2003	2004	2005	2006	2007	2008	2009	2010	2011
语言文化科学	23	33	78	117	533	1 126	1 002	1 496	2 094	2 402	3 163	4 762
体育	—	—	1	—	3	14	23	32	62	54	125	196
法律、经济、社会科学	207	376	937	1 147	1 995	3 342	3 803	4 611	5 793	7 524	9 350	14 605
数学、自然科学	42	126	258	447	764	1 255	1 985	2 586	3 183	3 718	4 866	7 355
医学、健康科学	9	11	18	40	30	132	356	495	535	859	1 048	1 137
兽医	—	—	—	—	—	12	—	13	—	11	—	9
农、林、食品科学	12	64	156	237	412	591	738	826	1 075	1 295	1 491	1 853
工程	77	290	702	1 017	1 767	2 597	3 181	3 861	4 057	4 417	5 912	10 079
艺术等	—	—	—	10	66	76	169	289	396	522	767	1 266
合计	370	900	2 150	3 015	5 570	9 158	11 268	14 219	17 206	20 802	26 722	41 292

资料来源：德国联邦统计局，https：//www. destatis. de/。

参 考 文 献

[1] 阿普尔著．黄忠敬译．意识形态与课程［M］．上海：华东师范大学出版社，2001.

[2] 埃利斯著．张文军译．课程理论及其实践范例［M］．北京：教育科学出版社，2005.

[3] 布鲁贝克著．王承绪等译．高等教育哲学［M］．杭州：浙江教育出版社，1998.

[4] 伯顿·克拉克著．王承绪等译．高等教育系统——学术组织的跨国研究［M］．杭州：杭州大学出版社，1994.

[5] 程蓉．地方性高校硕士研究生对学术研究能力的理解和倾向性调查［J］．惠州学院学报．2011（2）.

[6] 陈学飞．西方怎样培养博士．法、英、德、美的模式与经验［M］．北京：教育科学出版社，2002.

[7] 陈学飞等．西方怎样培养博士［M］．北京：教育科学出版社，2002.

[8] 陈学飞．高等教育国际化：跨世纪的大趋势［M］．福州：福建教育出版社．2002.

[9] 陈梦迁．李杰玲．国外高校战略性人力资源规划的探析与启示［J］．高教探索，2011（3）.

[10] 陈阳．高校传统权力结构模式的缺陷及优化研究［J］．黑龙江高教研究，2012（2）.

[11] 陈玉琨．课程价值论［J］．学术月刊，2000（5）.

[12] 陈玉琨等著．课程改革与课程评价［M］．北京：教育科学出版社，2001.

[13] 陈慧青．研究生教育质量问题探讨［J］．教育与考试，2007（1）.

[14] 陈礼算．移植还是嫁接：人才引进本土化的思考［J］．中国高校科技与产业化，2010（11）.

[15] 陈侠．课程论［M］．人民教育出版社，1989.

[16] 陈苑等．北京市高校教师学缘关系与职业发展轨迹的调查与分析［J］．大学研究与评价，2008（3）.

[17] 陈强．改革开放30年来华留学研究生教育的回顾与思考［J］．学位与研究生教育，2008（6）.

[18] 陈黎．论五十年代的院系调整［J］．教育史研究，1998（3）.

[19] 苌庆辉．闫广芬．扩招后影响研究生教育质量的主体因素［J］．现代大学教育，2010（5）.

[20] 陈强．改革开放30年来华留学研究生教育的回顾与思考［J］．学位与研究生教育，2008（6）.

[21] 辞海编辑委员会．辞海［M］．上海：上海辞书出版社，2002.

[22] 单丁著．课程流派研究［M］．济南：山东教育出版社，1998.

[23] 杜作润．高烽煌著．大学论［M］．成都：四川教育出版社，2000.

[24] 董纯才主编．中国大百科全书·教育［M］．北京：中国大百科全书出版社，1985.

[25] 丁小义．培养"跨专业"研究生的探讨［J］．消费导刊，2008（2）.

[26] 戴维·波普诺著．李强等译．社会学［M］．北京：中国人民大学出版社，1999.

[27] 冯契著．哲学大辞典［M］．上海：上海辞书出版社，2001.

[28] 冯蓉．对工科专业研究生心理压力的访谈研究［J］．当代教育论坛，2011（6）.

[29] 付瑶瑶．青年教师培养机制的探索与实践［J］．中国高校师资研究，2009（5）.

[30] 傅维利．刘垒．实践能力：含义、结构及培养对策［J］．教育科学，2005（2）.

[31] 傅征．高等教育结构与经济发展的协调性分析［J］．武汉大学学报（哲社版），2008（3）.

[32] 方华．张淑华．柳治仁．论隐性知识［J］．沈阳师范大学学报，2004（2）.

[33] 方展画．薛二勇等．硕士研究生学制国际比较及启示［J］．高等教育研究，2007（1）.

[34] 菲利普·泰勒著．王伟廉等译．课程研究导论［M］．北京：春秋出版社，1989.

[35] 弗雷斯特·帕克、格伦·哈斯著．谢登斌译．课程规划——当代之取

向［M］. 杭州：浙江教育出版社，2004.

［36］冯·贝塔朗菲著. 林康义等译. 一般系统论［M］. 北京：清华大学出版社，1987.

［37］郭德侠. 研究生的课程权力亟待加强［J］. 学位与研究生教育，2007（1）.

［38］郭元祥. 学校课程制度及其生成［J］. 教育研究，2007（2）.

［39］谷贤林. 王砾. 英国高等教育捐赠主体、制度保障与回馈方式分析［J］. 比较教育研究，2011（10）.

［40］共青团中央等主编. 大学生 KAB 创业基础［M］. 北京：高等教育出版社，2007.

［41］郜风涛. 张小建. 中国就业制度［M］. 北京：中国法制出版社，2009.

［42］顾建民. 自由与责任——西方大学终身教职制度研究［M］. 杭州：浙江教育出版社，2007.

［43］顾明远. 试论 21 世纪研究生的知识结构和能力结构［J］. 学位与研究生教育，1998（3）.

［44］龚惠香等. 研究生创业状况调查及创业型人才培养模式探析［J］. 浙江社会科学，2011（9）.

［45］龚兴英. 陈时见. 日本"21 世纪 COE 计划"：背景、内容及意义［J］. 比较教育研究，2007（07）.

［46］高峰. 我国高等教育布局的问题与对策［J］. 现代教育科学，2003（6）.

［47］高铁梅等. 计量经济分析方法与建模［M］. 北京：清华大学出版社，2009.

［48］何东昌. 中华人民共和国重要教育文献（1949－1975）［M］. 海口：海南出版社，1998.

［49］和学新. 张丹丹. 论学校课程制度［J］. 全球教育展望，2011（2）.

［50］贺祖斌等. 广西区域高等教育布局结构与省域经济结构的适应性研究［J］. 广西社会科学，2010（11）.

［51］侯龙龙. 薛澜. 我国高等教育地区差距的实证分析［J］. 北京大学教育评论，2009（1）.

［52］胡建华. 中国大学课程国际化发展分析［J］. 中国高教研究，2007（9）.

［53］胡东芳. 课程共有：一种新的课程权力分配方式［J］. 当代教育科学，

2004（6）.

[54] 胡德海. 教育学原理（第二版）[M]. 兰州：教育出版社，2006.

[55] 黄金辉. 中美大学教师教职制度的比较探讨 [J]. 中国高校师资研究，2010（6）.

[56] 黄小明. 英、美、法、德四国博士生培养模式及其对我国的启示 [J]. 西南农业大学学报，2007（5）.

[57] 黄建雄. 高校教师队伍学缘结构的三重特征及其优化 [J]. 江苏高教，2011（5）.

[58] 江新华著. 学术何以失范：大学学术道德失范的制度分析 [M]. 北京：社会科学文献出版社，2005.

[59] 景跃军，王晓峰. 美国三次产业结构现状及未来趋势变动分析 [J]. 东北亚论坛，2006（1）.

[60] 焦磊. 斯坦福大学教师的聘任与晋升 [J]. 大学，2010（2）.

[61] 教育大辞典编写组. 教育大辞典第三册 [M]. 上海：上海教育出版社，1991.

[62] 姜友芬等. 影响研究生创新能力培养的导师因素分析 [J]. 复旦教育论坛，2005（6）.

[63] 姜远平. 刘少雪. 世界一流大学教师学缘研究 [J]. 江苏高教，2004（4）.

[64] 蒋小满. 张斌荣. 论硕士研究生课程目标的三个内涵 [J]. 鲁东大学学报，2009（4）.

[65] 蒋建华. 权力多极化的课程权力定位 [J]. 教育学报，2005（2）.

[66] 蒋培红. 张朝然. 德国高等校的学位制度改革评述 [J]. 学位与研究生教育，2007（5）.

[67] 凯莉著. 吕敏霞译. 课程理论与实践北京 [M]. 中国轻工业出版社，2007.

[68] [美] 克拉克·克尔著. 陈学飞译. 大学的功用 [M]. 南昌：江西教育出版社，1993.

[69] 孔涛. 高校教师国际化背景分析 [J]. 新西部，2007（12）.

[70] 黎学平. 英国哲学博士学位与专业博士学位比较 [J]. 学位与研究生教育，2005（6）.

[71] 李敏. 美国硕士研究生教育的类型分析 [J]. 学位与研究生教育，2003（12）.

[72] 李岩. 英国课程硕士研究生教育的特质探析 [J]. 东北师范大学学报，

2007（5）.

[73] 李宝庆. 学生参与课程决策. 全球教育展望 [J]. 2009（10）.

[74] 李朝阳. 高建芳. 从静默期到调整期：美国高校学生权力发展历程 [J]. 高教发展与评估，2011（6）.

[75] 李远. 对我国"博士研究生导师评审制度"改革的思考 [J]. 高等农业教育，2004（11）.

[76] 李云鹏. 中美两国留学生教育结构之比较 [J]. 高教发展与评估，2011（5）.

[77] 李新翔. 哈佛大学博士研究生科研训练方式研究 [D]. 济南：山东师范大学硕士学位论文，2011.

[78] 李永强. 罗云. 师资队伍国际化：建设世界一流大学的关键. [J]. 中国农业教育，2009（3）.

[79] 李华静等. 硕士生招生办法与生源质量——基于学位论文的实证研究 [J]. 学位与研究生教育，2006（11）.

[80] 李海萍. 高校学术权力运行现状的实证研究 [J]. 教育研究，2011（10）.

[81] 李锋亮. 中国高教资源的区域协调状况研究. 高等工程教育研究 [J]. 2009（2）.

[82] 李庆臻主编. 科学技术方法大辞典 [M]. 北京：科学出版社，1999.

[83] 李锋亮. 中国高教资源的区域协调状况研究 [J]. 高等工程教育研究，2009（2）.

[84] 李若建. 高等教育布局与区域发展研究 [J]. 未来与发展，1994（2）.

[85] 李硕豪. 魏昌廷. 我国高等教育布局结构分析 [J]. 教育发展研究，2011（3）.

[86] 林杰. 美国大学的学术休假制度 [J]. 比较教育研究，2008（7）.

[87] 林杰. 英美国家研究生导师资格认定制度管窥 [J]. 学位与研究生教育，2007（9）.

[88] 刘伟. 张万红. 研究生培养机制改革对导师制度的影响与完善 [J]. 学位与研究生教育，2009（4）.

[89] 刘楚佳. 高校跨学科专业发展探讨. 高等教育研究 [J]. 2002（6）.

[90] 刘波等. 完善机制保障优化师资配置——北京大学师资队伍建设思考 [J]. 中国高校师资研究，2008（1）.

[91] 刘思峰等. 灰色系统理论及其应用 [M]. 北京：科学出版社，1999.

[92] 刘小军. 研究生层次外国留学生培养的几点思考 [J]. 学位与研究生

教育，2006（7）.

[93] 刘蔚华．陈远主编．方法大辞典 [M]．济南：山东人民出版社，1991.

[94] 刘红梅．论硕士研究生科研能力的培养 [J]．辽宁师范大学学报，1999（1）.

[95] 罗光春．国际化背景下高校师资管理与培训探析 [J]．中国民族教育，2006（9）.

[96] 罗生全．靳玉乐．社会力量．课程变革的第三领域——一种基于课程权力的有效参与 [J]．中国教育学刊，2007（1）.

[97] 罗敏．基于资源配置的研究生招生机制研究 [D]．武汉：华中科技大学博士学位论文，2011.

[98] 罗尧成．中国大学课程结构改革研究 [D]．长沙：中南大学硕士学位论文，2002.

[99] 罗尧成等．我国高校博士生参与课题的现状分析及研究建议 [J]．复旦教育论坛，2009（6）.

[100] 罗尧成，曾忠．我国高校研究生参与课题研究的现状分析及思考 [J]．国家教育行政学院学报，2007（9）.

[101] 罗英姿．伍红军．交叉学科研究生招生机制设计新思维 [J]．中国高教研究，2010（2）.

[102] 赵琳等．我国研究生教育省际发展状况及其特征研究 [J]．学位与研究生教育，2009（5）.

[103] 李锋亮．中国高教资源的区域协调状况研究 [J]．高等工程教育研究，2009（2）.

[104] 柳洲．强化我国研究生跨学科教育的对策分析 [J]．高等理科教育，2006（6）.

[105] 卢晓东．高等教育的国际化与原版教材引进 [J]．中国大学教学，2001（2）.

[106] 陆学艺．社会学 [M]．北京：知识出版社，1996.

[107] 路宁．王亚杰等．国家自然科学基金在研究生培养中的作用及相关问题研究 [J]．中国科学基金，2002（6）.

[108] 吕品．基于学术讲座的研究生素质教育研究 [D]．重庆：重庆大学硕士学位论文，2006.

[109] 梁志等．从经济和人口的区域分布看我国高等教育的布局调整 [J]．广西大学学报（哲学社会科学版），2000（5）.

［110］雷曜，杨斌．中美商学院 MBA 招生工作的比较研究比较教育研究［J］．2002（5）．

［111］雷鸣强．教育的万能、无能、本能——对教育功能、价值认识的反思［J］．南京师范大学学报（社会科学版），1996（2）．

［112］缪榕楠．大学教师任用制度研究［D］．南京：南京师范大学博士学位论文，2007.

［113］毛家瑞著．素质教育论［M］．北京：人民教育出版社，1993.

［114］毛礼锐，沈灌群．中国教育通史［M］．济南：山东教育出版社，2005.

［115］苗红等．"高等教育——经济"复合系统协调性评价与预测模型［J］．西南交通大学学报（哲社版），2007（10）

［116］孟万金．研究生科研能力结构要素的调查研究及启示［J］．高等教育研究，2001（6）．

［117］孟立军．我国研究生教育区域和谐发展的实证研究［M］．桂林：广西民族出版社，2009.

［118］欧阳葵．理论基尼系数及其社会福利含义的讨论［J］．统计研究，2011（5）．

［119］欧阳润清．我国高等教育协调发展的指标体系构建［D］．大连：大连理工大学硕士论文，2010.

［120］清江，晓红．中国 MBA［M］．沈阳：辽宁大学出版社，1998.

［121］钱广，汤富荣．高校开展研究生创新创业教育的若干思考［J］．四川教育学院学报，2011（9）．

［122］瞿伟，郝际平．中美导师制度的比较研究［J］．西安建筑科技大学学报，2010（2）．

［123］秦惠民．学位与研究生教育大辞典［M］．北京：北京理工大学出版社，1994.

［124］曲绍卫，杨玉春，田汉族．经济视野中的高等教育［M］．青岛：海洋大学出版社，2006.

［125］庞青山，薛天祥．大学学科结构的演进及其特点［J］．教师教育研究，2005（9）

［126］彭钢著．创业教育学［M］．杭州：江苏教育出版社，1995.

［127］潘懋元，王伟廉．高等教育学［M］．福州：福建教育出版社，2007.

［128］潘懋元．教育的基本规律及其相互关系［J］．高等教育研究，1988（3）．

[129] 潘璐璐等. 我国东西部高等教育布局结构研究 [J]. 数学的实践与认识, 2005 (11).

[130] 潘悦. 国际产业转移的四次浪潮及其影响 [J]. 现代国际关系, 2006 (4).

[131] 阮平章. 分类培养是研究生发展过程的必然选择 [J]. 学位与研究生教育, 2004 (8).

[132] 生云龙. 以制度创新实现海外智力引进——论清华大学讲席教授制度 [J]. 清华大学教育研究, 2006 (5).

[133] 司晓宏. 管窥美国公立大学的教师聘任制度 [J]. 当代教师教育, 2011 (3).

[134] 施良方. 课程理论——课程的基础、原理与问题 [M]. 北京: 教育科学出版社, 1996.

[135] 施晓光, 具滋亿. 提高大学竞争力: 韩国经验 [J]. 高等教育研究, 2005 (9).

[136] 苏东水著. 管理心理学 [M]. 上海: 复旦大学出版社, 2002.

[137] 石倩. 硕士研究生创新能力培养研究 [D]. 济南: 山东师范大学硕士学位论文, 2009.

[138] 沈红. 美国研究性大学形成与发展 [M]. 武汉: 华中理工大学出版社, 1999.

[139] 田辉. 高等教育留学生国际流动趋势与来华留学对策分析 [J]. 大学, 2010 (4).

[140] 田仙贵. 大学学术讲座与人才培养的研究 [D]. 南昌: 江西师范大学硕士学位论文, 2008.

[141] 唐纳德·肯尼迪著, 阎凤桥等译. 学术责任 [M]. 北京: 新华出版社, 2002.

[142] 全允桓. MBA 是否发烧 [J]. 企业管理, 2005 (10).

[143] 全允桓. 认清发展趋势, 加快 MBA 教育改革和发展 [J]. 中国高等教育, 2002 (1).

[144] 谭海珠, 杨棉华. 高等教育大众化与研究生教育质量的提高 [J]. 西北医学教育, 2006 (3).

[145] 维纳著, 郝季仁译. 控制论 [M]. 北京: 科学出版社, 1963.

[146] 徐丹. 克拉克·克尔高等教育思想研究 [M]. 长沙: 湖南大学出版社, 2007.

[147] 徐培成主编. 国际教育百科全书 [M]. 贵阳: 贵州教育出版社,

1990.

[148] 徐继存. 英国的课程政策与教学文化 [J]. 外国教育研究，1999（5）.

[149] 徐映梅，张学新. 中国基尼系数警戒线的一个估计 [J]. 统计研究，2011（1）.

[150] 徐厚礼. 研究生招生制度对研究生创新能力的影响研究 [D]. 武汉：华中师范大学硕士学位论文，2010.

[151] 许为民等. 区域经济与研究生教育布局——美、英、日、中四国现状比较 [J]. 比较教育研究，2005（1）.

[152] 肖伟. 新建地方本科院校开展学术讲座的必要性和紧迫性 [J]. 高教论坛，2011（1）.

[153] 夏青. 来华留学生中国政府奖学金制度现状及货币化改革刍议 [J]. 科技通报，2011（3）.

[154] 谢维和，王孙禺，袁本涛. 学位与研究生教育：战略与规划 [M]. 北京：教育科学出版社，2011.

[155] 谢维和，文雯等. 中国高等教育大众化进程中的结构分析——1998～2004年的实证研究 [M]. 北京：教育科学出版社，2007.

[156] 谢安邦. 构建合理的研究生教育课程体系 [J]. 高等教育研究，2003（5）.

[157] 谢安邦主编. 比较高等教育 [M]. 桂林：广西师范大学出版社，2002.

[158] 谢桂华. 学位与研究生教育工作实践及思考 [M]. 北京：高等教育出版社，2002.

[159] 薛天祥. 高等教育学. [M]. 桂林：广西师范大学出版社，2001.

[160] 薛天祥. 研究生教育学 [M]. 桂林：广西师范大学出版社，2001.

[161] 薛晓丽. 高等教育区域功能的个案研究 [D]. 长春：东北师范大学硕士学位论文，2006.

[162] 熊建. MBA教育历史发展研究及对我国的启示 [M]. 北京：清华大学出版社，2008.

[163] 向虹. 20世纪90年代以来日本研究生教育改革与发展探析 [J]. 日本问题研究，2007（2）.

[164] 王伟廉. 高等学校学科、专业划分与授权问题探讨 [J]. 高等教育研究，2000（3）.

[165] 王传毅. 我国研究生教育布局结构研究——基于省级行政区域的视角 [D]. 武汉：武汉大学博士学位论文，2012.

[166] 王传毅.什么是合理的研究生教育区域结构——基于扎根理论的视角[J].高等理科教育，2012（5）.

[167] 王孙禺.袁本涛.关于我国研究生教育发展战略的几点思考[J].现代教育科学，2005（3）.

[168] 王苏春.发达国家留学生教育经验对我国留学生教育的启示[J].教育探索，2009（9）.

[169] 冯契著.哲学大辞典[M].上海：上海辞书出版社，2001.

[170] 江新华著.学术何以失范：大学学术道德失范的制度分析[M].北京：社会科学文献出版社，2005.

[171] 王战军.关于我国研究生教育"积极发展"战略的思考[J].学位与研究生教育，2001（4）.

[172] 王根顺，包水梅.对目前我国研究生教育布局结构的透视[M].北京：中国高等教育研究出版社，2005.

[173] 王道俊，王汉澜.教育学[M].北京：人民教育出版社，1989.

[174] 王留栓，小柳佐和子.日本大学国际化的进程与回顾[J].日本问题研究，2001（1）.

[175] 王鲁新.韩国实施新型研究生培养制度[J].当代韩国，1996（2）.

[176] 王苏春.发达国家留学生教育经验对我国留学生教育的启示[J].教育探索，2009（9）.

[177] 王传毅，程斯辉.研究生入学考试中的跨学科考研现象分析[J].湖北招生考试，2009（3）.

[178] 王秀珍，符得团.再论研究生科研能力的培养[J].西安石油大学学报（社会科学版），2005（1）.

[179] 王建民.研究生人力资本研究[M].北京：科学出版社，2010.

[180] 王琼，龙世彤，袁玉敏.网络环境下本科生、研究生信息能力比较研究[J].情报科学，2004（11）.

[181] 汪润珊等.香港科技大学高水平师资队伍建设的特点与启示[J].教育探索，2011（3）.

[182] 汪应洛.系统工程[M].北京：机械工业出版社，2003.

[183] 吴巧玲.美国比较教育学专业研究生培养模式的研究与启示[D].北京：中央民族大学硕士学位论文，2010.

[184] 吴镇柔，陆叔云，汪太辅.中华人民共和国研究生教育和学位制度史[M].北京：北京理工大学出版社，2001.

[185] 吴得民.基尼系数理论及其实证分析[J].经济体制改革，2002（4）.

［186］吴敬琏．中国经济改革三十年历程的制度思考．农村金融研究，2008（11）．

［187］吴世农，仝允桓．中国 MBA 教育实践与探索［M］．北京：机械工业出版社，2001．

［188］问青松．董泽芳．地方研究生教育和谐发展研究［M］．武汉：湖北人民出版社，2009．

［189］温静，李恩，陈志权．研究生课程设置与创新能力培养［J］．重庆工学院学报，2007（4）．

［190］杨茂庆．美国研究型大学的教师流动［D］．重庆：西南大学博士学位论文，2011．

［191］杨卫．营造研究生教育的创新环境［J］．学位与研究生教育，2005（1）．

［192］杨倩，谢作栩．我国博士生教育生师比的调查分析——基于一所研究型大学的调查［J］．教育考试，2011（4）．

［193］杨华祥．黄启兵．美德高校教师流动机制比较研究［J］．比较教育研究，2008（5）．

［194］袁本涛．张文格．我国研究生教育区域分布特征及相关策略分析［J］．高等工程教育研究，2005（6）．

［195］袁本涛．王孙禺．我国实施学位授权审核制度的反思与改革刍议［J］．高等工程教育研究，2005（2）．

［196］原春琳．清华副教授也可当博导．中国青年报［N］.2011－02－26.（2）．

［197］易红郡．英国高等教育国际化策略：留学生视角［J］．湖南师范大学教育科学学报，2012（1）．

［198］严全治．苗文燕．区域高等教育与经济非均衡发展实证研究［J］．教育发展研究，2006（12）．

［199］张晓鹏．"COE 计划"引领日本大学迈一流［J］．上海教育，2002（3）．

［200］张振刚等．硕士专业学位研究生教育发展的区域分布研究［J］．中国高教研究，2011（6）．

［201］张国昌．基于区域经济发展的我国研究生教育布局优化研究［D］．杭州：浙江大学硕士学位论文，2005．

［202］张巧林等．博士研究生培养质量及其影响因素分析——博士生视角与导师视角的比较［J］．学位与研究生教育，2009（4）．

［203］张国栋．吴松．刘念才．世界著名大学师均研究生数的研究［J］．中国高教研究，2006（8）．

［204］张宝泉．关于高等教育区域功能若干问题的探讨［J］．黑龙江高教研究，1998（5）．

［205］张喜梅，陈建．中美理工大学研究生教育课程设置研究．外国教育研究，2008（2）．

［206］张颖．管理教育产业化是MBA教育管理模式的重要基础．现代大学教育［J］．2002（3）．

［207］章柳泉．中国书院史［M］．北京：教育科学出版社，1989．

［208］邹阳，李琳．高等教育与区域经济协调发展程度的地区差异分析［J］．高教探索，2008（3）．

［209］朱迎春．区域"高等教育—经济"系统协调发展研究［D］．天津：天津大学博士论文，2009．

［210］周水涛著．新编文科毕业论文写作教程［M］．兰州：甘肃教育出版社，2007．

［211］周仲高．中国高等教育人口的地域性研究［M］．北京：中国经济出版社，2009．

［212］周倩．中美高校科技管理专业研究生课程设置的比较与启示［J］．科技管理研究，2010（7）．

［213］周叶中．科技创新与研究生创新能力的跨学科培养［J］．中国高校科技与产业化，2011（3）．

［214］周叶中．关于跨学科培养研究生的思考［J］．学位与研究生教育，2007（8）．

［215］周富强．英国专业博士教育发展研究［J］．清华大学教育研究，2006（4）．

［216］周洪宇．学位与研究生教育史［M］．北京：高等教育出版社，2004．

［217］周襄楠．十年始成荫——何毓琦讲席教授组扎根清华十年［J］．国际人才交流，2011（12）．

［218］钟云华．学缘关系对大学教师学术职业发展影响的实证研究［J］．教育发展研究，2012（1）．

［219］郑路鸿．研究机会对研究生创新能力培养的影响［D］．长沙：湖南师范大学硕士学位论文，2007．

［220］郑利霞．我国高等教育布局结构及其逻辑研究［D］．武汉：华中科技大学博士学位论文，2009．

［221］赵庆年. 区域高等教育发展差异问题研究［D］. 厦门：厦门大学博士学位论文，2009.

［222］赵中建编. 全球教育发展的研究热点——90 年代来自联合国教科文组织的报告［M］. 北京：教育科学出版社，2003.

［223］赵纯均. 方兴未艾的中国 MBA 教育［J］. 中国人才，1997（12）.

［224］赵曙明. 中国人力资源管理三十年的转变历程与展望［J］. 南京社会科学，2009（1）.

［225］中国博士质量分析课题组. 中国博士质量报告［M］. 北京：北京大学出版社，2010.

［226］中国教育统计年鉴（2002）［M］. 北京：人民教育出版社，2003.

［227］中国教育统计年鉴（2010）［M］. 北京：人民教育出版社，2011.

［228］中国教育年鉴编辑部. 中国教育年鉴（1985～1986）［M］. 长沙：湖南教育出版社，1988.

［229］中国教育年鉴编辑部. 中国教育年鉴（1990）［M］. 北京：人民教育出版社，1991.

［230］The commission on Global Governance. Our Global Neighborhood Oxford：Oxford University Press. 1995.

［231］Etzkowitz H. Leydesdorff LA. Universities and the global knowledge economy. a triple helix of university – industry – government relations. Thomson Learning. 1997.

［232］Dorfman，Robert. A Formula for the Gini Coefficient. The Review of Economics and Statistics，1979（1）.

［233］M. Tokoro. L. Steels. The future of Learning：Issues and Prospects［M］. Nieuwe Hemweg. IOS Press，2003.

［234］J. G. Gaff，J. L. Ratcliff. Handbook of Undergraduate Curriculum：A Comprehensive Gruide to Purposes，Structures，Practices，and Change［M］. San Francisco. Jossey – Bass Publisher. 1997.

［235］International Standard Classification of Education ISCED. UNESCO，November 1997.

［236］National Science Foundation. Division of Science Resources Statistics. 2009. Doctorate Recipients from U. S. Universities：Summary Report 2007 – 08. Special Report NSF 10 – 309. Arlington VA.

［237］中国高教学会外国留学生教育管理分会 2008～2012 年全国来华留学生数据库［EB/OL］. http：//www. cafsa. org. cn/index. php？mid = 6. /2013 – 04 – 05.

［238］国家统计局数据库［EB/OL］. http：//data. stats. gov. cn/search/key-wordlist2. /2013 – 05 – 01.

［239］英国高等教育统计机构. 英国高等教育机构教师数据库［EB/OL］. http：//www. hesa. ac. uk/2013 – 04 – 08.

［240］刘延东. 国务院学位委员会第二十七次会议上的讲话［EB/OL］. http：//www. cdgdc. edu. cn/xwyyjsjyxx/xw30/jjssn/mtbd/271462. shtml /2010 – 01 – 27.

［241］李丽萍. 研究生培养目标有待明确［EB/OL］. http：//www. cyol. net/gh/edu/2001 – 11/06/content_ 285954. htm. /2010 – 04 – 09.

［242］2011 年清华大学统计资料［EB/OL］. 清华大学门户网站 http：//xx-bg. cic. tsinghua. edu. cn/oath/ list. jsp? /2010 – 04 – 09. boardid = 22/2012 – 04 – 07.

［243］教育、文化与社会学专业研究生课程设置［EB/OL］. 宾夕法尼亚大学教育研究生院主页 https：//www. gse. upenn. edu/ecs/courses. /2012 – 06 – 04.

［244］明尼苏达管理学院人力资源与工业关系专业博士课程设置［EB/OL］. http：//www. csom. umn. edu. /master – human – resources/academedics/syllabinhml/2012 – 07 – 01.

［245］中国拟划八大经济区域代替以往东中西划分方法［EB/OL］. http：//news・sohu・com/2004/06/05/85/news220398505shtml・/2012 – 07 – 01.

［246］中共中央关于经济体制改革的决定［EB/OL］. http：//www. gov. cn/test/2008 – 06/26/content_1028140_2. html. /1984 – 10 – 20/2013 – 05 – 28.

［247］教育部关于做好全日制硕士专业学位研究生培养工作的若干意见［EB/OL］. 教育部网站. http：//www. cdgdc. edu. cn/xwyyjsjyxx/gjjl/zcwj/267236. shtml. /2009 – 3 – 19.

［248］国务院学位委员会. 专业学位设置审批暂行办法［EB/OL］. http：//www. moe. edu. cn/publicfiles/business/htmlfiles/moe/moe _621/200410/3445. html/1996 – 7 – 22/2014 – 05 – 28.

［249］国务院学位委员会. 硕士、博士专业学位研究生教育发展总体方案［EB/OL］. http：//www. cdgdc. edu. cn/xwyyjsjyxx/gjjl/zcwj/268313. shtml. /2013 – 05 – 28.

［250］教育部. 关于实施专业学位研究生教育综合改革试点工作的指导意见［EB/OL］. http：//www. moe. gov. cn/publicfiles/business/htmlfiles/moe/s4927/201011/xxgk_110497. html. /2013 – 06 – 18.

［251］国务院学位委员会. 硕士、博士专业学位研究生教育发展总体方案

［EB/OL］. http：//www. cdgdc. edu. cn/xwyyjsjyxx/gjjl/zcwj/268313. shtml. /2013 –
06 – 18.

［252］清华大学，西安交通大学等. 关于培养工程类型硕士生的建议［EB/
OL］. http：//www. meng. edu. cn/htmls/wjfg/statute_detail. jsp？wjfg_type = 1&wh =
（84）教研司字 031 号/1984 – 11 – 14/2013 – 04 – 05.

［253］教育部部全国普通高等学校推荐优秀应届本科毕业生免试攻读硕士学
位研究生工作管理办法［EB/OL］. 教育部网站. http：//www. moe. gov. cn/public-
files/business/htmlfiles/moe/s3113/201001/xxgk_79975. html. /2013 – 05 – 04.

［254］21 世纪的国防教育法. 对研究生教育的新承诺［EB/OL］. 美国研究
生院协会白书. http：//www. csadge. edu. cn/xwyjs/detail. jsp？seq = 372&boardid =
34. /2013 – 05 – 04.

后 记

经过近 4 年的努力，在我的团队全体师生的努力下，终于完成了这个研究报告，一颗忐忑的心也算是初步获得了宁静。关于研究生教育的研究，是笔者近10 年来坚持研究的核心领域，和我的学生们以及国内外的同行们共同耕耘这一学术沃土也是我的学术志趣所在。希望能为这一领域的发展壮大添砖加瓦，"虽不能至，心向往之"。

过去 30 多年，我国研究生教育获得了飞速的发展和壮大，不仅解决了基本立足国内自主培养高层次创新人才的问题，更重要的是建立起了完整的研究生培养体系和制度，并使我国从一个研究生教育"一穷二白"的国家一跃成为名副其实的研究生教育大国，为国家发展奠定了坚实的人才支撑基础。在过去的 30 多年，我国研究生教育得发展和改革可谓波澜壮阔，这也为学者们探讨这一领域创造了广阔的空间。无需讳言，我国研究生教育质量还有待极大地提高，我们还远不是研究生教育强国，这也正是我国目前正在努力并希望不久的将来达成的目标。为了实现这一宏伟目标，除了需要政府、社会持续的强大支持以及研究生教育战线的管理者、教师和学生们持之以恒的努力外，研究生教育研究者也肩负着不可推卸的重任。这就是要对研究生教育的发展规律、培养规律等重大理论问题进行深入系统的研究，对研究生教育发展战略、改革举措、治理原则、培养模式等建言献策，充分发挥研究者的理论支撑和智库作用，使我国研究生教育在未来的发展中走得又好又稳。

我们在过去的研究中，试图为我国研究生教育发展发挥理论支撑与智库的作用，因此，我们承担了一系列来自教育部、国务院学位办、中国学位与研究生教育学会以及相关机构等的委托课题和研究任务，我们的工作也获得了相关政府部门和培养机构的高度认可。但通过这一课题的研究，我们深感自己的研究力量薄弱、研究基础还亟待夯实，尤其是我们需要建立一支稳定的研究团队，需要持续的数据积累，需要加大国内外的研究合作。多年来，尤其是在本课题的研究中，我们得到了来自国务院学位办、中国学位与研究生教育学会、清华大学研究生院等机构的大力支持和帮助，也得到了部分省市学位办、兄弟院校研究生院的大力协助，本书也大量参考了其他同仁的研究成果，没有这些成果为基础，本书是难以完成的，在此一并致谢！中国学位与研究生教育学会会长赵沁平院士、教育部原研究生司司长郭新立教授、教育部学位与研究生教育中心原副主任谢桂华教授、清华大学原研究生院常务副院长陈皓明教授、贺克斌教授以及副院长高虹教授、刘惠琴教授等对本课题的研究给予了极大的帮助，在此深表感谢！也要感谢在本课题申请评审和结题评审中，给予指导的专家们，他们的评审意见对本课题的完善具有重要指导意义！同时，本书的出版，获得了教育部社科司、经济科学出版社的大力支持，深表感谢！

遗憾的是在这一课题研究的最后关键时刻，笔者由于身体原因，不得不暂时放缓了相关研究，很多具体研究工作都是在笔者的指导下，由我的博士后和博士生以及硕士生们来完成的，他们并没有因为我的"因病缺席"而稍有懈怠，反而更加发奋图强，经常带着问题到我的家里一块讨论，至今想起那些感人的场面依然令我动容并为他们深感骄傲！尤其是王传毅博士（现为武汉大学教育科学研究院副教授）和王顶明博士，他们毅然承担了课题研究的组织工作和统稿工作，同时，他们也对我的身体康复给予了极大的帮助，在此深表感谢！在身体稍稍恢复以后，笔者对整个书稿进行了系统的审阅和修改。但因为身体、时间和种种主客观原因，文中依旧有很多不够完善的地方，尤其在微观结构研究方面做得还很不够，不妥之处，恳请读者不吝指正和批评。由于作者的不细心，有些参考文献如果未能列出，也请相关作者海涵，对这些文献作者的贡献，我们深表感谢！

袁本涛书于清华园

2015 年 9 月 10 日

481

教育部哲学社會科学研究重大课题攻關項目
成果出版列表

书　名	首席专家
《马克思主义基础理论若干重大问题研究》	陈先达
《马克思主义理论学科体系建构与建设研究》	张雷声
《马克思主义整体性研究》	逄锦聚
《改革开放以来马克思主义在中国的发展》	顾钰民
《新时期　新探索　新征程 ——当代资本主义国家共产党的理论与实践研究》	聂运麟
《坚持马克思主义在意识形态领域指导地位研究》	陈先达
《当代中国人精神生活研究》	童世骏
《弘扬与培育民族精神研究》	杨叔子
《当代科学哲学的发展趋势》	郭贵春
《服务型政府建设规律研究》	朱光磊
《地方政府改革与深化行政管理体制改革研究》	沈荣华
《面向知识表示与推理的自然语言逻辑》	鞠实儿
《当代宗教冲突与对话研究》	张志刚
《马克思主义文艺理论中国化研究》	朱立元
《历史题材文学创作重大问题研究》	童庆炳
《现代中西高校公共艺术教育比较研究》	曾繁仁
《西方文论中国化与中国文论建设》	王一川
《中华民族音乐文化的国际传播与推广》	王耀华
《楚地出土戰國簡册［十四種］》	陳　偉
《近代中国的知识与制度转型》	桑　兵
《中国抗战在世界反法西斯战争中的历史地位》	胡德坤
《近代以来日本对华认识及其行动选择研究》	杨栋梁
《京津冀都市圈的崛起与中国经济发展》	周立群
《金融市场全球化下的中国监管体系研究》	曹凤岐
《中国市场经济发展研究》	刘　伟
《全球经济调整中的中国经济增长与宏观调控体系研究》	黄　达
《中国特大都市圈与世界制造业中心研究》	李廉水
《中国产业竞争力研究》	赵彦云

书　名	首席专家
《东北老工业基地资源型城市发展可持续产业问题研究》	宋冬林
《转型时期消费需求升级与产业发展研究》	臧旭恒
《中国金融国际化中的风险防范与金融安全研究》	刘锡良
《全球新型金融危机与中国的外汇储备战略》	陈雨露
《中国民营经济制度创新与发展》	李维安
《中国现代服务经济理论与发展战略研究》	陈　宪
《中国转型期的社会风险及公共危机管理研究》	丁烈云
《人文社会科学研究成果评价体系研究》	刘大椿
《中国工业化、城镇化进程中的农村土地问题研究》	曲福田
《东北老工业基地改造与振兴研究》	程　伟
《全面建设小康社会进程中的我国就业发展战略研究》	曾湘泉
《自主创新战略与国际竞争力研究》	吴贵生
《转轨经济中的反行政性垄断与促进竞争政策研究》	于良春
《面向公共服务的电子政务管理体系研究》	孙宝文
《产权理论比较与中国产权制度变革》	黄少安
《中国企业集团成长与重组研究》	蓝海林
《我国资源、环境、人口与经济承载能力研究》	邱　东
《"病有所医"——目标、路径与战略选择》	高建民
《税收对国民收入分配调控作用研究》	郭庆旺
《多党合作与中国共产党执政能力建设研究》	周淑真
《规范收入分配秩序研究》	杨灿明
《中国社会转型中的政府治理模式研究》	娄成武
《中国加入区域经济一体化研究》	黄卫平
《金融体制改革和货币问题研究》	王广谦
《人民币均衡汇率问题研究》	姜波克
《我国土地制度与社会经济协调发展研究》	黄祖辉
《南水北调工程与中部地区经济社会可持续发展研究》	杨云彦
《产业集聚与区域经济协调发展研究》	王　珺
《我国货币政策体系与传导机制研究》	刘　伟
《我国民法典体系问题研究》	王利明
《中国司法制度的基础理论问题研究》	陈光中
《多元化纠纷解决机制与和谐社会的构建》	范　愉
《中国和平发展的重大前沿国际法律问题研究》	曾令良
《中国法制现代化的理论与实践》	徐显明
《农村土地问题立法研究》	陈小君

书　名	首席专家
《知识产权制度变革与发展研究》	吴汉东
《中国能源安全若干法律与政策问题研究》	黄　进
《城乡统筹视角下我国城乡双向商贸流通体系研究》	任保平
《产权强度、土地流转与农民权益保护》	罗必良
《矿产资源有偿使用制度与生态补偿机制》	李国平
《巨灾风险管理制度创新研究》	卓　志
《国有资产法律保护机制研究》	李曙光
《中国与全球油气资源重点区域合作研究》	王　震
《可持续发展的中国新型农村社会养老保险制度研究》	邓大松
《农民工权益保护理论与实践研究》	刘林平
《大学生就业创业教育研究》	杨晓慧
《新能源与可再生能源法律与政策研究》	李艳芳
《中国海外投资的风险防范与管控体系研究》	陈菲琼
《生活质量的指标构建与现状评价》	周长城
《中国公民人文素质研究》	石亚军
《城市化进程中的重大社会问题及其对策研究》	李　强
《中国农村与农民问题前沿研究》	徐　勇
《西部开发中的人口流动与族际交往研究》	马　戎
《现代农业发展战略研究》	周应恒
《综合交通运输体系研究——认知与建构》	荣朝和
《中国独生子女问题研究》	风笑天
《我国粮食安全保障体系研究》	胡小平
《城市新移民问题及其对策研究》	周大鸣
《新农村建设与城镇化推进中农村教育布局调整研究》	史宁中
《农村公共产品供给与农村和谐社会建设》	王国华
《中国大城市户籍制度改革研究》	彭希哲
《国家惠农政策的成效评价与完善研究》	邓大才
《城市文化与国家治理——当代中国城市建设理论内涵与发展模式建构》	皇甫晓涛
《中国边疆治理研究》	周　平
《边疆多民族地区构建社会主义和谐社会研究》	张先亮
《新疆民族文化、民族心理与社会长治久安》	高静文
《中国大众媒介的传播效果与公信力研究》	喻国明
《媒介素养：理念、认知、参与》	陆　晔
《创新型国家的知识信息服务体系研究》	胡昌平
《数字信息资源规划、管理与利用研究》	马费成

书　名	首席专家
《新闻传媒发展与建构和谐社会关系研究》	罗以澄
《数字传播技术与媒体产业发展研究》	黄升民
《互联网等新媒体对社会舆论影响与利用研究》	谢新洲
《网络舆论监测与安全研究》	黄永林
《中国文化产业发展战略论》	胡惠林
《教育投入、资源配置与人力资本收益》	闵维方
《创新人才与教育创新研究》	林崇德
《中国农村教育发展指标体系研究》	袁桂林
《高校思想政治理论课程建设研究》	顾海良
《网络思想政治教育研究》	张再兴
《高校招生考试制度改革研究》	刘海峰
《基础教育改革与中国教育学理论重建研究》	叶　澜
《我国研究生教育结构调整问题研究》	袁本涛　王传毅
《公共财政框架下公共教育财政制度研究》	王善迈
《农民工子女问题研究》	袁振国
《当代大学生诚信制度建设及加强大学生思想政治工作研究》	黄蓉生
《从失衡走向平衡：素质教育课程评价体系研究》	钟启泉　崔允漷
《构建城乡一体化的教育体制机制研究》	李　玲
《高校思想政治理论课教育教学质量监测体系研究》	张耀灿
《处境不利儿童的心理发展现状与教育对策研究》	申继亮
《学习过程与机制研究》	莫　雷
《青少年心理健康素质调查研究》	沈德立
《灾后中小学生心理疏导研究》	林崇德
《民族地区教育优先发展研究》	张诗亚
《WTO 主要成员贸易政策体系与对策研究》	张汉林
《中国和平发展的国际环境分析》	叶自成
《冷战时期美国重大外交政策案例研究》	沈志华
《我国的地缘政治及其战略研究》	倪世雄
《中国海洋发展战略研究》	徐祥民
＊《中国政治文明与宪法建设》	谢庆奎
＊《非传统安全合作与中俄关系》	冯绍雷
＊《中国的中亚区域经济与能源合作战略研究》	安尼瓦尔·阿木提

......

＊为即将出版图书